Stefanie von Schnurbein
Krisen der Männlichkeit

Europäische Literaturen und internationale Prozesse
herausgegeben von Horst Turk und Fritz Paul

Band 4

Stefanie von Schnurbein

Krisen der Männlichkeit

Schreiben und Geschlechterdiskurs
in skandinavischen Romanen seit 1890

WALLSTEIN VERLAG

Inhalt

1. Die »Krise der Männlichkeit« in der Moderne – Einleitung

1.1. Geschlechterfrage und Zivilisationskritik

Es ist ein groteskes Idyll, das August Strindberg gegen Ende des ersten Teils von *Le Plaidoyer d'un Fou*[1] zeichnet, dem Roman, in dem er das Scheitern seiner Ehe mit Siri von Essen fiktionalisiert. Sein Protagonist, der Bibliothekar Axel, baut seiner Geliebten Maria, die er zur jungfräulichen Madonna stilisiert, eine Art Altar mit einem Topf blühender Rosen und zwei brennenden Kerzen, »und als Fußbank gebe ich ihr eine Ausgabe von Hans Sachs, einen in Leder gebundenen unschätzbaren Paläotyp mit einem Bildnis Luthers auf dem Einband«.[2] Vor diesem Altar fällt er nieder, »betet sie an« und liebt sie schließlich, »so, wie sie ist, angezogen, keusch wie ein Engel, der voll bekleidet auf die Erde gekommen ist«.[3] (*PI* 432) Nun beschmutzt sich der Mann an dieser Madonna nicht nur die Lippen, als er ihr die Stiefelchen küßt. Sie tritt zudem gleich zwei Repräsentanten altehrwürdiger männlicher literarischer, religiöser und kultureller Tradition mit den Füßen – den Meistersinger Hans Sachs sowie den Reformator, den ehemaligen Marienverehrer, der sich später in einem Akt männlicher Autorität unter anderem gegen die katholische Marientradition wenden und diese durch eine Konzentration auf das

---

1 Der Roman entstand 1887/88 auf französisch und wurde erstmals 1895 in Frankreich veröffentlicht. Zur komplizierten Entstehungs- und Editionsgeschichte dieses Romans sowie zu den benutzten Ausgaben vgl. Kapitel 5. Das französische Original wird im folgenden *PF* abgekürzt, die deutsche Übersetzung *Plädoyer eines Irren: PI*.

2 »Je lui étouffe la voix, et dressant un guéridon devant sa place je sors de mon armoire une bouteille de vin et des verres. Et auprès du service un pot à roses en fleurs, deux bougies allumées, en guise d'autel, et pour escabelle je lui pose un Hans Sachs, paléotype sans prix, à la reliure de cuir empreint d'un image de Luther, aux fermoirs dorés, emprunté à la collection royale.« (*PF* 96)

3 »Je lui baise les bottines à me barbouiller les lèvres, je lui embrasse les genoux, sans toucher un instant le bord du jupon; je l'aime telle quelle, habillée, chaste comme une ange venue au monde toute vêtue, endossant les ailes au dessus de la tunique.« (*PF* 96)

(männliche) Wort ersetzen sollte. Der hier noch »nicht gefallene Engel«[4] (*PI* 433) ist am Ende des Romans keineswegs mehr die vom Manne verehrte Madonna. Maria zieht vielmehr in der gewandelten Rolle der Vampirin, Lesbierin, Perversen den Mann in den Untergang und richtet ihre Familie zugrunde. Axels »Idol« (*PI* 433) wird zu einem »Idol der Perversität«,[5] zu einer für die Kunst und Literatur des *Fin de siècle* so typischen Phantasie der *femme fatale*.

Bilder dieser Art können als Projektionen einer umfassenden Krise der Männlichkeit interpretiert werden.[6] Diese Krise ist keinesfalls ausschließlich eine Reaktion auf ein wachsendes Selbstbewußtsein von Frauen und auf die Forderungen der ersten Frauenbewegung nach beruflichen Möglichkeiten, nach ökonomischer und erotischer Selbstbestimmung in der Ehe.[7] Sie manifestiert sich vielmehr auf unterschiedlichen Gebieten (der Produktion, der Macht, der Rollenverteilung, der Erotik) und ist durch zahlreiche heterogene Faktoren (z.B. politischen, ökonomischen, sozialen, psychologischen) bedingt.[8] Umgekehrt durchzieht die Rhetorik über die Krise der Männlichkeit das Sprechen über alle anderen Krisen und Veränderungen, die um die Jahrhundertwende stattfinden: »The battle of the sexes […] is *the* modern subject matter even where talk of speed, electricity, cars, planes, and war dominates the manifest content of the work.«[9]

---

4 »[..] anges non déchus.« (*PF* 97)
5 Dijkstra 1986.
6 Vgl. z.B. Showalter 1990, Dijkstra 1986, Eschenburg 1995.
7 Dies behauptet verkürzend Fahlgren 1994 in ihrer Untersuchung über Weiblichkeitskonzeptionen in August Strindbergs Werken.
8 Vgl. Showalter 1990, S. 9, auch Grace 1995, S. 13-15. Karin Hausen 1976, S. 377 f., führt die »Polarisierung der Geschlechtscharaktere«, die für das Geschlechtersystem des 19. Jahrhunderts bestimmend seien, auf ökonomische und politische Veränderungen zurück. Ihr zufolge entspricht diese Dichotomisierung derjenigen von »Heim« und »Welt«. Die Gegensätzlichkeit der beiden komplementären (nicht antagonistischen) Pole sei zum Ideal erhoben worden, das Konzept der harmonischen Ergänzung habe dazu gedient, nun nicht nur die Geschlechter, sondern vor allem auch die ihnen zugeordneten sozialen Bereiche in Harmonie zusammenzuhalten. Auf diese Weise wurde insbesondere die Dissoziierung von Familien- und Erwerbsleben als natürlich deklariert. Diese Ordnung nun wird in der zweiten Jahrhunderthälfte prekär. – Bernd Widdig 1992, S. 156, weist auf den Zusammenhang zwischen dem marxistischen Konzept der Entfremdung und der Krise der Männlichkeit hin: »Bei Marx hat die maschinell-industrielle Produktion in äußerster Konsequenz den Verlust der letzten Bastion personaler männlicher Identität zur Folge, sie kommt einer Kastration gleich, sie endet in der Geschlechtslosigkeit«.
9 Tickner 1992, S. 3.

Die zu Anfang zitierte Passage aus Strindbergs *Plaidoyer d'un Fou*, in der die männliche literarische Tradition unter den als Fetischen verehrten Stiefelchen der Frau endet, legt nahe, die erwähnte Krise auch als Krise der (männlichen) Sprache und Literatur zu lesen. Die Literatur der Moderne ist unter anderem geprägt durch eine radikale Infragestellung der Autonomie des Subjekts, die einhergeht mit einer Auflösung der auf ein realistisches Erzählen zielenden Romanstruktur, einem »Verschwinden des Erzählers«.[10] Gerade skandinavische Autoren der Jahrhundertwende wie August Strindberg[11] und Knut Hamsun,[12] aber auch Rainer Maria Rilke,[13] der von skandinavischen Autoren wie J.P. Jacobsen fasziniert und dessen Wirkung auf die skandinavische Literatur beträchtlich war, thematisierten diese Identitäts- und Ich-Krisen, die Fragmentierung des Selbst, die Sprach- und Erzählkrise im Rahmen einer allgemeinen Kultur- und Zivilisationskritik. Nicht zuletzt auch in der skandinavischen Literatur wurden kulturhistorische Werke zur Geschlechtergeschichte und Geschlechterdifferenz lebhaft rezipiert, etwa Johann Jakob Bachofens *Das Mutterrecht* (1861) oder später Otto Weiningers *Geschlecht und Charakter* (1903), welche die Herrschaft des Mannes zwar rechtfertigen sollten, durch ihre Darstellung historischer Veränderungen aber gleichzeitig die Selbstverständlichkeit und Natürlichkeit der bestehenden Geschlechterverhältnisse in Frage stellten. Die Verbindung der Geschlechterfrage mit der Zivilisationskritik und Krisenrhetorik der Jahrhundertwende bei den genannten Autoren ist in der skandinavistischen Literaturwissenschaft erst in Ansätzen thematisiert worden,[14] sieht man von vereinzelten älteren Untersuchungen zum »Frauenbild« der Autoren[15] oder zu ihrer Einstellung zur Frauenfrage[16] ab. Dabei zeichnen sich hinter den Identitätskrisen des »modernen Menschen« durchaus geschlechtsspezifische Krisen von Männern und Frauen ab. Während Frauen sich auch mit Hilfe der fiktionalen Literatur auf die Suche nach einer selbstbestimmten Identität machen,[17] stellt sich die vielzitierte Ich-Krise, die radikale Infragestellung des Subjektes, der Rückzug des Individuums auf

---

10 Vgl. zur skandinavischen Literatur Holliger 1988.

11 Vgl. Robinson 1986, Möckel 1991.

12 Vgl. Kirkegaard 1975, Kittang 1984.

13 Vgl. Seifert 1989.

14 Vgl. Fahlgren 1994 und Lorentzen 1998.

15 Zu Hamsun vgl. Marken 1970.

16 Zu Strindberg vgl. z.B. Boëthius 1969.

17 Jensen 1993-97, Holmquist/Witt-Brattström 1983, Engelstad u.a. 1989-1990, Dahlerup 1983, Levy 1980.

seine Subjektivität, die ständig von Persönlichkeitsverlust bedroht erscheint, als dezidierte Krise eines männlichen Subjektes dar.[18] Das, was sich um die Jahrhundertwende erstmals als »männliche Identität« diskursiv formiert, ist von Anfang an »krisenhaft« konstituiert. Bis zu diesem Zeitpunkt wurde der Mann als Vertreter des universell Menschlichen betrachtet, die Frau hingegen allein als geschlechtlich bestimmtes Subjekt. Das Durchdrungensein vom Geschlecht(lichen) war damit von vornherein weiblich konnotiert. Wird der Mann, wie es seit Ende des 19. Jahrhunderts »durch die Konstruktion einer dualistisch und naturalistisch konzipierten Geschlechterdifferenz«[19] der Fall ist, ebenfalls als Geschlechtswesen wahrgenommen, so impliziert dies seine Verweiblichung, »die Vergeschlechtlichung des Mannes versteht sich als Dekonstruktion seiner Männlichkeit.«[20] Diese »Krise der Männlichkeit« äußert sich gleichzeitig als »Feminisierung der Kultur« und als Vergeschlechtlichung der Moderne.

In der Literatur der ersten Hälfte des 20. Jahrhunderts fehlt es zwar nicht an Auseinandersetzungen mit dem Verhältnis zwischen den Geschlechtern und der männlichen Geschlechtsidentität. Ein prominentes Beispiel aus dem Bereich der skandinavischen Literatur, Aksel Sandemoses *En flyktning krysser sitt spor* (1933, dt. *Ein Flüchtling kreuzt seine Spur*, 1973), wird daher auch Gegenstand dieser Arbeit sein. Die für die letzte Jahrhundertwende so charakteristische Krisenrhetorik tritt in dieser Zeit jedoch eher in den Hintergrund und flammt erst gegen Ende des 20. Jahrhunderts wieder auf. Kollektive Ängste und Phantasien werden jetzt bestimmt durch »disasters that never exactly happen, or perhaps have invisibly happened already«[21]: Umweltkatastrophen, den Treibhauseffekt, den Terrorismus, die nukleare Bedrohung, AIDS, Kriminalität. Auch diese Krisen stehen mit Umbrüchen im Geschlechtersystem und der Sexualität in Verbindung,[22] die sich wiederum unter anderem als Krisen der Männlichkeit äußern. Das ist einer Flut von populärwissen-

---

18 Vgl. dazu v.a. Scott 1990, S. 1-18. Zum Verhältnis von literarischer Moderne und der Konstruktion und Destruktion männlicher Identität vgl. die Untersuchungen von Theweleit 1977 und Widdig 1992 für die deutsche Literatur, von LeRider 1990 für die Wiener Moderne, von Maugue 1987 für die französische und Schwenger 1984, Sedgwick 1985 sowie Showalter 1990 für die angelsächsische Literatur.

19 Bublitz 1998, S. 43.

20 Bublitz 1998, S. 39.

21 Showalter 1990, S. 2.

22 Vgl. Showalter 1990, S. 3 f.

schaftlichen Publikationen und Selbsthilfebüchern in den USA, in Nord- und Westeuropa zu entnehmen, deren Titel bereits andeuten, daß die Männlichkeit in Frage steht bzw. erneut bestätigt werden muß: *Die Krise des Mannes*[23], *Männer lassen lieben*[24], *Kleine Helden in Not*[25], *Nicht Herrscher, aber kräftig*[26], *Was ist los mit den Männern?*[27], um nur einige Publikationen aus dem deutschen Sprachraum zu nennen.

Die Konstellationen und Ursachen für die gegenwärtige Krise ähneln denen der Wende vom 19. zum 20. Jahrhundert in auffälliger Weise; es zeigt sich erneut, daß eine kohärente männliche Identität in hohem Maße abhängig ist von öffentlichen Diskursen und daß sie in Zeiten des sozialen und kulturellen Wandels bedroht und gestört wird.[28] In diesem Falle sind es die Enttäuschung der progressiven politischen und kulturellen Bewegung nach 1968, die im Laufe der siebziger Jahre stagniert, ökonomische und ökologische Umbrüche und Probleme sowie wiederum eine erstarkende Frauenbewegung, die die zweite »Krise der Männlichkeit« auslösen. Die »Krankheit des Mannes«, zum einen Teil verursacht durch die feministische Kritik am patriarchalischen Mann, zum anderen durch die traditionellere Angst des Mannes, nicht männlich genug zu sein, äußert sich, so die französische Soziologin Elisabeth Badinter, in einem scheinbar ausweglosen Dilemma: »Zu dem traditionellen Verbot, seine Weiblichkeit zu zeigen, kommt das Verbot hinzu, eine angezweifelte Männlichkeit zum Ausdruck zu bringen.«[29]

Wie schon um die letzte Jahrhundertwende, bringen vor allem Intellektuelle diese Probleme zur Sprache, so daß es sich in erster Linie um eine Krise des intellektuellen Mannes zu handeln scheint[30] und damit einhergehend um eine Diskurs- und Sprachkrise.

Both postmodernism and modernism could be read as crises for certain forms of masculinity, masculinities questioning the completeness of their self-understanding. Even men's high postmodernist theory can be read as a reflection of men's relationships with themselves and others.[31]

---

23 Bednarik 1968.
24 Wieck 1990.
25 Schnack/Neutzling 1990.
26 Hollstein 1988.
27 Bonorden 1985.
28 Vgl. Rutherford 1992, S. 14 f.
29 Badinter 1993, S. 155.
30 Vgl. Rutherford 1992, S. 3 f.
31 Middleton 1992, S. 158.

Dieser Umstand, und nicht nur die Tatsache, daß literarische Werke solche männlichen Erfahrungen und Krisen thematisieren,[32] führt dazu, daß fiktionale Literatur für zahlreiche Autoren, die sich mit moderner Männlichkeit auseinandersetzen, zu einer Hauptquelle wird. Und bezeichnenderweise sind es, wie schon zum Ende des letzten Jahrhunderts mit Henrik Ibsen und August Strindberg, wiederum skandinavische Autoren, denen eine führende Rolle in der modernen westlichen Geschlechterdiskussion eingeräumt wird. Elisabeth Badinter etwa erwähnt nicht nur die Kritik der skandinavischen Frauenliteratur am »verstümmelten Mann«,[33] sondern sie zitiert auch mehrfach Romane des Norwegers Knut Faldbakken und verweist auf Hans-Jørgen Nielsens *Fodboldenglen* (1979, dt. *Jeder Engel ist schrecklich*, 1986), um ihren Leserinnen und Lesern das »verkorkste Eheleben«, die Impotenz und Depression der »neuen Männer« vor Augen zu führen.[34]

Ihre Wahl ist nicht zufällig, entsteht doch in Skandinavien in den siebziger Jahren eine sogenannte »Neue Männerliteratur« (»Ny mannslitteratur«[35]). Neu an dieser männlichen literarischen Reaktion auf eine auch internationale Bedeutung erlangende neue skandinavische Frauenliteratur sind weniger ihre Sujets – Scheidung, Beziehungs- und Eheprobleme, das Verhältnis zwischen Eltern und Kindern –, sondern der Umstand, daß hier Männer geschildert werden, die sich selbst als durch ihr Geschlecht geprägte Menschen wahrnehmen und über ihre Geschlechtsidentität reflektieren. Selbstverständlich reagieren diese Autoren nicht nur auf die feministische Literatur ihrer Gegenwart, sie schreiben sich auch in eine literarische Tradition ein, etwa indem sie auf Werke der Jahrhundertwende direkten Bezug nehmen.

Alle Autoren, die in dieser Arbeit zu Wort kommen, bewegen sich in einem internationalen Kontext. August Strindberg lebte lange Zeit in Frankreich und Deutschland. Knut Hamsun unternahm ausgedehnte Reisen in die USA, hielt sich während der Arbeit an *Pan. Af Løjtnant Thomas Glahns Papirer* (1894, dt. *Pan. Aus Lieutenant Thomas Glahns Papieren*, 1895) ebenfalls in Paris auf und kam insbesondere durch die Übersetzung seiner Romane ins Deutsche zu internationalem Ansehen. Aksel Sandemose wurde in Dänemark geboren, fuhr zur See und unternahm ausgedehnte Reisen nach Nordamerika. 1931 emigrierte er nach Norwegen

---

32 Vgl. dazu beispielsweise Schwenger 1984, S. 7 f.
33 Badinter 1993, S. 157.
34 Vgl. Badinter 1993, S. 78 f., S. 186 sowie S. 263, FN 125.
35 Zur Charakterisierung dieser literarischen Strömung vgl. Jørgensen 1984a, Jørgensen 1984b, Jørgensen 1985.

und verbrachte die Jahre der deutschen Besetzung Norwegens in Schweden. Knut Faldbakken lebte und arbeitete in verschiedenen europäischen Ländern, unter anderem in Frankreich und Deutschland. Der einzige in dieser Arbeit vertretene deutsche Autor, Rainer Maria Rilke, war stark von der skandinavischen Literatur seiner Zeit beeinflußt, und sein Werk hatte wiederum erhebliche Wirkung auf die skandinavischen Literaturen. Hans-Jørgen Nielsen schließlich gilt als einer der Intellektuellen der Nachkriegszeit, der nicht nur mit seinem literarischen, sondern auch mit seinem essayistischen Werk und seinen Reiseberichten zum Vermittler moderner europäischer und amerikanischer Literatur- und Kulturtheorien in Skandinavien wurde.

All diese Gründe sprechen dafür, gerade skandinavische Literatur zum Ausgangspunkt zu nehmen, um das Ziel, das sich diese Untersuchung setzt, zu erreichen: die Rekonstruktion eines literarischen Diskurses über Männlichkeit und deren Krisen, der gegen Ende des neuzehnten Jahrhunderts begründet und am Ende dieses Jahrhunderts wieder aufgenommen und variiert wird. Damit wird nicht nur eine bisher übersehene Traditionslinie der skandinavischen Literatur rekonstruiert, sondern es können darüber hinaus auch allgemeine Aussagen über literarische Geschlechterdiskurse der westlichen Moderne gemacht werden.

1.2. Männerbewegung und Männerforschung

In der fiktionalen wie der theoretischen Literatur um die Jahrhundertwende standen die Kultur- und Zivilisationskritik bei der Auseinandersetzung mit Subjekt- und Identitätskrisen im Vordergrund; die damals gesellschaftlich relevante Frauenbewegung wurde weniger als Verursacherin der Krisen denn als ein Krisensymptom unter vielen gewertet. Heute dagegen scheint die »Neue Männerliteratur« unmittelbar auf die zweite Frauenbewegung und die in deren Gefolge entstandene Frauenliteratur zu reagieren. Ähnliches gilt für Forschungszweige, die sich explizit mit dem Thema Männlichkeit auseinandersetzen. Im Gegensatz zur »Männerliteratur«[36] stehen diese in direktem Zusammenhang mit gesellschaftlichen Diskussionen über die Geschlechterfrage, die im Rahmen der »neuen sozialen Bewegungen«, insbesondere der modernen Frauenbewe-

---

36 In seiner Untersuchung über »Die Krise der Männer in der Literatur 1973-1983« verweist Jørgensen 1984b, S. 235, darauf, daß es ein Mißverständnis sei, die neue fiktionale Literatur über Männer für einen Teil der Männerbewegung zu halten.

gung und in ihrem Gefolge der weniger einflußreichen sogenannten »Männerbewegung« geführt werden. Forschungsansätze, die der geschlechtlichen Bestimmtheit nicht nur von Frauen, sondern auch von Männern auf die Spur zu kommen suchen, bildeten sich seit Ende der siebziger Jahre vor allem im angelsächsischen Raum und, von dort inspiriert, auch in den skandinavischen Ländern[37] heraus, meist in enger Verbindung mit diesen gesellschaftlichen Bewegungen. Aufgrund von Forderungen der Frauenbewegung und unter dem Einfluß feministischer Theoriebildung standen nun auch bisher nicht hinterfragte und für universell gehaltene herrschende Vorstellungen von Männlichkeit und Verhaltensweisen von Männern in Frage. In der »Männerbewegung« begannen Männer, das Spannungsfeld auszuloten, das sich zwischen den gesellschaftlich manifesten Veränderungen für Frauen und Männer und den dennoch weiter bestehenden »eingefleischte(n) Maßstäbe(n) für weibliche und männliche Eigenschaften, Fähigkeiten und Verhaltensweisen«[38] auftat. Ziel war es, die konstatierte »Krise des Mannes« und der »Männlichkeit« durch Befreiung von traditionellen Rollenzuschreibungen und durch die Formulierung neuer Lebens-, Arbeits- und Beziehungsideale zu überwinden. Neben dieser profeministischen, antisexistischen Richtung der Männerbewegung entstanden in den achtziger Jahren aber auch Zweige der Bewegung, die sich auf eine Rückbesinnung auf männliche Identität oder auf Rechte des Mannes konzentrierte. Populär wurde insbesondere die von Robert Blys Buch *Eisenhans* inspirierte sogenannte mythopoetische Männerbewegung.[39]

Hervorgegangen aus der profeministischen Männerbewegung, richten sich angelsächsische »Men's Studies« gegen den androzentrischen Universalanspruch und versuchen, Vorstellungen von »Männlichkeit« als soziohistorische Phänomene zu beschreiben:

The most general definition of men's studies is that it is the study of masculinities and male experiences as specific and varying social-historical-cultural formations. Such studies situate masculinities as objects of study on a par with femininities, instead of elevating them to universal norms.[40]

---

37 Vgl. Rusford 1993, Holter 1989.
38 Eckart 1985, S. 170.
39 Bly 1991. Eine Dokumentation der Auseinandersetzung zwischen der profeministischen und der mythopoetischen Männerbewegung findet sich in Kimmel 1995. Vgl. auch Schnurbein 1997a.
40 Brod 1987a, S. 40.

»Men's Studies« sind, bedingt durch ihr Entstehen aus einer sozialen und politischen Bewegung, vorwiegend sozialwissenschaftlich orientiert[41] und verstehen sich als Beitrag zu »sexual« und »gender politics«.[42] In Skandinavien, wo die Gleichstellungsdebatte auch im parlamentarischen Rahmen geführt wird, haben sich Ministerialausschüsse zur Diskussion der »Männerfrage« etabliert,[43] entsprechend hat auch hier die Diskussion einen sozialwissenschaftlichen Schwerpunkt.[44] Mit der Frage nach der Entstehung heute existierender Männlichkeitsvorstellungen hat sich das Forschungsspektrum auf die Ethnologie[45] und die Geschichtswissenschaft erweitert.[46] Literarische Werke, die sich explizit mit Männlichkeitskonzeptionen auseinandersetzen, gerieten aufgrund der stark historisch-sozialwissenschaftlichen Ausrichtung der »Men's Studies« anfangs vor allem als Quellen für soziale Verhältnisse ins Blickfeld wissenschaftlicher Untersuchungen,[47] oder es wurden sozialwissenschaftlich inspirierte Methoden für eine Re-Lektüre des literarischen Kanons verwendet.[48] In Skandinavien näherten sich in den achtziger Jahren einige Autoren dem Thema Männlichkeit in literarischen Werken der Gegenwart aus literaturwissenschaftlicher Sicht.[49] Im Zuge einer Erweiterung des femi-

41 Darauf verweisen auch Geden/Moes 2000, S. 21.

42 Vgl. Brod 1987b, Carrigan/Connell/Lee 1987, Kaufman 1987, Kimmel 1987, Chapman/Rutherford 1988, Renzetti/Curran 1989, Stearns 1990, Hearn/Morgan 1990, Schissler 1992, Connell 1995. In Deutschland BauSteineMänner 1996, Bosse/King 2000, vgl. auch Walter 2000.

43 Vgl. z.B. Mannsrolleutvalget 1989.

44 Vgl. Rusford 1993, Sarnes 1987 sowie Holter 1989.

45 Gilmore 1991.

46 Im angelsächsischen Raum z.B. Carnes/Griffen 1990, Filene 1987, Morgan 1990, Roper/Tosh 1991, Rotundo 1993, Mosse 1996; in Dänemark Kiselberg 1979, Fausing/Kiselberg/Clausen 1984; in Deutschland Frevert 1991, Frevert 1995, Kühne 1996, Erhart/Herrmann 1997.

47 Z.B. *Fodboldenglen* in Mannsrolleutvalget 1989.

48 Z.B. Riemer 1987.

49 Jørgensen 1984b präsentiert einen Überblick über dänische Autoren, Werke und Gattungen, die in der Zeit zwischen 1973 und 1983 die »Krise des Mannes« darstellen. Neben biographischen Einführungen und relativ ausführlichen Inhaltsangaben informiert sein Werk über Zusammenhänge der untersuchten Literatur mit der Männerbewegung und bleibt damit letztlich auf der Ebene eines sozialhistorischen Überblicks. (Vgl. auch Jørgensen 1984a, Jørgensen 1985) Ebenfalls sozialhistorisch orientiert ist der Ansatz Rottems (Rottem 1985b, Rottem 1985a), der die Literatur der »Neuen Männlichkeit« als Reaktion auf Aufbruchs- und Krisenphasen der bürgerlichen Gesellschaft deutet. Vereinzelt geraten zudem das Verhältnis von »Neuer Männerliteratur« zur Frauenliteratur (Hareide 1983), zur

nistischen Ansatzes in den Geistes- und Kulturwissenschaften auf eine Beschäftigung mit der Kategorie Geschlecht, einer Schwerpunktverschiebung von der Frauenforschung zur Geschlechterforschung also, geriet auch die Kategorie Männlichkeit und deren Konstruktion explizit ins Blickfeld der Literaturwissenschaft.[50] Im Zusammenhang mit diesen Entwicklungen entstanden literaturwissenschaftlich orientierte Untersuchungen zum »männlichen« Schreiben und zu einer männlichen Literaturforschung.[51] Einen neuen Impuls für die Auseinandersetzung auch mit der Kategorie Männlichkeit gab Judith Butler. Ihr zufolge ist nicht nur das soziale (»sex«), sondern auch das biologische Geschlechts (»gender«) kulturell produziert und wird durch symbolische Interaktionen und performative Akte ständig neu hergestellt.[52] Spätestens seit Erscheinen von Butlers Thesen werden Literatur, aber auch andere kulturelle »Texte« (etwa theoretische Texte oder Filme) zu Sujets einer Literatur- und Kulturwissenschaft, die sich des Themas Geschlecht annimmt.[53]

historischen Veränderung der Frauenrolle und zum männlichen Bildungsprozeß seit der Romantik (Nymoen 1989) sowie zur Hinwendung der Linken zu einer »Neuen Innerlichkeit« (Heltberg 1980) in den Blick.

50 Zu einer Einführung in die literaturwissenschaftliche Geschlechterforschung vgl. z.b. Showalter 1989, Showalter 1992, Sedgwick 1992, Hof 1995, Erhart/Herrmann 1996, Walter 2000. In den achtziger Jahren entstehen im Zuge dieser Neuerungen literaturwissenschaftliche Untersuchungen, die sich auf die Frage nach Familie und Öffentlichkeit konzentrieren und dabei neben der Weiblichkeit auch explizit die Kategorie Männlichkeit thematisieren. Vgl. Habegger 1982, Armstrong 1987, in Deutschland vor allem Weigel 1990.

51 Z.B. Claridge/Langland 1990, Renner 1986/87, Brody 1993, Cranny-Francis 1992, Rosen 1993a, Green 1993, Grace 1995. In Deutschland Rath 1987, Widdig 1992, Raddatz 1993.

52 Vgl. Butler 1991 sowie Butler 1995. Butler und andere Vertreterinnen einer konstruktivistischen Geschlechterforschung vertreten die Auffassung, daß »der biologische Geschlechtsunterschied selbst als Kernstück einer historischen und kulturspezifischen Konstruktion der Geschlechterdifferenz zu betrachten ist, mit der der Schein eines natürlichen bzw. letztlich auf Natur zurückzuführenden Geschlechtergegensatzes reproduziert wird. Sex ist in dieser Perspektive Teil von gender.« (Mehlmann 1998, S. 95 f.)

53 Hierzu gehören z.B. Berger/Wallis/Watson 1995, Digby 1998, Sedgwick 1985, Sedgwick 1990; in Skandinavien vor allem Lorentzen 1998. Silverman 1992 greift vor allem auf Filme als Untersuchungsmaterial für ihre Theorie einer »marginalen Männlichkeit« zurück.

1.3. Männerliteratur und Psychologie

Obgleich die Freudsche Psychoanalyse mit ihrer Theorie des weiblichen Penisneides in der Frauenforschung zunächst weitgehend als grundlegend misogyn und daher unbrauchbarer Ansatz für die Geschlechterforschung verworfen wurde,[54] orientierte sich schon die frühe, vorwiegend sozialwissenschaftlich orientierte Männerforschung der siebziger und achtziger Jahre direkt oder indirekt an psychologisch und psychoanalytisch inspirierten Theorien. Dies ist vor allem auf den Einfluß der Werke Carol Gilligans und Nancy Chodorows[55] zurückzuführen, die kritisch auf postfreudianische psychoanalytische Objektbeziehungstheorien rekurrierten, um die unterschiedliche Sozialisation von Mädchen und Jungen und die daraus entstehende und immer wieder reproduzierte gesellschaftliche Dominanz von Männern über Frauen zu erklären. Diese Ansätze stellen, im Gegensatz zu Freuds Theorie vom Ödipuskomplex, die vorödipale Mutter-Kind-Symbiose in den Mittelpunkt.[56] Nancy Chodorow hält das Aufgeben der Identifizierung mit der ersten Bezugsperson für grundlegend bei der Entstehung männlicher Identität. In Gesellschaften, in denen die Kindererziehung fast ausschließlich in den Händen von Frauen liege, führe die notwendige Identifikation des Kindes mit der Mutter in den ersten Lebensmonaten zu unterschiedlichen Ausprägungen von (Geschlechts)Identität bei Jungen und Mädchen. Während Mädchen die primäre vorsprachliche Identifikation aufrechterhalten könnten und dazu durch die von der Mutter ausgehende Identifikation ermutigt würden, sähen Mütter in ihren männlichen Kindern von Anfang an einen »Anderen«, »an unfamiliar object«.[57] So provozierten sie eine vorzeitige Trennung des Sohnes von der Mutter, der Prozeß der Individuation bleibe unvollständig. Männlichkeit werde also vor allem negativ konstituiert, durch eine Zurückweisung der Mutter und des Weiblichen. Hier liege auch der Grund für die nahezu universelle Frauenverachtung. Chodorows Theorien kommen einem Grundanliegen der Männerbewegung entgegen, das, wie oben erwähnt, auch die Männerforschung motivierte. Sie scheinen geeignet, männliches Dominanzverhalten zu

---

54 Prominente Ausnahmen bilden in den siebziger Jahren Mitchell 1976 und Rubin 1975.

55 Gilligan 1996, Chodorow 1985.

56 Melanie Klein 1932 gilt als die erste Vertreterin der britischen »object relations school«, die aus der *British Psychoanalytical Society* hervorging. Weitere zentrale Vertreter sind D.W. Winnicott und Michael Balint. Vgl. Balint 1970, Winnicott 1973.

57 Rutherford 1992, S. 36.

analysieren und zu verändern und damit einen Beitrag zu einer feministisch-emanzipatorischen Geschlechterpolitik zu leisten – daher ihre Popularität für die »Men's Studies«.[58] Nicht nur der profeministische Zweig der Männerbewegung, auch deren »männerrechtlerische« und »mythopoetische« Richtung stützen sich häufig auf popularisierte Ergebnisse der Objektbeziehungstheorien. In diesem Falle werden mit ihnen die angeblich größere Fragilität männlicher Identität und die zu überwindende emotionale Dominanz von Frauen erklärt.[59]

Auch in literarischen Werken, die zur selben Zeit entstanden sind, haben (popularisierte) Objektbeziehungstheorien ihre Spuren hinterlassen. Dasselbe gilt für andere sogenannte ich-psychologische Richtungen, insbesondere Narzißmustheorien, die sich ebenso auf vor-ödipale Konfliktstrukturen konzentrieren.[60] Die meisten skandinavischen Autorinnen und Autoren der siebziger und achtziger Jahre können, ebenso wie ihre westeuropäischen und amerikanischen Kollegen, auf Grundkenntnisse der Freudschen und anderer psychoanalytischer Schulen zurückgreifen, auch wenn sie, im Gegensatz zu Knut Faldbakken, kein Psychologiestudium absolviert haben. Dies allein wäre Grund genug, psychoanalytische Ansätze in dieser Untersuchung an zentraler Stelle zu berücksichtigen. Die erwähnten Theorien sind durchaus auch anwendbar für die Interpretation der Romane der Jahrhundertwende. Fallgeschichten narzißtischer Persönlichkeitsstörungen sind offensichtlich in Knut Hamsuns Romanen vorweggenommen. Rainer Maria Rilkes *Aufzeichnungen des Malte Laurids Brigge* (1910) lassen sich als ein Beispiel für die Abhängigkeit männlicher Subjektivität von realen oder phantasierten Mutterfiguren und für die daraus resultierende Fragilität der männlichen Geschlechtsidentität interpretieren, wie sie von der Objektbeziehungstheorie beschrieben wird. Die erwähnten Theorien erscheinen also als geeignete heuristische Mittel zur Freilegung bestimmter Textstrukturen auch in den Romanen, die lange vor der Entstehung dieser Theorien erschienen sind.

Wenn die Beschäftigung mit psychoanalytischen Theorien im folgenden im Vordergrund steht, so hat das jedoch noch einen anderen Grund. Ähnlich wie die Literatur der 1970er und 80er Jahre in Auseinandersetzung mit bestimmten öffentlichkeitswirksamen Diskussionen psycho-

---

58 Eine kritische Zusammenfassung der Bedeutung von Objektbeziehungstheorie und von anderen psychoanalytischen Richtungen für die Männer- und Geschlechterforschung findet sich in Segal 1992. Vgl. auch Rutherford 1992, Middleton 1992 und Badinter 1993.

59 Vgl. zusammenfassend Badinter 1993, S. 66-88.

60 Begründer der Narzißmustheorien sind Kohut 1973 und Kernberg 1978.

analytischer und psychologischer Theorie entstanden ist, besteht nämlich auch um die Jahrhundertwende ein enger Zusammenhang zwischen Psychologie und Literatur. Judith Ryan hat darauf hingewiesen, daß moderne Psychologie und modernistische Literatur zeitgleich am Ende des 19. Jahrhunderts entstanden sind.[61] Auch Michael Worbs konstatiert diesen Zusammenhang und die herausragende Rolle der französischen und der skandinavischen Literatur.[62] 1890 schreibt der österreichische Schriftsteller und Essayist Hermann Bahr seinen Essay »Die neue Psychologie«.[63] Etwa zeitgleich propagiert Knut Hamsun in einem polemischen, gegen die Autoren des Modernen Durchbruchs gerichteten Vortrag eine »psychologische Literatur«,[64] die »das unbewußte Seelenleben« ernstnehmen solle.[65] »Psychologie« im Sinne Hamsuns oder Bahrs ist nicht gleichbedeutend mit Psychoanalyse. Diese entsteht jedoch beinahe zeitgleich und im Kontext der psychiatrischen Diskurse, der »neuen Psychologie«, und sie ist ihrerseits in nicht geringem Maße von fiktionaler Literatur beeinflußt, wählt gerade Freud doch immer wieder literarische Beispiele, um bestimmte psychologische Komplexe zu erklären. Psychologie/Psychoanalyse und Literatur sind darüber hinaus die beiden Bereiche, in denen Fragen nach Identität und insbesondere auch der Geschlechtsidentität im Vordergrund stehen, so daß es ohnehin unumgänglich erscheint, diese Theorien für die Analyse von Geschlechterkonzeptionen in Literatur mit heranzuziehen. In diesem Sinne werden Verfahrensweisen der Psychiatrie, Psychologie und Psychoanalyse im folgenden nicht zu literaturwissenschaftlichen Methoden umfunktioniert, mit deren Hilfe verborgene psychische Strukturen der Autoren oder literarischer Figuren aufgedeckt oder Erkenntnisse über die psychologische Funktion des Kunstwerkes gewonnen werden können.[66] Psychologische und psychoanalytische Theorien sollen vielmehr als »Intertexte« für die zu untersuchenden literarischen Texte verstanden werden. Sie bilden den weiteren diskursiven Zusammenhang, in dem die Romane entstanden sind, von dem die jeweiligen Autoren direkt oder indirekt beeinflußt waren und den sie ihrerseits mitprägten.

---

61 Ryan 1991.
62 Vgl. Worbs 1988, S. 58.
63 Bahr 1968.
64 Hamsun 1960.
65 »Fra det ubevidste sjæleliv« ist ein Essay Hamsuns überschrieben, der 1890 in der ersten Ausgabe der Zeitschrift *Samtiden* erschien.
66 Diese drei Dimensionen psychologischer Zugänge zur Literatur unterscheidet Rühling 1996.

Von Bedeutung für die vorliegende Arbeit ist der Umstand, daß zwar die Gegenwartsromane in einem sehr ähnlichen Diskussionszusammenhang stehen und nicht zufällig unter der Rubrik »Neue Männerliteratur« zusammengefaßt werden, daß zugleich aber zwischen den Erscheinungsdaten der älteren Romane jeweils etwa zwanzig Jahre liegen. Während Knut Hamsuns *Pan* und August Strindbergs *Plaidoyer d'un Fou* noch von psychiatrischen Diskursen der zweiten Hälfte des 19. Jahrhunderts geprägt sind, rezipiert Rainer Maria Rilke bereits Theorien Sigmund Freuds, die das nachfolgende Denken über Sexualität, Geschlecht und Identität entscheidend geändert haben. Die Freudsche Psychoanalyse basiert zwar auf denselben medizinischen Diskursen, hat diese jedoch insofern modifiziert, als sie »eine psychologische Aneignung des biologischen Geschlechts« postuliert und damit die »Konzeption einer männlichen Geschlechtsidentität, die als geschlechtlich-partikulare formuliert wird«,[67] ermöglicht.

Sandemose schließlich ist wiederum gut zwanzig Jahre später nicht nur von Freuds späteren Theorien beeinflußt, sondern auch von deren Weiterentwicklungen durch Alfred Adler und Wilhelm Reich. Durch die Konzentration auf diese sich ändernden diskursiven Zusammenhänge lassen sich nicht nur komplexere historische Perspektiven gewinnen, sondern sie ermöglicht es auch, Rezeption, Modifikation und Transformation literarischer und außerliterarischer Männlichkeitsdiskurse verschiedener Zeiten durch Autoren der Gegenwart genauer zu analysieren.

Bekanntlich ist neben der Geschlechterfrage auch die Sexualität, vor allem deren Störungen und »Perversionen«, ein Hauptbeschäftigungsfeld insbesondere der Medizin und Psychiatrie. Michel Foucault hat in *Der Wille zum Wissen* die These vertreten, daß die Kategorie »Sexualität« in der Moderne als »Selbsttechnik« einen zentralen Stellenwert für die Persönlichkeitsbildung gewinnt.[68] Geschlechtsidentität und sexuelle Orientierung werden im Sexualitätsdiskurs des 19. und 20. Jahrhunderts als voneinander abhängig betrachtet. Männliche Homosexualität wird beispielsweise zum Zeichen der Verweiblichung, oder eine eindeutige heterosexuelle Orientierung wird in Zusammenhang gebracht mit eindeutigen weiblichen bzw. männlichen Identifizierungen, Rollenverhalten und Inszenierungen. Für die Jahrhundertwende ist zudem mehrfach auf die erheblichen Wechselwirkungen zwischen Literatur und Sexualwissenschaft hingewiesen worden.[69] Männlichkeit, männliche Identität, läßt

---

67 Mehlmann 1998, S. 96 f.
68 Vgl. Foucault 1983.
69 Vgl. Apter 1991, S. XV, Nye 1993, S. 14.

sich, folgt man diesen Voraussetzungen, also nicht von der Frage nach Sexualität und sexueller Identität trennen, es scheint sogar ein kausaler Zusammenhang zwischen der Vergeschlechtlichung des Mannes und der »Sexualisierung des Menschen«[70] um die Jahrhundertwende zu bestehen.[71] Letzteres sind Fragen, die in jüngerer Zeit insbesondere von Vertretern der sogenannten »Gay and Lesbian Studies« oder »Queer Studies« gestellt worden sind.[72] Bahnbrechend in bezug auf eine Verbindung feministischer, literaturwissenschaftlicher und »queer« Ansätze ist das Werk Eve Kosofsky Sedgwicks, die in *Between Men* zeigt, daß die Konstruktion der juristischen und medizinischen Kategorie »homosexuell« und die Verfolgung homosexueller Männer auch und gerade zur Regulierung heterosexueller Männlichkeit dient.[73]

Brückenschläge dieser Art können auch verhindern, daß die Beschäftigung mit Identitätsfragen in den Kulturwissenschaften selbst zur Identitätspolitik wird und dem ungeschriebenen, immer noch weit verbreiteten Gesetz folgt, daß Feministinnen Frauenforschung betreiben, fortschrittliche Männer Männerforschung und daß Homosexuelle »Queer Studies« zum Gegenstand wählen. So soll in dieser Untersuchung der Gegenstand »Männlichkeit« einmal nicht aus der Perspektive des mit der eigenen Geschlechtsidentität beschäftigten Mannes betrachtet werden, wie es immer noch in den meisten Publikationen zur Männerforschung der Fall ist.[74]

Unterschiedliche Zweige der Geschlechterforschung haben in den letzten Jahren immer wieder darauf hingewiesen, daß »Geschlecht« in enger Wechselbeziehung zu den Kategorien Ethnizität und Klasse steht, daß »race«, »class« und »gender« sich stets gegenseitig bedingen und nicht losgelöst voneinander betrachtet werden können. Während »Klasse«

---

70 Mehlmann 1998, S. 106.
71 Mehlmann 1998, S. 112, vertritt die These: »Die Genese des Konzepts einer männlichen Geschlechtsidentität kann als ein Prozeß verstanden werden, mit dem die Konstruktion abweichender sexueller Identitäten über die zentrale Kopplung von Sexualität und Persönlichkeit in ein Entwicklungsmodell normaler Männlichkeit transformiert wird.«
72 Vgl. Jagose 1996, Abelove/Barale/Halperin 1993.
73 Sedgwick 1985, vgl. auch Sedgwick 1990.
74 Beispiele für eine Identifizierung von Identität und Erkenntnisinteresse bieten z.B. BauSteineMänner 1996, Holter 1989 und Lorentzen 1998. Neuerdings haben sich Geden/Moes 2000, S. 21, kritisch zur »Tendenz zur Kopplung von Forschungssubjekt und –objekt in der Männerforschung geäußert. Sie schlagen daher vor, zu unterscheiden zwischen Männerforschung als »Forschung von Männern über Männer und Männlichkeit« sowie »Männlichkeitsforschung«, die nur Bezug auf das Forschungsobjekt, nicht jedoch auf das forschende Subjekt nimmt.

auch in der skandinavischen Männerliteratur durchaus eine zentrale Rolle spielt, ist auf den ersten Blick nicht unmittelbar einsichtig, inwieweit Ethnizität für die hier diskutierten Sachverhalte relevant sein könnte. Ein erneuter Blick auf den medizinisch-psychiatrischen Diskurs der Jahrhundertwende belehrt jedoch schnell eines Besseren.

Dieser ist bekanntlich stark geprägt von der darwinistischen Evolutionslehre, dem daraus entsprungenen Sozialdarwinismus und Vitalismus und den mit diesen Lehren zusammenhängenden Fortschrittshoffnungen *und* Degenerationsängsten. In diesem Evolutionsmodell gilt der erwachsene, männliche, bürgerliche Europäer als die höchste Entwicklungsstufe, ihm werden Kinder, Frauen und »primitive« Schwarze sowie Angehörige des Proletariats als weniger weit entwickelte »Andere« entgegengesetzt.[75] Häufig ist dieser »Andere« der Jude, der ebenfalls als »verweiblicht« gilt.[76] Wenn der durch Rassen- oder Klassenzugehörigkeit gekennzeichnete »Andere« immer auch weiblich konnotiert ist, spielen für die Konstruktion männlicher Identität, die, wie oben gezeigt, von einer Abgrenzung vom Weiblichen bestimmt ist, auch die Auseinandersetzung mit und Absetzung von Männern eine Rolle, die anderen Rassen oder Klassen angehören.

Auch wenn es im folgenden vorwiegend um Männer der intellektuellen Mittelklasse geht, die durch Schreiben ihren Lebensunterhalt verdienen und ihre Identität konstruieren, so werden doch ihre eigenen Männlichkeitsideale immer auch kontrastiv zu anderen Männlichkeitsidealen entworfen, etwa zu solchen anderer Berufsgruppen oder Schichten. Hier kann also nicht eigentlich von »Männlichkeit« die Rede sein, sondern von »Männlichkeiten« (masculinities) – eine Erkenntnis, die heute fast allen programmatischen Entwürfen der »Men's Studies« zugrunde liegt.[77]

---

75 Vgl. dazu z.b. Gilman 1985, S. 87 f.

76 Vgl. hierzu Santner 1996, S. iii f., Gilman 1994, Hödl 1997, S. 164-232.

77 Hierauf verweist schon die Tatsache, daß zahlreiche Untersuchungen zu Männlichkeit das Wort »masculinities« im Titel tragen. Vgl. z.b. Brod 1987b, Brod/Kaufman 1994, Cohand/Hark 1993, Connell 1993, Connell 1995, Harris 1995, Hearn/Morgan 1990, Roper/Tosh 1991, Segal 1992, Sussman 1995. Zum Einbezug der Größen Rasse und Klasse in die Männerforschung vgl. z.b. Bederman 1995, Rosen 1993a, S. 181 und 217, Segal 1992, S. 169-206.

1.4. Die Tradition des »Männerbuches« in Skandinavien

Versteht man das »System der biologischen Zweigeschlechtlichkeit und das damit verbundene Postulat von der natürlichen Existenz biologischer Geschlechter als Produkte sozialer Praktiken [...], die über diskursive und nicht-diskursive Machtpraktiken immer wieder erst reproduziert werden«,[78] faßt man mit Judith Butler Männlichkeit und Weiblichkeit als wiederholt durch performative Akte produzierte Größen, so kommt der Repräsentation von Geschlecht beispielsweise in literarischen Werken eine besondere Bedeutung zu: Sie bilden diese Prozesse nicht einfach ab, sondern zeigen darüber hinaus die historischen Konstruktionsbedingungen von (Geschlechts-)Identität. Ich-Romane, in denen die genannten Prozesse direkt als Schreibprozesse thematisiert werden, sind deshalb besonders geeignet, sichtbar zu machen, wie Identität *durch* Literatur und *im* Schreiben hergestellt wird. Dieser Prozeß der Identitätsbildung verläuft natürlich nicht linear, sondern in einem komplexen Wechselspiel von Konstruktion und Demontage. Anders ausgedrückt: Die allgegenwärtige »Krise der Männlichkeit«, von der diese Untersuchung ihren Ausgangspunkt nimmt, geht immer schon einher mit der Bildung männlicher Identität.

Konstruktions- und Dekonstruktionsmechanismen dieser Art sollen im folgenden aufgezeigt werden an sechs Ich-Romanen, die zwischen 1890 und 1985 bis auf eine Ausnahme in Skandinavien erschienen sind. Alle ausgewählten Romane thematisieren nicht nur männliche Identität und ihre Krisen, sie setzen sich auch direkt mit den oben genannten psychologischen und psychoanalytischen Theorien auseinander, die für das Bild, das sich unser Jahrhundert von Geschlechterverhältnissen macht, so einflußreich geworden sind. In den ersten beiden Hauptkapiteln werden anhand kontrastiver Analysen je eines Gegenwartsromans und eines Romans der Jahrhundertwende, auf den ersterer direkt Bezug nimmt, die intertextuellen Bezüge innerhalb der europäischen Literatur des 20. Jahrhunderts auf ihre Relevanz auch für die Konstruktion und historische Veränderung von Geschlechtsidentität untersucht.

Das Verhältnis von literarischer Tradition und der Formation und Krise männlicher Geschlechtsidentität auch in historischer Perspektive wird in dem 1985 erschienenen Roman *Glahn* (dt. *Pan in Oslo*, 1987) von Knut Faldbakken exemplarisch vorgeführt. Der Autor galt bereits vor dieser

---

78 Bührmann 1998, S. 76.

Veröffentlichung als wichtiger Vertreter einer psychologisch realistischen Tradition, der sich mit der Schilderung von männlicher Identität und deren Krisen[79] sowie sexueller Perversion[80] einen Namen gemacht hatte. Knut Faldbakken übernimmt in *Glahn* die Personennamen und Konstellationen aus Knut Hamsuns berühmtem lyrischen Roman *Pan* (1894) und verlegt die Handlung aus dem Nord-Norwegen des mittleren 19. Jahrhunderts ins Oslo der Gegenwart. Faldbakkens Ziel ist es, das in seinen Augen romantisch idealisierende Männerbild Hamsuns zu demontieren und dessen latente Gewalttätigkeit zu entlarven. Kapitel 2 geht von der Beobachtung aus, daß in beiden Romanen Sexualität und sexuelle Perversion auf der Handlungsebene eine zentrale Rolle spielen und von den impliziten Autorinstanzen als Symptome für eine in die Krise geratene männliche Identität gewertet werden. Zunächst steht die Frage im Vordergrund, welche Funktionen Vorstellungen von und Ängste vor Homosexualität in beiden Romanen haben. (Kapitel 2.1.) In 2.2. und 2.3. wird untersucht, inwieweit narzißtische Persönlichkeitsstrukturen und sexuelle Perversion die Formation und Deformation männlicher Identität in den Romanen bestimmen. 2.4. setzt sich mit den unterschiedlichen historisch konstituierten diskursiven Zusammenhänge auseinander, in die die beiden Romane eingeschrieben sind; diese Überlegungen werden im folgenden (2.5.) vom individualpsychologischen Bereich auf die Frage ausgedehnt, inwieweit Diskurse über Rassen- und Klassenunterschiede die jeweils unterschiedlichen Konstruktionen von männlicher Identität und Sexualität in *Pan* und *Glahn* prägen. Schließlich wird analysiert, wie auch die Identitätssuche der Erzähler im Prozeß des Schreibens und durch die Beschäftigung mit der literarischen Tradition von Fragen nach Sexualität und sexueller Identität beeinflußt ist, (2.6.) und welche Schlußfolgerungen daraus auf das Verhältnis der Autoren Faldbakken und Hamsun gezogen werden können. (2.7.)

Auch das 3. Kapitel kontrastiert mit Hans-Jørgen Nielsen: *Fodboldenglen* (1979, dt. *Jeder Engel ist schrecklich*, 1986, wörtlich: »Der Fußballengel«) und Rainer Maria Rilke: *Die Aufzeichnungen des Malte Laurids Brigge* (1910) einen Gegenwartsroman und einen Roman der Jahrhundertwende, auf den sich jener direkt bezieht. In diesem Kapitel geht es

---

79 Z.B. in *Insektsommer* (1972, »Insektensommer«), *Adams dagbok* (1978, dt. *Adams Tagebuch*), *Bryllupsreisen* (1982, dt. *Der Schneeprinz*).

80 Z.B. in *Sin mors hus* (1969, »Seiner Mutter Haus«) und *Maude danser* (1971, dt. *Jungferntanz*).

zunächst um ähnliche Zeitabschnitte und ähnliche diskursive Unterschiede wie in Kapitel 2. Der Fokus liegt aber weniger auf Sexualität und deren Abweichungen, sondern auf Fragen nach dem Zusammenhang zwischen physischer und psychischer Krankheit, Wahnsinn und Tod, die mit der Ich-Auflösung und den Krisen der männlichen Identität ihrer Protagonisten einhergehen. Zunächst wird nochmals auf narzißtische Strukturen rekurriert, die die Persönlichkeiten sowohl von Nielsens wie von Rilkes Protagonisten und darüber hinaus ihre Sicht und Kritik von gesellschaftlichen Verhältnissen prägen. (3.2.) Anschließend werden die Zusammenhänge zwischen diesen präödipalen Strukturen und Störungen und zeitgenössischen Theorien über Geschlechtersysteme, insbesondere Matriarchatstheorien (3.3.) und Männerbundideen (3.4.) analysiert. Die Frage nach der Bewertung einer Integration »weiblicher« Anteile für eine »neue« männliche Identität (3.5.) leitet über zur Analyse der jeweiligen Identitätskrisen auch und besonders als Schreibkrisen (3.6.) und der Hoffnung auf Auswege aus diesen zerstörerischen Strukturen in einem neuen »männlichen« Schreiben, die in den Texten formuliert ist. (3.7.) Anhand einer Zusammenführung zeitgenössischer Diskurse über Krankheit und Wahnsinn mit den Geschlechterkonzeptionen der beiden Romane werden abschließend die Bedeutung männlichen Leidens und einer »Verweiblichung« des Mannes diskutiert. (3.8.)

Während um die Jahrhundertwende psychoanalytische Theorie gerade erst entsteht, wenn auch in lebhafter Wechselwirkung mit Literatur, gehören freudianische und postfreudianische Ideen in den 1970er und 80er Jahren längst zum Allgemeinwissen jedes an Fragen der Identität und Psychologie interessierten Schriftstellers und fließen damit selbstverständlich in dessen Texte ein. Der in Kapitel 4 analysierte, 1933 erschienene Roman *En flyktning krysser sitt spor* (dt.: *Ein Flüchtling kreuzt seine Spur*, 1973) von Aksel Sandemose ist nicht nur in chronologischer Hinsicht ein Zwischenglied zwischen den in den vorhergehenden Kapiteln behandelten Romanen der Gegenwart und der Jahrhundertwende. Er stellt auch einen wichtigen Meilenstein im sich wandelnden Verhältnis zwischen skandinavischer Literatur und Psychoanalyse dar. Neben seinem Freund und Mentor Sigurd Hoel verwendet Sandemose nämlich als einer der ersten skandinavischen Autoren explizit psychoanalytische Theorie in seinem literarischen Werk und sieht diese als Möglichkeit, Gesellschaftskritik zu äußern. Am Anfang steht eine eingehende und bisher nicht geleistete Untersuchung, in welcher Form die psychoanalytischen Theorien Sigmund Freuds (4.1.) und Alfred Adlers (4.2.) die Struktur des Romans im allgemeinen und die Identitätsfindung des männlichen Protagonisten Espen Arnakke im besonderen prägen. Diese bildet den Ausgangspunkt für die Diskussion der psychoanalytisch inspirierten Kritik von Sprache und Erzählen (4.3.) sowie der ambivalenten Funktion psychoanalytischer Ideen und Schreibweisen in seinen Erinnerungen in bezug auf Kindheitstraumata. (4.4.) Die Relevanz dieser literarischen Gesellschafts-, Faschismus- und Männlichkeitskritik Sandemoses im Kontext neuerer, von Jacques Lacan beeinflußten literatur- und sozialwissenschaftlichen Theorien steht am Ende der Analyse von *En flyktning krysser sitt spor.* (4.5.)

Wenn es um die Frage nach dem Zusammenhang zwischen Identität, (autobiographischem) Schreiben und Männlichkeit geht, ist ein skandinavischer Autor von eminenter Bedeutung: August Strindberg, der sich insbesondere in seinen naturalistischen Werken nahezu obsessiv mit der Geschlechterfrage beschäftigt. An seinen Dramen, Romanen und autobiographischen Schriften ist daher auch keiner der hier genannten Autoren vorbeigekommen. Sein anfangs schon zitierter Roman *Le Plaidoyer d'un Fou* (1895; dt. *Plädoyer eines Irren*) dient als Folie für die abschließende Diskussion einiger übergreifender Aspekte zu den in den Hauptkapiteln rekonstruierten Zusammenhängen zwischen literarischem Schreiben und theoretischen Diskursen über Identität und Geschlecht seit der Jahrhundertwende. Am Anfang des resumierenden Kapitels 5 steht die Frage nach der Funktion symbolischer Elternimagines (insbesondere der »vaterlosen Gesellschaft« 5.1.1. und einer »matriarchalen« Dominanz 5.1.2.) im literarischen und theoretischen Diskurs. Mögliche Reaktionen der »Söhne« auf solche auch auf gesellschaftliche Zustände projizierten Familienstrukturen, bilden ihre »Verweiblichung« (5.2.1.), ihr »männlicher Protest« (5.2.2.) und ihr Zusammenschluß in »Männerbünden«. (5.2.3.) Wechselwirkungen zwischen Rassediskurs, Geschlechterdiskurs und verschiedenen klassenbedingten »Männlichkeiten« werden in 5.3. diskutiert. Eine erneute Reflexion über den Zusammenhang literarischer Techniken der Selbstdarstellung mit männlicher Identität und deren Krisen (5.4.) wird die Rekonstruktion der Tradition des »Männerbuches« in Skandinavien seit dem 19. Jahrhundert abschließen.

Allerdings handelt es sich bei der im folgenden zu rekonstruierenden Traditionslinie nicht um ein auf Skandinavien beschränktes Phänomen. Darauf weist bereits ein kuriöses Rezeptionsphänomen aus den USA der Gegenwart hin. Robert Bly, der nach 1990 mit der Publikation seines *Eisenhans, ein Buch über Männer* und durch Selbstfindungsworkshops für Männer zum »Guru« der »mythopoetischen Männerbewegung« wurde, ist selbst von zwei der hier diskutierten Autoren in hohem Maße beeinflußt. Es handelt sich zum einen um Knut Hamsun, dessen Durchbruchsroman *Sult* (1890; dt. *Hunger*) er im Jahre 1967 übersetzte und mit einer Einleitung versah, in der er den Erzähler zu einer Art »Eisenhans«

der Jahrhundertwende stilisiert.[81] Der andere Kult-Autor Blys ist Rilke. 1994 berichtete die *FAZ*, Bly sei »mit wallendem weißen Haar, Falstaff-Wanst und Wildleder-Pelerine« auf einer Rilke-Tagung in Amherst, Massachusetts aufgetreten, um dort seine Rilke-Übersetzungen vorzustellen und »eigene Verse zu den Klängen seiner arabischen Laute vorzutragen.«[82]

Dieses Buch ist auch in der Hoffnung geschrieben, einen Beitrag dazu zu leisten, die zweifelhafte Prominenz, die Autoren wie Rilke als Helden einer von Ideen des New Age beeinflußten mythopoetischen Männerbewegung erlangen können, zu relativieren, gleichzeitig aber ihre Bedeutung für die immer noch virulenten und gesellschaftlich wie kulturwissenschaftlich unvermindert zentralen Geschlechterdiskurse deutlich zu machen.

81 Bly 1967.
82 Uthmann 1994.

2. Männlichkeit als Perversion –
Knut Faldbakken: *Glahn* – Knut Hamsun: *Pan*[1]

»O, I shall furnish a queer book this time, unexpected, unknown, Punktum.«[2]

Der norwegische Autor und spätere Nobelpreisträger Knut Hamsun war im Gegensatz zu seinen ebenso international berühmten Vorläufern Henrik Ibsen und Bjørnstjerne Bjørnson und zu dem von ihm bewunderten schwedischen Kollegen August Strindberg kein aktiver Debattant in der Geschlechterdiskussion, die in Skandinavien seit dem Modernen Durchbruch heftig geführt wurde.[3] Warum sollte man also einen Roman an den Anfang dieser Untersuchung stellen, dessen Autor sich »vollständig arrogant im Verhältnis zur ganzen Geschlechterdiskussion«[4] verhielt? Zunächst bedeutet Hamsuns Schweigen in diesen öffentlichen Debatten nicht, daß er von der »Frauenfrage« unberührt gewesen ist. Auf sein Engagement in diesem Kontext verweist schon sein polemisches »Meine Herren und Damen«, mit dem er seine drei Vorträge über Literatur von 1891 einleitete.[5] Zudem hat sich ein anderer bekannter norwegischer

---

1 Einige Anmerkungen zur Zitierweise in diesem Kapitel: Die norwegischen Originaltexte sind nach den im Literaturverzeichnis angegebenen Ausgaben zitiert. Die Übersetzungen der Zitate von Knut Faldbakkens *Glahn* (im folgenden abgekürzt *G*) richten sich nach der deutschen Ausgabe *Pan in Oslo* (im folgenden *PO*). Wo es für die Interpretation klarer schien, wurde in Einzelfällen, die nicht gesondert gekennzeichnet sind, die Übersetzung geringfügig geändert. Die Übersetzung der Zitate aus Knut Hamsuns *Pan* (im folgenden *P*) orientiert sich an derjenigen von Sophie Angermann (Hamsun 1996). Diese weicht jedoch vom Ausgangstext so häufig ab, daß hier darauf verzichtet wurde, die Textstellen mit Seitenzahlen zu zitieren. Aufgrund der Kürze der einzelnen Kapitel ermöglicht die Angabe der Kapitelnummer (in römischen Zahlen) es aber, die zitierten Textstellen auch in der deutschen Ausgabe zu finden.
2 Knut Hamsun über *Pan* am 20. Juni (?) 1894 in einem Brief an seinen deutschen Verleger Albert Langen. (Hamsun 1994, Bd. 1, S. 418)
3 Zu den Debatten um die Frauenfrage und die Frage nach der Sexualmoral vgl. die umfassenden Darstellungen von Dahlerup 1983 und Bredsdorff 1973.
4 Lorentzen 1998, S. 28.
5 Hamsun 1960. Vgl. dazu Lorentzen 1998, S. 28.

Autor im Zusammenhang mit Geschlechterdebatten seiner eigenen Zeit, nämlich den 1970er und 80er Jahren, explizit mit Hamsun auseinandergesetzt: Knut Faldbakken hebt in seiner fiktionalen Bearbeitung von Hamsuns *Pan* (1894), die 1985 unter dem Titel *Glahn* (dt. *Pan in Oslo*, 1987) erschien, insbesondere die Probleme des Protagonisten mit männlicher sexueller Identität und Männlichkeit im allgemeinen hervor. Diese Emphase von Geschlechterfrage *und* Sexualität in Faldbakkens Roman bildete den Anlaß, obiges Briefzitat mit einem ironischen Augenzwinkern an den Anfang dieses Kapitels zu stellen. Hätte Knut Hamsun gewußt, welche Bedeutung das Wort »queer« 100 Jahre nach der Niederschrift seines Briefes erlangt hat, so hätte er wohl einen anderen Ausdruck gewählt, um die Eigenart seines wenige Monate später erschienenen Romans *Pan* zu charakterisieren. Dennoch scheint mir in dieser Äußerung des Autors auch dann noch etwas Wahres zu sein, wenn man »queer« im heutigen Sinne versteht, nämlich als ein von den Gemeinten selbst in eine positive Selbstbezeichnung gewendetes Schimpfwort für homosexuelle Männer und Frauen, ähnlich dem deutschen »schwul«. Doch geht die Bedeutung von »queer« über diejenige von »schwul« hinaus und bezeichnet Bisexuelle ebenso wie Transsexuelle und andere sexuelle Minderheiten.

Daß Sexualsymbolik in Knut Hamsuns *Pan* eine tragende Rolle spielt, hat Nettum bereits 1970 einleuchtend dargelegt. In seiner Analyse stellt er den für den Protagonisten unlösbaren Gegensatz zwischen Liebe und Natur heraus.[6] Die Funktion der erotischen Metaphorik im Zusammenhang mit der dezidiert modernen psychologischen Thematik des Romans und mit der Identitäts- und Männlichkeitsproblematik des Protagonisten ist hingegen ebenso wenig in den Blick gekommen[7] wie die Frage nach der Bedeutung zeitgenössischer Debatten über Sexualität und Moral.[8] Diese Zusammenhänge zwischen Identitäts- und Sexualitätsproblematik sollen in den folgenden Ausführungen im Vordergrund stehen.

Die Haupthandlung des kurzen, lyrischen Romans Knut Hamsuns, der 1894 erstmals erschien, spielt in der kleinen Fischer- und Handelsgemeinde Sirilund in Nordnorwegen im Jahre 1857. Ich-Erzähler und Hauptfigur ist Leutnant Thomas Glahn, der seine militärische Karriere aufgegeben hat und den Sommer in einer Hütte etwas außerhalb des Ortes am Waldrand verbringt, wo er sich von Jagd und Fischerei ernährt.

---

6 Nettum 1970.
7 Eine Ausnahme bildet Seiler 1995, auf dessen Thesen gegen Ende dieses Kapitels genauer einzugehen ist.
8 Eine Ausnahme bildet Bjørby 1993.

Glahn schreibt die Erinnerungen an seine Zeit in Nordnorwegen zwei Jahre später nieder. In seiner Erzählung, wie schon während seines Aufenthaltes in Sirilund, stilisiert er sich selbst als Naturmenschen, der das Stadtleben und den sozialen Umgang flieht und sich im Wald besser zurechtfindet als in der menschlichen Gesellschaft. Glahn lebt auf Kosten des reichen und mächtigen Handelsherrn Mack, dessen feudale Macht jedoch im Niedergang begriffen ist. Macks zwanzigjährige, in den Augen des Vaters heiratsfähige Tochter Edvarda nimmt Kontakt mit dem für sie faszinierenden Jäger mit dem »Tierblick« auf; die beiden treffen sich mehrmals nachts im Wald und beginnen ein Verhältnis miteinander. Nach einigen leidenschaftlichen Wochen wandelt sich ihre Beziehung jedoch in ein Schwanken zwischen gegenseitiger Anziehung und Abneigung. Glahn wird darüber hinaus mehr und mehr von seiner Eifersucht gegenüber dem Doktor verzehrt, einem ebenfalls abgewiesenen Heiratskandidaten Edvardas und gegenüber einem finnischen Baron, den Edvarda später heiraten wird. Der Erzähler sucht in der Folge Bestätigung und Trost in einer Liebesaffäre mit der liebenden und unterwürfigen Eva, der Frau des Schmieds, die er zunächst für dessen Tochter hält und die gleichzeitig ein Verhältnis mit Mack hat. In der Folge entzieht Mack Glahn zunehmend die Privilegien, die er ihm gewährt hatte, verbietet ihm die Jagd und brennt schließlich seine Hütte nieder. Wenig später wird Eva bei einem Unfall getötet, der von Glahn und Mack bewußt in Kauf genommen, wenn nicht sogar geplant war. Der erste Teil von *Pan* endet damit, daß Glahn seinen Hund Äsop, mit dem er die Wälder durchstreift hatte, erschießt, den Kadaver Edvarda als »Geschenk« überbringen läßt und Nordnorwegen verläßt. Zwei Jahre später lebt er als deprimierter Lebemann in der Hauptstadt, wo er seine Erinnerungen niederschreibt.

Der kurze, »Glahns Tod« überschriebene zweite Teil, der *Pan* als Epilog angefügt ist, spiegelt die Konstellationen und Konflikte des ersten Teils, hat aber einen anderen Erzähler und einen anderen Handlungsort. Erzähler ist ein nicht mit Namen genannter Jagdkamerad Glahns, mit dem er 1859 einige Monate in Indien verbrachte. Dieser berichtet wiederum zwei Jahre später, also 1861, über die gemeinsamen Jagdabenteuer in Indien und über Glahns Tod. Der Erzähler erschießt Glahn bei der Jagd in einer Rivalitäts- und Eifersuchtsszene.

Knut Faldbakken greift in seinem 1985 erschienen Roman *Glahn* die Handlungsmuster und Figurenkonstellationen von *Pan* direkt auf, verlegt sie aber ins Oslo der Gegenwart. Mack ist hier der Besitzer einer alteingesessenen, aber von postkapitalistischen Wirtschaftsstrukturen bedrohten Handelsfirma. Glahns »Hütte« ist ein kleines Appartement in einem Bürohaus in Oslo, das Mack seinem heruntergekommenen ehemaligen Militärkameraden zur Verfügung stellt. Eva ist Macks Frau, Edvarda deren Tochter, eine 18jährige Schülerin, die sich mit ihren Freunden in Diskotheken trifft. Die Natur, in die der Hamsunsche Glahn sich zurückzieht, ist ersetzt durch den »Dschungel der Großstadt« und durch idyllische Villenvororte. Auch Faldbakkens Glahn ist rückblickender Erzähler seiner eigenen sommerlichen Erlebnisse. Er befindet sich zum Zeitpunkt der Niederschrift seiner Erinnerungen in einer psychiatrischen Anstalt, in die er eingewiesen wird, nachdem Eva durch Macks und seine Schuld bei einem Brand ums Leben gekommen ist. Der kurze zweite Teil von *Glahn* besteht aus einem Polizeibericht. Es handelt sich um die Aussage Macks, die er macht, nachdem Glahn, der aus der Anstalt geflohen ist, in Macks Büro durch einen Revolverschuß ums Leben gekommen ist.

Faldbakken verwendet also zentrale Elemente des Hamsunschen Romans, gleichzeitig nimmt er aber auch charakteristische Änderungen vor. Die Parallelen zwischen den Romanen und die Modifikationen Faldbakkens, die für die Fragen nach männlicher Identität besonders wichtig erscheinen, sollen im folgenden diskutiert werden. Damit sollen einerseits Dimensionen des Hamsunschen Romans deutlich werden, die bisher in Analysen von *Pan* kaum zur Kenntnis genommen worden sind. Andererseits wird eine ausführliche Interpretation von *Glahn* vorgelegt.[9] Die Leitfrage wird dabei sein, inwieweit männliche Identität durch die jeweils zeitgenössischen Auffassungen von Sexualität strukturiert wird.

2.1. Homosexualität: Bedrohung und Verlockung

Die augenfälligste und wohl provokanteste Änderung, die Knut Faldbakken in seiner Fassung der Geschichte von Leutnant Glahn im Vergleich zu Hamsuns Original vornimmt, ist die plakative Beschreibung homosexueller Akte zwischen den Figuren Mack und Glahn. Macks großer Körper wird von Glahn mehrfach mit obsessiver Faszination betrachtet und beschrieben. (Vgl. *G* 12, 14, 16 f., 21, 49, 157; *PO* 11, 13, 16 f., 22, 56, 191) Bereits dadurch erhält die Beziehung zu dem älteren Mann, in dem Züge des Hamsunschen Handelsherrn mit denen des Doktors in Pan verschmelzen, eine erotische Note. Durchgehende Metapher für die körperliche Beziehung zwischen den beiden Männern ist eine Geste: Mack

---

9 Die einzige mir bekannte ausführlichere Analyse von *Glahn* ist diejenige von Beyer-Jordan 1997, die jedoch kaum über ein Inhaltsreferat hinauskommt.

legt seinen Arm um Glahns Schultern und drückt ihn an sich (z.b. *G* 17, 48; *PO* 17, 56) – eine Geste, die die körperliche Nähe und gleichzeitig die hierarchische Beziehung charakterisiert. Eine Skulptur, die auf Glahns Tisch steht, während er seine Erinnerungen niederschreibt, stellt Pan und Daphnis in derselben Haltung dar:

> Auf meinem Schreibtisch steht eine kleine Plastik eines Waldgottes, der einen Jüngling lockt. […] der gebieterische Arm des Satyrs um die Schulter des Jungen, sein überredendes, fröhliches Grinsen, seine Hufe und Hörner, sein überdimensionales Geschlechtsteil. ›Pan und Daphnis‹ kann ich auf dem Sockel lesen. Pans Verführung des jungen Daphnis, der sich weigert. (*PO* 18)

> På skrivebordet mitt står en liten skulptur av en skoggud som lokker en yngling. […] satyrens bydende arm om ungguttens skulder, hans overtalende, lystige grin, hans hover og horn, hans overdimensjonerte kjønnsorgan. ›Pan og Daphnis‹ kan jeg lese på sokkelen. Pans forførelse av den unge Daphnis som vegrer seg. (*G* 17)

Die Beschreibung dieser Plastik unterstreicht die (homo)sexuelle Bedeutung der Geste sowie, durch den Ausdruck »gebieterisch«, deren Zusammenhang mit Befehl und Gehorsam. Die Skulptur wird sowohl vor der Schilderung der ersten offenen sexuellen Begegnung zwischen Mack und Glahn erwähnt als auch im unmittelbaren Anschluß daran. Diese Begegnung reicht in die Zeit zurück, die beide Männer beim Militär verbrachten, Mack als Unteroffizier, Glahn als Rekrut. Glahn erinnert sich an folgendes »Ereignis, eine Bagatelle, über die ich auch hätte schweigen können, wäre da nicht Pans Arm, der so verführerisch um die Schulter eines schönen Jünglings lag«[10] (*PO* 56 f.):

> Ich habe bei Mack etwas zu erledigen. Ich will Geld von ihm leihen. Er liegt auf der Pritsche und betrachtet ein Foto. […] Mack hat sich ausgezogen und liegt in Shorts da, damit nicht genug: er hat die Shorts heruntergezogen und zeigt eine königliche Erektion. (*PO* 57)

> Jeg har et ærend inne hos Mack. Jeg vil låne penger av ham. Han ligger på køya og studerer et fotografi. […] Mack har tatt av seg klærne og ligger i shorts, ikke nok med det: han har trukket ned shortsen og ligger der og viser frem en kongelig ereksjon. (*G* 49)

---

10 »En hendelse, en bagatell som kanskje like gjerne burde vært glemt, om det ikke hadde vært for Pans arm så forførende om den vakre ynglingens skuldre..« (*G* 49)

Glahn schaut dann »gehorsam« auf das Bild Evas, während Mack ihm erzählt:»Und ich darf alles mögliche mit ihr machen«.[11] (*PO* 57)

Da bittet er mich plötzlich, ihn zu streicheln. – Nur ein bißchen…! bittet er mit halbgeschlossenen Augen, nur gerade so, daß er sich einbilden kann, sie sei es… Und sowie er fragt, weiß ich, daß ich gehorchen werde. Ich werde es tun: Ich werde seinen Penis streicheln. Das Bild von Eva noch in der Hand setze ich mich auf die Kante der Pritsche. Ich habe Wache und bin in Uniform. Es ist unerträglich heiß, und ich streichele ihn. Die Stille erfüllt das Zimmer. Es ist nicht Widerwille oder Schamgefühl, was meinen Magen sich zusammenziehen und meinen Hals brennen läßt. Es ist nicht Kränkung, was meine Augen mit Tränen erfüllt. Kein rächender Blitzstrahl schlägt aus der Höhe nieder und macht mich zu Asche. Es ist nichts Bedrohliches am Penis eines Mannes. Es ist im Gegenteil etwas Vertrautes, er gleicht meinem eigenen. Ich streichele ihn ohne Nervosität oder Koketterie. Ich habe das schon früher gemacht, mehrmals. Es ist ein Spiel, das alle kleinen Jungen spielen. Ich betrachte das sanfte, unschuldige Gesicht auf dem Foto, das Lächeln, das alle Träume meines Kameraden in sich birgt. Ich spüre, wie er tanzt… Dann bittet er mich plötzlich, ihn hart zu fassen, und im selben Augenblick stemmt er die Hacken in die Matratze und kommt mit einem tiefen Stöhnen wie aus einer Kanone. (*PO* 57 f.)

Da ber han meg plutselig stryke den for ham: – Bare littegrann…! ber han med halvlukte øyne, bare såvidt, så han kan inbille seg det er henne… Og i det samme han spør, vet jeg at jeg vil adlyde. Jeg vil gjøre det: jeg vil stryke hans penis. Ennå med bildet av Eva i hånden, setter jeg meg på køyekanten. Jeg har vakttjeneste og er i uniform. Det er ulidelig varmt, og jeg stryker ham. Stillheten fyller rommet. Det er ikke motvilje eller skamfølelse som får magen min til å trekke seg sammen og halsen min til å brenne. Det er ikke krenkelse som fyller øynene mine med tårer. Ingen hevnende lynild slår ned fra det høye og gjør meg til aske. Det er ingenting truende ved en manns penis. Det er tvert imot noe fortrolig, den ligner min egen. Jeg stryker ham uten nervøsitet eller koketteri. Jeg har gjort dette før, flere ganger. Det er en lek alle guttunger leker. Jeg ser på det blide, uskyldige ansiktet på fotografiet, smilet som gjemmer alle min kamerats drømmer. Jeg kjenner den danse… Så ber han meg plutselig holde den hardt, og

---

11 »Og jeg får gjøre alt mulig med henne..« (*G* 50)

i samme øyeblikk stemmer han hælene i madrassen og lar det gå med
et dypt stønn som fra en kanon. (*G* 50)

In dieser Passage sind alle Elemente vereinigt, die das Verhältnis zwischen
den Männern bestimmen und die Erzählung vorantreiben. Männliche
Rivalität und erotische Verbindung werden durch das Bild einer von beiden begehrten Frau vermittelt. Glahn ist nicht nur Macks Untergebener,
sondern auch ökonomisch abhängig von ihm. Das resultiert in einer ausgeprägt hierarchischen Beziehung. Gleichzeitig ist jedoch auch Mack von
Glahn abhängig, von dessen besseren Fähigkeiten als Schütze, von dessen
sexuellen Diensten und von seiner vermeintlich größeren sexuellen Potenz. Diese wechselseitige Struktur gegenseitiger Abhängigkeiten, von
Überlegenheit und Unterlegenheit, Dominanz und Unterwerfung ist
verbunden mit Gewalt und Tod. Die militärische Umgebung, der Vergleich von Macks Ejakulation mit einem Kanonenschuß sowie die sich
anschließende Unterhaltung über gemeinsame Schießübungen unter-
streichen diesen Zusammenhang. Mack fragt:

Und das Schießen, Glahn. Wie soll es jetzt mit dem Schießen werden…? Und legt den Unterarm vors Gesicht.
Er fährt nach Hause, um ein Mädchen zu heiraten, von dem er völlig
besessen ist. Und er hätte niemals mehr als ein mittelmäßiger Pistolen-
schütze werden könnnen… (*PO* 58 f.)

– Og skytingen da, Glahn. Hvordan skal det gå med skytingen nå…?
Og legger underarmen over ansiktet.
Han skal hjem og gifte seg med en pike han er helt besatt av. Og han
ville aldri kunnet bli annet enn en middelmådig pistolskytter… (*G* 51)

Eve Kosofsky Sedgwick[12] vertritt die These, daß sich eine männliche
homosexuelle Subkultur vor etwa 300 Jahren in einer komplexen Wechselwirkung mit der Verbreitung gesellschaftlicher Ängste vor Homosexualität (Homophobie) entwickelte. Sie interpretiert Homophobie als
eine Strategie, die nicht nur der Unterdrückung und Kontrolle einer
bestimmten Minderheit gedient habe. Sie habe gleichzeitig die Funktion,
Bindungen zu regulieren, die auch anderen sozialen Strukturen zugrunde
liegen, sei also ein Mechanismus, das Verhalten der Mehrheit durch die
Unterdrückung einer Minderheit zu regeln. Da die Verfolgung Homosexueller nicht absolut, sondern bewußt willkürlich und unvorhersagbar gewesen sei, habe sie eine ständige Bedrohung für alle potentiell Betroffenen

---

12 Sedgwick 1985.

dargestellt, ohne jedoch die homosexuelle Subkultur je vollständig zum Verschwinden zu bringen. Diese »terroristische« Struktur der Homophobie habe gleichzeitig dazu geführt, daß sich der einzelne Mann nie ganz sicher sein konnte, ob und wann sein Verhalten als homosexuell zu bezeichnen sei. Somit werde also die Grenze zwischen homosozialen und homosexuellen Verhaltensweisen niemals klar gezogen. Eine Konsequenz des Aufstiegs eines Mannes in männliche Machtstrukturen sei demnach eine ständig im Hintergrund lauernde Unsicherheit, die eigene sexuelle Identität betreffend.

If such compulsory relationships as male friendship, mentorship, admiring identification, bureaucratic subordination, and heterosexual rivalry all involve forms of investment that force men into the arbitrarily mapped, self-contradictory, and anathema-riddled quicksands of the middle distance of male homosocial desire, then it appears that men enter into adult masculine entitlement only through acceding to the permanent threat that the small space they have cleared for themselves on this terrain may always, just as arbitrarily and with just as much justification, be foreclosed.[13]

Im Zusammenhang mit den vorliegenden Ausführungen ist nicht nur von Bedeutung, daß Sedgwick in diesem Zitat »compulsory relationships« erwähnt, die alle auch das Verhältnis zwischen Mack und Glahn bestimmen. Sie beschreibt darüber hinaus die Konsequenzen der Doppelbotschaft, die aus der Tatsache resultiert, daß sich die stärksten homosozialen Bindungen und sanktioniertes homosexuelles Verhalten in ihrem Ausdruck kaum voneinander unterscheiden:

The result of men's accession to this double bind is, first, the acute manipulability, through the fear of one's own ›homosexuality‹, of acculturated men; and second, a reservoir of potential for violence, caused by the self-ignorance that this regime constitutively enforces.[14]

Sie nennt das Militär als eine der Institutionen, in denen die Manipulierbarkeit von Männern sowie ihr Gewaltpotential am höchsten ausgebildet seien.

Ähnliche Strukturen von Machtkampf und Manipulation wie diejenigen, die Sedgwick schildert, prägen die Beziehung zwischen Mack und Glahn. Die Mittel in ihrem Kampf sind zahlreich: nicht nur die erwähnte militärische und soziale Hierarchie und ökonomische Macht spielen

---

13 Sedgwick 1990, S. 186.
14 Sedgwick 1990, S. 186.

eine Rolle, sondern ebenso Eifersucht und die gegenseitige sexuelle Anziehung. Frauen, ihr Bild, die Vorstellung von ihnen oder der reale Austausch sind das Medium, über das die genannten Konflikte vermittelt und entschärft werden. In der gerade zitierten Szene ist es das Bild Evas, das den sexuellen Kontakt zwischen Mack und Glahn initiiert. Eva dient auch im weiteren Verlauf des Romans als Bindeglied zwischen den Männern. Mack selbst arrangiert mehrmals Situationen, in denen es zu erotischen oder offen sexuellen Begegnungen zwischen Glahn und Eva kommt. (Z.B. *G* 83 ff.; *PO* 99 ff.) Diese Dreieckskonstellation hat unter anderem die Funktion, eine soziale, emotionale und erotische Verbindung zwischen Mack und Glahn zu schaffen und zu stabilisieren, gleichzeitig jedoch deren sexuellen Charakter zu verdecken.[15] Die sexuellen Handlungen von Mack und Glahn sind stets begleitet von der Metaphorik von Waffen und Schießen. Das Verleugnen des homosexuellen Charakters ihrer Beziehung führt darüber hinaus schließlich zu offen gewalttätigen Akten.

Diese richten sich zunächst gegen die Frauen, die die Verbindungen zwischen den beiden Männern garantieren. Mack und Glahn werfen eine drogensüchtige Prostituierte, deren Kunde Glahn war und die bewußtlos vor Glahns Wohnungstür liegt, in einen Abfallcontainer, um sich des Problems zu entledigen. (Vgl. *G* 130-134; *PO* 158-163) Es gibt mehrere Hinweise darauf, daß diese Gewalttat eng mit der sexuellen Beziehung zwischen Mack und Glahn in Verbindung steht: Mack legt erneut den Arm um Glahns Schulter, diesmal als »Sicherheit und Trost«.[16] (*PO* 161) Nachdem die Prostituierte beiseite geschafft ist, verläßt Glahn das Stadtappartement und zieht ins Bootshaus Macks, das als »Lysthus« (Lusthaus) bezeichnet wird. Schließlich wird bei der zweiten offen sexuellen Begegnung zwischen Mack und Glahn nochmals die Erinnerung an diese Tat wachgerufen. Es handelt sich um die Szene, die zum Tod Evas führt. Während einer Reise Macks verbringt Glahn mehrere romantische Tage

---

15 Der Anthropologe Claude Lévi-Strauss 1981 hat den Tausch von Gütern, insbesondere den Frauentausch als Konstante gesellschaftlicher Strukturen ausgemacht; er hält Tauschakte dieser Art für die Grundlage der Exogamie. Gayle Rubin 1975 untersucht in ihrem einflußreichen Aufsatz »The Traffic in Women« unter Heranziehung von psychoanalytischer und marxistischer Theorie, in welcher Form sich diese Strukturen, die für die Organisation von Gesellschaft in der Moderne keine Rolle mehr spielen, auf der psychischen und theoretischen Ebene fortsetzen. Sie weist darüber hinaus darauf hin, daß das Tabu Homosexualität notwendigerweise dem Inzesttabu vorausgehe.

16 »Nå var hans arm om skuldren min en trygghet, en trøst«. (*G* 133)

und Nächte mit Eva im Bootshaus/Lusthaus, das er nun bewohnt. Er trifft eines Nachts den unerwartet zurückgekehrten Mack in dessen Wohnhaus und wird zunächst von dem eifersüchtigen Ehemann mit der Pistole bedroht. Bald jedoch gewinnt die Situation einen offen erotischen Charakter, Macks Penis nimmt die Stelle des eben noch auf Glahn gerichteten Revolvers ein:»Der Revolver baumelt in der rechten Hand. [...] Jetzt steht er da und wird von seinen eigenen Worten stimuliert, denn ich sehe, wie sein Penis aus der Öffnung des Morgenmantels lugt [...].«[17] (PO 191) Mack prahlt mit erotischen Abenteuern in München und berichtet dann über den angeblichen Tod der Prostituierten, der »Narkofotze«[18]. (PO 193) Die überfließenden Hundeaugen, Macks Sentimentalität, mit der er diesen brutalen Bericht begleitet, sind ein offensichtlicher Versuch, die Objektivierung von Frauen in diesem Gespräch zu verdecken. Glahn reagiert mit dem Wunsch, Mack durch seine sexuellen Dienste zu»trösten«.

Und als ich merke, daß sein Körper jetzt nicht mehr vor Lachen, sondern vor Weinen zittert, kann ich selbst meinem Drang zu trösten nicht mehr widerstehen, meinem Drang, sein Glied zu berühren, diesen warmen, lebenden emporragenden Organismus [...]. (PO 193)

Og idet jeg merker kroppen hans riste, ikke av latter nå, men av gråt, kan jeg selv ikke lenger motstå min trang til å trøste, til å røre ved lemmet hans, denne varme, levende, kneisende organismen [...]. (G 159)

Im Gespräch wird allerdings wieder jegliches offene Benennen der sexuellen Handlungen, die sich zwischen den beiden abspielen, vermieden. Glahns Gedanken wandern vielmehr zur gemeinsamen Rekrutenzeit, Mack lenkt das Gespräch auf die geplanten Schießübungen:»Himmelarsch, du solltest mir doch das Schießen beibringen! Ich war immer so verdammt neidisch auf dein Schießen.«[19] (PO 194) Daraufhin provoziert Glahn Mack, seine Schießkünste unter Beweis zu stellen und das Licht im Bootshaus, das Eva dort offensichtlich aufgestellt hat, um Glahn den Weg zurück zu weisen, mit einem Schuß zu löschen. Mit seinem Penis in Glahns Mund, den Ellenbogen auf seinen Rücken gestützt, schießt Mack:

17 »Revolveren dingler fra høyre hånd. [...] Nå står han der og blir stimulert av sine egne ord, for jeg ser penisen hans titte frem i åpningen i morgenkåpen [...].« (G 157)
18 »narkofitta«. (G 158)
19 »Faen, du skulle jo lært meg å skyte! Jeg var alltid så helvetes misunnelig på skytingen din.« (G 159)

Sechs Schüsse. Sechs Schüsse dicht nacheinander. Ein ganzes Magazin, ohne Zögern. Und bei jedem Schuß scheint der Kopf seines Penis in meinem Mund zu wachsen, bis er ihn ganz füllt, und ich kann mich gerade noch darüber wundern, wie fein, wie perfekt er dort hinein-paßt, als das Sperma abgeht und ich fast von klebriger, warmer Flüssig-keit erstickt werde.

– Erwischt! Erwischt! brüllt er. […]
Sein Siegesgebrüll gellt mir in den Ohren. Er hat das Licht gelöscht. (*PO* 196)

…Seks skudd. Seks skudd i tett rekkefølge. Et helt magasin, uten nøling. Og for hvert skudd er det som om penishodet hans vokser i munnen min, inntil det fyller den helt, og jeg rekker å undres over hvor fint, hvor perfekt det passer der inne, før sæden går og jeg nesten vil kveles av klebrig varm væske.

– Jeg fikk den! Jeg fikk den! brøler han […]
Hans seiersbrøl gjaller i ørene mine. Han fikk slukket lyset. (*G* 161)

Der Schuß allerdings trifft die Petroleumlampe und setzt damit das Bootshaus in Brand. Eva entkommt aufs Dach des Bootshauses, beim Versuch ins Wasser zu springen stürzt sie jedoch auf der Kante der Anle-gestelle zu Tode. (Vgl. *G* 162)

Zunächst richtet sich also die Gewalt, die mit der Verleugnung der homosexuellen Anteile der Beziehung zwischen Mack und Glahn ein-hergeht und teilweise aus dieser resultiert, gegen die Frauen, die sowohl die Verbindung als auch deren Verleugnung garantieren. Am Ende des Buches jedoch wendet sie sich gegen Glahn selbst. Der erste Teil des Ro-mans endet damit, daß Glahn die Flucht aus der psychiatrischen Anstalt gelingt, in der er die zwei Jahre nach Evas Tod verbracht hat. Das fol-gende Geschehen wird aus der Sicht von Mack erzählt bzw. stellt das ste-nographische Protokoll von dessen Zeugenaussage nach Glahns Tod dar. Diesmal bringt Glahn das Gespräch auf die geplanten gemeinsamen Schießübungen, legt Macks Revolver, den er offensichtlich aus dessen Haus entwendet hat, auf den Tisch und fordert Mack schließlich auf, ihn zu erschießen. Als Mack sich weigert, provoziert ihn Glahn damit, daß er Edvarda »eine läufige Hündin«[20] nennt. (*PO* 233) Mack schießt, trifft ihn jedoch nur in die Schulter. Glahns provozierendes Verhalten weicht nun einer verführenden Haltung. In einer intimen Umarmung, in der noch-mals alle widersprüchlichen Elemente der emotionalen und sexuellen

20 »[…] en tispe i løpetiden«. (*G* 191)

Verbindungen zwischen den Männern sowie Tod und Gewalt zusammenkommen, stirbt Glahn durch einen Schuß, der sich löst, als er Macks Hand umklammert. (*G* 193; *PO* 234 f.)

Indem er die Zusammenhänge zwischen männlicher Sexualität, Gewalt gegen Frauen, Todessehnsucht und Selbstzerstörung in brutaler Offenheit ausmalt, macht Faldbakken eine Dimension explizit, die in symbolischer Form auch Knut Hamsuns *Pan* unterlegt ist. Dies kann bereits an den ersten Begegnungen gezeigt werden, die Hamsuns Leutnant Glahn mit Edvarda, Mack, dem Doktor (*P* II), sowie Eva und ihrem Mann, dem Schmied (*P* III), hat. Hier wie in Faldbakkens Erzählung werden die Schilderungen der Frauenfiguren und des Eindruckes, die sie auf den Erzähler machen, in charakteristischer Weise von denen der Männerfiguren und deren Wirkung überlagert und verdrängt. An exponierter Stelle, nämlich am Ende der jeweiligen Szenen, wendet sich die Schilderung den anwesenden Männern zu: Mack befragt Glahn über seine Jagderfolge, das Hinken des Doktors und sein Stock werden erwähnt, und das Kapitel endet mit folgenden Worten:»An was ich mich am besten von der ganzen Sache erinnerte, war Herrn Macks durchweichte Hemdbrust, worin eine Diamantspange saß, auch diese naß und ohne Glanz«.[21] Die Schilderung des Treffens mit Eva endet mit einer Erwähnung von Glahns Gewehr:»Ich kannte den grobgliedrigen Mann, es war der Schmied, der Schmied des Ortes. Er hatte vor einigen Tagen ein neues Zündhorn auf eine meiner Büchsen gesetzt....,«[22]

Die zweifache Erwähnung des Schmieds sowie der mit vier Punkten und einem Komma abgebrochene Satz lenken ebenfalls die Aufmerksamkeit weg von den Frauen auf die Männerfiguren und auf die Themenbereiche Jagd und Schießen. Die ausführliche Schilderung der Frauen dient also unter anderem dazu, die Beziehungen zwischen den Männern hervorzuheben, vor allem deren erotische Komponente, letztere jedoch gleichzeitig zu verbergen. Dieses Muster wird im folgenden beibehalten: Die ersten Begegnungen beispielsweise zwischen Edvarda und Glahn finden in Anwesenheit des Doktors statt. (Vgl. *P* II 6-8; IV 15; V 19-22) An anderer Stelle versucht Glahn Edvarda in Sirilund aufzusuchen und wird stattdessen von Mack empfangen und ins Haus gebeten. (*P* VI 26)

In all diesen Szenen betont der Erzähler Glahn immer wieder sein Dasein als Jäger und erwähnt die dazugehörige Ausrüstung – sein Gewehr,

---

21 »[...] hvad jeg husked bedst af det hele, var Hr. Macks gennemvaade Skjortebryst, hvori den sad en Diamantspænde, vaad den ogsaa og uden Glans«. (*P* II 8)
22 »Jeg kendte den sværlemmede Mand, det var Smeden, Stedets Smed. Han havde for nogle Dage siden sat ny Piston paa en af mine Bøsser..,« (*P* III 11)

seine Jagdtasche und sein Pulverhorn –, was der gesamten Jagdmetaphorik von Anfang an eine erotische Note verleiht. Es ist keinesfalls notwendig, freudianische Erklärungsmuster heranzuziehen, um zu zeigen, daß Gewehr und Pulverhorn in *Pan* für Glahns erotische Potenz (ob wirkliche, eingebildete oder ersehnte, sei zunächst dahingestellt) stehen. An zentralen Textstellen, etwa bei den ersten Begegnungen mit Eva und Edvarda, wird beispielsweise das Interesse von Frauen für sein Gewehr hervorgehoben. (*P* III 11; IV 15) Nachdem er die Tochter des Probstes zum wiederholten Male in seine Hütte eingeladen hat – im Kontext des Romans ein eindeutig sexuelles Angebot – bezeichnet Glahn sein mit einer Pan-Figur geschmücktes Pulverhorn als das einzige Attribut, das er einer Frau bieten kann:»ich dachte bereits bei mir selbst, daß ich etwas finden könnte, um es ihr zu verehren, wenn sie käme, ich hätte vielleicht nichts anderes als mein Pulverhorn, dachte ich.«[23] Zahlreiche erotisch aufgeladene Naturschilderungen werden zudem mit der Erwähnung des Gewehrs, eines in orgiastischen Wendungen geschilderten Schusses (*P* XIV 62) oder des Pulverhornes (*P* XIII 57) verbunden. In grotesker Komik wendet sich die Parallele Phallus/Gewehr später gegen Glahn selbst. Edvarda hat Glahn bei einer zufälligen Begegnung zur Abschiedsfeier für den Baron, seinen Rivalen, eingeladen. Eifersüchtig und trotzig beschließt er, nicht dorthin zu gehen und behauptet, sich absichtlich im Nebel im Wald verlaufen zu haben:

Ich irrte stundenlang auf meinem Heimweg umher, aber ich hatte nichts, dem ich nachhasten mußte, ich schlug mit der größten Ruhe die falsche Richtung ein und kam an unbekannte Plätze im Wald. Endlich lehne ich [wörtlich: *richte ich auf;* S.v.S.] *meine Büchse* gegen einen Baumstamm und befrage meinen Kompaß. (Hervorhebungen S.v.S.)

Jeg vimred om i Timer paa min Hjemtur; men jeg havde intet at haste efter, jeg tog med den største Ro fejl af Retningen og kom til ukendte Steder i Skogen. Endelig *rejser jeg Bøssen op* mod en Træstamme og raadspørger mit Kompas. (*P* XXVII 164)

Statt zu seiner Hütte führt ihn sein Weg jedoch zum Fest nach Sirilund, und als Begründung gibt er an:»Ach, mein Gewehrlauf hatte vielleicht den Kompaß beeinflußt und irregeleitet.«[24] Die Verbindung zwischen

---

23 »[..] jeg tænkte allerede ved mig selv, at jeg kunde finde noget at forære hende, hvis hun vilde komme; jeg havde kanske ikke noget andet end med Krudthorn, tænkte jeg.« (*P* XV 70 f.)
24 »Ak, min Geværpibe havde kanske paavirket Kompasset og ført det vild.« (*P* XXVII 165)

dem aufgerichteten Gewehr und dessen Fähigkeit, ihn zu Edvarda zu führen, von der er erotisch besessen ist, lassen die Büchse als geradezu klischeehaftes Phallussymbol erscheinen, das den angeblich ahnungslosen Mann in weitere erotische Verwicklungen führt. Gewehr und Pulverhorn werden also mehrmals offensichtlich als erotisch konnotierte Instrumente präsentiert. Gewehr, Jagd und Schießen sind gleichzeitig Metaphernbereiche, die im Macht- und Konkurrenzspiel der Männerfiguren in *Pan* eine wichtige Rolle spielen. Mack hat beispielsweise die Macht, Glahn das Schießen bzw. Jagen zu erlauben (*P* X 45) oder zu verbieten (*P* XXII 133). Die sexuelle Färbung des gesamten Bildbereichs verleiht dieser und anderen Textstellen, in denen es um das Machtspiel zwischen den Männern in *Pan* geht, einen homoerotischen Unterton. Am deutlichsten wird dies in einer Szene, die sich an das Fest anschließt, bei dem Glahn von Edvarda abgewiesen wird. Er verläßt nach einer zweideutigen Aufforderung Edvardas als letzter das Fest und entdeckt dabei, daß der Doktor seinen Stock in Sirilund vergessen hat. Der Stock selbst ist ein mehrdeutiges Symbol. Er fungiert einerseits als Zeichen phallischer Macht, als metaphorisches Züchtigungsinstrument, das der Doktor Edvarda gegenüber als Machtmittel einsetzt. Andererseits ist er das Zeichen der Behinderung des hinkenden Doktors und repräsentiert damit in den Augen des Erzählers dessen Impotenz und Unterlegenheit Glahn gegenüber. Edvarda ihrerseits wendet diese Überlegenheit Glahns nochmals ins Gegenteil. Offenbar beschämt über die Tatsache, daß Glahn den Stock entdeckt und so vermuten muß, daß der Doktor nach seinem Abschied noch einmal das Haus betreten wird, demütigt sie Glahn mit folgenden Worten: »Aber wenn Sie noch obendrein hinkten, so könnten Sie nicht vor ihm bestehen, nein, das könnten Sie nicht, Sie könnten nicht bestehen vor ihm. So!«[25]

Als er auf seinem Heimweg dem Doktor im Wald begegnet, versucht Glahn, diese Demütigung durch Edvarda in einer sadistischen Wendung gegen den Doktor zu rächen. Nachdem er vom Doktor erfahren hat, daß dieser seinen vergessenen Stock holen möchte, fordert er ihn auf, über sein Gewehr zu springen:

›Ich wollte meinen Stock holen, den ich vergessen habe.‹
Dazu hatte ich nichts zu sagen, aber ich rächte mich auf eine andere Weise, ich streckte das Gewehr vor ihm aus, als sei er ein Hund, und sagte:

25 »men hvis De ovenikøbet halted, saa kunde De ikke staa Dem for ham, nej, det kunde De ikke, De kunde ikke staa Dem for ham. Saa!« (*P* XVII 91 f.)

›Hopp!‹
Und ich pfiff und lockte ihn, darüber zu springen.

›Jeg skulde hente min Stok, som jeg glemte.‹
Hertil havde jeg intet at sige; men jeg hævned mig paa en anden Maade,
jeg strakte Geværet ud for ham, som om han var en Hund, og sagde:
›Hop over!‹
Og jeg fløjted og lokked ham til at hoppe over. (P XVII 93)

Die Betonung von Gewehr und Stock in dieser Episode legt nahe, daß es
Glahn nicht nur darum geht, sich am Doktor zu rächen, sondern vor allem, ihn sexuell zu demütigen; die heterosexuelle Rivalität verwandelt
sich in ein sadomasochistisches homosexuelles Szenario. Die sadistischen
und masochistischen Positionen der beiden Männer kehren sich jedoch
schnell um, als der Doktor auf die Demütigung nicht direkt eingeht,
sondern Glahn seine Hilfe anbietet. Der Doktor »gewinnt« auf diese
Weise den Kampf mithilfe seiner Rationalität, nun ist es an Glahn, sich
dadurch gedemütigt zu fühlen, daß er seine Unterlegenheit dem Doktor
gezeigt und sich ihm körperlich genähert hat – ein weiterer Hinweis auf
die implizite homoerotische Dimension dieser Szene: »Weshalb hatte ich
mich denn dem Doktor ausgeliefert! Es ärgerte mich, daß ich ihn umfaßt
gehalten und ihn mit nassen Augen angesehen hatte.«[26]
    In der Folge richtet Glahn die Gewalt und Demütigung gegen sich
selbst. Er kehrt zu seiner Hütte zurück und schießt sich absichtlich in
den linken Fuß – ein Versuch, sich mit seinem scheinbar erfolgreichen
Rivalen zu identifizieren, indem er sich dieselbe Behinderung zufügt, die
er zuvor als Zeichen der Impotenz und Kastration verachtet hat. (P XVII
94 f.) Kurz darauf kommt der Doktor, der den Schuß gehört hat, zur
Hütte Glahns – nun ganz offensichtlich in der überlegenen Position,
denn er ist in der Lage, Glahn medizinisch zu versorgen. Sein Stock erscheint wieder als Symbol seiner Potenz. In den folgenden Kapiteln wird
der Doktor immer seltener als Konkurrent Glahns um Edvarda geschildert. Glahn identifiziert sich vielmehr zunehmend mit ihm und mit seinen Versuchen, Edvarda durch Rationalität und Wissen in ihre Schran-
ken zu weisen und damit weniger bedrohlich erscheinen zu lassen.
    Die Aggression, die mit der Rivalität und Anziehung zwischen Mack
und Glahn und später zwischen Glahn und Edvardas späterem Ehemann,
dem Baron, verbunden ist, richtet sich schließlich gegen das Objekt von
Macks und Glahns Rivalität, gegen die liebevolle und unterwürfige Frau

26 »Hvorfor havde jeg dog udleveret mig til Doktoren! Det ærgred mig, at jeg havde
    holdt ham om Livet og set paa ham med vaade Øjne« (P XVII 94)

43

Eva. Glahn plant, als »Salut« für den abreisenden Baron einen Felsen zu sprengen, der Steinschlag tötet Eva.

Als die vorderste Spitze des Bugs um den Holm ragte, zündete ich meine Lunte an und zog mich rasch zurück. Es vergeht eine Minute. Plötzlich ertönt ein Knall, ein *Aufspritzer von Steinsplittern steigt in die Höhe*, der Berg *bebt*, und der Felsen rollt dröhnend hinab in den Abgrund. Es hallt von den Bergen ringsum wider. *Ich nehme meine Büchse und feure meinen einen Lauf ab*, das Echo antworte vielvielfach. Nach einem Augenblick *schieße ich auch meinen anderen Lauf ab*, die *Luft bebte* von meinem Salut und das Echo warf den Lärm hinaus in die weite Welt; es war, als hätten sich alle Berge zusammengetan, um laut für das fortziehende Schiff zu rufen. (Hervorhebungen S.v.S.)

Da den første Spids af Bougen stak frem om Holmen, tændte jeg min Lunte og trak mig hurtig bort. Der gaar et Minut. Pludselig lyder et Knald, *et Sprøjt af Stenfliser staar tilvejrs*, Fjældet *ryster* og Klippen ruller drønende ned i Afgrunden. Det genlyder fra Fjældene omkring. *Jeg griber min Bøsse og affyrer mit ene Løb*, Ekkoet svarer mangemangedobbelt. Efter et Øjeblik *skyder jeg ogsaa mit andet Løb af*, Luften *skalv* af min Salut og Ekkoet kasted Larmen ud i den vide Verden; det var, som om alle Fjælde havde slaaet sig sammen om at raabe højt for det bortdragende Skib. (*P* XXXII 184)

Die Bilder von aufspritzenden Steinen, abgefeuerten Büchsenläufen und bebenden Bergen suggerieren sexualisierte, orgasmische männliche Gewalt. Diese wird unterstrichen und kontrastiert durch die Schilderung von Evas Leiche als einem zerrissenen, vergewaltigten Körper:»ein Boot lag da, zertrümmert von dem herabgestürzten Felsblock, und Eva, Eva lag daneben, zermalmt, zerschmettert von einem Schlag zersprengt, an der Seite und hinunter bis zum Bauch bis zur Unkenntlichkeit aufgerissen. Eva war auf der Stelle tot.«[27] Macks und Glahns Schuld an Evas Tod wird an keiner Stelle direkt ausgesprochen. Mack weiß aber über Glahns Vorbereitung der Sprengung Bescheid, und er befiehlt Eva absichtlich und mit Glahns Wissen, zum Zeitpunkt der Abreise des Barons ein Boot unter der Klippe zu teeren. Auch in *Pan* ist also der Tod Evas durch ambivalente Beziehungsstrukturen von Rivalität, Eifersucht und Verbündung zwischen Männern verursacht, insbesondere aber durch Verleugnung der homosozialen/homosexuellen Verbindungen zwischen Männern im Sinne Sedgwicks.

27 »[…] en Baad laa knust af den nedstyrtede Klippeblok, og Eva, Eva laa ved Siden af, slaaet sønder og sammen, sprængt af et Stød, oprevet til Ukendelighed i Siden og nedad Maven. Eva var død paa Stedet.« (*P* XXXII 185)

Wie in *Glahn* folgt dem gemeinsamen Mord an Eva die Selbstzerstörung Glahns. Zunächst vollzieht Glahn diese Selbstzerstörung in symbolischer Form: Er erschießt seinen Hund Äsop, mit dem er sich häufig identifiziert hat und der als Metapher für seine sexuelle und poetische Potenz steht.

Ich rief Äsop zu mir, streichelte ihn, legte unsere Köpfe zusammen und griff nach meinem Gewehr. Er begann schon zu winseln vor Freude und glaubte, wir würden auf die Jagd gehen. Ich legte wieder unsere Köpfe zusammen, setzte die Laufmündung gegen Äsops Nacken und drückte ab. Ich mietete einen Mann, um Äsops Leiche Edvarda überbringen zu lassen.

Jeg kaldte Æsop til mig, klapped den, lagde vore Hoveder sammen og greb mit Gevær. Den begyndte allerede at piste af Glæde og troed, at vi skulde paa Jagt. Jeg lagde atter vore Hoveder sammen, satte Geværpiben mod Æsops Nakke og trykked af. Jeg lejed en Mand til at bringe Æsops Lig til Edvarda. (*P* XXXVI 199 f.)

Die sexuelle Konnotation dieses Gewaltaktes wird durch die Gewehrmetaphorik unterstrichen, sowie durch den Umstand, daß Glahn die Hundeleiche an Edvarda schicken läßt, welche ihn vorher gebeten hatte, ihr Äsop bei seiner Abreise zu schenken.

Im kurzen zweiten Teil des Romans manifestiert sich die selbstzerstörerische Dimension von Glahns Charakter und Sexualität. Dieser zweite Teil,»Glahns Tod« (Glahns Død) überschrieben, spielt in Indien, wo sich Glahn zwei Jahre nach seiner Abreise aus Nordland mit einem Jagdkameraden aufhält und schließlich seinen Tod findet.[28] Glahn verbindet eine ähnliche Mischung aus Rivalität (in diesem Fall um die Eingeborenenfrau Maggie), Identifikation und Anziehung mit dem Erzähler des zweiten Teils wie mit dem Doktor und Mack im ersten Teil des Romans. Die Schlußszene des zweiten Teils wird durch einen Brief eingeleitet, den Glahn von Edvarda erhalten hat, und in dem sie ihm offenbar ein Heiratsangebot macht. Daraufhin beginnt Glahn, Maggie zu umwerben und zieht so bewußt und absichtlich die Eifersucht und Aggression des anderen Mannes auf sich.[29] Nach einer mit Maggie verbrachten Nacht fordert Glahn seinen Rivalen mit dem Gewehr unter dem Arm zu einem

28 Zur Funktion des Epilogs vgl. ausführlich Kapitel 2.5.1. und 2.6.
29 Auf die Absicht Glahns, seinen Jagdkameraden eifersüchtig zu machen, verweist der Umstand, daß Glahn hörbar und ostentativ unter dem Fenster des anderen Mannes mit Maggie flirtet. (Vgl. *P 2* IV 227 f.)

gemeinsamen Jagdausflug auf. Diese Schlußszene ist, über die ständige Erwähnung des Gewehrs hinaus, von Anfang an von erotischer Metaphorik durchzogen. Der Erzähler erwähnt, Glahn habe sich »wie ein Bräutigam geschmückt«.[30] Er provoziert seinen Jagdkameraden mit der ständigen Frage, ob er sein Gewehr geladen habe, und schickt sich an, Hochzeitslieder zu singen.

> Nach einer Weile schoß ich eine Taube und lud wieder. Als ich damit beschäftigt war, steht Glahn halb versteckt hinter einem Baumstamm und sieht mich an und sieht, daß ich wirklich lade, und kurz danach fängt er an, laut und deutlich ein Kirchenlied zu singen, und es war sogar ein Hochzeitslied. Er singt Hochzeitslieder und zieht seine besten Kleider an, dachte ich, auf diese Weise glaubt er nun, heute am betörendsten zu sein. Noch bevor er zu Ende gesungen hatte, begann er mit hängendem Kopf langsam vor mir herzugehen, und während er ging, sang er immer noch. Er hielt sich wieder dicht vor meiner Gewehrmündung, als wenn er dächte: Ja, sieh, nun soll es geschehen, deshalb singe ich nun dieses Hochzeitslied!

> Efter en Stund skød jeg en Due og laded igen. Mens jeg var i Færd hermed, staar Glahn halvt skjult bag en Træstamme og ser paa mig og ser paa, at jeg virkelig lader, og lidt efter giver han sig til at synge højt og tydeligt en Salme, og det var endog en Bryllupssalme. Han synger Bryllupssalmer og tager sine bedste Klæder paa, tænkte jeg, paa den Maade mener han nu at være mest bedaarende idag. Endnu førend han havde sunget tilende, begyndte han at gaa sagte foran mig med hængende Hoved, og mens han gik, sang han fremdeles. Han holdt sig atter lige foran min Riflemunding, som om han tænkte: Ja, se, nu skal det ske, derfor synger jeg nu denne Bryllupssalme! (*P* 2 V 239 f.)

Glahns Begleiter bezieht also dessen offensichtlich verführerisches, erotisch aufgeladenes Verhalten auf sich, obwohl er diesen Eindruck mit der wenig glaubwürdigen Bemerkung zurückzunehmen versucht: »ich war kein Frauenzimmer, und das sah er wohl, daß er keinen Eindruck auf mich machte.«[31] Glahn bringt schließlich mit einem absichtlich fehlgezielten Schuß auf den Erzähler sowie der provokativen Beschimpfung »Feigling« diesen dazu, ihn zu erschießen. Die erotische Metaphorik dieser

---

30 »Forresten havde han pyntet sig og gjort sig usædvanlig Flid med sit Toilette. Han har pyntet sig som en Brudgom, tænkte jeg«. (*P* 2 V 238)
31 »Jeg var intet Fruentimmer, og det saa han nok, at han intet Indtryk gjorde paa mig«. (*P* 2 V 240)

Situation kennzeichnet den Tod Glahns als homoerotischen Akt, in dem wiederum Sexualität, Gewalt und Tod miteinander verbunden sind.[32]

2.2. Flucht in die Perversion

2.2.1. Narzißmus und Sexualität in *Glahn*

Männliche Identität, so macht Faldbakkens Bearbeitung von Hamsuns *Pan* geradezu überdeutlich, ist in beiden Romanen geprägt von einer explosiven Mischung aus homosozialen Verbindungen mit anderen Männern, verleugneter Homoerotik, Gewalt gegen Frauen und Männer und Todessehnsucht. Die psychologischen Muster, die hinter der prekären Männlichkeit der beiden Protagonisten liegen, erhellen eine weitere charakteristische Modifikation und deren Bedeutung, die Faldbakken an Hamsuns Text vornimmt, die Änderung der Familienkonstellationen.

Pans narratives Universum ist durch unvollständige oder völlig fehlende Familien gekennzeichnet. Besonders auffällig ist das Fehlen einer eindeutigen Mutterfigur. Sowohl Glahn als auch der Doktor sind Junggesellen, deren familiärer Hintergrund an keiner Stelle erwähnt wird. Mack und seine Tochter Edvarda haben keine Frau bzw. Mutter. Die einzige Figur im Roman, die mütterliche Züge trägt, ist Eva. Sie wird jedoch gleichzeitig als eine sehr jung aussehende Frau geschildert, die Glahn zunächst für die Tochter des Schmieds hält, nicht für dessen Frau. Sie ist auch die Frau in *Pan*, die sexuelle Beziehungen zu drei Männern unterhält, nämlich zu ihrem eigenen Mann, zu Mack und zu Glahn. Auf diese Weise wird sie dem Leser als Mutter, Jungfrau und Hure gleichzeitig präsentiert. Diese Zweideutigkeiten und Leerstellen sind in Faldbakkens Roman verschwunden zugunsten der Schilderung einer vollständigen ödipalen Familie und der traditionellen Aufspaltung der Frauenfiguren in Jungfrau, Mutter und Hure. Eva ist hier Edvardas Mutter und Macks Ehefrau. Sie ist ihrem Mann zwar untreu, die Rolle der Hure nimmt aber die junge Prostituierte ein, die Glahn in der Stadt trifft. Edvarda schließlich ist die einzige Frau in der Rolle der Tochter und Jungfrau.

Dem aufgespaltenen Frauenbild des Erzählers bei Faldbakken entsprechen die gespaltenen Gefühle, die er den drei Frauen entgegenbringt, mit denen ihn erotische Beziehungen verbinden. Im Zentrum steht zunächst

---

32 Auch Turco 1980, S. 21, bemerkt die homoerotische Dimension dieser Passage: »At moments Mr X's [so nennt Turco den Erzähler von Teil 2] attraction for his enemy becomes unmistakably sexual.«

Edvarda, die er leidenschaftlich begehrt und die er regelrecht verfolgt, als sie sich von ihm zurückzieht. In seinen Wunschprojektionen erscheint die begehrte Edvarda als Kindfrau,»so unbeholfen und gleichzeitig so vollreif weiblich«.[33] (*PO* 82) Vor allem ihre Jungfräulichkeit ist es, die sie für ihn zum begehrenswerten Ideal macht:

> Die Haut unter meinen Händen atmet ihren Mädchenkörperduft aus. Doch an meinem heißesten Verlangen spüre ich nur den glatten Stoff ihrer Unterhose. Sie ist hier bei mir, hingegeben, nackt, verlegen und ängstlich, ein wimmerndes kleines Mädchen, das sich in den Armen eines erwachsenen Mannes hingibt. Aber sie ist noch unerreichbar, und ich liebe sie dafür. Noch mehr, noch tiefer, noch wilder. Noch selbstauslöschender. [...] Sie war Jungfrau. Ich respektierte ihre Jungfräulichkeit. Ja, ich betete sie an. [...] Gab mein Respekt für ihre Jungfräulichkeit und für das kleine Kleidungsstück, das sie symbolisierte, unserer Leidenschaft nicht eine Intensität, ein dauerndes Gefühl von Eskalation und größerer Erwartung, die sie auf andere Weise nie hätte haben können? (*PO* 86 f.)

> Huden under hendene mine ånder sin ange av pikekropp. Men mot min heteste lengsel kjenner jeg bare det glatte stoffet i trusen hennes. Hun er her hos meg, overgitt, naken, forlegen og redd, en klynkende småpike som gir seg hen i en voksen manns armer. Men hun er ennå uoppnåelig og jeg elsker henne for det. Enda mer, enda høyere, enda villere. Enda mer selvutslettende. [...] Hun var jomfru. Jeg respekterte hennes jomfrudom. Ja jeg dyrket den. [...] Ga ikke respekten for hennes møydom, og det lille klesplagget som symboliserte den, en intensitet til vår elskov, en stadig følelse av eskalasjon og større forventning enn den ellers på noen måte kunne ha fått? (*G* 72 f.)

Als Edvarda ihre jungfräuliche Zurückhaltung aufgibt und Glahn mit ihrer eigenen erwachenden Sexualität konfrontiert, reagiert dieser abwehrend. Der Anblick ihrer nackten, nicht mehr mit dem von Glahn zum Ideal ihrer Jungfräulichkeit stilisierten weißen Slip bedeckten Vagina und ihre Aufforderung:»Heute will ich geliebt werden. Geliebt, Glahn! Begreifst du... ?«, lassen sie ihm plötzlich»groß und unbeholfen« (*PO* 92) erscheinen:[34]»Ihr Ungestüm wurde auf einmal etwas Bedrohliches, ihr

---

33 »[...] så keitet og samtidig så fullmodent kvinnelig.« (*G* 69)
34 »[..] i dag vil jeg elskes. Elskes, Glahn! Skjønner du..?« – »[...] stor og unett i kroppen«. (*G* 77)

Hunger ein blinder und verwöhnter Wille zu verzehren, ihre Hingabe eine Forderung, ein Kommando, dem ich weder gehorchen konnte noch wollte.« (*PO* 93)[35]

Ihr Begehren erscheint ihm nun also bedrohlich, er fühlt sich davor »kraftlos und überwältigt«, (*G* 78; *PO* 93) und er reagiert mit Impotenz.[36] Dabei gibt er die Idealisierung seiner Liebe zu ihr jedoch nicht auf, sondern flüchtet in Naturbilder.

Hinter meinen Augenlidern und jenseits unseres atemlosen Lagers breitete sich der tiefe Wald vor mir aus mit seiner ewigen Weite, seiner Unerschütterlichkeit, seiner Stille, seiner Harmonie. Wie ich mich dorthin sehnte. […] Statt ihrer Tugend wollte ich einen Schoß voll Blumen pflücken und deren duftende, weitgeöffnete Kronblätter liebkosen. Statt in unserem verschwitzen Bett wollte ich im Gras liegen und in die brünstigen Düfte des Sommers hineinziehen. Und die Einheit mit allem keimenden, atmenden, krabbelnden Leben um mich herum würde mich in unendlich größere Ekstase versetzen als alles, was ich mir von einer einfachen körperlichen Vereinigung erhoffen könnte! (*PO* 93 f.)

Bak mine egne øyelokk, og hinsides vårt forpustede leie brettet storskogen seg ut for meg med sin evige utstrekning, sin uforstyrrelighet, sin stillhet og likevekt. Som jeg lengtet dit. […] Istedenfor hennes dyd ville jeg plukke fanget fullt av blomster og kjærtegne deres angende, vidåpne kronblad. Istedenfor vår svette seng ville jeg ligge i gresset og trekke inn i sommerens brunstige dufter. Og enheten med hvert spirende, pustende, kravlende liv omkring meg ville sette meg i en uendelig større ekstase enn noe jeg kunne håpe å oppnå ved en enkel kroppslig forening! (*G* 78 f.)

Glahn wünscht sich das Einssein und die Verschmelzung mit Frau und Natur. Die erotisch aufgeladenen, dabei jedoch stark idealisierten und romantisierten Naturbilder befreien ihn von den konkreten körperlichen und emotionalen Anforderungen, die die Frau in seinem Bett an ihn stellt.

---

35 »Hennes voldsomhet ble med ett noe truende, hennes sult en blind og bortskjemt vilje til å fortære, hennes overgivelse et krav, en kommando jeg hverken ville eller kunne adlyde.« (*G* 78)

36 Die Worte »Kommando« und »gehorchen« verweisen übrigens darauf, daß diese Textstelle parallel zur sexuellen Begegnung Glahns und Macks im Militär konstruiert ist. Hier, im Angesicht des überlegenen Mannes, ist Glahn zu sexuellen Leistungen bereit und in der Lage, nicht aber, wenn das Kommando, die Überlegenheit von einer Frau ausgeht.

Mit der jungen Prostituierten und mit Eva versucht Glahn, auf unterschiedliche Weise Forderungen dieser Art zu entrinnen. Die Prostituierte verlangt außer Geld nichts von ihm, spielt die Unterwürfige, so daß Glahn das Gefühl von Ohnmacht und Unzulänglichkeit ausgleichen kann, das er Edvarda gegenüber empfindet. Im Verhältnis zu der ihn bedingungslos und selbstaufopfernd liebenden Eva meint er das zu finden, was er in den Naturphantasien mit Edvarda gesucht hat: das Aufgehen in ihrer Umarmung, den Schutz, die Ruhe und Sicherheit, die ihm das Gefühl verleihen, ein »richtiger Mann« zu sein. Während ihrer romantischen Affäre im Bootshaus auf dem Mackschen Anwesen sinniert Glahn:

So glücklich kann ein Mann sein, denke ich bei mir. So glücklich kann ein Mann sein! Später liege ich mit dem Kopf in ihrem Schoß, und sie läßt die Finger durch mein Haar gleiten, während sie mir mit gleichförmiger, unbeirrbarer Stimme ihre Liebe erklärt. Und ich denke, so glücklich, so auserwählt, so umbraust und umfangen vom ganzen, unfaßbaren Volumen der Liebesäußerungen einer Frau kann nur ein Mann sein, ein glücklicher Mann, ein Mann wie ich! (*PO* 183)

Så lykkelig kan en mann være, tenker jeg ved meg selv. Så lykkelig kan en mann være! Senere ligger jeg med hodet i hennes fang, og hun lar fingrene løpe gjennom håret mitt mens hun forklarer sin kjærlighet med jevn, uforstyrrelig stemme. Og jeg tenker at så heldig, så utvalgt, så ombrust og omfavnet av en kvinnes hele, ufattelige volum av kjærlighetsytringer kan bare en mann være, en lykkelig mann, en mann som jeg! (*Glahn* 150)

Die mehrfache Wiederholung des Wortes »Mann« betont, daß es Glahn hier um seine Geschlechtsidentität zu tun ist, um den Beweis, daß er eben doch männliche Potenz besitzt. Das beschwörende Beharren auf dem Wort zeigt darüber hinaus an, daß eben diese Männlichkeit in Frage steht. Die Liebe zu Eva, die ihm auch die Hoffnung auf eine Erfüllung seiner Naturträume gibt,[37] wird als eine Rückkehr in den Mutterschoß geschildert, in »diesen Schoß, in dem ich wie ein glückliches Kind lag«.[38] (*PO* 183) Hier wird das glückliche symbiotische Verhältnis eines Kindes mit seiner Mutter evoziert. Dieses verleiht Glahn jedoch nicht nur Sicherheit und Geborgenheit, sondern gewinnt, etwa im Bild des

---

37 »Ist dies der Traum des Jägers von vollkommener Leidenschaft, tief verborgen im Grünen, auf dem Lager aus weichem Gras, in der Wiege der Winde?« (*PO* 181) – »[..] er dette jegerens drøm om den fullkomne elskov, dypt skjult i det grønne, på leiet av dungress, i vindenes vugge?« (*G* 149)

38 »[…] denne favnen hvor jeg lå som et lykkelig barn« (*G* 151)

Liebesturmes, das der Erzähler für die Beziehung verwendet, auch eine klaustrophobische Qualität, die ihn aus ihrer Umarmung zum ebenfalls begehrten und faszinierenden Mack treibt – in die Szene, die mit Evas Tod endet.

Die Darstellung von Glahns Schwanken zwischen Idealisierung und Abwehr der Frauen in seinem Umfeld sowie seine Impotenz Edvarda gegenüber basieren offenbar – dies soll in den folgenden Abschnitten gezeigt werden – auf freudianischen und nachfreudianischen psychoanalytischen Theorien. Insbesondere Sigmund Freuds Konzept des Fetischismus ist geeignet, Glahns Impotenz verständlich zu machen. Gemäß der Freudschen Theorien über die Entwicklung der frühkindlichen Sexualität und der männlichen Geschlechtsidentität ist der kleine Junge zunächst so von seinem eigenen Penis eingenommen, daß er sich nicht vorstellen kann, dieser könne einer anderen Person, insbesondere der Mutter, der er sich so nah und ähnlich fühlt, fehlen. Das spätere väterliche Onanieverbot und die Drohung des Vaters, den Penis abzuschneiden, verbindet sich laut Freud mit der Entdeckung, daß Mutter oder Schwester keinen Penis besitzen. Der Anblick des weiblichen Geschlechtsorganes stellt dem Jungen also die Realität der väterlichen Kastrationsdrohung in erschreckender Weise vor Augen.[39] Seine Reaktion sei die Verleugnung dieser für die eigene Männlichkeit bedrohlichen Kastrationswunde. Der Fetisch bewahre den Glauben an den Penis der Frau, stehe als Ersatz für diesen und sei damit geeignet, die Kastrationsangst abzuwehren. Als Fetisch werde dementsprechend der Körperteil oder auch das Kleidungsstück festgehalten, die der Junge als letzte vor dem Anblick der »Kastrationswunde« wahrgenommen habe, etwa ein Schuh, ein Fuß oder ein Wäschestück.[40]

Sowohl Glahns Fixierung auf die roten Schuhe der Prostituierten, die wiederholten Schilderungen von Edvardas Schuhen sowie vor allem die Idealisierung ihrer weißen Unterhose lassen sich als fetischistische Züge im Sinne der Theorie Freuds interpretieren. Ist für Glahn ein Fetisch anwesend, so ist er potent, die Abwesenheit des Fetisch und der Anblick des unverhüllten weiblichen Genitals lassen ihn mit Abscheu und Impotenz reagieren. Glahn macht jedoch nicht nur Schuhe und die Unterhose zum Fetisch, zum Ersatzobjekt seiner Begierde. Wenn er sich vor Edvardas sexuellen Forderungen in Naturschwärmereien flüchtet, so gewinnen auch

---

39 Vgl. Freud 1910, S. 120 f. Die Seitenzahlen der Werke Freuds richten sich im folgenden nach der ursprünglich zwischen 1969 und 1975, zuletzt 1994 erschienenen *Studienausgabe.*
40 Vgl. Freud 1927, S. 383-386.

diese eine fetischistische Funktion, und wenn er sich schließlich danach sehnt,»das Paradies zurückzugewinnen« und Edvarda»mit Symbolen und Zeichen zu lieben«,[41] (*PO* 94) so werden ihm die sprachlichen Zeichen selbst zum Fetisch. Freud vermutet einen Zusammenhang zwischen Fetischismus und Homosexualität, der offenbar auch für Faldbakkens Protagonisten eine Rolle spielt. Misogynie, psychische Impotenz, Homosexualität und Fetischismus werden von Freud allesamt als Abwehrreaktion auf die Kastrationswunde der Frau genannt.[42] Homosexualität habe also dieselbe Ursache wie Fetischismus, dieser könne umgekehrt eine Abwehr von Homosexualität darstellen.[43] Glahn, in seiner Fixierung auf Fetische, seiner latenten Gewalttätigkeit gegen Frauen und seinen homosexuellen Neigungen, vereinigt alle diese von Freud genannten Reaktionen auf die eigene prekäre Männlichkeit in seiner Psyche.

Glahns Persönlichkeit und Sexualität sind jedoch nicht nur von ödipalen Konflikten geprägt, welche die Rolle und Autorität des Vater und sexuelle Triebe in den Vordergrund stellen. Bei Faldbakkens Protagonisten spielt, wie gezeigt wurde, die Beziehung zur Mutterfigur Eva eine zentrale Rolle. Damit gewinnen für Faldbakkens Roman Theorien zur vorödipalen Mutter-Kind-Symbiose zentrale Bedeutung, deren Beitrag zur Bildung von Identität, wie in 1.3. dargelegt, von den nachfreudianischen Schulen der Objektbeziehungstheorie und der Ich-Psychologie[44] ins Zentrum gestellt worden ist. Männlichkeit wird diesen Theorien zufolge durch das Anderssein vom mütterlichen Körper definiert, durch die Leugnung der ursprünglichen Identifikation, dem Einssein mit der Mutter.[45] Daraus und aus der unvollständigen Individuation resultiere das zentrale Dilemma der heterosexuellen Männlichkeit, die Ambivalenz, die auch Knut Faldbakkens Protagonisten prägt: das paradoxe Begehren nach der Frau und das Bedürfnis sich möglichst stark von ihr abzugrenzen.[46] Dieses Paradox setze sich im Erwachsenenalter in einer gleichzeitigen Idealisierung und Ablehnung des Frauenkörpers fort:»It represents the good maternal object men have lost and still long for, but it also

41 »Jeg gjorde forsøk på å gjenvinne paradiset, elske henne ved symboler og tegn«. (*G* 79)
42 Freud 1910, S. 122.
43 Vgl. Apter 1991, S. 211.
44 Herausragende Vertreter der Ich-Psychologie, die vor allem das Konzept der narzißtischen Störung ausgearbeitet haben, sind Kohut 1973 und Kernberg 1978. Miller 1979 ist die bekannteste Populisatorin dieser Konzepte.
45 Vgl. Benjamin 1993a, S. 75 sowie Stoller 1979, S. 99.
46 Vgl. Rutherford 1992, S. 41.

mirrors and represents the bad, persecutory elements of the mother, which threaten to overwhelm men's boundaries of self.«[47] Jonathan Rutherford greift auf Objektbeziehungstheorien zurück, um bestimmte »Dilemmata der Männlichkeit«[48] zu beschreiben. Der Kampf von Männern um die wahre Männlichkeit drehe sich symbolisch und wörtlich um den Körper der Mutter, aus dem derjenige als Gewinner hervorgehe, der die größte Distanz zu ihr vorweisen könne – daher die potentielle Gewalttätigkeit gegen Frauen wie Männer, durch die Männlichkeit definiert sei. Das gleichzeitig gewalttätige wie verzweifelte Ringen um eine »wahre« Männlichkeit nun resultiere in der endgültigen Eliminierung der »guten Mutter«.[49] In *Glahn* geschieht, wie wir gesehen haben, die Auslöschung der Mutterfigur ganz konkret: Eva stirbt durch einen Schuß, zu dem Glahn und Mack einander gegenseitig aufgestachelt haben, um sich ihre männliche Potenz zu beweisen.

Das Beispiel zeigt, daß der Roman den Lesern nahelegt, homoerotisches Begehren und die homosexuellen Akte zwischen Mack und Glahn auch im Kontext dieses ambivalenten Frauenbildes zu sehen. Sowohl Glahn als auch Mack flüchten sich vor der zwar immer wieder sehnsüchtig begehrten, aber auch bedrohlichen und abgewehrten »Anderen« in die Identifikation miteinander, trösten sich durch die gegenseitige Spiegelung. Glahn hebt in der Schilderung der ersten sexuellen Begegnung mit Mack hervor: »Es ist nichts Bedrohliches am Penis eines Mannes. Es ist im Gegenteil etwas Vertrautes, er gleicht meinem eigenen.«[50] (*PO* 58) Und vor der zweiten sexuellen Handlung sinniert er: »Keine Liebe haftet an dem Mann so wie an der Frau. Der Mann steht auf und geht weiter. Die Perspektiven wechseln, ich spüre jetzt eine tiefe Zusammengehörigkeit mit ihm.«[51] (*PO* 188) Die Intimität zwischen den Männern entsteht dabei vor allem durch die Identifikation mit den gemeinsamen Gefühlen von Minderwertigkeit, Melancholie, Verzweiflung und Leere, depressiven Zuständen, die typisch sind für das, was Vertreter der Ich-Psychologie als narzißtische Störung bezeichnen.

47 Rutherford 1992, S. 78
48 *Predicaments in Masculinity* lautet der Untertitel von Rutherford 1992.
49 Vgl. Rutherford 1992, S. 194.
50 »Det er ingenting truende ved en manns penis. Det er tvert imot noe fortrolig, den ligner min egen.« (*G* 50)
51 »Ingen kjærlighet kleber ved mannen som den gjør ved kvinnen. Mannen står opp og går videre. Perspektivene skifter, jeg føler dyp samhørighet med ham nå.« (*G* 154 f.)

53

Das Konzept der narzißtischen Störung wird, seit der Begriff Narzißmus 1910 zum ersten Mal bei Sigmund Freud erwähnt wird, in Zusammenhang gebracht mit der männlichen homosexuellen Objektwahl.[52] Homosexualität erscheint bei Theoretikern von Freud über Lacan, Kohut und Kernberg bis zum konservativen Popularisator Christopher Lasch als narzißtische Regression, die davon geprägt sei, daß der Homosexuelle nicht in der Lage sei, das begehrte Objekt als unabhängig und anders wahrzunehmen, daß der Unterschied zwischen Selbst und Nicht-Selbst aufgehoben sei und daß das Objekt damit für das Selbst stehe bzw. lediglich als Erweiterung des eigenen pathologischen Größenselbst wahrgenommen werden könne.[53] Faldbakken folgt in seiner Schilderung und Wertung der homoerotischen Beziehung zwischen Mack und Glahn offenbar Konzepten dieser Art, die in den siebziger Jahren breit diskutiert wurden und die Faldbakken als ehemaligem Psychologiestudenten vertraut gewesen sein müssen. Faldbakkens Text legt nahe, daß die beiden Männer einander bewundern und sich miteinander identifizieren.»Teufel, manchmal wünsche ich mir, ich wäre mehr wie du« sagt Mack zu Glahn. Dieser reagiert mit folgenden Gedanken:»Vor nur einem Augenblick hatte ich mir fast gewünscht, an seiner Stelle zu sein.«[54] (*PO* 61)

Vertreter der Narzißmus-Theorien konzentrieren sich, wie diejenigen der Objektbeziehungstheorien auf die vorödipalen Entwicklungsstufen, die von der symbiotischen Identifikation des Kindes mit den Eltern geprägt ist. Sind Eltern, in dem Falle hauptsächlich die Mutter, aufgrund eigener psychischer Defizite nicht in der Lage, dem Kind die Anerkennung und Spiegelung zu geben, die es vor allem in dieser Phase braucht, so kann es kein kohärentes Selbstgefühl entwickeln – man spricht in diesem Zusammenhang auch davon, daß die Eltern das Kind»narzißtisch besetzen«. Das Kind wird, um die lebensnotwendige Zuwendung zu bekommen, danach streben, die projektiven Wünsche der Eltern zu erfüllen, und noch als Erwachsener, von der Anerkennung und ständigen Bestätigung durch andere Menschen abhängig bleiben. Bekommt der narzißtisch gestörte Mensch diese Anerkennung nicht, versinkt er in tiefe Depressionen, die, wenn er die Bestätigung schließlich durch seine

52 Freud 1905, S. 56. Vgl. Laplanche/Pontalis 1973, S. 317-320.
53 Vgl. Kernberg 1978, S. 373. Kernberg, S. 372, unterscheidet zwischen drei verschiedenen Typen männlicher Homosexualität nach dem»Schweregrad der Pathologie«. Zu einer Zusammenfassung und ausführlichen Kritik dieser Konzepte vgl. Warner 1990, sowie Kapitel 5.2.3.
54 »Faen, av og til skulle jeg ønske jeg var mer som du..! For et øyeblikk siden hadde jeg stått der og nesten ønsket meg i hans sted.« (*G* 52 f.)

Leistungen und sein Wohlverhalten erreicht, plötzlich in euphorische Größenphantasien umschlagen können. Kernberg beschreibt den narzißtisch gestörten Menschen wie folgt:

> Diese Patienten sind exzessiv mit sich selbst beschäftigt, [...] ihre inneren Beziehungen zu anderen Menschen sind erheblich verzerrt; ihr Verhalten ist (in unterschiedlichen Kombinationen) geprägt von starkem Ehrgeiz, Größenphantasien, Minderwertigkeitsgefühlen und übermäßiger Abhängigkeit von äußerer Bestätigung und Bewunderung. Sie leiden an chronischer Langeweile und Leeregefühlen, suchen ständig nach Befriedigung ihrer Strebungen nach Glanz, Reichtum, Macht und Schönheit und sind kaum in der Lage, andere zu lieben und Anteilnahme zu entwickeln. Andere auffällige Merkmale sind: Unfähigkeit, andere einfühlend zu verstehen, chronische Unsicherheit und Unzufriedenheit mit ihrem Leben, bewußte oder unbewußte Ausbeutung anderer, Rücksichtslosigkeit und insbesondere intensiver Neid und Abwehr von Neid.[55]

Diese Beschreibung trifft durchaus auf Faldbakkens Glahn zu, was auch dessen stotternder Psychiater Feldt bemerkt, der in der folgenden Deutung die Liebesunfähigkeit seines Patienten deutlich ins Licht rückt.

– Du sagst, du l-liebst die Frauen, Glahn, aber in Wirklichkeit kannst du gar nicht lieben. D-dich verlieben, ja, denn der Verliebte sieht nur sich und den Reflex seiner eigenen Verliebtheit! Die zur Besessenheit getriebene V-verliebtheit ist der Hö-höhepunkt der Eitelkeit. Aber *lieben*...? G-glaubst du wirklich, daß das, was du hier b-beschrieben hast, *Liebe* genannt werden k-kann? (*PO* 199, Hervorhebung in Original)

– Du sier d-du elsker kvinnene, Glahn, men i virkeligheten er d-du ikke i stand til å elske. Forelske d-deg, ja, for den som er f-forelsket ser bare seg selv og refleksen av sin egen forelskelse! F-forelskelsen drevet til en besettelse er f-forfengelighetens ku-kuliminasjon [sic]. Men *elske*...? T-tror du virkelig at d-det du har beskrevet her kan kalles *kjærlighet*...? (*G* 163 f.)

Durch seine Selbststilisierung als Außenseiter, als »Meisterschütze«, »(Glücks)-Jäger« und Romantiker übt Glahn eine starke Anziehungskraft auf Frauen und Männer aus. (Z.B. *G* 44; *PO* 50) Er dient – zumindest laut seiner eigenen Darstellung – als Projektionsfläche für die unausgelebten Phantasien der Frauen und Männer. Mack bewundert vor allem

---

55 Kernberg 1978, S. 375.

seine Schießkünste, ein weiblicher Festgast seine Unabhängigkeit von gesellschaftlichen Konventionen, (*G* 44; *PO* 50) Edvarda seine scheinbare
sexuelle Erfahrung (*G* 68, *PO* 81) und Eva stilisiert ihn zum Prinzen, der
zu ihrer Rettung kommt. (*G* 99; *PO* 119) Die faszinierten Reaktionen
seiner Umgebung sind für Glahn Mittel, das eigene Selbstgefühl und
Selbstbewußtsein zu erhalten und zu steigern. Die Anerkennung und
Bewunderung der anderen dienen Glahn als Spiegel und versetzen ihn in
rauschhaft gesteigerte Erregungszustände, die dem von Freud so genannten »ozeanischen«, orgasmischen Gefühl verwandt und deutlich sexuell
konnotiert sind.[56] »Ihre Aufmerksamkeit machte mich benommen«,
schreibt er. Und weiter: »All die Stimmen, die zu mir sprachen, gaben
mir das Gefühl, ein Fluß zu sein, der bei der Schneeschmelze im Frühjahr
anschwillt, stark, reißend, respekteinflößend«.[57] (*PO* 51) Doch nicht nur
Menschen, auch das Leben in der Stadt, die Natur, sogar ein Fernseh-
programm (*G* 23; *PO* 25) dienen ihm als Reflektoren seiner eigenen
Gefühle und Stimmungen, zur rauschhaften Steigerung seines Selbstgefühls. Wird ihm sein Spiegel, diese Anerkennung, jedoch entzogen, so
versinkt der Erzähler in tiefe, selbstzerstörerische Depressionen, oder, wie
Feldt es ausdrückt:

›W-wie gesagt, deine Eitelkeit‹... fährt er unverdrossen fort, ›ist so
durchgreifend, ja so *mo-monumental,* daß f-für dich dein Ehrgefühl ein
stärkerer Trieb wird als sogar der Geschlechtstrieb! W-wenn du von
einer Frau verschmäht wirst, und noch dazu von einem jungen Mädchen, dem du dich gesellschaftlich unterlegen f-fühlst, ist der Fall
b-bodenlos, ja, *nicht wieder gutzumachen!*‹ (*PO* 213, Hervorhebung im
Original)

– S-som jeg sa, din forfengelighet... fortsetter han uforstyrrelig, er så
g-gjennomgripende, ja så *mo-monumental,* at for deg b-blir æresfølel-
sen en sterkere d-drift enn selve kjønnsdriften! N-når du blir forsmådd
av en kvinne, og attpå til en ung pike d-du føler deg sosialt underlegen,
er fallet b-bunnløst, ja *u-uopprettelig!* (*G* 174)

Glahns Unfähigkeit, andere Menschen oder seine Umgebung als unabhängig, als verschieden von sich selbst wahrzunehmen und anzuerkennen, führt dazu, daß er weitgehend kommunikationsunfähig bleibt. Er

---

56 Vgl. Freud 1930, S. 197.
57 »Deres oppmerksomhet gjorde meg ør. Alle stemmene som snakket til meg fikk
    meg til å føle meg som en elv som svulmet opp i vårflommen, sterk, stri, respekt-
    inngytende.« (*G* 44)

kann in Beziehungen lediglich als Verführer auftreten, als Manipulator, der andere dazu zu bringen versucht, ihn anzuerkennen, ihm Bestätigung und damit eine Existenzberechtigung zu verschaffen.

Von Ich-Psychologen wie vom impliziten Autor von *Glahn* werden also homosexuelle Tendenzen als Symptome einer umfassenderen Pathologie aufgefaßt, als übersteigertes Bedürfnis nach Spiegelung des eigenen Selbst im Gleichen, als Angst vor der Andersartigkeit der Frau. Homosexualität wird demnach gleichgesetzt mit der Unfähigkeit von Männern zu wirklicher Liebe.[58] Über Glahns homosexuelle Tendenzen sowie seinen Fetischismus hinaus kann ein weiteres Element seiner Sexualität und Persönlichkeitsstruktur im Kontext dieser Pathologie interpretiert werden. Das Spannungsfeld von Andersartigkeit und Gleichheit, in dem Glahn sich befindet, gewinnt eine vertikale Dimension von Dominanz und Unterwerfung. Auf der Seite der Männerbeziehungen ist es nicht nur die Gleichheit des Männerkörpers, mit dem Glahn sich tröstet, durch die er seine Leere und Minderwertigkeitsgefühle auszugleichen sucht. Er findet auch Sicherheit in der Unterwerfung unter den ökonomisch wie sozial überlegenen Mack. Als Rekrut betont er, daß er Mack »gehorcht«, wenn er ihn masturbiert. Deutlicher noch wird die sadomasochistische Konstellation in der zweiten sexuellen Begegnung. Glahns »Gesicht ruht auf seinem [Macks] behaarten Bauch«, Mack hat den Ellenbogen auf Glahns Rücken gestützt.

Er steuert das Ganze jetzt, beide Ellbogen in meinen Rücken gebohrt. Während ich mit zusammengekniffenen Augen daliege, sehe ich ihn vor mir, wie er mit beiden Händen den Nußbaumschaft umfaßt. Völlig kalt, konzentriert auf das Zielen. Unbeirrbar. Prachtvoll. Und mich selber demütig vorgebeugt, im Staube wie ein Hohepriester, das Gesicht in seinen Schoß gedrückt, die Hand in einem festen Griff um sein Glied, während ich fühle, wie er an meinen Lippen wächst, und kaum zu atmen wage, um nicht zu stören. Zusammen sind wir wie ein Organismus, ein Bild von des Mannes wilder, unbändiger Kraft und

---

58 Dies ist eine Wertung homoerotischer Akte, die das gesamte Werk Faldbakkens durchzieht. In seinem Roman *Der Schneeprinz* (*Bryllupsreisen*) beispielsweise identifizieren sich zwei rivalisierende Schriftsteller in ihrer gemeinsamen »gefühlsmäßigen Armut« während sie zusammen in der Sauna onanieren. Im Roman *Bad Boy*, den Faldbakken nach *Glahn* schrieb, gerät der Protagonist auf seiner Flucht vor dem Einfluß seiner Mutter und seiner Geliebten in eine Affäre mit einem Mann und damit in ein postmodernes Szenario, in dem der narzißtische Zustand der gesamten modernen Gesellschaft in düsteren Farben geschildert wird.

schändlich seeliger Sinnlichkeit. Und es ist, als triebe mich ein fremder Wille. Ich weiß, daß ich unser Tableau vollenden will. Ich will hinab in die finstere Tiefe der Buße, in den läuternden Pfuhl der Selbsterniedrigung. So... ich öffne den Mund und forme ein O um seine weiche, pochende Speerspitze. (*PO* 195)

Han styrer det hele nå, med begge albuene boret ned i min rygg. Der jeg ligger med gjenknepne øyne ser jeg ham for meg, med dobbelttak om nøttetreskjeftet. Fullstendig kald, konsentrert om sitt sikte. Uforstyrrelig. Praktfull. Og meg selv ydmykt fremoverlent, nesegrus som en yppersteprest, med ansiktet trykket mot skrittet hans og hånden i fast grep om lemmet hans, mens jeg kjenner ham vokse mot leppene mine, og knapt tør puste for ikke å skape forstyrrelse. Sammen er vi som én organisme, et bilde på mannens ville, ubendige styrke og skammelig salige sanselighet. Og det er som jeg drives av fremmede viljer. Jeg vet jeg vil fullføre vårt tablå. Jeg vil ned i unngjeldelsens mørke dyp, i selvfornedrelsens rensende pøl. Så ... jeg åpner munnen og former en O omkring hans bløte, bankende spydspiss. (*G* 160 f.)

Glahns Ekstase wird dadurch ausgelöst, daß er sich einer kontrollierenden Macht ausliefert, sich von ihr ausfüllen läßt. Darauf verweist nicht nur die Betonung des »O«, das sein Mund formt – spätestens seit Pauline Réages klassischem sadomasochistischen erotischen Roman *L'Historie d'O*[59] Signifikant für die Selbstaufgabe und absolute sexuelle Verfügbarkeit des Masochisten. Auch die religiöse Metapher des unterwürfigen, knieenden Priesters ist Ausdruck für die verzweifelte Suche nach Verbindung, Anerkennung und Sinn, die Glahn in den degradierenden erotischen Konstellationen sucht. Die Leere läßt sich allerdings durch seine Selbstaufgabe und Selbsterniedrigung nicht füllen. Nach den Schüssen auf das Licht im Bootshaus und Macks Samenerguß fühlt Glahn sich deprimierter als vorher: »Ich sitze auf dem Boden, benommen, beschämt, mir ist übel. Der magische Augenblick ist gekommen und verstrichen. Ich habe sein Geschlecht losgelassen, als sei es ein totes Tier.«[60] (*PO* 196)

Auch die Frauenbeziehungen Glahns haben sadomasochistische Elemente. Seine Schwärmerei für Edvarda ist durchsetzt mit Gefühlen der Unterlegenheit, Abhängigkeit und Erniedrigung. (Vgl. z.B. *G* 83, 123; *PO* 99, 149) Sie gehen in diesem Falle allerdings nicht mit sexueller Erfüllung

---

59 Réage 1954.

60 »Jeg sitter på gulvet, ør, kvalm og skamfull. Det magiske øyeblikk kom og passerte. Jeg har sluppet taket i kjønnet hans som om det var et dødt dyr.« (*G* 161)

einher, sondern stehen in direktem Ursachenzusammenhang mit seiner Impotenz. Eva und der jungen Prostituierten gegenüber hingegen befindet Glahn sich, ebenso wie Mack, in der dominierenden sadistischen Position. Er befiehlt der Hure, vor ihm zu knien, und ihm wie ein Hund die Hand zu lecken, (*G* 89; *PO* 107) und er genießt Evas bedingungslose Hingabe und ihre Bereitschaft, alles von ihm zu ertragen. (*G* 149; *PO* 181) Die unterwürfigen Frauen erlauben es ihm – so seine eigene Darstellung – die Ruhe und Sicherheit wiederzufinden, die er durch den sexuellen Mißerfolg bei Edvarda verloren hat.

Auch diesen Darstellungen sadomasochistischer Szenarios in Faldbakkens Roman liegt eine Matrix zugrunde, die auf Theorien der Ich-Psychologie und Objektbeziehungen zurückweist. Jessica Benjamin bringt in *Die Fesseln der Liebe*, wo sie sich am Beispiel der *Geschichte der O* mit der »Phantasie der erotischen Dominanz«[61] beschäftigt, Beziehungsmuster der hier geschilderten Art in Verbindung mit dem Spannungsfeld zwischen der Suche nach Anerkennung und Unabhängigkeit, in dem sich das Individuum befinde. Für sie ist die masochistische Position dadurch gekennzeichnet, daß der Masochist sich mit dem dominanten Herrschenden identifiziere und auf diese Weise Anerkennung durch diesen sowie auf indirektem Wege auch Zugang zu dessen Macht erhalte.[62] Diese Dynamik ist, wie gezeigt wurde, charakteristisch für Glahns und Macks Verhältnis zueinander. Daneben tauchen zwei andere Elemente in Benjamins Analyse des Sadomasochismus auf, die in der Schilderung der masochistischen Unterwerfung Glahns unter Mack eine Rolle spielen: zum einen der »symbolische und rituelle Charakter religiöser Hingabe«[63], der ihr typisch für den Wunsch des Masochisten nach Anerkennung und Transzendenz ist; zum anderen das Tendieren der sadomasochistischen Beziehung zu metaphorischem oder wirklichem Tod, »jedenfalls zum Gefühl des Totseins, zur Leblosigkeit und Fühllosigkeit, zum Verlöschen der Faszination.«[64] Dieses Gefühl, so zeigt das obige Zitat, befällt Glahn nach der sexuellen Befriedung Macks. Benjamins Theorie ist darüber hinaus geeignet, die sadistische Seite von Glahns Sexualität psychoanalytisch zu erhellen. Sie führt die Genese der sadistischen Phantasie auf die herrschende Form der männlichen Identität zurück, die sich darüber konstituiere, daß die ursprüngliche Abhängigkeit von der Mutter geleugnet, die Angst vor dem Verschlungenwerden durch die übermächtige

---

61 Benjamin 1993a, S. 53.
62 Vgl. Benjamin 1993a, S. 57-63.
63 Benjamin 1993a, S. 61.
64 Benjamin 1993a, S. 66.

Mutter durch die Unterwerfung und Verdinglichung der Frau abgewehrt würde.

Glahn, so könnte man die psychoanalytischen Erwägungen bis hierher zusammenfassen, erfährt also auf der einen Seite eine überwältigend erlebte präödipale Weiblichkeit als Hindernis in seiner Suche nach Anerkennung und Identität. Auf der anderen Seite stellt eine kastrierte ödipale Mutterfigur seine männliche Potenz in Frage. Aus diesen vielfältigen Bedrohungen durch das Weibliche flüchtet er in sexuelle Perversionen: in Homosexualität, sadomasochistische Gewalt, Fetischismus, Voyeurismus und Onanie. Faldbakken stellt also seinen Leutnant Glahn als Repräsentanten einer pervertierten, pathologischen Männlichkeit dar, die sowohl für die Frauen seiner Umgebung als auch für ihn selbst zu Zerstörung und Tod führen.

2.2.2. Narzißmus und Sexualität in *Pan*

Faldbakkens Beschreibung von Glahn als impotenten, pathologisch gewalttätigen, narzißtisch gestörten Mann, der Frauen gleichzeitig idealisiert und begehrt sowie fürchtet und abwehrt, ist geeignet, die Aufmerksamkeit auf bisher wenig beachtete Aspekte von Hamsuns Roman zu richten.[65] Faldbakkens Roman wird im folgenden Abschnitt als Folie dienen, um die Rolle näher zu bestimmen, die Sexualität für die männliche Identität des Protagonisten Glahn in *Pan* spielt.

Der Gedanke, das Scheitern der Beziehung zwischen Edvarda und Glahn auf dessen Impotenz zurückzuführen, wie auch Faldbakkens Lesart es nahelegt, ist nicht neu. Die These wurde bereits von Nettum (1970) aufgestellt. Seine Deutung, Hamsuns Protagonist leide an der Angst davor, eine Frau zu deflorieren, scheint mir zwar nicht falsch, aber eine

---

65 Einige dieser Elemente sind von einzelnen Kritikern allerdings zumindest angedeutet worden. So verweisen Giersing/Carlsen/Nielsen 1975 auf die sadomasochistische Struktur der Beziehungen zwischen Glahn und Edvarda, um faschistische Tendenzen in *Pan* nachzuweisen. (S. 119-121) Nettum 1970 arbeitet detailliert die ausgeprägte Sexualsymbolik des Romans heraus und sucht die Gründe für das Scheitern der Liebesbeziehung zwischen Glahn und Edvarda im sexuellen Bereich. Atle Kittang 1984 schließlich analysiert auf der Grundlage von Lacans Theorien zum Spiegelstadium die Suche der narzißtischen Hamsun-Helden nach erotischer und sozialer Anerkennung und arbeitet die Zusammenhänge zwischen (Auto)Erotik, Naturerleben und Tod in Hamsuns Werk heraus. Er geht dabei zwar nicht auf *Pan* ein, kommt jedoch zu Ergebnissen, die sich ohne weiteres auf diesen Roman und seinen Protagonisten übertragen lassen.

zu eingeschränkte Erklärung für Glahns sexuelles Versagen zu sein. Entscheidend für die Beziehungsdynamik zwischen den beiden ist zunächst der Umstand, daß Edvarda offensichtlich die Initiative ergreift. Sie sucht ihn mit dem Doktor in seiner Hütte auf, (PV 19) sie lädt ihn zum Ausflug zum Trockenplatz ein, (P IX 42) küßt ihn auf diesem Ausflug vor aller Augen, (P X 47) kommt nachts vor seine Hütte, nähert sich ihm körperlich und erklärt ihm ihre Liebe. (P XI 50 f.) Glahns Reaktion ist zwiespältig: Einerseits geht er auf ihre Annäherungsversuche ein und läßt sich in einen Rausch der Verliebtheit fallen. Andererseits beginnt er jedesmal, wenn Edvarda sich ihm nähert, sie abzuwerten oder zu demütigen. Nach dem überraschenden Kuß auf dem Ausflug nimmt er die Schuld für ihr ungebührliches Benehmen auf sich, entschuldigt sich bei der Gesellschaft und weist sie später scharf zurecht:»Zum Satan, so schweigen Sie doch, Mensch!‹ flüsterte ich und stampfte auf den Boden«. Erst als er ihre Verletzung und Demütigung wahrnimmt, schlagen seine Gefühle erneut um:»Ich wurde tief ergriffen, diesem verlassenen Ausdruck in ihrem Blick und in ihrer ganzen dünnen Gestalt konnte ich nicht widerstehen, ich begann sie zu lieben, und nahm ihre lange, schmale Hand in die meine.«[66] Offensichtlich fühlt er sich durch die fordernde, aktive Edvarda verunsichert, vor allem, wenn sie ihren Gefühlen unverstellten Ausdruck verleiht. Widmet sie ihm ihre ungeteilte Aufmerksamkeit, so erscheint sie ihm häßlich:»Sie war zu einem solchen Grade aufmerksam, daß sie sich nicht im geringsten in acht nahm, sondern häßlich wurde, einfältig anzusehen, ihre Lippe hing weit herunter.«[67] Er wird sich seiner Liebe zu ihr vor allem in den Augenblicken bewußt, in denen er sie in einer schwächeren, bemitleidenswerten Position sieht, etwa als mutterloses Kind, oder nach ihrem Abschied, in der Einsamkeit der Natur:»Als sie gegangen war, bog ich ab und schlüpfte in den Wald hinein, um mich zu verbergen und mit meiner Freude allein zu sein.«[68]

Glahn scheut also sowohl Edvardas offenen Gefühlsausdruck als auch die Nähe anderer Menschen. Anstelle dessen projiziert er die durch ihre Nähe geweckten erotischen Gefühle auf die Natur – eine Natur, in der er

66 »›Saa for Satan, ti dog stille, Menneske!‹ hvisked jeg og stamped i Marken. [..] Jeg blev dybt greben, dette forladte Udtryk i hendes Blik og i hele hendes tynde Skikkelse kunde jeg ikke modstaa, jeg blev glad i hende og tog hendes lange, smale Haand i min.« (P X 49)
67 »Hun var i den Grad opmærksom, at hun slet ikke tog sig i Agt, men blev styg, enfoldig at se paa, hendes Læbe hang langt ned.« (P IX 41 f.)
68 »Da hun var gaaet, bøjed jeg af og stak ind i Skogen forat skjule mig og være alene med min Glæde.« (P XII 56)

sich sicherer fühlt als in der menschlichen Gesellschaft mit ihren Anforderungen. Auch seine Menschenscheu und Unbeholfenheit im sozialen Leben tragen erotische Konnotationen.

Darauf deutet die Metaphorik des Trinkens und des Glases: berauschend erotische Naturstimmungen sind in *Pan* mehrfach mit Bildern des Trinkens verbunden. (*P* VIII 33; XIII 57; XIV 62; XXVI 152 f.) Glahns Unfähigkeit, in Gesellschaft angemessen zu trinken – er wirft beispielsweise bei einem Besuch in Edvardas und Macks Haus sein Glas um und beschmutzt sich selbst – (*P* VII 29), läßt sich also auch als Zeichen seiner Impotenz in Anwesenheit der begehrten Edvarda deuten.[69] Im Wald hingegen wirft er sein Glas nicht um (*P* IX 40), und hier bzw. in der Anwesenheit des Schäfermädchens Henriette, ist er auch zu sexuellen Leistungen fähig.[70]

Das Mißverhältnis zwischen der sexualisierten Natur und Glahns Angst vor der ganz konkret erotische Aktivität und Erfüllung fordernden Edvarda führt schließlich zur Wende ihrer Beziehung. Edvarda sucht Glahn in einer Nachtstunde auf, die für ihn bereits erotisch aufgeladen ist. Darauf verweist die sinnliche Schilderung von Insekten, die in seiner Hütte, auf seinem Pulverhorn und um die seine Hütte umgebenden Blumen schwirren, Blumen, die deutlich vaginale Assoziationen hervorrufen:

Aber nun in den Stunden der Nacht haben sich plötzlich große, weiße Blumen im Wald entfaltet, ihre Narben stehen offen, sie atmen. Und zottige Dämmerungsfalter senken sich in ihre Blätter nieder und bringen die ganze Pflanze zum Beben.

Men nu i Nattens Timer har pludselig store, hvide Blomster udfoldet sig i Skogen, deres Ar staar aabne, de aander. Og lodne Tusmørkesværmere sænker sig ned i deres Blade og bringer hele Planten til at skælve. (*P* XIII 58)

In dieser Nacht konfrontiert ihn Edvarda mit ihrem offensichtlich körperlichen Verlangen. »Und ohne mehr zu sagen, warf sie sich mir heftig

---

69 Nettum 1970, S. 236, deutet diese Stelle in Zusammenhang mit Glahns »Deflorationsangst«.

70 Mazor 1984, S. 315 f., hebt ebenfalls die sexuelle Bedeutung des Trinkmotivs und vor allem des Glases in *Pan* hervor und verweist auf den Zusammenhang mit Glahns sexueller Inferiorität Edvarda gegenüber. Er schreibt »Glahn is present at all the appearances of this motif, as is Edvarda, the subject of his erotic frustration«. Er geht auch kurz auf die diese Szenen kontrastierenden Naturszenen ein, in denen Trinken und Potenz in einem positiven Zusammenhang stehen, deutet sie aber lediglich als kurze Augenblicke der Erleichterung.

an den Hals und sah mich an, starrte in mein Gesicht, während sie hörbar atmete. Ihr Blick war ganz schwarz.«[71] Glahn jedoch geht nicht auf ihre erotische Werbung ein; auf ihre Frage, warum er sich so plötzlich erhebe, antwortet er wiederum mit der sexualisierten Blumenmetapher: »Weil es so spät ist, Edvarda […]. Nun schließen sich die weißen Blumen wieder, die Sonne steht auf, der Tag kommt.«[72] Nach dieser Szene zieht Edvarda sich mehr und mehr von Glahn zurück, jetzt ist er es, der sie aufsucht, sie aber nicht zurückgewinnen kann.

Glahn kompensiert seine sexuelle Unfähigkeit nicht allein dadurch, daß er sein Begehren auf eine idealisierte Natur verschiebt, sondern auch auf Gegenstände und Attribute von Frauen, die den Charakter von Fetischen annehmen. Die überdeutlich sexualisierten Blumen des eben zitierten Kapitelanfangs und -endes sind durch ihre weiße Farbe im Metapherngefüge des Romans verbunden mit Evas weißem Tuch, das der Erzähler mehrmals an zentralen Stellen erwähnt (*P* III 11; V 18), mit dem Schleier Edvardas, den sie bei ihrer ersten Begegnung trägt (*P* II 7) sowie mit einem Tuch, das Glahn in der Vergangenheit einer Frau geschenkt hat. (Vgl. *P* XII 54) Glahn verbindet Schleier und Tuch mit positiven erotischen Begegnungen, mit bedingungsloser weiblicher Hingabe, die sich jedoch nicht offen und aggressiv, sondern indirekt, »verschleiert«, verborgen ausdrückt. Gleichzeitig verweisen Schleier und die Farbe weiß auf die Jungfräulichkeit und Unerfahrenheit, die Glahn sowohl bei Edvarda wie bei Eva, die er zunächst für die Tochter, nicht für die Frau des Schmiedes hält, vermutet. Tuch und Schleier können ebenso wie Glahns Naturprojektionen als Fetische interpretiert werden,[73] die einerseits das verdecken, wovor Glahn zurückschreckt, nämlich die Sexualität von Frauen. Andererseits verweisen sie genau auf dasjenige, was sie verbergen. Daraus wiederum scheint sich ihre Faszination für Glahn zu erklären. Der Fetisch weißes Tuch steht also, ebenso wie die Natur, für das begehrte Objekt, gleichzeitig gewährt er Schutz vor dessen als bedrohlich empfundenen Forderungen.

Ähnliches gilt für den Bildbereich, der sich um Schuhe, Strümpfe, Füße und Waden rankt, Körperteile und Kleidungsstücke, um die Glahns

---

71 »Og uden at sige mere kasted hun sig hæftigt om min Hals og saa paa mig, stirred ind i mit Ansigt, mens hun pusted hørligt. Hendes Blik var ganske sort.« (*P* XIII 60 f.)

72 »›Fordi det er saa sent, Edvarda [..]. Nu lukker de hvide Blomster sig igen, Solen staar op, Dagen kommer‹.« (*P* XIII 61)

73 Auch Nettum 1970, S. 246, liest die weißen Tücher als Sexualsymbole. Popperwell 1986, S. 28, bezeichnet sie in einem Nebensatz direkt als Fetische.

Erzählung in noch größerem Ausmaß kreist als um Tücher und Schleier. Schuhe, Füße, Strümpfe und Bänder, die gelöst oder geöffnet werden, spielen in den meisten Schilderungen sexueller und erotischer Begegnungen und Phantasien Glahns eine Rolle. In der ersten erotischen Phantasie mit Diderik und Iselin etwa bittet Iselin den Geliebten:

> Binde mein Schuhband! sagt sie mit lodernden Wangen. Und kurz darauf flüstert sie ganz nahe gegen meinen Mund, gegen meine Lippen: O, du bindest nicht mein Schuhband, du mein Liebster, nein, du bindest nicht … bindest nicht mein …
>
> Bind mit Skobaand! siger hun med blussende Kinder. Og lidt efter hvisker hun lige mod min Mund, mod mine Læber: O, du binder ikke mit Skobaand, du min Kæreste, nej, du binder ikke … binder ikke mit … (*P* VIII 35)

Im selben Kapitel wird das Motiv des Bindens und des Fußes als Einleitung zur sexuellen Begegnung zwischen Glahn und dem Hirtenmädchen Henriette. Als er sie trifft, erwähnt er, sie stricke an einem Strumpf, wählt dafür aber den archaisierenden Ausdruck »hun bandt paa en Strømpe«, (*P* VIII 36) was eben im zeitgenössischen Sprachgebrauch auch »einen Strumpf binden« heißen kann. Die Schilderung von Frauenfiguren konzentriert sich im weiteren Verlauf häufig auf deren Waden, Füße und Schuhe. In diesem Zusammenhang erscheint zudem die Szene, in der Glahn bei einem Bootsausflug Edvardas vom Fuß gefallenen Schuh ins Wasser wirft, in einem erotischen Licht.[74] (Vgl. *P* XV 74 f.)

Diese Schlüsselszene, in der Glahn sich selbst durch sein Verhalten vor Edvarda, dem Doktor, der den Schuh »rettet«, sowie vor der gesamten Gesellschaft demütigt, verweist auf ein weiteres »perverses« Element in der Charakterstruktur des Hamsunschen Glahn, das Faldbakken in seinem Roman demonstrativ herausgearbeitet hat: seinen Sadomasochismus.[75] Der Wechsel zwischen Dominanz und Unterwerfung, Demütigen und Gedemütigtwerden zwischen Edvarda und Glahn, sowie Eva und

---

74 Nettum 1970, S. 238, deutet den Schuh etwas zu eng als »Symbol für die weiblichen Geschlechtsorgane«.

75 Auf die sadomasochistische Struktur von Glahns Beziehungen zu Eva und Edvarda ist von unterschiedlichen Seiten hingewiesen worden. Bereits 1942 stellte der Freud-Schüler Eduard Hitschmann sadomasochistische Züge verschiedener Hamsun-Helden in Verbindung mit Ödipuskomplex und Kastrationsangst. (Hitschmann 1924, Hitschmann 1929, vgl. auch die zusammenfassende Darstellung bei Schulte 1986). Giersing/Carlsen/Nielsen 1975 geben eine sozialpsychologische Deutung von Glahns Sadomasochismus, und Nettum 1970 deutet

Glahn ist ebenso offensichtlich wie die sadistischen Züge Macks vor allem gegenüber Eva, die er zur Strafe für ihre Beziehung mit Glahn Männerarbeit verrichten läßt. Wichtig und bisher unbemerkt sind zwei darüber hinausgehende Beobachtungen. Zum einen wechselt Glahn vor allem in der Beziehung zu Edvarda zwischen der sadistischen und masochistischen Position. Zum anderen finden sich sadomasochistische Strukturen auch in Glahns Beziehung zu seinem Rivalen, dem Doktor. Das mit homoerotischen Elementen durchsetzte Verhältnis zwischen den beiden Männern hat damit wie bei Faldbakken ein weiteres sexuell perverses Element. Die Struktur der gegenseitigen sexuellen Demütigung wird in der oben zitierten Stelle deutlich, an der Glahn den Doktor zwingen möchte, über sein Gewehr zu springen und ihn damit in die Rolle des unterwürfigen Hundes bringen will. Bezeichnend ist darüber hinaus, daß sich Glahn, nachdem er Edvardas Schuh ins Wasser geworfen hat, nicht nur vor ihr, sondern vor allem auch vor dem Doktor gedemütigt fühlt.[76]

Auch die narzißtische Persönlichkeitsstruktur, die Knut Faldbakken »seinem« Thomas Glahn zuschreibt, findet sich bereits in Knut Hamsuns Protagonisten. Sie kommen in *Pan* unter anderem durch eine ausgeprägte Blicksymbolik des Sehens und Gesehenwerdens zum Ausdruck, die vor allem das Verhältnis zwischen Edvarda und Glahn prägt. Glahn stilisiert sich selbst zunächst als großen Menschenkenner, als jemanden, der »weit in die Seelen anderer hineinspähen« kann, der »jede Seele durchschaut«.[77] Ebenso glaubt er sich in der Lage, durch seinen beobachtenden Blick die Zeichen der Natur zu deuten. (Vgl z.B. *P* IX 40) Sein Blick verleiht ihm angeblich Kontrolle über seine Umgebung, verschafft ihm ein Gefühl der Überlegenheit. Er meint, etwas über Menschen zu wissen, ohne daß diese es bemerken, und er ist in der Lage, sich durch sein Durchschauen der Naturvorgänge von dieser zu ernähren. Bei näherem Hinsehen erweisen

die sadomasochistischen Beziehungsstrukturen im Kontext von Schopenhauers Liebeskonzeption. Wessely 1999, S. 235 und 242 erwähnt einen »sadistischen Ton« in der Beziehung von Glahn zu Edvarda, der Zeichen dafür sei, daß die lebensbejahende Haltung Glahns durch die Verliebtheit in Edvarda von Frustration und ambivalenten Gefühlen untergraben werde und schließlich in einem Verfall des männlichen Ichs ende.

76 Turco 1980, S. 24 f., erwähnt die masochistischen und narzißtischen Persönlichkeitszüge Glahns, die sich sowohl in der erwähnten Szene mit dem Doktor, als auch in »Glahns Tod« spiegeln.

77 »O, naar jeg har mine gode Dage, da forekommer det mig, at jeg skimter langt ind i andres Sjæle [..] Der sidder jeg og ser paa alt dette, og ingen aner, at jeg gennemskuer hver Sjæl.« (*P* VII 27)

sich seine eigenen Behauptungen jedoch nicht als vollständig glaubwürdig.

Ich lege in jedes Blinken, das ihre [der Leute; S.v.S.] Augen durcheilt, etwas hinein; zuweilen schießt das Blut in ihre Wangen und macht sie rot, ein anderes Mal tun sie, als sähen sie nach einer anderen Richtung und behalten mich doch von der Seite ein wenig im Auge.

Jeg lægger noget i hvert Vink, der iler gennem deres Øjne; stundom skyder Blodet op i deres Kinder og gør dem røde, til andre Tider lader de som om de ser til en anden Kant og holder dog lidt Øje med mig fra Siden. (*P* VII 27)

An Stellen wie dieser zeigt sich, daß Glahns angebliches »Lesen« in den Seelen anderer Menschen in erster Linie Projektion seiner eigenen Wünsche und Ängste ist. Ebenso verhält es sich mit seinem Lesen in der Natur. Naturphänomene und sogar unbelebte Objekte dienen ihm als Bilder und Projektionsflächen seiner eigenen Gefühle, so etwa ein »hoher, grauer Stein«, der »einen Ausdruck des Wohlwollens für mich« hat[78] oder ein verrotteter Ast, mit dem er sich in seiner Sehnsucht nach Edvarda identifiziert und der folglich sein Mitleid hervorruft. (*P* VI 25) Glahn ist nicht in der Lage, Dinge und Menschen in ihrer Eigenart zu erkennen und anzuerkennen, sondern er bezieht alles, was ihm begegnet, auf sich und seine momentane Gefühlslage.[79]

Sehen hat für Thomas Glahn also eine ambivalente Funktion. Einerseits verschafft es ihm die Illusion der Kontrolle und Macht über seine Umgebung. Der auf Projektionen beruhende Charakter seines Blicks verweist jedoch gleichzeitig auf seine Angst davor, »wirklich« zu sehen. Diese Ambivalenz entspricht der Zwiespältigkeit des Fetisches, der ja ebenfalls die Funktion hat, etwas Gefürchtetes zu verbergen, gleichzeitig aber in einer Weise darauf hinzudeuten, die eine Illusion der Kontrolle über das gleichzeitig Gefürchtete und Begehrte verschafft.[80] Dieselbe Ambivalenz

---

78 »[…] en høj, graa Steen. Den havde et Udtryk af Venligsindethed mod mig«. (*P* III 9)

79 Vgl. dazu Kittang 1984, S. 84-91. Kittang arbeitet dieselbe narzißtische Struktur, die sich bei Glahn findet, am Beispiel des Protagonisten von *Mysterier* heraus. Auch für Nagel ist die Natur lediglich Echo des Ich-Gefühls, das er selbst in sie hineinprojiziert.

80 Emily Apter 1991 bezeichnet in *Feminizing the Fetish*, einer Untersuchung über Fetischismus (in einem weiteren als lediglich psychoanalytischen Sinne) und narrativer Obsession um die Jahrhundertwende den Fetischismus als eine »Theorie der optischen Verdrängung«. Sie faßt das Paradox, das auch Thomas Glahns

findet sich in Glahns erotischen Beziehungen, in denen der Austausch von Blicken eine zentrale Rolle spielt. Glahns Blick wird von Frauen als »Tierblick« bezeichnet, als erotisch anziehend, wild und unzivilisiert. Aus einer Bemerkung Edvardas über seinen »Tierblick« bezieht Glahn folglich Bestätigung seiner erotischen Anziehungskraft. (*P* XIII 60) Weniger als um das eigene Sehen und Wahrnehmen geht es Glahn auch hier um die Spiegelung seines eigenen Begehrens in einer anderen Person, eine Spiegelung, die ihm das notwendige Selbstgefühl verschaffen kann.

Glahn sucht den Blick der anderen, da die Spiegelung seines eigenen Blickes in dem der anderen ihm soziale und erotische Anerkennung verschafft und damit überhaupt erst ein Gefühl für die eigene Existenz. Sobald Glahn jedoch die Illusion der Spiegelung im Blick der anderen genommen wird, treten Angst und das Gefühl des Bedrohtseins und der Erniedrigung an die Stelle des Hochgefühls, das ihm die Bestätigung gewährt hat. Glahn scheut vor allem das Durchschautwerden durch andere. Nach einem Kuß von Edvarda etwa flieht er zunächst in den Wald, seine Angst vor dem Beobachtetwerden durch andere führt ihn dann zurück zum Weg, wo er sich versichern muß, daß ihn keiner gesehen hat. (*P* XII 56; vgl. auch XXIII 136) Die Suche nach erotischer Anerkennung erklärt auch die Faszination, die Edvardas Blick auf ihn ausübt. Bezeichnenderweise ist der erste Blick, den sie ihm schenkt, ein Blick durch ihren Schleier, (*P* II 7) nochmals ein Hinweis auf den fetischistischen Charakter seines Sehens und seines Wunsches nach Gesehenwerden. Sobald nämlich der Blick Edvardas nicht mehr hinter dem Fetisch verborgen ist, sobald in ihrem Blick ihre eigenen Wünsche zum Ausdruck kommen und so die narzißtische Spiegelung Glahns unmöglich machen, gerät sie für ihn zur Bedrohung. Die Attribute »schwarz« (*P* XIII 61) und »brennend« (*P* X 47), mit denen der Erzähler Edvardas Augen beschreibt, als sie ihm ihr eigenes sexuelles Begehren offen zeigt, deuten auf Tod und Zerstörung. Glahn fürchtet die Auflösung seines Selbst(gefühls), wenn ihm sein Spiegel genommen wird.[81]

Blick prägt, in folgende Worte: »[…] the fetishist does indeed refuse to look, but in refusing to look, he stares. It is a ›not looking‹ sustained paradoxically though visual fixation on the substitute phallus.« Dabei geht sie nicht nur auf psychoanalytische und vorfreudianische psychiatrische Fetischismuskonzepte ein, sondern untersucht insbesondere auch den Zusammenhang zwischen dem »social gaze of desire and its psychoanalytical equivalent.« (S. xiii)

81 Die Gleichsetzung von Tod, Sexualität und dunklen Augen findet sich wörtlich im zweiten Teil, in denen von den »toten, braunen Augen« der nackten eingeborenen Inder die Rede ist. (Vgl. *P* 2 II 216) Das Attribut »brennend« wird aufgenommen im Brand der Hütte Glahns.

Auch in Hamsuns Roman steht die Suche nach narzißtischer Bestätigung mit Glahns Sexualität in Verbindung. Allerdings erscheint die narzißtische Komponente in Glahns homosexuellen Begegnungen nicht so ausgeprägt wie in Faldbakkens *Glahn*. Der Hamsunsche Glahn sucht zwar bei Frauen wie bei Männern Bestätigung, Identifikation und Anerkennung, die zitierten homoerotischen Szenen etwa zwischen Glahn und dem Doktor oder zwischen Glahn und dem Erzähler des zweiten Teils sind aber offensichtlich stärker durch die Rivalität zwischen den Männern und durch sadomasochistische Strukturen geprägt als durch narzißtische Identifikation mit einem verwandten Körper. Dafür tritt ein anderes sexuelles Element in den Vordergrund. Glahns Selbstbezogenheit steht auch im Zusammenhang mit Sexualität und verleiht dieser so einen autoerotischen, onanistischen Charakter.[82] Glahns autoerotisches Begehren kommt insbesondere im Zusammenhang mit der Trinkmetaphorik zum Ausdruck, auf deren erotische Konnotation bereits oben verwiesen wurde. Direkt in einem sexuellen Zusammenhang taucht die Trinkmetapher auf, als Glahn das Schäfermädchen Henriette im Wald verführt. Am Übergang zwischen der erotischen Phantasie von Diderik und Iselin und der Begegnung mit Henriette steht eine kurze Schilderung des Sonnenunterganges in Nordnorwegen. »Aber die Sonne taucht die Scheibe ins Meer hinab und kommt dann wieder empor, rot, erneuert, als sei sie unten gewesen und habe getrunken.«[83] Der Satz ist eine wörtliche Wiederholung einer anderen Naturschilderung im selben Kapitel, die in direktem Zusammenhang mit dem Bild des Gottes Pan steht:

Es begann nicht mehr Nacht zu werden, die Sonne tauchte kaum die Scheibe ins Meer hinab und kam dann wieder empor, rot, erneuert, als seit sie unten gewesen und habe getrunken. Wie merkwürdig es mir in den Nächten ergehen konnte, kein Mensch würde es glauben. Saß Pan in einem Baum und sah auf mich, wie ich mich anstelle? Und war sein Bauch offen, und war er so zusammengekrochen, daß er dasaß, als tränke er aus seinem eigenen Bauch? Aber all das tat er nur, um verstohlen nach mir zu blicken und mich im Auge zu behalten, und der ganze Baum erzitterte von seinem stummen Gelächter, wenn er sah, daß alle meine Gedanken mit mir durchgingen.

---

82 Vgl. dazu nochmals Kittang 1984, S. 84, der die autoerotischen Züge Nagels in *Mysterier* hervorhebt.

83 »Men Solen dukker Skiven ned i Havet og kommer saa op igen, rød, fornyet, som om den har været nede og drukket.« (*P* VIII 35)

Der begyndte at blive ingen Nat, Solen dukked saavidt Skiven ned i Havet og kom saa op igen, rød, fornyet, som om den havde været nede og drukket. Hvor det kunde gaa mig forunderligt om Nætterne; ingen Mennesker tror det. Sad Pan i et Træ og saa paa mig, hvorledes jeg vilde bære mig ad? Og var hans Mave aaben, og var han saaledes sammenkrøben, at han sad som om han drak af sin egen Mave? Men alt dette gjorde han bare forat skule og holde Øje med mig, og hele Træet rysted af hans tause Latter, naar han saa, at alle mine Tanker løb af med mig. (*P* VIII 33 f.)

Nicht nur das Trinken, auch der dionysische Pan, der Glahn als Identifikationsfigur seiner erotischen Potenz und Naturnähe dient,[84] sind sexuell aufgeladene Metaphern. Das Bild des aus dem eigenen Bauch trinkenden Pan kann damit als Ausdruck für die Selbstbezogenheit und den autoerotischen Charakter der Sexualität Glahns gedeutet werden.[85]

2.3. »Gender Trouble« oder Hypermaskulinität – Pan, Glahn und die Sexualitätsdiskurse ihrer Zeit

Wie bereits ausgeführt, macht Knut Faldbakken in *Glahn* Eva zur Frau Macks und zur Mutter Edvardas, verschmilzt außerdem Züge des Doktors mit denen von Mack und verwandelt Hamsuns mutterloses Universum in eine vollständige ödipale Familie. Er erklärt die Psychopathologie und die Perversionen seines Protagonisten mit Hilfe psychoanalytischer Konzepte, führt sie auf ödipale Konflikte und – durch die Betonung der Mutterfigur – auf präödipale Konstellationen zurück. Faldbakkens Roman lenkt den Blick nicht nur auf Elemente sexueller Perversion, die in Hamsuns Roman angelegt sind, sondern legt nahe, auch die Persönlichkeit des Hamsunschen Glahn in einem psychoanalytischen Kontext zu lesen. Unter anderem der Umstand, daß Glahn offensichtlich nur in Konkurrenzverhältnissen mit anderen Männern, in bestimmten Dreieckskonstellationen lieben kann, läßt eine solche Lesart plausibel erscheinen.[86]

---

84 Vgl. etwa den Gleichklang der Namen Pan und Glahn. Mehr zur Identifikation Glahns mit der Pan-Figur findet sich unten in 2.5.1.

85 In diesem Lichte betrachtet, liegt es nahe, auch in der Szene, in der Glahn sein Glas umwirft, sich selbst beschmutzt, einen Hinweis auf die masturbatorische Sexualität Glahns zu vermuten. (Vgl. *P* VII 29)

86 Diese Lesart taucht bereits in den zwanziger Jahren, z. B. bei Hitschmann 1929 auf.

Ebenso lassen sich Atle Kittangs Ausführungen zur narzißtischen Struktur der Helden in *Sult* und *Mysterier,* die auf Theorien von Lacan zurückgehen, auf Leutnant Glahn in *Pan* übertragen.[87] Es läge nahe, diese psychoanalytischen Ansätze weiterzudenken und auch die oben rekonstruierte Sexualität des Hamsunschen Glahn in diesem Kontext zu deuten.[88]

Dieser Interpretationsansatz wird hier dennoch nicht weiterverfolgt, verspricht doch eine andere Zugangsweise Erkenntnisse sowohl über *Pan* als auch über *Glahn* und deren Konstruktionen männlicher Identität, die durch eine psychoanalytische Interpretation im herkömmlichen Sinne eher verdeckt als erhellt werden. Es wird hier die These vertreten, daß Faldbakken mit seiner Umwandlung der unvollständigen Familien und ambivalenten Frauengestalten in eine ödipale Kernfamilie und eine klare Spaltung des Frauenbildes in Jungfrau, Mutter und Hure einen entscheidenden Umstand in Hamsuns Roman verschleiert, die Tatsache nämlich, daß Glahns Erinnerungen in *Pan* von einer Art »gender trouble«,[89] von einer ständigen Überschreitung von Geschlechtergrenzen und einer Unsicherheit der männlichen Geschlechtsidentität geprägt sind. Diese Behauptung soll im folgenden anhand einiger Beispiele belegt werden. Daraus werden sich dann Schlußfolgerungen auf die Funktion und den größeren diskursiven Kontext ableiten lassen, in denen der Zusammenhang zwischen Sexualität und männlicher Identität in Hamsuns Roman zu verstehen ist – ein Kontext, der sich von demjenigen, in dem Faldbakkens Roman steht, in zentralen Aspekten unterscheidet.

---

87 Vgl. Kittang 1984.

88 In diesem Zusammenhang soll wenigstens darauf verwiesen werden, daß neuere, auf Lacan zurückgehende Ansätze der feministischen Theorie sicherlich geeignet sind, die Konstituierung, Erhaltung und Gefährdung männlicher Subjektivität, wie sie den Lesern in *Pan* entgegentritt, theoretisch zu erfassen. Kaja Silverman 1988, S. 18, etwa zeigt Widersprüche innerhalb der Freudschen Theorie des Fetischismus auf, der diesen in der Unvollständigkeit der Frau zu verankern suche. Sie hält dem entgegen, daß die männliche Subjektivität durch ein Verleugnen des eigenen Verlustes, der eigenen Leere konstituiert sei, der auf das Bild der Frau projiziert und in der Folge wieder durch den Fetisch verborgen werde. Die von ihr so genannte »closed economy and ultimate self-referentiality of male fetishism« (ebd. S. 21) trifft, wie oben gezeigt wurde, durchaus auf Hamsuns Leutnant Glahn zu und erscheint – dies sei nur am Rande vermerkt – besonders geeignet, Glahns fetischistisches Verhältnis zur Natur zu erklären. Vgl. zu Silvermans Auseinandersetzung mit Konzepten des Fetischismus und Voyeurismus auch S. 13-27, sowie Silverman 1992, S. 42-48.

89 So der englische Originaltitel von Butler 1991.

Ein erster Hinweis darauf, daß die Geschlechtergrenzen in *Pan* nicht ganz starr verlaufen, ergibt sich aus dem Umstand, daß die zentralen Frauengestalten Edvarda und Eva mit männlichen Zügen ausgestattet sind. Im Falle Edvardas verweisen darauf schon ihr Name, der von einem Männernamen abgeleitet ist,[90] sowie ihre Fähigkeiten im Männerspiel Whist. (*P* VII 29) Eva ihrerseits erweist sich als fähig, schwere Männerarbeit zu leisten. (Z.B. *P* XX 120) Beide Frauen schließlich verlassen eine traditionell weibliche Position, wenn sie die erotischen Begegnungen mit Glahn aktiv einleiten. Auffällig ist darüber hinaus, daß sich der Erzähler Glahn nicht nur mit seinen männlichen Rivalen, dem Doktor und Mack, identifiziert, sondern auch mit Frauenfiguren. Die Identifikationen bzw. der Wechsel zwischen einer weiblichen und männlichen Position finden sich in erster Linie in den eingeschobenen Erzählungen und Phantasien Glahns. Besonders deutlich wird dies in der Phantasie über Iselin und Dundas. (*P* XX) Zunächst erzählt Glahn selbst von Iselin in der dritten Person, dann jedoch ändert sich die Perspektive, Iselin spricht in der Ich-Form:»Lul, lul! Eine Stimme spricht, es ist, als wenn das Siebengestirn durch mein Blut singt, es ist Iselins Stimme«.[91] Es handelt sich hier also um eine weibliche Stimme, die sowohl aus der Natur als auch aus Glahns eigenem Inneren, seinem Blut, spricht. Der Geliebte Iselins, Dundas, ist als Jäger und Reisender zunächst ein Alter Ego Glahns, als Sohn eines reichen Handel treibenden Schotten trägt er daneben auch Züge Macks. Er wird zudem über verschiedene Attribute mit der Pan-Figur identifiziert, so etwa durch das Attribut des Adlers und durch die beiden fieberroten Flecken auf seiner Stirn, (vgl. *P* XX 115) die mit den Hörnern des Bocksgottes assoziiert werden können. Das Verhalten von Dundas, der Iselin durch den Wald folgt, sie in ihrem Zimmer aufsucht, wo sie wartet, sowie der Umstand, daß er sie küßt, während sie lediglich davon spricht,»ich hätte diese zwei Flecken küssen mögen«,[92] ist einerseits natürlich das des aktiven männlichen Eroberers. Glahn stilisiert sich also in der Figur des Dundas zum männlichen potenten Verführer.

Andererseits reflektiert das Verhalten Iselins aber auch Glahns Verhalten Edvarda gegenüber, ein erneutes Signal dafür, daß Glahn sich sowohl mit der männlichen, als auch mit der weiblichen Figur der Phantasie

---

90 Vgl. dazu auch Nettum 1970, S. 235.

91 »Lul, lul! En Stemme taler, det er som om Syvstjærnen synger gennem mit Blod, det er Iselins Stemme.« (*P* XX 114)

92 »Han fik to feberrrøde Pletter i Panden, og jeg kunde have kysset de to Pletter.« (*P* XX 115)

identifiziert. Iselin nämlich will die Stellen auf Dundas Stirn küssen, ein Wunsch, der nahezu wortgleich einem Verlangen Glahns entspricht, als dieser einen Fleck auf Edvardas Schulter entdeckt: »ich will diesen Flecken küssen, doch, erlaube mir, ihn zu küssen.«[93] Die Geschlechterverwirrung dieser Szene spiegelt sich auch in einer merkwürdigen Naturbeobachtung von Dundas und Iselin. Dundas begründet sein Bestreben, Iselin nach der gemeinsam verbrachten Nacht zu verlassen, mit der mehrmaligen Bemerkung, *ein Hahn* krähe, und es werde Tag, worauf Iselin, die Dundas noch eine Weile bei sich behalten will, erwidert: »Es war nur *ein Huhn*, das krähte«.[94]

Auch andere erotische Motive werden sowohl mit Männern als auch mit Frauen verbunden. So steht das Hinken des Doktors für dessen von Glahn imaginierte mangelnde Potenz, das Motiv wiederholt sich später in seiner Erzählung von der schönen hinkenden Frau. (*P* XIII 59) Ein anderes Beispiel ist die Blindheit, die in Glahns Reflexionen unter anderem für die ruhelose, aber stets illusorische Suche nach erfüllter Liebe steht. Sie ist zunächst mit einer kleinen grünen wandernden Larve assoziiert – ein Bild, das die phallische Qualität und die Hilflosigkeit der männlichen Sexualität in sich vereinigt. (*P* VI 24) Später taucht das Motiv der Blindheit im Zusammenhang mit einem blinden Lappen auf, (*P* XXVI 157) am Ende ist es dann das Mädchen im Turm, die unglückliche, gequälte Liebende, die erblindet. Diese wiederum ist einerseits die in Glahns Phantasie mythisierte Eva, andererseits identifiziert er sich selbst mit der leidenden Liebenden im Verhältnis zu Edvarda. (*P* XXXIII 189)

Was auf die mythischen Identifikationsfiguren und die sexuell aufgeladenen Bilder zutrifft, gilt auch für Naturphänomene, die Hamsuns Glahn als Projektionsflächen seiner Empfindungen und Stimmungen dienen: sie sind in hohem Maße geschlechtlich und sexuell konnotiert, dabei jedoch nie eindeutig festgelegt, sondern ausgesprochen ambivalent. In einer Schlüsselszene am Romananfang, in der Glahn Eva zum ersten Mal begegnet und in der zentrale Motive von Evas Todesszene vorweggenommen sind, wird Glahns Blick auf das Meer beschrieben. Dieses zumindest in der literarischen Tradition und bildenden Kunst seit der Wende zum 19. Jahrhundert mütterlich/weiblich konnotierte Element, das in

---

93 »[..] jeg vil kysse den Plet, jo, lad mig faa Lov til at kysse den.« (*P* XII 52 f.)
94 »Det var bare *en Høne*, som gol, sagde jeg i sidste Øjeblik.« (*P* XX 119, Hervorhebung S.v.S.) Diese Szene variiert sowohl das biblische Motiv des Petrus, der Jesus vor dem Krähen des Hahnes dreimal verrät, als auch die sprichwörtlich gewordene Antwort der Shakespearschen Julia an Romeo: »Es war die Nachtigall und nicht die Lerche«.

»schwerer Ruhe« (*P* III 9) daliegt, wandelt sich plötzlich in ein Schlachten-Schauspiel aus»Männern, Pferden und zerfetzten Fahnen«[95] und in einen phallischen»Meergott, der sich naß in die Luft erhob und über die Welt hinsah«.[96] Noch deutlicher werden die Geschlechterambivalenzen in dem Bild der Nachtinsekten und Blumen, mit dem die Szene eingeleitet wird, in der Glahn Edvardas erotische Avancen abweist. (*P* XIII 57 f.) Hier werden Motten und Falter zunächst als weibliche Kreaturen geschildert, die»Stiefmütterchen« gleichen und von Glahns phallischem Pulverhorn angezogen werden. (*P* XIII 57) Im nächsten Absatz erscheinen sie als männliche Geschöpfe, die sich auf»berauschten« weißen, vaginalen Blumen niederlassen, die sich im Wald entfaltet haben und deren »Narben offen stehen«. (*P* XIII 58)

In *Pan* sind jedoch nicht nur Naturerscheinungen geschlechtlich ambivalent geschildert, dieselbe Doppeldeutigkeit betrifft den Protagonisten und Erzähler Glahn selbst, der sich mit Naturerscheinungen identifiziert, die Natur als Projektionsfläche seiner eigenen Stimmungen benutzt. Besonders deutlich wird dies am Beispiel von Glahns Identifikation mit seinem Hund Äsop. Äsop fungiert in Glahns Erzählung unter anderem als Metapher für Glahns Verbindung zur Natur und für seinen erotischen und sexuellen Trieb, nicht zuletzt auch für deren sadistische (Äsop beißt Eva in den Finger) und masochistische Anteile. Mit dem endgültigen»Tod« der Verbindung zu Edvarda und Glahns Abreise stirbt auch der Hund: Glahn erschießt ihn und macht seine Leiche Edvarda zum Geschenk. Am Ende des ersten Romanteils ist Äsop durch die Hündin Cora ersetzt.

Dieser mittelbare Verweis auf die Geschlechtsambivalenz bzw. Verweiblichung des Erzählers wird in der Todesszene Glahns aufgenommen und verstärkt. Glahn findet sich hier zunächst in der Position des geschmückten Bräutigams, in der Stellung der Braut finden sich wechselweise der Tod selbst und sein Jagdkamerad. Nicht nur die Betonung des Eifers, mit dem sich Glahn seiner hochzeitlichen Kleidung widmet, und seines»betörenden« Verhaltens verleihen ihm in der Schilderung des Erzählers weibliche Züge. Die homoerotisch aufgeladene Todesszene kulminiert zudem darin, daß Glahn in der Position des verletzten, sterbenden weiblichen Körpers endet.

Die Beispiele zeigen dreierlei: Erstens verschwimmen die Grenzen zwischen männlich und weiblich in *Pan* häufig. Zweitens läßt sich zeigen, daß diese Geschlechterambivalenz auch auf den Protagonisten und

---

95 »[..] Mænd, Heste og spjærrede Faner« (*P* III 10)
96 »[..] en Havgud, der rejste sig vaad ivejret og saa udover Verden«. (*P* III 10)

Erzähler selbst zutrifft, daß dieser zunehmend »verweiblicht«. Die Wertung dieser Verweiblichung bleibt dabei gleichermaßen ambivalent. Sie erscheint in der Erzählung einerseits als ersehnt, andererseits als bedrohlich und tödlich. Drittens sind die Faszination durch Gewalt und Tod in *Pan* eng mit dieser Thematik der Verweiblichung verbunden. Tod und Weiblichkeit, Männlichkeit und Gewalt gegen Männer und Frauen gehen enge, wiederum ambivalente Verbindungen ein. Damit erscheint das Verhältnis Glahns zum Tod ebenso zwiespältig wie sein Verhältnis zu Frauen und zur eigenen Verweiblichung: Tod, Frau und Verweiblichung werden ersehnt und gleichzeitig gefürchtet und gemieden.

Bis hierher konnte gezeigt werden, daß sowohl in Knut Faldbakkens *Glahn* als auch in Knut Hamsuns *Pan* Sexualität und Perversion eine zentrale Rolle spielen und daß sexuell perverse Strukturen wie Fetischismus, Sadomasochismus, Onanie sowie homosexuelle Tendenzen als Symptome einer problematisch und unsicher gewordenen männlichen Identität aufgefaßt werden. Während sie jedoch in Faldbakkens Roman als Zeichen einer pathologisch übersteigerten Männlichkeit dargestellt sind, erscheinen sie bei Hamsun als Symptome eines Verlustes von Männlichkeit und einer drohenden und gleichzeitig ersehnten Feminisierung des Erzählers. Die Ursache dieses charakteristischen Unterschiedes zwischen den Romanen und damit auch die Ursache für die Eliminierung bestimmter Widersprüche und Ambivalenzen in *Glahn* liegt, so meine vorläufige Schlußfolgerung, in folgendem Umstand: Die beiden Romane sind in unterschiedliche historisch konstituierte (populär-)medizinische und -psychologische Diskurse über Geschlecht und Sexualität eingeschrieben.

Im Falle Faldbakkens wird der diskursive Zusammenhang von Vorstellungen der Ich-Psychologie und Objektbeziehungstheorie bestimmt. Feministische Vertreterinnen dieser psychoanalytischen Richtungen[97] sowie die von ihnen beeinflußten Forschungen über Männlichkeit[98] schildern und kritisieren Männlichkeit und ihre Dilemmata als Resultat einer Abhängigkeit der männlichen Geschlechtsidentität von der Ablösung von der Bindung an die Mutter. Die Leugnung der Abhängigkeit von Mutter und Frau führe einerseits zu einer ambivalenten Haltung der gleichzeitig gefürchteten wie begehrten Anderen. Andererseits bleibe die Ablösung notwendigerweise unvollständig, was wiederum dazu führe, daß männliche Identität unsicher bleibe und durch unterschiedliche

---

97 Benjamin 1993a, Chodorow 1985. Vgl. auch die Zusammenfassung und Kritik dieser Theorien bei Segal 1992, S. 73-82.

98 Rutherford 1992, Middleton 1992.

Formen der Verbündung zwischen Männern (»male bonding«) garantiert werden müsse. Diese Verbündungen schlössen nicht nur Frauen aus, sondern hätten durch die Struktur der ständigen Verleugnung auch einen potentiell gewalttätigen Charakter. In diesem Kontext betrachtet, kritisiert Faldbakkens Roman Glahn also als hypermaskulinen und gewalttätigen Mann.

In Hamsuns Roman mit seiner Schilderung der sexuellen Obsessionen Glahns, stehen dessen Geschlechtsambivalenz und Tendenz zur Verweiblichung im Zusammenhang mit dem psychiatrischen Diskurs des späten 19. Jahrhunderts. Dieser ist geprägt von einer nahezu obsessiven Beschäftigung mit sexueller Perversion, dem Bemühen, jegliche sexuelle Praktik, die nicht im engeren Sinne zum Zwecke der Fortpflanzung im Rahmen der Ehe vollzogen wird, als pathologische Abweichung zu klassifizieren.[99] Die Konzentration der Psychiatrie seit den 1870er Jahren auf sexuelle Perversionen ist ein internationales Phänomen.[100] Spätestens mit dem Erscheinen des Werkes des schottischen Arztes George Drysdale, das 1879 erstmals anonym in dänischer Übersetzung publiziert wurde[101] und eine weite Verbreitung erfuhr, setzt auch in Skandinavien eine »Medizinisierung« der Sexualität ein. Drysdales Ansatz ist ein radikaler, ähnlich dem Wilhelm Reichs fünfzig Jahre später: für ihn ist die Repression einer

99 Michel Foucault 1983, S. 59, hat diese Entwicklung hin zur »Spezifizierung und regionale[n] Verdichtung einer jeden« dieser diversen Sexualitäten schematisch skizziert. In den letzten Jahren haben vor allem eine Reihe amerikanischer Forscherinnen und Forscher seine Ideen aufgegriffen und am Beispiel einzelner Perversionen ausgearbeitet. Vgl. zum Fetischismus Apter 1991, Apter/Pietz 1993, Nye 1993, Silverman 1988, zum Sadomasochismus Bersani 1988, McClintock 1995, Siegel 1995, Solomon-Godeau 1995, Studlar 1988, zur Autoerotik Bennett/ Rosario 1995, Porter 1995, Rosario 1995.

100 Den Anfang macht wohl in Deutschland Carl Westphal 1870 mit seinem Artikel über »Die conträre Sexualempfindung«. Charcot/Magnan 1882 veröffentlichten in Frankreich Studien zur Homosexualität unter dem Titel »Inversion du sens génital«, die eine Flut ähnlicher Untersuchungen in Deutsch, Italienisch, Englisch und Französisch auslösten. (Vgl. dazu die Literaturangaben bei Davidson 1990, S. 309 und 323) Magnan 1885 klassifizierte Perversionen auf anatomischer Basis. 1886 folgt die erste Auflage von Richard von Krafft-Ebings berühmt berüchtigter Sammlung von Fallstudien *Psychopathia Sexualis*, die bis 1912 in vierzehn Auflagen erschien und zu einem Umfang von 250 »Beobachtungen« anwuchs. Die umfangreichste Einzeluntersuchung zum Fetischismus, Alfred Binets »Le fétichisme dans l'amour: Etude de psychologie morbide«, erschien 1887 wiederum in Frankreich.

101 Drysdale 1879, vgl. Fosli 1994.

»natürlichen« Sexualität nicht nur der Grund individueller Pathologien, sondern auch die Ursache für gesellschaftliche Mißstände.[102] Drysdale zeigt sich besorgt über das sexuelle Elend seiner Zeit, und er führt das Entstehen sexueller Perversionen auf zwei Ursachen zurück: einerseits sexuelle Enthaltsamkeit und andererseits die unter anderem durch diese Enthaltsamkeit provozierte Onanie.[103] Mit der Verdammung der Masturbation schließt sein Werk an die auch im Skandinavien des 19. Jahrhunderts sich ausbreitende Furcht vor den fatalen Folgen der Onanie an, wie sie in zahlreichen Traktaten, religiösen und medizinischen Werken verbreitet wurde.[104]

Wichtig im Zusammenhang dieser Ausführungen ist die Weise, in der der erwähnte medizinisch-psychiatrische Diskurs mit der Geschlechterfrage verwoben ist. Robert Nye hat die Entstehung der medizinischen Diagnose »sexueller Fetischismus«, der »master perversion«[105] der Epoche, untersucht und den engen Zusammenhang herausgearbeitet, in dem die »Erfindung« des Fetischismus mit der Angst vor männlicher Impotenz und daraus folgender Zeugungsunfähigkeit und Degeneration steht.[106] Fetischismus allein erscheint also bereits als ein Zeichen des Verlustes von Männlichkeit. Verstärkt wurde diese Angst dadurch, daß als Ursache des Fetischismus die exzessive Masturbation angesehen wurde. »Both activities, by making pleasure rather than reproduction the end of sexual activity, disrupted the ›normal‹ and *intrinsic* aim of the genital instincts and led directly to exhaustion and premature death«.[107] Masturbation galt darüber hinaus als Ursache für andere Perversionen wie etwa die männliche Homosexualität[108] oder den männlichen Masochismus.[109]

---

102 Zu Drysdales Einfluß in Skandinavien vgl. Levy 1980, S. 15 f., Dahlerup 1983, S. 28 f., Fosli 1994, S. 197-199.

103 Vgl. Fosli 1994, S. 198.

104 Vgl. dazu Fosli 1994, S. 52-58. Fosli stellt die Onaniedebatte in Norwegen am Beispiel einer Schrift des Theologen Fredrik Klaveness dar. Klaveness beruft sich auf norwegische und deutsche medizinische Autoritäten und zeichnet die Gefahren der Onanie und deren Zusammenhang mit anderen sexuellen Perversionen in ähnlicher Weise, wie sie hier für den gesamten europäischen medizinischen Diskurs analysiert wurden.

105 Nye 1993, S. 19, zitiert hier Foucault 1983.

106 Nye 1993.

107 Nye 1993, S. 17. Hervorhebungen im Original.

108 Nye 1993, S. 21.

109 Vgl. z.B. Krafft-Ebing 1886, der im übrigen den Terminus Masochismus prägte und bei den von ihm aufgeführten Fällen eine Ursache dieser Perversion in »masslosen Exzessen, besonders masturbatorischen« (S. 105) sieht.

Sowohl Masochismus wie Homosexualität und in hohem Maße auch das Laster der Onanie wurden nun aber in der betreffenden Literatur mit einem Mangel an Männlichkeit assoziiert, der Onanist galt als effeminiert.[110] All diese Perversionen stehen darüber hinaus in Verbindung mit einer weiteren »Krankheit« des Mannes um die Jahrhundertwende, der Abulie oder Willensschwäche, die ebenfalls als ein Verlust von männlicher Lebenskraft gewertet und so mit Effeminierung und Tod in Verbindung gebracht wird. »From many different directions, psychologists converged on the connections relating will, sexuality, and inherent causes of their ›perversion‹«.[111]

Die Beispiele zeigen, daß Onanie, sexuelle Perversion, der Verlust von männlicher Potenz und Willenskraft sowie die Tendenz zur Effeminierung und die Assoziation mit dem Tod in diesem psychiatrischen Diskurs voneinander abgeleitet werden und in ähnlich enger Verbindung stehen wie in Knut Hamsuns *Pan*; der Roman kann durchaus als Auseinandersetzung mit popularisierten Sexualitätstheorien seiner Zeit gelesen werden.

Pan enthält ganz offensichtlich eine Reihe sexueller Anspielungen, Sexualität spielt für den Verlauf der Handlung eine wichtige Rolle. Man kann davon ausgehen, daß Hamsun die Debatten um Hans Jæger *Fra Kristiania Bohèmen*[112] bekannt war. Hier ging es eben um die »freie Liebe« und um Jægers »Perversionen«. Quelle für Jægers Sexualtheorien selbst war das Werk Drysdales.[113] Es ist darüber hinaus anzunehmen, daß Hamsun durch seinen zeitweise recht engen Kontakt mit Herman Bang in Paris (in der Zeit der Arbeit an *Pan* also) auch mit dem Problem der Homosexualität in Berührung gekommen ist.[114] Hamsun versteht sich darüber hinaus als Vertreter einer modernen »psychologischen« Literatur, bezeichnet *Pan* als »psychologischen Roman«.[115] In seinem Vortrag über »Psychologische Literatur« bezieht sich Hamsun direkt auf die »Nervosität«

---

110 Vgl. z.B. Rosario 1995, S. 105.

111 Smith 1989, S. 115.

112 Jæger 1885.

113 Vgl. dazu Fosli 1994, S. 197-199.

114 Wilhelm von Rosen bezeichnet Bang als »den archetypischen homosexuellen Mann« und weist darauf hin, daß »Gott und die Welt« um Herman Bangs Homosexualität wußte. (Rosen 1993b, S. 628, vgl. auch S. 628-654) Zu Bangs Zeit in Paris und seinen Kontakten mit anderen skandinavischen Schriftstellern und Künstlern vgl. Jacobsen 1960, S. 95-172.

115 In einem Brief an Bolette und Ole Johan Larsen vom 11. 6. 1993, vgl. Hamsun 1994, S. 320.

des modernen Menschen, die zu »merkwürdigen, schwachsinnigen Bewegungen im Gehirn und Herz [führt, zu] feinen, harmonielosen Bewegungen, die Seele in vager und unbestimmter Not«.[116] Die »Nervosität« des modernen Menschen, insbesondere des Mannes, ist im medizinischen Diskurs der Zeit wiederum mit der Angst vor dessen Degeneration, Verweiblichung und sexueller Perversion verbunden. Hamsun grenzt sich in seinem Vortrag selbst von wissenschaftlichen Erkenntnissen zum modernen Seelenleben ab und nimmt für die »psychologische Literatur« in Anspruch, tiefere Wahrheiten über die menschliche Seele zu erfassen.[117] Wenn er jedoch in diesem Zusammenhang die Wissenschaft ausdrücklich erwähnt, so bildet das einen Beleg dafür, daß er sich mit bestimmten wissenschaftlichen Ansichten seiner Zeit durchaus auseinandergesetzt hat.

Hamsuns *Pan* stellt keine einfache Übernahme psychiatrischer Diskurse in einen literarischen Text dar. Es werden jedoch sowohl im Roman als auch in der (populär)medizinischen Diskussion Verbindungen zwischen Onanie, Impotenz, Perversion, männlicher Sexualität, dem Verlust von Männlichkeit und Verweiblichung hergestellt. Ebenso wie Faldbakkens *Glahn* sich als Reaktion und Verarbeitung objektbeziehungstheoretischer und ich-psychologischer Theorien interpretieren läßt, die zu Faldbakkens Zeit als Psychologiestudent die Diskussion prägten, ist es möglich, einige Aspekte von Hamsuns Roman als Reaktion bzw. Spiegelung unter anderem des medizinischen Diskurses seiner Zeit zu deuten. Es läßt sich also plausibel machen, daß diese Zusammenhänge mit unterschiedlichen psychologischen Diskussionen der jeweiligen Epochen für die Umschreibungen verantwortlich sind, die Faldbakken bei seiner Bearbeitung des Hamsunschen Romans vornimmt. Faldbakken entlarvt und kritisiert durch diese Neubearbeitung des *Pan*-Stoffes zwar die unter dem romantischen Ideal liegende gewalttätige Männlichkeit seines und damit auch des Hamsunschen Protagonisten. Durch seine Orientierung an ich-psychologischen und objektbeziehungstheoretischen Erklärungsmustern eliminiert er jedoch nicht nur die Komplexität und Widersprüchlichkeit des Hamsunschen Romans, sondern wertet – ebenso wie die Narzißmustheoretiker – die geschilderten sexuellen Abweichungen wie Sadomasochismus, Fetischismus und insbesondere die männliche Homosexualität als Symptome dieser pathologischen Männlichkeit. So

---

116 ».. det slaar endog ud i [..] mærkelige, sindssvage Bevægelser i Hjærnen og Hjærtet, fine, harmoniløse Rørelser, Sjælen i vag og ubestemt Nød.« (Hamsun 1960, S. 49)

117 Hamsun 1960, S. 53 f.

verbindet er seine Kritik am Machtgefälle zwischen Männern und Frauen mit einer Stigmatisierung sexueller Minderheiten, oder, in anderen Worten, seine sich progressiv gebende Kritik an einer pathologischen modernen Männlichkeit bleibt eng verbunden mit homophoben Tendenzen.[118] Im Gegensatz dazu könnte Hamsuns Roman mit seinen aufgebrochenen Familienstrukturen, verschwimmenden Geschlechtergrenzen und der Effeminierung des Protagonisten als Beitrag zu einer weniger starren Geschlechterordnung gewertet werden. Eine solche Deutung läge auf der Linie einiger amerikanischer Theoretikerinnen und Theoretiker der 1990er Jahre, die im männlichen Masochismus und Fetischismus und dessen Ausdruck in Literatur und insbesondere im Film eine subversive Kraft sehen, die geeignet sei, das phallische »Gesetz des Vaters« zu unterminieren.[119] Jørgen Lorentzen kommt in einer Analyse von Hamsuns *Mysterier* zu einer ähnlich positiven Schlußfolgerung. Er sieht Nagel als Hysteriker, der

die ganze Geschlechterdifferenz mit einem Fragezeichen versieht, egal ob der Hysteriker eine Frau ist oder ein Mann. Das beinhaltet, daß die weibliche Hysterikerin genauso unsicher bezüglich ihrer Geschlechtsidentität ist, wie der männliche Hysteriker, und diese Unsicherheit schafft eine Opposition zur patriarchalischen Ordnung.[120] (Übersetzung S.v.S.)

Man könnte dieser These entgegenhalten, daß männliche und weibliche Hysterie durchaus nicht den gleichen Stellenwert in bezug auf eine patriarchale Ordnung haben, solange ebendiese Ordnung Männern und Frauen unterschiedliche Rollen und Machtbefugnisse zuschreibt. Die Konsequenzen, zu denen die sexuellen Perversionen sowie die Verweiblichung Glahns in *Pan* führen, nämlich die zunehmende Gewalt, die im Tod Evas, Äsops und schließlich Glahns selbst endet, zeigen dementspre-

---

118 Faldbakkens Homophobie zielt in eine ähnliche Richtung wie diejenige einiger feministischen Theoretikerinnen, die von Owens 1987 kritisiert worden sind. Zu einer ausführlichen Diskussion dieser Tendenzen vgl. Kapitel 5.

119 Vgl. z.B. Silverman 1992, v. a. S. 185-213, Bersani 1988, Siegel 1995, Studlar 1988, S. 216-218, sowie Bersani 1986, S. 38-39. Zur Diskussion und Kritik dieser Konzepte vgl. Felski 1995, Smith 1995, Solomon-Godeau 1995, S. 93.

120 »[..] hysterikeren setter spørsmålstegn ved hele kjønnsdifferensen, uansett om hysterikeren er kvinne eller mann. Dette innebærer at den kvinnelige hysterikeren er like usikker på sin kjønnsidentitet som den mannlige, og denne usikkerhet skaper en opposisjon til den patriarkalske orden.« (Lorentzen 1998, S. 69) Lorentzen greift hier auf eine ähnliche These von Holm 1992 zurück.

chend deutlich, daß eine solche optimistische Deutung zumindest des Romans *Pan* unzulässig ist. Die implizite Autorinstanz zeichnet Leutnant Glahn zwar als faszinierende, interessante Gestalt, bleibt aber seiner perversen Sexualität und seiner unsicheren Männlichkeit gegenüber zwiespältig. Diese erscheinen einerseits als begehrenswert und verführerisch, andererseits werden sie im Romanverlauf dadurch verworfen, daß sie als bedrohlich und letztlich tödlich für den Erzähler und seine Umgebung gezeichnet werden.

2.4. Tödliche Transgressionen: Klasse – Rasse – Sexualität

Sexualität ist eine Dimension, die alle Ebenen sowohl von Hamsuns *Pan* als auch Faldbakkens *Glahn* durchzieht und insbesondere deren Männlichkeitsvorstellungen unterliegt. Sie ist jedoch nicht das einzige Element, durch das männliche Identität in den beiden Texten konstituiert wird. In Faldbakkens *Glahn* werden Männlichkeit und Sexualität nicht nur durch psychologische Beziehungsmuster, sondern auch durch soziale Verhältnisse und Klassenantagonismen bestimmt. Auf die Bedeutung sozialer Differenzen für die Romanhandlung verweist bereits der Umstand, daß Mack schon bei der ersten Begegnung mit Glahn durch seine hohe soziale Stellung charakterisiert wird, als »Sohn reicher Eltern, der der Familientradition gehorchte.«[121] (*PO* 10) Das protzige Firmengebäude zeigt, daß er Vertreter einer traditionsreichen Kapitalistenfamilie ist:

> Schöne, altmodische Messingschilder an den Türen. Große Buchstaben quer über der Fassade: Mack & Sohn. Import. Engros. Detail. Ein gewaltiges Handelshaus in Familienbesitz. Aber ich habe gelesen, daß sich die Zeiten für diese Art Unternehmen ändern. (*PO* 29)

> Fine gammeldagse messingskilt ved dørene. Store bokstaver tvers over husfasaden: Mack & Søn. Import. Engros, Detail. En mektig handelsbedrift gått i arv. Men jeg har lest at tidene er ved å forandre seg for den slags forretning. (*G* 26)

Der letzte Satz deutet an, daß Macks Stellung durch ökonomische und gesellschaftliche Veränderungen bedroht ist. Der Niedergang seiner Firma korrespondiert mit der Erwähnung erster Alterserscheinungen seines für Glahn beeindruckenden Körpers. (Vgl. *G* 12, *PO* 11) Soziale und ökonomische Stellung und körperliches Erscheinungsbild sind hier in einer

---

121 »En rikmannssønn som fulgte familietradisjonen«. (*G* 11)

Weise parallelisiert, daß beide (zumindest in Glahns Schilderung) für die Männlichkeit Macks eine Rolle spielen, die entsprechend auch von beiden Seiten her verunsichert erscheint.

Edvarda – eine junge, unabhängige Frau, die ihr eigenes Auto fährt – teilt als Tochter Macks dessen soziale und ökonomische Überlegenheit. Die Gründe für Glahns masochistische Unterwerfung unter Mack sowie seine Impotenz gegenüber Edvarda liegen also nicht ausschließlich in seinen psychischen Defekten. Sie hängen auch zusammen mit der ökonomischen und sozialen Unterlegenheit des Erzählers, der zum Zeitpunkt des Treffens mit der Familie Mack seine militärische Karriere aufgegeben hat, ohne Wohnsitz ist und auf Parkbänken schläft. Entsprechend ist auch seine Potenz bei Eva nicht nur auf ihre mütterlichen Qualitäten und ihre Selbstaufgabe zurückzuführen. Glahn gewinnt seine Sicherheit ihr gegenüber ebenso aus der Tatsache, daß sie, wie er selbst, Mack sozial unterlegen ist,»auch nicht in diese Gesellschaft gehört«.[122] (*PO* 61 f.) Seine, wenn auch nur durch Macks Geld gekaufte, ökonomische Überlegenheit über die junge Prostituierte schließlich verleiht ihm Ruhe und Sicherheit (vgl. *G* 37 f.; *PO* 42) und verschafft ihm sadistische Befriedigung:

> Ihre Hilflosigkeit, ihre hündische Preisgabe, das Geld, das sie noch in der Hand hält, das Pfand dafür, daß sie sich in allem meinem Willen fügen muß, erregen mich. Ich halte ihr noch ein paar Scheine hin und bitte sie, noch etwas zu bleiben… (*PO* 108)

> Hennes hjelpeløshet, hennes hundeaktige utleverthet, pengene hun ennå holder i hånden, panten på at hun i alle ting må føye seg etter min vilje, gjør meg opphisset. Jeg holder enda et par sedler frem for henne og ber henne bli en stund til… (*G* 90)

Faldbakken zeichnet also in der Beziehung zwischen Mack und Glahn zwei konkurrierende Männlichkeiten: diejenige Macks, die sich über ökonomische und soziale Macht konstituiert, und diejenige Glahns, die auf seinen körperlichen Talenten, etwa seinen Schießkünsten und seinen Verführungskünsten bei Frauen (dies zumindest in der Projektion Macks) beruht. Im Roman wird die potentielle Gewalttätigkeit dieser Konkurrenz um die überlegene Männlichkeit unter anderem darauf zurückgeführt, daß beide Männer in ihrer Form der Männlichkeit unsicher sind.

Nicht nur die psychologischen und sexuellen, sondern auch die ökonomischen und sozialen Konflikte werden in Glahns Erzählung durch

---

122 »Hun hørte heller ikke hjemme i dette selskapet.« (*G* 53)

fetischartige Objekte strukturiert und vermittelt – ein Umstand, der das Plädoyer Anne McClintocks einsichtig macht, das Konzept des Fetischismus aus seiner ausschließlichen Fixierung auf das Sexuelle zu lösen

I call for a renewed investigation that would open fetishism to a more complex and variable history in which racial and class hierarchies would play as formative a role as sexuality. […] Far from being mereley phallic substitutes, fetishes can be seen as the displacement onto an object (or person) of contradictions that the individual cannot resolve at a personal level. […] The fetish marks a crisis in social meaning as the embodiment of an impossible irresolution. The contradiction is displaced onto and embodied in the fetish object, which is thus destined to recur with compulsive repetition. […] By displacing power onto the fetish, then manipulating the fetish, the individual gains symbolic control over what might otherwise be terrifying ambiguities.[123]

Mit Hilfe dieses Konzeptes kann die fetischistische Sammlertätigkeit von Mack und Glahn analysiert werden, sowie die wiederkehrende Faszination, die Schußwaffen und andere Gegenstände, etwa die Petroleumlampe, auf Faldbakkens Protagonisten ausüben.

Macks und Glahns Beziehung ist von Anfang an durch eine ökonomische Transaktion definiert. Der Antiquitäten- und Waffensammler Mack unterstützt Glahn und stellt ihm Wohnraum zur Verfügung unter dem Vorwand, daß Glahn für ihn Antiquitäten erwirbt. (Vgl. *G* 21 f.; *PO* 23) Die von Glahn erworbenen Gegenstände, ein Revolver und eine Petroleumlampe, dienen in Glahns Erzählung der metaphorischen Strukturierung einerseits der sozialen und ökonomischen Beziehungen zwischen Mack und Glahn. Andererseits haben insbesondere die Waffen eine erotische Bedeutung und spielen eine zentrale Rolle in der sexuellen Beziehung zwischen den beiden Männern. Ähnliches gilt für die Lampe – ein Gegenstand, den Glahn für Mack erworben hat, den er jedoch selbst benutzt, nachdem Mack kein Interesse daran zeigt. Ihre runde Form, die »schön geschwungene Kuppel«,[124] (*PO* 39) weist sie als weiblich konnotierten Gegenstand aus, und sie wird im Textverlauf in den Zusammenhang mit Glahns Frauenbeziehungen gestellt. (Z.B. *G* 40; *PO* 46) Ihr freundliches, sanftes Licht erfüllt eine ähnliche Funktion für Glahn wie seine Beziehungen zu Eva und der Prostituierten. Es verleiht

---

123 McClintock 1995, S. 184. Zum Zusammenhang zwischen sozialen und erotischen Aspekten des Fetischismus vgl. auch Apter 1991.
124 »[..] vakkert svunget kuppel«. (*G* 35)

ihm Sicherheit und hält die bedrohliche, dunkle Nacht fern. (Vgl. *G* 75; *PO* 90) Gleichzeitig stellt es jedoch für die involvierten Frauen eine Gefahr dar. Zunächst dient es dazu, grausame Realitäten zu verschleiern, für Glahn die Gelegenheit, die prekäre Lage der jungen Prostituierten zu leugnen. »Sie zittert in der warmen Glut der Petroleumlampe in der Ecke, der Lichtschimmer liebkost ihren Körper, tilgt die Schrammen und Schatten eines ungesunden Lebens.«[125] (*PO* 106) Schließlich ist die Lampe auch die Ursache für Evas Tod.

Für Glahn dienen die nostalgischen Fetische im Sinne des Konzeptes von McClintock als Möglichkeiten, sexuelle, geschlechtliche und soziale Widersprüche und Konflikte der eigenen Gegenwart auf Objekte zu verschieben. Der Erzähler versucht, die Konflikte durch die Manipulation dieser Fetischobjekte zu lösen und zugleich seine eigene Gewalttätigkeit durch Fetische und nostalgische Verklärung zu verschleiern. Das Romanende entlarvt jedoch das Scheitern dieser Versuche als gefährliche und letztlich für Frauen und Glahn selbst tödliche Illusionen.

Auch in *Pan* spielen Klassengegensätze für das Romangeschehen eine entscheidende Rolle.[126] Sirilund ist eine ausgeprägt hierarchische Gesellschaft, in der Mack als Patriarch die uneingeschränkte ökonomische und soziale Macht besitzt. Er verfügt als Großkaufmann zudem nicht nur über Land und Waren, sondern auch über die Menschen, die auf seinem Land leben, und er kann, wie ein Feudalherr, sogar sexuell über die ihm untergebenen Frauen, hier repräsentiert durch Eva, verfügen. Wie in *Glahn* gibt es in *Pan* Hinweise darauf, daß Macks Macht im Niedergang begriffen ist. Er berichtet zwar einerseits Glahn über seine Versuche, technischen Fortschritt in Sirilund einzuführen, erwähnt im selben Atemzug jedoch, daß er sich alt fühle und beim Patiencenlegen mogle. (*P* VII 30) Während die Macht des Faldbakkenschen Mack diejenige eines Kapitalisten ist, die von postkapitalistischen Wirtschaftsstrukturen bedroht ist, ist der Hamsunsche Mack ein Feudalherr, dessen Macht durch den sich ausbreitenden Kapitalismus eingeschränkt wird. Die Petroleumlampe spielt im übrigen auch hier eine Rolle: sie ist allerdings nicht wie in *Glahn* nostalgisches Sinnbild einer vergangenen Zeit, sondern Zeichen des technischen Fortschrittes. (*G* VII 28)

---

125 »Hun skjelver i den varme gløden fra parafinlampen i hjørnet, lysskjæret kjærtegner henne, stryker vekk de fleste skrammer og skygger fra et hardt, usunt liv.« (*G* 88)

126 Auf die Klassenstruktur in *Pan* geht Hamre 1983, S. 58-60, kurz aus marxistischer Perspektive ein.

In dem anachronistischen feudalistischen Setting konkurrieren – wie in Faldbakkens Roman – verschiedene, durch Klasse, Herkunft und Beruf bestimmte Formen von Männlichkeit miteinander. Sie sind jedoch weiter differenziert. Es stehen nicht nur der Feudalherr Mack und der sich als Jäger und Naturmensch stilisierende Glahn einander gegenüber. In den Konkurrenzkampf um Frauen und um das dominierende Männlichkeitsideal sind darüber hinaus der Doktor als Vertreter eines humanistischen Rationalismus, sowie der Baron als Repräsentant des alten (degenerierten) Adels[127] und gleichzeitig der analytischen Naturwissenschaft involviert. Die Erzählung Glahns kreist an den Stellen, an denen es um diese Konkurrenz zwischen Männern geht, um fetischartige Objekte, die zunächst weniger eine erotische, als eher eine gesellschaftliche Bedeutung haben. Mack etwa ist durch eine Diamantspange charakterisiert, die ihn als Nachkommen einer einflußreichen und wohlhabenden Familie ausweist. Beim ersten Besuch weist Mack Glahn auf diese Spange hin: »Er sprach ein paarmal von seinem Großvater, dem Konsul: mein Großvater, Konsul Mack, empfing diese Spange aus Carl Johans eigenen Händen, sagte er, und er wies mit dem Finger auf seine Diamantspange.«[128] Die Szene wiederholt sich später, nun ist es jedoch der Baron, dem Mack seine Spange zeigt:

Und Herr Mack stand in eifrigem Gespräch mit dem Baron. Er sprach von seinem Großvater, Konsul Mack:
›Ich weiß nicht, ob ich dem Herrn Baron schon erzählt habe, diese Spange befestigte Carl Johan mit eigenen Händen an der Brust meines Großvaters.‹

Og Hr. Mack stod i ivrig Passiar med Baronen. Han talte om sin Bedstfader Konsul Mack:
›Jeg ved ikke, om jeg allerede har fortalt Hr. Baronen, denne Spænde fæsted Carl Johan med egne Hænder paa min Bedstefaders Bryst.‹
(P XXI 125)

Das Zeigen der Spange, eines Familienerbstücks, das vor allem mit der hohen sozialen Stellung eines Vorfahrens verbunden ist, ist offenbar ein Akt, der dazu dient, die soziale Verbindung zwischen zwei Männern und deren Familien zu etablieren und zu festigen. Frauen, in diesem Fall

---

127 Vgl. Popperwell 1986, S. 23.
128 »Han talte et Par Gange om sin Bedstefader Konsulen: min Bedstefader Konsul Mack modtog denne Spænde af Carl Johans egne Hænder, sagde han, og han pegte med Fingeren op til sin Diamantspænde.« (P VII 28)

Edvarda, für die Mack zunächst in Glahn, dann im Baron einen Ehemann sucht, werden dadurch als Tauschobjekte gekennzeichnet, als Mittel, die, wie die Fetischobjekte, die Verbindung zwischen den jeweiligen Männergruppen herstellen und garantieren.[129] Die Absätze, die auf die beiden zitierten Stellen folgen, zeigen Edvardas Bedeutung in diesen Konstellationen. Nachdem Mack Glahn von der Spange und seiner verstorbenen Frau erzählt und ihm seine wertvolle alte Büchersammlung gezeigt hat, die ihn außerdem als gebildeten Mann ausweist, folgt die Beschreibung des Whistspiels, bei dem Edvarda den Männern hilft und bei dem Glahn sein Glas umwirft. Dieses Mißgeschick verweist, wie in 2.2.2. gezeigt, auf die sexuelle Impotenz Glahns, gleichzeitig jedoch auf sein soziales Unvermögen, wie sich aus dem jetzt erschlossenen Kontext zeigt. Dies deutet darauf hin, daß der Frauentausch und damit die Männerverbindung zwischen Mack und Glahn zum Scheitern verurteilt ist.

Ähnliche Funktionen wie die Spange erfüllen die Objekte, mit denen die anderen mit Glahn konkurrierenden Männer sowie dieser selbst in Hamsuns Roman gekennzeichnet sind. Im Zusammenhang mit dem Baron kreisen Glahns Erinnerungen einerseits um die goldene Adelskrone, die seine Visitenkarte, seine Hemdknöpfe sowie eine Nadel schmücken, die er Edvarda schenkt. (Vgl. P XXIII 141; XXVIII 169 f.) Steht diese Krone für seine gesellschaftliche Stellung, so assoziiert die ebensooft erwähnte Goldbrille den Beruf des Barons und seine Eigenschaft, als Forscher Naturerscheinungen distanziert zu beobachten. Dem entgegengesetzt sind die ebenfalls goldfarbenen Federn, die Glahn Edvarda schenkt, und die in diesem Kontext für die naturverbundene, ursprünglichere Männlichkeit stehen, in der Glahn sich selbst Edvarda und anderen Frauen gegenüber stilisiert. Dieser Gegensatz sowie die Funktion der Fetische darin wird besonders deutlich in einer Passage, in der Edvarda Glahn über ein Treffen mit dem Baron erzählt.

Zunächst berichtet der Baron davon, daß er Edvardas Hausmädchen und den Verkäufer aus Macks Laden nachts bei einem intimen Stelldichein belauscht hat. Seine Bemerkung »Aber nicht wahr, finden Sie nicht, mitten in der Nacht, das sieht nicht gut aus?«[130] ist unter anderem als versteckte Kritik an den nächtlichen Treffen zwischen Glahn und Edvarda zu werten – eine Kritik die der Baron mit einer bezeichnenden Geste begleitet: er schiebt seine Goldbrille höher auf die Nase. Gleich darauf fragt

---

129 Vgl. dazu Lévi-Strauss 1981, Rubin 1975.
130 »Men ikke sandt, synes De ikke, midt paa Natten, det ser ikke godt ud?«
     (*P* XXIII 140)

er Edvarda, ob er ihr einen Schal bringen soll. Im Zusammenhang mit
der oben erwähnten fetischistischen Bedeutung von Tüchern und Schals
ist dies als erotisches Angebot zu lesen, dem nach der verneinenden Antwort von Edvarda eine Bemerkung folgt, die auf einen weiteren von
Glahn fetischartig besetzten Körperteil Edvardas anspielt: »Wer es wagen
dürfte, Ihre kleine Hand zu nehmen!«[131] sagt der Baron und legt ihr mit
diesen Worten ein Schmuckkästchen in den *Schoß*, das die erwähnte
Spange enthält. »Die Nadel hatte ein Krone«,[132] erzählt Edvarda und
weiter:

Aber ich reichte ihm die Nadel zurück und sagte: Lassen Sie mich, ich
denke mehr an einen anderen. Welchen anderen? fragte er. Einen Jäger,
antwortete ich, er hat mir nur zwei wunderschöne Federn zur Erinnerung gegeben.

Men jeg rakte ham Naalen tilbage og sagde: Lad mig være, jeg tænker
mere paa en anden. Hvilken anden? spurgte han. En Jæger svared jeg;
han har givet mig blot to dejlige Fjære til Erindring [...] (*P* XXIII 141)

In dieser Passage sind alle Männer und Frauen durch Fetische gekennzeichnet, die Werbung um die Frau und die Konkurrenz zwischen den
Männern ist durch diese Fetische dargestellt, die so auch zwischen der
gesellschaftlichen und der erotischen Ebene vermitteln.

Ähnliches gilt schließlich für die Objekte, die leitmotivisch in den
Begegnungen des Doktors und Glahns auftauchen: der Stock und das
Gewehr. Auf die sexuelle Bedeutung dieser Gegenstände wurde in 2.1.
ausführlich eingegangen, sie haben jedoch, gerade in der Konkurrenz um
Edvarda, auch eine soziale Bedeutung. So ist der Stock des Doktors nicht
nur ein Zeichen seiner Impotenz, sondern kann auch als Insignie und
Züchtigungsinstrument des Lehrers und Erziehers gelesen werden – eine
Rolle, die der Doktor gegenüber Edvarda einnimmt, um sich durch
Bildung und Rationalität seiner Überlegenheit über sie zu vergewissern.
Das Gewehr Glahns ist einerseits das Attribut des Jägers und steht für
seine Verbindung zur Natur. Andererseits ist es das Attribut des Soldaten
und weist auf die frühere soziale Stellung Glahns hin. Die Ambivalenz des
Fetischobjektes Gewehr wird wiederholt in der Kleidung Glahns, der sich
erst als Jäger in einen Lederanzug kleidet, (vgl. *P* III 11) sich später jedoch
seine Uniform zuschicken läßt, in der Hoffnung, mit dem Baron konkurrieren zu können, wenn er seine hohe gesellschaftliche Stellung ausspielt.

131 »Den, som turde tage Deres lille Haand!« (*P* XXIII 141)
132 »[..] Naalen havde en Krone«. (*P* XXIII 141)

Die Stellung Glahns in dem geschilderten gesellschaftlichen Kontext entspricht auf den ersten Blick derjenigen in Faldbakkens Roman. Sein materielles Überleben scheint von der Gunst Macks abhängig zu sein, bekommt er von diesem doch die Hütte und ein Fischerboot zur Verfügung gestellt sowie das Recht, in dessen Wäldern auf die Jagd zu gehen. Er bewundert Mack, konkurriert mit diesem und mit dem Doktor um die begehrten Frauen, er ist der gesellschaftlich scheinbar überlegenen Edvarda gegenüber impotent, den sozial niedriger gestellten Frauen gegenüber zu sexuellen Leistungen in der Lage. Zudem fühlt er sich als Außenseiter, der sich in der besseren Gesellschaft nicht angemessen zu verhalten weiß. Während Faldbakkens Glahn jedoch realiter von Mack abhängig ist, wird in *Pan* deutlich, daß die soziale und ökonomische Unterlegenheit Glahns ein Produkt seiner eigenen Phantasie oder Selbststilisierung ist. So gehört er keineswegs einer niedrigeren Schicht an als Mack und ist sehr wohl in der Lage, materiell für sich zu sorgen, führt er doch nach seiner Rückkehr in die Stadt ein unabhängiges Leben als »verabschiedeter Militär und frei wie ein Fürst«[133] und muß sich keinen Luxus versagen. Zwei Jahre später kann er sich ohne weiteres eine Reise nach Indien leisten. Sein militärischer Rang und die damit verbundene gesellschaftliche Stellung lassen es außerdem zweifelhaft erscheinen, daß sein unbeholfenes Verhalten in Gesellschaft in mangelnder Bildung oder Erziehung begründet ist. Glahns soziale und materielle Unterlegenheit ist also Maskerade, eine bewußte Täuschung seiner Umwelt.

Zusammenfassend läßt sich feststellen, daß die Schilderung von Klassengegensätzen und die Verwendung fetischartiger Symbole in *Glahn* wiederum Dimensionen explizit macht, die auch in Hamsuns Roman eine tragende Rolle spielen. Diese Behauptung läßt sich noch insofern verallgemeinern, als sie nicht nur auf Hamsuns Roman *Pan* zutrifft. Die Sammlertätigkeit Macks ist ein Detail, das Faldbakken nicht *Pan* entnommen hat, sondern dem 1892 erschienen Roman *Mysterier*, in dem der Protagonist Nagel sich als Sammler ausgibt. Unter anderem damit zeigt er die Relevanz seiner Kritik an *Pan* für Hamsuns gesamtes Werk auf. Auch in dieser Beziehung trifft jedoch zu, was in 2.3. über die Bedeutung sexueller Perversionen in beiden Romanen gesagt wurde: In Faldbakkens Roman sind komplexe Zusammenhänge und Widersprüche des Hamsunschen Romans zurückgenommen. In *Glahn* werden die sozialen Minderwertigkeitskomplexe des gesellschaftlich niedriger gestellten Protagonisten als eine Ursache für dessen Reaktionen mit sexueller Perversion und Gewalt dargestellt. Fetischobjekte dienen in diesem Roman als

---

133 »[..] afskediget Militær og fri som en Fyrste«. (*P* XXXVIII 204)

Vermittler zwischen sozialen Differenzen, und sie stellen Zeichen für die Verschleierung von deren gewalttätigen Strukturen dar.

Pan hingegen schildert die Identitätsproblematik eines Mannes aus der Oberschicht. Der Erzähler Glahn stilisiert sich in der Rolle des sozial Unterlegenen, er projiziert also die eigenen rollenbedingten Schwierigkeiten auf einen für ihn in der Realität nicht existierenden Klassengegensatz. Die Klassenkonflikte, die ihm als Projektionsflächen für seine Männlichkeitsproblematik dienen, sind außerdem anachronistisch, sie gehören einer feudalen, vorindustriellen Zeit an und sind in der Stadt, aus der Glahn kommt, bereits Vergangenheit. Diese Tendenz zum Anachronismus, zur Projektion gegenwärtiger Konflikte in eine »primitivere« Vergangenheit findet sich im übrigen nicht nur auf der Ebene des Erzählers, sondern auch auf der des Autors, schreibt Hamsun seinen Roman doch im Jahre 1894, läßt ihn aber in den 1850er Jahren spielen, also um den Zeitpunkt seiner eigenen Geburt.

Reale Klassengegensätze und deren Brutalität werden in Glahns nostalgisch-sentimentaler Rückprojektion seiner eigenen Identitätsprobleme verschleiert. Dies wird besonders deutlich an seiner Schilderung von Eva. Glahn begegnet Eva anfangs zweimal bei ihrer Arbeit, als sie Holz im Wald holt. (*P* V 18; XX 120) Bei einer späteren Begegnung bemerkt er, daß sie aufgerissene Hände hat, und sie berichtet ihm von Macks Befehl, Männerarbeit zu tun als Strafe dafür, daß sie Glahn liebt. (*P*XXVI48 f.) In seiner Antwort: »Gott gebe, daß er nicht so hart gegen dich wäre, Eva!«[134] macht Glahn Gott bzw. ein übermenschliches Schicksal verantwortlich und lenkt damit von den wirklichen Machtverhältnissen ab, die es Mack erlauben, seine Untergebene auszubeuten. Er verdeckt aber auch seine eigene Verantwortung für Evas Leiden, indem er sich ebenfalls als Mack unterworfen darstellt. Das harte Arbeitsleben Evas wird romantisiert, als Opfer für Glahn stilisiert und Eva selbst idealisiert. Die Idealisierung von Evas aufopfernder Arbeit steht schließlich in direktem Zusammenhang mit ihrem Tod. Als Glahn die Minenbohrer von ihrem Mann kauft, die er für die Sprengung des Felsens verwenden wird, sieht er sie, wie sie Korn- und Mehlsäcke zwischen der Mühle und der Ladebrücke hin- und herfährt, »die Arbeit eines Knechts« tut.[135] Schließlich stirbt sie, während sie das Boot für Mack teert. (*P*XXXII 183-185)

Die häufige Erwähnung der Arbeiten Evas hat jedoch einen doppelten Effekt. Zwar wird die Härte der Klassengegensätze und der Macht der

---

134 »»Gud give, at han ikke var haard mod dig, Eva!«« (*P*XXV 150)
135 »Hun må udføre en Karls Arbejde og transportere Sække med Korn og Mel.« (*P*XXIX 174 f.)

Männer über die Arbeitskraft der Frau aus der Unterschicht unter diesen Idealisierungen verborgen. Gleichzeitig informiert der Text durch die häufigen detaillierten Schilderungen aber über die harte Realität der Frauenarbeit und stellt so Mittel zur Verfügung, Glahns Schilderungen als Idealisierungen zu entlarven. Der Roman *Pan* beschreibt nicht nur indirekt solche durch Klassen- und Geschlechtergegensätze bestimmte Realitäten, sondern er macht auch die Mechanismen sichtbar, mit denen diese beschönigt werden. Indem sie Konflikte, die in diesem Falle durch Klassen- und Geschlechterhierarchien bedingt sind, gleichzeitig verschleiern und auf sie hinweisen, erfüllen die Schilderungen von Evas Arbeit für den Erzähler Glahn die Funktion von Fetischen im Sinne der erweiterten Definition von McClintock.[136]

Glahn versucht seine sozialen Probleme jedoch nicht allein auf vermeintlich einfachere, atavistische Gesellschaftsverhältnisse zu verschieben und damit beherrschbar zu machen. Der Erzähler von *Pan* hat darüber hinaus die Tendenz, auch diese Konflikte in die ihn umgebende Natur zu projizieren. Die Naturbeschreibungen in *Pan* stehen so nicht nur mit Glahns sexuellem Fetischismus in Verbindung, sondern dienen dem Erzähler auch dazu, Konflikte und im realen Leben unlösbare Gegensätze vermittelbar zu machen. Das Verhältnis von Leutnant Glahns eigenen psychischen Strukturen und der ihn umgebenden Natur ist komplex und widersprüchlich. An einigen Stellen seiner Erinnerungen stilisiert er die Natur zu einem von allen sozialen Konflikten freien Ort. Bereits im ersten Kapitel wandern die Gedanken des Erzählers von den ihn quälenden Erinnerungen an Edvarda zum Wald, wo er sich beim Anblick von Wurzeln und Laub mit Freude und Dankbarkeit erfüllt fühlt und wo seine Seele »ausgeglichen und voller Macht« wird.[137] Später wünscht er sich mehrmals aus Situationen, in denen ihm gesellschaftliche Mißgeschicke passieren, in die freie Natur. (Vgl. z.B. *P* X 47; XVII 88) Leutnant Glahns Verhältnis zur Natur ist häufig als Flucht vor den Anforderungen seines sozialen Umfelds und als Regression in eine ideale konfliktfreie Welt interpretiert worden.[138] Die Wertung dieser Interpretation fällt dabei unterschiedlich aus. Vige vertritt die Auffassung, daß der Erzähler Harmonie nur in der Natur erleben kann, wo sich primitive Natureinheit mit kulturell verfeinerter Naturbeobachtung mischen.[139]

---

136 Zum Zusammenhang zwischen Frauenarbeit, Klassenfrage und Fetischismus vgl. McClintock 1995, S. 152-155.
137 »[..] egal og fuld af Magt«. (*P* I 3, vgl. auch V 17)
138 Vgl. z.B. Buttry 1979.
139 Vige 1963, S. 17 f.

Giersing, Carlsen und Nielsen halten den Kernkonflikt in *Pan* für einen zwischen Natur und Kultur, und sie meinen, daß die sadomasochistischen Beziehungen zwischen Männern und Frauen im Roman dann entstehen, wenn der »Hamsunsche Naturheld eine Frau trifft, die mehr als etwas Biologisches fordert«.[140] Im Anschluß an Löwenthal[141] schließt Linneberg aus der Dichotomie zwischen der Harmonie und dem Seelenfrieden, die Glahn durch das Aufgehen in der Natur bekommt, und der Bindung und dem Zwang, den die soziale Welt für ihn darstellt, daß die Natur in *Pan* einen positiven und determinierenden Faktor darstelle. Er folgt weiter, daß es die ideologische Aussage des Romans sei, soziale Verhältnisse durch »Natur« zu erklären und so ein bestimmtes soziales Modell ideologisch zu untermauern, in dem das Recht des Stärkeren, die Verachtung des Schwachen und antirationalistische Tendenzen bestimmend seien. Folglich bezeichnet er *Pan* als »faschistische Tendenzliteratur« und warnt »vor einem naiven Lesen Hamsuns«.[142]

Faldbakken folgt in *Glahn* dieser Wertung. Seine Intention ist es, wie oben gezeigt wurde, den Naturrausch seines Erzählers als Flucht vor den sexuellen und sozialen Anforderungen, die Edvarda an ihn stellt, zu entlarven und die Aggression, die hinter dieser sentimentalen Schwärmerei liegt, freizulegen. Ein Mittel, den ideologischen Gehalt von *Pan* aufzudecken, ist für Faldbakken die »Denaturalisierung« der Natur. Der Erzähler zieht sich hier eben nicht in eine real existierende Natur zurück, sondern flüchtet sich in Phantasien über sie, oder er projiziert Naturbilder auf seine städtische Umgebung, vergleicht die Stadt mit einem Wald, (*G* 35; *PO* 40) sein Appartement mit einer Hütte. (*G* 20; *PO* 21) In diesen Passagen werden die Bewegungen des Antiquitätensammlers und diejenigen des Flaneurs in der Großstadt mit denen des Jägers im Wald parallel gesetzt. In die Anspielungen auf *Pan* mischen sich solche auf Hamsuns Großstadtroman *Sult* sowie, durch die Figur des Sammlers, auf den Protagonisten von *Mysterier*, Nagel, wie etwa in folgendem Beispiel:

> Mit Macks Geld in der Tasche trieb ich mich in der Stadt herum und suchte nach Dingen, die für ihn von Interesse sein könnten. [...] Ich konnte mich einrichten, wie ich wollte, konnte wie im Rausch umherlaufen und mich von den unglaublichen Vorsommertagen erfüllen

---

140 »Det vi har kalt de sado-masochistiske forhold opstår når den hamsunske naturhelt møder en kvinde, som er eller kræver noget mer-end-biologisk.« (Giersing/Carlsen/Nielsen 1975, S. 120)
141 Löwenthal 1937.
142 Linneberg 1983, Zitat S. 196.

lassen, die sich unberechenbar um die Achse aus Dämmerung und Zwielicht drehten, die ineinander überfließen und sich niemals zur Nacht verdunkeln. [...] Aber die Nachtluft brachte die Düfte von Parks, Gärten, Grünanlagen. In meinen erregten Sinnen blühte die Straße und quoll: War es mir so nicht am liebsten? Allein im Wald? Auf dem Trottoir, an Wänden und Mauern sah ich doch Spuren, Plakatreste, Schriften, von anderen Schlagwörtern übersprühte Schlagwörter, Namen, Ausrufe, Anklagen, Bekenntnisse. Die Unruhe des Menschengemüts. (*PO* 26 f.)

Jeg drev omkring i byen med Macks penger i lommen og så etter ting som kunne ha interesse for ham. [...] Jeg var fri til å innrette meg som jeg ville, til å gå rundt som i rus og la meg fylle av de utrolige forsommerdøgnene som kantrer uberegnelige omkring en akse av skumring og demring som flyter over i hverandre og aldri toner ned til mørk natt. [...] Men natteluften bar luktene med seg fra parkene, hagene, grøntanleggene. Gaten blomstret og bugnet i mine oppspilte sanser: var det likevel ikke slik jeg likte meg best? Alene i skogen? På fortau, på vegger og murer så jeg jo spor, plakatrester, skrift, slagord, oversprøytet av andre slagord, navn, utrop, anklager og betroelser. Menneskesinnenes uro. (*G* 24).

Faldbakkens Roman bleibt aber nicht dabei stehen, die Hamsunsche Naturschwärmerei implizit zu kritisieren und parallele Strukturen zwischen den frühen Romanen Hamsuns aufzuzeigen, sondern stellt diese Kritik und den damit verbundenen Faschismusvorwurf in den Kontext zeitgenössischer Theorien über Männlichkeit. Im Gegensatz zu *Pan* haben in *Glahn* sowohl die Naturbilder als auch die damit in Verbindung stehenden Großstadtphantasien, etwa die des verschlingenden Dschungels, (vgl. z.B. *G* 9, 62, 115, 119; *PO* 8, 73, 138, 144) deutlich weibliche Konnotationen, mit einer einerseits Schutz und Trost versprechenden, andererseits bedrohlichen Qualität. In *Glahn* resultiert die Regression des Mannes in einer Verschmelzung mit diesen nostalgisch ersehnten und begehrten, aber auch erschreckenden und gefürchteten mütterlichen Räumen in männlicher Aggression und Destruktion.[143]

Es ist mehrfach darauf hingewiesen worden, daß die marxistische Kritik von *Pan*, auf der letztlich auch Faldbakkens Textaussage beruht, zu

---

143 Damit schließt Faldbakken in *Glahn* an eine bestimmte Art der Faschismusanalyse und -kritik an, die auf Narzißmustheorien zurückgeht. Diese wird in Kapitel 5.1.2. diskutiert.

kurz greift[144] und die Idealisierung der Natur lange nicht so ungebrochen ist, wie es auf den ersten Blick erscheinen mag.[145] Kittang hat herausgearbeitet, daß Naturbilder in den anderen »Desillusionsromanen« für Tod und die Auflösung des Selbst stehen.[146] Natur in *Pan* wird lediglich in den Textstellen als konfliktfreier Raum dargestellt, in denen Glahn sich dorthin sehnt. Befindet er sich direkt dort, so spiegelt die Natur sowie jegliches andere Geschehen, wie in 2.2.1. gezeigt wurde, seine gesamte Konfliktlage und Widersprüchlichkeit bzw. diese wird von Glahn aktiv in die Natur hineinprojiziert. Eher als eine unreflektierte Harmonisierung der Natur lassen sich hier genau die Ambivalenzen identifizieren, die Felski als charakteristisch für den modernen Roman bezeichnet.

Here [...] description takes precedence over narration, developmental plot gives way to a sometimes claustrophobic sense of immobility and ahistoricity. The topography of aestheticism is that of the framed space, depicted simultaneously liberating, by providing a degree of distantiation from the social, and imprisoning, by locking the hero into narcissistic self-contemplation.[147]

Ihre Anmerkung bezieht sich auf Leopold von Sacher-Masochs *Venus im Pelz* und die darin gezeichnete künstliche Sphäre der Ästhetik, ihre Charakteristik des »framed space« trifft jedoch ebenso auf Glahns Beschreibungen der Natur zu. Solche artifiziellen Räume können, Felski zufolge, im modernen Roman sowohl die Stadt bezeichnen, durch die sich der Flaneur bewegt, wie auch den museumsartigen Raum des Sammlers. Durch das Verlegen der Handlung in die moderne Großstadt und durch die Einführung des Sammlermotivs macht Faldbakkens Roman auf die Ähnlichkeit dieser Räume mit der Natur in *Pan* aufmerksam.

Es wurde bereits hervorgehoben, daß die Natur in *Pan* keinen unabhängigen Faktor darstellt, sondern daß sie dem Erzähler als Reflektor seiner Stimmungen dient. Es handelt sich also gerade nicht um ein Aufgehen in der Natur, sondern allenfalls um die narzißtische Identifikation mit einem imaginären Raum oder Bild. Charakteristisch für die meisten Naturbeschreibungen in *Pan* ist der Umstand, daß der Erzähler stets auch den eigenen Blick thematisiert bzw. seinen Standort, seine Perspektive angibt. Hierfür nur einige Beispiele: »Außerhalb der Inseln lag das Meer in schwerer Ruhe. Ich stand da und sah darauf hin, oft, wenn ich

---

144 Z.B. Weibel 1986.
145 Vgl. Nettum 1970, Popperwell 1986, Tiemroth 1974.
146 Vgl. Kittang 1984, S. 54 und 114 f.
147 Felski 1995, S. 100.

hoch oben war; [...] ein Schauspiel, bei dem ich Zuschauer war«[148], heißt es beispielsweise im dritten Kapitel. Der Blick von oben auf das Meer wird im folgenden Kapitel wiederholt:»Eine Meile unter mir sah ich das Meer.«[149] Noch häufiger ist der Blick auf die Natur aus einem Fenster. »Ich sah alles von meinem Fenster aus«[150] – so endet eine Beschreibung von Glahns Umgebung in Nordnorwegen. Und nahezu obsessiv wird das Wort »sehen« in einer Passage verwendet, in der Glahn Edvarda von seinen Naturerlebnissen berichtet. (Vgl. *P* IX 40 f.) Kaja Silverman hebt hervor, wie stark sowohl der Fetischist als auch der Voyeur von der Distanz zum Objekt ihres Begehrens abhängig sind:»The fetishist relies, as fully as the voyeur, on the maintenance of a distance from that which secures his or her pleasure«.[151] Der wiederholte Verweis auf den Blick, die Perspektive und die Entfernung des Gesehenen in *Pan* deutet darauf hin, daß der Erzähler nicht nur seine eigenen sozialen und sexuellen Konflikte in die Natur projiziert, sondern gleichzeitig bestrebt ist, diese auf Distanz zu halten. Anders ausgedrückt: die Bilder, die Glahn sich von der Natur macht, dienen als Fetische, die ihm die Illusion verleihen, seine unge-lösten Widersprüche und Konflikte zu kontrollieren.

Im Verlauf seiner Erzählung scheint Glahns Distanz zur Natur geringer zu werden. Besonders seine Beschreibung der »drei eisernen Nächte« (*P* XXVI 152-160) gibt sich auf den ersten Blick als romantisch rausch-hafte Naturekstase. Das Element des Rausches und des pantheistischen Aufgehens in der Natur ist in diesen Szenen zwar durchaus betont, etwa wenn es heißt:»Nach einer Stunde beginnen meine Sinne in einem bestimmten Rhythmus zu schwingen, ich klinge mit in der großen Stille, klinge mit.«[152] Die rauschhafte Identifikation wird jedoch auch hier immer wieder dadurch unterbrochen, daß der Erzähler den Prozeß des eigenen Nachdenkens und den eigenen Blick thematisiert. So registriert er nicht nur:»Stille. Ein Kiefernzapfen fällt dumpf zur Erde«, sondern wiederholt im nächsten Satz:»Ein Kiefernzapfen fiel! denke ich.«[153] Im

---

148 »Udenfor Øerne laa Havet i tung Ro. Jeg stod og saa paa det mangen Gang fra Aaserne, naar jeg var højt tilvejrs; [..] et Skuespil, hvortil jeg var Tilskuer.« (*P* III 9 f.)

149 »En Mil nedenunder mig saa jeg Havet«. (*P* IV 13)

150 »Jeg saa alt fra mit Vindu«. (*P* V 17)

151 Silverman 1988, S. 5 f.

152 »Efter en Time begynder mine Sandser at svinge ind i en bestemt Rytme, jeg klinger med i den store Stilhed, klinger med.« (*P* XXVI 159)

153 »Stilhed. En Furrukongle falder dumpt til Jorden. En Furrukongle faldt! tænker jeg.« (*P* XXVI 153)

folgenden Absatz gewinnen die Augen und das Sehen wieder zentrale Bedeutung, wenn es heißt:

Ich starre und denke; die Flamme meines kleinen Feuers blendet meine Augen, und ich fühle es nicht. Ich stehe eine gute Weile in dieser sinnlosen Stellung und sehe auf das Feuer, meine Beine versagen zuerst und werden müde, ziemlich steif setze ich mich nieder. Erst jetzt denke ich darüber nach, was ich getan habe. Warum doch so lange ins Feuer starren?

Jeg stirrer og tænker; Flammen fra min Nying blænder mine Øjne, og jeg føler det ikke. Jeg staar i denne meningsløse Stilling en god Stund og ser paa Ilden; mine Ben svigter først og blir trætte, ganske stivnet sætter jeg mig ned. Først nu tænker jeg over, hvad jeg har gjort. Hvorfor dog stirre saa længe paa Ilden? (*P* XXVI 154)

Diese Passage spricht gleichzeitig die Gefahr an, die für Glahn mit dem Sehen verbunden ist: die Blindheit – ein Motiv das in der Beschreibung der dritten Eisennacht in der Erzählung vom blinden Lappen aufgenommen und dort mit seiner hoffnungslosen Beziehung zu Edvarda assoziiert wird. Gebrochen wird die Naturekstase Glahns aber auch durch seine Furcht, beobachtet zu werden, die im zitierten Kapitel zweimal durchbricht. Zunächst unterbricht er sein »Skaal« an die Natur abrupt mit der Bemerkung: »Ich erhebe mich und lausche. Niemand hat mich gehörte. Ich setze mich wieder.«[154] Am Ende des Kapitels meint er sich beobachtet, als er einen Luftzug spürt (»Ich blicke mich um und sehe niemanden«) und schließt: »Gott steht irgendwo in der Nähe und sieht mich an«[155] – eine Wiederholung der Vision von Pan im Baum, der ihn beobachtet. (Vgl. *P* VIII 34)

Deutlich wird hier vor allem die Ambivalenz des voyeuristischen Blicks des Betrachters. Dieser sucht einerseits Kontrolle und Macht über sein Objekt bzw. die in das Objekt projizierten Konflikte zu erlangen, indem er es zum Fetisch macht. Die Angst vor Blindheit sowie die Angst davor, selbst gesehen zu werden, verweisen auf die Fragilität und Gefährdung dieses fetischistischen Sehens, auf die Bedrohung, die von seiner Unersättlichkeit und seinem suchtartigen Charakter ausgehen.[156] Das

---

154 »Jeg rejser mig op og lytter. Ingen har hørt mig. Jeg sætter mig igen.« (*P* XXVI 153)
155 »Jeg ser mig om og ser ingen […] Gud staar et Sted i Nærheden og ser paa mig.« (*P* XXVI 159)
156 Kleinspehn 1989, S. 190-195, deutet die Ambivalenz des fetischistischen Blickes, den er für kennzeichnend für die Moderne hält, psychoanalytisch. (Vgl. auch Kapitel 5)

voyeuristische Verhältnis Glahns zur fetischisierten Natur hat, so konnte gezeigt werden, die Funktion, für ihn unlösbare soziale Konflikte scheinbar zu kontrollieren. In welchem Verhältnis steht nun diese bisher mit Hilfe von McClintocks erweitertem Fetisch-Begriff interpretierte Natursicht zu der Beobachtung, daß die Naturmetapher ebenso wie das Bildfeld des Sehens und Gesehenwerdens in hohem Maße sexuell aufgeladen und geschlechtlich konnotiert sind? Anders gesagt: in welcher Weise dienen die Naturbeschreibungen in *Pan* dazu, die Ebenen des Sozialen, der Sexualität und geschlechtlichen Identität zu verbinden?

Naturerscheinungen sind in *Pan* zwar sexualisiert, gleichzeitig gibt es aber keinerlei Hinweise auf die reproduktive Funktion von Sexualität. Die geschilderten Prozesse des Erwachens, Wachsens und Reifens enden stets im Verblühen,[157] Vergehen,[158] niemals aber in der Zeugung neuen Lebens. In Korrespondenz dazu werden in vielen Naturschilderungen Aggression, Gewalt und Tod assoziiert. Meer, Gewalt und Tod sind sowohl in der anfangs zitierten Schlachtszene, (*P* III 10) die in Kapitel XXIII (135 f.) wiederholt ist, miteinander verbunden, als auch im IV. Kapitel, in dem die Schilderung eines herabstürzenden Felsens die Szene mit Evas Tod vorwegnimmt.[159] (*P* IV 14) Das ekstatische »Skaal« der ersten Eisennacht richtet sich eher an Naturerscheinungen, die an Vergänglichkeit, Tod und Gewalt denken lassen (Dunkelheit, Stille, grünes und gelbes Laub, eine Wildkatze, die sich an einen Spatzen heranpirscht), kann also keineswegs als eine Feier des Lebens gedeutet werden, und schließlich ist der weiße Mond in diesen Eisennächten als Todessymbol zu lesen.[160]

---

157 Vgl. etwa die häufigen Erwähnungen von Prozessen des Faulens, z.B.: »es roch süßlich nach Schwefelwasserstoff von dem alten Laub, das im Walde faulte« – »[..] det lugted sødligt Svovlbrint af det gamle Løv, som raadned i Skogen«. (*P* V 17) »Der Zweig ist fast verfault, seine armselige Rinde macht Eindruck auf mich«. – »Kvisten er næsten raadden, dens fattige Bark gør Indtryk paa mig«. (*P* VI 25)

158 Vgl. dazu die Beschreibung der kleinen Tiere, die auf Blättern leben, von denen Glahn Edvarda erzählt: »Aber wenn der Sommer kommt, dann ist vielleicht ein kleines, lebendiges Tier auf jedem Laubblatt, ich kann sehen, daß einige flügellos sind, sie können nicht vom Fleck kommen, sie müssen leben und sterben auf dem kleinen Laubblatt, auf dem sie zur Welt gekommen sind.« – »Men naar Sommeren kommer, da er der kanske et lidet levende Dyr paa hvert Løvblad, jeg kan se, at nogle ere vingeløse, de kan ingen Vej komme, de maa leve og dø paa det lille Løvblad, hvor de er komne til Verden.« (*P* IX 41)

159 Zu einer ähnlichen Verbindung der Bildbereiche Meer und Boot mit Tod in *Sult* und *Mysterier* vgl. auch Kittang 1984, S. 86.

160 Vgl. Nettum 1970, S. 261 f.

Auch Glahns eigene Aktivitäten in der Natur tragen das Signum des Todes. Als Jäger tötet er anfangs zwar nur, um sich selbst zu ernähren, sein Schießen wird jedoch zunehmend aggressiver, bis er, nach einer erneuten Abweisung durch Edvarda und kurz vor den drei Eisennächten beiläufig erwähnt, daß er einen Adler schießt. Dieser kann ihm nicht als Nahrung dienen, er ist zudem ein Attribut des Gottes Pan und repräsentiert damit die Natur selbst sowie Glahns Verhältnis zur Natur. (Vgl. *P* XXV 148) Im zweiten Teil des Romans schließlich hat seine Jagd auf indisches Großwild überhaupt keine andere Funktion mehr als die seiner Zerstreuung. Sexualität und Tod gehen also in den Naturschilderungen von *Pan* eine enge Verbindung ein.[161] Gerade die Verbindung von Sexualität und Tod bzw. nicht der Zeugung dienende sexuelle Akte sind nun aber das gemeinsame Kennzeichen für die Perversionen, die die psychiatrische Wissenschaft gegen Ende des 19. Jahrhunderts klassifizierte. Im Sinne des zeitgenössischen medizinischen Diskurses läßt sich die Natur, wie sie in *Pan* dargestellt ist, insgesamt als pervers bezeichnen. Berücksichtigt man, daß Glahns Verhältnis zur Natur eng mit seinen sozialen und klassenmäßigen Konflikten verbunden ist, so läßt sich folgender Schluß ziehen: Sowohl das Überschreiten von Geschlechtergrenzen (das, was in 2.3. als »Verweiblichung« Glahns bezeichnet wurde) sowie das Überschreiten von Klassengrenzen (Glahns Stilisierung als einfacher Jäger) üben eine Faszination auf Glahn aus und versprechen Kontrolle über seine Probleme mit dem sozialen und dem sexuellen Aspekt seiner Männlichkeit. Diese Faszination endet jedoch in Gewalt und Tod. *Pan* variiert also auch hier zentrale Topoi des Diskurses über sexuelle Perversion, in dem über das Konzept der Degeneration die Transgression von Geschlechter- und Klassengrenzen miteinander in Verbindung gebracht werden.

Sander Gilman hat den direkten Zusammenhang von Geschichte, Sexualität und Degeneration im Denken des ausgehenden 19. Jahrhunderts aufgezeigt, dem die Sexualität des erwachsenen, männlichen Europäers als die höchste Entwicklungsstufe der Sexualität galt. Sie wurde den weniger entwickelten Stadien der Sexualität der »Primitiven«, der Kinder, Frauen und Schwarzen, kurz der »Anderen« entgegengesetzt.

The sexuality associated with the Other, labeled as perverse as it was seen as retrogressive, was soon linked with all other modes of sexuality other than those prescribed for adult Europeans. The child's mastur-

---

161 Vgl. dazu auch Wessely 1999, die *Pan* als erotischen Roman im Sinne Batailles liest und vor allem den Zusammenhang von Vitalismus, Destruktion und Grenzüberschreitung diskutiert.

bation is perverse. The Other's sexuality is perverse because it is child-like. Here the linkage among all modes of deviant sexuality can be found. Masturbation, homosexuality, promiscuity (in primitive societies), prostitiution (in advanced societies) are all degenerate forms of adult sexual experience, since they are ascribed to the Other.[162]

Der Perverse überschreitet also eine Grenze, fällt zurück auf eine frühere, primitivere Entwicklungsstufe. Dieser Rückfall ist eng mit dem Konzept der Klasse verbunden, die Arbeiterklasse gilt als »primitiver« als der bürger-liche Mittelstand, der Adel hingegen als untergehende, degenerierte Klasse. »Embedded within all nineteenth-century concepts of the Other is the concept of class and the sense of the inherent potential of class conflict.«[163]

Das Konzept der Degeneration verbindet außerdem die Kategorien Rasse und Sexualität. Ebenso wie man fürchtete, daß abweichendes sexu-elles Verhalten zu sozialem und kulturellem Verfall führten, sah man in der Mischung von Rassen eine Bedrohung der als überlegen angesehenen eigenen »weißen« Kultur:

> By the mid-nineteenth century, metissage (»racial mixing«) – con-strued as the consequence of extra-marital alliances – was a focal point of political, legal, and social debate, conceived as a dangerous source of subversion, a threat to white prestige, the result of European degene-ration and moral decay.[164]

Auch diese Dimension findet sich in *Pan*. Im zweiten Teil, der die Struk-turen des Hauptteils des Romans spiegelt, sind die mythisierten Klas-sengegensätze des ersten Teils abgebildet auf Rassengegensätze, die Über-schreitung von Klassengrenzen ist überführt in das Übertreten von Rassengrenzen. Der erste Hinweis auf diese Transgression findet sich in der wiederholten Bemerkung des Erzählers von »Glahns Tod«, daß er mit Glahn in einem Hotel bei »der alten englischen *halfbreed*«[165] wohnte. Die Frauen des indischen Dorfes sind deutlich als »Wilde« markiert:

> Die Eingeborenen waren braune und dicklippige Leute, alle mit Rin-gen in den Ohren und toten, braunen Augen; sie waren beinahe nackt, nur mit einem Streifen Baumwolltuch oder einem Blattgeflecht um

---

162 Gilman 1985, S. 87. Zum Zusammenhang zwischen Degeneration und Fe-tischismus vgl. außerdem Nye 1993, S. 20 f., zum Zusammenhang zwischen Degeneration, Dekadenz und Weiblichkeit Siegel 1985, S. 204-210.

163 Gilman 1985, S. 87 f.

164 Stoler 1995, S. 46; vgl. auch Torgovnick 1990, S. 147.

165 »[..] den gamle engelske *Halfbreed*«. (*P II* II 215, vgl. I 213)

den Leib [...]. Übrigens waren nicht alle Frauen häßlich, obwohl ihre Gesichter fett und aufgedunsen waren.

De Indfødte var brune og tyklæbede Folk, alle med Ringe i Ørene og døde, brune Øjne; de var næsten nøgne, med blot en Strimmel Bomuldstøj eller en Bladflætning om Livet [...] Forresten var ikke alle Kvinder hæslige, skønt deres Ansigter var fede og opdunstede. (*P II*, II 216 f.)

Ihre Nacktheit kennzeichnet ihren primitiven, promiskuösen sexuellen Status, die »toten« Augen und die »aufgedunsenen« Gesichter der Frauen assoziieren diese primitive Sexualität mit Verfall und Tod. Glahn und der Erzähler lassen sich schließlich nicht nur auf ein sexuelles Konkurrenzverhältnis mit einer der Eingeborenen, Maggie, ein. Glahn verbringt außerdem die Nacht, nachdem er einen Brief von Edvarda erhalten hat, die Nacht vor seinem Tod, »zusammen mit einer Witwe und ihren zwei Töchtern, Gott weiß zusammen mit welcher von ihnen.«[166] Glahn befindet sich jetzt zwar offensichtlich in der Rolle des überlegenen, weißen Mannes, der uneingeschränkte soziale und sexuelle Macht über die eingeborenen (Kind)frauen ausüben kann, und er ist in diesem Zusammenhang sexuell potent. Am Tag darauf sucht er jedoch den Tod, der mit der Überschreitung nun auch der Rassengrenze schon antizipiert war.

Das Fazit, das in 2.3. für die Bedeutung sexueller Perversion in Faldbakkens und Hamsuns Roman gezogen wurde, läßt sich nun auf die Verbindung der Kategorien Klasse, Rasse und Sexualität erweitern. Faldbakken arbeitet in seiner literarischen Interpretation von *Pan* den Zusammenhang heraus, der zwischen einer problematisch gewordenen, durch Klasse und Herkunft bestimmten Männlichkeit, männlicher Sexualität und Geschlechtsidentität besteht. Er illustriert die fetischistische Funktion der Naturimaginationen sowie deren Parallelen zu anderen modernen imaginären Räumen, wie denen der Stadt, und zu anderen modernen fetischisierten Objekten, wie denen des Sammlers, in Hamsuns Werk. Faldbakken interpretiert diese Zusammenhänge jedoch in einem Sinne, der dem Hamsunschen Roman fremd ist. Faldbakkens Erzähler versucht, die Probleme und Anforderungen, die seine klassenmäßig niedere Herkunft an ihn stellt, durch die Fetischisierung von Natur und Weiblichkeit in den Griff zu bekommen; der Fetischismus des Erzählers wird als eine Rückkehr in eine mütterlich/weibliche Sphäre gedeutet. Die Gleichsetzung von Primitivem, Natur, Weiblichkeit und Tod

---

166 »[..] sammen med en Enke med hendes to Døtre, Gud ved sammen med hvem af dem«. (*P II* III 225)

in den Phantasien des Erzählers wird in *Glahn* zur Ursache für seine zunehmende Gewalttätigkeit und seinen eigenen Tod.

In Hamsuns *Pan* dagegen führt Glahns fetischistisches Verhältnis zu Natur und Klasse nicht zu einem Aufgehen in einer mütterlichen Sphäre, sondern zur Überschreitung von Geschlechter-, Klassen- und Rassengrenzen, und zwar immer in Richtung des – im Diskurs der Zeit – Primitiveren: hin zum Weiblichen, zur niederen Klasse, Entwicklungsstufe und Rasse. Der Vorwurf, der explizit von Kritikern wie Linneberg, implizit auch von Faldbakken geäußert wird, *Pan* sei in dem Sinne protofaschistisch, als er eine biologistische Lebensphilosophie vertrete, das Recht des Stärkeren feiere, ist zu kurz gegriffen. Für den Erzähler ist gerade die Transgression faszinierend und gleichzeitig erschreckend, die mit Tod assoziiert wird und im Tod des Erzählers endet. Da die Grenzüberschreitungen Glahns in *Pan* offenbar zum Scheitern verurteilt sind, ist es allerdings ebensowenig überzeugend, diese als Zeugnis einer Geschlechter-, Klassen- und Rassenkategorien subvertierenden Strategie des Verfasser zu interpretieren.

2.5. Die Kunst der verbalen Verführung

Jede Interpretation von *Pan* und *Glahn* greift zu kurz, wenn sie auf der Handlungsebene stehen bleibt und unberücksichtigt läßt, daß die Erzähler beider Romane wenig zuverlässig sind und daß Prozesse des Erzählens und Schreibens in beiden Romanen explizit zum Thema gemacht werden. Reflexionen der Erzähler und Figuren über Literatur, Schreiben und Lesen spielen darüber hinaus eine entscheidende Rolle für das Verhältnis, in dem die beiden Romane bzw. Autoren und deren Männlichkeitskonzeptionen zueinander stehen. Um die komplexen Zusammenhänge, um die Metaphorik des Schreibens und Lesens, um die Erzählperspektiven und -prozesse in den Romanen sowie um deren Bedeutung für die Konstruktion und Demontage von männlicher Identität soll es in den folgenden Ausführungen gehen. Abschließend werden daraus Schlußfolgerungen über die Verbindung zwischen den Romanen und ihren männlichen Autoren gezogen.

2.5.1. Schreiben, Sexualität und Identität in *Pan*

Wie sind die bisher analysierten Strukturen von Sexualität, Gewalt und Männlichkeit im Schreiben des Erzählers von *Pan* verbunden? Auf der Ebene der Handlung sind Sprechen, Schreiben und Lesen und die damit verbundenen Metaphernbereiche selbst in hohem Maße sexualisiert, und sie werden mit der sexuellen Potenz des Erzählers in Zusammenhang gebracht. Unterschiedliche Arten des Sprechens charakterisieren die männlichen Figuren des Romans und dienen ihnen als Waffen im Konkurrenzkampf mit den Rivalen um Edvarda. Bei der ersten Begegnung, als Glahn sich dem Doktor überlegen fühlt, betont er mehrmals, daß dieser »kein Wort« sagt.[167] Beim zweiten Treffen mit Edvarda und dem Doktor versuchen die beiden Männer, durch ihre Erzählungen, durch ihr Sprechen, Edvardas Gunst zu gewinnen. Glahn, der lebhaft von seiner Jagd erzählt, geht aus dieser Wortschlacht siegreich hervor. »Der Doktor sprach auch jetzt nicht viele Worte; aber als sein Blick auf mein Pulverhorn fiel, auf dem eine Panfigur stand, fing er an, den Mythus von Pan zu erklären«,[168] heißt es über den Versuch des Doktors, mit Hilfe seiner klassischen Bildung Edvarda zu beeindrucken. Diese reagiert jedoch nicht darauf, sondern richtet eine weitere Frage an Glahn. Als Reaktion auf diese Zurückweisung demütigt der Doktor sie später dadurch, daß er seine Bildung und sprachliche Überlegenheit ihr gegenüber ausspielt, als sie irrtümlich einen Iren als Engländer bezeichnet.

Als sich das Machtverhältnis zwischen dem Doktor und Glahn im Laufe der Handlung zuungunsten Glahns verschiebt, wird jener einerseits Glahn gegenüber beredter, andererseits wird deutlich, daß er seine zynische Art, seine Bildung und sprachlichen Fähigkeiten bewußt ausspielt, um Macht über Edvarda zu gewinnen. In einem Gespräch mit Glahn, das einige Wochen nach der Eifersuchts- und Demütigungsszene zwischen dem Doktor und Glahn und Glahns Schuß in den Fuß stattfindet, erklärt er in zynisch psychologisierenden Wendungen Edvardas Wesen damit, daß sie »zu wenig Schläge bekommen« habe und auf den Prinzen warte, der in der Lage sei, sie zu kontrollieren und beherrschen. Er berichtet Glahn über seine eigene Strategie Edvarda gegenüber, die ebenfalls auf seinem sprachlichen Vermögen baut. »Haben Sie bemerkt, wie ich sie behandle? Wie ein Schulmädchen, ein kleines Ding, ich hofmeistere sie, tadle ihre Sprache, passe auf und bringe sie in die Klemme.«[169] Auch der andere Konkurrent Glahns, der Baron, ist durch eine spezifische Weise des Sprechens charakterisiert. Er drückt sich gewählt

---

167 »Doktoren sagde ikke et Ord«. (*P* II 8)

168 »Doktoren sagde heller ikke nu mange Ord; men da han fik Øje paa mit Krudthorn, hvorpaa der stod en Panfigur, gav han sig til at forklare Mythen om Pan.« (*P* V 19)

169 »Har De lagt Mærke til, hvorledes jeg behandler hende? Som en Skolepige, en liden Tøs, jeg hovmesterer hende, klandrer hendes Sprog, passer paa og sætter hende i Klemme.« (*P* XVIII 103)

aus, und man erfährt von ihm vor allem Einzelheiten über seine natur-
wissenschaftlichen Forschungen. (Vgl. *P* XXI 124)

Die bildungsbürgerlich psychologische Sprache des Doktors und die
naturwissenschaftlich distanzierte Oberklassensprache des Barons werden als rational gekennzeichnet und als Mittel angesehen, Macht über
die Natur und Frauen zu gewinnen. Die beiden Männer sind jedoch
gleichzeitig als impotent im sexuellen Sinne geschildert, ist doch keiner
von ihnen in der Lage, Edvardas sexuelles Interesse auf sich zu ziehen.
Glahn stellt seine eigene lyrische Sprache hingegen in Verbindung mit
den Kräften der Natur und damit auch mit deren sexuellen Kräften. Mit
seinen Erzählungen über Naturerscheinungen und über die Jagd gewinnt
er anfangs Edvardas Interesse (vgl. *P* IX 39-42) und zieht die Aufmerksamkeit anderer Frauen der Gesellschaft auf sich. Im Gegensatz zum
Doktor, der trocken und belehrend über den Pan-Mythos berichtet,
identifiziert sich Glahn mit dieser schillernden mythologischen Figur.
Es finden sich zahlreiche Parallelen zwischen Glahn und dem Gott
Pan, die auf eine solche Identifikation hindeuten. Abgesehen vom
Gleichklang ihrer Namen lassen sich zahlreiche Attribute, die Roschers
zeitgenössisches mythologisches Lexikon (bis heute ein Standardwerk)
Pan zuschreibt,[170] in der Charakteristik von Glahn finden: Pan ist der
Gott der Jäger und Fischer; er wird als Trinker, als Teilnehmer am bac-
chantischen Gelage dargestellt; er findet sich häufig in der Rolle des Zu-
schauers und bevorzugt hochgelegene Standorte; zwei seiner wichtigsten
Attribute sind der Hund und der Adler; er ist die Personifizierung von
triebhafter Sexualität, stellt Nymphen und Satyrn nach; als Flöten- und
Leierspieler und Teil der Gefolgschaft des Dionysos ist er zudem der Vertreter der »natürlichen«, rauschhaften künstlerischen Tätigkeit. Durch
die Identifikation mit diesem Gott meint Glahn teilzuhaben an dessen
künstlerischer und erotischer Potenz. Zudem kann er sich durch den Verweis auf Pan auch in eine in die vorchristliche Zeit zurückreichende literarische Tradition einreihen. Glahns »natürliche« Dichtergabe, seine erotische Potenz und deren beider Verfeinerung durch eine Allianz mit einer
angesehenen künstlerischen Tradition[171] verstärken sich also gegenseitig

---

170 Roscher 1897-1902: »Pan«, 3. Band, 1. Abteilung, Spalte 1381-1481.
171 Vgl. dazu Vige 1963, S. 19, zur Pan-Figur auch S. 87-95. Vige weist auf die Vereinigung von primitiver Natureinheit und kulturell verfeinerter Naturbeobachtung bei Glahn hin. Er spricht allerdings von einer »harmonischen Vereinigung
von Primitivität und Verfeinerung in Glahns schaffender Phantasie.« (»en har-
monisk forening av primitivitet og forfinelse« i Glahns »skapende fantasi«) Für
diese Naturharmonie gibt es m.E. keine Anhaltspunkte in *Pan*.

im Bild des verführerischen, triebhaften und künstlerisch produktiven Dichtergottes.[172]

Die Allianz von Verfeinerung und Ursprünglichkeit kommt auch in Glahns Identifizierung mit seinem Hund zum Tragen, den er charakteristischerweise Äsop getauft hat. Äsop ist ebenfalls auf der einen Seite ein Repräsentant von Glahns Triebleben. Sowohl Edvarda als auch Eva haben mit Äsop Kontakt, bevor sie erotische Beziehungen mit Glahn aufnehmen. (Vgl. *P* II 7; XVI 81) Äsop steht dabei vor allem für die masochistischen und sadistischen Anteile von Glahns erotischem Leben. So erwähnt Glahn dreimal Äsop, der in der Hütte angebunden ist, als Edvarda ihn auf dem zweiten Ausflug zurückweist. (*P* XV 69, 70, 73) Die erotische Beziehung zwischen Glahn und Eva beginnt mit einem Biß, von dem Eva behauptet, daß er von Äsop stammt, den Glahn jedoch ihr selbst zuschreibt. (*P* XVI 81) Schließlich reagiert Äsop unruhig, als Glahn die Mine in den Berg bohrt, durch die Eva getötet werden soll und beim Brand von Glahns Hütte. (*P* XXX 177 f.)

Der literarische Name Äsop verbindet diese Seite von Glahns Sexualität wiederum mit dessen Dichtergabe und verleiht ihr durch die Identifikation mit der literarischen Tradition eine größere Würde und Potenz. Diese Verbindung erscheint allerdings von vornherein zweifach gebrochen; einmal dadurch, daß ein Hund, ein unterwürfiges Haustier, diesen literarischen Namen erhält, zum zweiten dadurch, daß der griechische Fabeldichter sicherlich nicht, wie der Gott Pan, für eine natürlich-triebhafte Dichtergabe steht, sondern als Verfasser moralisierender Tierfabeln, die vor allem zur Klugheit, Bescheidenheit und Rücksichtnahme auffordern, Glahns selbststilisiertes Verhalten und Charakter geradezu kontrastiert.

---

172 In diesem Zusammenhang spielt natürlich das »kuriose aber unumstößliche Faktum, daß Pan um 1900 die Künste heimgesucht« hat, (Assmann 1984, S. 177) eine wichtige Rolle. Hamsun selbst reiht sich, unter anderem durch den Maler Arnold Böcklin angeregt, (vgl. dazu Vige 1963 und Sehmsdorf 1974) in die Reihe der Pan-Begeisterten ein, und er gibt mit der Publikation von *Pan* dieser Begeisterung neue Anstöße. So erwähnt Popperwell 1986, S. 20, daß sein Roman der berühmten deutschen Zeitschrift des Jugendstil ihren Namen gab. Zur Pan-Begeisterung der Jahrhundertwende vgl. Assmann 1984; zur Zeitschrift *Pan* außerdem Thauer 1980. Die ausführlichste Analyse der Bedeutung des Gottes Pan in Hamsuns Roman legt Sehmsdorf 1974 vor. Er hebt insbesondere die Bedeutung von Nietzsches Dionysos für *Pan* hervor. Sehmsdorf erweitert seine Untersuchung des Pan-Mythos in einem Vortrag von 1990 und untersucht insbesondere dessen Funktion für Glahns Sexualität, seinen Narzißmus sowie dessen mythisch-religiöse Dimension.

Die vielschichtigen Identifikationen verweisen darauf, daß Glahn in seiner eigenen Darstellung durch die Allianz mit einer langen literarischen Tradition *und* mit Kräften der Natur seine sexuelle und sprachliche Potenz zu schaffen und bestätigen sucht, und sich durch ein »ursprüngliches«, »natürliches« Erzählen zum Verführer macht. Eine Folge davon ist jedoch auch, daß seine Sprache durch die Allianz mit den sexuellen Kräften der Natur an deren Geschlechtsambivalenz und deren Verbindung zu Sexualität und Perversion teilhat. Darauf deutet die Verbindung des Hundes Äsop mit Glahns eigenen masochistischen und sadistischen Tendenzen ebenso wie einige Attribute des Gottes Pan. Es handelt sich insbesondere um die Rolle Pans als Zuschauer, die mit Glahns voyeuristischer Tendenz korrespondiert. Pan gilt darüber hinaus laut Roscher als Erfinder der Onanie. Außerdem richtet sich sein sexuelles Verlangen auf weibliche wie männliche Wesen,[173] und er hat hermaphroditische Aspekte – ein Zug, der gerade im Pan-Bild der Jahrhundertwende eine wichtige Rolle spielt.

Der Umstand, daß Pan auch Gott des Krieges und Verursacher des sprichwörtlich gewordenen panischen Schreckens ist, ist ein erster Hinweis darauf, daß die Ambivalenz von Glahns Sprache, wie andere Momente der Geschlechterambivalenz in *Pan* mit Gewalt und Tod verbunden sind. Dies kommt schon im dritten Kapitel des Romans zum Ausdruck, wo der Ozean als ein »Schauspiel« beschrieben ist, ein Drama, das durch seinen Schauplatz (der Berg über dem Meer, das Dampfschiff) und seine Metaphorik Evas Tod vorwegnimmt. Die Aufmerksamkeit des Lesers wird außerdem vor und nach dieser Szene auf die Jagd bzw. Glahns Gewehr gelenkt, so daß die Passage noch einmal mit sexualisierter Gewalt verbunden wird. Es werden also nicht nur, wie Sjåvik bemerkt, Schreiben und Sexualität, Penis und Stift bzw. Schreibfeder gleichgesetzt,[174] sondern gleichermaßen Penis und Stift mit dem Gewehr.[175]

Es ist mehrfach darauf hingewiesen worden, daß Glahn in *Pan* vom ersten Kapitel des Romans an als äußerst unzuverlässiger Erzähler gekennzeichnet ist, der seine Motive, Gefühle und Taten hinter einer lyrischen, indirekten, widersprüchlichen und verschleiernden Sprache ver-

---

173 Zur Verbindung von Pan und Homosexualität vgl. Herbig 1949, S. 37, sowie Assmann 1984, S. 186.

174 Vgl. Sjåvik 1991, S. 280.

175 Gilbert/Gubar 1979 leiten ihre bahnbrechende Untersuchung über Autorinnen des 19. Jahrhunderts und deren Kämpfe mit einer patriarchalen hierarchischen literarischen Tradition mit der provokativen Frage ein: »Is the pen a metaphorical penis?« (S. 3)

birgt.[176] Weibel konstatiert, daß Glahn im Schreiben in den Informationsstand des erzählten Glahn zurückfällt, beispielsweise, wenn er seine Irrtümer Edvardas Alter und Evas Familienstand betreffend wiederholt. In seinen Erinnerungen beschwört er das Erlebte suggestiv wieder herauf, ohne es analytisch und interpretatorisch zu verarbeiten. So reproduziert er schreibend sein Verhalten und mythisiert das Erlebte.[177] Sjåvik identifiziert das vorgeblich naive Schreiben Glahns als Verschleierung seiner Macht- und Kontrollwünsche.[178] Seiler weist auf die Doppelbewegung hin, die Glahns Schreiben von Anfang an kennzeichnet:

> Es ist einerseits als der Versuch anzusehen, Distanz zu schaffen zu den Vorkommnissen. Es hat andererseits aber auch die Funktion, das Vergangene (die Liebesbeziehung zu Edvarda) hinüberzuretten in die Gegenwart, um es der Vergangenheit zu entreissen.[179]

Die verschleiernden, mythisierenden Erzählstrukturen sowie die erwähnte Doppelbewegung werden besonders deutlich in den beiden traumartigen Phantasien von Diderik und Iselin und in derjenigen vom Mädchen im Turm. Diese mythisch-balladenhaften Erzählungen sind an zentralen Wendepunkten in Glahns Erzählung verwoben und wiederholen die erotischen fetischistischen und sadomasochistischen Strukturen des Haupttextes. Die erste Phantasie findet sich nach dem ersten Besuch Glahns in Sirilund, bei dem Glahn sich in eine demütigende Situation bringt, als er sein Glas umwirft, und bei dem die Konkurrenz zwischen ihm und Mack durch den Wettlauf der beiden in den Wald etabliert wird, nach dem Mack in Evas Haus verschwindet. Eingeleitet wird die Szene durch die in 2.2.1. als onanistisch-narzißtisch gedeutete Vision von Pan im Baum, der aus seinem eigenen Bauch trinkt. Iselin erscheint dem Jäger Glahn und verführt ihn mit den Worten:»Binde mein Schuhband!«,[180] während der betrogene Diderik die beiden hinter einem Baum beobachtet. Während in dieser Phantasie fetischistische (der Schuh und das Band) und onanistische Strukturen[181] Glahn dazu dienen, seine gesellschaftlichen und

---

176 Vgl. schon Nettum 1970, S. 219, der auf den Kontrast hinweist zwischen der Behauptung Glahns, er erinnere sich nur undeutlich an Edvarda, und den detailreichen Schilderungen dieser Frau. Vgl. außerdem Humpál 1998a, S. 107 f.

177 Vgl. Weibel 1986, S. 27-29.

178 Sjåvik 1991.

179 Seiler 1995, S. 267.

180 »Bind mit Skobaand!« (*P* VIII 35)

181 Haaland 1965, S. 372, identifiziert außerdem eine Tendenz zu einem homosexuellen Konkurrenzverhältnis in dieser Passage.

sexuellen Unsicherheiten zu bannen, dreht sich die zweite Szene mit Iselin, wie bereits erwähnt, um Geschlechterambivalenzen. Sie findet sich nach Edvardas Besuch beim kranken Glahn, bei dem die beiden sich gegenseitig zurückweisen. Die dritte Szene mit dem Mädchen im Turm betont sadomasochistische Elemente. Die Phantasie folgt auf das Kapitel über Evas gewaltsamen Tod und reflektiert diesen. Es handelt sich um die Geschichte vom gefangenen Mädchen im Turm, das ein Leben lang auf seinen Herren und Liebhaber wartet und dabei erblindet, während der Mann eine andere erwählt. Die sentimentale Erzählung dient Glahn dazu, die Erkenntnis seiner eigenen Schuld und Gewalttätigkeit zu vermeiden, indem er das Leiden zu einem universellen, unveränderbaren Schicksal der liebenden Frau stilisiert – ein Schicksal, mit dem er sich gleichzeitig selbst identifiziert, weil er sich von Edvarda zurückgewiesen fühlt. An diesem Beispiel wird besonders deutlich, was für alle eingeschobenen mythischen Erzählungen in *Pan* gilt: Sie wiederholen nicht nur die Strukturen und Problemlagen des Haupttextes, sondern geben ihnen durch ihre mythische, balladenartige Form einen zeit- und ortsunabhängigen, universellen Charakter. Die Schlußfolgerung liegt nahe, Glahns ganze Erzählung als Wiederholung der bisher analysierten Strukturen von Sexualität, Geschlechtsambivalenz, Gewalt und Tod zu deuten, und gleichzeitig als Versuch, ebendiese zu verbergen und zu verleugnen. Die Doppelbewegung des Verleugnens und gleichzeitigen Verweisens kann als fetischistisch bezeichnet werden. In diesem Sinne haben Glahns Schreiben, Glahns Erzählungen selbst für ihn die Funktion eine Fetisches – eines Fetisches im engeren sexuellen Sinne, indem sie die Impotenz des Erzählers durch die Schilderung von sexuellen Akten einerseits leugnen, andererseits durch ihre Positionierung an Stellen, die die Probleme Glahns mit Frauen schildern, und durch die Wiederholung und Variation dieser problematischen Strukturen auf ebendiese sexuellen Schwierigkeiten hinweisen. Fetischistisch ist Glahns Schreiben aber auch im erweiterten Sinn, dienen doch sowohl die eingeschobenen mythischen Erzählungen als auch Glahns Erzählung insgesamt gleichzeitig der Evokation und Leugnung unlösbarer psychischer und sozialer Probleme. In diesem Zusammenhang ist nochmals auf Sjåviks Beobachtung hinzuweisen, daß Glahns Schreiben der Verschleierung seiner Macht- und Kontrollwünsche dient. Hinzuzufügen ist, daß durch sein Schreiben genau diese Macht- und Kontrollwünsche auch offengelegt werden.

Glahns Schreiben hat nicht nur fetischistischen Charakter, es ist auch eng verbunden mit seiner eigenen Position der Geschlechterambivalenz, mit seiner »Verweiblichung«. Ein Blick auf den kurzen zweiten Teil des Romans, der, wie die mythischen Erzählungen, die Haupthandlung sowohl wiederholt als auch kontrastiert, ist geeignet, die ambivalenten Strukturen der Wiederholung und Leugnung, der Verführung, sexualisierten Gewalt und Geschlechterunsicherheit weiter zu verdeutlichen. Wie in 2.3. gezeigt, verweisen der Tod des Rüden Äsop und sein Austausch gegen die Hündin Cora unter anderem auf die Feminisierung Glahns. In 2.5.1. wurde herausgearbeitet, daß Äsop unter anderem für Glahns sexuellen Trieb steht, der mit Hilfe des literarischen Namens mit seiner Potenz als Autor verbunden ist. Gleichzeitig jedoch repräsentiert die Hundemetapher Glahns submissive, masochistische Aspekte, so daß sich zusammenfassend sagen läßt, daß die Situation, aus der heraus Glahn seine Erinnerungen niederschreibt, eine feminisierte, masochistische Position ist. Diese Position ist am Ende des zweiten Teiles gespiegelt, wo Glahn sich, wie in 2.1. erwähnt, auch in einer masochistischen und verweiblichten Stellung befindet.

Turco hat 1980 erstmals die These aufgestellt, daß Glahn selbst der Erzähler des zweiten Teils ist, der angeblich von seinem Jagdkameraden erzählt wird.[182] Seiler hat Turcos These aufgegriffen und gefolgt, daß die literarische Figur Glahn, der erzählte Glahn also, von Glahn als Autor, dem Erzähler Glahn symbolisch getötet wird, damit der Erzähler sich selbst als Künstler etablieren kann. Ein Ausgangspunkt seiner Argumentation ist die Beobachtung, daß im Roman Kunst und Leben einander ausschließen, was Glahn dazu zwinge, »das in der Kunst zu suchen, was ihm im Leben versagt bleibt. […] Die erzählte Figur Glahn geht zugrunde, damit der Erzähler Glahn leben kann«.[183] Seiler interpretiert den Roman als einen »patriarchalen Schöpfer-Mythos« und behauptet, daß die Einverleibung und Tötung des Weiblichen die Voraussetzung für die Existenz Glahns als Künstler ist. Die Frauenschilderungen und Weiblichkeitsphantasien und die kryptische Identität des Erzählers von »Glahns Tod« in *Pan* haben wohl eine komplexere Funktion, als Seiler behauptet, ihm ist aber in seiner Behauptung über die Einverleibung und den Tod des Weiblichen zuzustimmen. In *Pan* werden nicht nur Frauen, sondern auch die feminisierten, unterwürfigen Anteile der Glahn-Figur am Ende des Romans eliminiert. Das Schreiben aus einer Position der Geschlechterambivalenz und sexuellen Perversion erscheint als ersehnt und zugleich bedrohlich, verführerisch und tödlich, und zwar sowohl für den Schreibenden selbst wie für seine Umgebung.

Die Ängste und das Begehren, die sich um die Bereiche Sexualität, Perversion, Männlichkeit und Verweiblichung verdichten, sind, wie in 2.3.

---

182 Turco 1980.
183 Seiler 1995, S. 270.

und 2.4. dargestellt, keine privaten Obsessionen des Autors Knut Hamsun. Sie beschäftigen in gleichem Maße die europäische Medizin und Kulturtheorie seiner Epoche. Auch hier erscheinen Fragen der Sexualität und Geschlechtsidentität verknüpft mit den Themen Schreiben, Phantasie und Autorschaft. Um die Jahrhundertwende gehen offenbar zwei diskursive Stränge eine Verbindung ein, deren einer mit dem Zusammenhang von Sexualität und Phantasie befaßt ist, deren anderer sich eher auf Autorschaft und Geschlechtsidentität konzentriert. Beide Stränge, so soll im folgenden gezeigt werden, sind auch in Hamsuns *Pan* miteinander verknüpft und können dazu dienen, das genauer zu beleuchten, was als die »Künstlerproblematik« dieses Romans bezeichnet worden ist.

Zunächst zu den Zusammenhängen zwischen Sexualität, Perversion und Phantasie: Es ist in jüngerer Zeit mehrfach darauf hingewiesen worden, daß im Zusammenhang mit der Herausbildung eines Diskurses über Sexualität Fragen des Schreibens, des Lesens und der Autorschaft aufgeworfen werden.

In the post-Gutenberg centuries, writers ceaselessly agonized over the act of creation: authorship. And their anxieties applied with particular force to questions of sexual discourse, its legitimacy, and especially its diffusion. Since the Fall, carnal knowledge had been original sin; could its propagation then be proper, or should it be kept under wraps?[184]

Die Sexualitätsdebatte nimmt ihren Anfang im späten 17. Jahrhundert in einer explosiven Verbreitung von Anti-Masturbationstraktaten.[185] Die Warnungen vor den verheerenden Folgen der Onanie mischen sich dabei immer wieder mit Warnungen vor exzessiver Romanlektüre.[186] Beiden kollektiven Phobien, derjenigen vor der Onanie und derjenigen vor der suggestiven, verführerischen Sprache bestimmter Romane liegt die Angst vor einer ungehemmten, unkontrollierbaren Phantasietätigkeit zugrunde. Die Folge, so fürchtete man, sei ein unweigerlicher Niedergang der Nervenkraft. In seinem überaus einflußreichen Werk *L'Onanisme, ou Dissertation physique sur les maladies produites par la masturbation*[187] projizierte der Schweizer Arzt Samuel-Auguste-André-David Tissot diese Ängste nicht allein auf die Lektüre von Romanen, sondern verglich die

---

184 Porter 1995, S. 78 f.

185 Zu den Onaniedebatten des 18. Jahrhunderts vgl. ausführlich Braun 1995.

186 Vgl. Laqueur 1995, Porter 1995, Rosario 1995.

187 Tissots Werk erschien ursprünglich 1758 auf Latein und wurde 1760 erstmals in einer französischen Übersetzung veröffentlicht. Tissot 1781; vgl auch Rosario 1995, S. 103.

Erschöpfung von Literaten, die nur mit ihrem eigenen Geiste beschäftigt seien, mit derjenigen der Onanisten.[188] Diese Assoziation existiert in ähnlicher Weise im medizinischen Diskurs des 19. Jahrhunderts. In Skandinavien erreicht die Publikation populärmedizinischer und moralischer Anti-Masturbationsschriften in der zweiten Jahrhunderthälfte ihren Höhepunkt. Der schottische Arzt Drysdale, dessen Werk in Norwegen und Dänemark überaus populär war, (vgl. dazu 2.3.) warnt seine Leser sowohl vor einer ungezügelten sexuellen Phantasie als auch vor sexuellen Ausschweifungen in masturbatorischen Akten. Beide führten zu Hysterie und seien durch vermehrte geistige Tätigkeit, etwa Romanlektüre und Theaterbesuche verursacht.[189] Die Sünde der Onanie wurde darüber hinaus schon im Mittelalter als »mollities« bezeichnet, also mit Verweichlichung oder Effeminierung gleichgesetzt. Am Ende des 19. Jahrhunderts stehen dann Onanie, exzessive Phantasietätigkeit und Verweiblichung in engem Zusammenhang: »Physicians [...] warned that overexertion of the literary or the erotic imaginations caused ›softening‹ (*mollesse*) and effeminacy«.[190]

Problematisch an der Praxis der Masturbation erschien häufig nicht die damit verbundene Lust selbst, sondern die Tatsache, daß der Phantasie keine Grenzen gesetzt sind durch ein reales Objekt, auf das sich die Lust richtet, bzw. der Umstand, daß sich die Phantasie ein eigenes Objekt erfinde und so der Gefahr der Täuschung ausgesetzt sei.[191] Die Angst vor dem Mangel eines »realen Objektes«, der Status von Onanie wie auch von Schreiben und Imagination als Handlungen, die das »Eigentliche« oder »Natürliche« ersetzen, ähneln den Ängsten vor einer anderen sexuellen Ersatzhandlung, die gegen Ende des 19. Jahrhunderts zur Modell-Perversion des klinischen Diskurses[192] wird: dem Fetischismus.[193] In der ersten Studie, die den Begriff des Fetischismus vom religiösen in den

---

188 Vgl. hierzu auch Laqueur 1995, S. 1.

189 Vgl. Levy 1980, S. 17 f. Auch das von Fosli 1994, S. 55, analysierte Anti-Masturbationstraktat des norwegischen Theologen Klaveness warnt neben dem gemeinsamen Toilettenbesuch von Jungen, dem freien Baden und allzu freiem Spiel vor der Romanlektüre.

190 Rosario 1995, S. 105.

191 Vgl. Laqueur 1995, S. 2-3 und 8-10.

192 Vgl. Apter/Pietz 1993, S. 4.

193 Laqueur 1995 zieht dieselbe Verbindung und verweist auf die ökonomischen Zusammenhänge, in denen die Angst vor Onanie steht: »Paper money and credit, in other words, are the same sort of fetish as the object of the autoerotic imagination. They represent, on the one hand, the possibility of limitless growth, expansion, and desire and, on the other, the dangers of there being nothing there.« (S. 14)

psychologischen bzw. psychosexuellen Bereich überträgt, wird entsprechend der onanistische Aspekt des Fetischismus hervorgehoben. Alfred Binet verweist in dieser Untersuchung »Le Fétichisme dans l'amour« (1887) außerdem auf die Analogie zwischen sexueller Phantasie und Schreiben und bringt damit den Fetischismus, der unter der Tätigkeit des Schreibens verborgen liegen soll, ans Tageslicht. »The ›search for beauty‹ [...] springs from the same kind of cerebral and imaginative condition that drives the fetishist and causes him to exaggerate and overvalue the object of his love.«[194] Binet macht damit sowohl den Diskurs der Liebe als auch den des Schreibens und Lesens zu medizinischen Problemen: »Without knowing, perhaps, where his reading of textual perversion would lead him, Binet made a ›pervert‹ of Everyman: lover, reader, and writer.«[195]

Zwischen dem medizinischen Diskurs und vor allem der Literatur der Décadence bestand ein enger Zusammenhang:

The perspectives on sexual identity and sexual perversion presented in the literature of the 1880s and 1890s are remarkably similar to the technical medical writing on the same subjects, raising the question of who was learning from whom. The theme of strong women/weak men appears regularly in fin-de-siècle literature as does a helpless and confused resignation on the part of men at the new emancipation of women. The so-called decadent writers [...] explored the whole range of sexual perversions in their novels and plays, stressing the themes of social and moral decay, ambiguous sexuality, and male impotence.

Lediglich die Wertung der Verbindungen, die zwischen Perversion, Geschlechtsambivalenz, und gesellschaftlichem Niedergang gezogen wurden, unterschieden sich:

That this thirst for beauty sprang from weakness and decline rather than a healthy vigor is an irony that was not lost on the psychiatrists or the partisans of the decadent movement in literature, with the difference, perhaps, that the latter aficionados of decay relished rather than feared its ultimate consequences.[196]

Die Erinnerungen des Erzählers in *Pan*, der aus der Perspektive der Geschlechtsambiguität und Perversion schreibt, können so auch als Reflexionen dieses zeitgenössischen Diskurses verstanden werden, der moderne

---

194 Nye 1993, S. 24.
195 Apter 1991, S. 24, vgl. auch S. 19-24.
196 Beide Zitate Nye 1993, S. 24.

Ästhetik, Verweiblichung, Perversion und Degeneration miteinander in Verbindung bringt. Der Roman spiegelt außerdem die Ambivalenz, das Schwanken zwischen Faszination und Abwehr, die diese Verbindungen hervorrufen.

Hamsuns Charakteristik seines eigenen Romans als Ausdruck der »Rousseauschen Seele« bildet einen weiteren Beleg für die geschilderten Zusammenhänge. Hamsun schreibt vermutlich am 22. Juli 1894 an seinen deutschen Verleger Albert Langen:

> I write, go on slawly, but I hope good. It is hard to tell the title. Think of the Nordland in Norway, the regions of the Lapper, the mysteries, the grand superstitions, the midnight-sun, think of J.J. Rousseau in this regions, making acquantance with a Nordlands girl, – that is my book. I try to clear some of the nature-worshipping, sensitivity, over-nervousness in a Rousseauian soul.[197] (Orthographie im Original)

Dolores Buttry hat in einem Vergleich von *Pan* und Rousseaus *La nouvelle Héloïse* gezeigt, daß diese Anspielung Hamsuns weit über die sprichwörtliche Rousseausche Naturverehrung hinausgeht. In ihrer nicht immer klaren Unterscheidung zwischen Autoren und Protagonisten kommt sie zu dem Ergebnis, daß Rousseau und Hamsun, Saint Preux und Glahn folgende Charakterzüge miteinander teilen, die charakteristisch für die Rousseausche Seele sind: »Pride, extreme sensitivity and nervousness, feelings of inferiority and distrust of others, an obsession with self, and a paralyzing, self-destructive passivity with masochistic undertones.«[198] Was Buttry in ihrer Analyse entgeht, ist der wichtige Beitrag, den Rousseaus Werk eben nicht nur für die Entwicklung des literarischen Genres der Autobiographie, des Selbstbekenntnisses spielt, sondern auch für den Sexualitätsdiskurs seiner Zeit. Rousseau stand in engem Kontakt mit Tissot, der Schriftsteller und der Arzt vertraten ähnliche Positionen hinsichtlich der Gefahren der Masturbation und entkräftenden geistigen Tätigkeit des modernen Schriftstellers.[199] Wenn Hamsun Glahn direkt als Rousseausche Seele bezeichnet, so sind damit also wohl auch und gerade die narzißtischen, die masturbatorischen und masochistischen, die sexuell perversen und degenerierten Seiten angesprochen, durch die der französische Autor bekannt geworden ist und vor denen er gleichzeitig warnt.

---

197 Hamsun 1960, S. 418.
198 Buttry 1980, S. 137.
199 Vgl. Rosario 1995, S. 103-107.

Verleugnung und ein gleichzeitiges Wiederheraufbeschwören prägt auch den zweiten diskursiven Strang, die Diskussion über die Bedeutung und den Stellenwert der Melancholie. Kjersti Bale hat in einer Analyse von Hamsuns *Victoria* darauf hingewiesen, daß dieser Roman als »eine Flucht in die poetische Verleugnung des Verlustes« der Geliebten gelesen werden kann[200] – eine Charakteristik, die auch auf Hamsuns *Pan* mit seinem idyllisierend melancholischen Heraufbeschwören der individuellen und (in den zahlreichen Anspielungen auf mittelalterliche Literatur und Gesellschaft) der historischen Vergangenheit zutrifft. Auch im Zusammenhang mit dem Melancholiediskurs ist die Frage nach dem Zusammenhang zwischen Geschlechtsidentität und Künstlertum aufgeworfen.

Melancholie galt antiken und mittelalterlichen Autoren als Übel. In der Renaissance wurde sie jedoch zunehmend zur »Elite-Krankheit« umgedeutet, der von ihr Betroffene wurde nun »als ein Mensch betrachtet, der eine starke Einbildungskraft und ausgeprägte visuelle Fähigkeiten besitzt«.[201] Melancholie gilt seither als ein Zeichen von Außergewöhnlichkeit, Kreativität und Genialität,[202] die Assoziation zwischen künstlerischer Tätigkeit und Melancholie avancierte zu einem Charakteristikum der westlichen Tradition. Auslöser der Melancholie ist traditionellerweise ein nicht zu überwindender Verlust. In *The Gendering of Melancholia* weist Elisabeth Schiesari darauf, daß es sich aufgrund der Verbindung zur Kreativität und Genialität um einen privilegierten Mangel handelt, der zudem männlich konnotiert sei.

This notion of a privileged lack functions to produce a specifically male-oriented subjectivity that invests its eros by appropriating the putative lack of some other, in particular, by appropriating the feminine. […] Not only does the male display of loss convert it into gain, but the ›loss‹ displayed is one whose expression is derived from the devalued cultural form of women's mourning.[203]

Im modernen Melancholiekonzept wird also die Aneignung oder quasi kannibalistische Einverleibung des als weiblich konnotierten Verlustes durch den Mann zur Voraussetzung der männlichen Kreativität und Genialität, während die Trauer von realen Frauen und deren Ausdruck zunehmend kulturell entwertet werden.

200 Bale 1997, S. 298. Vgl. auch Bale 1996.
201 Kleinspehn 1989, S. 171.
202 Vgl. Schiesari 1992, S. 6 f.
203 Schiesari 1992, S. 11-13.

Glahns Schreiben wird in diesem Sinne zu einem solchen kannibalistischen Akt. Auch dies läßt sich an der Phantasieerzählung vom Mädchen im Turm verdeutlichen. In 2.5.1. wurde gezeigt, daß diese Erzählung die Funktion hat, den Verlust Evas zu verleugnen. Glahn betrauert ihren Tod nicht, sondern verleibt sich die verlorene Frau durch seine Identifikation mit dem Mädchen im Turm ein und schafft dadurch in einem schöpferischen Akt eine Erzählung, ein Kunstwerk.

Pan ist jedoch, was den Zusammenhang zwischen Melancholie, Gewalt, Einverleiben der Weiblichkeit und Kunst betrifft, komplexer als bisher ausgeführt. Diana Fuss betont, daß Melancholie, Identifizierung und künstlerische Tätigkeit auch die männliche Rivalität prägen, und in diesem Kontext homoerotische Untertöne gewinnen.[204] Die bisherigen Ausführungen über die homoerotischen Aspekte der Beziehungen Glahns zu Mack oder vor allem zum Doktor, über deren Einbindung in ambivalente Strukturen von Rivalität, Gewalt und Identifikation und über den Zusammenhang dieser männlichen Rivalität und Bindungen mit Sprache, der Parallele von Gewehr, Penis und Schreibgerät lassen folgenden Schluß zu: Die Rivalität, die homoerotische Anziehung sowie die Strukturen der Identifikationen zwischen Glahn und dem Erzähler von »Glahns Tod« basieren auf ähnlichen Mustern, und zwar nicht nur, wie ebenfalls bereits ausgeführt, auf der Handlungsebene, sondern auf der Ebene der Erzähler selbst. Die beiden Erzähler des ersten und zweiten Teils von *Pan* identifizieren sich in ihrem Schreiben einerseits miteinander. Darauf deutet beispielsweise der Umstand hin, daß der Erzähler des zweiten Teils zahlreiche Details aus den von Leutnant Glahn niedergeschriebenen Erinnerungen kennt und wiederholt. Andererseits konkurrieren die beiden Erzähler um die Machtposition desjenigen, der die »Wahrheit« über die Geschehnisse und über Glahns Person vermitteln kann. So werden die ambivalenten Strukturen der Identifikation und Rivalität auf die Ebene des Erzählens übertragen.

Die Frage, ob Glahn selbst der Erzähler des zweiten Teils ist, ist in den letzten Jahren kontrovers diskutiert worden.[205] In ihren Bemühungen

204 Vgl. Fuss 1995, S. 34. Fuss diskutiert dies am Beispiel der Freudschen Erzählung von der Urhorde und der kannibalistischen Einverleibung des Vaters durch den »Brüderclan« in *Totem und Tabu* (vgl. Freud 1912). Vgl. dazu auch die entsprechenden Passagen in den folgenden Kapiteln 3.8.1., 4.1. und 5.2.3.

205 Seiler 1995, Sjåvik 1991, Turco 1980 vertreten diese Auffassung. Dagegen argumentieren Mazor 1984 und Weibel 1986. Den neuesten Beitrag zu dieser Diskussion liefert Humpál 1998. Er setzt sich erstmals auf textkritischer Grundlage mit den unterschiedlichen Editionen des Romans auseinander und verwirft die These, Glahn sei der Autor beider Teile als Spekulation.

darum, diese Frage endgültig zu klären, neigen die Interpreten dazu, gerade die Widersprüchlichkeit und Undurchschaubarkeit der Zusammenhänge zwischen dem ersten und zweiten Teil von *Pan* zu übersehen. Hier wird dagegen die These vertreten, daß der Text bewußt offenläßt, ob Glahn und der zweite Erzähler ein und dieselbe Person sind. Läßt man diese Ungereimtheiten zunächst bestehen, so wird der Blick auf die widersprüchlichen, ungeklärten Aspekte von Identität, Männlichkeit und Schreiben gelenkt – und gerade dies scheint die Intention des impliziten Autors von *Pan* zu sein.

Sowohl im Sexualitätsdiskurs der Jahrhundertwende, als auch im Konzept der Melancholie steht der Zusammenhang von männlicher Identität, Verweiblichung und künstlerischem Schaffen zur Diskussion. Der »verweiblichte Mann« ist eine typische Figur im Ästhetizismus des späten 19. Jahrhunderts[206] und stellt traditionelle Geschlechterkonzepte und -grenzen in Frage:

The feminized male deconstructs conventional oppositions between the modern, bourgeois man and the natural, domestic woman: he is male, yet does not represent masculine values of rationality, utility, and progress; feminine, yet profoundly unnatural.[207]

Die Faszination, mit der »perverse« Sexualität in Texten der frühen Moderne geschildert wird, stellt darüber hinaus das Konzept einer »natürlichen Sexualität« in Frage.[208] Dies wiederum hat zur Folge, daß Literatur zu einer Domäne wird, die den Ausdruck von »perversem«, insbesondere homosexuellem Begehren ermöglicht: »The domain of the aesthetic was a seductive one precisely because it allowed for the expression of certain forms of homosexual feeling, albeit in indirect and disguised form, that could not be publicly expressed elsewhere.«[209] Umgekehrt liegt nun gerade darin auch die Bedrohung begründet, die für viele Zeitgenossen von moderner Literatur, ihren Themen und Schreibweisen ausging. Diese

---

206 Vgl. dazu auch die Diskussion über Verweiblichung in *Die Aufzeichnungen des Malte Laurids Brigge* in Kapitel 3.8.1.

207 Felski 1995, S. 101. Felski, S. 102, und Schiesari 1992 insistieren gleichzeitig darauf, daß diese Dekonstruktion von Geschlechtergrenzen und Verweiblichung des Mannes keineswegs zum Vorteil realer Frauen ausfallen muß.

208 Vgl. dazu Felski 1995, S. 102.

209 Felski 1995, S. 103. Detering 1994 vertritt eine ähnliche These. Er untersucht die »literarische Produktivität des Verbotenen« am Beispiel eines der »dauerhaftesten Tabus der neueren Literaturgeschichte: der Darstellung der Liebe zwischen Männern.« (S. 9)

Literatur selbst und mithin ihre Verfasser galten als effeminiert, pervers und degeneriert.[210] Solche Zuschreibungen wiederum lösten nicht selten bei den Literaten selbst Ängste über ihre eigene geschlechtliche und sexuelle Identität aus.[211]

Hamsuns Erzähler Glahn ist offensichtlich von der Faszination und Sehnsucht getrieben, die von dem Komplex Perversion und Verweiblichung ausgehen, diese motivieren in erster Linie sein Schreiben. Die Textaussage, die Haltung des impliziten Autors diesem Umstand gegenüber ist ambivalent: einerseits wird durch den Tod, durch das Scheitern von Glahn, diese Faszination textintentional verworfen. Als Ergebnis liegt jedoch andererseits eine künstlerische Erzählung vor, eben die Erinnerungen des gescheiterten Glahn, die den Roman *Pan* bilden. Dieselbe Sehnsucht und dasselbe Scheitern werden also gleichzeitig als ein produktiver Prozeß, als Leistung eines genialen Mannes gefeiert.

2.5.2. Schreiben und Lesen in *Glahn*

Knut Faldbakken greift die Metaphern und Tropen des Schreibens und Lesens aus *Pan* in *Glahn* auf. Dies gilt ebenso für die Bedeutung des Schreibprozesses. Bereits ganz zu Anfang wird deutlich, daß auch Faldbakkens Glahn den Rausch des zwei Jahre zurückliegenden Sommers in seinen Erinnerungen wiederholt. Die Lektüre des Romans *Pan*, den Edvarda ihm geschickt hat, und sein Schreiben versetzen ihn zurück in die Stimmung dieser Zeit:

> Und doch ist es, als schlüge mein Herz schwerer, ein Chor von Stimmen erwacht in meinem Inneren, Stimmen des Wiedererkennens. Und unter ihnen kann ich eine leicht erkennen: die Stimme des verrückten Glahn, die so lange vor tauben Ohren geredet und gedonnert und gebettelt hat, weil es notwendig war Glahn, so wie er gewesen war, zu vergessen. Das war das Beste für die Behandlung. Aber nun erscheint er mir, quicklebendig, wie er im Mai duch Oslos Sonnenschein fegt, Windsonne, Regensonne… *Der Tanz des Bleistifts über das Papier lockt ihn hervor. Die wunderlichen, verschrobenen Sätze eines alten Romans geben ihm Stimme.* (*PO* 6 f.; Hervorhebungen S.v.S.)

Men likevel er det som om mitt eget hjerte slår tyngre, og et kor av stemmer vekkes i mitt indre, gjenkjennelsens stemmer. Og blant dem kan jeg lett skille ut én: gale Glahns stemme som så lenge har talt

---

210 Vgl. Siegel 1985, S. 206 f.
211 Vgl. dazu auch Kapitel 5.4.

og tordnet og tryglet for døve ører fordi det har vært nødvendig å glemme Glahn som han var. Det har vært best for behandlingen. Men nå står han frem for meg, lys levende, feiende gjennom solskinnet over Oslo i mai, vindsolen, regnværssolen… *Blyantens dans over papiret lokker ham frem. De underlige, forskrudde setningene i en gammel roman gir ham røst* […] (*G* 8)

Im unmittelbaren Anschluß an diese Passage wird deutlich, daß sein Arzt hofft, Glahn könne durch Schreiben Klarheit gewinnen und die Erlebnisse dieses Sommers durcharbeiten. Diese Hoffnung wird jedoch bereits in dieser ersten Erwähnung seines Schreibens widerlegt, eben wenn Glahn darauf aufmerksam macht, daß der »Tanz des Bleistifts über das Papier […] Glahn, wie er gewesen war« hervorlockt. Auch später finden sich zahlreiche direkte Hinweise darauf, daß Glahns Lesen und Schreiben zwanghafte Wiederholungsakte sind, (vgl. z.b. *G* 48 und 168; *PO* 55 f., 204) etwa an folgender Stelle, in der Glahns Schreiben direkt mit seinem Verliebtheitsrausch gleichgesetzt wird.

Ich denke zurück und werde mitgerissen. Vielleicht träume ich mehr, als daß ich mich an genaue Ereignisse erinnere? Danach fühle ich mich erschöpft, so wie sich der verrückte Glahn einst von der Liebe ausgelaugt fühlte… (*PO* 98)

Jeg tenker tilbake og rives med. Kanskje drømmer jeg mer enn jeg husker nøyaktige hendelser? Jeg føler meg utslitt etterpå, slik gale Glahn en gang følte seg utarmet av kjærlighet… (*G* 82)

Glahns Schreiben und Sprechen resultiert nicht, wie er selbst behauptet und wie sein Arzt hofft, in Selbsterkenntnis, sondern vielmehr in der Manipulation seiner Zuhörer und Leser, im Versuch, diese zu seiner Sicht der Dinge zu verführen. Auch dies wird bereits zu Anfang des Romans deutlich, als Glahn den Bericht Macks über Evas Tod bewußt ignoriert, um seine eigene Version der Vorkommnisse an dessen Stelle zu setzen. (Vgl. *G* 20; *PO* 20 f.) »Verführen« ist hier nicht nur in einem weiteren metaphorischen, sondern gerade auch in einem spezifischeren erotischen Sinne gemeint. Es wurde bereits darauf hingewiesen, wie stark Glahns Sprache erotisiert ist. Das Motiv der Verführung wird in *Glahn* außerdem mehrfach mit dem des Schreibens verbunden, so etwa im vierten Kapitel in der Erwähnung der Statue von Pan und Daphnis, die auf Glahns *Schreibtisch* steht. (*G* 17; *PO* 18) Dienen Sprache und Schreiben Glahn also einerseits als Ausdruck seiner Macht über andere Menschen und seiner Verführungskraft, fungieren sie andererseits als Ersatz für seine mangelnde sexuelle Potenz. (*G* 79; *PO* 94)

Die erotisch verführerische Tendenz von Glahns Schreiben und Sprechen gewinnt, wie in Hamsuns Roman, ihre Bedeutung in erster Linie
im Kontext der Rivalität zwischen Männern. Glahns Erzählung und
Macks Berichte der Polizei gegenüber konkurrieren beispielsweise um die
Definitionsmacht über die Ereignisse. (*G* 20, 114; *PO* 20 f.,
137) In der
Beziehung Glahns zu seinem Psychiater Feldt wird der Zusammenhang
zwischen Sprache, Macht, Konkurrenz und Verführung noch plakativer
hervorgehoben als in *Pan*. Glahn verachtet dessen Versuch, den »Mangel
an gesunden Instinkten mit Bücherwissen und fachlicher Autorität zu
kompensieren«, (*G* 122; *PO* 149) ebenso wie der Hamsunsche Erzähler die
trockene wissenschaftliche Sprache des Doktors verachtet. Glahn und
Feldt konkurrieren auch auf literarischem Gebiet. Glahn verwendet
unter anderem Knut Hamsuns sprachliche Meisterschaft, um Feldts Unterlegenheit zu konstatieren.

Armer Feldt. Er hatte selber literarische Ambitionen. Er hat mir
erzählt, daß er ein paar Novellen liegen hat, ›… und sie b-bleiben am
besten auch liegen‹, wie er es ausdrückte. Kein Wunder, daß er sich bei
der Begegnung mit einem Meister in der Kunst der verbalen Verführung etwas beklommen fühlt! (*PO* 165 f.)

Stakkars Feldt. Han har selv hatt litterære ambisjoner. Han har fortalt
meg at han har noen noveller liggende, ›…og de bør nok helst b-bli
liggende‹, som han uttrykte det. Ikke rart han føler seg litt beklemt i
møtet med en mester i den verbale forførelses kunst! (*G* 136 f.)

Glahn benutzt also seine eigene Identifikation mit Knut Hamsun und
dessen Sprachgewandtheit in der Konkurrenz mit Feldt. Darüber hinaus
spielt er die Behinderung Feldts gegen diesen aus. Auch diese Behinderung, die dem Hinken des Doktors in *Pan* entspricht, ist sprachlicher
Art: Er stottert, was dem sprachgewandten Glahn einen Vorteil zu versprechen scheint.

Er hält sich für so scharfsinnig, dieser Doktor mit seinem Renommé
dafür, tief ins menschliche Gemüt eindringen und die Knoten dort
drinnen auflösen zu können, mit seinen symmetrischen Ideen und
seiner geregelten Arbeitszeit. In Wirklichkeit dauert mich seine ganze
Erscheinung, die in jeder Faser von dem Zögern und der besonderen
Überlegung, von dem Mangel an natürlicher Direktheit und Impulsi-
vität geprägt ist, die sein Stimmdefekt ihm in jeder wachen Minute
auferlegt. Dieses Zögern habe ich nie gekannt! Mein Fuß stolpert
nicht, wo ich vorwärtsschreite! Meine Stimme hat den vollen Klang
einer Orgel. Ihre feinsten Flötentöne locken die empfindlichsten

Gefühle der Menschen hervor, ihre geträumten Wünsche und Hoffnungen, ihr Lächeln und ihre Tränen. Ihre Baßoktaven rufen die Naturkraft selber herbei […]. (*PO* 212)

Han tror seg så skarpsindig denne doktoren med sitt gode renommé for å trenge dypt inn i menneskesinnet og løse opp knutene der inne, sine symmetriske idéer og sin ordnede arbeidstid. I virkeligheten ynker jeg hele hans fremtoning som i hver fiber bærer preg av den nølen og ekstra omtanke, den mangel på naturlig direkthet og i impulsivitet, hans stemmedefekt pålegger ham hvert våkent minutt. Det er en nølen jeg aldri har kjent! Min fot snubler ikke der jeg trår frem! Min stemme lyder fulltonende som et orgel. Dets fineste fløytetoner lokker på menneskenes våreste følelser, deres drømte ønsker og håp, deres smil og tårer. Dets bassoktaver påkaller selve naturkraften […]. (*G* 174)

Die Metapher des Eindringens wird am Anfang dieses Abschnittes dazu verwendet, die sprachliche Behinderung des Doktors mit sexueller Impotenz gleichzusetzen. Dieser Impotenz wird die sprachliche Macht und verführerische Potenz Glahns in einer narzißtischen Größenphantasie gegenübergestellt. Der Versuch des Hamsunschen Glahn, den Doktor in seiner Männlichkeit und Potenz zu demütigen, indem er ihn über sein Gewehr springen läßt, wird in dieser Szene auf der sprachlichen Ebene variiert: der Faldbakkensche Glahn fordert den Doktor auf, einen Zungenbrecher zu sprechen. (*G* 175; *PO* 214) Und schließlich geht Glahns Scheitern und Tod der Verlust der Sprache voraus: beim Versuch, sich nach Edvardas Besuch in der Klinik zu erhängen, erleidet er eine Kehlkopfverletzung, die ihn sprechunfähig macht. (*G* 177; *PO* 216)

Die Parallele zwischen Schreiben, Sprache, Männerkonkurrenz und sadomasochistischer Gewalt, wie sie in 2.5.1. für *Pan* erschlossen wurde, wird also in Faldbakkens Roman ausgearbeitet. Faldbakken spielt zudem auf die Rolle an, welche die mythischen und romanzenhaften Erzählungen in *Pan* spielen, nämlich Gewaltakte zu sentimentalisieren und dadurch ihre Brutalität zu verschleiern. Während Hamsuns Glahn seine eigenen mythischen Geschichten erfindet, verwendet Faldbakkens Protagonist Glahn Hamsuns *Pan* in ähnlicher Weise. »Ein Buch liegt auf meinem Nachttisch, ein alter Liebesroman, zerlesen, mit verschlissenem Einband. Sie hat ihn mir mit einem Brief geschickt«.[212] (*PO* 5) – *Glahn* beginnt mit der Information, daß Edvarda dem Erzähler den Roman *Pan* und einen Brief schickt. Im Verlauf des Romans verwendet der Erzähler

---

212 »Det ligger en bok på nattbordet mitt, en gammel kjærlighetsroman, vellest, slitt i permene. Hun sendte den til meg med et brev«. (*G* 7)

zunehmend die romantisch schwärmerische Diktion Hamsuns, gegen Ende seiner Erzählung ersetzen Zitate aus *Pan* sein eigenes Sprechen mehr und mehr. Die einleitenden Worte des Romans verweisen zudem darauf, daß Hamsuns Roman zum Initiator von Glahns Schreiben wird und damit eine ähnliche Funktion erfüllt wie die grünen Federn, die Hamsuns Edvarda ihrem Glahn zuschickt. Der Natur- und Jahreszeitenmythos, den der Hamsunsche Erzähler aufbaut, wird übertragen auf die berauschende Wirkung des Romans *Pan* – eine Anspielung Faldbakkens darauf, wie artifiziell und letztlich fetischistisch Natur und Naturmythos bereits in *Pan* sind.

Während sich Hamsuns Glahn vor allem als Autor und Verführer durch die erzählten Mythen und sein Sprechen über die Natur etabliert, erscheint Faldbakkens Glahn nicht allein als verführender Autor, sondern gleichzeitig als verführter Leser. Das Buch Hamsuns, dessen Schreiben und verführerische Sprache gewinnen zunehmend ein Eigenleben. Seine Sätze »verfolgen ihn«, (*G* 25; *PO* 27) das Lesen gerät ihm zur süchtigen, berauschenden Tätigkeit, der er nachts heimlich frönt, wie ein unter der Bettdecke Pornos lesender Jugendlicher. (*G* 30; *PO* 33) Später »tauchen solche Sätze ab und zu in meinem Kopf auf, sie singen in meinen Ohren ihren Wohlklang, und ihre Gedanken mischen sich mit meinen Gedanken.«[213] (*PO* 164) Hat Glahn zunächst noch die Illusion, daß ihm die Stimme des Hamsunschen Romans verführerische Kräfte verleiht, (vgl. *G* 146; *PO* 177) so wird er am Ende seiner Erzählung durch die Identifikation mit der »poetischen Melancholie« des Hamsun-Helden in den Tod gelockt: »Wenn ich den Stift über das Papier fliegen sehe, höre ich Töne, rufend, lockend«,[214] (*PO* 221) schreibt er, bevor er aus der Klinik flieht und sich von Mack erschießen läßt.

Indem Faldbakken seinen Glahn als Leser, nicht nur als Autor etabliert, wird eine weitere Dimension in das bereits komplexe Gewebe der Erzählebenen eingeführt: die Rezeption und Wirkung von Hamsuns Roman. Glahn ist dabei nicht der einzige Leser, auch aus dem Munde anderer Figuren erfährt man über deren Reaktion auf *Pan* und Hamsuns Werk. Beim Sommerfest im Garten der Macks etwa belauscht Glahn ein Gespräch zwischen Edvarda und ihren Freunden:

213 »I det siste er slike setninger begynt å dukke opp i hodet mitt nå og da, de synger
sin vellyd for ørene mine og tankene blander seg med mine egne tanker.«
(*G* 136).
214 »Når jeg ser pennen fly over papiret, hører jeg tonene, kallende, lokkende«.
(*G* 181)

Ich erkannte eine Stimme. Es war seine, die des Studenten, des Mathematiklehrers, laut und selbstzufrieden, ungeniert: ›… Typisch romantisches Gefasel über einen Schwachkopf, der sich dauernd in Frauen verliebt, die er nicht kriegen kann, und der am Ende Selbstmord begeht, natürlich, wie alle typischen Romantiker…‹ Und sie in lachendem Protest, sie mußte etwas gelesen haben, was er kommentierte: ›…Aber es ist doch schön, Marius, so gefühlvoll geschrieben… Ich bin ganz hingerissen von dem Typ…‹ Und er, arrogant, rechthaberisch: ›Was in aller Welt ist denn so schön daran, daß man Verliebtheiten und Gefühlsrausch pflegt? Krank ist das! Die reine Pathologie! Aber ihr Mädchen findet das süß und stimmungsvoll. Ihr werdet wie die Fliegen von Neurotikern und Autisten angezogen. Je mehr Neurosen, desto mehr Innenleben! Je schlimmer die Verklemmtheit, desto tiefer die Seele…‹ Alle lachten begeistert und bezeichneten ihn als Zyniker. ›Zyniker? Nein, Realist! Ich habe nämlich einiges über diese Dinge gelesen…‹ (PO 62)

Jeg skjelnet en stemme. Det var hans, studentens, matematikklærerens, høy og selvtilfreds, ubluferdig: ›…Noe typisk romantisk sprøyt om en gærning som stadig forelsker seg i damer han ikke kan få, og så ender med å ta livet av seg, selvsagt, slik alle typiske romantikere måtte gjøre…‹ Og hun i leende protest, det må ha vært noe hun leste som han kommenterte: ›… Men det er da vakkert, Marius, så følsomt skrevet… Jeg blir helt betatt av typen, jeg…‹ Og han, arrogant, insisterende: ›Hva i all verden er det som er så vakkert i å dyrke forelskelser og følelsesrus? Sykt er det! Ren patologi! Men dere jenter synes det er søtt og stemningsfullt. Dere tiltrekkes som fluer av nevrotikere og autister. Jo flere nevroser, jo mer indre liv! Jo verre forknytthet, jo dypere sjel…‹ De lo alle begeistret og kalte ham en kyniker. ›Kyniker nei, realist! Jeg har nemlig lest litt om disse tingene…‹ (G 53 f.)

Der Student und Nachhilfelehrer Edvardas, den sie später heiraten wird, kritisiert hier nicht nur Hamsuns Roman, sondern indirekt auch Glahn, der sich mit dem Hamsun-Helden identifiziert, und er macht sich darüber lustig, wie hingerissen Edvarda von ihm ist. Glahn seinerseits versucht, seine Überlegenheit über Marius durch die abfälligen Bemerkungen über dessen Arroganz und Selbstzufriedenheit zu etablieren und – darauf deutet der letzte Satz von Marius – dessen »Lesen« als Mangel an Wissen über das reale Leben und die wahren Gefühle abzuwerten. Nicht nur Sprechen und Schreiben, auch Lesen und Deuten spielen also eine zentrale Rolle im Konkurrenzkampf der Männer, die in diesem Falle versuchen, die Frau Edvarda mit Hilfe der »richtigen« Interpretation von sich zu überzeugen.

Noch deutlicher wird dieser Machtkampf an der Figur des Psychiaters Dr. Feldt entwickelt. Dieser motiviert zunächst Glahns Schreiben überhaupt. Glahn schreibt »auf Wunsch des Arztes«,[215] der auf den therapeutischen Erfolg des Schreibens hofft, auf das Schaffen von »Klarheit« und »Abstand«: (*G* 9; *PO* 7) »Diese Schreiberei soll also ein Schritt aus der Introvertiertheit und Melancholie sein, ein Versuch, einzelne Ereignisse mit dem Verstand zu erfassen und sie damit der Analyse und Diskussion zugänglich zu machen.«[216] (*PO* 140) Der Erzähler hebt jedoch gleichzeitig hervor, daß er sich diesen Deutungen verschließt, wenn er – nicht immer glaubwürdig – behauptet, daß er unter Zwang schreibe. (Vgl. *G* 81, 106; 96 f., 128) Das Druckmittel des Arztes ist der Entzug von Zuwendung: »Ohne Geständnisse auf dem Papier keine weiteren Gesprächstermine.«[217] (*PO* 138)

Feldt agiert auf zweifache Weise als Leser und interpretierende Autorität. Zum einen ist er der Adressat und Leser von Glahns Aufzeichnungen und damit Interpret von und Korrektiv zu Glahns eigener Stimme. Zum anderen äußert er sich mehrfach über Glahns Lektüre von *Pan* und bildet damit eine Instanz, die auch Hamsuns Roman beurteilt. Seine Reaktion auf Glahns Lesen ist zwiespältig. Er meint zwar, die Lektüre könne nicht schaden, (*G* 116; *PO* 140) an einer Stelle lobt er Glahn sogar dafür, daß er sich »auf dieses Buch geworfen« habe, da das seine Konzentrationsfähigkeit fördere. (*G* 136; *PO* 165) Er hält Hamsuns Glahn jedoch für »einen interessanten F-fall«[218] (*PO* 140) und warnt seinen Patienten davor, den »genialen Lügner«[219] (*PO* 165) und romantischen Autor Hamsun zu wörtlich zu nehmen und sich mit ihm zu identifizieren. (Vgl. *G* 175; *PO* 214)

Um den Stellenwert dieser Aussagen Feldts im Kontext des Romans zu bestimmen, muß das vielschichtige Verhältnis zwischen Feldt und Glahn genauer untersucht werden sowie die komplexe Funktion der Figur Feldt, die weit über die Spiegelung der Figur des Doktors in *Pan* hinausgeht. Feldts Beruf und sein Name sind Anspielungen auf Gabriel Langfeldt, den Psychiater, der Knut Hamsun untersuchte, als dieser nach der Befreiung Norwegens von der deutschen Besetzung der Unterstützung

215 »[..] på legens anmodning«. (*G* 9)
216 »Denne skrivingen skal altså være et skritt ut av innadvendthet og melankoli, et forsøk på å gripe enkelte hendelser med forstanden og dermed gjøre dem tilgjengelige for analyse og diskusjon.« (*G* 115 f.)
217 »Ingen tilståelser til papiret, ingen samtaletimer«. (*G* 114)
218 »[..] litt av et t-tilfelle«. (*G* 116)
219 »[..] genial løgner«. (*G* 136)

des NS-Regimes in Norwegen angeklagt worden war. Langfeldt beschei-
nigte Hamsun in seiner rechtspsychiatrischen Erklärung »geschwächte
geistige Fähigkeiten«.[220] Durch diese Anspielung werden zwei weitere
Ebenen der Hamsun-Rezeption in Faldbakkens Roman einbezogen, und
es wird die Frage des faschistischen Potentials in Hamsuns literarischem
Werk angesprochen, die Frage nach den politischen Konsequenzen und
Gefahren von Primitivismus und Naturverehrung in Hamsuns Romanen.[221] In *Glahn* werden diese Fragen, vermittelt über die Figur Feldt
und dessen Verhältnis zu Glahn, seinem Schreiben und seiner Lektüre
mit der Kritik am romantisierenden Männerbild Hamsuns und mit dem
Zusammenhang zwischen Männlichkeit, Gewalt und Schreiben verbunden. Die Figur des Dr. Feldt sowie die Ansiedlung des Romangeschehens
in einer psychiatrischen Klinik variieren außerdem Konstellationen aus
Hamsuns letztem Buch *Paa gjengrodde stier* (1949, dt. *Auf überwachsenen
Pfaden*), in dem der Autor seine Verhaftung, seine Internierung im Krankenhaus von Grimstad, im Altenheim von Landvik und im Psychiatrischen Institut in Oslo sowie seinen Prozeß schildert.

Wahr oder nicht? Schuld und Verantwortung hat das Gericht verteilt.
Übrig bleiben überwachsene Pfade in der Wildnis, der dampfende,
undurchdringliche Urwald unserer Gefühle. Kann es notwendig sein,
sie jetzt erneut zu gehen? (*PO* 8)

Sant eller ikke? Skyld og ansvar har retten fordelt. Resten er gjengrodde stier i villniset, våre innerste følelsers dampende, ugjennomtrenge-
lig urskog. Kan det være nødvendig å gå dem opp nå? (*G* 9)

In *Glahn* verwendet der Erzähler gleich zu Anfang den Ausdruck »überwachsene Pfade« als Metapher für sein Schreiben, und er bringt dieses im
selben Absatz mit der Frage nach Recht und Unrecht sowie mit einer
Gerichtsverhandlung in Zusammenhang. Hamsun schildert sein Verhältnis zu Dr. Langfeldt folgendermaßen:

---

220 Thorkild Hansen 1978 hat in einem umstrittenen dokumentarischen Roman
den Prozeß gegen Hamsun ausführlich geschildert. Seine Darstellung löste in
der norwegischen und internationalen Öffentlichkeit heftige Diskussionen um
Hamsuns Kollaboration mit dem NS-Regime aus. Vgl. Langfeldt/Ødegård
1978, Skjønsberg 1979, Stecher-Hansen 1999.
221 Löwenthal 1937 und Linneberg 1983 haben auf diese Dimensionen in Hamsuns
Werk hingewiesen. Zur Diskussion um faschistische Tendenzen in Hamsuns
Werk vgl. auch Paul 1985, See 1994, S. 233-260 sowie Wolfert 1999.

Meine Tage vergehen damit, daß ich Antworten auf Professor Langfeldts schriftliche Fragen schreibe. Diese Antworten sind hastige Arbeiten meinerseits, geschrieben unter den unglücklichsten Umständen, in der genau zugemessenen Zeit des Reglements, in allzu schlechtem Licht, in steigender Depression. (Übersetzung S.v.S.)

Mine Dager gaar med at jeg skriver Svar paa Professor Langfeldts skriftlige Spørsmaal. Disse Svar er Hastverksarbeider fra min Side, skrevet under de uheldigste Forhold, i Reglemangets nøie tilmaalte Tid, i altfor daarlig Lys, i stigende Depresjon.[222]

Wie in *Glahn* schreibt hier ein Patient für seinen Psychiater. Auch wenn Faldbakken in *Glahn* der Gewehrmetaphorik eine zentrale Stellung einräumt, greift er damit nicht allein auf *Pan* zurück, sondern außerdem auf den Anfang von *Paa gjengrodde stier*, wo Hamsun ausführlich und mit beißender Ironie die ihm völlig unsinnig erscheinende Beschlagnahmung seiner Gewehre bei seiner Verhaftung beschreibt. Viele Einzelheiten, die Faldbakkens Glahn in der psychiatrischen Anstalt begegnen, scheinen darüber hinaus die Situation von Hamsuns Aufenthalt in der psychiatrischen Anstalt zu spiegeln, wie Hansen sie in seiner Untersuchung über den Prozeß gegen Hamsun zeichnet.[223] Auch dieser hebt den Zwang zu schreiben hervor, unter dem Hamsun steht, und er erwähnt ein heimliches Tagebuch, das der Autor neben den offiziellen Berichten für seinen Arzt führt.[224]

Da ein autobiographischer Roman Hamsuns als zweiter Prätext zu Faldbakkens Roman dient, kann *Glahn* nicht allein als eine literarische Auseinandersetzung mit *Pan* gelesen werden, sondern mit dem Gesamtwerk Hamsuns, mit der Person Knut Hamsun und mit deren jeweiliger Rezeption und Wirkung. Diese Aspekte werden in erster Linie über die Figur des Dr. Feldt vermittelt. Wie aber ist diese Figur, wie sind die implizite Faschismuskritik sowie Feldts Rolle und seine psychologische Deutungen im Gesamtkontext von Faldbakkens Romans zu werten? Ein Anhaltspunkt ergibt sich aus einer weiteren Facette Feldts: dieser stellt eine Art Alter Ego des Autors Faldbakken dar. Faldbakken studierte selbst Psychologie, und er verleiht Feldt seine eigene Behinderung: das Stottern. Repräsentieren Feldts Diagnose seines Patienten Glahn und seine Warnungen vor und Kritik an Hamsuns Roman also die Haltung des

---

222 Hamsun 1949.
223 Vgl. Hansen 1978, S. 294-376.
224 Hansen 1978, S. 314, 366.

impliziten Autors selbst? Diesen Schluß zieht etwa Halfdan Freihow in seiner ausgesprochen kritischen Rezension von *Glahn*, wenn er über »Faldbakken/Feldts ›Entlarvung des Mythos Mann‹« schreibt.[225] Die Gesamtstruktur des Romans und der Stellenwert, den die Aussagen Feldts innerhalb dieser einnehmen, zeigen jedoch, daß der Psychiater keineswegs ungebrochen als Instanz fungiert, die dem Leser die Textaussage nahebringen soll. Feldt hat vielmehr eine äußerst eingeschränkte Wahrnehmung der Ereignisse und nimmt Elemente in Glahns Geschichte, die innerhalb des Romans eine zentrale Rolle spielen, schlichtweg nicht zur Kenntnis. Dies betrifft in erster Linie die homosexuellen Aspekte der Beziehung zwischen Mack und Glahn, die in Glahns Notizen in brutaler Offenheit zur Sprache kommen. Feldt macht diese Schilderungen zur Grundlage der therapeutischen Gespräche mit Glahn, er erwähnt jedoch weder die sexuellen Akte zwischen den Männern noch analysiert er deren komplexe Beziehung. In den Gesprächen, die auf deren Darstellung folgen, konzentriert er sich vielmehr auf die pathologische Beziehung Glahns zu den Frauen Eva und Edvarda, auf seine Liebesunfähigkeit und seinen Wunsch, Eva und sich selbst zu bestrafen. (Vgl. *G* 162-176; *PO* 198-214)

Feldt und der implizite Autor sind also keineswegs als identische Textinstanzen zu verstehen, vielmehr legt der implizite Autor gerade die »blinden Flecken« und Grenzen von Feldts Deutungen bloß. Die Figur Feldt ist außerdem eine Textinstanz, welche die Rezeption von Hamsuns Roman verkörpert. Feldts Einstellung wiederholt diejenige von Literaturwissenschaftlern, die sich ebenso auf die Beziehungsdynamik zwischen Glahn und Edvarda in *Pan* konzentrierten und dabei die homoerotischen Elemente der Männerbeziehungen und ihre Funktion im Roman nicht oder nur am Rande zur Kenntnis nahmen.[226] Faldbakkens Roman scheint damit nahezulegen, daß Hamsuns *Pan* einen ähnlich verführerischen Effekt auf professionelle Leser ausübt, wie Glahns Text in seinem Roman auf den professionellen Leser Dr. Feldt. Beim Erscheinen von *Glahn* hat sich Faldbakken selbst über die verführerische Wirkung von Hamsuns Werk geäußert:

---

225 »Faldbakken/Feldts ›avsløring av mannsmyten‹«. (Freihow 1985)
226 Lediglich Turco 1980 erwähnt, daß das Verhältnis zwischen Glahn und seinem Jagdkameraden in »Glahns Tod« eine narzißtische Färbung und homoerotische Züge trägt. Sjåvik 1992, S. 121, deutet das Spucken Glahns ins Ohr des Barons als homosexuellen Angriff.

›Pan‹ gab mir eines meiner allerersten großen literarischen Erlebnisse.
Aber als ich ihn als Erwachsener wieder las, habe ich die vielen Tricks
des Nobelpreisträgers und meine eigene Verliebtheit in die Haupt-
person durchschaut. Hamsuns suggestiver Stil verschleiert das Negative an Glahn. Ich weiß aus eigener bitterer Erfahrung, daß es gefährlich leicht ist, sich mit Glahn zu identifizieren. Deshalb wollte ich ihn
entlarven. Ich meine, daß ich das mit meinem eigenen Roman ›Glahn‹
getan habe. (Übersetzung S.v.S.)

›Pan‹ gav meg en av mine aller første store litterære opplevelser. Men da
jeg leste den om igjen som voksen, gjennomskuet jeg nobelprisvinnerens mange tricks og min egen forelskelse i hovedpersonen. Hamsuns
suggererende stil tilslører det negative ved Glahn [...] Jeg vet av egen
bitter erfaring at det er farlig lett å identifisere seg med Glahn. Derfor
har jeg villet avsløre ham. Noe jeg mener å ha gjort med min egen roman ›Glahn‹.[227]

Diese Bemerkungen, die aus einem in der Tageszeitung *Aftenposten* kurz
vor Erscheinen von *Glahn* abgedruckten Gespräch mit dem Literatur-
kritiker Otto Hageberg stammen, zeigen, daß die Arbeit an *Glahn* für
Faldbakken unter anderem die Funktion hatte, seine eigene Faszination
durch Hamsuns Schreiben zu überwinden. So läßt sich die immanente
Kritik an Feldts offensichtlich eingeschränkter Wahrnehmungsfähigkeit
auch als ironische Selbstkritik des älteren Faldbakken an seiner eigenen
jugendlichen Begeisterung für Hamsun interpretieren.[228]
    Der Roman *Glahn* geht jedoch über diese Kritik an Feldt und damit
an der Literaturkritik hinaus. Die von Feldt und vielen Literaturkritikern
übersehenen homoerotischen und gewalttätigen Elemente werden vom
Arzt verschwiegen, gleichzeitig aber in den Interaktionen mit dem Patienten Glahn wiederholt. Nachdem Feldt den Tod Evas als »eine regu-guläre
Hinrichtung« bezeichnet hat, »streckt [er] seinen Zeigefinger aus, als zie-
le er auf etwas«. Kurz darauf heißt es: »Der Zeigefinger zielt wieder. Er

227 Kolloen 1985.
228 Diese Kritik bleibt jedoch uneindeutig, legt Faldbakken seinem Glahn doch
    Worte in den Mund, mit denen Hansen in *Prosessen mod Hamsun* Gabriel Lang-
    feldt selbst kritisiert, etwa wenn er behauptet, Langfeldt sei der Vertreter einer
    traditionellen Psychologie, die durch die Dichtkunst längst überholt sei (Hansen
    1978, S. 369), oder wenn er diesem lediglich »Buchwissen« (Hansen 1978,
    S. 316), aber keine Lebenserfahrung zugesteht. Faldbakken grenzt sich damit
    also sowohl von (Lang)Feldt, als auch von einer allzu einseitigen Kritik des
    Psychiaters ab.

hat wohl noch nie einen Revolver in der Hand gehabt, der gute Feldt«.[229] (*PO* 198) Die Gleichsetzung des Revolvers mit dem Zeigefinger legt einen Zusammenhang zwischen therapeutischem Fragen und dem tödlichen Schuß nahe und verleiht der therapeutischen Situation so dieselben Untertöne von Homoerotik, Gewalttätigkeit und Konkurrenz (Glahn fühlt sich als der Überlegene im Umgang mit Revolvern), die die vorhergehende Szene zwischen Mack und Glahn prägt. An späteren Stellen, an denen Feldt Glahns Liebesunfähigkeit und sein Verhältnis zu Frauen analysiert, wird der Zeigefinger erneut erwähnt und damit die phallische, penetrierende und in den Augen des Erzählers gewalttätige Natur der psychotherapeutischen Situation hervorgehoben.

Sein Zeigefinger bohrt sich wie eine Nadel in meine Brust, sein freundlicher, wissender Blick hat eine durchdringende Qualität als er seine Augen auf meine richtet, als sei ich ein Insekt, das unter der Lupe zappelt. (*PO* 212, vgl. auch 210)

Pekefingeren hans borer seg inn i brystet mitt som en nål, det vennlige, medvitende blikket hans har en gjennomtrengende kvalitet idet han setter sine øyne i mine, som om jeg var et insekt vom sprellet under lupen. (*G* 174, vgl. auch 172)

Der geschilderte Machtkampf zwischen den Männern Mack und Glahn und die therapeutische Situation zwischen Feldt und Glahn weisen also ähnliche homoerotisch zu deutende Strukturen auf und gleichen sich auch darin, daß gerade diese Strukturen verleugnet werden. Beide Männer, Feldt und Glahn, sind selbst schriftstellerisch tätig, und Glahn verwendet zunehmend Sätze aus Hamsuns Roman im Gespräch mit Feldt. Damit wird das Konkurrenzverhältnis zwischen ihnen auf die Ebene der literarischen Tätigkeit übertragen. Wenn man nun Feldt, wie oben ausgeführt, als Vertreter der Rezeptionsebene sieht, so ergibt sich der Schluß, daß Faldbakken in *Glahn* nahelegt, dieselben homoerotischen und gewalttätigen Strukturen auch im Verhältnis zwischen Autor und Literaturkritik bzw. -wissenschaft, sowie im Verhältnis zwischen verschiedenen Autoren zu suchen.

---

229 »Han rekker pekefingeren frem som om han siktet på noe [..] Pekefingeren sikter igjen. Han har nok aldri holdt i en revolver den gode Feldt.« (*G* 163)

2.6. Verführer oder Verführter? –
Zum Verhältnis zwischen den Autoren

Glahn ist nicht nur Faldbakkens Versuch, bisher von der Kritik wenig beachtete Aspekte von Hamsuns *Pan* herauszustellen und ihre Bedeutung für die Gegenwart zu zeigen, er will auch insgesamt Hamsuns Schreiben als verführerisch entlarven. Damit sollen eine bestimmte Art pathologischer Männlichkeit und deren Ausdruck in der Literatur kritisiert und es soll vor ihren Wirkungen gewarnt werden. Was aber bedeutet das für das Verhältnis zwischen den Autoren Knut Faldbakken und Knut Hamsun? Aus der Diskussion dieser Frage lassen sich abschließend weitergehende verallgemeinernde Schlüsse auf das Verhältnis zwischen männlicher Identität und literarischer Tätigkeit ziehen.

In *The Anxiety of Influence* vertritt Harold Bloom ausgehend von Freud und Nietzsche die These, in der nachaufklärerischen Moderne entspreche das Verhältnis zwischen Autoren den Konstellationen des Freudschen Familienromans.[230] Ein »starker« Autor stehe immer in der Auseinandersetzung mit noch stärkeren literarischen Vaterfiguren, die Struktur des literarischen Einflusses sei dabei notwendigerweise diejenige einer melancholischen Identifizierung. Die Literaturgeschichte selbst stellt für Bloom einen ständigen Abstieg, »a diminishment of poetry«[231] dar. Durch sein Wiederaufnehmen von und durch seine Kritik an Hamsuns Roman tritt Faldbakken ganz unmittelbar in die von Bloom beschriebene Struktur der Identifikation und Konkurrenz mit der mächtigen literarischen Vaterfigur Knut Hamsun.[232] Die ambivalente Haltung Faldbakkens zum großen Vorläufer kommt in seinen Interviewäußerungen zum Ausdruck:

> Mir ist klar, daß niemand an die sprachliche Meisterschaft des Nobelpreisträgers heranreichen kann. Hält man einen Roman, der in der Sprache der Gegenwart geschrieben ist, Hamsuns poetischer, altmodischer Sprache entgegen, so ist ersterer auf jeden Fall dazu verdammt zu verlieren. Ich habe Haumsuns saugenden Stil als dramatischen Faktor in der Handlung meines eigenen Buches verwendet. Das geschieht dadurch, daß meine Hauptfigur mehr und mehr von der ursprünglichen Sprache Glahns verschlungen wird. Am Ende geht er ganz darin auf,

---

230 Bloom 1973, S. 8.
231 Bloom 1973, S. 10.
232 In *Nostalgia and Sexual Difference. The Resistance to Contemporary Feminism* legen Doane/Hodges 1987 dar, daß Blooms Theorie selbst Ausdruck einer antifeministischen, nostalgischen Tendenz der Literaturgeschichtsschreibung ist.

ergibt sich, beginnt, sich auf dieselbe Weise mitzuteilen. Es ist die Frage, ob das nicht gerade als Bild für seinen Zusammenbruch gesehen werden kann. Gleichzeitig ist es ein Kommentar von meiner Seite dazu, wie gefährlich verführerisch Hamsuns Sprache ist. (Übersetzung S.v.S.)

Jeg er klar over at ingen kan komme opp mot nobelprisvinnerens sproglige mesterskap. Holdes en roman skrevet på samtidens sprog opp mot Hamsuns poetiske, gammelmodige sprog, er førstnevnte dømt til å tape – uansett. Hva jeg har gjort er å anvende Hamsuns sugende stil som en dramatisk faktor i handlingen i min egen bok. Dette skjer ved at min hovedperson blir mer og mer oppslukt av den originale Glahns sprog. Til slutt går han helt opp i det, overgir seg, begynner å meddele seg på samme måten. Det spørs om ikke dette kan sees som nettopp et bilde på hans sammenbrudd. Samtidig er det en kommentar fra min side til hvor farlig forførerisk Hamsuns sprog er.[233]

Faldbakken folgt in dieser Aussage dem von Bloom auf literarische Beziehungen übertragenen ödipalen Muster. Zunächst erkennt er Hamsun als überlegenen Vorgänger an, indem er auf dessen sprachliche Meisterschaft hinweist. Der Umstand, daß er ihn bereits zum zweiten Mal in diesem Interview als »Nobelpreisträger« tituliert, verweist auf den Stellenwert, den die öffentliche Anerkennung dieser Meisterschaft für Faldbakken hat. Im zweiten Satz wird, vor allem durch das Wort »verlieren«, die Konkurrenz zwischen Hamsun und Faldbakken etabliert, und es wird hervorgehoben, daß es bei dieser Konkurrenz in erster Linie um das Meistern der Sprache geht. Wie Harold Bloom geht auch Faldbakken von einem *notwendigen* Verfall aus, davon, daß die Sprache der Gegenwart gar nicht an diejenige der größeren Vergangenheit heranreichen kann, womit er aber auch impliziert, daß seine eigene geringere literarische Leistung nicht auf persönlicher Unfähigkeit beruht. Das Anerkennen der eigenen Niederlage öffnet den Weg für den nächsten Schritt: die Identifikation mit der Vaterfigur, die auf zwei Ebenen stattfindet. Zum einen spricht Faldbakken davon, daß er Hamsuns Sprache in seinem eigenen Roman verwendet. Zum anderen geht es um die Identifikation der beiden literarischen Figuren, Hamsuns und Faldbakkens Glahn. Für diese Identifikation verwendet Faldbakken das Bild des ›Verschlingens‹. Dabei geschieht eine merkwürdige Umkehrung: Faldbakkens Glahn ist nämlich nicht derjenige, der im Akt der Identifikation mit Hamsuns Text diesen »verschlingt«, sondern er wird von ihm bzw. seiner Sprache, seinem Text verschlungen. Dies bildet den Ansatzpunkt für Faldbakkens nächsten

233 Kolloen 1985.

Schritt, der Kritik an Hamsun, die ihn aus der vorher begehrten und gesuchten Identifikation befreien soll. Er stellt das Verschlucktwerden, die Identifikation, als Ursache für Glahns fatalen Zusammenbruch dar und vermeidet durch diese Erkenntnis gleichzeitig dasselbe Schicksal. Schließlich glaubt er, den literarischen Vater zu überwinden, und er sieht sich in der Lage, sich von der bewunderten und gehaßten Identifikationsfigur zu distanzieren, sie zu »kommentieren« und zu entlarven. Das komplexe ödipale Schwanken zwischen Konkurrenz und Identifikation, Bewunderung und Überwinden in Faldbakkens Verhältnis zu Hamsun, das in diesem Zitat zum Ausdruck kommt, gleicht den Strukturen, in die sowohl der Hamsunsche wie auch der Faldbakkensche Glahn verwickelt sind. Faldbakken selbst ähnelt der von ihm sowie der von Hamsun geschaffenen Romanfigur, obwohl er diese scharf kritisiert. Wer aber nimmt in dieser ödipalen Konstellation die Position der begehrten Frau/Mutter ein? Zwei Antworten liegen nahe: 1. Faldbakken positioniert seine Leserinnen und Leser bzw. die literarische Öffentlichkeit in die Rolle der zu gewinnenden Frau/Mutter, um die er mit Hamsun konkurriert. 2. Die Sprache selbst, die es zu meistern gilt, befindet sich in dieser Position.

In diesem Kontext erscheinen die Änderungen, die Faldbakken an Hamsuns Text vornimmt, insbesondere das Verschwinden der Geschlechterambivalenzen und die »Ödipalisierung« der Figurenkonstellationen in einem neuen Licht. Sie sind nicht allein durch den geänderten diskursiven Kontext, in dem Faldbakken schreibt, motiviert, sie können auch als Versuch Faldbakkens gelesen werden, durch seine eigenen, eindeutigeren und weniger ambivalenten Interpretationen von Hamsuns Text die Definitionsmacht über den väterlichen Rivalen zu gewinnen. Hamsuns Roman fordert Lektüren solcher Art jedoch geradezu heraus. Die Frage nach der Bedeutung des Epilogs und der Identität von dessen Erzähler mag hierfür als Beispiel dienen. Sowohl die ältere Tendenz der Kritiker, den Epilog als unbedeutend für die Gesamtinterpretation von *Pan* zu ignorieren, als auch neuere hartnäckige Versuche, die Identität von dessen Erzähler eindeutig festzulegen, spielen die Widersprüchlichkeiten im komplexen Gewebe aus Identifizierung und Rivalität zwischen den männlichen Figuren, zwischen verschiedenen Stimmen und Erzählern herunter.[234] Faldbakken weist zwar deutlich auf die verführerische

---

234 Gerade neuere Interpretationen des Epilogs weisen zwar immer wieder auf diese Komplexität hin. Die Reduktion von Komplexität setzt jedoch in dem Augenblick ein, in dem das Bemühen überhandnimmt, zu eindeutigen Ergebnissen bezüglich der Identität des Erzählers zu kommen.

Kraft des Hamsunschen Textes hin. Diese scheint jedoch gerade in dessen Ambivalenzen und Widersprüchlichkeiten zu liegen, die Leserinnen und Leser dazu verleitet, die Unentschiedenheiten und Unentscheidbarkeiten zu reduzieren, die Leerstellen dieses komplexen Textes mit ihren eigenen Vorstellungen zu füllen.[235] Wenn dies der Fall ist, dann fällt Faldbakken ebenso wie die erwähnten Kritiker dieser Verführungskraft selbst anheim.

Faldbakken selbst thematisiert in *Glahn* die Schwierigkeit, zwischen Verführer und Verführtem zu unterscheiden. Bei der Beschreibung der Barockstatue von Pan und Daphnis, die auf seinem Schreibtisch steht, seinen Schreibprozeß quasi begleitet, läßt er seinen Erzähler darüber sinnieren: »Pan und Daphnis. Daphnis und Pan. Wer hat die Überhand? Wer ist der eigentliche Verführer?«[236] (*PO* 18) Die Frage nach dem widersprüchlichen Verhältnis zwischen Verführer und Verführtem und damit auch nach dem Zusammenhang zwischen Macht, Sexualität und Schreiben betrifft jedoch das Verhältnis Faldbakkens zum Autor Knut Hamsun ebenso wie das zwischen den männlichen Figuren seines Buches. Wie oben ausgeführt, erscheint Faldbakken einerseits als ein von Hamsuns komplexem Text, sozusagen vom »Waldgott« Hamsun Verführter. Gleichzeitig tritt er aber auch als Verführer auf, indem er die Leser mit Hilfe seines eigenen Textes von seiner Überlegenheit über den väterlichen Rivalen Hamsuns überzeugen will. Sein widersprüchliches Handeln gleicht hier dem seiner eigenen literarischen Figur Glahn. Dieser weigert sich einerseits, Macks Bericht zu lesen und entscheidet sich stattdessen dafür, einen eigenen Bericht zu verfassen, der den Doktor als Leser von seiner Sicht der Dinge überzeugen soll. (Vgl. *G* 20; *PO* 21) Gleichzeitig wird Glahn selbst von der Lektüre des Hamsunschen Romans vereinnahmt und wiederholt die gewalttätigen und letztlich tödlichen Strukturen dieses Textes. Auch Faldbakken wird wiederum von genau den Strukturen vereinnahmt, denen er nach eigenen Aussagen durch die Niederschrift von *Glahn* entkommen, die er bloßstellen will. Er bringt die Sprache selbst bzw. seine Leserschaft in die Rolle des weiblichen Objektes, durch das die homosozialen Bindungen zwischen Männern, in diesem Falle über Generationen hinweg, etabliert und garantiert werden. Die obige Diskussion um die Position Faldbakkens als von Hamsuns Text Verführter und als Verführer der Leser weist jedoch darauf hin, daß

---

235 Zur Theorie des »Void in the Narrative«, der verführerischen Wirkung von Leerstellen in fiktionalen Texten, vgl. Chambers 1984 und Smith 1992.
236 »Pan og Daphnis. Daphnis og Pan. Hvem har overtaket? Hvem er den egentlige forføreren?« (*G* 18)

es letztlich nicht um dieses weibliche Objekt selbst geht, sondern um die auch erotische Spannung zwischen den beiden Autoren. Die oben erwähnten homophoben Tendenzen des Faldbakkenschen Romans, die Abwertung homoerotischer Elemente und sexuell abweichenden Verhaltens als Symptome einer pathologischen, gewalttätigen Männlichkeit, wären dann im Sinne von Sedgwicks Thesen, die dieses Kapitel eingeleitet haben, ein Indikator für genau diese Art von homosozialen Bindungen zwischen Männern, die durch Homophobie strukturiert werden. Auf diese Weise führt Faldbakken durch die Publikation seines Romans *Glahn* gerade diejenigen Elemente einer verführerischen, homophoben, misogynen und latent gewalttätigen Männlichkeit wieder ein, die er in demselben Roman so vehement kritisiert.[237]

---

237 Die theoretischen Implikationen einer solchen literarischen Homophobie für das Nachdenken über Männlichkeit, deren Zukunft und Krisen werden in 5.2.3. diskutiert.

3. Sackgasse Männlichkeit – Rainer Maria Rilke: *Die Aufzeichnungen des Malte Laurids Brigge* – Hans-Jørgen Nielsen: *Fodboldenglen*[1]

3.1. »Ich bin nicht zu haben für Engel«[2] – einführende Überlegungen

Sechs Jahre vor Erscheinen von *Glahn* gelingt dem dänischen Autor Hans-Jørgen Nielsen, der bis dahin als Autor kulturpolitischer Essays und eines experimentellen Romans an die Öffentlichkeit getreten war, mit der Veröffentlichung des Romanes *Fodboldenglen* der Sprung in die »erste Division« der dänischen Literatur.[3] Mit der Schilderung der Ehe- und Lebenskrise seines fußballbegeisterten, der linken Bewegung angehörenden Protagonisten Frands zeichnet Nielsen ein so treffendes und umfassendes Portrait der Generation von 1968, daß der Roman innerhalb kurzer Zeit zum »modernen Klassiker« avanciert. Der Roman, der im dänischen Original den Untertitel »En beretning« (ein Bericht) trägt, besteht aus Tagebuchaufzeichnungen des Erzählers, die dieser vom 22. September bis 21. Oktober 1977 verfaßt hat. Frands ist nach dem Scheitern seiner Ehe, dem Selbstmord des Jugendfreundes Frank und seinem eigenen anschließenden Zusammenbruch und Selbstmordversuch in eine Wohngemeinschaft gezogen, um dort wieder zu sich zu finden und mit der Übersetzung von Peter Joachim Oehlkes *Leitfaden Italien*, einer Geschichte des Klassenkampfes in Italien, einen erneuten Einstieg ins Berufsleben zu finden. Anstatt diese Übersetzung anzufertigen, macht er sich jedoch in seinen Tagebuchaufzeichnungen auf die Suche nach den

---

1 Rilke: *Die Aufzeichnungen des Malte Laurids Brigge* (1910) werden im folgenden abgekürzt: *MLB*. Die erste Zahl hinter diesem Kürzel verweist jeweils auf das Kapitel, die zweite auf die Seitenzahl. Hans-Jørgen Nielsen *Fodboldenglen* (1979) ist abgekürzt: *FE*. Die deutschen Zitate stützen sich auf die 1986 unter dem Titel *Jeder Engel ist schrecklich* (im folgenden *JE*) erschienene Übersetzung von Ursula Schmalbruch, die wenigen Abweichungen davon sind angemerkt.

2 »[..] jeg går ikke ind for engle«. (*FE* 10, *JE* 9 f.)

3 So ein Zitat aus der dänischen Zeitung *Politiken* auf dem Umschlag der Taschenbuchausgabe von *Fodboldenglen*.

Ursachen für seinen Zusammenbruch. Meist unchronologisch und frei assoziierend begibt er sich schreibend zurück in die Kindheit, erzählt und analysiert das Aufwachsen im Kopenhagener Arbeitervorort Amager, seine Freundschaft zum gleichaltrigen Nachbarskind Frank, ihre gemeinsamen Erlebnisse vor allem in der Jungenwelt des Fußballspiels und ihre ersten sexuellen Begegnungen mit Mädchen. Die enge Freundschaft löst sich in dem Moment auf, als Frank eine Karriere als Profifußballer beginnt, während Frands ein Studium aufnimmt und 1967 seine spätere Frau, die Lehrerstochter Katrin kennenlernt. Nach der Euphorie von 1968, geprägt durch ihre als entgrenzend empfundene Verliebtheit, durch Flower Power und Zukunftshoffnungen, setzt die Desillusionierung ein: die politische Linke stagniert zunehmend. Katrin wird schwanger, sie und Frands fühlen sich durch die Geburt des Kindes überfordert, Frands gibt seine Karriere als politischer Journalist auf, versucht sein Universitätsexamen nachzuholen, stellt jedoch seine sozialwissenschaftliche Arbeit über den Fußballklub *Fremad Amager* (Vorwärts Amager) nicht fertig. Er nimmt stattdessen den Kontakt mit Frank wieder auf. Dieser mußte wegen eines Knieschadens seine Fußballkarriere in Deutschland aufgeben und ist mit seiner Frau Rita, ehemals heimlicher Jugendschwarm aller Jungen des Wohnblocks, nach Dänemark zurückgekehrt. Die beiden Männer finden sich in dumpfen Alkoholorgien zusammen. Frands beginnt gleichzeitig ein sexuelles Verhältnis mit Rita. Als Frank die beiden in flagranti entdeckt, kommt es zur Katastrophe: in einer Art Amoklauf bringt er Frau und Tochter um und stürzt sich selbst aus dem Fenster. Neben diesen Erzählsträngen, die von Frandses[4] Kindheit zu dieser Katastrophe führen, fügt Nielsens Erzähler Reflexionen über seine derzeitigen Beziehungen ein – vor allem zu seiner Mitbewohnerin Majken, mit der er ein Liebesverhältnis beginnt, und zu seinem zweijährigen Sohn Alexander, der bei der Mutter und ihrem neuen Partner lebt, Frands aber regelmäßig besucht.

Auf den ersten Blick scheinen die inneren Kämpfe dieses Mannes aus kleinbürgerlichen Verhältnissen, des Achtundsechzigers und gescheiterten Familienvaters wenig zu tun zu haben mit den Aufzeichnungen des Rilkeschen Malte Laurids Brigge, des jungen verarmten familienlosen Adeligen, der nach Paris geht, um dort eine Karriere als Dichter zu beginnen, und vom Großstadtleben derart überwältigt ist, daß er in eine existentielle Lebens- und Schreibkrise stürzt. Nielsen bzw. sein Erzähler

---

4 Für die beiden Jungen Frank und Frands wird im Roman in der Regel die Koseform »Frandse« und »Franke«, verwendet. Im folgenden werden beide Namensformen abwechselnd gebraucht.

beziehen sich in *Fodboldenglen* jedoch in vielfacher Weise auf Rilkes Werk. Zunächst ist sein Erzähler Rilke-Leser. Er findet dessen *Duineser Elegien* im Bücherregal seiner Wohngemeinschaft, zitiert schon auf den ersten Seiten seiner eigenen Aufzeichnungen den Anfang der ersten Elegie:»Wer, wenn ich schriee, hörte mich denn aus der Engel Ordnungen?«(*FE* 10; *JE* 9) – ein Satz, der ihm Material für zwei der wichtigsten leitmotivischen Symbole seines Tagebuchs gibt: den Schrei und den Engel bzw. die»Ordnung der Engel«. Die deutsche Übersetzung des Romans hebt diese intertextuelle Verbindung zu den Elegien schon im Titel *Jeder Engel ist schrecklich* hervor – der Untertitel *Aufzeichnungen an meinen Sohn* verweist darüber hinaus darauf, daß auch *Die Aufzeichnungen des Malte Laurids Brigge* eine zentrale Rolle für Frands spielen.

Nielsens Erzähler weist zwar anfangs diese Identifizierung zurück: »Einfach schwachsinnig, dieser Satz, ich bin nicht zu haben für Engel oder ihre Schar oder entsprechende metaphysische Scheiße […].«(*JE* 9 f.) Er fährt aber unmittelbar darauf damit fort, einen ähnlichen Zustand sich auflösender Ich-Grenzen zu schildern, wie ihn Malte in der Großstadt Paris erfährt:»[…] aber von überall her kommen zur Zeit abgerissene Zeilen, aus Jukeboxen und Büchern, auf mich zu und dringen in mich ein.«[5] (*JE* 10) Es sind insbesondere die Großstadtbeschreibungen und die damit zusammenhängenden in die Kindheit der Erzähler zurückreichenden innerpsychischen Zustände, welche den Roman von Nielsen mit dem Rilkes verbinden. Diese Zustände manifestieren sich in beiden Fällen in Identitäts- und schöpferischen Krisen ihrer Protagonisten, Krisen, die jedoch weder bei Nielsen noch bei Rilke als lediglich individuelle Probleme figuriert sind. Nielsen geht es vielmehr in erster Linie darum, den Zusammenhang zwischen»großer« und»kleiner« Geschichte darzustellen, die Verbindungen, die zwischen allgemeinen gesellschaftlichen, sozialen und politischen Entwicklungen und den psychischen Zuständen eines Individuums bestehen.[6] Auch Rilke – das hat Manfred Engel kürzlich nochmals betont – geht es»nicht primär um eine psychologische Fallstudie. Die Identitätskrise Maltes dient ihm zur exemplarischen Revision der Grundkoordinaten unseres lebensweltlichen Orientierungssystems.«[7]

---

5 »Den er åndssvag, jeg går ikke ind for engle eller deres ordner eller tilsvarende metafysisk pis, overhovedet ikke, men løsrevne linier, alle mulige vegne fra, jukeboxe og bøger, ryger i denne tid durk ind.« (*FE* 10)

6 Nielsen nennt in einem Aufsatz über *FE* diesen Zusammenhang das»zentrale Thema des Buches«. Nielsen 1980, S. 140.

7 Engel 1997, S. 182.

Rilkes Roman und sein gesamtes Werk sind nicht nur durch seine lebhafte Rezeption in Skandinavien, für die *FE* nur ein neueres Beispiel unter vielen ist, mit der Literatur Dänemarks, Norwegens und Schwedens verbunden. Rilke war bekanntlich selbst Bewunderer vieler skandinavischer Autoren, er bekannte sich insbesondere zum Einfluß Jens Peter Jacobsens auf sein Werk, in *MLB* spielen darüber hinaus intertextuelle Verbindungen mit Werken von Sigbjørn Obstfelder, Herman Bang und Henrik Ibsen eine zentrale Rolle.[8] Die Identitätskrise seines Malte, selbst ein dänischer Adeliger, ist also unter anderem in historischen Kontexten angesiedelt, in denen Skandinavien eine zentrale Stellung einnimmt sowohl als idyllischer aber auch bedrohlicher, nostalgisch zurückersehnter und gleichzeitig schreckerfüllter Ort. Es ist aber auch und in erster Linie ein Skandinavien, in dem die »Frauenfrage« und die zeitgenössische Problematik der Rolle von Frauen und Männern in der Gesellschaft für ihre Zeit gerade auch in der Literatur in progressiver Weise diskutiert wird. Insbesondere die Frauengestalten Ibsens, allen voran seine Nora, gelten als führende Beispiele eines sich ändernden Frauenbildes. Jacobsen hingegen problematisiert in *Niels Lyhne* die Stellung des Mannes in der Gesellschaft und schildert in diesem Roman und in *Fru Marie Grubbe* außergewöhnliche Frauengestalten. Darüber hinaus trägt Rilkes Freundschaft und intensive Korrespondenz mit der Schwedin Ellen Key zur Formulierung seiner Gedanken zu den Beziehungen zwischen den Geschlechtern und zwischen den Generationen bei.[9]

Eine kontrastive Betrachtung der beiden Romane von Nielsen und Rilke liegt also auch im Kontext einer Untersuchung von männlicher Identität und deren Krise nahe. Die Krisen der Protagonisten in *MLB* und in *FE* sind inmitten der jeweils zeitgenössischen Diskussionen über Geschlechteridentität und –verhältnisse angesiedelt. Diese Diskussionen hängen zwar miteinander zusammen, indem sie etwa beide jeweils aktuelle insbesondere psychiatrische und psychoanalytische Theorien zur Beschreibung der jeweiligen Männlichkeitskrisen verwenden. Wie schon für die Romane von Faldbakken und Hamsun festgestellt, unterscheiden sie sich aber im Hinblick auf die diskursiven Kontexte erheblich. So ist

---

8   Zum Einfluß J.P. Jacobsens auf Rilke vgl. Baer 1939, außerdem Kohlschmidt 1948, S. 9-36, Paul 1991 und vor allem Sørensen 1989. Ausführlich zur Jacobsen-Rezeption der deutschsprachigen Dekadenzliteratur und im Jugendstil vgl. Sørensen 1978, Sørensen 1990, Sørensen 1997. Zum Verhältnis Rilkes zur skandinavischen Literatur im Allgemeinen vgl. Stahl 1979, S. 154 f., Unglaub 1989/90, Gutjahr 2000. Zu Obstfelder und Rilke auch Fick 1993, S. 300-318.

9   Vgl. Fiedler 1989/90.

Rilkes Schilderung der Ich- und Schreibkrise Maltes stärker von zeitgenössischer Gesellschaftstheorie (etwa Georg Simmels),[10] von der Psychiatrie[11] und, vermittelt vor allem über die Freundin Lou Andreas Salomé, von der Psychoanalyse Sigmund Freuds geprägt,[12] während Nielsens Frands und Faldbakkens Glahn sich an Theorien der Objektbeziehungen und des Narzißmus abarbeiten.

Sowohl die Rilke-Forschung als auch Kritiker von *Fodboldenglen* haben zwar bemerkt, daß die Geschlechterfrage für die Romane eine zentrale Rolle spielt. In beiden Fällen sind jedoch zentrale Dimensionen der Romane unberücksichtigt geblieben. So liegen für *MLB* zwar sowohl ausführliche Analysen des »Persönlichkeitsmodells«, des »erzählerischen Bewußtseins«, der Identitätskrise vor, die jedoch gar nicht auf Geschlechtsidentität bezogen werden.[13] Ein anderer Teil der Forschung beschäftigt sich ausführlich mit der Frage nach einer »Feminisierung« Maltes, berücksichtigt dabei jedoch kaum deren Funktion im Kontext zeitgenössischer Männlichkeitsvorstellungen.[14] In der bisher nicht besonders umfangreichen Forschung zu *FE* werden die Kategorien Geschlecht oder Männlichkeit zwar meist erwähnt, gewinnen aber in keinem Fall eine zentrale Rolle als Analyseinstrumente.[15]

3.2. Begabte Kinder –
narzißtische Strukturen in Individuum und Gesellschaft

3.2.1. Engelsflug und Engelsfall – Narzißmus in *Fodboldenglen*

Ähnlich wie Faldbakken seinem Erzähler Glahn schreibt Hans-Jørgen Nielsen dessen literarischem Generationsgenossen Frands Qualitäten zu, die charakteristisch für die von post-freudianischen Psychoanalytikern beschriebenen narzißtischen Störungen sind. Die narzißtischen Persönlichkeitsstrukturen Frandses haben ihre Ursprünge in seiner Mutterbindung. Dies kommt im ersten Teil des Romans bei der Schilderung der

10 Vgl. dazu Donahue 1992, Huyssen 1989.

11 Ryan 1991, S. 51-62.

12 Vgl. Kleinbard 1993.

13 Vgl. z.b. Seifert 1989, Stephens 1974a.

14 Z.B. Haustedt 1995, Davis 1993, Komar 1989.

15 Analysen von *FE* legen folgende Autoren vor: Andersen 1981, Behrendt 1984, Braad 1990, Jørgensen 1983, Kuntze 1985, Kyndrup 1982, Mogensen 1981, Pedersen 1983, Tveita 1983.

Geburt seines Sohnes deutlich zum Ausdruck. Die Geburt selbst, an der er als moderner Vater teilnimmt, erlebt er als eine Art Liebesrausch: »Es ist, ganz unerwartet, ein Liebeserlebnis. Katrin liegt in ihre eigenen Schmerzen versunken und arbeitet und arbeitet, um dich herauszubekommen, und ich bin so von Hingabe erfüllt [...].« Es ist allerdings ein Rausch, der schon hier nicht so sehr seiner Frau oder dem Erstgeborenen gilt, sondern der Bestätigung seiner eigenen Gefühle, fährt der Erzähler doch im gleichen Satz fort: »und so erleichtert dankbar dafür, so stark und rein fühlen zu können«.[16] (*JE* 85) Diese Spiegelung seiner Gefühle und die darin gefundene Selbstbestätigung sind jedoch nur ein kurzer Höhenflug der Grandiosität[17] in einem ansonsten unaufhaltsamen Prozeß des Falls. Schon während der Schwangerschaft erlebt er Katrin als »bittend und gebieterisch«,[18] (*JE* 86) sie konzentriert sich zunehmend auf das Kind, das in ihrem Körper wächst. Nach der Geburt ist Frands von Katrins Forderung, sich ebenso wie sie um das Kind zu kümmern, überfordert, und er erfährt die Fürsorge Katrins für den Sohn als narzißtische Kränkung, als Entzug der Spiegelung und Fürsorge, die er von ihr braucht und erwartet. In seinen Aufzeichnungen identifiziert er das Gefühl, sein eigener Sohn habe ihm die Mutterfigur weggenommen, die er als narzißtisch gestörter Mann, der nie ganz erwachsen geworden ist, immer noch braucht: »Du hast meine Mutter dazu gebracht, mich zu verstoßen, hast mir ihre Liebe abgenommen, mein Sohn, mein kleiner Bruder«, (*JE* 91) schreibt er an seinen Sohn gerichtet.[19] Es ist nur folgerichtig, daß er nach einem anderen Anfall narzißtischer Wut und Kränkung, als Katrin sich während einer heftigen Grippe nicht genügend um ihn kümmert, damit droht, zu seiner Mutter zu ziehen. (Vgl. *FE* 176 f.; *JE* 172 f.) Der Erzähler deutet aber auch Katrins Verhalten im Kontext narzißtischer Strukturen. Sie erhält in seinen Augen durch die Symbiose zunächst mit dem Kind, das in ihrem Körper heranwächst und später im

---

16 »Det er, helt uventet, en kærlighedsoplevelse, Katrin ligger inde i sine egne smerter og arbejder og arbejder for at få dig ud, og jeg er så opfyldt af hengivenhed og så lettet taknemlig over at være i stand til virkelig at føle så stærkt og rent.« (*FE* 85)

17 Alice Miller 1979 bezeichnet das Schwanken zwischen Depression und Grandiosität als ein Hauptmerkmal der narzißtischen Störung. Grandiosität, bei Kohut 1973, S. 19, als Wiederbelebung »archaischer, Größen-Selbst-Konfigurationen« aufgefaßt, bezeichnet dabei einen Zustand des übersteigerten Hochgefühls, der Allmacht und der Euphorie.

18 »[...] bedende og beordrende.« (*FE* 86)

19 »Du har fået min mor til at forkaste mig, taget hendes kærlighed fra mig, min søn, min lillebror.« (*FE* 91)

Akt des Stillens eine narzißtische Befriedigung, die ihm selbst als Mann versagt bleibt. Diese in seinen Augen vermeintlich befriedigendere Beziehung zum Kind benutzt er im folgenden als Begründung dafür, daß er sich weniger für dieses verantwortlich fühlt, was ihm wiederum von seiner erschöpften Frau vorgeworfen wird. (*FE*; *JE* 86 und 91)

Narzißtische Strukturen prägen jedoch nicht nur Frandses Ehe, sie durchziehen sämtliche seiner Beziehungen sowie diejenigen der anderen Romanfiguren. Als er ein Verhältnis mit Frankes Frau Rita beginnt, dient dies beiden weniger der sexuellen Befriedigung als vielmehr der Bestätigung des eigenen Wertes als Frau bzw. als Mann. Rita ist die narzißtische Frau, die »ihr ganzes Leben lang davon gezehrt [hat], sexy zu sein« und die Frandses »Heftigkeit als Maß ihrer ständigen Attraktivität« auffaßt. Frands seinerseits fühlt sich gerade dadurch in seiner narzißtisch gekränkten Männlichkeit bestätigt: »Ich brauche es, gerade so ein Mann zu sein, den sie zu brauchen glaubt.«[20] (*JE* 220)

Wie der Ich-Erzähler Frands, so ist auch sein Alter Ego, der Fußballspieler Frank, im Schwanken zwischen Grandiosität und Depression gefangen. Ihn stürzt das plötzliche Ausbleiben der Bewunderung durch sein Publikum in den Alkoholismus, der die entstandene Leere erträglich machen soll.

Außerhalb des Lebens, das er in den späteren Jahren gelebt hat, gibt es in seinen Augen wohl nichts, nach der Euphorie der großen Spiele und deren Verlängerung bis in die konstante Aufmerksamkeit der Medien zeigt sich erst einmal nur die jähe Leere, Stille, Abstinenzen, lauter Nichtsein. (*JE* 158)

Udenfor det liv, han har levet de senere år, er der vel for ham at se ingenting, efter de store kampes eufori og dens forlængelse ind i mediernes stadige opmærksomhed viser der sig i første omgang kun bratte tomrum, stilheder, abstinenser, lutter ikke-væren. (*FE* 162)

Und wenig später heißt es: »Franke bleibt allerdings nicht dort oben, hoch über dem Rasen, hängen: Ohne Flügel fällt er am Ende«.[21] (*JE* 161) Der schwebende Engel, der dem Roman seinen Titel gibt, sowie das Fliegen allgemein bilden die Hauptmetaphern für den narzißtischen Zustand der Grandiosität, der unüberwindlich scheinenden Allmacht, der

---

20 »[..] hun har hele sit liv levet af og på at være en dejlig dame. [..] hun opfatter voldsomheden som et mål på sin fortsatte attråværdighed. [..] Jeg har brug for at være netop den mand, hun altså tror at have brug for.« (*FE* 226)

21 »Franke bliver, rigtig nok, ikke hængende dér, højt over græsset: Uden vinger falder der han til sidst«. (*FE* 165)

Engelsfall wird zum Bild des Scheiterns der narzißtischen Projektion.

Nach seinem eigenen Selbstmordversuch – eine Reaktion auf Frankes und Ritas Tod – weist der Erzähler schließlich auch die Deutung des Arztes zurück, der die Tat als Selbstbestrafung in einem ödipalen Kontext deutet, die vorödipalen Ursachen, Frankes tiefsitzendes Gefühl der Selbstverachtung und Minderwertigkeit jedoch nicht erkennt.

> [...] mein Selbstmordversuch hat nichts damit zu tun, daß ich mich für ihren Tod bestrafen will. Die Vernunft des Arztes kann ich nicht brauchen, die Selbstverachtung ist schon vor dem Resultat da, von dessen Schuld er mich befreien will, die Angst vor dem Blick und den Gedanken der anderen ist die Angst vor der zusätzlichen Bestätigung der Ansicht, die ich von mir selbst habe, in diesem Licht gesehen wird der Selbstmordversuch ein letzter rückwärtsgewandter Versuch, die Reste meiner Würde zu bewahren. Seine halbherzige und darum mißlungene Ausführung zeigt, wie wenig davon übrig war, darum kann mich der Arzt mit seiner ganzen Freundlichkeit nie erreichen. (*JE* 75 f.)

> [...] det er ikke for at straffe mig for deres død, jeg bagefter forsøger at begå selvmord. Lægens fornuft kan jeg ikke bruge, selvforagten er der allerede før det resultat, han vil befri mig for skylden for, angsten for de andres blik og tanker er angsten for yderligere bekræftelse af mit eget syn på mig selv, i det lys bliver selvmordsforsøget et sidste bagvendt forsøg på at opretholde resterne af min værdighed. Dets halvhjertede, derfor mislykkede forløb viser, hvor lidt der var tilbage af den, derfor når lægen, rar som han er, mig aldrig. (*FE* 76)

Schließlich ist die Beziehung zwischen Frandse und Franke von narzißtischer Identifikation geprägt, die beiden zur Steigerung ihres Selbstgefühls dient und ihnen als Jungen ihre narzißtischen Höhenflüge, diese »Augenblicke grenzenloser Entfaltung und Erfüllung«[22], (*JE* 39) ermöglicht.[23]

Narzißtische Strukturen sind nicht auf die Ebene persönlicher Beziehungen beschränkt. Der Erzähler von *FE* interpretiert die Entwicklung

---

22 »[...] disse øjeblikke af grænseløs udfoldelse, opfyldelse [...]. (*FE* 40, vgl. auch *FE*; *JE* 34 f.)

23 Mogensen geht sogar soweit, Frands und Frank als eine Figur zu verstehen, die später gespalten wird. Ähnlich wie bei den Kritikern von *Pan*, die auf der Identität der beiden Erzähler des ersten und zweiten Teils bestehen, liegt hier wohl eher eine Verwechslung von Identifikation und Identität vor, welche die komplexen Verhältnisse von Gleichheit und Unterschied, von Identifikation, Spiegelung und Abgrenzung eher verschleiert als erhellt. (Vgl. Mogensen 1981, S. 16 f.)

seiner ganzen Generation, der Achtundsechziger, im Rahmen dieses Konzeptes. Die »große Geschichte« der Gesellschaftsentwicklung und die »kleinen Geschichten« der Individuen, nach deren Zusammenhang der Ich-Erzähler in seinen Aufzeichnungen sucht, finden einen gemeinsamen Bezugspunkt im narzißtischen Höhenflug und dem anschließenden desillusionierenden Fall. Flower Power und die erste Liebe zwischen Katrin und Frands stellen sich als ähnlich grandioses Erlebnis dar wie der Höhenflug, den Franke gleichzeitig in einem ganz anderen gesellschaftlichen Kontext als Profifußballspieler erlebt:

> Das, was Franke in seinem Inneren davon hat, daß er diese ganzen Jahre statt dessen Fußball gespielt hat, was er zum Beispiel in diesen Augenblicken im Wembley-Stadion erlebt, unterscheidet sich möglicherweise in seinem Wesen nicht von dem, was ich in den großen Jahren der Studentenbewegung erlebe: ein großes Gefühl, daß die Wirklichkeit gefügig ist, daß sie sich aufweichen, in unendliche Bewegung versetzen läßt, nachgiebig und empfänglich. Nicht nur wir schweben in Seifenblasen. (*JE* 54)

> Det Franke inderst inde får ud af at spille fodbold i stedet gennem alle de år, det han oplever f.eks. det øjeblik på Wembley, er måske ikke væsensforskelligt fra det, jeg oplever i ungdomsoprørets store år: En stor følelse af, at virkeligheden er føjelig, at den lader sig blødgøre, sætte i uendelig bevægelse, eftergivende og modtagelig. Vi er ikke ene om at danse i bobler. (*FE* 54)

Die 1945 geborenen Jungen erleben ihre Kindheit als einen ständigen Aufschwung; es ist eine Zeit der Hochkonjunktur, der ökonomischen Expansion, der Entwicklung Dänemarks zum Industrie- und Wohlfahrtsstaat, der jedem Mitglied immer mehr Geld und soziale Sicherheit verspricht: »uns kommen ständig besser werdende Zeiten bloß natürlich vor, so ist es irgendwie immer gewesen, ff!«[24] (*JE* S. 56 f., vgl. S. 54-56) Das »ff!« am Ende dieser Aussage über die eigene Generation verbindet das Gefühl des Aufschwungs, das die Generation von Frank und Frands prägt, mit der narzißtischen Identifikation zwischen den beiden Jungen, entspricht das dänische »ff« doch dem deutschen »Eins a« und ist gleichzeitig der Spitzname für das unzertrennliche Paar Frank und Frands. Und ebenso wie die Spaltung zwischen Frank und Frands von Anfang an in der Beziehung angelegt ist, (vgl. *FE* 74 f., 108; *JE* 74, 107) zeigt sich im

---

24 »[..] os forekommer stadig bedre tider helt naturlige, sådan har det ligesom altid været, ff!« (*FE* 56, vgl. *FE* 54-56)

Zerfall der politischen Linken in den siebziger Jahren, daß der narzißtische Rausch von 1968 lediglich Illusion war. (Vgl. *FE* 130; *JE* 128)

Das böse Erwachen der ganzen Achtundsechziger-Generation hat eine geschlechtsspezifische Komponente: In den Augen des Erzählers ist die beginnende Frauenbewegung ein Element, das zur Auflösung der Euphorie beiträgt. Steht Frands dem Feminismus, mit dem sich Katrin früh identifiziert, anfangs noch positiv gegenüber, erlebt er die »Heftigkeit ihrer Bekehrung«, ihre »neue selbstbewußte Stärke, sich durchzusetzen« bald als eine Kraft, die ihn der »gegenseitigen Anerkennung beraubt, gut und geliebt zu sein, was ich in dem Verhältnis brauche«, als eine Aktion also, durch die er die narzißtische Spiegelung verliert: »während sie sich entfaltet, beginne ich zu schrumpfen.«[25] (*JE* 97)

Die Parallele, die Frandse zwischen individuellem Narzißmus und dem Narzißmus seiner Generation zieht, ähnelt Denkmustern zeitgenössischer Gesellschaftswissenschaftler und Sozialpsychologen, die in der Generation der Achtundsechziger, ja sogar in der Moderne bzw. Postmoderne überhaupt, die Prävalenz narzißtischer Persönlichkeitsstrukturen vermuten und diese als Ursache gesellschaftlicher Entwicklungen, etwa des Aufstieg und Scheiterns der Generation von 1968, sehen.[26] Frands erkennt zwar die Unreife und das zerstörerische Potential dieser psychosozialen Strukturen, im Gegensatz zu Christopher Lasch bewertet er sie jedoch keineswegs eindeutig negativ. Vielmehr vermutet er in ihnen gleichzeitig die Triebkraft für Kreativität. In dem Monat, in dem er seinen Bericht verfaßt, lernt er die grundlegende Ambivalenz der von ihm nun erkannten narzißtischen Strukturen zu sehen und zu akzeptieren. Das Romanende ließe sich auf dieser Ebene im Sinne der Ich-Psychologen deuten.[27] Ihnen zufolge entsteht ein gesundes Selbstgefühl und Selbstbewußtsein in Beziehungen dann, wenn ein Mensch lernt, gute und schlechte Selbstrepräsentationen und Objektrepräsentationen zu integrieren, Ambivalenz auszuhalten. Frands reflektiert diese Ambivalenz im letzten Abschnitt, als er sich entschließt, ein Poster, das Franke im Sprung während seines berühmten Wembley Tores zeigt, den leitmotivischen »Fußballengel« seiner Aufzeichnungen, doch in die neue Wohnung mitzunehmen.

25 »Vækkelsens voldsomhed, da hun er begyndt i kvindebevægelsen, giver hende en ny selvbevidst styrke til at sætte sig igennem, ser mig mere og mere berøvet den gensidige accept af hinanden som gode og dejlige, jeg har brug for i forholdet [..], mens hun folder sig ud, begynder jeg at skrumpe.« (*FE* 98)

26 So z.B. Mitscherlich 1963 und Lasch 1978. Zu einer Diskussion dieser Konzepte vgl. auch Kapitel 5.1.1. und 5.2.3.

27 Zu einer kurzen Charakteristik der Ich-Psychologie vgl. Kapitel 2.2.1.

Auch wenn es ein zweideutiger Engel ist, den man sich hält, bewahrt er gleichzeitig etwas, was ich bei mir haben muß, [etwas das sonst stumm und ganz ohne Bilder in mir ist – *dieser Nebensatz fehlt in der deutschen Übersetzung; S.v.S.*]: eine Art Heimweh, nicht nach der Vergangenheit, sondern nach einer anderen Zukunft, erst in der Spannung zwischen Schwere und Leichtigkeit ist es möglich, sich jetzt wirklich und aufgeweckt zu bewegen. (*JE* 233)

Selvom det er en tvetydig engel at holde sig, opbevarer den samtidig noget, som jeg må have med mig, som ellers bliver stumt og helt uden billeder i mig: En slags hjemve, ikke tilbage mod fortiden, men ud af den efter en anden fremtid, først i den spænding mellem tyngde og lethed muligt at bevæge sig virkeligt og årvågent nu. (*FE* 239)

Die Engelsmetapher in *FE* steht unter anderem für den narzißtischen Höhenflug und für das für den Narzißmus kennzeichnende Oszillieren zwischen entgegengesetzten Polen, die es für den Ich-Erzähler zu integrieren gilt. Sie ist, wie mehrfach im Roman deutlich wird, eine Anspielung auf Engelsgestalten im Werk Rainer Maria Rilkes.

3.2.2.»Ich warf mich immer höher«[28] – Narzißmus in *Die Aufzeichnungen des Malte Laurids Brigge*

Auch Rilkes Engelsgestalten sind unter anderem als Ausdruck narzißtischer Strukturen in Rilkes Werk gedeutet worden.[29] Die Bedeutung der Narziß-Figur in Rilkes Werk ist ohnehin Gegenstand zahlreicher, unüberschauberer Untersuchungen geworden. Dabei ist vor allem auffällig, daß in den siebziger Jahren, also in der Entstehungszeit von *FE*, mehrere Analysen narzißtischer Strukturen in Rilkes Roman *Die Aufzeichnungen des Malte Laurids Brigge* erschienen sind.[30]

Eine Schlüsselszene zu diesem Komplex in *MLB* findet sich in der 33. Aufzeichnung, in der der Erzähler von faszinierenden Kindheitserlebnissen berichtet: Als kleiner Junge vergnügte er sich damit, sich mit alten Trachten und Kostümen zu verkleiden, die er in einem abgelegenen Eckzimmer des Briggeschen Gutes gefunden hatte. Bezeichnenderweise beginnt die Aufzeichnung mit allgemeinen Reflexionen über seine Kindheit, die er in erster Linie davon bestimmt sieht, daß er Erwartungen nicht näher bezeichneter»anderer« erfüllt. Es ist ein Leben,

28 *MLB* 33, 804.
29 Vgl. z.b. Dettmering 1969.
30 Neben Dettmering 1969 vgl. Kunz 1970 und Becker-Grüll 1978.

wo man sich vorsichtig im Verständlichen vertrug. Da wurde etwas erwartet, und es kam oder es kam nicht, ein Drittes war ausgeschlossen. [...] Wurde aber einem eine Freude bereitet, so war es eine Freude, und er hatte sich danach zu benehmen. Im Grunde war das alles sehr einfach, und wenn man es erst heraus hatte, so machte es sich wie von selbst. (*MLB* 33, 801)

Malte schildert sich hier selbst als das »begabte Kind«[31], das die Erwartungen der Erwachsenen erspürt und erfüllt, um deren Liebe, Aufmerksamkeit und Anerkennung zu bekommen, die es lebensnotwendig braucht, und so ein »falsches« anstatt eines »authentischen« Selbst entwickelt.[32] Deutlich wird diese Struktur auch in der 43. Aufzeichnung, in der Malte seine Gefühle schildert, als er plötzlich realisiert, daß die Familienmitglieder, die ihm zu seinem Geburtstag eine besondere Freude bereiten wollen, unfähig dazu sind und die Überraschung verderben. Der Erzähler berichtet von einem kurzen heftigen Schmerz, den er mit einer Operation vergleicht. Zum Ausdruck der eigenen Enttäuschung kommt es jedoch nicht, vielmehr sieht er es im folgenden als seine Aufgabe, nicht mehr an sich zu denken: »Es gilt, den Geburtstag zu retten, die anderen zu beobachten, ihren Fehlern zuvorzukommen, sie in ihrer Einbildung zu bestärken, daß sie alles trefflich bewältigen.« Man muß »ihnen ihre Verlegenheit erleichtern« und »ihnen über die Beschämung forthelfen.« (*MLB* 43, 843)

Das alles leistete man schließlich, wie es verlangt wurde, auch ohne besondere Begabung. Talent war eigentlich nur nötig, wenn sich einer Mühe gegeben hatte, und brachte, wichtig und gutmütig, eine Freude, und man sah schon von weitem, daß es eine Freude für einen ganz anderen war, eine vollkommen fremde Freude; man wußte nicht einmal jemanden, dem sie gepaßt hätte: so fremd war sie. (*MLB* 43, 843 f.)

Sein Talent, das, was Alice Miller seine »Begabung« nennen würde, sieht er also darin, die Schwächen der Erwachsenen auszugleichen, diejenigen zu stützen und zu bestätigen, die ihrerseits nicht in der Lage sind, das Kind Malte in seiner Eigenart wahrzunehmen und zu fördern, sondern es

---

31 Der Begriff stammt von Alice Miller, die in ihrem 1979 erschienenen Buch *Das Drama des begabten Kindes* die Ergebnisse von Heinz Kohuts Theorien zu narzißtischen Persönlichkeitsstörungen stark vereinfachte und einer breiten Öffentlichkeit zugänglich machte.

32 Alice Miller 1979, S. 63, drückt diesen Zusammenhang plakativer folgendermaßen aus: »Das Kind entwickelt dann etwas, das die Mutter braucht und das ihm im Moment zwar das Leben (die Liebe der Mutter oder des Vaters) rettet, aber es evtl. lebenslänglich daran hindert, es selbst zu sein.« Vgl. dazu auch Kohut 1973.

mit ihren Erwartungen, ihren narzißtischen Besetzungen sich selbst ent-
fremden. Diese narzißtischen Besetzungen sind es schließlich auch, die
bei Malte zu dem Gefühl führen, zu früh erwachsen sein zu müssen, ein
Gefühl, daß ihm in der Militärakademie von Sorö erneut begegnet:

> Dort waren rasche, unerwartete Erfahrungen an mich herangekom-
> men, und es war deutlich zu sehen, daß sie mich wie einen Erwach-
> senen behandelten. […] Bestand ich aber darauf, daß meine Kindheit
> vorüber sei, so war in demselben Augenblick auch alles Kommende
> fort, und mir blieb nur genau so viel, wie ein Bleisoldat unter sich hat,
> um stehen zu können. (*MLB* 56, 892 f.)

Die narzißtischen Besetzungen Maltes führen dazu, daß er zu früh ein
pseudo-erwachsenes Selbst entwickelt. Sein Kindsein wird nicht anerkannt, wie dem Bleisoldat die Standfestigkeit fehlt ihm also die Basis
für ein kohärentes Selbstgefühl. Dieses ist daher von Spiegelungen, von
Fremden, von Masken bestimmt und bleibt ohne authentische Substanz.
Doch zurück zur 33. Aufzeichnung, der Maskierungsszene, von der
diese Überlegungen ihren Ausgang nahmen. Hier nämlich sind, will man
innerhalb dieser Art von psychologischer Deutung bleiben, die Auswirkungen der narzißtischen Besetzungen auf das Kind Malte, insbesondere
der jähe Abbruch der narzißtischen Grandiosität und deren Umschlagen
in völlige Leere und Entfremdung, die Maltes Persönlichkeit auch im
Erwachsenenleben prägen, eindrücklich geschildert. Malte entdeckt bei
seinem Verkleidungsspiel, daß die Kostüme Macht über ihn gewinnen,
ihm seine Gestik und Mimik vorschreiben, ein Vorgang, der große Faszination auf ihn ausübt und hier – so seine eigene Aussage – nicht zur Entfremdung seiner selbst führt, sondern zu einem rauschartigen Zustand,
in dem er glaubt, alles meistern zu können:

> […] je vielfältiger ich mich abwandelte, desto überzeugter wurde ich
> von mir selbst. Ich wurde kühner und kühner; ich warf mich immer
> höher; denn meine Geschicklichkeit im Auffangen war über allen
> Zweifel. Ich merkte nicht die Versuchung in dieser rasch wachsenden
> Sicherheit. (*MLB* 33, 804)[33]

Bezeichnenderweise verwendet Rilke für diese Schilderung das Bild des
Werfens, in dem Malte in der Position des Balls und gleichzeitig in der

---

33 Diese Szene hat in *FE* eine strukturelle Parallele. Frandse erinnert sich an an ein
euphorisches Erlebnis in der frühen Kindheit, eine Phantasie, in der er in der
Lage ist zu schweben. Wie in *MLB* endet das Erlebnis im Fall, einem harten Auf-
schlag auf dem Terrazoboden. (Vgl. *FE* 182 f.; *JE* 178)

des Ballspielers ist. Dieser Zustand führt, wie in den Ballspielszenen in *FE*, zu einem »Rausch«, einem »großartigen« Gefühl der Vollkommenheit.[34] (*MLB* 33, 805 f.) In dem Augenblick als Malte sein Spiegelbild als ein großartiger vollkommener Unbekannter entgegentritt, schlägt dieser Höhenflug jedoch plötzlich um, und zwar durch die Konfrontation mit der Außenwelt. Geräusche lenken ihn ab, er wirft einen Tisch um, zerbricht Gegenstände, unter anderem einen Flakon, dessen Inhalt einen häßlichen Fleck auf dem Parkett hinterläßt. Diese Ungeschicklichkeit läßt sein grandioses Größenselbst jäh zerfallen. Er wird »heiß und zornig« und ihn ergreift eine narzißtische »Wut«, die gemäß der Theorien über narzißtische Störungen eintritt, wenn die Illusion von Kontrolle und Vollkommenheit zerbricht, und die dann meist umschlägt in Depression, ein Gefühl der äußersten Entfremdung und Ich-Leere. Genau diese Selbstentfremdung erlebt Malte, als sich das Verhältnis zwischen seinem Spiegelbild und ihm selbst in seiner Schreckensphantasie umkehrt: »jetzt war er der Stärkere, und ich war der Spiegel. [...] Ich verlor allen Sinn, ich fiel einfach aus«. (*MLB* 33, 808) Die Struktur, die in diesem Abschnitt zum Ausdruck kommt, prägt Maltes Persönlichkeit auch als Erwachsenen. Insbesondere das Verlangen zu sehen und eine fast panisch zu nennende Angst davor, gesehen zu werden, kehren an vielen Stellen wieder. Sehen ist im Roman häufig verknüpft mit Identifikationen, mit dem Sich-Selbst-Sehen in verschiedenen Verkleidungen und dann auch verbunden mit dem Rausch der Grandiosität, Macht und Kreativität. Diese Grandiosität ist aber stets äußerst fragil, dahinter lauern Zusammenbruch, totale Entfremdung und Leere.

Andreas Huyssen hat die Spiegelszene in *MLB* ebenfalls mit dem Komplex des Sehens und Gesehen-Werdens und mit narzißtischen Strukturen in Verbindung gebracht. Er nimmt die Tatsache zum Ausgangspunkt, daß der Spiegel selbst, der »aus einzelnen ungleich grünen Glasstücken zusammengesetzt war« (*MLB* 33, 803) allein durch diese Zusammensetzung schon keine imaginäre Identität und Einheit des Körpers zur Verfügung stellen kann. Huyssen hält diese Variante des Lacanschen Spiegelstadiums für Maltes Grundproblematik, derzufolge es kein Sehen gibt, ohne gesehen zu werden,[35] und er fährt fort:

---

34 Zur Deutung von Engel, Flug, Kugel und Ball als Metaphern für narzißtische Strukturen und deren Bedeutungswandel bei Rilke vgl. Becker-Grüll 1978, S. 96-109.

35 Vgl. zu dieser Problematik auch Peters 1992, S. 80 f., der die Spiegelszene in lacanianischem und hegelianischem Kontext interpretiert und sie zum Ausgangspunkt für seine Überlegungen zum fragmentierten Körper in *MLB* nimmt.

The passage in *Malte* could then be read as a breaking open of the initial narcissistic identification with the specular image, a disruption of narcissistic satisfaction by the recognition that there is no purity, no oneness of vision, but that the scopic field is always already split.[36]

Huyssen sieht an diesem Punkt die Verbindung sowohl mit den Erlebnissen des erwachsenen Malte in Paris, als auch mit dem Mythos der liebenden Frau und der Parabel des verlorenen Sohnes (Figuren, welche ebenfalls das Geliebtwerden verweigern), die er im zweiten Romanteil entwirft.

His learning to see is consistently disrupted and spoilt by the fact that he is being seen, an object of the gaze rather than its privileged subject. It is here, then, that Malte's childhood experiences mesh with his experiences of the modern city.[37]

Der gesamte zweite Teil, in dem der Erzähler ein Ideal des unerwiderten Liebens entwirft, stelle den Versuch Maltes dar, dem Blick zu entgehen und eine imaginäre Reinheit des Sehens wiederherzustellen. Bleibt man im Kontext der Ich-Psychologie, könnte man sagen, daß Malte versucht, sich narzißtischen Besetzungen in ähnlicher Weise zu verweigern, wie Frands sich am Ende von *FE* dem verweigert, was er »Gebärmutterzustand« nennt, der unreifen Bindung an eine Frauenfigur, die er in seiner Phantasie zur Mutter macht.

Damit liegt in bezug auf *FE* die Frage nahe, inwieweit die narzißtischen, vorödipalen Strukturen, die die Persönlichkeit Frandses sowie diejenige seiner Generation prägen, nicht universell, sondern geschlechtsspezifisch unterschiedlich ausgeformt sind bzw. in welcher Beziehung sie zur Ausbildung von Geschlechtsidentität stehen.

3.3. Verlorene Söhne im Matriarchat

3.3.1. Mütterdominanz und Männlichkeit in *Fodboldenglen*

Kohut und Miller zufolge ist die Ursache narzißtischer Störungen in dem Umstand zu suchen, daß narzißtisch bedürftige Eltern ihre Kinder nicht als Zentrum von deren eigenen Aktivitäten wahrnehmen, sondern sie für ihre eigenen Bedürfnisse verfügbar machen.[38] Für Kohut, noch deutlicher jedoch für seine Populisatorin Alice Miller, ist es in erster Linie die

---

36 Huyssen 1989, S. 130.
37 Huyssen 1989, S. 130 f.
38 Miller 1979, S. 63 f.

Mutter, die dafür zuständig ist, die narzißtischen Funktionen für das Kind zu übernehmen, und die, wenn sie dazu nicht in der Lage ist, das Kind narzißtisch besetzen wird. In *FE* findet sich genau diese Struktur, sie ist jedoch nicht allein dadurch geschlechtlich bestimmt, daß es sich um eine narzißtisch bedürftige Mutter handelt, sondern darüber hinaus dadurch, daß die Bedürfnisse, die der Sohn Frands seiner Mutter erfüllen soll, diejenigen sind, die eigentlich Aufgabe des Vaters wären. Der Erzähler schildert zunächst seinen Vater als von der Mutter terrorisierte »verwachsene Kinderleiche«. (*JE* 174) Er selbst hingegen traut sich, ihr contra zu geben, und erhält gerade deswegen ihre Anerkennung, eine Anerkennung, die eigentlich dem Vater gebührt hätte, den Sohn jedoch überfordert. Diese Art der Überforderung liegt seiner männlichen Identität zugrunde:

> Ihre ständigen Versuche, es auf die Spitze zu treiben, mit immer wilderer Heftigkeit, ist vielleicht ein langer Schrei danach gewesen, daß er damit aufhören solle, immer nachzugeben, daß er sich als Mann in dem Sinne zeigen solle, den sie respektieren konnte. Eben weil ich mich ihrer ganz sicher fühlte, habe ich mich gegen sie wenden können [habe ich ihren Respekt und grenzenlose Liebe bekommen können – *fehlt in der deutschen Übersetzung; S.v.S.*] und umgekehrt. Ich werde ein Mann, wie sie es verlangt, statt meines Vaters, aber aus diesem Grund nicht frei von ihr, im Gegenteil an die Wiederholung ihrer grenzenlosen Liebe gebunden, auf diese Weise bleibe ich in ihrem Mutterleib [wörtl.: ihrer Gebärmutter; S.v.S.]. (*JE* 175 f.)

> Hendes stadige forsøg på at køre den helt ud i en spids med stadig vildere trumfer har måske været et langt skrig efter, at han skulle lade være med bare at give efter, vise sig som en mand i den forstand, hun kan respektere. Netop fordi jeg har følt mig helt sikker på hende, har jeg kunnet stå op mod hende, få hendes respekt og grænseløse kærlighed og omvendt. Jeg bliver sådan en mand, hun forlanger, i stedet for min far, men ikke af den grund fri af hende, tværtimod bundet til gentagelsen af hendes grænseløse kærlighed, det er sådan jeg bliver i hendes livmoder. (*FE* 180)

Die vom Vater nicht erfüllten Wünsche der Mutter prägen also die Männlichkeit des Sohnes; oder, anders ausgedrückt, Männlichkeit wird bestimmt durch eine Absetzung von der Mutter (Frands stellt sich als

---

39 »[..] den fortrængte oplevelse af navnløs rædsel og panik, som også er en del af den barndom, jeg har gået rundt med en idyllisk erindring om, som led i mine løgne om migselv.« (*FE* 193)

einziger in der Familie ihr entgegen, und er bezeichnet sich ausdrücklich als Vaterkind). Diese Absetzbewegung führt jedoch paradoxerweise zu einer umso stärkeren Mutterbindung, da die Identität des Sohnes weiterhin darauf beruht, der Mutter zu gefallen, d.h. den Vater zu ersetzen.

Im letzten Viertel von Frandses Bericht tauchen, ausgelöst durch einen Angstanfall seines kleinen Sohnes, plötzlich Erinnerungen auf an »das verdrängte Erlebnis namenlosen Schreckens und der Panik, das auch einen Teil meiner Kindheit ausmacht, die ich bisher als Erinnerung an ein Idyll in mir trug, als Teil meiner Lügen über mein eigenes Selbst.«[39] (*JE* 187) Er erinnert sich insbesondere an ein Erlebnis, das die Erkenntnis seiner eigenen Sterblichkeit auslöste, einen Krankenhausbesuch beim sterbenden Vater seiner Mutter. Er findet allerdings als Kind keine Worte für diese plötzliche Todesangst, kann sie lediglich durch ein unartikuliertes Brüllen äußern (*FE* 190; *JE* 184) und später, als sie ihn immer wieder überfällt, durch die Flucht in den Schlaf am Eßtisch. (*FE* 191; *JE* 185) Zwei Umstände weisen darauf hin, daß Frandses Kinderängste, die zunächst als essentielle Todesangst erscheinen, eng verbunden sind mit den oben erwähnten Familienkonstellationen. Zum einen ist es der Vater, der ihn jedesmal aus diesem Zustand der Todesangst »erlöst«. (*FE* 191; *JE* 185) Zum anderen ist das unartikulierte Brüllen (»hyl«), mit dem er im Krankenhaus reagiert, ansonsten im Roman mit einer Angst vor dem Verschlungenwerden durch die übermäßig fürsorgliche Mutter oder auch einer Sehnsucht nach der Rückkehr in den Mutterleib verbunden. Im selben Kapitel bestärkt der Erzähler selbst die Vermutung, daß sowohl seine Todesangst als auch seine Todessehnsucht, die im Selbstmordversuch zum Ausdruck kommt, in Zusammenhang steht mit seiner starken Mutterbindung und deren ambivalenten Konnotationen. Im Rückblick bringt er die »Todesvisionen«, die ihn in den letzten Jahren befallen, in denen er mit Katrin zusammen wohnt, in Verbindung mit den eben erwähnten Kindheitsängsten, »auch wenn ich sie damals als die Situation auffasse, in der ich gelandet bin, nicht als etwas, was zurückkehrt.«[40] (*JE* 187) Und im selben Absatz gesteht er die Kehrseite dieser Ängste: »Ja, selbstverständlich habe ich auch Lust zu sterben, nicht mehr zu denken, fertig mit diesen Spannungen, dieser Unlust in mir und um mich herum: der definitive Rückzug in Mamas Bauch, verlockend und verführerisch.« (*JE* 188)[41]

---

40 »De sidste år, jeg bor sammen med Katrin, begynder jeg også at få dødssyner, selvom jeg dengang opfatter det som noget jeg er havnet i, ikke som noget der vender tilbage.« (*FE* 193)

41 »Jo, selvfølgelig har jeg også lyst til at dø, ikke tænke mere, færdig med disse spændinger, denne ulyst i og omkring mig: Det definitive tilbagetog til moars

Die Beziehung zur Mutter, die Sehnsucht nach und die gleichzeitige Angst vor der »Rückkehr in den Mutterleib« strukturiert also, ganz im Sinne der Objektbeziehungstheorie, Frandses Leben und seine davon gleichzeitig bedrohte und aus diesem Grunde fragile männliche Identität.

Und gerade aus der Angst heraus, selbst wie sein »verachteter Vater zu enden«, setzt er die Struktur der dominanten Mutter und des schwachen abwesenden Vaters paradoxerweise in seiner eigenen Familie fort. Er wird in dem Sinne nicht erwachsen, als er seine Angst, Schwäche zu zeigen, in seine Beziehungen zu Frauen hereinträgt und gleichzeitig die eigentlich an die Mutter gerichtete Forderung nach unbedingter hingebungsvoller Liebe auf seine Partnerinnen projiziert. Auch Katrin manipuliert er, so seine eigene Einsicht, auf diese Weise in die Mutterrolle. Im gleichen Maße, in dem er sie jedoch in dieser Rolle sieht, nimmt seine sexuelle Potenz ab, um schließlich während ihrer Schwangerschaft in völliger Impotenz ihr gegenüber und in seiner Untreue zu kulminieren. (Vgl. *FE* 200-207; *JE* 194-201) Als der Sohn geboren ist, wird Frandse schließlich selbst zum schwachen, unzureichenden Vater. Katrin wird aufgrund seiner mangelnden Unterstützung und aufgrund der eigenen Überforderung zu einer narzißtisch bedürftigen Mutter, die ihr Kind mit Liebe überschüttet, um sich »sicher und bestätigt zu fühlen«. (*FE*; *JE* 90)

Die Familienstruktur mit einer dominanten Mutter und einem schwachen Vater setzt sich dem Erzähler in *FE* zufolge jedoch nicht nur über die Generationen fort, gemäß Frandses Frage nach dem Zusammenhang zwischen »großer Geschichte« und »kleinen Geschichten« findet sie ihre Entsprechung in den Gesellschaftsstrukturen Nachkriegs-Dänemarks. Dies ist ein Umstand, der Poul Behrendt dazu veranlaßt hat, *FE* als »den unausgesprochenen und ausgesprochenen Gesprächspartner [s]einer Darstellung«[42] *Bissen og Dullen* (Der Rowdy und das Flittchen) zu wählen. In diesem Essay vertritt er die These, in den letzten 200 Jahren habe eine versteckte Gewichtsverschiebung stattgefunden von traditionell männlichen hin zu weiblichen Wertvorstellungen, Lebens- und Denkformen, eine Konstellation, die er als Matriarchat,[43] oder, in einem anderen

---

[sic] mave, tillokkende og fristende.« (*FE* 194) Das zum Aufschrei entstellte »moar« (statt »mor«, dän. für Mutter) verweist nochmals auf das Brüllen.

42 »[...] min fremstillings uudtalte og udtalte samtalepartner«. (Behrendt 1984, S. 20) Auch die beiden Titelwörter »Rowdy« oder »Halbstarker« und »Flittchen« entnimmt Behrendt *Fodboldenglen*. Frands selbst bezeichnet sich selbst mehrfach als »bisset« und Frauen wie Rita als »dulle«.

43 Vgl. Behrendt 1984, S. 84 f.

Buch, als »Matriarchat der Gegenwart«[44] bezeichnet. Diese bestenfalls mißverständliche Formulierung sowie das dahinterliegende Konzept soll im Abschlußkapitel ausführlich diskutiert werden. Im Zusammenhang mit *FE* ist Behrendt insofern recht zu geben, als der Ich-Erzähler selbst in diesem Roman solche in Behrendts Sinne »matriarchalen« Strukturen sowohl auf der Ebene der Kleinfamilie als auch auf der Ebene der Gesellschaftsorganisation wirksam sieht.

Zu Beginn seiner Aufzeichnung reflektiert er über seine finanzielle Lage, darüber, daß er seit Neujahr kein Geld verdient hat und demgemäß seine Rolle als Vater und Familienversorger nicht ausfüllt. Der hilflose und unzulängliche Vater Frands wird dadurch zunächst finanziell abhängig von seiner Frau, dann, nach seinem Selbstmordversuch, von seinen Eltern bzw. in erster Linie von seiner Mutter, die den Vater dazu veranlaßt, dem Sohn Geld zu geben. Als er deren Geld nicht mehr annehmen will, um der Abhängigkeit von der Mutter zu entkommen, geht er zum Sozialamt. Die Abhängigkeit wechselt, die Tatsache der Abhängigkeit Frandses jedoch bleibt, und die Institution des Wohlfahrtsstaates wird durch die Abfolge Mutter – Katrin – Sozialamt mit der mütterlichen Instanz assoziiert.

Später in Frandses Aufzeichnungen gewinnt der Feminismus die Rolle einer solchen »matriarchalen« Institution, auf die er die ambivalenten Gefühle zu seiner Mutter überträgt. Dies zeigt sich insbesondere, als Katrin sich der Frauenbewegung anschließt und feministische Ideen direkt in ihrem ehelichen Sexualleben verwirklichen möchte. Frandse reagiert zunächst so, wie es Elisabeth Badinter als typisch für den »vaterlosen Mann« und »mama's boy« beschrieben hat: »In der großen Zeit des Feminismus hat er die Werte der Frauenbewegung übernommen, um seiner Mutter einen Gefallen zu tun.«[45]

1973 geht sie in eine Basisgruppe in der Frauenbewegung, ich habe nicht die Spur dagegen, stelle mich von Anfang an wohlwollend dazu, kann selbstverständlich den Sinn in deren und später Katrins Forderungen und Einsichten sehen, gebe generös malechauvinistische Züge an mir selbst zu. Daran muß ich unbedingt etwas tun, es kommt bloß nicht alles auf einmal, nicht wahr? (*JE* 97)

---

44 Der Untertitel von Poul Behrendts Ausgabe und Kommentar zu Henrik Pontoppidans *Det ideale Hjem* lautet *Matriarkatet i nutiden*. (Behrendt/Pontoppidan 1994)
45 Badinter 1993, S. 185. Auch Ohlmeier 1990, S. 136 f., bemerkt, das Erstarken der Frauenbewegung stehe unter anderem in kausalem Zusammenhang mit einer mangelnden männlichen Identität. Diese Positionen dienen hier lediglich als heuristisches Werkzeug. Zur ihrer Diskussion vgl. Kapitel 5.1.2.

I 73 går hun ind i en basisgruppe i Kvindebevægelsen, det har jeg ikke spor imod, stiller mig fra begyndelsen velvilligt, kan sagtens se det rimelige i dens og efterhånden Katrins krav og indsigter, indrømmer generøst mandschauvinistiske træk hos mig selv. Dem må jeg se at gøre noget ved, det kommer bare ikke på én gang, vel? (*FE* 98)

Auch als Katrin einen »gleichberechtigten« sexuellen Stil fordert – sie möchte auf der Seite liegen, nicht unten – reagiert Frandse auf der rationalen Ebene verständnisvoll: »Was sie meint, verstehe ich ganz gut, mit meinen Kopf finde ich auch nicht, daß Frauen gedemütigt und bezwungen werden müssen, weder sexuell noch auf andere Art«.[46] (*JE* 197) Auf der emotionalen Ebene aktivieren Katrins Forderungen jedoch Frandses Mutterambivalenz. Zunächst gerät er in einen Zustand, der an die Todesängste seiner Kindheit erinnert, als Katrin ihm plötzlich die Anerkennung und Bestätigung als Mann entzieht: »wenn ich nicht fühle, daß ich ihre Sexualität habe, wird mir trotzdem angst und bange, fühle meine Identität von einem richtungslosen Dunkel bedroht«.[47] (*JE* 197) Als er sich später auf ihren weniger auf das Ziel des (männlichen) Orgasmus gerichteten Stil einläßt, erlebt er dagegen einen rauschartigen Zustand der absoluten Hingabe, der seinerseits auch mit dem »Gebärmutterzustand« assoziiert ist. (Vgl. *FE* 204; *JE* 198) Auch dieser Zustand jedoch hält nicht an. Frands erkennt, daß er sich nur auf Katrins Wünsche einläßt, um sie nicht zu verlieren, sich also erneut an den Wünschen der Frau/Mutter orientiert, um seine narzißtische Bestätigung nicht entzogen zu bekommen. Jonathan Rutherford hat den moralischen Impetus der feministischen Anti-Porno-Kampagne mit den moralisierenden Tendenzen in der Männerbewegung der 70er Jahre verglichen. Er weist darauf hin, daß eine Erotik, die auf ihre »netten« Komponenten reduziert werde, eine Sexualität idealisiere, die auf dem Modell der Mutter-Kind-Beziehung basiert.[48] Im Falle Frandses jedenfalls führt dieser neue Stil dazu, daß das Verhältnis zu Katrin immer mehr an erotischer Spannung verliert, daß sie immer mehr in die Mutterrolle für Frands gerät und daß er entsprechend mit Schuldgefühlen reagiert.

Der Erzähler in *FE* imaginiert also sowohl die Frauenbewegung als auch den Wohlfahrtsstaat in einer mütterlichen Position, von der er als »Sohn« abhängig ist, eine Abhängigkeit, gegen die er sich gleichzeitig

46 »Hvad hun mener, forstår jeg så godt, med mit hovede synes jeg hellerikke, kvinder skal ydmyges og bemestres, hverken seksuelt eller på anden måde«. (*FE* 203)
47 »[..] når jeg ikke føler, jeg har hendes seksualitet, bliver jeg alligevel angst og bange, truet på min identitet af et retningsløst mørke.« (*FE* 203)
48 Vgl. Rutherford 1992, S. 71.

immer wieder auflehnt. Er macht dadurch deutlich, wie sehr Familienbe-
ziehungen in seinen Augen als Modelle gesellschaftlicher und staatlicher
Strukturen dienen. Solch »matriarchale« Muster prägen jedoch nicht die
ganze Gesellschaft gleichermaßen. In seinen Augen ist die Welt seines
Fußballfreundes Frank sehr viel stärker von Vätern bestimmt als seine
eigene. Ihre Familien und Wohnungen unterscheiden sich zwar kaum,
obwohl Frandses Vater als Lehrer in einem Hort, Franks Vater dagegen
Schmied bei B&W ist, Frandses Familie also strenggenommen zur Mit-
telschicht, Frankes zur Arbeiterschicht gehört. (Vgl. *FE*; *JE* 66 f.) Die Unterschiede werden aber gerade im unterschiedlichen Rollenverhalten der
Elternfiguren sichtbar und spürbar. In Frandses Mittelklassefamilie gehört die Autorität, wie oben ausgeführt, der Mutter, in Franks Familie
hingegen dem Vater. (Vgl. *FE* 60 f., 67 f., 71 f.; *JE* 61, 67 f., 71 f.)

3.3.2. Mütterdominanz und Tod
in *Die Aufzeichnungen des Malte Laurids Brigge*

Auch Malte Laurids Brigges Männlichkeit ist von narzißtischen Besetzungen durch die Mutter geprägt. In der 31. Aufzeichnung, also derjenigen, die genau vor der oben analysierten Spiegelszene steht, erinnert
sich der Erzähler an Nachmittage mit seiner Mutter, die dem kleinen
Malte am Krankenbett Gesellschaft leistet. In diesen Situationen tauchen
Erinnerungen an noch weiter zurückliegende Ereignisse auf:

> Es fiel uns ein, daß es eine Zeit gab, wo *Maman wünschte*, daß ich ein
> kleines Mädchen wäre und nicht dieser Junge, der ich nun einmal war.
> *Ich hatte das irgendwie erraten*, und ich war auf den Gedanken gekom-
> men, manchmal nachmittags an Mamans Türe zu klopfen. Wenn sie
> dann fragte, wer da wäre, so war ich glücklich, draußen ›Sophie‹ zu
> rufen […]. (*MLB* 32, 800; Hervorhebungen S.v.S.)

Malte errät die unausgesprochenen Wünsche seiner Mutter und formt
sein Verhalten und seine Identität ihnen entsprechend. Wie stark diese
mütterlichen Wünsche auch in späteren Jahren sein Selbstverständnis
formen, kommt im Roman vielfach zum Ausdruck. Zunächst bringen sie
ihn dazu, in späteren Kinderjahren vom Verschwinden Sophies nichts
wissen zu wollen, sogar der Mutter zu widersprechen, als diese vorschlägt,
»daß sie gewiß gestorben sei«. (*MLB* 32, 801) Seine besondere Bindung an
und Identifikation mit ihm verwandten und historischen Frauengestalten, auf die an anderer Stelle noch ausführlich einzugehen ist, hängt
ebenfalls zunächst mit der Beziehung zur Mutter und deren Besetzungen
zusammen.

Wie in *FE* setzen sich solche narzißtischen Besetzungen über die Generationen fort. Als ›Letzter seines Geschlechts‹ gibt Malte sie zwar nicht in die nächste Generation weiter, offensichtlich ist jedoch schon die Familie seines Vaters »vaterlos« und im Behrendtschen Sinne »matriarchal«. Malte erinnert die Mutter seines Vaters als »die eigentliche Herrin auf Ulsgaard«, während sein Großvater »wenig zu sagen« hatte und sein Vater »ein äußerst respektvoller Sohn« gewesen sei. In dieser »vaterlosen« Welt ist nun aber, durch die allumfassende Dominanz der Großmutter, auch kein Platz für die Schwiegertochter, Maman, die Maltes Erinnerungen zufolge nur scheinbar die Rolle der Hausherrin übernimmt, während Frau Margarete Brigge weiterhin »ruhig entschied und verfügte.« (Alle Zitate: *MLB* 37, 819) Nicht einmal ihrer Krankheit und ihrem Tod gibt die eifersüchtige Schwiegermutter Raum:

> In jenem Herbst, als Maman starb, schloß sich die Kammerherrin mit Sophie Oxe [ihrer Gesellschafterin; S.v.S.] ganz in ihren Zimmern ein und brach allen Verkehr mit uns ab. Nicht einmal ihr Sohn wurde angenommen. Es ist ja wahr, dieses Sterben fiel recht unpassend. [...] Aber das allein war es nicht, Frau Margarete Brigge war empört, daß Maman starb; daß da eine Sache auf der Tagesordnung stand, von der zu sprechen sie ablehnte; daß die junge Frau sich den Vortritt anmaßte vor ihr, die einmal zu sterben gedachte zu einem durchaus noch nicht festgesetzten Termin. [...] Mamans Tod verzieh sie uns niemals ganz. (*MLB* 37, 822 f.)

Auch in *MLB* erzeugt die mutterdominierte Familie mit dem schwachen Vater eine besonders enge Beziehung zwischen Mutter und Sohn. Malte scheint Maman aber nicht, wie Frands seiner Mutter, den Ehemann zu ersetzen, sondern er figuriert in einer weiblichen Rolle, die – durch den Namen Sophie – mit der Beziehung der Kammerherrin zu ihrer Gesellschafterin und Zofe assoziiert ist.

Auch andere Familien als die der Brigges sind durch mutterdominierte Strukturen geprägt. Der Erzähler Malte schreibt ebenso wie der Erzähler Frands dem »Matriarchat« durchaus eine weitere gesellschaftliche Relevanz zu. In der 42. Aufzeichnung berichtet er über die Schulins, »ein mächtiges Geschlecht selbständiger Frauen« und fügt gleich hinzu: »Ich weiß nicht, ob es Söhne gab.« (*MLB* 42, 838) Männer und Jungen haben in diesem Frauenclan eine herausgehobene, jedoch zwiespältige Stellung. Sie stehen einerseits im Mittelpunkt des Interesses. So fühlt sich der »gute Graf Schulin [...], als ob er mit allen diesen Frauen verheiratet sei, und ging herum und küßte sie, wie es eben kam«, und der kleine Malte wird »unter den Frauen weitergegeben und befühlt und befragt.« (*MLB*

42, 838 f.) In beiden Formulierungen schwingt andererseits mit, daß weder Graf Schulin noch der kleine Malte ernstgenommen werden, ihnen wird vielmehr eine herablassend amüsierte Aufmerksamkeit entgegengebracht. Eine besondere Bedeutung kommt Männern erst im Todeskampf zu. Von Maltes Großvater Brigge wird berichtet:»Es war, als hätte er ihr [der Kammerherrin; S.v.S.] Ende abgewartet, um so rücksichtslos sterben zu können, wie er mußte.« (*MLB* 37, 823) Über diesen Todeskampf, für den »[d]as lange, alte Herrenhaus […] zu klein […] schien«, schreibt der Erzähler bereits ausführlich in der achten Aufzeichnung. Das Ende des Alten spielt sich in»seiner hochseligen Mutter Sterbezimmer«ab,»das ganz in dem Zustande, in dem sie es vor dreiundzwanzig Jahren verlassen hatte, erhalten worden war und das sonst nie jemand betreten durfte.« (*MLB* 8, 715). Der Tod des Kammerherrn wird zur Rückkehr in den Raum der Mutter. In derselben Aufzeichnung berichtet Malte über die Auswirkungen des lauten, schrecklichen Sterbens des Großvaters auf die gesamte Umgebung. Hier erwähnt er unter anderem die Reaktion schwangerer Frauen:

Und die Frauen, welche nahe vor dem Niederkommen waren, wurden in die entlegensten Stuben gelegt und in die dichtesten Bettverschläge; aber sie hörten es, sie hörten es, *als ob es in ihrem eigenen Leibe wäre* […]. Und die Kühe, welche kalbten in dieser Zeit, waren hülflos und verschlossen, und einer riß man die tote Frucht mit allen Eingeweiden aus dem Leibe, als sie gar nicht kommen wollte. (*MLB* 8, 719; Hervorhebung S.v.S.)

Die Föten im Mutterleib stehen hier in unmittelbarer Verbindung mit dem sterbenden Alten, das Nicht-Niederkommen-können wird mit dem mühsamen Sterben zusammengeführt, und Geburt und Tod sind Zustände, die mit dem Eingeschlossensein des Mannes im mütterlichen Körper in Verbindung stehen – dem»Gebärmutterzustand«von Nielsens Erzähler. Männer, so läßt sich schließen, sind in Maltes Darstellung vor allem in den Augenblicken »groß« und beeindruckend, in denen sie mit Krankheit, Tod und ihrem eigenen Scheitern konfrontiert sind. Das gilt auch für die kranken, sterbenden und scheiternden historischen Persönlichkeiten im zweiten Teil von *MLB*.

Das Mütterliche/Weibliche ist für Malte mit den Grenzbereichen von Geburt und Tod, Schwangerschaft und Krankheit verbunden.

Und was gab das den Frauen für eine wehmütige Schönheit, wenn sie schwanger waren und standen, und in ihrem großen Leib, auf welchem die schmalen Hände unwillkürlich liegen blieben, waren *zwei* Früchte: ein Kind und ein Tod. Kam das dichte, beinah nahrhafte Lächeln in ihrem ganz ausgeräumten Gesicht nicht davon her, daß sie manchmal meinten, es wüchsen beide? (*MLB* 9, 721; Hervorhebung im Original) Frauen und Mütter haben außerdem einen besonderen Bezug zum Bereich des »Wunderbaren«. Sein Gespür für das Wunderbare, das er allerdings explizit von den Märchen abgrenzt, die er und Maman aus einem Pflichtgefühl dem Vater gegenüber lesen, verbindet Malte daher mit der Mutter: »Wir hatten einen anderen Begriff vom Wunderbaren. Wir fanden, wenn alles mit natürlichen Dingen zuginge, so wäre das immer am wunderbarsten«, (*MLB* 32, 799) schreibt er über ihre gemeinsamen Nachmittage. Beim Besuch bei den Schulins nehmen nur Malte und Maman das verbrannte Haus der Familie als Geistererscheinung wahr und fühlen sich in ihrer einsamen Angst einander näher: »Aber wir ließen einander nicht los und ertrugen es zusammen; und wir blieben so, Maman und ich, bis das Haus wieder ganz vergangen war.« (*MLB* 42, 842)

Die Mutter-Sohn-Beziehung in Maltes Aufzeichnungen erscheint zunächst als ein ungebrochenes, wenn auch etwas melancholisch gefärbtes Idyll, das beiden Halt und Schutz gewährt und das Malte nach dem frühen Tod der Mutter in anderen Frauengestalten und in der Identifikation mit ihnen wiederzufinden sucht. Der Vater hingegen erscheint als derjenige, dem es an Verständnis für dieses spezielle Verhältnis zwischen Sohn und Mutter mangelt, der störend einbricht und die Trennung des Sohnes von der Mutter verlangt: »es war uns nicht angenehm, wenn irgend jemand eintrat, erst erklären zu müssen, was wir gerade taten; *besonders Vater gegenüber* waren wir von einer übertriebenen Deutlichkeit« (*MLB* 32, 799; Hervorhebung S.v.S.) berichtet Malte in der 32. Aufzeichnung, und auch in der vorangehenden 31. Aufzeichnung ist es der Vater, der den nächtlichen Besuch der besorgten Mutter am Krankenlager des Sohnes unterbricht: »Und wir blieben so und weinten zärtlich und küßten uns, bis wir fühlten, daß der Vater da war und daß wir uns trennen mußten.« (*MLB* 31, 798) Bei näherem Hinsehen erweisen sich sowohl die Beziehung zur Mutter wie die zum Vater jedoch als wesentlich komplexer und ambivalenter.[49]

---

49 Zur Mutterambivalenz Rilkes und deren Reflexion in *MLB* vgl. Kleinbard 1993, S. 57 und S. 82 f. In seiner psychologischen Studie zu Rilkes Leben und Werk identifiziert der Autor allerdings häufig zu unreflektiert Rilke und seine Protagonisten. Dieselbe Kritik betrifft die ansonsten informative Studie von Schank 1997 über Rilkes Vater und Vaterbild.

So erscheint die Mutter in der nächtlichen Fieberszene zwar einerseits als Retterin vor dem Grauen, das in Malte wächst. Der Erzähler hebt aber vor der Schilderung dieses nächtlichen Besuchs dessen Außergewöhnlichkeit hervor und weist damit auf die häufige Abwesenheit der Mutter hin:»Maman kam nie in der Nacht –,« so beginnt er, um dann fortzufahren:»oder doch, einmal kam sie«. (*MLB* 31, 797) Und es ist zwar der Vater, der in derselben Szene kein Verständnis für die fiebrigen Ängste des Sohnes zeigt, während die Mutter in der Lage ist, Schutz und Trost zu spenden, dieses Verhältnis findet sich an anderer Stelle jedoch gerade umgekehrt. Einige Jahre nach dem Tod der Mutter besucht Malte mit seinem Vater Urnekloster, den Sitz der mütterlichen Familie. Der Raum, in dem die Familie das Abendessen einnimmt, wirkt auf Malte ausgesprochen bedrohlich.

Dieser hohe, wie ich vermute, gewölbte Raum war stärker als alles; er saugte mit seiner dunkelnden Höhe, mit seinen niemals ganz aufgeklärten Ecken alle Bilder aus einem heraus, ohne einem einen bestimmten Ersatz dafür zu geben. Man saß da wie aufgelöst; völlig ohne Willen, ohne Besinnung, ohne Lust, ohne Abwehr. Man war wie eine leere Stelle. (*MLB* 15, 730)

Maltes Gespensterfurcht überfällt ihn hier in einem durch seine »Wölbungen« und die »saugende« Dunkelheit mütterlich konnotierten Raum. Dieser ist zudem durch die Formulierung, er sei »stärker als alles«, mit der Szene bei den Schulins assoziiert, in der es von der Konfrontation der Anwesenden mit dem »Unsichtbaren« heißt:»Und es war schrecklich, daß es stärker war als sie alle«. (*MLB* 42, 841) In der Szene auf Urnekloster ist es nun aber der Vater und nicht die Mutter bzw. eine mütterliche Figur, der trotz oder gerade wegen der Furcht, die auch ihn befällt, einen besonderen Kontakt zum Sohn aufrechterhält und ihm Schutz und Halt bietet:

Ich erinnere mich, daß dieser vernichtende Zustand mir zuerst fast Übelkeit verursachte, eine Art Seekrankheit, die ich nur dadurch überwand, daß ich mein Bein ausstreckte, bis ich mit dem Fuß das Knie meines Vaters berührte, der mir gegenübersaß. Erst später fiel es mir auf, daß er dieses merkwürdige Benehmen zu begreifen oder doch zu dulden schien, obwohl zwischen uns ein fast kühles Verhältnis bestand, aus dem ein solches Gebaren nicht erklärlich war. (*MLB* 15, 730)

In der 24. Aufzeichnung wendet sich der Erzähler erneut dem mütterlichen Schutz vor dem nächtlichen Grauen zu:

O Mutter: o du Einzige, die alle diese Stille verstellt hat, einst in der Kindheit. Die sie auf sich nimmt, sagt, erschrick nicht, ich bin es. Die den Mut hat, ganz in der Nacht diese Stille zu sein für das, was sich fürchtet, was verkommt vor Furcht. Du zündest ein Licht an, und schon das Geräusch bist du. Und du hältst es vor dich und sagst: ich bin es, erschrick nicht. Und du stellst es hin, langsam, und es ist kein Zweifel: du bist es, du bist das Licht um die gewohnten herzlichen Dinge, die ohne Hintersinn da sind, gut, einfältig, eindeutig. (*MLB* 24, 777 f.)

Das beschworene mütterliche Licht schützt Malte zwar vor dem »Grauen«, dem »Ungeheuren.« Das Dunkle, Erschreckende, »Große« ist aber nicht ausschließlich negativ konnotiert. Es taucht hier auf als Voraussetzung für das Neue, das »Wirkliche«, das Malte sucht. (*MLB* 23, 776) So wird ihm das tröstende mütterliche Licht eben auch zu einer hinderlichen Kraft, die den Zugang zu diesem »Ungeheuren« verstellt, indem sie es verbirgt.

Schließlich, so erweist sich am Beispiel des falschen Zaren Grischa Otropojew, kann gerade die Anerkennung durch die Mutter das Selbstvertrauen des Mannes untergraben. »Ob aber seine Unsicherheit nicht gerade damit begann, daß sie ihn anerkannte?« – fragt Malte sich bei der Erinnerung an die Erzählung vom falschen Zaren. Und er fährt fort:

Ich bin nicht abgeneigt zu glauben, die Kraft seiner Verwandlung hätte darin beruht, niemandes Sohn mehr zu sein. [...] Das Volk, das sich ihn erwünschte, ohne sich einen vorzustellen, machte ihn nur noch freier und unbegrenzter in seinen Möglichkeiten. Aber die Erklärung der Mutter hatte, selbst als bewußter Betrug, noch die Macht, ihn zu verringern; sie hob ihn aus der Fülle seiner Erfindung; sie beschränkte ihn auf ein müdes Nachahmen [...] (*MLB* 54, 882 f.)

Zusammenfassend läßt sich feststellen, daß die Identifikation des Sohnes mit der Mutter auf deren narzißtischen Besetzungen basiert. Kleinbard bemerkt hierzu:

In Malte's mind, [...] having a mother diminishes an individual, reduces him to someone he is not, ›a tired imitation‹ of her image of him, an inauthentic person who cannot be ›the magnificent self‹ he has it in him to create, hence, ›an impostor‹.[50]

Wenn Malte also die Verweigerung des Sohn-Seins hier und in seiner letzten Aufzeichnung, der Parabel vom verlorenen Sohn, propagiert, so läßt

---

50 Kleinbard 1993, S. 87.

sich diese unter anderem auch als Verweigerung solcher narzißtischer Besetzungen durch die Mutter interpretieren und damit auch als Ablehnung der damit zusammenhängenden »matriarchalen« Familien- und Gesellschaftsstrukturen. Die Geschichte vom verlorenen Sohn macht jedoch gleichzeitig deutlich, daß diese Verweigerung nicht nur die Mutter, sondern die gesamte Familie und damit auch die Vaterfigur und deren Erwartungen an den Sohn betrifft.

In *FE* wie in *MLB* sind also sowohl die Vater- wie die Mutterbeziehungen stark ambivalent bewertet. In beiden Romanen werden ähnliche Sehnsüchte nach Verschmelzen, Einheit und Schutz an die Mutter gerichtet, gleichzeitig löst das Mütterlich/Weibliche Todesängste aus, die wiederum mit narzißtischen Besetzungen durch die Mutter zusammenhängen. Darüber hinaus ist in beiden Texten eine Dominanz des mütterlichen Bereichs festzustellen, der das individuelle Schicksal des jeweiligen Protagonisten mit der Konstitution der jeweiligen Gesellschaft verbindet. Dieser »Matriarchatskomplex«, wie er mit Behrendt vorläufig genannt werden soll, hat in *FE* jedoch eine Kehrseite, die einen großen Teil der Romanhandlung bestimmt: die Freundschaft zwischen Frands und Frank und die Männerwelt des Fußballs.

3.4. Brüderhorde – Engelordnung

3.4.1. Männerbündische Strukturen in *Fodboldenglen*

»[D]er Hof, die Schule, das Viertel und das Sundby-Stadion mit dem *Vorwärts* Amager«, ein »feinmaschiges Netz von Gruppenloyalitäten und gemeinsamen Bedeutungen« bilden die Welt, in der Frands, unabhängig von der durch die Mutter dominierte Welt der Familie »Selbstbewußtsein und Selbständigkeit einerseits und Kameradschaft und Gruppensolidarität andererseits« erlebt.[51] (*JE* 64) Der Erzähler hebt kurz vorher ausdrücklich seine plötzliche Erkenntnis hervor, daß diese Welt, diese Lebensweise, die sich »[i]n unserem Fußballspiel [...] als Kunstform« verdichtet,[52]

---

51 »[..] gården, skolen, kvarteret og Sundby Idrætspark med Fremad Amager [..] Et fint net af gruppeloyaliteter og fællesbetydninger. Er det en hård verden, indebærer den for den, der klarer sig i den, samtidig en oplevelse af selvbevidsthed og selvstændighed på den ene side, kammeratskab og gruppesolidaritet på den anden«. (*FE* 63 f.)

52 »I vores fodboldspil fortættes hele vores levemåde som kunstform.« (*FE* 64)

(*JE* 64) eine reine Jungenwelt ist, (*FE* 60; *JE* 60) bzw. daß sowohl auf dem Hof wie in der Schule eine strenge Trennung zwischen den Geschlechtern herrscht. Die Jungengemeinschaft und später die Männerwelt des Fußballs ist – so Nielsens Erzähler – mindestens ebenso wichtig für die Bildung einer männlichen Identität wie die in 2.2. analysierten narzißtischen Besetzungen durch die Mutter:

> Ja, Katrin, die Sonntagskämpfe im Sundby-Stadion sind hauptsächlich eine Männervorstellung, mit Genüssen und Erfahrungen, von denen die Mädchen bereits unten auf dem Hof ausgeschlossen sind. Ja, ja, es ist eine Welt voller bierdunstiger Bescheuertheit, aber für uns, die wir dort sind, gleichzeitig ein Erlebnis von Wärme, Bestätigung, Gemeinschaft. Was an Gutem zu uns Männern gekommen ist, ist durch diese Art Welten gefiltert gekommen, man kann nicht einfach einen roten Strich quer durch uns ziehen und so unsere guten Eigenschaften von unseren schlechten trennen. (*JE* 119)

> Jo, Katrin, søndagskampene i Sundby Idrætspark er mest en mandeforestilling, med nydelser og erfaringer, pigerne er lukket ude fra allerede nede i gården. Jo, jo, det er en verden fuld af øllet bøvethed, men for os, der er der, samtidig en oplevelse af varme, bekræftelse, fællesskab. Hvad er der kommet af godt til os mænd, er kommet filtreret gennem den slags verdener, man kan ikke bare med en rød streg ned gennem os skelne vores gode egenskaber fra vores dårlige. (*FE* 121)

Die Anrede an Katrin in dieser Passage macht deutlich, daß die männerbündische Welt des Fußballs ein Gegengewicht zur mütterlichen Welt darstellt. Und je mehr Frands Katrin als Mutterfigur wahrnimmt, desto intensiver versucht er, den Schutz und die Sicherheit dieser Männerwelt zurückzugewinnen. Als er sich entscheidet, seine Examensarbeit über den Fußballclub *Vorwärts* zu schreiben, tut er dies aus »heimliche[m] Trotz gegen [Katrin] und unser gemeinsames Milieu«, und er fügt hinzu: »Auch Franke brauche [eigentlich »benutze«; S.v.S.] ich auf diese Weise«.[53] (*JE* 43)

Die Welt des Fußballs bildet also einerseits ein Gegengewicht zur mütterlichen/weiblichen Dominanz und zur vorödipal strukturierten Bindung des Mannes an die Frau/Mutter. Andererseits ist aber auch diese Männerwelt als präödipal und narzißtisch charakterisiert. Das gelungene Zusammenspiel in einer Fußballmannschaft wird in Worten geschildert,

---

53 »[…] hemmelig trods mod hende og vores fælles miljø [..]. Også Franke bruger jeg på den måde«. (*FE* 43)

die die Nähe dieses Zustandes zum »Gebärmutterzustand«, zur symbiotischen Einheit mit der Mutter, die vor der Bildung von Sprache und damit von Individualität und Selbstbewußtsein liegt, deutlich macht:

> Es ist ein gemeinsames Wissen, von den Körpern und den Augen erfaßt, sofort in Wirklichkeit übersetzbar, und das, bevor von einer Sprache und von einem Ich überhaupt die Rede sein kann, unmittelbar, ganz anonym, unmöglich zu sagen: ›Ich‹ bin nie einem anderen Menschen näher gewesen, vielleicht ein einziges Mal nur Katrin. Das liegt davor, geht allen Sätzen, die ich, du, er, sie, es in sich, mit sich haben müssen, voraus. (*JE* 29 f.)

> Det er en fælles viden, i kroppens og øjnenes opfattelse, færdig til at blive til virkelighed, og det er før den kan tales om et sprog og et jeg, umiddelbart ganske anonymt, umuligt at sige: ›Jeg‹ er aldrig kommet et andet menneske nærmere, måske kun en enkelt gang Katrin. Det ligger før, udenfor sætninger, der må have jeg, du, han, hun, den, det i sig, med sig. (*FE* 29)

Ebenso wie der symbiotische narzißtische Zustand der Bindung an die Mutter sind die männerbündischen Strukturen in *FE* ambivalent besetzt. Auf der positiven Seite bildet der rauschhafte Zustand des unmittelbaren vorsprachlichen Verstehens die Voraussetzung für Kreativität und Kunst. Auf der negativen Seite stehen Gewalt und Sadismus als integrale Bestandteile. In der Jungenwelt des Hofes konstituiert sich die hierarchische Hackordnung vor allem durch den Ausschluß und die Unterdrückung derer, die zu Sündenböcken und Außenseitern bestimmt sind, (vgl. *FE*; *JE* 59-62) eine Ordnung, in der der Erzähler nach eigenem Empfinden einen Platz im Mittelfeld einnimmt, während Frank als Arbeitersohn und erfolgreicher Fußballspieler eine höhere Position innehat. (*FE*; *JE* 62)

In 3.2. wurde ausgeführt, wie sich der Erzähler von *FE* des Rilkeschen Engels als Bild für die Ambivalenz narzißtischer Zustände bedient. Verständlich wird damit der Ausdruck »Ordnung« für die Jungengemeinschaft: Nielsen verwendet die Rilkesche »Ordnung der Engel«, um deren Ambivalenz zu charakterisieren. Diese »Ordnung der Engel« bezeichnet Frands an anderer Stelle als »ein Zusammenrotten von Brüdern«[54] (*JE* 171) und verweist damit auf die strukturellen Ähnlichkeiten zwischen der »Ordnung der Engel« und der »Urhorde«, die Sigmund Freud in seiner

---

54 »[…] En sammenrotning mellem brødre.« (*FE* 175)

anthropologisch-kulturtheoretischen Schrift *Totem und Tabu* als Grundlage jeder Gesellschaftsentwicklung bezeichnet hat.[55]

> Schon für die Jugend des alten Athen werden die Wettspiele Teil eines Kampfes für die Unabhängigkeit vom Vaterriesen, der seinerseits den kämpfenden Jünglingen einen schmachtenden Blick zuwirft, die totalitären Perser haben hingegen in der Antike keine Olympischen Spiele, habe ich irgendwo gelesen. Ist Franke, im Triumph hoch über Wembley schwebend, ein nachträglicher Freund der griechischen Jünglinge? (*JE* 171)

> Allerede for Athens ungdom bliver legenes kappestrid led i en kamp for uafhængighed af fader-kæmpen, der på sin side tilkaster de kæmpende ynglinge et smægtende blik, de totalitære persere har derimod i antikken ingen olympiske lege, har jeg læst et sted. Er Franke, højt svævende over Wembley i triumf, en søn kamerat til de græske ynglinge? (*FE* 175)

Nielsens Erzähler sieht also in der sportlichen »Brüderhorde« die Grundlage der Demokratie. Franke, der »Fußballengel«, ist in diesem Kontext eine Vorbildgestalt, die jedoch, wie der Held der Freudschen Brüderhorde »trotz aller unkameradschaftlichen Leidenschaften letzten Endes gleichaltriger Kamerad«[56] bleibt, (*JE* 171) ein »Führer«, mit dem sich die anderen Mitglieder der Gemeinschaft, Frands eingeschlossen, narzißtisch identifizieren können.[57] Freud verweist in *Totem und Tabu* auf die zentrale Bedeutung sublimierter Homosexualität in dieser Gesellschaftsformation – ein struktureller Zug, der auch die Fußballwelt von »FF« und die Beziehung zwischen den beiden Jungen prägt.[58] Angedeutet ist diese homoerotische Komponente der Beziehung zwischen Frank und Frands vor allem in den Szenen, in denen die beiden Jungen sich ein mit Matratzen ausgelegtes Versteck auf dem Dachboden des Fußballklubs gestalten. An diesem Ort des Rückzugs vor störenden Erwachsenen (*FE* 107 f.; *JE* 106 f.) finden die ersten gemeinsamen Onanieversuche der beiden statt. (*FE* 147; *JE* 144) Im Zusammenhang mit seinen »undeutlichen und

---

55 Vgl. Freud 1912 sowie Freud 1921. Zu einer ausführlichen Diskussion dieser Freudschen Gesellschaftstheorien und deren Wirkungen auf Theorien über Männlichkeit vgl. Kapitel 4.1. und 5.2.3.

56 «[…] sportshelten eller det sejrende hold forbliver, trods alle ukammeratlige lidenskaber, i sidste ende jævnaldrende kammerater«, (*FE* 175).

57 Vgl. Freud 1921, v.a. S. 98-103, 114-124.

58 Zu einer kritischen Diskussion dieser Zusammenführung von Homosexualität, Narzißmus und Männerbund vgl. Kapitel 5.2.3.

flackernden« Erinnerungsbildern spekuliert Frands selbst über ein möglicherweise verdrängtes homoerotisches Begehren:

In dem warmen Sonnenlicht liegen Franke und ich auf einigen Säcken in einer innigen Umarmung, wo wir uns gegenseitig einen runterholen, das Bild begleitet von der Empfindung seines warmen Samens auf meinen Händen in wenigen Augenblicken und einer Sicherheit, daß das hier nicht das einzige Mal ist: Vielleicht ist das Bild eine Zusammenfassung mehrerer Situationen. Kann es nicht festhalten, wenn ich versuche, hinter den Schimmer zu sehen, geht es aus, und es wird dunkel, kann nicht einmal feststellen, ob es eine wirkliche Erinnerung ist, irgendetwas bekommt mich bloß dazu, es zu glauben. Es könnte auch ein bisher unterdrückter Wunschtraum sein, in diesem Fall, von wann? Damals? Später? Vielleicht erst nach Frankes Rückkehr aus dem Ausland? Von vor kurzem? Die Kindheit wird auch rückwärts gefüllt. Hat es eine Bedeutung, ob es das eine oder das andere ist? Unter allen Umständen ist der Deckel fest zugeschraubt, habe keine unmittelbaren Gelüste nach dem Fleisch meines eigenen Geschlechts seither gehabt, im Gegenteil immer spontan mit Widerwillen auf Annäherungen von Männern reagiert. Auch wenn ich jetzt als aufgeklärter Mensch meine Reaktionen beherrschen kann, sind diese an sich nicht mit der Zeit aufgeklärter geworden. (*JE* 145)

I det varme sollys ligger Franke og jeg selv på nogle sække i en inderlig omfavnelse, hvor vi spiller den af på hinanden, billedet ledsaget af fornemmelsen af hans varme sæd på mine hænder om lidt og en vished om, at det her ikke er den eneste gang: Måske er billedet en sammenfatning af flere situationer. Kan ikke holde det fast, når jeg prøver at komme om bag glimtet, slukkes det, og der bliver mørkt, kan ikke engang fastslå, om det er en virkelig erindring, et eller andet får mig bare til at tro det. Det kunne også være en hidtil undertrykt ønskedrøm, i så fald fra hvornår? Dengang? Senere? Måske så sent som efter Frankes hjemkomst fra udlandet? Fra for ganske nylig, barndommen fyldes også bagud? Har det nogen betydning om det er det ene eller det andet? Under alle omstændigheder er låget skruet godt på, har ikke haft umiddelbare lyster til mit eget køns kød siden, tværtimod altid spontant reageret med modvilje ved tilnærmelser fra mænd. Omend jeg nu som oplyst menneske kan beherske mine reaktioner, er de ikke i sig selv blevet mere oplyste med tiden. (*FE* 148)

Die Beziehung zwischen Frank und Frands, und damit auch die gesamte männerbündische Welt des Fußballs ist also von latent homoerotischen

Strukturen geprägt, die einhergehen mit einer tief internalisierten Angst vor und Abneigung gegen Homosexualität – und diese Strukturen, so zeigt das Zitat weiter, sind eben nicht auf die Kindheit beschränkt, sondern prägen auch das Verhältnis der beiden erwachsenen Männer bis hin zu seinem gewalttätigen Ende, sowie vermutlich Beziehungen zwischen Männern im Roman überhaupt.[59]

Sublimierte Homosexualität prägt also, zusammen mit den oben analysierten »matriarchalen« Strukturen, Nielsens Erzähler zufolge die Welt, in der er aufwächst und lebt. Sigmund Freud macht in *Totem und Tabu* eine kurze Bemerkung, die auf einen Zusammenhang zwischen der von Bachofen postulierten mutterrechtlichen Gesellschaft und »homosexuellen Gefühlen und Betätigungen« in der Brüderhorde deutet.[60] Seit die Kategorie ›Männerbund‹ um die Wende zum 20. Jahrhundert Einzug ins wissenschaftliche und populäre Denken gehalten hat, ist sie als Gegensatz zum (immer auch als mütterlich dominierten) Bereich der Familie aufgefaßt worden.[61] Noch heute wird das Phänomen Männerbund, die angeblich universelle Existenz von Jungen- und Männergemeinschaften

59 Der Hinweis von John Mogensen 1981, S. 32 f., Klaus Rifbjergs *Den kroniske uskyld* (1958, »Die chronische Unschuld«) sei ein wichtiger Intertext für *FE* erhärtet die Vermutung, daß homoerotische Gefühle zwischen den beiden Jungen eine Rolle spielen. Bezeichnenderweise erwähnt Mogensen selbst nicht, daß es sich bei Rifbjergs Text um eine durchaus homosexuell gefärbte Erzählung handelt.

60 Freud erwähnt die Errichtung des Inzesttabus, in dem die Brüder, die den Vater der Urhorde getötet hatten, »auf die von ihnen begehrten Frauen verzichteten, um deretwegen sie doch in erster Linie den Vater beseitigt hatten. Sie retteten so die Organisation, welche sie stark gemacht hatte und die auf homosexuellen Gefühlen und Betätigungen ruhen konnte, welche sich in der Zeit der Vertreibung bei ihnen eingestellt haben mochte. Vielleicht war es auch diese Situation, welche den Keim zu den von Bachofen [1861] erkannten Institutionen des *Mutterrechts* legte, bis dieses von der patriarchalen Familienordnung abgelöst wurde.« (Freud 1912, S. 428)

61 Der Begriff »Männerbund« wurde von dem Ethnologen Heinrich Schurtz 1902 in seinem Werk *Altersklassen und Männerbünde. Darstellung der Grundformen der Gesellschaft* geprägt. Schurtz' Grundannahme, Männer hätten im Gegensatz zu Frauen einen ausgeprägten »Geselligkeitstrieb« und seien aufgrund dieses Triebes allein zur Bildung höherer sozialer Verbände fähig, wurde in den zwanziger Jahren von verschiedenen deutschen Autorinnen und Autoren aufgegriffen und, mit meist deutlich völkischem oder nationalsozialistischem Impetus, auf die germanische Geschichte und die zeitgenössische Gesellschaft angewendet. Hierzu gehören Blüher 1918, Höfler 1934, Bäumler 1934. Zum Überblick über Männerbundforschung und Männerbundideologie vgl. Völger/Welck 1990, sowie See 1994, S. 319-342. Vgl. auch Kapitel 4.2.

auf die Notwendigkeit einer Ablösung von der dominierenden Mutter und die Abwesenheit eines Vaters zurückgeführt, der dem Jungen diese Ablösung eigentlich ermöglichen soll.[62] Die französische Soziologin Elisabeth Badinter faßt diese Positionen folgendermaßen zusammen:

> Jungenbanden, -gangs, -mannschaften und -gruppen jeglicher Art sind weniger der Ausdruck eines Herdeninstinkts, der für ihr Geschlecht charakteristisch wäre, als vielmehr des Bedürfnisses, mit einer weiblichen Familienkultur zu brechen, um eine andere, männliche schaffen zu können. In Ermangelung eines Vatermodells der Männlichkeit tun sich die Jungen unter einem anderen, etwas älteren, etwas stärkeren oder etwas gewitzeren zusammen, einer Art älterem Bruder, einem *leader*, den man bewundert, den man kopiert und dessen Autorität man anerkennt.[63]

Poul Behrendt deutet in seinem Essay *Bissen og Dullen* die Freundschaft zwischen Frank und Frands in diesem Sinne. Dabei betont er besonders, in welchem Maße die dominierende Mütterlichkeit diese Jungenfreundschaft und das in ihr entstehende Männlichkeitsideal prägt.[64]

Auf seiner Suche nach dem Zusammenhang zwischen individueller Geschichte und gesellschaftlicher Entwicklung erweitert der Erzähler in *FE* diese Perspektive. Die Dichotomie zwischen »Matriarchat« und »Männerbund« spiegelt sich für Frands in den beiden Welten, die sein Leben prägen, der Welt des Fußballs und derjenigen der Studentenrevolte und linken Politik. Die beiden Sphären sind, wie in 2.2. am Beispiel des Engelsbildes ausgeführt, durch ähnliche Strukturen geprägt, vor allem durch den erotisch entgrenzten narzißtischen, kreativen Rausch und dessen Kehrseite, den Fall, die Desillusionierung, das Scheitern. Die Unterschiede zwischen den beiden Welten verlaufen entlang der Grenzlinien zwischen Klassen und Geschlechtern. In Frandses Perspektive ist die »Lebensform« des Fußballs diejenige der Arbeiterklasse; sie ist gleichzeitig bestimmt duch eine traditionelle Abgrenzung zwischen den Geschlechtern und eine »primitive« Männlichkeit.[65] Die intellektuelle und politische Welt, der Frands sich zuwendet, ist hingegen stärker geprägt von Frauen und von Änderungen im Geschlechtersystem. Hier trifft er

---

62 Vgl. dazu die übergreifenden Aufsätze in Völger/Welck 1990 Bd. 1, sowie Gilmore 1991.

63 Badinter 1993, S. 116 f.

64 Vgl. Behrendt 1984, S. 49, 248 f., 259.

65 So bezeichnet Behrendt 1984, S. 49, das Männlichkeitsideal, das Frands in der Kindheitswelt des Fußballs entwickelt.

Katrin, die zunehmend zur Mutterfigur wird, und hier entwickelt sich die Frauenbewegung, die auch seine eigene Männlichkeit schließlich in Frage stellt. Die Politik der Linken nach 1968 ist auch ein Versuch von Intellektuellen der Mittelklasse, die Verbindung zur Arbeiterklasse herzustellen. Der Erzähler in *FE* parallelisiert diese politischen Bestrebungen mit seinen eigenen Versuchen, die verlorene Fußballmännerwelt zunächst in seiner Examensarbeit und dann durch seine Verbindung zu Frank wiederzugewinnen. Durch diese Analogie legt er nahe, Politik immer auch als Geschlechterpolitik zu betrachten, oder genauer, die politischen Bestrebungen der Achtundsechziger als nostalgische Sehnsucht nach einer verlorenen Männlichkeit zu verstehen. Umgekehrt kann das politische Klassenengagement zur Waffe im Geschlechterkampf werden. Nach der Geburt des Sohnes, mit dem Verlust der narzißtischen Bestätigung durch seine Frau und den daraus resultierenden Ängsten um seine Identität und seinen Selbstwert, wendet sich Frands seiner Examensarbeit zu:

> Am Ende, um nicht ganz unterzugehen, verlege ich mich auf meinen Fußballengel, zwei Fliegen mit einer Klappe: Mit der Examensarbeit kann ich die Reste von dem, was ich bin, trotzig festhalten und gleichzeitig mein Studium fertigmachen, aus reinem Selbsterhaltungstrieb klären, wer ich bin und woher ich komme, und gleichzeitig zu was werden, jaja, so ist das: Sie kann die linke Bewegung mit allem Pipapo kriegen, ich nehme bloß den Fußball, und zwar so gerissen, daß ich versuche, so eine Art soziales Pathos hineinzulegen, da kann sie nicht nur nicht mit, weil sie eine Frau ist, sie kann auch nicht mit, weil sie die Tochter eines Schulrektors aus Virum ist. (*JE* 98)

> Til sidst, for ikke at gå helt under, slår jeg mig på min fodboldengel, to fluer med ét smæk: Med specialet kan jeg på én gang trodsigt fastholde resterne af det, jeg er, og gøre studierne færdige, af ren og skær selvopretholdelse klargøre, hvem jeg er og hvor jeg kommer fra og samtidig blive til noget, joe, sådan er det: Hun kan få venstrefløjen og hele pibetøjet, jeg tager bare fodbolden, og så udspekuleret, at jeg prøver at lægge en slags social patos ind i det, hun er ikke bare udenfor, fordi hun er kvinde, hun er også udenfor, fordi hun er skoleinspektørens datter fra Virum. (*FE* 99)

Der Erzähler leitet diese Passage nicht zufällig mit dem Begriff des »Fußballengels« ein. In diesem Bild sind die gesamten Ambivalenzen der nostalgisch zurückgewünschten Männerwelt des Fußballs aufgehoben. Diese Zweideutigkeiten werden nun auch als Geschlechterambivalenzen faßbar, ist Frandses »Engelordnung« doch einerseits ein Bereich, aus dem Frauen und Mädchen explizit ausgeschlossen sind, andererseits ein Bereich, der durch die Analogie zur »Gebärmutter« weiblich konnotiert ist.

3.4.2. Männerwelten und Männerbeziehungen in *Die Aufzeichnungen des Malte Laurids Brigge*

Die vorangegangenen Überlegungen zu *FE* werfen die Frage auf, ob Beziehungen zwischen Jungen und die Idealisierungen von Männergemeinschaften in einer historischen Vergangenheit nicht auch in *MLB* eine gewisse Rolle spielen, eine Frage, die meines Wissens bisher von der Forschung nicht einmal am Rande aufgegriffen worden ist. Der Zusammenhang, der in *FE* hergestellt wird zwischen der Dominanz der Mutter in der Familie und fürs Seelenleben des Mannes und der Bedeutung von Jungen- und Männerbeziehungen für die männliche Identität, ist geeignet, ein Licht auf einen bisher ebenfalls wenig beachteten Aspekt in *MLB* zu werfen: die Beziehung zwischen dem Kind Malte und seinem Cousin Erik Brahe sowie die Funktion der mit Erik assoziierten anderen Romanfiguren.

Als Mitglied der mütterlichen Familie und als kränkelndes, zartes Kind, trägt Erik einerseits »weibliche« Züge bzw. ist mit dem mütterlichen Bereich assoziiert.[66] Andererseits steht er vor allem in enger Verbindung mit dem sonderlichen, geistersehenden Großvater Brahe. Malte und Erik teilen im ganzen Roman nur zwei Erlebnisse, beide haben mit Christine Brahe zu tun, die auf Urnekloster spukt. Eriks und Maltes erste Begegnung findet während der oben erwähnten Abendmahlzeit auf Urnekloster statt, bei der die im Kindbett verstorbene Verwandte als Geist erscheint. (*MLB* 15) Während alle anderen, insbesondere Maltes Vater, wie paralysiert von dieser Geistererscheinung sind, stehen der Großvater und Erik mit ihr eher auf vertrautem Fuß. Dies legt eine Nähe des kleinen Erik zum weiblich/mütterlichen Bereich des Todes und der Geisterwelt nahe.[67] Diese Assoziationen werden bei der nächsten Erwähnung des Jungen in Aufzeichnung 34 aufgegriffen. Malte hat eines Nachts die Idee, Christine Brahes Bildnis in der Ahnengalerie auf Urne-

---

66 So etwa durch die wiederholte Versicherung Mathilde Brahes, »wie sehr [Erik] der alten Gräfin Brahe gliche, meiner Großmutter.« (*MLB* 37, 819)

67 Vgl. dazu auch den Kommentar von Small 1983, S. 14, der darauf verweist, daß »Eriks Augen (ein bewegliches und ein schielendes […] als Zeichen für seine Fähigkeit [dienen], gleichzeitig im Bereich des Lebens und des Todes zu Hause zu sein.«

kloster zu suchen und begegnet bei dieser Gelegenheit Erik im Dunkeln. Auch diesmal erscheint Erik rätselhaft und ambivalent – eine Person, dessen Freundschaft Malte begehrt, dessen Verhalten, insbesondere seine körperlichen Aktionen ihm jedoch unheimlich sind und ihn abstoßen.

> Er sprang mir nach und hängte sich an meinen Arm und kicherte.
> ›Was denn?‹ fuhr ich ihn an und wollte ihn abschütteln, aber er hing fest. Ich konnte es nicht hindern, daß er den Arm um meinen Hals legte.
> ›Soll ich es sagen?‹ zischte er, und ein wenig Speichel spritzte mir ans Ohr.
> ›Ja, ja, schnell.‹
> Ich wußte nicht, was ich redete. Er umarmte mich nun völlig und streckte sich dabei. (*MLB*, 35, 816)

Die Emphase der Umarmung sowie das Bild des spritzenden Speichels geben der Situation latent erotische Konnotationen. Sie kann als Parallelstelle zu den gemeinsamen Onanieszenen von Frands und Frank gesehen werden: beide spielen sich auf Dachböden ab, und in beiden Fällen geht es um die Faszination und Bedrohung, die von den sexuell getönten Handlungen zwischen zwei Jungen ausgehen.

Die Familienstrukturen in *MLB* lassen sich, wie gezeigt, mehrfach als »matriarchal« charakterisieren: Mütter und Frauen haben eine gewisse emotionale Dominanz, die sich auf die Identitätsbildung ihrer Söhne auswirkt. Die mütterliche Herkunftsfamilie dominiert deutlich diejenige des Vaters. Schließlich ist die väterliche Familie durch eine Dominanz der Großmutter geprägt. Diese »matriarchalen« Strukturen dürfen allerdings nicht in dem Sinne gedeutet werden, daß Frauen hier reale Entscheidungsmacht oder gesellschaftlicher Einfluß zukommt. Wie in *FE* geht es in *MLB* vielmehr darum, daß Frauen, Mütter, oder ein mütterlich konnotierter »matriarchaler« Raum Voraussetzung sind für die Beziehungen zwischen Jungen und Männern. Das »Matriarchat« wird damit zur Voraussetzung für die durch diese Verbindungen erzeugte und aufrechterhaltene Macht und, wie im folgenden noch zu zeigen sein wird, für die Kreativität von Männern.

Eine andere Schlüsselpassage, in der Malte mit dem Übersinnlichen konfrontiert ist, gibt weitere Hinweise auf die Rolle von Männern und ihren Verbindungen untereinander. Dem Kind Malte fällt beim Zeichnen ein Stift unter den Tisch. Als er sich auf die Suche nach ihm macht, scheint es ihm plötzlich, daß sich zunächst seine Hand selbständig macht, und schließlich, »daß ihr mit einem Male aus der Wand eine andere Hand entgegenkam« (*MLB* 30, 795) – ein Erlebnis, das bei ihm Faszination und Grauen auslöst. Diese Stelle ist ein weiteres Beispiel für die Fragmentierung Maltes und für seine inkohärente Identität.[68] Hier ist hingegen eher der Kontext von Bedeutung, in den der Erzähler dieses Erlebnis einschreibt. Er leitet die Aufzeichnung mit einem Bericht über die gescheiterten Versuche ein, Maman von diesem Erlebnis zu erzählen.

> Einmal [...] war ich nahe daran, Maman von der ›Hand‹ zu erzählen: in diesem Augenblick hätte ich es gekonnt. [...] [aber] ich fürchtete mich trotz der Dunkelheit vor Mamans Gesicht, wenn es sehen würde, was ich gesehen habe. (*MLB* 30, 792)

Offensichtlich hat er von Anfang an das Bedürfnis, sich durch Erzählen Erleichterung zu verschaffen, er nimmt jedoch davon Abstand, um seine Mutter zu schonen – ein weiteres Beispiel für die narzißtischen Strukturen der Mutter-Sohn-Beziehung. Gleich darauf erwähnt er Erik und seinen Wunsch, ihm diese Begebenheit anzuvertrauen. Hierfür nennt er ein anderes Motiv:

> Ein paar Jahre hernach, nach der merkwürdigen Nacht in der Galerie auf Urnekloster, ging ich tagelang damit um, mich dem kleinen Erik anzuvertrauen. Aber er hatte sich nach unserem nächtlichen Gespräch wieder ganz vor mir zugeschlossen, er vermied mich; ich glaube, daß er mich verachtete. Und gerade deshalb wollte ich ihm von der ›Hand‹ erzählen. Ich bildete mir ein, ich würde in seiner Meinung gewinnen (und das wünschte ich dringend aus irgendeinem Grunde), wenn ich ihm begreiflich machen könnte, daß ich das wirklich erlebt hatte. (*MLB* 30, 792)

Auch dieses Vorhaben Maltes scheitert zwar, sein Wunsch legt jedoch nahe, daß er sich von der Verbindung mit Erik Verständnis, Anerkennung und die Stärkung seines Selbstgefühls erhofft. Die Mutter hingegen, darauf deutet eine Bemerkung eine Seite später hin, ist offensichtlich nicht in der Lage, dieses Verständnis aufzubringen. Malte berichtet davon, was er seiner Meinung nach zeichnete, bevor ihm der Stift entglitt:

> Es waren Offiziere zu Pferd, die in die Schlacht ritten, oder sie waren mitten drin, und das war viel einfacher, weil dann fast nur der Rauch zu machen war, der alles einhüllte. Maman freilich behauptet nun immer, daß es Inseln gewesen waren, was ich malte; Inseln mit großen

---

68 Vgl. zur Interpretation dieser Passage als Beispiel der Selbstentfremdung z.B. Haustedt 1995, S. 38 f., Rugg 1993, S. 50 f. Aspetsberger 1997, S. 46 f., hingegen liest die Szene als sexuelle Begegnung zwischen Malte und «Mademoiselle».

Bäumen und einem Schloß und einer Treppe und Blumen am Rand, die sich spiegeln sollten im Wasser. Aber ich glaube, das erfindet sie, oder es muß später gewesen sein.

Es ist ausgemacht, daß ich an jenem Abend einen Ritter zeichnete, einen einzelnen, sehr deutlichen Ritter auf einem merkwürdig bekleideten Pferd. (*MLB* 30, 793)

Maman interpretiert also ein eher domestiziertes und weiblich besetztes Idyll, wo Malte eine männlich konnotierte Schlachtszene sieht. Die Offiziere, die Schlacht, auf die Malte so großen Wert legt, geben einen Hinweis darauf, daß militärische Strukturen für die Beziehungen zwischen Männern eine zentrale Rolle spielen, und die Erwähnung des Ritters legt nahe, die Herkunft von Männeridealen in einem romantisierten Bild des Mittelalters zu suchen.

Ein Großteil der männlichen Figuren, die in *MLB* erwähnt sind, haben eine militärische Vergangenheit (der Oheim ist verabschiedeter Major, *MLB* 15, 731), einen militärischen Rang (der Großvater ist General, *MLB* 15, 733), oder sind zumindest als Uniformträger gekennzeichnet (der Vater tritt häufig in seiner Jägermeisteruniform auf und liegt in dieser auf dem Totenbett, *MLB* 45, 852). Die im zweiten Teil geschilderten historischen Männerfiguren sind zum großen Teil Herrscher oder Heerführer, und es wird mehrfach von Schlachten berichtet. Und schließlich ist der durch seine Einäugigkeit mit Erik assoziierte Henrik Holck, dessen Bildnis Malte in der Ahnengalerie findet, bevor er auf Erik trifft, vor allem durch seine militärischen Verdienste charakterisiert. Das Kriegerische ist jedoch nur die eine Seite des Männlichkeitsideals dieser Schilderungen. Seine andere, zum Kriegerischen jedoch gerade nicht im Gegensatz stehende Seite, ist mit Spiritualität und Leiden verbunden. Neben Heeren, also militärischen Männergemeinschaften, treten in den Aufzeichnungen 61 und 62 die sogenannten Passionsbrüderschaften als Männervereinigungen anderer Art hervor. Spiritualität und literarische Schöpferkraft werden damit neben den militärischen Leistungen zu den eigentlichen Aufgaben von Männergemeinschaften.

Die Brüderschaften werden in Verbindung mit ihrem Protektor, dem wahnsinnigen König Karl VI, erwähnt, mit dessen geistiger und körperlicher »Verwundung« der in der Einsamkeit der Großstadt Paris schreibende Malte sich identifiziert, und der ihm eine Parallelgestalt zu den gefürchteten und idealisierten Armen der Großstadt, den »Fortgeworfenen« wird. William Small bezeichnet in seinem *Kommentar* die von diesen Brüderschaften aufgeführten Mysterienspiele treffend als »Zuflucht« für den König, der in seinem Wahnsinn »ratlos in der Flut der Ereignisse treibt«.[69] Damit hebt er auf die Parallele zwischen dem Geisteszustand des Königs und demjenigen Maltes in der modernen Welt ab, und er deutet die grundlegende Zwiespältigkeit des nostalgischen Rückblicks auf solche Männergemeinschaften an, die die gesamten *Aufzeichnungen* durchzieht. So sind zwar das Militär und die Uniformen als begehrenswert für Malte geschildert, die hohen militärischen Ränge der männlichen Familienmitglieder werden bewundert. Deutlich ist jedoch, daß all dies einer idealisierten, unwiederbringlich verlorenen Vergangenheit angehört. Die Freundschaft mit Erik und damit die Anerkennung seiner Identität und seiner übersinnlichen Erlebnisse durch einen anderen Jungen hingegen ist von vornherein ein nicht zu verwirklichendes Begehren Maltes. Wie die Freundschaft zwischen Frands und Frank in *FE* strukturiert der Wunsch nach der Freundschaft zu Erik zwar Maltes Männlichkeitsideal. Die Verbindung zwischen zwei Jungen, die »männerbündische« Komponente der Identitätsbildung Maltes, wird allerdings noch weniger verwirklicht als in *FE*, wo sie zumindest in der Kindheit realisiert scheint. In beiden Romanen ist eine Rückkehr zu diesen Männerwelten verstellt bzw. scheitert sie am Tod des jeweiligen Freundes.

Stahl verweist in seinem Kommentar zum *MLB* darauf, das Vorbild für Erik sei Rilkes Vetter Egon,[70] dem auch das achte Sonett des zweiten Teils der *Sonette an Orpheus* gewidmet ist – ein Text, an dessen Schluß das Ballspiel eine zentrale Rolle spielt, welches hier zudem mit dem Tod eines Kindes verknüpft wird. Nielsen entlehnt in *FE* das Bild des Engels sowie dessen Verknüpfung mit Bällen aus Rilkes Werk, um damit unter anderem die ambivalenten narzißtischen Strukturen der Fußballwelt Frandses und Frankes zu charakterisieren. Die wichtigsten Elemente dieser Strukturen finden sich nun in eben diesem achten Sonett wieder:

Wenige ihr, der einstigen Kindheit Gespielen
in den zerstreuten Gärten der Stadt:
wie wir uns fanden und uns zögernd gefielen
und, wie das Lamm mit dem redenden Blatt,

sprachen als Schweigende. Wenn wir uns einmal freuten,
keinem gehörte es. Wessen wars?

Aus diesen ersten Zeilen, insbesondere aus der Freude, die keinem einzelnen der Gespielen gehört, sondern allen, läßt sich auf ein unmittelbares, identifikatorisches Verstehen zwischen den Kindern schließen. Dieses,

---

69 Small 1983, S. 99.
70 Stahl 1979, S. 173.

so zeigt die nächste Zeile,»zerging« jedoch schnell. An die Frage der vorletzten Strophe:» *Was* war wirklich im All?«, schließt sich folgendes Ende
an:

> Nichts. Nur die Bälle. Ihre herrlichen Bogen.
> Auch nicht die Kinder... Aber manchmal trat eines,
> ach ein vergehendes, unter den fallenden Ball.[71]

Das Spannungsfeld, das zwischen den herrlich steigenden und dem
fallenden, todbringenden Ball aufgemacht wird, ist in der Ambivalenz
des Fußballengels gespiegelt. In beiden Romanen ist die identifikato-
rische, narzißtische Freundschaft zwischen Jungen Voraussetzung für den
euphorischen Höhenflug, sie ist jedoch gleichzeitig zum Scheitern, zum
Tod verurteilt.[72]

3.5. Narzißten und/oder Feministen – eine Zwischenbilanz

Hans-Jørgen Nielsen greift aus Rilkes Werk im allgemeinen und aus *MLB*
im besonderen vor allem die Metaphorik um die Figur des Engels, um
den Gegenstand des Balles und die Aktivität des Ballspiels auf. Die Analyse dieser Bildfelder in beiden Romanen verweist vor allem auf gemeinsame psychische Strukturen ihrer Protagonisten und Erzähler. Diese
manifestieren sich in folgenden Bereichen:

1) Freundschaften zwischen Jungen bilden eine wichtige Grundlage für
die Identitätsbildung der Protagonisten, und sie sind gleichermaßen
mitverantwortlich für die damit verbundenen Probleme. Jungenfreund-
schaften sind dabei eng verknüpft sowohl mit einer als emotional mäch-
tig erlebten Mutter (dem »matriarchalen« Element), als auch mit sozial

71 Rilke 1923a, S. 755 f.
72 Die geschlechtsspezifische Bedeutung der Bildbereiche Ball und Ballspiel bei Rilke beschäftigt auch Exner/Stipa 1987, S. 359-361. Sie betonen die Bedeutung des
achten Sonetts für diesen Themenbereich und stellen den gesamten Komplex in
den Zusammenhang mit Rilkes Androgynitätsideal, das auch in *MLB* eine zentrale Rolle spielt. Sie verweisen auf die Maskenszene in *MLB*, die oben als ein
Beispiel narzißtischer Strukturen gedeutet wurde. Darüber hinaus ziehen Exner
und Stipa die Verbindung zwischen diesen Figuren des Werfens und den Engeln.
Ballspiel und Engelsmetaphorik gehen also in Rilkes Werk eine enge Verbindung
ein, die Nielsen in *FE* wieder aufgreift, um die grundlegende Ambivalenz der narzißtischen »matriarchalen« und »männerbündischen« Persönlichkeitsstruktur seines Protagonisten und dessen Generation zu charakterisieren.

mächtigen traditionellen Formen des Zusammenschlusses unter Männern (in *MLB* der Kirche und dem Militär, in *FE* dem Sport), die alle von den Erzählern selbst ambivalent bewertet werden. Die von solchen männerbündischen Systemen geprägten Beziehungen zwischen Jungen und Männern scheitern, die jeweiligen Jungenfreunde (Erik und Frank) sterben und lassen ihre Freunde (Malte und Frands) in Identitätskrisen zurück, die diese selbst in die Nähe des Todes bringen. Und schließlich blicken beide Erzähler nostalgisch auf diese verlorenen Freundschaften und auf die verlorengegangene Sicherheit in ihrer männlichen Identität zurück.

2) Weiterhin lassen sich Ähnlichkeiten zwischen Frandses und Maltes Kindheitserlebnissen und -ängsten feststellen. Auch hierbei treten stark ambivalente Muster zutage: so sind ihre Erlebnisse einerseits erfüllt von rauschhaften Höhenflügen und Allmachtsphantasien (das Sich-Selbst-Werfen, das Fliegen), diese schlagen jedoch immer wieder um in vernichtende Todesängste. Diese Struktur des Schwankens zwischen Grandiosität und Depression wurde in 3.2.1. als narzißtisch gekennzeichnet.

3) Schließlich werden in beiden Romanen diese psychischen Strukturen von narzißtischen Besetzungen durch die Eltern, insbesondere die Mütter der Protagonisten, geprägt. Diese Besetzungen sind darüber hinaus verantwortlich für die Art, in der sich eine problematische, unsichere männliche Identität in den beiden Erzählern ausbildet. »Matriarchale« Familien- und Beziehungsstrukturen, die Angst vor und die Sehnsucht nach einer »Verweiblichung« des Mannes, sind also offensichtlich Komplexe, welche das Nachdenken über Männlichkeit sowohl um die Wende zum 20. Jahrhundert als auch gegen Ende dieses Jahrhunderts prägen. Diese Parallelen wurden bereits im ersten Kapitel am Beispiel der Romane von Knut Hamsun und Knut Faldbakken analysiert.

An diesem Punkt, den Schwierigkeiten mit einer männlichen Identität, finden sich die Hauptunterschiede zwischen *FE* und *MLB*, und diese Unterschiede sind offensichtlich ähnlich gelagert und motiviert wie diejenigen, die für *Pan* und *Glahn* konstatiert wurden. In *FE* führen die narzißtischen Besetzungen durch die Mutter, die matriarchalen Strukturen und die Suche nach Ausgleich in einer männerbündischen Welt dazu, daß Frands eine Art Hypermaskulinität entwickelt, sich als Rowdy (»bisse«) stilisiert, daraus seine Anerkennung und Bestätigung als Mann zieht, und, als diese ausbleibt, sich und andere in eine existentielle Krise stürzt. In *MLB* hingegen resultieren die erwähnten Familiensstrukturen von Anfang an in einer eher androgynen Identität des Protagonisten, oder, mit anderen Worten, in seiner Verweiblichung, ein Problem, das auch den Erzähler in *Pan* begleitet. Das Androgynitätsideal, die »androgyne

Geistigkeit«[73] des Autors selbst und seiner Figuren, ist ein Komplex, der die Rilke-Forschung seit langem beschäftigt.[74] In *MLB* tritt dieses Ideal nicht nur durch die Identifikation des Jungen mit der kleinen Sophie zutage, sondern im zweiten Teil des Romans vor allem durch die Identifikation des Dichters mit den »großen Liebenden«, den die Erwiderung ihrer Liebe verweigernden historischen Frauenfiguren, die gerade durch ihre Selbstlosigkeit, ihren Verzicht und die Abwesenheit eines liebenden Mannes die Fähigkeit zum kreativen Schreiben gewinnen. Kathleen Komar hebt die positiven Konnotationen hervor, die diese Eigenschaften für den Autor Rilke haben und sie zeigt am Beispiel seines Werkes, wie sehr Rilke selbst und sein Erzähler Malte sich mit diesem Ideal der weiblichen Schöpferkraft identifizieren.[75] Im gleichen Jahr stellt Andreas Huyssen diese positive Bewertung von Rilkes Androgynitätsideal in Frage und gibt der Diskussion um diesen Aspekt neue Anstöße, welche die Analyse von *MLB* bis heute prägen. Ausgehend von postfreudianischen psychoanalytischen Theorien, insbesondere der Objektbeziehungstheoretikerinnen und -theoretiker Melanie Klein, Margaret Mahler und Michael Balint konstatiert auch Huyssen eine »Dominanz der mütterlichen Sphäre« in Maltes Psyche, bewertet diese jedoch weniger positiv. Er zeigt, wie die Ambivalenz zwischen der Sehnsucht nach und der Angst vor der Verschmelzung mit der Mutter/dem Weiblichen von Malte im zweiten Romanteil gelöst wird durch die Vereinnahmung des Weiblichen. Der Erzähler erhofft sich daraus ein »neues Schreiben« als Erfüllung der narzißtischen Sehnsucht nach Omnipotenz. Im Gegensatz zum »faschistischen Mann« (und, so möchte man mit Bezug auf Kapitel 2 hinzufügen, zu Leutnant Glahn), der von ähnlichen psychischen Strukturen geprägt ist,[76] setzt sich Malte allerdings mit diesem Problemkomplex auf nicht aggressive Art auseinander bzw. richtet alle Gewalt und Aggression gegen sich selbst. Sein Bemühen scheitert Huyssen zufolge allerdings: Maltes Schreiben erhalte im Schlußteil des Romans die durch die Vereinnahmung des Weiblichen erhoffte narrative Kohärenz nicht, sei vielmehr als obsessive Vermeidungsstrategie in jedem Sinne zu charakterisieren. Ihm sei nicht einmal ein tragisches Scheitern zuzusprechen, sondern es führe einfach in eine Sackgasse.[77]

---

73 Stephens 1974b, S. 539.
74 Vgl. z.B. schon Simenauer 1953, Simenauer 1976b, Simenauer 1976a.
75 Komar 1989.
76 Vgl. Theweleit 1977.
77 Huyssen 1989, S. 135-137.

Michael Davis greift 1993 Huyssens Ansätze auf und denkt sie in Richtung auf den »Matriarchatsmythos« in *MLB* weiter. Er deutet den Roman als ein narrative Rekonstruktion der Mutter, in der der Erzähler die »feministische« Aufgabe übernehme, die Geschichte der Mutter in deren Sprache zu schreiben. Durch den Umstand, daß Malte die Mutter signifiziere, werde das entfremdende Patriarchat subvertiert, die Mutter als Erzählerin ermächtigt. Die »Anfänge« Maltes werden damit zum Erfüllen des Begehrens der Mutter. Davis selbst weist darauf hin, daß in *MLB* ähnliche Ideale vertreten würden wie im französischen Feminismus z.b. bei Julia Kristeva. »They both posit the anteriority of the mother and valorize the maternal metaphor«.[78] Sofern es sich bei dieser Denkfigur um einen logischen Fehler handle, sei dieser Kristeva ebenso wie Rilke vorzuwerfen. Im Lichte der oben erwähnten Narzißmustheorien ließe sich das »Erfüllen des mütterlichen Begehrens« allerdings als ausgesprochen ambivalentes Unterfangen fassen. Um die Frage nach der Bewertung des Komplexes der »Verweiblichung«, der Androgynität und deren Zusammenhang mit dem Schaffensprozeß zu beantworten, sollen zunächst die Zusammenhänge zwischen kreativem Schreibprozeß und männlicher Identität in den Romanen von Rilke und Nielsen untersucht werden.

3.6. Ich-Krisen – Schreibkrisen

3.6.1. *Fodboldenglen* und die Krise der paternalen Erzählung

[…] wir sprechen und argumentieren bei uns mehr als bei Franke zuhause, kriegen fast nie Schläge, das geschieht ab und zu bei ihm, und wird Franke von dem Hausmeister oder den Lehrern versohlt, finden seine Eltern das ganz in Ordnung, daß der Kerl ein paar gelangt bekommt, wenn er es nun einmal verdient hat. Meine Eltern finden sich nicht damit ab, daß ich geschlagen werde: ›Und dann ist dein Vater Lehrer und in einem Hort‹, sagt der Hausmeister und haut mir eine runter, *aber dann hole ich bloß meine Mutter, wir holen immer sie*, wenn wir uns mit dem Hausmeister in die Wolle kriegen, ich werde für den klugen Kopf der Familie gehalten und aus diesem Grund *fast ein bißchen verwöhnt*, keiner soll mir was tun, dann *fällt für Mutter der Hammer*. Franke wird *von seinem Vater* auch für etwas Besonderes gehalten, das führt allerdings in erster Linie dazu, daß er ihn härter anfaßt als die

anderen Geschwister, glaube ich, als ob er durch besondere Anforderungen ganz besonders auf ihn aufpassen würde. (*JE* 68; Hervorhebungen S.v.S.)

[...] *vi snakker og argumenterer mere hos os* end inde hos Franke, får næsten helleraldrig bank, det gør de undertiden derinde, og får Franke tæv af viceværten eller lærerne, synes hans forældre, det er i orden knægten får nogen på hovedet, når han nu har fortjent det. Mine forældre vil ikke finde sig i, at jeg bliver slået: ›Og så er din far fritidshjemslærer,‹ siger viceværten og klasker mig én, *men så henter jeg bare min mor, det er altid hende, vi henter,* når vi har lagt os ud med viceværten, jeg bliver regnet for familiens kloge hoved og af den grund *nærmest lidt forkælet,* ingen skal gøre mig noget, så falder *mors hammer.* Franke bliver også regnet for noget særligt *af sin far,* det får ham imidlertid i første omgang bare til nærmest at behandle Franke hårdere end de andre søskende, tror jeg, som om han ved en særligt krævende holdning vil passe ganske særligt på ham. (*FE* 68)

Frands bekommt die sprachliche Artikulationsfähigkeit sozusagen in die Wiege gelegt, sein »intellektueller Kopf« trägt dazu bei, ihm eine Sonderstellung in der Familie und der Gesellschaft, in der er aufwächst, zu verschaffen. Diese Sonderstellung sowie seine sprachlichen Fähigkeiten sind eng mit der Bindung an seine Mutter geknüpft, eine Bindung, die ihn nach eigenen Aussagen »verwöhnt« und »weicher« macht. Die Verbindung von Mutter und Sprache bzw. Intellektualität wird noch hervorgehoben durch den Vergleich mit Frankes Familie: Frankes herausgehobene Position beruht eher auf seinen körperlichen Leistungen, ist insbesondere mit dem Vater assoziiert und, im Gegensatz zur »Weichheit« Frandses, darüber hinaus mit körperlicher Gewalt. Frands studiert und arbeitet später als Journalist. Sprache und Argumentation behalten für ihn also ihre besondere Bedeutung, sie begründen seine berufliche Laufbahn und damit einen wichtigen Teil seiner Identität, während Frankes Berufswahl und Identität durch seine Vaterbindung bestimmt bleiben.

Sowohl die sprachlichen Fähigkeiten Frandses als auch deren Grenzen sind mit dem mütterlichen Bereich verknüpft. Die mit seiner Identitätskrise verbundene Sprachlosigkeit des Erzählers manifestiert sich im Romanverlauf immer deutlicher. In der Textpassage, die sich unmittelbar an die oben zitierte anschließt, berichtet Frands von einem Erlebnis mit einem erfolglosen Torwart, der von seinen Mitspielern und einer Gruppe zuschauender Jungen grausam verhöhnt wird. Frands bemerkt schon als Jugendlicher die Verletzlichkeit des Mannes und seine Einsamkeit, er empfindet Mitleid mit ihm und möchte den Ort verlassen. Er bleibt jedoch Frankes wegen, dessen Härte ihm erlaubt, an den Hohngesängen teilzunehmen. Der Erzähler schließt den Absatz mit folgenden Worten: »Erst viele Jahre später, bei [Frankes] Tod, erfahre ich das Zerbrechliche an Frankes viriler Härte, meine eigene Erfahrung von Sanftheit in mir behalte ich auch bis auf weiteres für mich, wie einen geheimen Riß.«[79] (*JE* 69) Frands stößt in dem Augenblick an eine Grenze seiner sprachlichen Fähigkeiten, als es um den Ausdruck der Verletzlichkeit von Männern geht. Die Erwähnung von Frankes Tod macht nicht nur darauf aufmerksam, daß er das Problem auf alle Männer hin verallgemeinert, sondern daß sich die Krise der Sprache insbesondere angesichts des Todes und der damit assoziierten Weiblichkeit/Mütterlichkeit manifestiert.

Sprachlosigkeit befällt Frands zum ersten Mal am Sterbebett des Großvaters – eine Situation, die ihm angesichts der Ängste seines Sohnes vor dem Phantasie-Tiger wieder einfällt. In 3.3.1. wurde erläutert, wie sich in dieser Situation die »namenlose« Todesangst mit der Angst vor der Frau und Mutter verknüpft. (Vgl. *FE* 193; *JE* 187) Die »unartikuliert bitter[e]« Reaktion des Erzählers auf das wachsende Selbstbewußtsein Katrins, als diese die Frauenbewegung für sich entdeckt, läßt sich als Ausdruck ähnlicher Ängste erkennen. Frands hält seine Bitterkeit für »sonderbar illegitim, auch für mich selbst, darum besteht sie noch hauptsächlich aus Blasen, die in der Schlammkiste versteckt sind.«[80] (*JE* 98) Für seine Ängste sieht er keine gesellschaftlich anerkannten Ausdrucksmöglichkeiten.

Die Verteidigungsmechanismen (Verdrängungen, Verschiebungen, Projektionen, Rationalisierungen) in Frandses Aufzeichnungen, die John Mogensen »Maskierungen« und »Mauerdeckungen«[81] genannt hat, las-

---

79 »Først mange år efter, ved hans død, erfarer jeg det skrøbelige ved Frankes virile blankhed, mine egne erfaringer om blødheder i mig holder også jeg indtil videre for mig selv, som en hemmelig brist.« (*FE* 69)

80 »Bliver altså mere og mere uartikuleret bitter [..], min bitterhed underligt illegitim, også for mig selv, derfor én der endnu mest bobler skjult i slamkisten.« (*FE* 98 f.)

81 Mogensen 1981, S. 37. Mogensen wählt bezeichnenderweise ein Bild aus der Männerwelt des Fußballs. In *FE* wird dieses Bild insbesondere am Romanende relevant. Frands entdeckt auf der Sportseite der Zeitung ein »heimliches Gegenbild« zu seinem Fußballengel, das für ihn die Verletzlichkeit von Männern symbolisiert, die sich »hinter der souverän schwebenden Gestalt« verbirgt: »Verletzbarkeit, alles andere als engelgleich, eher rührend, mit allen neun Schulterpaaren hastig über sich wegdrehenden Gesichtern zusammengezogen, die Hände als empfindliche Panzer vor dem Schwanz gekreuzt.« (*JE* 233) – »Sårbarheden, alt andet end englelig, snarest rørende, med alle ni skulderpar trukket hastigt

---

sen sich damit als Versuche einer »männlichen« Sprache identifizieren, die die Funktion hat, den verletzlichen Kern der männlichen Identität zu schützen. Männliche Sprache wird zur Kompensation genau dieser Schwächen, der Risse in der Männlichkeit, und sie geht – insbesondere im Angesicht der als machtvoll erlebten, todbringenden Frau – eine Allianz ein mit der sexuellen Dominanz des Mannes über die Frau. Frands entwickelt einen »brutal ungehobelten«, »draufgängerischen«[82] sexuellen Stil mit sadistischen Obertönen.

Ich bestätige mich selbst darin, daß ich ein richtiger Mann bin, der es ihr besorgen kann, während sie es als eine richtige Frau genießt, es von mir besorgt zu kriegen, natürlich. Ich bewähre mich, keine sichtbaren Risse hier. Rita habe ich längst hinter mir und nichts anderes mehr als eine unbestimmte Angst davor, irgendeine Art Riß zu zeigen, davon zurückbehalten. (*JE* 152)

Jeg bekræfter mig selv i, jeg er en rigtig mand, der kan ordne hende, der som rigtig kvinde nyder at blive ordnet, naturligvis. Jeg hævder mig, ingen synlige sprækker her, Rita er forlængst tilbagelagt som andet end en ubestemt angst for ikke at vise nogen form for sprække. (*FE* 155 f.)

Sein sexueller Stil dient Frands dazu, sich als »solider und kerngesunder« Mann zu bestätigen und seine Schwächen und Unsicherheiten bei der Begegnung mit Frauen zu verdecken. Als Katrin ihm diese Bestätigung in der Sexualität entzieht, funktionalisiert er sein Schreiben über Fußball, seine Examensarbeit in ähnlicher Weise als Bestätigung seiner Männlichkeit und Leugnung der Probleme und »Risse«. (Vgl. *FE* 99; *JE* 98) Er versucht, im Angesicht der Bedrohung durch eine selbständige und als fordernd und verschlingend erlebte Weiblichkeit, mit Hilfe seiner intellektuellen und sprachlichen Fähigkeiten an die vermeintlich heile, rein männliche Fußballwelt der Kindheit anzuknüpfen, eine Welt allerdings, die, wie das Beispiel des erfolglosen Torwarts zeigt, immer schon geprägt ist durch Brüche, Verletzlichkeit und die Unfähigkeit, diese zu artikulieren, durch das also, was Jonathan Rutherford programmatisch »Men's Silences« genannt hat. Nielsen greift damit eine Problematik auf, die, wie Rutherford in seinem gleichnamigen Buch zeigt, die gesamte westeuro-

---

sammen om bortdrejende ansigter, hænderne krydset som et skrøbeligt panser for pikken. […] Netop sådan det hemmelige modbillede, Katrin aldrig rigtig kom til at opdage, for den suveræne svævende skikkelse.« (*FE* 239)

82 »[…] pågående, litt overfaldsagtig […] det lidt brutalt bisseagtige«. (*FE* 155)

päische und amerikanische Männerbewegung kennzeichnet: die Unfähigkeit von Männern, Gefühle (vor allem der Schwäche) zu äußern, und der Versuch, eine angemessene Sprache für männliche Gefühle zu schaffen.

In seiner Analyse programmatischer Schriften der Männerbewegung in Großbritannien arbeitet Rutherford folgende grundlegende Problemkomplexe heraus: eine abnehmende väterliche Autorität in Gesellschaft und Familie und eine auffällige »omission within men's sexual politics of the mother. She is passed over in silence.«[83] »Vaterlosigkeit« und ein »Schweigen über die Mutter« prägen, wie gesagt, auch Frandses Aufzeichnungen. Rutherford entwickelt ein psychoanalytisches Modell, um diese Strukturen zu erfassen. Für ihn oszilliert die männliche Identität zwischen zwei Polen:

Masculinity is imbued with a rationalism which distances the boy from the troubling dilemmas of his pre-oedipal relationship with his mother. But the intellect cannot sustain itself cut off from emotional life. Masculinity in consequence cannot find a place to rest. It becomes an identity in oscillation between two poles. In flight from the maternal object it seeks its authority and meaning in the realm of the intellect and rationality. But the abandonment of the mental space of instinctual life, only heralds the predicaments and the threatened loss of the maternal object. Back it swings, desperately seeking a return to the maternal object in order to sustain and support it from disintegration.[84]

Rutherford formuliert das Problem schließlich als Sprachproblem: »The psychodynamics of masculinity are marked by the disjunction between feeling and language resulting from the antagonism between the maternal supplement and the paternal realm of language.«[85] Männliche Autorität stehe also in einem antagonistischen Verhältnis zum Repräsentanten des Mütterlichen in der Psyche des Mannes, dem gefürchteten und begehrten »maternal supplement«. Durch diesen überdeterminierten Antagonismus werde eine eine »kulturelle Erzählung« produziert, »eine Fiktion männlicher Überlegenheit und Potenz«, die »paternale Erzählung« (»paternal narrative«).[86]

Frandses Lügen, Maskeraden und »Mauerdeckungen« in *FE* können als eine solche paternale Erzählung charakterisiert werden. Nielsen ver-

---

83 Rutherford 1992, S. 19, vgl. S. 18-22.
84 Rutherford 1992, S. 120.
85 Rutherford 1992, S. 121.
86 Alle Zitate Rutherford 1992, S. 122, Übersetzungen S.v.S.

wendet eine Metapher aus der bildenden Kunst, um die linearen, mit patriachaler Macht verbündeten männlichen Erzählungen zu charakterisieren, die »Zentralperspektive«. Die Auseinandersetzungen mit Katrin entzünden sich immer wieder an der Photographie des »Fußballengels«, einem Bild, das, wie beide feststellen, alle Regeln des »westlichen Kulturerbes« erfüllt und darum von Katrin als Ausdruck des bürgerlichen Individualismus, der westlichen Raum- und Naturbeherrschung und damit letztlich der internalisierten patriarchalen Unterdrückungsmechanismen abgelehnt wird. (Vgl. *FE*; *JE* 47) Frands hingegen versucht, nicht nur durch das Bild, sondern vor allem auch durch sein wissenschaftliches Schreiben über seinen Fußballclub, gerade diese Zentralperspektive, sein bedrohtes »paternal narrative« wiederherzustellen – ein Versuch allerdings, der zum Scheitern verurteilt ist und in zunehmender Sprachlosigkeit endet. Seine Examensarbeit bleibt unvollendet, und seine nostalgische Rückbesinnung auf die Welt einer gesicherten ungebrochenen Männlichkeit, die er in den wortlosen Trinkexzessen mit Frank und in der ebenso wortlosen sexuellen Beziehung zu Rita sucht, führt außerdem direkt in die Katastrophe, in den Tod einer ganzen Familie. Angesichts dieses Todes kulminiert die Sprachlosigkeit des Erzählers: er berichtet nicht selbst über den Mord und Selbstmord, er zitiert anstelle dessen aus der Regenbogenpresse. (*FE* 230 f.; *JE* 224 f.) Wie schon am Beispiel von *Pan* und *Glahn* gezeigt, erzeugt also auch hier die Sprachlosigkeit Gewalt des Mannes gegen Frauen, gegen andere Männer und gegen sich selbst. Anders ausgedrückt: die paternale Erzählung, die sprachliche Entsprechung des theweleitschen Körperpanzers, endet wie in *Pan* in einer gewaltigen, zerstörerischen »Explosion«.[87]

Dieses Scheitern, die Explosion, die Katastrophe, führen jedoch auch dazu, daß sich Frands nach seinem eigenen Selbstmordversuch auf die Suche nach einem anderen Erzählen macht, nach Auswegen aus dem »paternal narrative«, der Zentralperspektive. Er verwirft diese nicht vollständig, und vermeidet damit einen Fehler, den Rutherford der Männerbewegung vorwirft, nämlich der Rationalität und Vernunft völlig den Rücken zu kehren, und Gefühl und Erfahrung für die alleinige Quelle der Wahrheit zu halten.[88] Frands entdeckt den Umweg, den gewundenen Weg, als Möglichkeit, neu und anders zu erzählen und damit ein verändertes Verhältnis zu seiner Identität und seiner eigenen Geschichte zu gewinnen. Ihm geht es nicht nur darum, die zerstörerischen Seiten einer narzißtischen Männlichkeit zu überwinden, sondern auch darum,

---

87 »Explosion« ist eine häufig gebrauchte Metapher in *FE*, vgl. Kapitel 3.7.1.
88 Vgl. Rutherford 1992, S. 48.

in diesem Prozeß die positive Seite narzißtisch-symbiotischer Zustände zu finden.[89] Sein Tagebuch endet mit einem Lob der Ambivalenz, einem Versuch, Zentralperspektive und das Nahe und Verwirrende neben- und miteinander existieren zu lassen.

Wissen und Überblick sind immer noch ein Erfordernis, ja, aber nicht als Abschirmung gegen das Nahe und Verwirrende, sondern dagegen, ständiger Unwissenheit ausgesetzt zu sein, es ist zwar leicht, die Überzeugung aufrechtzuerhalten, daß der Überblick die Geschichte beherrschen kann, so lange, wie du das Ganze in einem umgekehrten Fernglas ganz von oben siehst, hier unten lassen sich die Geschichten nicht sofort in ein und dieselbe Geschichte verstauen, und dieser Morast ist die Unterlage jedes geordneten Überblicks, hier unten muß man dribbeln, sich mittenhinein wagen können. (*JE* 233)

Viden og overblik fortsat en nødvendighed, ja men ikke som afskærmning mod det nære og forvirrende, mod udsathed for stadig uvidenhed, let nok at opretholde den overbevisning, at overblikket kan beherske historien, så længe du ser det hele i en omvendt kikkert højt oppe fra, hernede lader historierne sig ikke straks genne ind i én og samme historie, og det morads er underlaget for alle ordnende overblik, hernede er det nødvendigt at drible, ude i det, midt i det. (*FE* 239 f.)

3.6.2. *Die Aufzeichnungen des Malte Laurids Brigge* und das Ende der Einheit des Erzählens

Hans-Jørgen Nielsen läßt seinen Protagonisten Frands an zwei Schreibvorhaben scheitern, der Examensarbeit und seiner Übersetzung des »Leitfaden Italien« – beide Arbeiten wurden oben als Beispiele einer zu überwindenden paternalen Erzählung charakterisiert. Nielsens Protagonist setzt sich darüber hinaus jedoch auch mit einer anderen für ihn historischen Form des Schreibens auseinander – mit Rilkes Gedichten, die er im Bücherregal seiner Wohngemeinschaft entdeckt, alphabetisch »eingeklemmt zwischen dem strahlenden Beginn der sowjetischen Revolution vor (in einigen Wochen) sechzig Jahren und ihrem ebenso stinkenden wie rapiden Verfall«.[90] (*JE* 10) In seinem neuen »labyrinthischen«

---

89 Vgl. dazu auch Nielsens Lob des Narzißmus im Schreibprozeß in Nielsen/Svendsen 1979, S. 51.

90 »[…] indeklemt mellem den sovjetiske revolutions strålende begyndelse for (om få uger) 60 år siden og dens lige så stinkende og hurtige forfald«. (*FE* 11)

Schreiben versucht sich Frands an einer Integration dieser gegensätzlichen Schreibweisen. In Rilkes *MLB* finden sich strukturell ähnliche Auseinandersetzungen des Protagonisten; auch seine Identitätskrise spielt sich ab im Spannungsfeld zwischen einer »alten« Form von Kunst und Literatur und damit einer Form der Identität und der verzweifelten Suche nach einer neuen.[91]

Bei der Niederschrift seiner Aufzeichnungen bezieht sich Malte auf literarische Vorläufer und auf andere Künstlerpersönlichkeiten, und er identifiziert sich auf vielfältige Weise mit ihnen. Eine der fiktiven Identifikationsfiguren, die insbesondere in seinen Kindheitserinnerungen auftauchen, ist sein Großvater mütterlicherseits, der alte Graf Brahe, der im Alter beginnt, seine Memoiren zu verfassen. Allerdings handelt es sich dabei

nicht um politische oder militärische Erinnerungen [...], wie man mit Spannung erwartete. ›Die vergesse ich‹, sagte der alte Herr kurz, wenn ihn jemand auf solche Tatsachen hin anredete. Was er aber nicht vergessen wollte, das war seine Kindheit. Auf die hielt er. (*MLB* 44, 846)

Schon der Großvater leidet unter der Einsicht, daß die Orientierung an der traditionellen Literatur nicht mehr ausreicht, ihm ein Gefühl von Identität und Zusammenhang zu vermitteln:»Die Bücher sind leer«, schreit er, und hält dieser blutleeren Literatur entgegen:»das Blut, darauf kommt es an, da muß man drin lesen können.« (*MLB* 44, 848) In der Genealogie, in mythischen Familienbindungen versucht er, etwas vom eigenen Sein zu finden, ein»gegenwärtig Sein«, das der bewunderte und abenteuerliche Marquis de Belmare, den er als Kind kannte, noch besaß: »aber er *war*«, ruft der Großvater Abelone gegenüber aus. Der Großvater versucht also noch, über seine Vorfahren eine paternale Linie, eine paternale Erzählung zu erstellen, während für Malte von vornherein klar zu sein scheint, daß das Anknüpfen an die väterliche Linie längst nicht mehr möglich ist.

Daß man erzählte, wirklich erzählte, das muß vor meiner Zeit gewesen sein. Ich habe nie jemanden erzählen hören. Damals, als Abelone mir von Mamans Jugend sprach, zeigte es sich, daß sie nicht erzählen könne. Der alte Graf Brahe soll es noch gekonnt haben. Ich will aufschreiben, was sie davon wußte. (*MLB* 44, 844)

---

91 Vgl. hierzu Thibaut 1990, S. 177, demzufolge Maltes Persönlichkeitskrise sich als Schreibkrise äußert. Fülleborn 1997 hat erneut auf die radikal innovative Qualität von *MLB* hingewiesen und den Roman als einen von mehreren »Durchbrüchen zur Moderne« bezeichnet.

Was bleibt, ist das inhaltsleere Erzählen über ein vergangenes Erzählen, vermittelt zudem über eine Frau, von der er sagt, daß sie nicht erzählen kann. Erzählen, Männlichkeit und Vergangenheit gehören in *MLB* also in eine Assoziationsreihe. Sie werden auch in der 16. Aufzeichnung aufgerufen. Hier berichtet Malte von einem Dichter,[92] der unter idyllischen Verhältnissen im Gebirge lebt, »in der stillen Stube eines ererbten Hauses [...] unter lauter ruhigen, seßhaften Dingen« (*MLB* 16, 746) – ein Dasein, das dem des heimatlosen, isolierten und verarmten Stadtbewohners Malte diametral entgegengesetzt ist und das dieser nur noch nostalgisch imaginieren kann:

Und zu denken, daß ich auch so ein Dichter geworden wäre, wenn ich irgendwo hätte wohnen dürfen [...]. Da hätte ich drinnen gelebt mit meinen alten Dingen, den Familienbildern, den Büchern. [...] ein Buch [hätte ich gehabt] in gelbliches, elfenbeinfarbiges Leder gebunden mit einem alten blumigen Muster als Vorsatz: dahinein hätte ich geschrieben. Ich hätte viel geschrieben, denn ich hätte viele Gedanken gehabt und Erinnerungen von Vielen. Aber es ist anders gekommen, Gott wird wissen, warum. Meine alten Möbel faulen in einer Scheune, in die ich sie habe stellen dürfen, und ich selbst, ja, mein Gott, ich habe kein Dach über mir, und es regnet mir in die Augen. (*MLB* 16, 746 f.)

Ein anderer »Einsamer«, in Maltes Augen ebenfalls Gescheiterter, ist Henrik Ibsen, der »Eigensinnige« aus Maltes 27. Aufzeichnung. Paradoxerweise hält er Ibsen gerade aus dem Grunde für gescheitert, weil er trotz seiner im Grunde einsamen Innerlichkeit Ruhm und öffentliche Anerkennung erhielt. Er verfällt nach Ansicht des Erzählers der Illusion, mit der »alten«, überholten Form des Dramas das Neue ausdrücken zu können, das in ihm bereits gärt. Für Malte ist das Drama eine Gattung der »Gemeinsamkeit.« (Vgl. z. B. *MLB* 64, 922) Über Ibsens Werk schreibt er:

Dein Theater entstand. Du konntest nicht warten, daß dieses fast raumlose von den Jahrhunderten zu Tropfen zusammengepreßte Leben von den anderen Künsten gefunden und allmählich versichtbart werde für einzelne, die sich nach und nach zusammenfinden zur Einsicht [...] (*MLB* 27, 784)

---

92 Der Name des Dichters (es handelt sich um Francis Jammes) wird ebensowenig genannt wie derjenige Baudelaires in anderen Kapiteln. Vgl. dazu Small 1983, S. 176.

Ibsens Tragik liegt also darin, daß er sich anachronistischer Mittel bedient, um das noch nicht formulierbare Neue, nach dem auch Malte sucht, auszudrücken. Malte schließt diese Aufzeichnung mit folgenden Worten:»denn es war dir der Gedanke gekommen, ob man nicht eines Tages etwas machen könnte aus ihnen, wenn man sich entschlösse anzufangen.« (*MLB* 27, 785) Einen solchen Anfang zu finden ist nun aber gerade Maltes Ziel. (Vgl. z. B. *MLB* 14, 723) Er knüpft mit seinem eigenen Schreiben an die Vision an, die er Ibsen unterstellt, sieht sich in gewissem Sinne als dessen Nachfolger. Voraussetzung für einen solchen Anfang wird ihm gerade die Einsamkeit, die Isolation und die Zerrissenheit, die er für sich selbst, im Gegensatz zum Dichter der 16. Aufzeichnung konstatiert, und die er an Ibsen bewundert.

Wie in *FE* ist die Krise, der Zusammenbruch des Ich-Erzählers verbunden mit Ängsten, die in die Kindheit zurückreichen, Ängsten, die mit Tod und Weiblichkeit assoziiert werden. (Vgl. 3.3.2.) In der Auseinandersetzung mit dieser Krise nehmen Literatur und sein eigenes Schreiben eine ambivalente Rolle ein. Schon in der Kindheit, im Zusammensein mit Maman, wird Kunst, in der 41. Aufzeichnung symbolisiert durch wertvolle Spitzen, einerseits zur Offenbarung wunderbarer, idyllischer Welten. Andererseits bergen diese phantastischen Landschaften immer die Assoziation des Todes in sich:»die Zweige hingen so merkwürdig abwärts, es konnte wohl ein Grab darunter sein, aber das verbargen wir voreinander.« (*MLB* 41, 835) Offenbar kann und darf, so legt der Nebensatz nahe, die Todesnähe zwischen Maman und Malte nicht in Sprache gefaßt werden – Malte verbirgt es in ähnlicher Weise vor ihr, wie schon das Erlebnis mit der Hand, so daß es erst in den Aufzeichnungen, die sich an keinen Adressaten richten, zu Wort kommt.

Kunst und Maltes eigenes Schreiben dienen, wie dasjenige Frandses, zunächst dazu, Tod und Chaos abzuwehren. Sie sind Mittel gegen die Bedrohung, die Krise, den Zerfall und zeitigen eine beruhigende und heilende Wirkung.»Ich habe etwas getan gegen die Furcht. Ich habe die ganze Nacht gesessen und geschrieben, und jetzt bin ich so gut müde wie nach einem weiten Weg über die Felder von Ulsgaard«, (*MLB* 10, 721) schreibt der Erzähler in der 10. Aufzeichnung und parallelisiert damit eine idyllisierte, Sicherheit gebende Vergangenheit mit dem Akt des Schreibens. Schutz, Beruhigung und Struktur im chaotischen Treiben der Großstadt Paris bieten Malte vor allem Buchläden und Antiquariate – auch auf diese Stätten richtet sich also sein vergeblicher Wunsch nach Ruhe:»[I]ch wünschte manchmal, mir so ein volles Schaufenster zu kaufen und mich mit einem Hund dahinterzusetzen für zwanzig Jahre.« (*MLB* 17, 747) Die abwehrende und beruhigende Funktion der Dichtung wird besonders deutlich in Maltes grotesk überspitztem Bericht über einen seiner Pariser Nachbarn, Nikolaj Kusmitsch.[93] Diesem »kleine[n] Beamte[n] da nebenan« (*MLB* 49, 865) gerät seine gesamte Welt aus den Fugen, als er die fixe Idee entwickelt, Zeit könne wie Geld gespart werden. Vor dem Gefühl, die Erde sei ins Wanken geraten, ein Gefühl, das er nur durch Still-Liegen überhaupt ertragen kann, rettet ihn das Rezitieren von Reimen.

> Und dann hatte er sich das ausgedacht mit den Gedichten. Man sollte nicht glauben, wie das half. Wenn man so ein Gedicht langsam hersagte, mit gleichmäßiger Betonung der Endreime, dann war gewissermaßen etwas Stabiles da, worauf man sehen konnte, innerlich versteht sich. (*MLB* 49, 870)

Die umfassende Krise, in die Nikolaj Kusmitsch gerät, wird ausgelöst durch eine zunächst als verlockend (der Nachbar fühlt sich reich und glücklich), dann jedoch als bedrohlich empfundene Moderne, insbesondere durch deren kapitalistische Strukturen (»Zeit ist Geld«), die das Individuum mit kafkaesken Situationen konfrontiert. Malte identifiziert sich nicht nur mit diesem Nachbarn, er fühlt sich ihm und der gesamten Situation gegenüber zudem in einer weiblichen Position, wenn er sich ängstigt »wie eine junge Frau« und sich vorstellt, daß sich der Nachbar »mit seinen Gedichten [...] in meinem Kopfe einpuppte, und Gott weiß, was da ausgekrochen wäre«. (*MLB* 49, 864 f.) Er wählt also ein Bild des körperlichen Eindringens, sowie einer Art »Kopfschwangerschaft« für die ihn bedrängende Identifikation mit dem Nachbarn.[94]

Maltes Ängste haben zwar ihre Wurzeln in seiner Kindheit, sie manifestieren sich jedoch erneut angesichts der modernen Großstadt, ihres

---

93 Zimmermann 1993, S. 56, interpretiert die Aufzeichnung über Nikolaj Kusmitsch und andere Stellen über die beruhigende Wirkung von Dichtung als Beispiele von Humor und Ironie in *MLB*. Diese lenkten die Aufmerksamkeit des Lesers auf die Aussichtslosigkeit von Maltes Versuchen, im Schreiben eine neue Identität zu finden.

94 Kittler und Santner entdecken ähnliche Mechanismen im Wahnsystem des Senatspräsidenten Daniel Paul Schreber, dessen 1903 erschienene Autobiographie *Denkwürdigkeiten eines Nervenkranken* die Aufmerksamkeit C.G. Jungs erregte und Sigmund Freud zu einer Studie über Paranoia veranlaßte (vgl. Freud 1911): »Like so many modernist experimenters, Schreber deploys a parodically *mimetic* mode of defense: he mimes the mechanical and the mechanistic in order not to be reduced to the status of a psychophysical machine. [...] this strategy [...] was surely linked, for Schreber, to his feminization.« (Santner 1996, S. 93, vgl. auch Kittler 1985, S. 324-354)

Lärms, ihrer Undurchschaubarkeit und ihrer Armut,[95] angesichts einer kapitalistischen Moderne also, die auch Nikolaj Kusmitsch bedroht. Die Erzählung eines Studenten über die Gedichtrezitationen des Nachbarn hat offenbar für Malte gerade deshalb etwas Beruhigendes, weil ihm selbst angesichts seiner Ängste die Sprache versagt. Dies geschieht beispielsweise in der Begegnung mit einem Mann auf den Straßen von Paris, der am Veitstanz leidet und seinen Körper nicht unter Kontrolle hat. Malte folgt dem Mann, identifiziert sich zunehmend mit dessen Leiden und bleibt zurück mit dem Gefühl »wie ein *leeres Papier* [...] an den Häusern entlang [zu treiben], den Boulevard wieder hinauf.« (*MLB* 22, 774, Hervorhebungen S.v.S.) Die Sprachlosigkeit scheint vor allem aus einem Gefühl seiner Kindheit zu resultieren, dem Gefühl nämlich, seine Furcht um jeden Preis verbergen zu müssen, nichts von sich preisgeben zu dürfen. Darauf verweist schon das oben zitierte Beispiel mit den Spitzen, noch deutlicher wird es in der 21. Aufzeichnung ausgesprochen, in der er von »verlorenen« Ängsten seiner Kindheit schreibt. Diese befallen ihn während einer Krankheit in Paris erneut, und es sind Ängste vor spitzen Gegenständen oder Fragmentierungsängste, unter denen früher seine Mutter litt. Er schließt diese Passage mit den Worten:

die Angst, daß ich schreien könnte und daß man vor meiner Türe zusammenliefe und sie schließlich aufbräche, die Angst, daß ich mich verraten könnte und alles das sagen, wovor ich mich fürchte, und die Angst, daß ich nichts sagen könnte, weil alles unsagbar ist – und die anderen Ängste ... die Ängste. (*MLB* 21, 767)

In Situationen, wo es für die Ängste Maltes und der Männer, mit denen er sich identifiziert, keinen sprachlichen Ausdruck gibt, versprechen also althergebrachte, strukturierte Literaturformen und ein traditionelles Verständnis der Rolle des Dichters Halt und Zusammenhang. Allerdings ist dieser beruhigende Effekt, auch das zeigen die obigen Beispiele, nur noch im nostalgischen Rückblick zu finden, für die chaotische Gegenwart reicht er nicht mehr aus. In diesem Sinne kann die Dichtung der Vergangenheit in *MLB* als »paternal narrative« charakterisiert werden.[96]

95 Eine detaillierte Analyse dieser Zusammenhänge legt Huyssen 1989 vor.
96 Das vergangene Erzählen, das hier als paternale Erzählung charakterisiert ist, hat in *MLB* nicht unbedingt mit Linearität zu tun. Ryan 1987, S. 248, weist darauf hin, daß es sich bei den in *MLB* charakterisierten alten Erzählformen vielmehr um das unmittelbare Gegenwärtigmachen von Vergangenem und auch Zukünftigem handelt. Auch das kann natürlich als Versuch gesehen werden, im Sinne eines »paternal narrative« Zusammenhang und Ganzheit herzustellen.

Einerseits erscheint Dichtung in Maltes Aufzeichnungen also als beruhigende, aber auch unwiederbringlich verlorene paternale Erzählung, andererseits stehen Sprache und Selbstoffenbarung im Sprechen oder Schreiben für Malte von vornherein auch mit Kräften in Verbindung, die drohen, Identität zu zerstören und zu fragmentieren. Rilke verwendet ähnliche Metaphern wie Nielsen in *FE*, um Prozesse der Fragmentierung, des Zusammenbruchs, sowie des Schutzes davor, der jedoch gleichzeitig wieder die Isolation des Individuums bedingt, zu beschreiben. Es handelt sich dabei insbesondere um die Bildbereiche der Mauer (vgl. z.b. *MLB* 1, 709; 16, 743; 18, 749) und der Explosion. Ganz zu Anfang, in der dritten, sich nur über wenige Zeilen erstreckenden Aufzeichnung faßt der Erzähler beide Bilder zusammen. Er schreibt von der »furchtbaren Stille«, die manchmal bei großen Feuern entsteht, und die ihm noch schrecklicher erscheint als die Geräusche der Großstadt, die seine Körpergrenzen durchdringen:

> Lautlos schiebt sich ein schwarzes Gesimse vor oben, und eine hohe Mauer, hinter welcher das Feuer auffährt, neigt sich, lautlos. Alles steht und wartet mit hochgeschobenen Schultern, die Gesichter über die Augen zusammengezogen, auf den schrecklichen Schlag. So ist hier die Stille. (*MLB* 3, 710)

In der Aufzeichnung über Ibsen (*MLB* 27) verwendet er ein Bild aus demselben Metaphernfeld, um den zerstörerischen Effekt zu beschreiben, den die öffentliche Anerkennung auf den norwegischen Dichter hat: »Denn da begriff ich noch nicht den Ruhm, diesen öffentlichen Abbruch eines Werdenden, in dessen Bauplatz die Menge einbricht, ihm die Steine verschiebend.«[97] (*MLB* 27, 782) Wenige Absätze später evoziert er indirekt den Bildbereich der Explosion. Er beschreibt Ibsen als Alchimisten »bei den Kolben im Feuerschein« (*MLB* 27, 784) und assoziiert ihn damit mit seinem Oheim auf Urnekloster, »dessen hartes und verbranntes Gesicht einige schwarze Flecke zeigte, wie ich erfuhr, die Folgen einer explodierten Pulverladung.« (*MLB* 15, 731)

Die Verknüpfungen der Bildbereiche Mauer, Explosion, Ibsen und Alchimie lassen sich in zwei Richtungen weiterverfolgen, welche ihrerseits geeignet sind, ein Licht auf die Bedeutung zu werfen, die das Schreiben für Malte hat.

1. Auf Ibsen wird zunächst noch an einer anderen Textstelle angespielt, nämlich in der 18. Aufzeichnung, in der Malte über die Schrecken der Großstadt berichtet, die er in das Bild abgebrochener, bloßgelegter Mauern

---

97 Dies ist eine Anspielung auf Ibsens Drama *Bygmester Solness (Baumeister Solness)*.

faßt. (*MLB* 18, 749 und 751) Daraufhin wendet sich sein Bericht einem Sterbenden in einem Pariser Restaurant zu, von dem er sagt:»vielleicht ging ein großes Geschwür auf in seinem Gehirn wie eine Sonne, die ihm die Welt verwandelte«. (*MLB* 18, 754) Das Bild der Sonne im Gehirn wiederum ist eine Anspielung auf Ibsens Drama *Gengangere* (*Gespenster*).

Dessen Protagonist, der Syphilitiker Osvald, der, angesteckt durch den Vater bei der Zeugung, die Krankheit schon im Mutterleib in sich trägt, fällt am Ende mit den Worten:»Mutter, gib mir die Sonne«[98] ins Delirium. Das Bild des sich zersetzenden Gehirns verwendet Malte später zur Beschreibung seiner eigenen Reaktion auf die Ängste seiner Kindheit und die Ängste in Paris, die ihm, wie bereits erläutert, zur Voraussetzung seiner»Anfänge« im Schreiben werden. An anderer Stelle ist das Bild des zerstörten Gehirns wieder mit dem Bild der Explosion, des Berstens verbunden. In der 25. Aufzeichnung schreibt Malte über Beethovens Totenmaske und über die Wirkung von dessen Musik:»Wo aber, Herr, ein Jungfräulicher unbeschlafenen Ohrs läge bei deinem Klang: er stürbe an Seligkeit oder er trüge Unendliches aus und sein befruchtetes Hirn müßte bersten an lauter Geburt.« (*MLB* 25, 780) In diesem komplexen Bild kommt die ganze Zwiespältigkeit zum Ausdruck, die Malte gegenüber Lärm, Geräusch, Musik und künstlerischem Schaffen empfindet. Einerseits figuriert er den Prozeß der Rezeption eines Kunstwerkes als einen Beischlaf zwischen zwei Männern, bei dem der Rezipient (Malte) in ähnlicher Weise wie gegenüber dem rezitierenden Nachbarn in der weiblichen Position ist. Das Resultat dieses Beischlafs ist ebenfalls zwiespältig, entweder der Rezipient stirbt, oder er wird»befruchtet« und damit fähig zum eigenen künstlerischen Schaffen – diese letzte Variante aber ist durch das Bild des berstenden Hirns, das wiederum mit dem Bildbereich der Explosion verbunden ist, gleichfalls an Todesvorstellungen geknüpft.

2. Der Alchimist ist derjenige Mann, der im Grenzbereich zwischen Leben und Tod wirkt. Vom Onkel wird gesagt, er experimentiere mit Leichen,»die er zerschnitt und auf eine geheimnisvolle Art zubereitete, so daß sie der Verwesung widerstanden.« (*MLB* 15, 731) Im Bild von Ibsen wird dagegen der Aspekt des Alchimisten als des mystischen Schöpfers von Leben evoziert. (*MLB* 27, 784) Maltes»alchimistisches« Schreiben bedroht ihn also einerseits selbst mit Isolation, gewaltsamer Fragmentierung von Körper und Geist und mit der Auflösung der Identität, gewährt aber andererseits auch Hoffnungen auf eine neue Identität durch ein neues Schreiben. Diese ambivalente Haltung zur Literatur ist mit Maltes Gefühlen der Großstadt und der Moderne gegenüber verbunden.

98 »Mor, gi' mig solen.« Ibsen 1881, S. 131.

Die vorangegangenen Textbeispiele zeigen weiterhin, daß diese Ambivalenzen geschlechtliche Konnotationen tragen. In der 16. Aufzeichnung wird deutlich, daß durch den Komplex Großstadt/Moderne/neues Schreiben Maltes Männlichkeit direkt bedroht scheint. Malte schreibt hier über die Begegnung mit den Armen der Großstadt, den »Fortgeworfenen«, vor dessen Elend ihm graut, zu denen er sich jedoch auch mehr und mehr zugehörig und hingezogen fühlt. Insbesondere zwei Frauen faszinieren und belästigen ihn gleichermaßen. Beide sind durch die ihnen zugeschriebenen Attribute (Nadeln, Knöpfe, Bleistift) mit Maman oder mit Szenen assoziiert, in denen diese eine zentrale Rolle spielt. Die zweite Frau begegnet Malte mit einer offensichtlich obszönen Geste:

Und wie kam damals jene graue, kleine Frau dazu, eine Viertelstunde lang vor einem Schaufenster an meiner Seite zu stehen, während sie mir einen alten, langen Bleistift zeigte, der unendlich langsam aus ihren schlechten, geschlossenen Händen sich herausschob. (*MLB* 16, 744)

Bleistift und eine bedrohliche Hand spielen später in der 30. Aufzeichnung eine zentrale Rolle. Kleinbard hat den Bleistift ebenso wie die Nadeln als Repräsentanten des Phallus gedeutet und folgert, daß Malte in die Angst Mamans vor männlicher Sexualität hineingezogen wird.[99] In den zitierten Szenen geht die Bedrohung jedoch nicht in erster Linie vom Bleistift/Phallus aus, sondern von den Händen, die im Falle der alten Frau auf der Straße zudem explizit als weiblich gekennzeichnet sind. Liest man den Bleistift als Phallussymbol, so legen beide Passagen also eher Kastrations- und Entmännlichungsängste nahe – Ängste freilich, die Malte wiederum mit einer Mischung aus Grauen und Fazination erfüllen, etwa wenn er schreibt: »ich fühlte, daß das ein Zeichen war, ein Zeichen für Eingeweihte, ein Zeichen, das die Fortgeworfenen kennen.« (*MLB* 16, 744) Die Ambivalenz, die von den »kastrierenden«, entmännlichenden Händen der Frau ausgeht und früher schon von der Hand, die er in seiner Kindheit aus der Wand kommen sah, macht Malte zu einem Verwandten der »Fortgeworfenen« der Großstadt, schließt er doch den Absatz mit folgenden Worten:

Und das Seltsamste war, daß ich immerfort das Gefühl nicht los wurde, es bestünde tatsächlich eine gewisse Verabredung, zu der dieses Zeichen gehörte, und diese Szene wäre im Grunde etwas, was ich hätte erwarten müssen. (*MLB* 16, 744)

In der gesamten 16. Aufzeichnung werden damit genau die beiden Arten

99 Vgl. Kleinbard 1993 S. 84 f.

von Sprache und Dichtung miteinander kontrastiert, die für Malte die Ambivalenz von Sprache und Erzählen ausmachen. Anfang und Ende beschäftigen sich mit den »Dichtern« der Vergangenheit, die auch in materiell sicheren Verhältnissen leben und deren Werke noch Beruhigung, Trost und Zusammenhang versprachen. Der Mittelteil hingegen handelt von den bedrohlichen und faszinierenden Fortgeworfenen, die Malte mit der Auflösung von Sprache und Zusammenhang konfrontieren.

In der 18. Aufzeichnung, nach der Schilderung des Sterbenden im Restaurant, verwirft Malte erneut die Hoffnung darauf, an vergangenes Schreiben anknüpfen zu können:

> Nur ein Schritt, und mein tiefes Elend würde Seligkeit sein. Aber ich kann diesen Schritt nicht tun, ich bin gefallen und kann mich nicht mehr aufheben, weil ich zerbrochen bin. Ich habe ja immer noch geglaubt, es könnte eine Hülfe kommen. Da liegt es vor mir in meiner eigenen Schrift, was ich gebetet habe, Abend für Abend. Ich habe es mir aus den Büchern, in denen ich es fand, abgeschrieben, damit es mir ganz nahe wäre und aus meiner Hand entsprungen wie Eigenes. (*MLB* 18, 756)

Die eigene Hand und damit das eigene Schreiben ist ihm jedoch entfremdet, und gerade diese Entfremdung, die, wie oben ausgeführt, auch die Nähe zum Tod und zum Verlust von Männlichkeit signalisiert, wird zur unbedingten Voraussetzung der neuen Art des Schaffens, die Malte in biblischen Wendungen verkündet:

> Aber es wird ein Tag kommen, da meine Hand weit von mir sein wird, und wenn ich sie schreiben heißen werde, wird sie Worte schreiben, die ich nicht meine. Die Zeit der anderen Auslegung wird anbrechen, und es wird kein Wort auf dem anderen bleiben, und jeder Sinn wird wie Wolken sich auflösen und wie Wasser niedergehen. (*MLB* 18, 756)

Der geschlechtsspezifische Aspekt des neuen Schreibens wird in der 14. Aufzeichnung deutlich, in der Malte hervorhebt, daß zum Verseschreiben Erinnerungen notwendig seien, Erinnerungen insbesondere an »Liebesnächte«, an »Schreie von Kreißenden«, an »leichte, weiße, schlafende Wöchnerinnen, die sich schließen. Aber auch bei Sterbenden muß man gewesen sein, muß bei Toten gesessen haben«. (*MLB* 14, 724) Zeugung, Geburt und Tod – dem Weiblichen zugeordnete Größen – gehören also zu den Voraussetzungen des neuen Schreibens; ein neues Schreiben oder Sehen, das in derselben Aufzeichnung, in den vielzitierten »Möglichkeitsfragen« (*MLB* 14, 726 f.) mit der Leere, der Oberflächlichkeit, der Massenhaftigkeit der modernen Welt assoziiert wird. Sich dieser Leere zu stellen, gleichzeitig jedoch gegen sie anzuschreiben, wird zu Maltes Ziel.

»Sehenlernen«, ein »neues Sehen« zu entwickeln, ist Maltes Bestreben zu Anfang der Aufzeichnungen, die vor allem von seinen Eindrücken der Großstadt handeln. Neben Geräuschen beschäftigen sich die ersten Aufzeichnungen vor allem mit visuellen Wahrnehmungen. Maltes Sehenlernen ist bekanntlich von Anfang an verbunden mit seinem Bestreben, Dichter zu werden. Der erste Satz der 14. Aufzeichnung stellt diesen Zusammenhang ganz direkt her: »Ich glaube, ich müßte anfangen, etwas zu arbeiten, jetzt, da ich sehen lerne.« (*MLB* 14, 723) Das Sehenlernen basiert damit ebenso wie das Schreiben auf der Leere, der Zersplitterung des Subjekts und dessen Todesängsten.

Kaja Silverman unterscheidet mit Jacques Lacan zwei Arten des Blicks. »Gaze« ist für sie der vollständige Überblick, repräsentiert beispielsweise durch die Zentralperspektive. »Look« hingegen ist der Blick des einzelnen Individuums. Die beiden »Blicke« nun können, Silverman zufolge, nie ganz zusammenfallen, obwohl immer wieder versucht worden sei, durch visuelle Techniken die Distanz des »look« zum »gaze« zu verringern und dem (männlichen) Individuum Allmacht zu verleihen. Durch die Distanz vom meisternden (Über)blick komme dem »look« jedoch ein subversives und kreatives Potential zu. Dieses könne in dem Augenblick produktiv werden, in dem die Leere, die »Kastration« akzeptiert werde, auf der Lacan zufolge Begehren und damit Subjektivität überhaupt beruhe. Es bestehe jedoch eine Tendenz, diese sozial negativ bewertete Leere zu verschieben, sie als fremd und äußerlich zu konstituieren.[100] Malte, sowohl in seinen Kindheits-, wie in seinen Paris-Erlebnissen, leidet unter der eigenen Leere und darunter, dem Blick (gaze) der anderen ausgesetzt zu sein, und er projiziert sie nach außen, auf die Großstadt und ihre armen Bewohner, die Fortgeworfenen. Diese Projektion gelingt jedoch nicht vollständig. Im Verlauf seiner Aufzeichnungen identifiziert Malte sich zunehmend mit diesen Fortgeworfenen, die Leere und die eigene Existenz als Fortgeworfener werden ihm zur Voraussetzung seiner »Anfänge«. Malte verwirft also die illusorische Einheit des Lacanschen »Penis« und »Phallus«, des Silvermanschen »look« und »gaze«, oder, um in Rutherfords Terminologie zu bleiben, das »paternal narrative«.

---

100 Vgl. Silverman 1996, S. 156 und 169.

3.7. *Anfänge – Auswege*

3.7.1. Labyrinthisches Schreiben in *Fodboldenglen*

Hans-Jørgen Nielsen hat in einem Essay kurz nach Erscheinen von *FE* auf die Bedeutung hingewiesen, die der Abschied sowohl von der analytischen Reflexion wie von der Zentralperspektive, von »ein und derselben zusammenhängenden Geschichte in der Art des klassischen Romans«[101] für *FE* hat. Das Labyrinth und damit assoziierte Mythologeme werden ihm zur »durchgehenden Metapher« der neuen Schreibweise, die er seinen Erzähler Frands wählen läßt, um seiner Schreib- und Lebenskrise zu entkommen. Die folgende Untersuchung der Labyrinthmetapher stützt sich in erster Linie auf Manfred Schmelings umfassende Untersuchung *Der labyrinthische Diskurs* (1987). Schmeling verweist darauf, daß im modernen Roman das Labyrinth »als eine Projektion des spezifischen Wirklichkeitsbewußtseins des Ichs«[102] auftaucht, daß die Identitätsfrage und damit die Tendenz zum autobiographischen Erzählen in den Vordergrund rücke. Das Labyrinth »dient nicht mehr nur der Symbolisierung äußerer Räume, sondern ist zugleich Ausdruck innerer bzw. geistiger Prozesse.«[103] Nielsens Verwendung der Labyrinthmetapher steht in dieser spezifisch modernen Tradition.

In seiner Diskussion des antiken Labyrinth-Mythos, über dessen unterschiedliche Überlieferungen und dessen ›Kontaktmythen‹ macht Schmeling im Anschluß an Philippe Borgeaud auf eine auffallende »Anhäufung konfliktbeladener Dreierbeziehungen aufmerksam, in die das Labyrinth-Geschehen einbezogen ist.«[104] In Schmelings Diskussion literarischer Rezeptionen des Labyrinth-Mythos taucht diese Facette nicht mehr auf, sie ist für *FE* jedoch von zentraler Bedeutung. Frands vergleicht die Kommunikationsstrukturen in seiner Ehe schon früh im Roman mit dem geschlossenen Raum des Labyrinthes und erwähnt kurz darauf die

---

101 »Man kan derpå heller ikke få den gennet ind i én og samme sammenhængende historie af samme art som den klassiske romans, hvor storformens plastisk anskuelige begivenheder alle hænger sammen i ét og samme plot med bagvedliggende tematik, der til sidst går centralperspektivisk op i en højere endheds spids.« (Nielsen 1980, S. 142, Übersetzung S.v.S.)

102 Schmeling 1987, S. 102.

103 Schmeling 1987, S. 104.

104 Schmeling 1987, S 31. Vgl. auch Borgeaud 1974.

Funktion Pers, des neuen Partners von Katrin.[105] (Vgl *FE*; *JE* 20) Auch Behrendt weist in seinen Reflexionen über *FE* auf den Zusammenhang zwischen Dreiecksverhältnissen und Labyrinthmetapher hin, wenn er schreibt, daß es sich beim Verhältnis zwischen den Freunden Frank und Frands eigentlich um ein Dreiecksverhältnis handelt, bei dem sich »ein unsichtbar weibliches – oder genauer gesagt mütterliches – Element«[106] in der Rolle der dritten Person befinde, und wenn er die Analyse dieser Konstellationen mit derjenigen der Labyrinthmetapher verbindet. Auch die Bezeichnung »gegenseitige Höllenmaschine«[107] (*JE* 91) für den Stand der Beziehung von Katrin und Frands nach der Geburt des Sohnes verbindet mit der Höllenanspielung eine Metapher aus dem Bereich des Labyrinth-Mythos mit der ödipalen Dreieckskonstellation.[108]

In den Labyrinthbildern, die für solche ausweglosen Dreiecksbeziehungen gewählt werden, überwiegen die Konnotationen der Gefangenschaft, der Isolation, des Festgefahrenseins und des Verirrens, die auch für den antiken Labyrinthmythos konstituierend sind.[109] Dieser Bildkomplex, der sich um Mauern und Irrgänge gruppiert, wird nicht nur auf Frandses Ehe bezogen. (Z.B. *FE* 221; *JE* 215) Das Bild des geschlossenen Raumes, des »langen Zementganges«, aus dem es keinen Ausweg gibt, wird schon auf der ersten Seite des Romans für den inneren Zustand des Erzählers verwendet. (*FE*; *JE* 7) Isolierende Mauern symbolisieren darüber hinaus Frandses Beziehung zu seinem Sohn, (vgl. *FE* 82; *JE* 83) sie kennzeichnen die Großstadt, (vgl. *FE*; *JE* 57) die linke Bewegung (vgl. *FE* 134; *JE* 132) sowie schließlich Frandses eigenes Schreiben und dessen Blockaden. (Vgl. *FE* 113, 217 f.; *JE* 111 f., 211 f.) Die Metaphorik des geschlossenen Raumes und der Mauern ist aber keineswegs nur negativ bewertet. Die Höfe in Frandses Kindheit, »die sich um uns schlossen, wenn

---

105 In der deutschen Übersetzung kommt diese Anspielung auf das Labyrinth auch zum Ausdruck, allerdings in einer etwas anderen Konnotation. Das dänische »lukket om sigselv« (um sich selbst geschlossen), ist übersetzt mit »hoffnungslos verfahren«, das an das Irreführende des Labyrinths erinnert.

106 »[…] et usynligt kvindeligt – eller rettere moderligt – element«. (Behrendt 1984, S. 249)

107 »[…] gensidig helvedesmaskine«. (*FE* 91)

108 Zum Zusammenhang zwischen der Maschinen- und der Labyrinthmetapher vgl. 3.7.2., S. 209 f.

109 Das Labyrinth wird als Gefängnis für den Minotaurus gebaut, das Mischwesen aus Mensch und Stier, das die Gattin des Minos, Pasiphae, nach dem Beischlaf mit einem Stier gebiert.

wir herumtobten oder mit den Familien überall um uns herum in dem geschlossenen Raum Fußball spielten«,[110] (*JE* 13) ist im Gegenteil gerade ein Schutzraum, der die Voraussetzung für Entwicklung und Entfaltung bietet.

Das Kindheitsparadies scheint zwar verloren, das Irren, das Herumlaufen in den urbanen »Zementgängen« der Gegenwart gewinnt für den Erzähler im Laufe des Monats, in dem er seinen Bericht niederschreibt, jedoch durchaus befreiende und positive Aspekte. Das meditative Gefühl, das er beim Joggen durch das Dunkel der ummauerten Großstadtstraßen empfindet, in denen er kurzfristig die Richtung verliert, wird ihm zum Zeichen des Durchbruchs, des Überwindens seiner Krise. (Vgl. *FE* 212; *JE* 206 f.)

Schmeling unterscheidet bei seiner Diskussion der verschiedenen Labyrinth-Mythen das Theseus- und das Daidalos-Mythologem. Beide spielen in *FE* eine Rolle und gehen komplexe Verbindungen miteinander ein. Die antike Überlieferung berichtet, daß es Theseus, einem der jährlich dem Minotaurus zu opfernden Jünglinge, gelingt, den Minotaurus zu töten. Mit Hilfe eines Wollknäuels, das ihm Ariadne, Tochter des König Minos, gibt, entkommt er aus dem Labyrinth und flieht mit der Geliebten, die er später schlafend auf Naxos zurückläßt.[111] Der Mythos von Theseus ist häufig als das »Paradigma einer ›Initiation‹«[112] aufgefaßt worden. Das Labyrinth und die Begegnung mit dem Minotaurus sind in diesem Zusammenhang nicht nur als Phase des »sozialen Ungleichgewichtes«, als ein Raum außerhalb der Zeit und Gesellschaft zu interpretieren, denen sich der Initiand aussetzen muß, um erneut und auf höherer Stufe in die Gesellschaft wiedereingegliedert zu werden.[113] Das Labyrinth als Werkzeug der Initiation ist darüber hinaus geschlechtsspezifisch konnotiert. Es ist immer ein männlicher Held, der sich dem durch das Labyrinth und den Minotaurus vertretenen chtonischen Chaos aussetzt. Das Labyrinth mit seinem oft unterirdischen Dunkel, seinen undurchschaubaren Windungen ist mit dem Uterus assoziiert, in den der Initiand regrediert, den er jedoch auch penetriert und überwindet.[114] Die Begeg-

---

110 »[…] gårde, som dem der lukkede sig om os, når vi legede eller spillede fodbold med familierne hele vejen rundt om os i det lukkede rum«. (*FE* 13)
111 Zum Mythos und dessen antiken Quellen vgl. Schmeling 1987, S. 26 f.
112 Schmeling 1987, S. 32.
113 Zu diesem allgemeinen Schema der Initiation als »rite de passage« vgl. Schmeling 1987, S. 32 f., sowie den dort zitierten Edmund Leach 1978.
114 Zum chtonisch/weiblichen Aspekt des Labyrinths vgl. Schmeling 1987, S. 34 f. Schmeling erwähnt allerdings nicht gesondert, daß der Initiand männlichen Geschlechts ist, sondern setzt dies offensichtlich als selbstverständlich voraus.

nung mit diesem weiblich/mütterlichen Zustand, der mit Tod und Wiedergeburt in Verbindung steht, und dessen Überwindung wird so zur Prüfung, welche den endgültigen Eintritt des Mannes in die Männlichkeit garantiert.[115] In 3.3.1. wurde die ambivalente Haltung des Erzählers zum Mütterlich-Weiblichen, zum narzißtischen Gebärmutterzustand und dessen Nähe sowohl zur Schöpferkraft als auch zum Tod ausführlich erläutert. Mit Hilfe der Labyrinthmetapher läßt sich nun der ganze Roman als Initiationsvorgang interpretieren. Der nicht zuende geborene, nicht ganz erwachsen gewordene Erzähler Frands gerät in eine lebensbedrohliche Krise, die durch das konfliktreiche Verhältnis zu seiner zunehmend als Mutterinstanz figurierten Frau und durch den dadurch reaktivierten Zusammenhang zwischen Geburt und Tod ausgelöst wird. Der geschlossene Raum des Labyrinthes und dessen Überwindung, die eine Lösung der Krise verspricht, sind dabei, wie bereits erwähnt, höchst ambivalent besetzt. Der Selbstmordversuch des Erzählers, der für ihn mit der Sehnsucht nach der Rückkehr in den schützenden Uterus verbunden ist und der zunächst auch im Elternhaus endet, wird zur Konfrontation mit dem todbringenden, verschlingenden Minotaurus. Die Katastrophe, mit der sowohl Frands als auch Frank konfrontiert sind, das fehlgeschlagene Entkommen aus dem tödlichen geschlossenen Raum des Labyrinths, ist in *FE* in das Bild der Explosion, des Sprengens, gefaßt:

> Während es in Franke schließlich bloß als Kurzschluß beim Amoklaufen endet, wie bei einem, der in Panik in alle Richtungen gleichzeitig laufen will und darum auf der Stelle in die Luft gesprengt wird, sitze ich immer noch hier und schreibe mich um Ecken herum. Zugegeben: Ich erlebe gleichzeitig eine steigende Wollust, während ich mich in der Sprache, die sich um mich, in mir ausbreitet, verliere. (*JE* 165)

> Mens det i Franke til sidst bare kortslutter i et amokløb, som én der i panik vil løbe i alle retninger på én gang og derfor sprænges på stedet, sidder jeg stadig her og skriver mig om hjørner. Indrømmet: Jeg oplever samtidig en stigende vellyst ved fortabelsen i det sprog, der breder sig ud omkring mig, i mig. (*FE* 169)

---

115 Die Idee der zentralen Bedeutung einer Initiation, die den Jungen vom weiblichen/mütterlichen Bereich lösen und ihm so einen Eintritt in die Männlichkeit ermöglichen soll, wird insbesondere von der mythopoetischen Männerbewegung aufgegriffen. Sie war aber schon integraler Bestandteil der Männerbundtheorien der Jahrhundertwende. Zu diesen Parallelen zwischen Männerbundideologie und mythopoetischer Männerbewegung vgl. Schnurbein 1997a.

Frank fällt also dem Labyrinth zum Opfer; er wird, so könnte man das Bild der Explosion deuten, vom Minotaurus zerrissen. Frands hingegen, so legt diese Textstelle nahe, bewegt sich weiter in den Windungen des Labyrinths, für ihn hat es jedoch offenbar mittlerweile eine positive Bedeutung gewonnen, und diese positive Seite des Umgangs mit dem Labyrinth steht mit Sprache, mit seinem Schreiben in Zusammenhang. Die *schreibende* Rückbewegung in den »versunkenen Kontinent« (*FE* 102; *JE* 101) der Kindheit ermöglicht Frands das Überleben. Sein Schreiben, schon angedeutet im Titel des zu übersetzenden Buches »*Leitfaden* Italien«, wird dem Erzähler zum Ariadnefaden, der ihn durch das Labyrinth führt, ihn vor dem tödlichen Minotauros rettet. Damit steht Nielsens Erzähler in einer langen Tradition, die »Initiation (›rites de passage‹), Labyrinth-Motiv und narratives System […] aufgrund gemeinsamer kultureller […] Voraussetzungen miteinander korrelierbar« macht.[116]

Das obige Zitat zeigt darüber hinaus, daß die schreibende Bewegung durch das Labyrinth mit entgrenzend-ekstatischer erotisch aufgeladener Lust verbunden ist. Diesen Gefühlen einer positiv besetzten ekstatischen Entgrenzung begegnet der Erzähler erneut gegen Ende seiner Tagebuchaufzeichnungen. Beim Joggen durch das nächtliche Amager erlebt er den Stadtteil mit seinen Häuserschluchten als ein Labyrinth, durch das sein Körper sich wie eine gleichmäßig laufende Maschine bewegt, ein Zustand, der ihn »seinen Kopf« völlig vergessen macht.

> Während die Beine von selbst unter mir fortsetzen, ist es, als ob eine Menge Deiche in mir (und um mich herum, es gibt keinen Unterschied) auf einmal brächen. Bin kein laufendes System mehr mit bestimmten Grenzen, ja, das bin ich natürlich immer noch, weiß schon, was sich innerhalb meiner Haut befindet und was außerhalb ist, aber trotzdem sind diese Grenzen gleichgültig. Erlebe eine innere Überschwemmung oder daß ich alles um mich herum überschwemme, es läßt sich nicht so unterscheiden. (*JE* 207)

> Mens benene fortsætter af sig selv under mig, er det som om en masse diger brister i mig (og omkring mig, der er ingen forskel) på én gang. Er ikke mere et løbende system med bestemte grænser, jo, det er jeg selvfølgelig stadigvæk, ved godt, hvad der er indenfor min hud, og hvad der er udenfor, men alligevel er disse grænser ligegyldige. Oplever en indre oversvømmelse, eller at jeg oversvømmer alt omkring mig, det kan ikke skelnes på den måde. (*FE* 213)

---

116 Schmeling 1987, S. 135.

Die in dieser Passage aufgerufenen Bilder wiederum stehen alle mit dem narzißtischen Gebärmutterzustand in Zusammenhang – ein Zusammenhang, der nun, am Ende der Aufzeichnungen, als »Wachsamkeit« (»årvågenhed« *FE* 215; *JE* 209) positiv bewertet wird.

Narzißtische Symbiose, Mutterbindung und Labyrinthmetapher verbinden sich im Tagebuch Frandses nicht nur auf der individualpsychologischen Ebene, sie bilden darüber hinaus Muster für die Deutung gesellschaftlicher Entwicklungen und zeigen dadurch Zusammenhänge zwischen Frandses Lebensgeschichte und der »großen Geschichte« auf. Die linke Bewegung, der Frands sich zugehörig fühlt, erleidet das gleiche Schicksal wie er selbst: sie stagniert in Richtungskämpfen zwischen sich ständig mehr in sich abschließenden Splittergruppen. Im Gespräch mit seinem Mitbewohner und Kollegen Morten assoziiert der Erzähler diese Fehlentwicklung der politischen Bewegung mit seiner kleinbürgerlichen Mutter:

> Während er spricht, denke ich an meine Mutter, die wahnsinnig darauf bedacht ist, daß alles überall nett und sauber aussieht, mit einer einzigen vielsagenden Ausnahme: Es ist ihr konsequent gleichgültig, wie es im Schlafzimmer aussieht, dort kommt ja kein Fremder rein. Ich sage nichts, obwohl gerade diese kleinbürgerliche Angst vor der Fassade nach außen mich aggressiv zu machen pflegt [...] (*JE* 78 f.)

> Mens han taler tænker jeg på min mor, sindssygt øm over, at der ser pænt og rent ud overalt, med én sigende undtagelse: En gennemført ligegladhed med hvordan der ser ud i soveværelset, dér kommer fremmede ikke. Jeg siger ikke noget, selvom lige præcis denne småborgerlige angst for facaden udadtil plejer at gøre mig aggressiv [...] (*FE* 78 f.)

Im nächsten Absatz, in der Beschreibung eines Traums von einer Orgie in der Zeitungsredaktion, zeigt sich dann die chtonisch obszöne Kehrseite dieses kleinbürgerlichen, weiblich/mütterlich konnotierten geschlossenen, labyrinthischen Raumes, dessen »ungemachtes Schlafzimmer« sozusagen. Zum verschlingenden Minotauros, zum »große[n] Tier [...], das mich verschlungen hat«,[117] (*JE* 131) wird die linke Bewegung für Frandse in den Auseinandersetzungen mit Katrin, die er mit dieser Bewegung identifiziert. Und im selben Kapitel kritisiert der Erzähler seine eigenen Versuche, sich aus dem unübersichtlichen Labyrinth der Geschichte zu

---

117 »[..] det store dyr, der har slugt mig.« (*FE* 133)

befreien, den verzweifelten Wunsch, die Isolation zu sprengen.[118] Die Kritik der mißlungenen, übereilten und gewalttätigen Versuche der linken Bewegung, die eigene Stagnation, das eigene Labyrinth zu überwinden, kommt schließlich in Frandses Tagebuchnotizen über den »deutschen Herbst«, die Schleyer-Entführung, die Flugzeugentführung in Mogadishu und den Selbstmord der RAF Terroristen, die sich gleichzeitig mit der Niederschrift seiner Erinnerungen abspielen, zum Ausdruck. Auch Frandses Sprach- und Schreibprobleme sind eng mit dem Bild des ausweglosen Gefangenseins im Labyrinth verknüpft. So berichtet er in der Mitte seiner Aufzeichnungen über seine Schwierigkeiten mit der Examensarbeit und der Übersetzung: »Sitze fünfzehn Jahre später an meiner Examensarbeit und habe Amager und den *Vorwärts* vor mir, sie wird nie fertig, sitze mehrere Monate später immer noch hier, noch mehr mit meinem Fußballengel an der Wand eingemauert.«[119] (*JE* 111) Das Scheitern der Übersetzung vergleicht der Erzähler zunächst mit seinen Jogging-Versuchen, die ihm bis zum oben zitierten Durchbruchserlebnis stets zu schnell geraten und somit keinen Ausweg aus oder Umgang mit den labyrinthischen Strukturen in seinem Leben gewähren. Die Erwähnung des Fußballengels in dieser Passage assoziiert darüber hinaus den zweiten mythologischen Komplex, das »Daidalos-Mythologem«. Daidalos spielt im antiken Labyrinth-Mythos eine zwiespältige Rolle. Als Konstrukteur der Holzkuh, in die Pasiphae schlüpft, um sich mit dem Stier zu vereinigen, ist er mitverantwortlich für die Geburt des Minotaurus. Er erbaut daraufhin das Labyrinth als Gefängnis für den Minotaurus, und er wird von König Minos zur Strafe für seinen Verrat in ebendieses Labyrinth gesperrt. Daidalos und sein Sohn Ikaros entkommen mit Hilfe künstlicher Flügel, ebenfalls eine Konstruktion des kunstfertigen Daidalos. Ikaros stürzt jedoch auf diesem Flug ins Meer, weil der Sonne zu nahekommt.[120] Die Daidalosfigur ist Schmeling zufolge schon früh in der bildenden Kunst als Inbegriff der Ambivalenz des Künstlers rezipiert worden, des genialen Schöpfers ebenso wie desjenigen, der seine Kunstfertigkeit mißbraucht, sich Göttlichkeit anmaßt und schließlich desjeni-

---

118 »[...] fortvilvet ønske om at sprænge den isolation«. (*FE* 134) In der deutschen Übersetzung kommt diese Metapher nicht in gleicher Deutlichkeit zum Tragen, da der Ausdruck »die Isolation sprengen« mit »die Isolation zu durchbrechen« übersetzt ist. (*JE* 132)

119 »Sidder femten år efter med specialet og har Amager og Fremad foran mig, det bliver aldrig færdigt, sidder endnu her, flere måneder senere, endnu mere muret inde med min fodboldengel på væggen.« (*FE* 113)

120 Zu den antiken Quellen vgl. Schmeling 1987, S. 27 f.

gen, der zum Opfer seiner eigenen Schöpfung wird. Daidalos und Ikaros als Einheit sind häufig als das Zusammenwirken von Maß und Verstiegenheit, von Vernunft und Chaos verstanden worden. Die schon im antiken Text angelegte Ambivalenz der Daidalos-Gestalt macht diese zum geeigneten Vorbild für die seit der Romantik aktuelle Problematisierung der Künstlerrolle.[121]

Im aufsteigenden und fallenden »Fußballengel« Nielsens sind ikarische Züge mit Charakteristika der Rilkeschen Engelsfiguren vereinigt, verbinden sich Labyrinthmetapher, Fußball und Künstlerthematik in komplexer Weise. Neben dem ambivalenten »Gebärmutterzustand« ist auch das Bild des euphorisch aufsteigenden Engels, der Ikarosgestalt, Ausdruck des narzißtischen Rausches, der einerseits zu künstlerischen Höchstleistungen befähigt, andererseits ständig von der Gefahr des Absturzes, des Bruchs der Illusion, des Scheiterns bedroht ist. Dies wird deutlich in einer Passage, in der Nielsens Erzähler über Frankes Tor in Wembley reflektiert, bei dem das Fußballengel-Foto entstand. Frankes Höhenflug in diesem »Fieberkampf« wird zur »fast spielenden Allmacht«, die Mannschaft vereinigt sich euphorisch, »als ob die Seelen und das Spiel in eins zusammengeschmolzen wären«, der gegnerischen Mannschaft erscheint es, »man spielt gegen Götter« und das ganze kulminiert in einem orgiastischen Rausch, in den auch das Publikum einbezogen ist:

Plötzlich geht es der eigenen Mannschaft genauso, wie man dem Geschehen vorgreifend träumt, die Spannung der Vorlust und die Erfüllung der Endlust lösen rhythmisch einander ab, treiben einander höher und höher in einen Schrei durch den Körper und über das Spielfeld. (*JE* 179)

Pludselig går det ens hold på banen præcis som man foregribende står og drømmer om, førlystens spænding og slutlystens opfyldelse afløser rytmisk hinanden, driver hinanden højere og højere op i et brøl gennem kroppen og udover banen. (*FE* 184)

Die Wahl der Bilder verbindet Fußball, orgiastisches Verschmelzen und engelgleiches Schweben in dieser Schlüsselpassage mit Frandses Joggingerlebnissen. Zu Anfang wird darüber hinaus der Fußball direkt mit künstlerischer Tätigkeit verglichen. Der geniale Fußballspieler ist für Frands »der Poet des Spiels […], ohne das große Wort zu führen«, das Spiel wird zur komplexen Dichtung, das der Zuschauer »als ein Ganzes

---

121 Vgl. Schmeling 1987, S. 227-230, und S. 258 f.

lesen«[122] muß, um es zu erfassen. (*JE* 37 f.) Und kurz vor der gerade zitierten Reflexion über das Spiel von Wembley berichtet der Erzähler von einem Traum, den er im Gefolge von lust- und angstvollen Phantasien über Majken hat – ein Traum, in dem das euphorische Gefühl, ein »Luftgänger« zu sein, abgelöst wird von folgender Schreckensvision:

> Hier trifft das Loch ein, vielleicht habe ich mich zu heftig abgestoßen, was weiß ich. Im zweiten Teil gehe ich auf der Erde herum in einem Frack mit einem mächtig blutenden Verband um den Kopf: Mein eines Ohr ist abgeschnitten. ›Wie van Gogh‹, denke ich schon im Traum. (*JE* 166 f.)

> Her indtræffer hullet, måske er jeg kommet til at sætte for voldsomt af, hvad véd jeg. I anden del går jeg rundt nede på jorden, i kjole og hvidt, med et mægtigt blodig bind om hovedet: Mit ene øre er skåret af: ›Ligesom van Gogh‹, tænker jeg allerede i drømme. (*FE* 170 f.)

Auch das angsteinflößende, Kastrationsphantasien evozierende Ende des Traumes ist jedoch durch die Assoziation mit dem genialen Künstler van Gogh nicht ausschließlich negativ bewertet. Vielmehr ruft das Bild die grundlegende Ambivalenz der Künstlerexistenz, die seit dem 19. Jahrhundert sprichwörtlich gewordene Nähe von Genie und Wahnsinn, von Schöpferkraft und Tod auf.[123]

Die Euphorie des Engelszustandes in *FE* ist jedoch nicht nur auf Verschmelzungsphantasien, auf das Schweben im »Gebärmutterzustand« zurückzuführen. Das Fliegen, das Schweben über den Dingen gewährt gleichzeitig einen euphorisch stimmenden Überblick über das Chaos. Damit steht es in Verbindung mit der in ihrer Ausschließlichkeit verworfenen Zentralperspektive. Dies wird mehrfach deutlich am Beispiel der Diskussionen, die Katrin und Frands über das Photo des »Fußballengels« führen. Der zentralperspektivische Blick ist in Katrins feministisch geschulten Augen Ausdruck des männlichen Herrschaftsanspruchs über die Welt:

> Sie sitzt im Halbdunkel auf der anderen Seite der Architektenlampe, sagt, daß solch ein zentralperspektivischer Aufbau, das wisse ich ja sehr wohl, Ausdruck einer besonderen Art der Raumbeherrschung sei, andere Kulturen hatten [eigentlich »haben«; S.v.S.] nicht so einen Blick,

---

122 »[…] de kan være spillets poeter uden at føre det store ord. […] at læse spillet som helhed«. (*FE* 38)
123 Vgl. zu diesem Komplex Kapitel 3.8.

das hänge zusammen mit Naturbeherrschung und Individualismus der westlichen Kultur, habe sich zusammen mit beidem entwickelt, und das komme in den spontanen Reflexen meiner Presseleute wieder zum Vorschein. (*JE* 47)

Hun sidder i halvmørket på den anden side arkitektlampen, siger, at sådan en centralperspektivisk opbygning, den ved jeg jo godt er udtryk for en særlig form for beherskelse af rummet, andre kulturer har ikke det blik, det hænger sammen med den vesterlandske naturbeherskelse og individualisme, er udviklet sammen med begge dele, det er hvad der hos mine pressefolk viser sig som spontane reflekser. (*FE* 47)

Thomas Kleinspehn hat herausgearbeitet, in welch hohem Maße diese westlich neuzeitliche Wahrnehmungsweise, die Herrschaft über die miteinander assoziierten Bereiche Frau, Natur und Körper prägend für das individuelle Identitätsgefühl und insbesondere für eine den männlichen Blick privilegierende Identität geworden sind.[124] Kaja Silverman vergleicht die Zentralperspektive mit der Lacanschen »méconnaissance«, der Illusion des Subjekts, eine ungespaltene Einheit, Ganzheit zu sein, die Einheit zwischen dem imaginären Phallus und dem realen Penis erreichen zu können:

the geometrical point – is closely connected, historically and philosophically, to a Cartesian notion of subjectivity. Since, when we occupy that point, everything seems to radiate from our look, any painting organized in relation to it encourages us to enact that form of *méconnaissance* which is, for Lacan, the visual equivalent of the *cogito* – to equate our look with the gaze, and to impute to it a mastering relation to the world.[125]

Die Euphorie, die für Nielsens Erzähler mit dem Fliegen, dem Überblick, dem Einnehmen der Zentralperspektive verbunden ist, erscheint durch diese theoretischen Überlegungen in noch einem anderen Licht. Sie hat eine ähnliche Qualität wie die Lacansche »jouissance«, das ins höchste gesteigerte Glücksgefühl beim Erleben der Ganzheit, der Einheit mit sich selbst. Da aber Identität auf der Spaltung, dem Mangel, der »Kastration« beruht, ist dieses Glücksgefühl von vornherein illusorisch. Diese Illusion und die ihr inhärenten Gefahren bilden auch in *FE* die Kehrseite des engel- oder Ikaros-gleichen Schwebens. »Franke bleibt

---

124 Kleinspehn 1989.
125 Silverman 1996, S. 176 f.

allerdings nicht dort oben, hoch über dem Rasen, hängen: Ohne Flügel fällt er am Ende«.[126] (*JE* 161) Das Erheben über das Labyrinth birgt also die Gefahr der Selbstzerstörung in sich, eine Gefahr, der auch Frands ausgesetzt ist, und die er in ein ähnliches Bild faßt, wenn er sich in seinen verzweifelten Versuchen, am Ende der Ehe mit Katrin bei anderen Frauen sexuelle Bestätigung zu suchen, als »Selbstmordpilot« bezeichnet. (*FE* 208; *JE* 202) Auf der Ebene der »großen Geschichte« wiederholt sich der Engelsfall, die Illusion des großen Höhenfluges, die in Gewalt und Tod endet. Frands schreibt gegen Ende seiner Aufzeichnungen über die Ereignisse in Mogadishu: »Dort endete der wilde Traum vom Flug ins Freie, völlig losgerissen vom täglichen Leben der Körper mit sich selbst und einander«.[127] (*JE* 228)

Durch die Zwiespältigkeit des Labyrinthes und des damit zusammenhängenden Metaphernfeldes des fliegenden Ikaros und des Engels sind auch die ihnen zugeordneten Bereiche der narzißtischen Persönlichkeits- und Gesellschaftsstrukturen, des Schreibens Frandses, sowie der Formierung männlicher Identität ambivalent besetzt. Genau dies macht die Labyrinthmetapher für Nielsen und seinen Erzähler so geeignet. Schmeling weist darauf hin, daß das Labyrinth und die ihm zugeordneten Mythologeme gerade durch ihre grundlegende Ambivalenz konstituiert werden, durch ihre

Fähigkeit, die innere und äußere Welt nicht nur in Einzelaspekten, sondern in ihrer ganzen *Komplexität* zu repräsentieren. Im Wort ›Labyrinth‹ ist strukturell und konzeptuell auf einen Begriff gebracht, was die Welt an chaogenen, aber auch an ordnenden Elementen beinhaltet.[128]

Zwiespältig wie das Labyrinth selbst ist Frandses Haltung zu seinem »labyrinthischen« Leben am Schluß seiner Aufzeichnungen:

Angekommen, ja, aber nichts bleibt, rückwärtsgewandt, stehen, alle Fäden laufen weiter. Sitze immer noch hier, auf der anderen Seite, und bin zu nichts draußen gekommen, immer noch in diesen Spuren und Geschichten, nicht mehr ein für allemal entschieden, sondern offen für andere, später: Es bewegt sich durch meine Bilder immer weiter. (*JE* 228)

---

126 »Franke bliver, rigtig nok, ikke hængende dér, højt over græsset: Uden vinger falder han til sidst.« (*FE* 165)

127 »Der endte den vilde drøm om flyveturen ud i det fri, fuldstændig løsrevet fra kroppens daglige liv med sig selv og hinanden«. (*FE* 234)

128 Schmeling 1987, S. 15 f.

Fremme, ja, men ingenting standser, rygvendt, dér, alle tråde løber videre. Sidder fortsat her, på den anden side, og er ikke kommet til noget udenfor, stadig i disse spor og historier, ikke mere afgjorte én gang for alle, men åbne for andre, senere: Det bliver ved med at bevæge sig gennem mine billeder. (*FE* 234 f.)

Der Erzähler ist offenbar weiterhin mitten im Labyrinth, empfindet jedoch gleichzeitig eine neue Offenheit in seinem Leben. Er folgt weiter den Ariadnefäden, ohne einen endgültigen Ausweg zu finden, er hat dabei aber das Gefühl zurückgewonnen, eine Zukunft zu haben, auch wenn diese nicht mehr geradlinig verläuft. Er ist verliebt in Majken, fühlt sich jedoch von ihr und dieser Beziehung nicht überwältigt, verschluckt. Und seine abschließenden Reflexionen über den Fußballengel lassen erkennen, daß er auch mit dessen Ambivalenz zu leben lernt. Die Lehre, die er für sich aus der eigenen Krise zieht, scheint zu sein, daß all das, was er in der Labyrinthmetapher zusammenfaßt, nicht etwas ist, was überwunden werden muß, sondern etwas, das mit allen negativen und positiven Aspekten zum guten Leben gehört.

Frands scheint sich also im Laufe seiner Tagebuchniederschrift einen Raum zu erschließen, in dem die Ambivalenzen seines Lebens aufbewahrt sind, ein letztlich positiv besetztes Labyrinth, das er sich durch sein »Schreiben um Ecken« schafft und durch das er sich gleichzeitig schreibend bewegt. Wie der klassische Held (Theseus) erlangt er durch Regression und die Begegnung mit Scheitern und Tod ein neues Bewußtsein, eine neue Perspektive. Sein Labyrinth ist allerdings nicht ausschließlich der mütterlich-chtonische Raum, den der Held auf dem Weg zur gefestigten männlichen Identität überwinden muß, obwohl er auch in *FE* diese Konnotationen trägt. Eher schon könnte er mit Jessica Benjamin als »Übergangsraum« interpretiert werden. In einem Aufsatz über die psychoanalytische Übertragungssituation verwendet Benjamin bezeichnenderweise dasselbe Zitat vom Anfang der *Duineser Elegien* Rilkes, das auch Nielsen in *FE* als Intertext dient: »Wer, wenn ich schriee, hörte mich denn aus der Engel Ordnungen? und gesetzt selbst, es nähme einer mich plötzlich ans Herz: ich verginge von seinem stärkeren Dasein.«[129] Benjamin nimmt den Engel als Symbol des Analytikers in der Übertragungsbeziehung, in der der Analysand den Analytiker eine Zeitlang idealisiert und von ihm vollkommene Anerkennung erhofft. Sie weist weiter darauf hin, daß »die idealisierte und liebende Übertragungsbeziehung, die Freud zum Paradigma erhob, auf der homoerotischen Lehrer-Schülerbe-

---

129 Rilke 1923b, S. 685.

ziehung beruht«,[130] also an einem »väterlichen Engel« orientiert sei. Ihr Vorschlag, den »Engel« mütterlich zu deuten und damit der Übertragungsbeziehung neue heilende Dimensionen zu verleihen, wirft ein Licht auf die geschlechtlichen Konnotierungen des Nielsenschen Engelsbildes und des damit verbundenen Labyrinthes.

Benjamin sieht die analytische Situation als einen potentiellen »Übergangsraum«, in dem der Patient/ die Patientin erneut »die mütterliche Erfahrung des Haltens und Aufgehobenseins« machen könne, die einen »grundlegenden Gegenpol zum Bild phallischer Penetration in der erotischen Erfahrung des Erkanntwerdens bildet«, welche die von Freud präferierte Übertragungssituation kennzeichne.[131] Die Formulierungen, mit denen sie diesen Übergangsraum beschreibt, gleichen denen, mit denen Frands am Ende seiner Aufzeichnungen seine positiven Erfahrungen mit dem »Labyrinth«, insbesondere während des Jogging-Erlebnisses, zu vermitteln versucht.

Das erotisch aufgeladene Übergangsstadium macht den analytischen Raum zu einem ›idealen‹ Behälter – die wunderschönen Wasser –, in denen die innere Welt des Selbst gefunden werden kann. Die Wasser des Selbst und die Wasser des analytischen Raums fließen ineinander, äußerer und innerer Raum treffen sich im Dazwischen, das ein Ort einer Reise ins Innere ist.[132]

Die Charakteristik des Raumes, in dem die Grenzen zwischen innen und außen zwar noch fühlbar sind, aber durchlässig werden, in dem das Individuum wie im paradiesischen Uterus gehalten ist, in dem es »die Erfahrung des Schwebens« machen kann, gleicht den positiven Aspekten dessen, was Frands als »Gebärmutterzustand«, eine Facette des Labyrinthes also, bezeichnet. Und auch Frandses Aufzeichnungen lassen sich als »Reise ins Innere« des Labyrinthes deuten. Wie in FE hat jedoch auch der ideale mütterliche »herrschaftsfreie« Raum Benjamins eine Kehrseite, die in der »Furcht vor dem Verrücktwerden, vor Verschmelzen und Selbstauflösung«[133] besteht. Und wie Nielsens Erzähler betont Benjamin, daß der paradiesische Zustand nicht von Dauer sein kann, daß ein »Sündenfall«, ein Fall des Engels, oder, um in der Labyrinthmetaphorik zu bleiben, der Sturz des Ikaros notwendig und unausweichlich ist. Beide

---

130 Benjamin 1993a, S. 123.
131 Benjamin 1993b, S. 127.
132 Benjamin 1993b, S. 135. Benjamin entlehnt die Metaphorik des Wassers einem Traum einer Analysandin, daher die lyrische Ausdrucksweise.
133 Benjamin 1993b, S. 134.

bemerken schließlich die grundlegende Ambivalenz des »labyrinthischen« Übergangsraums sowie des Falls, des Endes dieser notwendigen Illusion.

In den schwindelnden Höhen auf dem Zenit der Übertragungsliebe kann die kleinste Geste den Fall bedeuten. Aber das ist vielleicht eine extreme Vergrößerung der Flüchtigkeit des Übergangsraums, der nun, entgrenzt, zu unerträglicher Leichtigkeit wird, indem er eine furchterregende Empfänglichkeit für den Magnetismus des Ideals zuläßt.[134]

Die Lösung und damit die positive und befreiende Wirkung, die das Durchgehen durch den Übergangsraum haben kann, liegt für Benjamin darin, daß ein Prozeß des Trauerns einsetzt, »die geteilte (Wieder)-Erfahrung von Schmerz und Verlust – die Trauer um das, was verlorengegangen ist, wie auch um das Ideal, das niemals sein kann – und durch das Gefühl von Lebendigkeit nach solcher Trauer.«[135] Dieser Prozeß der erneuten Konfrontation mit Tod und Verlust, und der anschließend neugewonnenen Lebendigkeit, entsprechen der »Wachsamkeit«, die Frands im Prozeß seines Schreibens gewinnt und die er sich erhalten will.

Am Ende von Nielsens Roman scheint sich also eine Lösung der Kernkonflikte Frandses abzuzeichnen, ein Weg in die Zukunft zu eröffnen. Betrachtet man jedoch die geschlechtlichen Konnotationen, die dieser Weg in *FE* trägt, erneut, so ergibt sich eine Ambivalenz anderer Art, deren Bewertung zunächst undeutlich bleibt. Der Übergangsraum, den der Erzähler sich durch sein Schreiben schafft, ist einerseits mütterlich haltend im positiven Sinne Benjamins bewertet und seine Integration in eine neue männliche Subjektivität hat auf den ersten Blick eine befreiende Wirkung. Andererseits wird – im Gegensatz zu Benjamins Konzept – aber auch die Überwindung dieser »weiblichen« Elemente zum Ziel und schließlich, ganz im Sinne des klassischen Helden, der das Labyrinth überwindet, und des Initianden des Männerbundes, zum Weg, der die männliche Schöpferkraft freisetzt. Das zu schnelle Vorwärtsbewegen und die damit einhergehenden tödlichen Explosionen hingegen sind zwar zunächst phallisch konnotiert. Im Textverlauf werden sie jedoch immer häufiger der Linken, dem Feminismus und dessen Vertreterin Katrin zugeschrieben und auf diese Weise mit einer »phallischen« bedrohlichen Mütterlichkeit identifiziert.[136] Die Frage, inwieweit man daraus die Fol-

134 Benjamin 1993b, S. 136.
135 Benjamin 1993b, S. 136.
136 Vgl. dazu auch Pedersen 1983.

gerung ziehen kann, daß der positiv besetzte mütterliche Raum eben letztlich nur ein symbolischer Raum ist, der gleichzeitig die Absetzung des Mannes von realen Frauen und Müttern verlangt, die eben doch wieder bedrohlich für die männliche Identität sind, wird am Ende dieses Kapitels (3.8.) erörtert.

3.7.2. Kaleidoskopisches Erzählen
in *Die Aufzeichnungen des Malte Laurids Brigge*

Nielsens Erzähler Frands wird »unter starken existentiellen Leiden« in »eine kaleidoskopische und labyrinthische Arbeit gezwungen, um den Zusammenhang zwischen existentiellen, ehelichen, sexuellen, familiären, sozialen, sportlichen, politischen, religiösen und kulturhistorischen Problemen zu verstehen.«[137] Ein ähnlicher Leidensdruck motiviert Rilkes Malte zu seinen Aufzeichnungen. Er verwendet zwar nirgends direkt die Metapher des Labyrinthes für das Verlassen des linearen, traditionellen »zentralperspektivischen« Schreibens und seine unsichere Suche nach »Anfängen«, nach einem anderen Schreiben. Es geht ihm aber um denselben Komplex, den Nielsen in die Labyrinthmetapher faßt, um eine bedrohte traditionelle (männliche) Identität nämlich, die mit zentralperspektivisch orientierter Kunst und einem linearen Erzählen in Zusammenhang steht und um die Suche nach einer neuen Grundlage für Identität und Kunst bzw. die Suche nach einer neuen Fundierung (geschlechtlicher) Identität im Schreiben, im künstlerischen Schaffen. Der Ausdruck »kaleidoskopisch«, den Pedersen in seiner Charakteristik der Suche Frandses nach dem verlorenen Zusammenhang neben »labyrinthisch« verwendet, trifft auf Maltes Schreiben und sein (gefährdetes oder mangelndes) Identitätsgefühl zu.

In einer der Schlüsselszenen, in denen Maltes unsichere, zersplitterte Subjektivität zum Ausdruck kommt, in der in 3.2.2. analysierten Verkleidungsszene, ist der Spiegel, in dem Malte sich betrachtet, ganz direkt als Kaleidoskop geschildert, »aus einzelnen ungleich grünen Glasstücken zusammengesetzt«. (*MLB* 33, 803) Huyssen bringt dieses Kindheitserlebnis in Zusammenhang mit den Erlebnissen Maltes in der Großstadt, in denen ebenfalls Eindrücke des fragmentierten Körpers vorherrschen,

---

137 »[..] under stærke eksistentielle lidelser [..] tvinges Frands ud i et kalejdoskopisk og labyrintisk arbejde med at forstå sammenhængen mellem eksistentielle, ægteskabelige, seksuelle, familiemæssige, sociale, sportslige, politiske, religiøse og kulturhistoriske problemer.« (Pedersen 1983, S. 12)

schreibt Malte also eine »kaleidoskopische« Identität zu. Maltes Ich-Leere, die mangelnde Kohärenz seiner Identität ist mit seinem Schreiben verbunden, so daß man den Schluß ziehen kann, das Kaleidoskopische wird zur Voraussetzung und zum Muster auch seines künstlerischen Schaffens. Und kaleidoskopisch ist schließlich ein Attribut, das auf die wenig kohärente, niemals lineare Form der *Aufzeichnungen* zutrifft.

Wie in *FE* geht es in *MLB* um eine Auflösung der Grenzen des Selbst, »the breakdown of the inside/outside boundary [...] [T]hroughout the novel the dissolution of boundaries affects the boundary between the body and things, the animate and the inanimate.«[138] Diese Grenzverwischung wird bereits in der zweiten Aufzeichnung sichtbar, in der Malte das Empfinden hat, »[e]lektrische Bahnen rasen läutend durch meine Stube. Automobile gehen über mich hin.« (*MLB* 2, 710) Dem Erzähler in *FE* widerfährt am Anfang seiner Tagebuchaufzeichnungen ähnliches: Autos, deren Lärm er ständig an seinem Schreibtisch hört, fahren »im Kopf zwischen den Flugzeugen her[...]«. (*JE* 8) Sein eigener Kopf wiederum hat für Frands etwas Labyrinthisches. Er bezeichnet ihn kurz vorher als »lange[n] Zementgang, und mittendrin der Sportflughafen.«[139] (*JE* 7)

Unter Rekurs auf Walter Benjamin und Georg Simmel[140] arbeitet Huyssen heraus, daß Maltes Problem im Angesicht der Pariser Eindrücke vor allem im Bereich der Wahrnehmungstheorie, des Schocks und der Schockabwehr liegt. Ähnlich wie Nielsens Frands (und hier liegt ein Hauptgrund für den Rückgriff Nielsens auf Rilke) schockiert die Unüberschaubarkeit des modernen Lebens den Erzähler, löst dessen Krise aus und bildet die Voraussetzung für seine Suche nach neuen Wegen, künstlerisch tätig zu sein und Identität zu fundieren. Es ist kein Zufall, daß die Verbindung, die für Malte zwischen seinen traumatischen Kindheitserfahrungen und den Erlebnissen in der Großstadt besteht, wie in *FE* in Bilder von gebärmutterartigen Räumen (Labyrinthe also in Nielsens Sinne) gefaßt ist, mit Räumen, in denen sich der männliche Protagonist mit dem weiblich/mütterlich identifizierten Zusammenhang von Geburt und Tod konfrontiert sieht.

Einer dieser labyrinthischen Räume ist Urnekloster, durch den Namen »Urne« assoziiert mit dem Tod, ein quasi uteriner Behälter für Gebeine

---

138 Huyssen 1989, S. 119.

139 »Den store ringvej, hvis biler kører ind i hovedet mellem flyene.« (*FE* 8) »[..] og hovedet er en lang cementgang, sportsflyvepladsen indeni.« (*FE* 7)

140 Zur Rezeption von Simmels Großstadttheorien in *MLB* vgl. auch Donahue 1992.

und Asche. Der Speisesaal des Gebäudes wurde schon oben als gebär-
muttergleich charakterisiert, und Maltes Irren durch die dunklen geheimnisvollen Gemächer des Dachgeschosses verleiht dem Gebäude
weitere labyrinthische Eigenschaften. (Vgl. *MLB* 35, 813 ff.) Bezeichnend
ist, daß nicht nur Urnekloster, sondern Häuser und Zimmer überhaupt
in *MLB* häufig mit dem Körperinneren identifiziert werden, ein Merk-
mal, das auch wieder Kindheitserlebnisse und Großstadteindrücke verbindet. Bei seiner Aufzählung der vagen Erinnerungen, die er noch an
Urnekloster hat, erwähnt Malte »enge, rundgebaute Stiegen, in deren
Dunkel man ging wie das Blut in den Adern«, und er fährt fort: »alles das
ist noch in mir und wird nie aufhören, in mir zu sein. Es ist, als wäre das
Bild dieses Hauses aus unendlicher Höhe in mich hineingestürzt und auf
meinem Grunde zerschlagen.« (*MLB* 15, 729) Seine Erinnerung an das
Haus, das zu einem Teil seiner selbst, seiner Körperinnenwelt geworden
ist, präsentiert sich hier also als labyrinthisch verschlungen und kaleidoskopisch zerstückelt. Ähnliche halbzerstörte, durch den Abbruch anderer
Häuser freigelegte Interieurs, die mit Körperinnenräumen assoziiert sind,
begegnen Malte in Paris wieder. In diesen offenen Häusern »kroch in
unsäglich widerlichen, wurmweichen, gleichsam verdauenden Bewegungen die offene, rostfleckige Rinne der Abortröhre.« (*MLB* 18, 749) Das
nur noch als Ahnung existente Leben in diesen Zimmern präsentiert sich
ihm als unangenehmer Geruch, unter anderem des »Fade[n] aus den
Munden«. (*MLB* 18, 750) Das Grauen dieser labyrinthisch kaleidoskopischen Interieurs, der Metaphern für Maltes eigene labyrinthische Innen-
welt, wird wenig später mit dem bedrohlichen »Großen« identifiziert,
das »im Kapillaren [zu]nimmt […], röhrig aufwärts gesaugt in die äußersten Verästelungen deines zahlloszweigigen Daseins.« (*MLB* 24, 777)

Schwarz betont die zentrale Bedeutung von Innenräumen dieser Art
für Maltes Identitätsgefühl bzw. für das auch von Huyssen registrierte
Verschwimmen der Grenzen zwischen Innen und Außen. Sie verweist
darauf, daß Rilke in seinen Briefen das Selbst als »Pyramide« bezeichnet,
»because of the invisible inscriptions buried in its depth«[141] – auch ein
Bauwerk mit geheimnisvollen labyrinthischen Strukturen also, und zudem eines, das direkt mit Schrift verbunden ist. Eine Parallele zur Pyramide findet Schwarz in der oben erwähnten Aufzeichnung über Ibsen,
im Bild der Alchimistenküche – einem Ort, an dem sich, wie im Labyrinth, Lebendes und Totes begegnen, Geburt und Tod gleichzeitig
geschehen und das »Schreckliche« wiederkehrt. Diese »Pyramide« des
Selbst erscheint als ein Ort, »where objects are decomposed and lose their

---

141 Schwarz 1996, S. 201.

discernible contours, and where the only thing one can observe is their transition from one state of fermentation to another.«[142] In der »Pyramide« offenbart sich der kaleidoskopische, sich ständig auflösende und neu zusammensetzende Charakter des Selbst. Sie ist gleichzeitig jedoch der Raum, in dem, so zeigt die Ibsen-Aufzeichnung, eine Hoffnung auf den »Anfang« möglich wird, auf das neue Sehen und neue Schreiben, das Malte ersehnt.

Das Bild der Alchimistenküche und dessen Assoziation mit einem labyrinthischen Körperinneren wird im zweiten Teil der Aufzeichnungen wiederaufgenommen, und zwar im Kapitel über Karl VI. (*MLB* 61, 905-915) Der verwirrte König liest zu seiner Beruhigung in den Schriften Christine de Pisans, »wo von dem Herzen die Rede war, das dreizehn Jahre lang wie ein Kolben über dem Schmerzfeuer nur dazu gedient hatte, das Wasser der Bitternis für die Augen zu destillieren«. (*MLB* 61, 910) Er assoziiert dieses Bild unmittelbar mit der »starken Cumäa«, die ebenfalls bei Pisan erwähnt ist. Gemeint ist die Sibylle von Cumäa, die Äneas vor seiner Reise in die Unterwelt weissagt, eine Figur also, die als weibliche Führerin durch eine labyrinthische Todeswelt Ähnlichkeiten mit der Ariadnefigur hat. Das Ende der 62. Aufzeichnung beschäftigt sich mit der Affinität desselben Königs zu den Missionsbrüdern und deren Aufführungen. Insbesondere die in den Passionsspielen auftretende Figur des heiligen Michael beeindruckt den König. Dieser wird als »Er« tituliert, eine Bezeichnung, die an »den Großen« gemahnt, dem Malte selbst immer wieder voll Schrecken begegnet. Als Drachentöter ist die Michaelsfigur jedoch auch mit dem Überwinder des Ungeheuers Minotaurus verwandt, ist eine Art Theseusgestalt, die aus dem Kampf mit dem chtonischen Ungeheuer siegreich hervorgeht. Die Verbindung der Michaelsgestalt mit den Passionsbrüderschaften und die sich in der 63. und 64. Aufzeichnung anschließenden Überlegungen zum Ende des traditionellen Theaters verknüpfen den ganzen Komplex nun erneut mit dem Thema des künstlerischen Schaffens. Wie in der Ibsen-Aufzeichnung wird unmittelbar nach der Sequenz über die labyrinthisch chtonische Alchimistenküche das Endes der klassischen dramatischen Kunst konstatiert und die Frage nach möglichen neuen Anfängen gestellt. (Vgl. *MLB* 63, 920 und 64, 921) Auch in dieser Aufzeichnung weist der Erzähler auf den Zusammenhang hin zwischen dem modernen, im Vergleich zum antiken, unzulänglichen Theater, seiner eigenen Zerrissenheit und Leere und der »ungare[n] Wirklichkeit« der Großstadt, »die auf den Straßen liegt und in den Häusern«. (*MLB* 64, 922)

142 Schwarz 1996, S. 201.

Die Szene mit den abgerissenen Häusern, die hier erneut assoziiert ist, zeigt bereits, daß Maltes »labyrinthisches« Innere ihm in der Großstadt von außen wieder entgegentritt. In diesen Begegnungen gewinnt das Labyrinth noch weitere Dimensionen. Die Salpêtrière, in die Malte sich vergeblich begibt, um seine Schlaflosigkeit, seine Melancholie und Kraftlosigkeit behandeln zu lassen, wird ihm zu einem kafkaesken Labyrinth. Zunächst erinnert ihn das Gebäude mit seinen Insassen an ein Gefängnis. Ein »lange[r], dunkle[r], gangartige[r] Raum«, in dem er warten muß, hat labyrinthische Züge, und die »vier Fenster aus mattem, grünlichem Glase« (*MLB* 20, 758) assoziieren diesen Raum mit dem Bodenzimmer, in dem Malte sich vor dem ebenso grünen, kaleidoskopischen Spiegel verkleidet. Das endlose Warten, das verwirrende Hin- und Hergeschicktwerden endet in einer ergebnislosen Konsultation mit einem Arzt und seinen Assistenten, einer Szene, die in ihrer Ausweglosigkeit und der hilflosen Verwirrung des Individuums angesichts der modernen Bürokratie an Kafkas Szenarien erinnert. Schmeling zufolge wandelt sich erst bei Kafka das Labyrinth, es wird »nicht mehr als Muster einer Veränderung, einer ›Wende zum Besseren‹, sondern als Muster der Stagnation und des Scheiterns der Protagonisten in die Erzähltexte eingehen«.[143] Dieses Element der Stagnation und des Scheiterns ist in Maltes labyrinthartigem Erlebnis angelegt. Malte findet sich an der Oberfläche zunächst mit den labyrinthischen Strukturen ab, er stellt sich ihnen und macht seinen Frieden damit. Gegen Ende der Salpêtrière-Episode konstatiert er:

> Ich betrachtete das alles mit Aufmerksamkeit, und es fiel mir ein, daß dies also der Platz sei, der für mich bestimmt gewesen war, denn ich glaubte nun endlich an diejenige Stelle meines Lebens gekommen zu sein, an der ich bleiben würde. Ja, das Schicksal geht wunderbare Wege. (*MLB* 20, 763)

Andererseits ist dieser resignative Frieden nicht von langer Dauer. Wenige Absätze später erwacht der Schrecken vor dem »Großen«, die Erinnerung an die Ängste während eigener Kinderkrankheiten erneut. Und beim Verlassen der Salpêtrière findet Malte sich wieder orientierungs- und heimatlos im Labyrinth der Großstadt:

> Ich kann mich nicht erinnern, wie ich durch die vielen Höfe hinausgekommen war. Es war Abend, und ich verirrte mich in der fremden Gegend und ging Boulevards mit endlosen Mauern in einer Richtung

---

143 Schmeling 1987, S. 176.

hinauf und, wenn dann kein Ende da war, in der entgegengesetzten Richtung zurück bis an irgendeinen Platz. Dort begann ich eine Straße zu gehen, und es kamen andere Straßen, die ich nie gesehen hatte, und wieder andere. Elektrische Bahnen rasten manchmal überhell und mit hartem, klopfendem Geläute heran und vorbei. Aber auf ihren Tafeln standen Namen, die ich nicht kannte. Ich wußte nicht, in welcher Stadt ich war und ob ich hier irgendwo eine Wohnung hatte und was ich tun mußte, um nicht mehr gehen zu müssen. (*MLB* 20, 765)

Am Übergang zwischen dem friedlichen Sich-Abfinden und den erneut erwachenden Ängsten ist Malte mit dem Lärm einer Maschine im Hospital konfrontiert – ein Geräusch, das ihn zunächst zu beruhigen scheint: »Die Maschinen dahinten schnurrten so angenehm fabrikmäßig, es hatte gar nichts Beunruhigendes.« (*MLB* 20, 763) Kurz darauf löst jedoch gerade das Maschinenrattern Maltes Kinderängste aus.

Das Bild der Maschine taucht auch in *FE* auf; im Zusammenhang mit Labyrinthmetaphern gewinnen hier Maschinen vor allem bedrohlich zerstörerische Züge des Minotaurus. In einem Alptraum wird Frands beispielsweise von Rockern durch dunkle Kellergänge gejagt, Rocker, deren Hauptattribut im Roman ihre Motorräder, ihre »Maschinen« sind. (Vgl. *FE* 125 f.; *JE* 122) Der sich aus der linken Bewegung entwickelnde Terrorismus wird an einer Stelle ebenso als »Maschine« (*FE* 128; *JE* 125) bezeichnet wie die festgefahrenen Beziehungsstrukturen seines Mitbewohners Morten. (*FE* 173; *JE* 169) In seiner positiven Konfrontation mit dem Labyrinth, seinem entgrenzenden Erlebnis beim Joggen gewinnt jedoch auch die Maschinenmetapher eine andere Bedeutung, das »große[…] Hin- und Herstampfen des Körpers«[144] (*JE* 205) und die »große[…], stampfende[…] Dunkelheit meines Kopfes und meines Körpers«[145] (*JE* 206) haben, wie die Maschine der Salpêtrière für Malte, eine beruhigende Wirkung und ermöglichen das Durchbruchserlebnis Frandses.

Thomas Kleinspehn hat in einem Kapitel über »Maschinenträume oder die Angst vor dem Weiblichen«[146] herausgearbeitet, wie charakteristisch die ambivalente Einstellung zur Maschine für den modernen Menschen ist. »Schon im 18. Jahrhundert verbinden sich mit der Konvertibilität von Automat, Uhr, Welt und menschlichem Leib […] Omnipotenzvorstellungen, gottgleich eine eigene Schöpfung des Menschen schaffen zu können.« Die Kehrseite dessen jedoch, die Angst vor der Abhängigkeit

---

144 »[..] kroppens store stemplen«. (*FE* 211)
145 »[..] hovedets og kroppens store, stemplende mørke«. (*FE* 212)
146 Kleinspehn 1989, S. 212-240.

im Angesicht der beherrschbaren Körper-Maschine taucht gleichzeitig mit solchen narzißtischen Allmachtsphantasien auf. Kleinspehn zieht das psychoanalytisch formulierte Fazit:»So entspringt das narzißtische Bild vom Menschen, der alles machen und beherrschen kann, sowohl den Vorstellungen, sich Gott gleichzustellen, als auch der Angst vor der Abhängigkeit.«[147] Im Rückgriff auf die für *FE* und *MLB* zentralen Labyrinthvorstellungen könnte man sagen, daß hier die Daidalos-Problematik aufgerufen wird, die des vermeintlich omnipotenten Künstlers, der zum abhängigen Opfer seiner eigenen genialen Schöpfung wird.

Wie Schmeling für die Labyrinth-Metapher, stellt Kleinspehn für den Blick auf die Maschine fest, daß diese zunehmend zu»einer Angelegenheit des Inneren, des Phantasmas« wird.[148] Am Beispiel von E.T.A. Hoffmanns Erzählung»Der Sandmann« analysiert er die ambivalente Haltung zur Maschine und bedient sich dabei Wendungen, die uns bereits von der Haltung der modernen Literatur gegenüber dem Labyrinth, die Schmeling herausarbeitet, bekannt sind:

> Denn bei aller Entlastung vermittelt sich über das Bild [das imaginäre Bild des Menschen in der Maschine] auch die Entfremdung, weshalb Hoffmann wie auch andere romantische Schriftsteller äußere, gesellschaftliche Realität häufig als eng, bedrohlich und lärmend darstellt. Bilder von Abhängigkeit, Ausweglosigkeit und Eingesperrtsein wechseln so ab mit Bildern der Faszination und der Verführung.[149]

Die Ambivalenz aus Bedrohung und Faszination sei»in der Regel personifiziert in Frauen, auf sie richtet sich der Blick der Autoren«.[150] Diese Haltung der weiblich personifizierten Maschine gegenüber lasse sich, ebenso wie diejenige gegenüber dem mütterlich-chtonischen Labyrinth, auf die widersprüchlichen Mutterbilder zurückführen, die die bürgerliche Familie produziere.[151] Die zugrundeliegenden Konflikte charakterisiert Kleinspehn mit Rekurs auf psychoanalytische Theorien der vorödipalen Mutter-Kind-Symbiose:»ungelöste Trennungen von der Mutter und damit verbundene ambivalente Beziehungen zu Frauen (Liebe und Haß) sowie ein (primär)narzißtischer Bezug zur Welt, die ausschließlich auf das eigene Selbst bezogen erlebt wird.«[152]

---

147 Alle Zitate Kleinspehn 1989, S. 215.
148 Kleinspehn 1989, S. 216.
149 Kleinspehn 1989, S. 220 f.
150 Kleinspehn 1989, S. 220 f.
151 Vgl. Kleinspehn 1989, S. 224.
152 Kleinspehn 1989, S. 228.

Wie der Labyrinthkomplex ist die Maschinenproblematik mit der Rolle des Blickes verbunden. Kleinspehn zufolge verspricht der Blick auf die leblose Maschine (und damit implizit auf die Frau) Lebendigkeit und (so muß man folgern, männliche) Potenz. Wie durch die Verwirrung im Labyrinth, der Kehrseite des daidalischen Überblickes, ist aber die durch diesen Blick konstituierte und immer neu bestätigte männliche Identität immer dann bedroht, wenn dieser Blick in Frage steht: »Wird der Blick auf den Apparat in Frage gestellt oder gar gestört, dann tangiert das unmittelbar die Identität des Schauenden.«[153]

Die Problematik eines solchen Identität stiftenden und gleichzeitig gefährdenden Blicks greift Kleinspehn nochmals am Beispiel des modernen Städtebaus auf. Er rekurriert dabei auf deutsche romantische und französische realistische Literatur und berührt wiederum ähnliche Komplexe wie Schmeling in seinen Untersuchungen über das Labyrinth der Großstadt. Zwei Motive nämlich spielen laut Kleinspehn eine herausragende Rolle bei Großstadtschilderungen des 19. Jahrhunderts: »Zum einen werden die gesellschaftlichen Normen und Erwartungen wie der entstrukturierte Raum der Stadt sehr häufig als verschlingend, fressend, beinahe kannibalisch erlebt und beschrieben; zum anderen kommt dem Auge herausragende Bedeutung zu.«[154] Diese allgemeine Charakteristik trifft durchaus noch auf Rilkes und Nielsens Schilderung von Paris bzw. Kopenhagen zu. Weder Frands noch Malte jedoch haben den »panoramatischen« Blick, der den männlichen Flâneur auszeichnet und mit dem dieser »Waren und Frauen nicht nur verdinglicht«, sondern der ihm auch »Sicherheit bietet gegenüber der Überflutung einer ›unersättlichen‹ und ›gierigen‹ Warenwelt.«[155] Durch dieses Verlassen der Zentralperspektive gerät er in eine nicht-phallische Position, die Position der »Frau«, die gesehen *wird*. Es ist dies, so wird im nächsten Kapitel zu zeigen sein, einerseits eine Position, die bei Malte existentielle Ängste auslöst, andererseits jedoch eine Position, durch die er sich, wie Frands durch sein Labyrinth, in seinen Aufzeichnungen hindurchbewegt. Am Ende von *MLB* faßt Rilke diesen Zustand nochmals in folgendes labyrinthisches Bild: »Er, der sich dem Raum angepaßt hatte, zog wie ein Wurm krumme Gänge ohne Ausgang und Richtung.« (*MLB* 71, 944) Diesen Zustand bringt er in direkten Zusammenhang mit seiner »Anfängerschaft«, wie in *FE* steht also am Ende von *MLB* eine vage Hoffnung auf einen solchen neuen

---

153 Kleinspehn 1989, S. 219.
154 Kleinspehn 1989, S. 255.
155 Kleinspehn 1989, S. 255. Vgl. zu diesem Komplex auch Cervi 1993.

Anfang, der, wie oben ausgeführt, mit einem neuen Sehen und Schreiben einhergehen soll, der aber auch mit dem Weiblichen, einem dem Weiblichen/Mütterlichen Ausgesetztsein, oder gar einer Verweiblichung notwendig in Verbindung steht. Eine Diskussion des »Verweiblichungskomplexes« und seiner Funktion in den beiden Romanen bildet das Thema des folgenden, abschließenden Punktes.

Bisher wurde in diesem Kapitel *FE* gewissermaßen als »Leittext« für die Analyse von *MLB* verwendet. Postfreudianische Theorie und darauf basierende Gesellschafts- und Literaturtheorien der Nachkriegszeit, die das diskursive Umfeld von *FE* bilden, waren geeignet, neue Aspekte im vielfach analysierten *MLB* aufzuzeigen (etwa den »Matriarchatskomplex«, die Bedeutung von Männerbeziehungen oder die Bedeutung der Labyrinthmetaphorik). Im folgenden Abschlußkapitel findet sich dieses Verhältnis umgekehrt, da von der Überlegung ausgegangen wird, daß ein spezifischer Diskurs, der um die Jahrhundertwende zum Tragen kommt, auch Nielsens Text, vermittelt über modernistische Autoren, allen voran Rilke, noch prägt: der Diskurs um Krankheit, Wahnsinn und Entmännlichung.

3.8. Krankheit als männlicher Weg?

3.8.1. Anorexie und Entmannung im Schreiben Maltes

Großstadt, Kindheit, Weiblichkeit, Krankheit, Tod, Maschine, Fragmentierung – die ambivalent besetzten Bereiche, in denen Maltes Krise sich manifestiert – sind, wie mehrfach erwähnt, nicht nur die privaten Obsessionen des Protagonisten oder seines Autors. Sie sind vielmehr prototypische Ängste und Obsessionen der Jahrhundertwende, die sich im Zusammenhang mit einer fortschreitenden Technologisierung des Menschenbildes herausbilden. Medizin und Naturwissenschaften werden zu den neuen Leitwissenschaften, ein medizinischer Diskurs um Krankheit und Wahnsinn dient einerseits dem Ausdruck der mit Modernisierung verbundenen Ängste und stellt andererseits Hoffnung auf Verständnis und Lösung sozialer Probleme zur Verfügung.

[…] the localization of the social dislocations that characterize modernity in the *body* and its relative states of vitality or degeneration opened the prospect of a scientific and medical analysis and, possibly, mastery of otherwise diffuse social, political, and cultural disorientiations. […] it was as if scientific and medical knowledge could become the source of a renewed sense of social and cultural location, a sense of certainty as to one's place in a symbolic network.[156]

Entartung, Degeneration ist in diesem Diskurs das gefürchtete Symptom, das sowohl das moderne Individuum als auch die Gesellschaft bedroht.[157] Eric Santner verweist darauf, daß in diesem Kontext vor allem die Überstimulation (etwa durch die Eindrücke der Großstadt, die Informationsflut etc.) als krankhaft empfunden wird. Es handelt sich also nicht um Symptome des Mangels, sondern des Überflusses, des Grenzüberschreitenden, der *jouissance* im Lacanschen Sinne. Degeneration wird so auch zur weiblich kodierten Pathologie, welche insbesondere eine kontrollierende, begrenzende, abwehrende Männlichkeit bedroht.[158] Santner analysiert diese Symptomatik am Beispiel von Daniel Paul Schrebers *Denkwürdigkeiten eines Nervenkranken*.[159] Maltes Delirien und Halluzinationen, seine Ängste und Krankheiten und ihr Ausdruck ähneln denen des Gerichtspräsidenten Schreber in auffallender Weise.[160] Sein Schreiben stellt sich damit dar als Symptom eines *medizinischen* Problems der Jahrhundertwende, es ist ein »irrsinniges Aufschreibesystem« im Sinne Kittlers, das den Dichter in eine Reihe mit Kranken, Paranoikern und Frauen stellt. Im folgenden soll abschließend die »Verweiblichung« Maltes, sein »Schreiben vom Ort der Mutter« im Kontext dieses medizinischen Diskurses diskutiert werden.

Das Malte bedrohende »Große«, sein »Überfluß« (in Santners Terminologie), der ihn zum Verwandten der Fortgeworfenen, der Massen der Großstadt macht, manifestiert sich als Grenzüberschreitung sowohl von innen nach außen, als auch von außen nach innen.

Und in dir ist beinah kein Raum; und fast stillt es dich, daß in dieser Engheit in dir unmöglich sehr Großes sich aufhalten kann; daß auch

---

156 Santner 1996, S. 8, vgl. auch S. 9.

157 Der aus der Psychiatrie stammende Begriff wurde 1892 von Max Nordau in seiner Abhandlung *Entartung* als zentrale Metapher des kulturellen Niedergangs popularisiert. Vgl. dazu u.a. Santner 1996, S. 6-9.

158 Dies ist eine ähnliche Denkfigur wie diejenige, die Klaus Theweleit 1977 in einer faschistischen Männlichkeit findet: Frauen erscheinen dem »gepanzerten«, soldatischen Mann bedrohlich wegen ihrer »Fluten«, wegen der grenzauflösenden Tendenzen, die ihnen zugeschrieben werden.

159 Vgl. Santner 1996, S. 8 f. Zu Schreber vgl. auch Kapitel 3.6.2., FN 94.

160 Darauf verweist Kittler 1985, S. 336: »*Die Aufzeichnungen des Malte Laurids Brigge* hießen wohl besser *Denkwürdigkeiten eines Nervenkrankheitssimulanten*«. (Vgl. auch S. 324-354)

das Unerhörte binnen werden muß und sich beschränken den Verhältnissen nach. Aber draußen, draußen ist es ohne Absehen; und wenn es
da draußen steigt, so füllt es sich auch in dir, nicht in den Gefäßen, die
teilweis in deiner Macht sind, oder im Phlegma deiner gleichmütige-
ren Organe: im Kapillaren nimmt es zu, röhrig aufwärts gesaugt in die
äußersten Verästelungen deines zahlloszweigigen Daseins. Dort hebt es
sich, dort übersteigt es dich, kommt höher als dein Atem, auf den du
dich hinaufflüchtest wie auf deine letzte Stelle. Ach, und wohin dann,
wohin dann? Dein Herz treibt dich aus dir hinaus, dein Herz ist hinter
dir her, und du stehst fast schon außer dir und kannst nicht mehr zurück. Wie ein Käfer, auf den man tritt, so quillst du aus dir hinaus, und
dein bißchen obere Härte und Anpassung ist ohne Sinn. (*MLB* 24,
777)

Schwarz weist darauf hin, daß die von Malte gefürchteten Auflösungs-
prozesse als Vergiftungserscheinungen oder Infektionskrankheiten symbolisiert sind, als Krankheiten also, die durch von außen kommende
»Bakterien« und »Mikroben« verursacht sind und sich in gewaltsamen
Eruptionen des Inneren, das sich nach außen hin Bahn bricht, manifestieren. Es sind pathologische Transformationen des Blutes, die sich in
Maltes »Alchimistenküche« abspielen.

[...] when subject and object, organic and inorganic, life and death,
intermix in the circulation of the blood and infect each other without
ever separating, that which ›precipitates‹ is an indigestible remainder
acting as a stimulant of disease. And this remainder is the ›invisible‹ itself, which Rilke, without pointing to any qualitative differences, identifies with the ›bacterial‹ and ›microscopic‹ and which increases into a
surplus causing disease.[161]

Schrebers Wahnsystem bewegt sich in einem ähnlichen symbolischen
Raum. Er fürchtet das »Leichengift«, »that not only resists metaboliza-
tion (transmutation into *Geistesblut*), but returns to haunt and derange
the subject whose physical, moral, and aesthetic cultivation that system
was designed to achieve.«[162]

Eine der am meisten gefürchteten Infektionskrankheiten im 19. Jahrhundert ist die Syphilis, eine durch ihre Verbindung mit Sexualität überdeterminierte und ein weites Spektrum sozialer Ängste und kultureller

---

161 Schwarz 1996, S. 202.
162 Santner 1996, S. 91.

Bedeutungen umfassende Krankheitsform.[163] Syphilis und andere Infektionskrankheiten sind, wie in 3.6.2. dargelegt, auch zentrale metaphorische Bezugspunkte für Maltes Krise. Diese Metaphorik sexualisiert also seine Schreibkrise, die Krise der symbolischen Macht, und assoziiert sie mit dem weiblichen Körper, insbesondere mit dem der Prostituierten als vermeintlicher Hauptträgerin dieser Krankheit. In der 61. Aufzeichnung über den wahnsinnigen König Karl VI überträgt Malte das Bild der blutvergiftenden Krankheit darüber hinaus auf den sozialen Bereich, auf den »Körper seines Reichs«:

> [V]on Granada aus waren die Juden angestiftet worden, alle Christlichen zu vertilgen, und diesmal hatten sie sich furchtbarere Vollzieher erkauft. Niemand zweifelte, gleich auf die ersten Gerüchte hin, an dem Anschlag der Leprosen; schon hatten einzelne gesehen, wie sie Bündel ihrer schrecklichen Zersetzung in die Brunnen warfen. [...] Und wieder hatte der eifrige Greis Gift abzuhalten vom Blute. (*MLB* 61, 913)

Auch in Schrebers Wahnsystem sind Syphilis, Juden und Lepra miteinander assoziiert.[164] Rilkes Malte schreibt sich an dieser Stelle also in einen Kontext kultureller Ängste ein, die den kranken, entmännlichten Körper des Juden zum zentralen Symbol der kulturellen Degeneration machen.[165] Wie Schreber identifiziert Malte sich gleichzeitig mit diesem

---

163 Vgl. Santner 1996, S. 8. Zur Bedeutung der Syphilis für die Literatur der Jahrhundertwende vgl. Showalter 1990, S. 188-208. Showalter zeigt, daß insbesondere in Frankreich die Syphilis und der Wahnsinn als Kennzeichen des Dichters galten. Genie ist in diesem Kontext eine erbliche Anormalität, ein Zeichen für Degeneration. (S. 198) Sie verweist darüber hinaus darauf, daß in literarischen Werken (sie nennt Ibsens *Gengangere (Gespenster)* als prototypischen Text) die Syphilis als Metapher des Niedergangs traditioneller Familienstrukturen und damit einer traditionellen Männlichkeit dient, ein Niedergang, der sich insbesondere im Vater-Sohn-Verhältnis ausspielt. Es handelt sich um eine Literatur über »anxious fathers and divided and disfigured sons«. (S. 199)

164 Vgl. Gilman 1994, S. 234 f.

165 Die neueste Zusammenfassung des Verhältnisses Rilkes zum Judentum ist der Aufsatz von Storck 1997. Dieser verweist unter anderem darauf, daß Rilkes Faszination durch das Judentum durch das, was er als das ›Schicksal des Juden‹ bezeichnete, von einem »existentiellen Bezug« zu seinem eigenen Schicksal herrührt. Im Zusammenhang mit Rilkes Begeisterung für Richard Beer-Hormanns Gedicht *Schlaflied* bemerkt Storck: »Die ›moderne‹ Fremdheitserfahrung, die der melancholische Anfang des *Schlaflieds* heraufruft, bevor es sich auf die aufrichtende und kommunikationsstiftende Kraft der eigenen genealogischen und religiösen Herkunft besinnt, war, wie schon angedeutet, auch für Rilke die Grunderfahrung seines Lebens.« (S. 54) Der von Storck behauptete »Philosemi-

feminisierten, verworfenen Körper. Santner verweist mit Gilman auf die Rolle der Verdauung, der fäkalen Abfallprodukte, die der Körper des Juden in der kollektiven Phantasie der Deutschen absondere,[166] und er zieht den Schluß, daß die Krise der symbolischen Macht, wie sie sich in Schrebers (und, so kann man nun hinzufügen: auch in Maltes Memoiren) manifestiert, eine Krise ist, die als sexualisiert erlebt wird und als ein

chronic *wasting away* of one's symbolic power and authority. The decay and rottenness produced thereby are figured by the work of individual and social fantasy as *contaminations*, as a leakage of toxins – and transgressive intoxications – emanating always from the other side of a social boundary.[167]

Die Krise des Symbolischen, die »Krankheit des Blutes«, resultiert also in Emanationen pathologischer Überschußproduktionen, von Fäces, Erbrochenem, Schleim, Eiter, Abfall. Schwarz spricht in diesem Zusammenhang von »exit wounds«, deren Abfallprodukte in *MLB* zum künstlerischen Ideal, zur dichterischen Sprache werden:

According to the logic of Rilke's model of interiorization, perceived objects are transformed within the subject's interior into infectious inscriptions that, in turn, become a language that only speaks through and as a wound.[168]

Wenn Wunde, Mund und Magen die privilegierten Orte von Rilkes körperlichem Prozeß der Signifikation sind, so sind damit auch diejenigen

tismus« Rilkes kann bekanntlich, wie auch im obigen Zitat, umschlagen in stereotype judenfeindliche Äußerungen und ist damit ein erneutes Beispiel für die Zwiespältigkeit von Maltes Identifikation mit den »Anderen«, den »Fortgeworfenen«, zu denen neben Frauen und Homosexuellen auch und gerade die Juden zählen. (Vgl. dazu auch FN 167) Die Beantwortung der Frage am Ende dieses Kapitels, inwieweit Maltes Identifikation mit Frauen als auch geschlechterpolitisch fortschrittlicher und wünschenswerter Akt zu bewerten ist, wird damit auch geeignet sein, ein Licht auf Rilkes bzw. Maltes Verhältnis zum Judentum zu werfen.

166 Santner 1996, S. 111.
167 Santner 1996, S. 139. Die Repräsentanten dieser »anderen Seite« nun sind, wieder Santner zufolge, der auf die Werke von Freud, Panizza und Kafka verweist, nicht nur Frauen und Juden, sondern auch die ohnehin als verweiblicht angesehenen Homosexuellen. Dieser Zusammenhang wirft ein Licht auf die in 3.4.2. erwähnten homoerotischen Konnotationen des Verhältnisses zwischen Malte und Erik. Homoerotisches Begehren ist für ihn ebenso wie die Idealisierung von und Identifikation mit Frauen und Juden ambivalentes Symptom seiner Krise.
168 Schwarz 1996, S. 203, vgl. auch S. 198.

körperlichen Orte angesprochen, die in einer anderen diskursiv produktiven Krankheit der Jahrhundertwende eine zentrale Rolle spielen: der Melancholie. Die Ich-Leere, die Ent-Ichung Maltes können mit Schwarz als melancholische Symptome gelesen werden. Wie in Kapitel 2.5.1. gezeigt, wird die Melancholie seit der Renaissance zu einer weiblich kodierten »privilegierten« Pathologie des männlichen Genies. Die Metaphorik um Mund und Magen, die Maltes melancholische Symptome beschreibt, ist dadurch als weiblich kodiert, daß ihre Ausscheidungen, die, wie gerade dargelegt, sprachlicher Natur sind, als Geburten figuriert sind, die ihn zum Künstler machen – ambivalente Geburten freilich, die, wie überall in *MLB* eng mit dem Sterben verbunden sind. Diese Nähe ist durch die fäkale und pathologische (Eiter) Natur der Ausscheidungen weiter hervorgehoben.

Ein weiteres melancholisches Symptom in *MLB* ist die Verweigerung von Nahrung und allgemeiner von allem, was die Körpergrenzen von außen nach innen zu überschreiten droht.[169] Im Gegensatz zu exzessiven Beschreibungen von Ausscheidungen gibt es in Maltes Erinnerungen nahezu kein Beispiel für die Nahrungsaufnahme, der Mund ist selten Ort der Ernährung, sondern meist klaffende, bedrohliche Leere oder Ausscheidungsorgan. (Vgl. *MLB* 15, 736; 15, 740; 20, 759; 52, 879; 59, 902) Die Weigerung zu essen ist zunächst mit Krankheit und Tod der Mutter verbunden, von der gesagt wird, daß sie vor ihrem Tod kaum mehr aß.[170] (Vgl. *MLB* 28, 786) Malte selbst verweigert in Situationen Nahrung, in denen er mit dem Tod konfrontiert ist, etwa angesichts des Sterbenden in der Crémerie,

> wo ich zwei Spiegeleier essen wollte; ich war hungrig, ich war den ganzen Tag nicht dazu gekommen zu essen. Aber ich konnte auch jetzt nichts zu mir nehmen; ehe die Eier noch fertig waren, trieb es mich wieder hinaus in die Straßen, die ganz dickflüssig von Menschen mir entgegenrannen. (*MLB* 18, 751)

In dieser Szene werden die Straßen und die Massen der Großstadt in Worten geschildert, die sie den verweigerten Eiern ähnlich machen, sie werden »dickflüssig«; das Gelbe des Gerichtes wandelt sich zwei Sätze später in ekeleinflößende Körperauscheidungen: »[…] das Lachen quoll aus ihren Munden wie Eiter aus offenen Stellen.« (*MLB* 18, 752) Eine ähn-

---

169 Zur Verweigerung von Nahrung als Symptom der Melancholie vgl. z.B. Freud 1917, S. 203.

170 Aspetsberger 1997, S. 56, vermutet, dass die tödliche Krankheit Ingeborgs ebenfalls als Anorexie zu lesen ist.

liche Bewegung von der verweigerten Nahrung hin zur Absonderung von Körperflüssigkeiten findet sich in der 45. Aufzeichnung, in der Malte zum Begräbnis seines Vaters kommt. Er verweigert zunächst das Frühstück, (*MLB* 45, 852) das ihm angeboten wird, um ihn vom Kommen des Arztes abzulenken, der zur Sicherstellung des Todes einen Herzstich bei der Leiche durchführen will. Malte besteht darauf, diesen Akt zu beobachten. In seiner Beschreibung wird die Wunde zum »Mund [...], aus dem zweimal hintereinander Blut austrat, als sage er etwas Zweisilbiges«. (*MLB* 45, 855)

Verweigerung von Nahrung verbindet sich für Malte also mit Weiblichkeit, Tod und Krankheit und gewinnt damit selbst die ambivalente Qualität dieser Größen. Sie wird zum Charakteristikum der Fortgeworfenen, zum Signum sowohl ihrer Verworfenheit wie auch ihrer idealisierten transzendenten Aura, ihrer Heiligkeit: »Ich ernähre mich, und so bin ich von Mahlzeit zu Mahlzeit, völlig geheimnislos; sie aber erhalten sich fast wie Ewige.« (*MLB* 60, 904) Die Nahrungsverweigerung findet ihr Echo in Maltes Weigerung, geliebt zu werden. Sein Liebesideal ist bekanntlich das des Verzichts, des Liebens ohne Gegenliebe, das vor allem die von ihm bewunderten Schriftstellerinnen sowie einige der Fortgeworfenen kennzeichnet. In den großen Liebenden »ist das Geheimnis heil geworden, sie schreien es im Ganzen aus wie Nachtigallen, es hat keine Teile.« (*MLB* 66, 924) Die Weigerung, Nahrung oder Liebe anzunehmen, die Weigerung, etwas, was von außen kommt, in den Körper, das Selbst, hineinzulassen, beinhaltet in Maltes Sicht also die Hoffung auf das Wiedererlangen einer verlorengegangenen Ganzheit, hebt die Fragmentierung auf.

Insofern Essen und Mund die zentralen Metaphern für die Verzichtsthematik in *MLB* bilden, könnte man von einem anorektischen Muster, einem anorektischen Ideal sprechen, das nicht nur das Verhalten Maltes, seine Ängste und Hoffnungen prägt, sondern auch und vor allem seine künstlerische Tätigkeit. Die Angst, etwas von außen Kommendes in seinen Körper oder sein Selbst hineinzunehmen, bezieht sich nämlich auch auf das Lesen, das er angesichts einer erschreckend großen Menge an Literatur lange verweigert. (Vgl. *MLB* 56, 893) Hingegen wird sein Schreiben zum »Überlaufen«, zum Aufschreiben »des Abfalls, der aus seinem Kopf quillt«,[171] zum Symptom jener Krankheiten selbst also, die Malte mit einer Mischung aus Faszination und Ekel immer wieder beschreibt.

---

171 Kittler 1985, S. 327.

In einem Aufsatz über psychoanalytische Konzepte des Hungers vertritt Esther Fischer-Homberger die These, ein ähnlich gestörtes Verhältnis zur Nahrung sei eines der Hauptmerkmale der westlichen Moderne.

Die Geschichte unserer westlich-neuzeitlichen Kultur ist zu wesentlichen Teilen eine Geschichte der zunehmenden Beherrschung der Natur – auch unserer eigenen – samt ihren Nahrungsquellen. Die Verbindung zwischen Menschen und ihrer Welt, welche der Nahrungsaustausch verkörpern kann und als welche dieser auch bei uns noch im Mittelalter anerkannt war, wird dabei vorwiegend angstvoll erlebt – Angst vor Abhängigkeit, Angst vor Mangel – und entsprechend unter Kontrolle genommen. [...] Verloren geht in diesem Spannungsfeld zwischen Mangel und Verfügbarkeit der Gedanke des Austauschs.[172]

Ihr zufolge habe die antike und mittelalterliche Säftelehre die Ursache von Krankheiten wie Melancholie in Eß- und Verdauungsstörungen gesucht. »Im Laufe der späteren Neuzeit« hätten sich organizistische Systeme herausgebildet, die sich stärker auf das Nervensystem konzentrierten. Als diese Theorien sich nicht halten ließen, »hatte sie der ›Neurasthenie‹ zu weichen, [...] und der ›Nervosität‹, als deren Ursachen Degeneration, die nervenaufreibenden Einflüsse der damals modernen Zivilisation oder Traumata in Frage kamen.«[173] Sie interpretiert diesen Prozeß als einen der zunehmenden Entkörperlichung und Entsinnlichung vor allem des Essens, der auch und insbesondere in Freuds Psychoanalyse seinen Niederschlag finde. Freuds Ideen spiegelten den gestörten Austausch zwischen Mensch und Natur, in dem »Einflüsse von außen [...] tendenziell unter dem Verdacht der Schädlichkeit« stehen, ebenso wie den seinerzeitigen medizinischen Diskurs mit seinem »Interesse für krankmachende Mikroorganismen und ihre Abwehr, Gifte und Entgiftungsfunktionen des Organismus, Traumata und Fremdkörper«.[174] Diese Abwehrhaltung entspricht derjenigen Maltes, der mit seiner Mutter in der verweigerten Nahrung spitze Nadeln, oder »bakterielle« und »mikroskopische« Krankheitserreger fürchtet.[175]

Ausscheidungsprodukte, der Kot, sind Fischer-Homberger zufolge in Freuds Theorie und in der westlichen Moderne überhaupt aller ihrer komplexen Funktionen etwa als »Bau- und Brennmaterial, als Teig, Lehm, Staub«, als »Düngemittel und Nahrung«, als »Grundsubstanz von

172 Fischer-Homberger 1997, S. 17.
173 Fischer-Homberger 1997, S. 24 f., vgl. S. 20-25.
174 Fischer-Homberger 1997, S. 34 f.
175 Vgl. Schwarz 1996, S. 202.

Kulturgegenständen, Heilmitteln, Kreaturen« verschwunden. »Das Wegspülen, Verdrängen, Deodorieren und ›Ent-Sorgen‹ des Kots enspricht seiner Reduktion auf einen der weiteren Differenzierung unwürdigen Abfall im Zeitalter der Hygienisierung und des Wasserklosetts.«[176] In *MLB* kehrt dieses Verdrängte, Entsorgte wieder, etwa in den halbabgebrochenen Häusern, deren Abortröhren und Ausdünstungen Bilder für Maltes eigenes Inneres darstellen, ein Schreckliches, von dem er sagt: »es ist zu Hause in mir«. (*MLB* 18, 751) Die Krankheitsbilder der Melancholie und der Anorexie hängen ihrerseits eng zusammen. Wie oben erwähnt, ist die Weigerung zu essen selbst Symptom der Melancholie. In einer Passage über psychoanalytische Melancholie-Theorien schildert Diana Fuss demnach die Melancholie als das Scheitern oder Verweigern der Inkorporierung eines verlorenen Anderen, das Freud zufolge notwendig ist für den Prozeß des Trauerns, aber auch für die Bildung von Identifizierungen und damit für die Errichtung der Instanz des Ich. Während im Identifikationsprozeß der/die Andere einverleibt und zerstört, fragmentiert, zerrissen, zerschnitten, verschluckt und verdaut wird,[177] ist es im melancholischen Prozeß das Ich selbst, das einem selbstzerstörenden, autokannibalistischen Akt zum Opfer fällt.[178] Maltes Fragmentierung, sein Ich-Verlust und sein anorektisches Muster können damit als Symptome eines melancholischen Syndroms aufgefaßt werden.

Fischer-Homberger verweist auf den Zusammenhang zwischen dem pathologischen Verhältnis zur Nahrung und einem modernen Geschlechtersystem.

Die westlich-neuzeitliche Geschichte der Kontrolle der Nahrungsquellen ist eng verknüpft, zum Teil identisch, mit der Geschichte der Etablierung der kontrollierenden Herrschaft ›des Mannes‹ über die Welt, auch über ›die Frau‹ (als nahrungsspendende Mutter Köchin und Hausfrau, ebenso wie als ›Mutter‹ Erde bzw. ›Natur‹). Der fundamentalen Unaufmerksamkeit gegenüber der täglichen Nahrung – verbrämt durch eine punktuelle kulinarische Kultur – entspricht die Unaufmerksamkeit gegenüber der alltäglichen Mutter und Hausfrau – verziert durch einen umschriebenen Mütterlichkeits- und Weiblichkeitskult.[179]

---

176 Fischer-Homberger 1997, S. 33.
177 Vgl. Fuss 1995, S. 38. Die Autorin zitiert hier Kristeva 1978.
178 Vgl. Fuss 1995, S. 37 f.
179 Fischer-Homberger 1997, S. 17 f.

Auch Maltes Mütterlichkeits- und Weiblichkeitskult ist mit seiner »Eß-
störung«, seiner anorektischen Haltung verbunden – er betont dabei
einerseits das Nährende der idealisierten weiblichen Gestalten und der
Fortgeworfenen, etwa die Vögel fütternden (vgl. *MLB* 26, 782) und die
selbstlos liebenden Frauen. In der Identifikation mit der anorektischen
Frau selbst geht er aber weit über die von Fischer-Homberger geschilderte distanzierte Idealisierung eines kitschig geschönten Mutterbildes
hinaus. Christina von Braun hat das Aufkommen der Magersucht in
Zusammenhang gestellt mit einem spezifisch modernen Paradigmen-
wechsel des Geschlechtersystems im 19. Jahrhunderts, in dem die Magersucht von Frauen als »Versuch weiblicher Selbstbehauptung« erscheint,
als eine Verweigerung männlicher Frauenbilder und männlicher roman-
tischer und dekadenter Bestrebungen, Weiblichkeit in Männlichkeit zu
inkorporieren und damit reale Frauen zum Verschwinden zu bringen:
»Die Magersüchtige weigert sich, ihren Körper zur Beleibung der Metapher, zur Inkarnation männlicher Weiblichkeit herzugeben.«[180] Was aber
bedeutet es, wenn sich Rilkes Malte gerade mit diesem anorektischen
Frauenbild identifiziert? Die Ausführungen von Fuss über die Verweigerung der Inkorporierung des Anderen und der daraus resultierenden
Fragmentierung des modernen Subjektes legen zunächst die Vermutung
nahe, daß Anorexie nicht nur ein körperliches Symptom der Rebellion
moderner Frauen ist, sondern auch als Symptom einer verweiblichten,
dekadenten Moderne selbst aufgefaßt werden kann.

Malte selbst zieht in seiner Beschreibung der jungen Mädchen in Pariser Museen ebenfalls Parallelen zwischen individuellen und sozialen
Pathologien. Diese Mädchen sind Individuen, die »fortgegangen sind
irgendwo aus den Häusern, die nichts mehr behalten«. (*MLB* 39, 830)
Die Häuser, Repräsentanten der traditionellen Familienzusammenhänge,
sind hier als kranke, quasi magersüchtige Organismen geschildert. Die
Mädchen sind dabei in einer ähnlichen Situation wie Malte, abgeschnit-
ten von der Familie, isoliert in der Großstadt und selbst ohne Nachkommen. Die Verweiblichungsthematik assoziiert an dieser Stelle all die
»Letzten ihres Geschlechts«, die Décadents insbesondere auch der skandinavischen Familienromane um die Jahrhundertwende, von denen
Rilke selbst beeinflußt war – etwa Jens Peter Jacobsens *Niels Lyhne* (1880),
Herman Bangs *Det hvide Hus* (1898, dt. *Das weiße Haus*) und *Det graa
Hus* (1901, dt. *Das graue Haus*), und Sigbjørn Obstfelders *En prests dagbog*
(1900, dt. *Tagebuch eines Priesters*).[181]

180 Braun 1989, S. 68.
181 Zu Einflüssen der skandinavischen Literatur auf Rilkes Werk vgl. die Literaturangaben in Fußnote 8.

Maltes anorektische Verweigerungsmuster verweisen also darauf, daß er sich gerade nicht mit einer als vormodern, heil und naturnah konfigurierten Weiblichkeit identifiziert, sondern mit Frauen als modernen, gespaltenen Individuen. Dies führt Haustedt zu ihrer Interpretation von *MLB* als einem protofeministischen Text, in dem Frauen einen privilegierten Ort in Maltes intransitiven Liebeskonzept erhalten und dort eben nicht als reine Projektionen männlicher Phantasie fungieren, sondern vielmehr eine aktive Rolle als Künstlerinnen einnehmen.[182] Haustedt zufolge resultiert das »Amt der Engel«, das Frauen in *MLB* ausführen, in einer »Verschiebung des Verhältnisses von Mann und Frau im literarischen Feld«.[183] Abelone etwa wird von der Adressatin zur Diktierenden, die Malte »das, was sie will – eine andere weibliche Sicht auf Literaturgeschichte beispielsweise – in die Feder diktiert«.[184] Damit werde ein Raum geöffnet für eine Revision des männlich dominierten literarischen Kanons. Haustedt erwähnt anfangs, daß insbesondere »dem Erinnerungsbild der Mutter Abwesenheit, Leere und Tod eingeschrieben sind«, und daß es somit »Züge der Moderne, deren Kennzeichen Tod und Negativität sind«, trage.[185] Die Partizipation von Frauen am literarischen System wird, so ihre Schlußfolgerung, gerade dadurch möglich, daß sie sich »zusammen mit dem schreibenden Ich im zerrissenen Diesseits befinden«.[186]

Berücksichtigt man jedoch den Umstand, daß in Maltes Text die Moderne selbst als kranke Frau erscheint, so liegt die Hauptintention der Malteschen Aufzeichnungen wohl nicht in einer solchen faktischen Aufwertung des kreativen Schreibens von Frauen. Seine Identifikation mit der verworfenen, gespaltenen Frau ist vielmehr Ausdruck der ambivalenten Positionierung des Künstlers/Mannes in einer kranken, dekadenten Moderne. Hierauf verweist unter anderem der weiblich konnotierte Akt, den Malte als »Amt des Engels« bezeichnet und dessen Ambivalenz Haustedt zu wenig berücksichtigt. Der Engel ist nämlich eng mit Maltes körperlosem, anorektischem Ideal verbunden und sein Amt ist es eben auch, den Tod zu bringen.[187]

Maltes primäres Symptom ist, wie dasjenige Schrebers, seine Entmannung. Die »Feminisierung des Schreibens« und der »Genialität« ist, dar-

182 Vgl. Haustedt 1995, S. 44 f.
183 Haustedt 1995, S. 45.
184 Haustedt 1995, S. 46.
185 Haustedt 1995, S. 37.
186 Haustedt 1995, S. 47.
187 Dazu Kittler 1985, S. 353: »Man weiß, was das Amt der Engel ist – Leuten einen Tod zu bereiten«.

auf hat beispielsweise auch Jacques LeRider hingewiesen, eine »Gefahr«, die die »gesamte dichterische Moderne« verspürt,[188] eine Moderne, zu der Schreber und Rilke ebenso gehören wie Otto Weininger mit seinem ebenfalls paranoiden Text *Geschlecht und Charakter* und der von LeRider untersuchte Hugo von Hofmannsthal. »Verweiblichung« ist in diesem System das Hauptsymptom einer kranken Moderne, nicht die Lösung einer Problematik, ein Symptom, das den Paranoiker ebenso prägt wie den modernen Künstler.

Maltes ambivalente Haltung zu seinem eigenen Schreiben, zu seiner Identitätsproblematik, zur Großstadt und zu den Fortgeworfenen kann in diesem Zusammenhang als doppelte Abwehr seiner »Entmannung« verstanden werden. Eine Richtung, in die sich seine Abwehr zunächst wendet, ist nostalgischer Art. Es ist die Sehnsucht nach dem traditions-verbundenen, naturnahen Dichter, die in der 16. Aufzeichnung zum Aus-druck kommt. Malte zeichnet hier das Bild einer stabilen, geordneten Welt, in der die Verbindung zur Familie noch existiert und in der insbe-sondere traditionelle Geschlechterverhältnisse Sicherheit versprechen. Diese Welt ist regiert von der nostalgischen paternalen Erzählung, in der der Dichter »von den Mädchen so viel [weiß].« (*MLB* 16, 745; vgl. dazu 3.6.2.) Malte ist sich aber von Anfang an der Unmöglichkeit seiner Sehn-sucht bewußt, er erkennt und verwirft sie als anachronistisch und nostal-gisch. Seine Reaktion auf die Instabilität des Geschlechtersystems in der Moderne ist nicht, wie etwa diejenige Otto Weiningers (und August Strindbergs), ein »männlicher Protest«, ein obsessives Auflehnen gegen die identitätsbedrohenden Kräfte der Moderne.[189] Malte stilisiert viel-mehr seine »Entmannung«, seine Verweiblichung, zu einer besonderen Gabe, zur Voraussetzung seines künstlerischen Schaffens. Es ist dies eine ähnliche Wendung, die Schreber, Santner und Freud zufolge, in seinem Wahn vornimmt:

> As Freud has noted, at a certain point in his illness, Schreber not only reconciles himself to the process of feminization at first experienced as insulting and injurious, but endows it with soteriological purpose and significance. [...] The soteriological fantasy arrives only after the fact to endow retroactively a condition of abjection and degradation with sublime meaning and purpose.[190]

---

188 LeRider 1990, S. 152.

189 LeRider 1990, S. 122. Der Begriff »männlicher Protest« wurde vom Freud-Schü-ler Alfred Adler geprägt. Vgl. dazu ausführlich Kapitel 4.2. und 5.2.2.

190 Santner 1996, S. 30 und 27.

Die Stilisierung dieser Verweiblichung zum Besonderen ist also lediglich der nachträgliche Versuch, dem Symptom eine tiefere Bedeutung zu verleihen.

Santner beschreibt die paranoiden Phantasien und Schreibakte Schrebers: »Rather than trying to restore his symbolic identity by repressing the drive dimension underlying it, he finds a kind of relief by entering more deeply into its patterns of repetition and acting them out.«[191] Die Exzessivität von Maltes Schreiben über seine Erinnerungen, Ängste und Obsessionen kann als ein ebensolches »acting out« verstanden werden und als weiterer Ausdruck seiner Entmannung. Malte verwirft zwar die geradlinige Lösung eines nostalgischen »paternal narrative«. Im zweiten Teil, und vor allem in seiner letzten Aufzeichnung, in der er die Geschichte vom verlorenen Sohn zur Parabel seines eigenen Lebens stilisiert, gewinnt sein Schreiben jedoch eine nostalgische Tendenz anderer Art. Huyssen hat Maltes Wendung zur Idealisierung der großen Liebenden als einen »paradigmatic case of a male-imagined femininity« gedeutet.[192] Er vertritt damit in Bezug auf *MLB* ein Argument, das Schiesari und Spackman in Bezug auf die »Feminisierung« des Melancholikers bzw. des Genesenden vertreten. Sie kritisieren das damit zusammenhängende Androgynitätsideal des Künstlers als eine Vereinnahmung des Weiblichen, das realen Frauen keinen Raum lasse für ihr eigenes Leiden und die eigene Kreativität.[193] Ähnliches ließe sich im Kontext von Christina von Brauns Thesen folgern. Malte bleibt nicht dabei stehen, der »kreative Mann« zu sein, der »mit der Hysterie [...] auch Anspruch auf weibliche Symptombildung, auf die Weiblichkeit schlechthin«[194] erhebt. Er identifiziert sich darüber hinaus mit einem moderneren weiblichen Symptom, der Magersucht, die Braun, wie oben erwähnt, für einen Versuch weiblicher Selbstbehauptung gerade gegen diese Usurpation des Weiblichen durch den männlichen Künstler hält. Damit, so ließe sich folgern, trägt er bei zur Vereinnahmung auch dieser Form des Ringens realer Zeitgenossinnen um ein Ich, »das sich seiner Verwandlung in ein Nicht-Ich widersetzt.«[195] Malte jedoch gewinnt durch den Akt der Feminisierung – sei er nun melancholisch, hysterisch oder anorektisch – keine narrative Kohärenz.[196]

191 Santner 1996, S. 93.
192 Vgl. Huyssen 1989, S. 136.
193 Schiesari 1992, Spackman 1989.
194 Braun 1989, S. 56.
195 Braun 1989, S. 69.
196 Zu diesem Schluß kommt Judith Ryan 1987, S. 280-282, in ihrer Untersuchung über die Funktion von Phantasie und Einbildung in *MLB*.

Mit Huyssen ist das Ende seiner Aufzeichnungen vielmehr zu deuten als »obsessive evasion in every sense, existential as well as aesthetic.«[197] Die Erzählung vom verlorenen Sohn (*MLB* 71) kann den eigenartigen Charakter dieser Malteschen Abwehr- und Vermeidungsstrategien abschließend erhellen. In dieser Parabel finden sich alle Komplexe und Ambivalenzen, die Maltes eigenen Lebensweg sowie die Biographien der von ihm geschilderten historischen Persönlichkeiten prägen, in kondensierter Form wieder.[198] Protagonist der Parabel ist der Sohn, der unter den einschränkenden narzißtischen Besetzungen der Erwachsenen leidet. Er wird geliebt, dieses Geliebt- und Gesehen-Werden wird ihm jedoch zum »Ärgsten«:

> Er bleibt im Dunkel, er will ihre Fragen abwarten. Aber dann kommt das Ärgste. Sie nehmen ihn bei den Händen, sie ziehen ihn an den Tisch, und alle, soviel ihrer da sind, strecken sich neugierig vor die Lampe. Sie haben es gut, sie halten sich dunkel, und auf ihn allein fällt, mit dem Licht, alle Schande, ein Gesicht zu haben. (*MLB* 71, 940)

Freiheit und Idyll versprechen ihm dagegen Situationen, in denen er unabhängig und ungesehen seinen »Einbildungen« nachgehen kann, in denen sich das »Geheimnis seines noch nie gewesenen Lebens« vor ihm ausbreitete. (*MLB* 71, 939) Das Wort »Geheimnis« verweist auf die weibliche Qualität dieses schöpferischen Zustandes, wird es doch ansonsten in erster Linie den großen Liebenden und Dichterinnen zugeschrieben. Im weiteren Verlauf der kurzen Erzählung wird von der Ambivalenz des Protagonisten berichtet, der das Geliebtwerden gleichzeitig fürchtet und heiß ersehnt. »Wie konnte er dann nächtelang weinen vor Sehnsucht, selbst so durchleuchtet zu sein«, (*MLB* 71, 941) schreibt er über seine Erlebnisse mit von ihm geliebten Frauen. Später ersehnt er sich dieselbe durchleuchtende Liebe von Gott:

> Und diesmal hoffte er auf Erhörung. Sein ganzes, im langen Alleinsein ahnend und unbeirrbar gewordenes Wesen versprach ihm, daß jener, den er jetzt meinte, zu lieben verstünde mit durchdringender, strahlender Liebe. (*MLB* 71, 943)

Obwohl Maltes konzisere, kondensierte Schlußerzählung strukurell angelehnt ist sowohl an den Entwicklungsroman als auch an den Künstler-

---

197 Huyssen 1989, S. 137.
198 Vgl. Stahl 1979, S. 246 f. Small 1983, S. 109, kommentiert zu dieser Parabel: »Was in diesem [des Romans] ungeheuer verwickelten Mosaik an Bündigkeit und Geschlossenheit fehlt, gibt die Erzählung des verlorenen Sohnes als Konzentrat des Romans in knapper Form wieder.«

roman, in dem eine soziale, eine Identitäts- oder Sprachkrise überwunden wird, so kann die Heimkehr des verlorenen Sohnes doch nicht als eine solche Überwindung der Krise gelesen werden. Manfred Engel spricht zwar davon, daß die Parabel eine »idealtypische« Biographie« darstelle, daß der verlorene Sohn nach einer Phase der »Dekomposition, die einer völligen Selbstvernichtung gefährlich nahe kommt«, imstande ist, das bisher Verdrängte zu bejahen und sich anzuverwandeln. Dadurch erreiche er ein Selbstbild, das »nun stabil genug ist, sich gegen das Fremdbild und die vereinnahmende Liebe zu behaupten«, und das ihm ermöglicht, zur Familie zurückzukehren.[199] Engel berücksichtigt dabei allerdings nicht die eigentümliche Umkehrung der Größen Vergangenheit und Zukunft in dieser Aufzeichnung. Schon am Anfang richtet die Sehnsucht des verlorenen Sohnes sich auf »[d]as Geheimnis seines noch nie gewesenen Lebens«. (*MLB* 71, 939) Die Rückkehr des erwachsenen Sohnes ins Elternhaus ist motiviert von einer ähnlichen Sehnsucht, die ihn gerade nicht zu einer nostalgischen Wiedererzählung der Kindheit führt, sondern zur Einsicht, er müsse seine Kindheit nachholen:

> Er dachte vor allem an die Kindheit, sie kam ihm, je ruhiger er sich besann, desto ungetaner vor; alle ihre Erinnerungen hatten das Vage von Ahnungen an sich, und daß sie als vergangen galten, machte sie nahezu zukünftig. Dies alles noch einmal und wirklich auf sich zu nehmen, war der Grund, weshalb der Entfremdete nun heimkehrte. (*MLB* 945)

Die Vergangenheit wird hier also paradoxerweise zur Zukunft. Und das Nichtverstehen der Zuhausegebliebenen, ihre Liebe und Vergebung ist für den Sohn nur unter der Voraussetzung auszuhalten, daß er auch seine Sehnsucht geliebt zu werden, in die Zukunft projiziert: »Was wußten sie, wer er war. Er war jetzt furchtbar schwer zu lieben, und er fühlte, daß nur Einer dazu imstande sei. Der aber wollte noch nicht.« (*MLB* 71, 946) Dieser »Eine« ist häufig als Gott gedeutet worden,[200] Fülleborn hat allerdings überzeugend dargelegt, daß dies im Kontext anderer Textstellen in *MLB* über Gott sinnlos ist,[201] daß die Liebe, von der der Schlußsatz des Romans spricht, vielmehr von dem »dem Menschen auf seinem ›unend-

---

199 Engel 1997, S. 192 f.

200 Z.B. von Small 1983, S. 112.

201 »Der hier ›noch nicht wollte‹, ist gewiß nicht Gott. Denn kurz zuvor hatte der verlorene Sohn dessen ›äußersten Abstand‹ [*MLB* 71, 943] einsehen müssen. Und in Maltes vorhergehender Aufzeichnung war von Gott als einer ›Richtung der Liebe‹ die Rede, nicht als einem ›Liebesgegenstand‹, von dem ›Gegenliebe‹ zu ›fürchten‹ sei.« (Fülleborn 1997, S. 173)

lichen Weg‹ an Gottes Statt erreichbaren Engel«[202] handelt. Es ist damit derselbe Engel, der oben als ambivalenter und auch androgyner Bote des Todes und einer feminisierten und damit pathologischen Schöpferkraft identifiziert wurde. Interessant ist in diesem Zusammenhang eine Bemerkung Storcks, der, im Anschluß an Käte Hamburger und Byong-Ock Kim,[203] den verlorenen Sohn mit Ahasver, dem »Ewigen Juden« identifiziert. Juden und Frauen sind in Maltes Aufzeichnungen ambivalent besetzte, aber letztlich eben dekadente, pathologisierte Metaphern einer kranken Moderne. Mit der Identifikation des »Einen« als Engel und des verlorenen Sohnes als »Juden« bleiben also sowohl die Heimkehr des Sohnes wie die zukünftige Antwort des Engels Symptome dieser pathologischen Konditionen.

In diesem Kontext läßt sich nun auch ein Sinn gewinnen aus der eigentümlichen Umkehrung von Vergangenheit und Zukunft in der Parabel vom verlorenen Sohn. Das »dead end«, die Sackgasse, in der Maltes Erzählung Huyssen zufolge endet, (vgl. dazu 3.5.) stellt sich eben als paradoxe Nostalgie nach der Zukunft dar. Eine ähnlich paradoxe Nostalgie findet sich auch am Ende von Nielsens Roman. Eine Analyse dieser Zusammenhänge in *FE* soll zu einer abschließenden Bewertung des Schicksals von Männlichkeit in beiden Romanen führen.

3.8.2. Zukunftsnostalgie in *Fodboldenglen*

Nielsens Erzähler Frands figuriert die Beschreibung seiner Krise, deren Genese und Überwindung, wie erwähnt, im Kontext der psychoanalytischen Objektbeziehungstheorien. Er faßt sie in die ambivalenten Bilder des Fliegens, des euphorischen Verschmelzens, den »Gebärmutterzustand«, Bilder, die sowohl Voraussetzung des kreativen Prozesses sind als auch Todesgefahr in sich bergen. Der in 3.7.1. bereits in Zusammenhang mit der Ikaros-Metaphorik erwähnte Traum, in dem Frands sich mit van Gogh identifiziert, (*FE* 170 f., *JE* 166 f.) bindet diesen Bildbereich zurück an den medizinischen Diskurs, der, wie gerade ausgeführt, für *MLB* konstituierend ist und die Nähe von Genie und Wahnsinn postuliert. Geisteskrankheit spielt auch darüber hinaus eine Rolle für Frandses Beschreibung insbesondere seiner schöpferischen Krisen, und als Bezeichnung seines Schreibens überhaupt. Während Frank sich und seine Familie umbringt, ist Frands der »*Idiot*, der überlebt hat, um die Geschichte zu

202 Fülleborn 1997, S. 173.
203 Vgl. Hamburger 1976, Kim 1973 S. 123 f.

erzählen«.²⁰⁴ (*JE* 225, Hervorhebung S.v.S.) Er beschreibt eine mißglückte Reportage als »schizophren«, (*FE* 131; *JE* 129) seinen willenlosen und isolierten Zustand nach dem Selbstmordversuch als »Lobotomie«. (*FE*; *JE* 51) Die destruktive Seite des narzißtischen Rausches ist verbunden mit Alkoholmißbrauch. (Vgl. z.B. *FE* 90, 135, 162, 218; *JE* 89 f., 132 f., 158, 212 f.) Wie in *MLB* steht der rauschhafte Überfluß, das Grenzüberschreitende sowohl für Krankheit und Tod als auch für *jouissance* und Schöpferkraft.

In der folgenden Passage verbinden sich die komplexen Zusammenhänge von Krankheit, Wahnsinn und Grenzauflösung im Bild des Giftes, das, wie oben ausgeführt, zentral auch für Maltes pathologische Zustände und Ich-Krisen ist.

Heute wieder viele Flugzeuge [wörtlich: heute ist wieder Fliegertag; S.v.S.], aber ich mache hier unten weiter. Letzten Sommer wollte ich nichts von mir selber wissen, wollte mich aus mir selbst hinausdrängen, ein Futteral werden, seinen eigenen, inneren Heulton fest umschließend, im Krankenhaus nur an der Medizin, die sie hatten, interessiert, eine Hilfe, um mich selbst auf Abstand zu halten. Der Versuch, mit mir zu reden, nur lästig und irritierend: Als ihr Gerede anfängt, mich zu quälen, erlaube ich meinen Eltern, mich zu sich nach Hause zu holen. Auch wenn ich später allmählich aus der totalen Lähmung herauskomme, hält die Mühsal, wenn ich über das eigene Ich sprechen muß, an, ohne daß der *Ekel der Selbstvergiftung* den Mund daran hindert, ›ich‹ zu sagen. Aber gestern abend erzählte Majken den anderen von dem Spaziergang zu den Rockern, und was sie erzählte, brachte mich dazu, spontan ein bißchen von dem zu erzählen, worüber ich gestern geschrieben hatte: Ich, sagte ich. Ohne sofort zu fühlen, daß dieses Ich, das da sprach, entsetzlich war. (*JE* 65, Hervorhebungen S.v.S.)

I dag er det igen flyverdag, men jeg fortsætter hernede. I sommers ville jeg ikke vide af migselv, ville trænge mig selv ud af mig selv, blive et hylster, lukket tæt om dets egen indre hyletone, på hospitalet kun interesseret i deres medicin, hjælp til at holde migselv på afstand. Forsøg på at tale med mig kun forstyrrende og irriterende: Da deres snakk begynder at plage mig, giver jeg min far og mor lov til at tage mig hjem til dem. Selvom jeg senere lidt efter lidt kommer ud af den totale lammelse, fortsætter besværet med at tale om migselv, uden at *selvforgiftelsens kvalme* hindrer munden i at sige jeg. Men i aftes fortalte Majken de andre om turen ned til rockerne, og snakken fik mig spontan til at fortælle lidt af det, jeg sad og skrev om igår: Jeg, sagde jeg. Uden straks at føle, at det jeg, der talte, var forfærdeligt. (*FE* 65)

Wie bei Malte äußert sich die Krise für Frands darin, daß die Grenzen seines Ich von innen und außen bedroht scheinen, und daß dabei vor allem die Sprache, das Sprechen über das eigene Ich quasi infiziert sind. Der ganze Komplex ist hier mehrfach mit dem Zustand des Fliegens assoziiert. Die Passage wird eingeleitet mit der Bemerkung, es sei »Fliegertag« und endet mit der Beschreibung des eigenen Ich als »entsetzlich« (»forfærdelig«) – ein Attribut, das im dänischen Text auch den »schrecklichen« Rilkeschen Engel der *Duineser Elegien* bezeichnet.

Für Frands verbinden sich mit dem ambivalenten Zustand des Fliegens, des Rausches und der Ich-Krise darüber hinaus zweideutige Bilder des Analen, die ihre Parallele in Maltes obsessiven Beschreibungen von Körperausscheidungen finden. Da ist nicht nur die Faszination Frandses vom Analverkehr, (vgl. z.B. *FE* 79, 224; *JE* 79, 218) im Zusammenhang mit der erwähnten »schizophrenen« Reportage faßt er auch seinen eigenen prekären Zustand in folgendes Bild:

[…] sitze auf einem strammen Arschloch und würde mich am liebsten um das Ganze gleichzeitig schließen. Dort sitzt etwas davon: Nach der großen Lockerung um '68, voller verirrtem Chaos, halte ich jetzt ein, damit ich es in korrekt zusammengepreßter Form zur rechten Zeit und am rechten Ort abliefern kann. Keine Lobgesänge mehr über die heiß dampfende, anmutig zusammensinkende, wenn ich es wagte, würde ich schreiben: weibliche (jetzt habe ich es also getan), Weichheit der Scheiße. (*JE* 129)

[…] sidder dér med mit stramme røvhul og ville også helst kunne lukke mig om det hele på én gang. Dér sidder noget af det: Ovenpå den store løsnen omkring 68, fuld af vildfarent kaos, holder jeg mig nu, så jeg kan aflevere det i korrekt sammenpresset form på rette tid og sted. Ingen lovsange mer til lortets varmt dampende, yndefuldt sammendejsende, hvis jeg turde, ville jeg skrive: kvindelige (nu har jeg så gjort det) blødhed. (*FE* 131)

Die zögernde, etwas schamhafte Bezeichnung der Scheiße als weiblich verweist darauf, daß die Zusammenführung von Analem und Frau für *FE* eine zentrale Rolle spielt.

Frandses erwähnt immer wieder die Ereignisse des »deutschen Herbstes« 1977, die Schleyer-Entführung, die Flugzeugentführung in Mogadischu und den Selbstmord der inhaftierten RAF-Mitglieder, die sich im

Monat seiner Tagebuchniederschrift ereignen. Gegen Ende seines Textes macht er deutlich, daß seine eigenen Krisensymptome, seine Willenlosigkeit, seine Identitätskrise und sein Selbstmordversuch ihre Parallele in diesen gesellschaftlichen Ereignissen finden.

> [...] auch in der Politik diese Verdrängung der Sterblichkeit im Dienste einer sogenannten höheren Sache, die totale Verdrängung des Weges zum Ziel, der darum auch zu einem abstrakten und mörderischen Prinzip reduziert wird, deutlich bei diesen Terroristen, aber schon merkbar in der idealistischen Aufopferung von beliebigem persönlichen Leben für eine politische Sache: Bedeutet das eigene Leben nichts Persönliches für einen, kann das der anderen auch seine Bedeutung verlieren [...]. (*JE* 190 f.)

> [...] også i politikken denne fortrængning af dødeligheden i en såkaldt højere sags interesse, den totale fortrængning af vejen for målet, der derfor også reduceres til et abstrakt og morderisk princip, tydeligt hos disse terrorister, men allerede mærkbart i den idealistiske opfrelse af ethvert personligt liv for en politisk sag: Betyder ens eget liv ikke noget personligt for én, kan andres også miste betydning [...]. (*FE* 196 f.)

Das im Fernsehen gezeigte »silberweiß und melancholisch im Wüstensand«[205] (*JE* 210) stehende entführte Flugzeug verleiht der erschreckenden Gewalttätigkeit der Terroristen unter anderem eine melancholische Konnotation. Damit deutet der Erzähler an, daß er seine eigene Symptomatik, wie auch die der westeuropäischen Gesellschaft der späten siebziger Jahre, für eine melancholische hält. Wie ausführlich erläutert und wie im obigen Zitat von der »weiblichen Weichheit der Scheiße« illustriert, stehen also Selbstmord/Tod, Melancholie und Weiblichkeit/Mütterlichkeit in unmittelbarer Beziehung zueinander.

Es handelt sich um einen Zustand, den Frands in seinem labyrinthischen Schreiben teilweise dadurch zu überwinden sucht, daß er ihn mit seiner ganzen Ambivalenz integriert. Betrachtet man diesen Zusammenhang nun aber aus der umgekehrten Perspektive, so läßt sich argumentieren, daß auch für Frands die Integration bzw. Inkorporierung vom Weiblichen ins Männliche Voraussetzung ist für seine Kreativität, die in seinen Tagebuchaufzeichnungen endlich zum Ausdruck kommt. Frands hat damit sowohl Züge der von Schiesari beschriebenen und kritisierten modernen männlichen Melancholiker, als auch von den von Spackman

---

205 »Forsiderne har billeder af flyet, sølvhvidt og melankolsk i ørkensandet«. (*FE* 216)

untersuchten dekadenten Rekonvaleszenten, sowie den männlichen Hysterikern Brauns.[206] Er scheint zwar diese Ambivalenzen erfolgreich zu integrieren, der Preis dafür ist aber offensichtlich seine zunehmende Isolierung von realen Frauen. Er erkennt, daß er, um die destruktive Rückkehr in den »Gebärmutterzustand« zu vermeiden, sich von den Frauen in seinem Leben unabhängig machen muß. Am Anfang steht hierfür die Scheidung von Katrin, später nimmt er sich vor, nicht mit Majken zusammenzuziehen, sondern allein zu wohnen, und der Roman endet mit der Entscheidung, seine Wäsche nicht mehr von der Mutter waschen zu lassen. Diese Entschlüsse können als realistische Einschätzung seiner eigenen Unzulänglichkeiten im Umgang mit Frauen gedeutet werden. Die Doppelbewegung der Integration des Weiblichen in die eigene Psyche und der Distanzierung von realen Frauen im und durch das Schreiben verweist aber auf eine problematische Parallele zu den im Zusammenhang mit *MLB* diskutierten Diskursen der Verweiblichung um die Jahrhundertwende.

Das Ende von *FE* ist jedoch nicht allein durch diese Distanzierung geprägt. Frandses Aufzeichnungen schließen vielmehr mit einer scheinbar hoffnungsvollen Note, die sich auf Männerbeziehungen und insbesondere die Beziehung zu seinem Sohn konzentriert. Diese entwickelt sich ihrerseits parallel zum Erkenntnisprozeß während seines Schreibens. Am Anfang seiner Aufzeichnungen schildert Frands das Verhältnis zu Alexander als dasjenige des »abwesenden Vaters«, der die Identität, die »Geschichte« seines Kindes gerade durch diese Abwesenheit prägt: »Ja, der Bruch, die unmittelbare Abwesenheit deines Vaters wird dich zeichnen, aber am meisten eben als Abwesenheit, als eine unausgefüllte Rubrik in einem Fragebogen«.[207] (*JE* 19) Der Ambivalenzkonflikt zwischen Vater und Sohn ist durch die Abwesenheit des Vaters geprägt, er führt zu *gegenseitigen* Schuldgefühlen und zu einer Spiegelung ihrer jeweiligen Gefühle und Probleme im anderen. (Vgl. *FE*; *JE* 18 f.) Diese Konstellation trägt zu der in 3.3.1. analysierten Umkehrung der ödipalen Dreieckskonfiguration bei, in der Frands die Mutterfigur Katrin an den eigenen Sohn verliert.[208] Der Sohn tritt zudem ganz direkt in die Rolle des Vaters, wie er

---

206 Vgl. Braun 1989, Schiesari 1992, Spackman 1989.
207 »Jo, bruddet, det umiddelbare fravær af din far vil mærke dig, men mest netop bare som et fravær, en uudfyldt plads i et skema«. (*FE* 19)
208 Wie ebenfalls in 3.3.1. gezeigt, handelt es sich um eine vorödipale Struktur destruktiver narzißtischer Besetzungen, die schon die vorige Generation geprägt hat und die sowohl Frankes wie auch Frandses Familie betrifft. Franks Vater bezieht Selbstbewußtsein aus der Fußballkarriere seines Sohnes, weil dieser etwas

von der Theorie Freuds gezeichnet wird: Er wird zur Instanz, an die Frands sich »klammert«, als in seinem Leben alles »steckenbleibt«, als der »Gebärmutterzustand«, das Gefühl, einer zu sein, »der im Schatten von Katrin steht«, immer bedrohlichere Formen annimmt. (*FE* 218; *JE* 212) In diesem Sinne könnte man Frandses Verhältnis zu seinem eigenen Sohn als eine paradoxe Variante der Suche nach dem »guten Vater« interpretieren, die Rutherford beschreibt. André Green folgend weist dieser darauf hin, die sogenannte Mutter-Kind-Dyade existiere eigentlich nicht, da der Vater immer schon im Unbewußten der Mutter anwesend sei. Er repräsentiere insbesondere die Abwesenheit, die durch die Beschäftigung der Mutter mit etwas anderem als dem Kind verursacht sei. Rutherford zieht den Schluß: »Out of this representation is created a yearning, not for an authoritarian father, but a loving real father capable of giving the mother pleasure«[209] – und es ist diese Sehnsucht, die sich bei Frands auf den eigenen Sohn richtet.

Frandses Schreiben spielt von Anfang an eine zentrale Rolle für seine Beziehung zu Alexander. Bereits zu Beginn kann er sich nach den lautstarken Konflikten mit dem Kleinkind »durch Schreiben beruhigen, indem ich es festhalte«.[210] Diese Perspektive verfestigt sich am nächsten Tag, wo erstmals die Phantasie aufkommt, er schreibe sein Tagebuch als »einen langen Brief« an seinen Sohn.[211] (*FE*; *JE* 28) Im Textverlauf wird der Sohn zunehmend zur Projektionsfläche von bzw. Vergleichsbasis für Frandses problematische Männerbeziehungen. Er tritt nicht mehr nur an Vaterstelle, sondern an Stelle des Freundes und »Horden-Bruders« Frank. Ein erstes Beispiel für diese Verschiebung findet sich am Ende der Aufzeichnung vom 25.9.77, wo sich die Anrede »Du«, die ansonsten dem Sohn vorbehalten ist, unvermittelt auf den im »Fußballengel« symbolisierten Freund verschiebt: »Du befindest dich die ganze Zeit vor mir an

---

»besitzt, was der Vater haben will«. (*JE* 104 – »Han besidder, hvad faderen ønsker« *FE* 105) Der Vater verschuldet durch das rücksichtslose und kurzsichtige Verfolgen dieses Wunsches indirekt den Tod des Sohnes, unterläßt er es doch, ihn schulisch zu fördern und verstellt ihm so den Weg in eine zweite Karriere nach Beendigung der Fußballaufbahn. Frandses Vater gerät durch seine schwache Position in der Ehe in eine Kinderrolle dem Sohn gegenüber; er wird zur »verwachsene[n] Kinderleiche«, (*JE* 174; »forvokset barnelig«, *FE* 179) während Frands seinerseits die Rolle des Vaters spielt.

209 Rutherford 1992, S. 151.
210 »[…] kan jeg sidde her, skrive mig til rolig [sic], ved at fæstne det.« (*FE* 23)
211 Durch den geänderten Untertitel: »Aufzeichnungen an meinen Sohn« anstelle des Originals »Ein Bericht« (»En beretning«) ist diese Perspektive in der deutschen Übersetzung vorweggenommen.

der Wand, Franke [...].«²¹² (*JE* 40) Später wird der Sohn im Verhältnis zur Mutterfigur zum »lillebror«, zum kleinen Bruder. (*FE*; *JE* 91)

Mit der zunehmenden Selbsterkenntnis, insbesondere der Akzeptanz von Ambivalenz und Gespaltenheit, die sich bei Frands durch seine Aufzeichnungen einstellen, verändert sich auch das Verhältnis zu seinem Sohn:

> Strenggenommen geht es ansonsten dieses Wochenende wohl gar nicht besser, dich hier zu haben, als früher, auch nicht so gut wie letzten Donnerstag, dieselben Mißgeschicke und Probleme und ein grosser Kampf, als du schlafen sollst [...], aber meine Abhängigkeit davon, daß alles reibungslos verläuft, ist kleiner geworden [...]. Es ist keine Resignation, es ist eine andere Art Liebe zu dir. Ich bin allmählich besser dazu imstande, dir meine Liebe zu geben, ohne notwendigerweise gleich die deine dafür demonstriert zu bekommen: Nehme nicht einfach unser Verhältnis in Angriff, sondern versuche statt dessen, mich dribbelnd darin zu bewegen, im Vertrauen auf die Bewegung, die dadurch entsteht. Es gibt nichts, was gemeistert werden muß, wir sind hier zusammen mit der Zeit, und die ist kurz, während sie sich durch uns bewegt und an das stößt, was wir waren. (*JE* 193)

> Strengt taget går det vel ellers ikke bedre med at have dig her denne weekend end de tidligere, heller ikke så godt som i torsdags, de samme ulykker og problemer og en stor bataije, da du skal sove [...], men min afhængighed af, at det skal gå godt, er blevet mindre [...]. Det er ikke resignation, det er en anden slags kærlighed til dig. Jeg bliver bedre i stand til bare at give dig min kærlighed uden nødvendigvis straks at få din demonstreret til gengæld: Tackler ikke mere vores forhold, prøver i stedet at bevæge mig driblende i det, i tillid til den bevægelse, det afføder. Der er ikke noget, der skal mestres, vi er her sammen med tiden, og den er kort, mens den bevæger sig gennem os og støder på det, vi var. (*FE* 199)

Das verbesserte Verhältnis zu Alexander ist hier in den gleichen Metaphern geschildert (»dribbeln« statt »in Angriff nehmen«, »sich durch die Zeit bewegen«, statt diese zu »meistern«), wie sein Abschied vom starren »paternal narrative« zugunsten einer bewegten labyrinthischen Erzählung. Die Hoffnung auf das Überwinden des »paternal narrative«, das Finden einer neuen Sprache für Männlichkeit, liegt für Frands also offenbar in erster Linie in der Vater-Sohn-Beziehung. In diesem veränderten

---

212 »Du er hele tiden på væggen foran mig, Franke [...].« (*FE* 40)

Verhältnis, das jedoch explizit mann-männlich bleibt und mit einem Wort aus der Männerwelt des Fußballs (dribbeln) bezeichnet wird, findet er am Ende seiner Aufzeichnungen Halt. Er beschließt zunächst, sich von Majken zumindest partiell zu lösen, nicht als »noch eine Flucht«, wie er behauptet, sondern »im Gegenteil, um mich festzuhalten«.[213] (*JE* 232) Dieser Halt ist zunächst im Entschluß repräsentiert, den teils verworfenen, teils nostalgisch zurückersehnten »zweideutigen Engel« mit in die neue Wohnung zu nehmen. Daraufhin wendet sich seine Schrift der Zukunft mit dem Sohn zu, sowie nochmals dem Entschluß, sich von der Mutter unabhängig zu machen. Inmitten der Reflexionen über den »Fußballengel« findet sich folgender Satz: »Auch wenn es ein zweideutiger Engel ist, den man sich hält, bewahrt er gleichzeitig etwas, was ich bei mir haben muß: eine Art Heimweh, nicht nach der Vergangenheit, sondern nach einer anderen Zukunft«.[214] (*JE* 233) Hier kehrt sich, ebenso wie vorher das Verhältnis Vater-Sohn oder Frands-Alexander, das Verhältnis zwischen Vergangenheit und Zukunft um. Die Wendung führt die bereits in den beiden Motti am Romananfang aufgemachte Spannung zwischen vorwärts und rückwärts zu Ende.

›Da hob ich den Kopf und sah, daß meine Mutter immer noch im Fenster winkte, sie winkte mich zurück oder vorwärts, ich weiß es nicht, vielleicht winkte sie nur, in betrübter hilfloser Liebe ...‹
Beckett

›Vorwärts, und nicht vergessen ...‹
Brecht[215]

›Så løftede jeg hovedet og så min mor stadig vinkende i vinduet, hun vinkede mig tilbage eller fremad, jeg ved det ikke, måske vinkede hun bare, i bedrøvet hjælpeløs kærlighed ...‹
Beckett

›Fremad og aldrig glemme ...‹
Brecht (*FE* 5)

Beide Bewegungen, sowohl das »Vorwärts« der revolutionären Linken, wie das »zurück« zur Mutter, haben im gesamten Roman eine nostalgi-

---

213 »Ikke som endnu en flugt, tværtimod for at holde mig fast«. (*FE* 238)
214 »En slags hjemve, ikke tilbage mod fortiden, men ud af den efter en anden fremtid«. (*FE* 239)
215 Die beiden Zitate fehlen in der deutschen Übersetzung. Sie sind durch die Anfangszeilen von Rilkes zweiter *Duineser Elegie* ersetzt. Die Zitate sind hier im dänischen Original und in der Übersetzung der Verfasserin wiedergegeben.

sche Qualität. Am Romanende wird sowohl die Spannung zwischen den Bewegungen aufgegriffen (»Angekommen, ja, aber nichts bleibt, rückwärtsgewandt, stehen, alle Fäden laufen weiter«,[216] *JE* 228), als auch die nostalgische Note im Wort »Heimweh«. Letztere ist in den Motti mit der Mutter und der, wie oben dargelegt, weiblich konnotierten linken Bewegung verknüpft, am Romanende mit der Beziehung zu Franke in der Vergangenheit und zum Sohn in der Gegenwart und Zukunft.

Diese Konstellation läßt sich mit Hilfe von Rutherfords Überlegungen zum Verhältnis von Nostalgie und männlicher Identität erhellen. Im Zusammenhang mit seinen Reflexionen über das »paternal narrative« definiert er Nostalgie als die vergebliche Suche nach der im »maternal supplement« gefangenen »guten Mutter« – eine Suche, die immer wieder durch das »paternal narrative« frustriert werde. Nostalgie ist ihm damit einerseits Voraussetzung der paternalen Erzählung, andererseits aber eine Tür zur guten Mutter.[217] Rutherford bezeichnet im folgenden die Vater-Sohn-Beziehung als einen solchen Schlüssel zur »guten Mutter«.[218]

FE wurde in 3.6.1. und 3.7.1. als Versuch interpretiert, eine neue Sprache für Männlichkeit jenseits des »paternal narrative« zu finden. Die nostalgische Wendung am Ende des Romans, die sich in erster Linie auf die Beziehung zum Sohn konzentriert, könnte in Rutherfords Sinn also als Perspektive gesehen werden, die die Tür zur »guten Mutter« und damit zu einer »neuen Männlichkeit« sowohl für den Vater als auch für den Sohn eröffnet. Nielsen selbst legt eine solche Lesart nahe, und er stellt sie in Zusammenhang mit der Umkehrung der Rollen von Vater und Sohn. In seinem Aufsatz »Zur Verteidigung der Fiktion« schreibt er:

---

216 »Fremme, ja, men ingenting standser, rygvendt, dér, alle tråde løber videre.« (*FE* 234)

217 »What is lost for the male infant as he identifies his good internal objects with the father of the oedipus complex is the ›good mother‹. This is the mother as transformational object who has nurtured and sustained her son and given him life. Following the cultural logic of the paternal narrative the oedipus complex attempts to erase the ›good mother‹ and construct the maternal supplement, which comes to represent the pre-oedipal predicaments which are feared. [..] Masculine nostalgia in its evasion of predicaments is an attempt to seek out this good maternal transformational object. But its search is continually frustrated by the logic of the paternal narrative. [...] Despite being governed by the paternal narrative, nostalgia offers a door in search of the ›good mother‹.« (Rutherford 1992, S. 130 f.)

218 »The fate of the ›good mother‹ in masculinity is bound up with the son's relationship to a father.« (Rutherford 1992, S. 142)

Fodboldenglen erscheint als eine fiktive Bekenntnisschrift: Nach einer Katastrophe, die ihn tief persönlich getroffen und schwer für sich selbst akzeptierbar gemacht hat, versucht er, in einer Art Kombination von Selbstanalyse und Sucharbeit die Fäden seines Lebens zu ordnen, und es gelingt ihm dadurch nach und nach, sich *selbst wieder in den Griff zu bekommen*. Seine Schreibereien sind an seinen zweijährigen *Sohn* gerichtet. Ein merkwürdiger Beicht*vater*, könnte man sagen. Aber die Vorstellung ist für ihn gerade ein kleines vorwärtstreibendes und objektivierendes Fiktionsspiel. (Hervorhebungen und Übersetzung S.v.S.)

Fodboldenglen fremtræder som et fiktivt bekendelsesskrift: Efter en katastrofe, der har ramt ham dybt personligt, og gjort ham vanskeligt acceptabel for sig selv, sidder han og prøver at rede trådene i sit liv ud i en slags kombination af selvanalyse og søgearbejde[219], der efterhånden så småt får ham til at *genovertage sig selv*. Hans skriverier er henvendt til hans et par år gamle *søn*. En underlig skrifte*far*, kunne man sige. Men forestillingen er for ham netop et lille fremaddrivende og objektiverende fiktionsspil.[220]

Der Umstand, daß *FE* mit der nostalgischen Umkehrung von Vergangenheit und Zukunft am Ende eine ähnliche Bewegung ausführt wie die Parabel des verlorenen Sohnes am Ende von *MLB*, stellt diese von Nielsen selbst und den meisten seiner Kritiker geteilten positiven Perspektive in Frage. Die vage Hoffnung auf einen Neuanfang, die sich am Ende von *FE* abzuzeichnen scheint, bleibt, so meine These, in einer ähnlichen Sackgasse stecken wie Maltes Hoffnung auf ein »Wiederleisten« der Kindheit, auf einen »Anfang«. Die von der Vergangenheit in die Zukunft projizierte Nostalgie ist genau das, was das Konzept Nostalgie nahelegt, eine immer schon unrealistische, bloß phantasmatische Möglichkeit. Das Schreiben auch des Nielsenschen Mannes erscheint letztlich deshalb zum Scheitern verurteilt, weil es reale Frauen nicht als schöpferische, selbständige Individuen anerkennen kann.[221] Abstrakte idealisierte weibliche

---

219 Möglicherweise handelt es sich hier um einen Druckfehler. Es könnte »sørge-arbejde« (»Trauerarbeit«) gemeint sein.

220 Nielsen 1980, S. 140.

221 Auch bei Nielsen manifestiert sich also ein Problem, das laut Bublitz 1998, S. 36, kennzeichnend für die Kulturkrise der Jahrhundertwende und die Forschung darüber ist. Sie konstatiert: Es »wird zwar über Frauen gesprochen, [sie werden] zum Diskursgegenstand, jedoch werden sie als Autorinnen innerhalb des Diskurses zur Kulturkrise durchgehend nicht wahrgenommen.«

Qualitäten werden zusammen mit Männlichkeit in die Vater-Sohn-Beziehung integriert, während reale Frauen im ambivalenten »maternal supplement« festgehalten werden, von dem sich der Erzähler weiterhin distanzieren muß.[222] Nielsen selbst weist sowohl in *FE* als auch in seinen eigenen Bemerkungen über den Roman darauf hin, daß das zentrale Thema des Romans der Zusammenhang zwischen der »großen« und der »kleinen« Geschichte ist.[223] Demnach endet auch die von Frands »feminisierte« linke Bewegung, mit der er sich bis zum Ende identifiziert, weil es »trotz aller Gebrechlichkeiten und Streitigkeiten [...] keine andere [gibt] als die vorhandene«, (*JE* 231) in einer ähnlichen Sackgasse wie die Männlichkeit des Protagonisten[224] und wie die in ähnlich paradoxer Weise in die Zukunft gerichteten nostalgischen »Anfänge« eines Malte Laurids Brigge.

222 Pedersen 1983 hat eine ähnlich pessimistische Interpretation. Er analysiert die restitutive Qualität von Frandses/Nielsens Diskurs und kommt zur Schlußfolgerung, daß Frands am Ende, durch die Konfrontation mit der den Tod repräsentierenden Gebärmutter als »Ganzes«, als »Phallus« hervorgeht, und daß der Autor Nielsen letztlich darauf besteht, daß Frands seine Supermännlichkeit behält.

223 Vgl. z.B. Nielsen 1980, S. 140.

224 »[...] trods alle gebrækkeligheder og stridigheder er der ingen anden venstrefløj end den, der er«. (*FE* 237 f.)

4. Männlichkeit als Trauma –
Aksel Sandemose: *En flyktning krysser sitt spor*

Rilkes Malte scheitert wie schon Hamsuns Glahn an seinem eigenen Schreibprojekt. 23 Jahre später kommt von einem anderen Vorläufer der skandinavischen neuen Männerliteratur, in Aksel Sandemoses *En flyktning krysser sitt spor. Fortellingen om en morders barndom* (»Ein Flüchtling kreuzt seine Spur. Erzählung von der Kindheit eines Mörders«),[1] ein Überlebender zu Wort. Sandemoses Protagonist und Alter Ego, Espen Arnakke, beginnt die Erinnerungen an seine Kindheit mit den Worten: »Nu vil jeg fortelle alt« (»Jetzt will ich alles erzählen«). Diesem ambitiösen Auftakt folgt das dramatische Geständnis des Erzählers, er habe vor 17 Jahren als 17jähriger Holzfäller einen anderen Waldarbeiter in Misery Harbor, Neufundland getötet. Der Mord steht sowohl chronologisch als auch metaphorisch im Mittelpunkt der Erzählung: die Erinnerung an den Mord bzw. das Geständnis dieser Tat ist Auslöser von Espens Schreibens und motiviert ihn, die Geschichte seiner Kindheit und Jugend zu erzählen, um den eigenen Motiven für diese Tat auf die Spur zu kommen. Seine Erinnerungen bestehen aus einer Aneinanderreihung kurzer Episoden, die von Espens Eltern, armen Fabrikarbeitern, und seinem Verhältnis zu den zahlreichen Geschwistern berichten, von denen die ältesten zum Zeitpunkt seiner Geburt bereits erwachsen und verheiratet sind. Die Erinnerungsspanne umfaßt die Zeit von Espens früher Kindheit, seine Erkrankung an Hirnhautentzündung nach der Geburt der Schwester Agnes, seine Schulzeit und sein frühes Interesse für Tiere, das ihm mit der Konfirmation ausgetrieben wird. Die anschließende Zeit als Gärtnerlehrling und seine Pubertätszeit sind in der ersten Ausgabe von

---

[1] Im folgenden abgekürzt *FS*. Die hier verwendete Ausgabe des Romans von 1988 orientiert sich an der Erstauflage von 1933. Sandemose gehört zu den Autoren, die Zeit ihres Lebens an ihren Werken weitergearbeitet haben. *FS* erschien 1955 zum zweiten Mal, Sandemose gab dem Roman einen neuen Untertitel: *Espen Arnakkes kommentarer til Janteloven* (»Espen Arnakkes Kommentare zum Jantegesetz«), arbeitete einen anderen Roman *Det stod en benk i haven* (1937) in den Text ein, und modifizierte einige der anderen Kapitel. Auf diese zweite Auflage wird im folgenden nur an den Stellen eingegangen, wo es für die Interpretation notwendig erscheint. Eine deutsche Übersetzung erschien 1973. Aufgrund der erschwerten Zugänglichkeit stammen die folgenden Übersetzungen jedoch von der Verfasserin.

FS nur kurz gestreift. Sandemose veröffentlichte sie 1937 unter dem Titel *Det stod en benk i haven* (»Es stand eine Bank im Garten«) und arbeitete sie später in die 1955 erschienene zweite Auflage von *En flyktning krysser sitt spor* ein. Die weiteren Ereignisse in Espens Leben sind in *FS* ebenfalls nur kursorisch behandelt. Im Alter von 16 Jahren flüchtet Espen vor dem Druck der Kleinstadtgesellschaft und fährt zur See. Als Reaktion auf die grausamen Mißhandlungen durch den Kapitän des Schiffes *Rurik* flieht er eines Nachts vom Schiff und schwimmt durchs eiskalte Wasser in Neufundland an Land. Dort schlägt er sich als Waldarbeiter durch und trifft seine große Liebe Eva sowie John Wakefield, der seinerseits ein Verhältnis mit Eva anfängt. Nach dem Mord an John lernt er auf einer kanadischen Farm seine spätere Frau Gjatrid kennen. Mit ihr und zwei Kindern lebt er zum Zeitpunkt der Niederschrift seiner Erinnerungen in Oslo. Die Zeit auf See und in Neufundland bildet das Thema von Sandemoses erstem Buch über Espen Arnakke, *En sjømann går i land* (»Ein Seemann geht an Land«). Mit dessen Manuskript verließ er 1930 Dänemark, um sich in Norwegen anzusiedeln, wo der Roman 1931 in norwegischer Übersetzung erschien.

Espens Erinnerungen umfassen nicht nur sein persönliches Familiendrama und die Geschichte seiner Beziehungen, sie drehen sich darüber hinaus um die unterdrückenden sozialen Verhältnisse in seiner Heimatstadt Jante, einer kleinen dänischen Industriestadt, deren Modell Sandemoses eigene Heimatstadt Nykøbing/Mors ist. Schule, Arbeitswelt und das gesamte öffentliche Leben sind in der Darstellung des Erzählers so organisiert, daß sie nicht nur die Lohnarbeiter unterdrücken, sondern auch selbstunterdrückende Strukturen in ihnen installieren, die dazu führen, daß »Jante Jante niederhält«, Strukturen, die bereits kleinen Kindern jede Äußerung von Freude, Unabhängigkeit oder Phantasie verbieten. Die Essenz der ungeschriebenen Gesetze dieser Gesellschaft ist in dem in Skandinavien berühmt-berüchtigten »Janteloven«, dem »Jantegesetz« festgehalten:

Mit den zehn Geboten im Jantegesetz hält Jante Jante nieder. Hier sollst du sie hören:

1. Du sollst nicht glauben, daß du etwas bist.
2. Du sollst nicht glauben, daß du genausoviel bist wie *wir*.
3. Du sollst nicht glauben, daß du klüger bist als *wir*.
4. Du sollst dir nicht einbilden, daß du besser bist als *wir*.
5. Du sollst nicht glauben, daß du mehr weißt als *wir*.
6. Du sollst nicht glauben, daß du mehr bist als *wir*.
7. Du sollst nicht glauben, daß *du* zu etwas taugst.

8. Du sollst nicht über *uns* lachen.
9. Du sollst nicht glauben, daß sich jemand um *dich* schert.
10. Du sollst nicht glauben, daß du *uns* etwas lehren kannst.

Med de ti bud i Janteloven holder Jante Jante nede. Her skal du få høre dem:

1. Du skal ikke tro at du *er* noe.
2. Du skal ikke tro at du er like så meget som *oss*.
3. Du skal ikke tro at du er klokere enn *oss*.
4. Du skal ikke inbille deg at du er bedre enn *oss*.
5. Du skal ikke tro at du vet mere enn *oss*.
6. Du skal ikke tro at du er mere enn *oss*.
7. Du skal ikke tro at *du* duger til noe.
8. Du skal ikke le av *oss*.
9. Du skal ikke tro at noen bryr seg om *deg*.
10. Du skal ikke tro at du kan lære *oss* noe. (*FS* 67)

Espen nimmt in seiner Beschreibung der Gewalt, die aus diesen Strukturen resultiert, und des ständig herrschenden brutalen Machtkampfes bewußt die männliche Perspektive ein und formuliert sie als Kritik an dem in Jante herrschenden »Maskulinismus«. Holmesland unterscheidet in Sandemoses gesamten Werk zwischen der Inhaltsebene und der Ebene eines übergeordneten Autors, der sich zur auf der Inhaltsebene geschilderten »Männergesellschaft« ausgesprochen kritisch verhält.[2] In *FS* finden sich nicht nur diese verschiedenen Erzählebenen, der ganze Roman bricht mit einer traditionellen chronologischen Erzählweise.[3] Die einzelnen Episoden sind lediglich durch Symbole und Motive verbunden, sie bilden einen *stream of consciousness* der freien Assoziationen. Neben realen Ereignissen oder Erinnerungen des Erzählers spielen Träume, Visionen, Erzählerkommentare, essayistische Reflexionen, Interpretationen und scharfe, häufig grotesk komische Polemiken eine ebenso wichtige Rolle. Der Erzähler selbst schildert diese Vorgehensweise und gibt dabei gleichzeitig Anweisungen, wie sein Text zu lesen und zu verstehen ist:

Ich folge mehr als einem Faden auf einmal, etwas anderes ist unmöglich, weil das Leben kein Strich ist. Ich verlange nicht, daß du alle

---

2 Vgl. Holmesland 1980, S. 352 f.
3 Rottem 1995, S. 106, und andere Autoren stellen Sandemose aus diesem Grund sogar in eine Reihe mit den großen europäischen Prosaerneuerern James Joyce und Marcel Proust.

Fäden auf einmal siehst. Aber nach und nach wirst du Linien und Bedeutung sehen, wo du geglaubt hast, es sei nichts und wo ich vielleicht
selbst dasselbe glaubte. Aber ich weiß, daß derjenige, der rücksichtslos
wagt, sein Leben zu resümieren, am Ende alle Fäden in die Hand bekommt, und dann hat er sich selbst up to date gebracht. Dann stehe
ich neben mir, Espen neben Espen, da vermischen wir uns und sind
nur einer. Das ist keine Metaphysik. Es ist der Flüchtling, der die einzige wahre Schanze[4] seines Lebens gefunden hat.

Jeg følger mere enn én tråd ad gangen, annet er umulig fordi livet ikke
er en strek. Jeg forlanger ikke at du samtidig skal se alle trådene. Men
efterhvert vil du se linjer og mening hvor du trodde at det ingenting
var og hvor jeg kanskje selv trodde det samme. Men det vet jeg at den
som hensynsløst våger å resymere sitt liv vil få alle trådene i sin hånd til
sist, og da har han ført seg selv up to date. Da står jeg på siden av meg
selv, Espen ved siden av Espen, da blander vi oss og er bare én. Dette er
ikke metafysikk. Det er flyktningen som har funnet livets eneste reale
skanse. (*FS* 40)

Das freie Assoziieren, die Widersprüche in der Erzählung und die Neu-
bewertungen von Situationen sollen also dazu dienen, die psychischen
Muster aufzudecken, die Espens Innenleben strukturieren und die seine
Ängste, sein hysterisches Verhalten, seine Unsicherheiten und die Spaltung seiner Persönlichkeit verursacht haben und seinen Handlungen zugrundeliegen – seiner Gewalttätigkeit, seiner Alkoholsucht, seiner pathologischen Eifersucht und schließlich dem Mord an John Wakefield. Sie
sollen ihm dazu verhelfen, durch Selbsterkenntnis eins mit sich selbst zu
werden. Dies ist natürlich eine psychoanalytisch inspirierte Vorgehensweise, und es ist längst Forschungskonsens, Espens »Alles Erzählen« als
klassische freudianische Selbst-Analyse zu deuten.[5] Espen versucht, durch
eine bewußte Wiederholung und Restrukturierung der Muster, die seinen neurotischen psychischen Strukturen zugrunde liegen, Befreiung
von den Traumata und Komplexen seiner Vergangenheit zu finden.

---

4 Möglicherweise handelt es sich im norwegischen Original bei »skanse« (Schanze)
   um einen Druckfehler. Sinnvoller könnte es heißen »sjanse« (Chance).

5 Ulla Alfredsson 1976, S. 30, schreibt:»Sigmund Freuds entscheidende Bedeutung
   für Sandemoses Entwicklung als Autor ist von fast jedem Forscher betont worden,
   der über den Dichter geschrieben hat.« – »Sigmund Freuds avgjørende betydelse
   för Sandemoses utveckling som författare har betonats av nästan varje forskare
   som skrivit om diktaren.« (Übersetzung S.v.S.)

Sandemose ist nach seinem Freund und Mentor, dem norwegischen Autor Sigurd Hoel, einer der ersten Autoren in Skandinavien, der sich explizit mit psychoanalytischen Ideen auseinandersetzt und diese in seine Werke integriert. Sandemose bekam schon 1930 über Hoel und seinen Nachbarn Arnulf Øverland Kontakt mit dem kulturradikalen Intellektuellenzirkel *Mot Dag* (»Dem Tag entgegen«). Hoel, selbst Mitglied dieser Gruppe, schrieb im Rückblick, daß in diesem Zirkel radikaler sozialistischer Intellektueller im Laufe der zwanziger Jahre Sigmund Freud Karl Marx als Vordenker und Diskussionsgegenstand ablöste.[6] Bereits 1930 diskutierten insbesondere Hoel und Sandemose die Möglichkeiten, welche die Psychoanalyse für die Schaffung einer neuen Form des Romans bringen könnte, eine »Romanform, die Erinnerung mit Selbstanalyse und dem Abstieg ins Unterbewußte kombinieren« sollte, und die »den Menschen auf eine Weise sich selbst erklären […], die überzeugender und wahrer sei als die gebräuchliche psychoanalytische Methode, die eine Person außerhalb des Verfasser-Ichs erforderte, einen mehr oder weniger fremden Analytiker«.[7] Sandemose selbst hat sich im Vorwort zur zweiten Auflage von *FS* dezidiert von Einflüssen Freuds und anderer Psychoanalytiker abgegrenzt und behauptet, erst nach Niederschrift des Manuskriptes von Freudschen und anderen psychoanalytischen Theorien erfahren zu haben. Um diese Behauptung glaubhaft zu machen, datiert er in diesem Vorwort sogar die Entstehungszeit des Buches ins Jahr 1930 statt ins Jahr 1931. Seine Abgrenzung von der Psychoanalyse und anderen tiefenpsychologischen Theorien in diesem Text ist wohl eher als Selbststilisierung eines Autors zu verstehen, der seinen Roman als originelles Werk und nicht als ein Stück freudianischer Literatur vermitteln will.[8]

6 Vgl. Longum 1986, S. 75. Storm 1989, S. 169-173, weist darauf hin, daß Anfang der 30er Jahre die Psychoanalyse in Norwegen weitaus ernster genommen wurde als im übrigen Europa. Insbesondere die Auseinandersetzungen zwischen »bürgerlich-metaphysischen« und »dialektisch-materialistischen« Psychoanalytikern wurde ausgesprochen heftig geführt. Diese eskalierten allerdings erst nach 1934, als Wilhelm Reich in Norwegen politisches Asyl suchte.

7 »Allerede i 1930 diskuterede Hoel og Sandemose psykoanalytiske teorier. De drøftede også, om det var muligt at nå frem til en romanform, der kombinerede erindring med selvanalyse og dyk ned i underbevidstheden, og forklarede mennesket for det selv på en måde, der var mere overbevisende sand end den almindelige psykoanalytiske metode, der fordrede en person uden for forfatterjeg'et, en mere eller mindre fremmed analytiker.« Storm 1989, S. 176.

8 Væth 1975, S. 71-106, dokumentiert detailliert die Umstände der Entstehung von *FS* und insbesondere die psychoanalytischen Kenntnisse des Verfassers.

Im folgenden soll zunächst rekonstruiert werden, auf welche Weise Sandemose in *FS* tiefenpsychologische Theorien nicht nur zur Erklärung der Individualität Espens, sondern insbesondere auch zur Erklärung sozialer Strukturen und zur Kritik bestimmter Männlichkeitsideale verwendet. Im Anschluß daran wird erneut auf Sandemoses Distanzierung von psychoanalytischen Theorien eingegangen. Diese ist nämlich bereits in der Romanversion von 1933 angelegt und hat neben der Selbststilisierung Sandemoses zum originellen Schöpfer eine weitere, verborgene Funktion.

4.1. »Das heilige Dreieck« – Sigmund Freuds Totem und Tabu als Intertext für En Flyktning krysser sitt spor

»Das heilige Dreieck« zwischen Espen, einem bewunderten und gleichzeitig gefürchteten und gehaßten stärkeren männlichen Rivalen und einer begehrten jedoch unerreichbaren Frau ist die grundlegende Beziehungskonstellation, die Espens Erzählung und seine Psyche strukturiert. Diese Konstellation ist mehrfach und zu Recht auf ödipale Konflikte zurückgeführt worden. Carl-Eric Nordberg (1967), Jorunn Hareide Aarbakke (1976) und Einar Eggen (1981) haben diesen ödipalen Hintergrund in detaillierten Analysen des Kapitels »Der heilige Stein« (»Den hellige sten«, *FS* 88-97) herausgearbeitet. Sie heben vor allem Espens Mutterbindung – symbolisiert durch einen von ihm verehrten »heiligen Stein« – hervor, die mit der Geburt der Schwester Agnes geschwächt wird. Der »Verrat« der Mutter führe dazu, daß Espen seine Gefühle für die Mutter auf die kleine Schwester verschiebe und diese mit einer Mischung aus eifersüchtigem Haß, Begehren und identifikatorischer Liebe behandele. Im selben Kapitel komme Espens Identifikation mit dem »milden«, schützenden Vatervorbild zum Ausdruck sowie die Ambivalenz seiner Gefühle dem Vater gegenüber, der einerseits idealisiert, andererseits gefürchtet und gehaßt werde. All diese widersprüchlichen Gefühle und Konstellationen finden sich verdichtet in Espens Erzählungen über den mythischen Ort seiner Kindheit, Adamsens Scheune. (Vgl. v.a. *FS* 155-161) Die Autoren verweisen zwar darauf, daß Adamsens Scheune der Ort von Espens verbotenen sexuellen Wünschen ist, bisher scheint es jedoch keinem Interpreten gelungen zu sein, das Geheimnis dieses Ortes vollständig zu lüften. Und auch Sandemose selbst hat in einem Brief an Sigurd Hoel erklärt, ihm sei die vollständige Lösung dieses Komplexes (den er hier noch mit dem realen Namen Stausholm nennt) unbekannt:

Ich habe meinen Vater geliebt und aus ihm einen Teufel herausgelöst, der Stausholm hieß, den ich hassen konnte. Ich kann mir vorstellen, daß der Teufel durch infantilen Homosexualismus geschaffen wird, man hat den Vater geliebt, und der Haß gegen ihn wird auf einen Reserve-Gott hinübergepackt, den man Teufel nennt. Aber wie du gesehen hast, liegt ein dunkles Festland um Stausholm, und es klingt wahrscheinlich, daß ich die Flucht ergriffen habe.

Jeg har elsket min far og utskjaltet av ham en djevel som het Stausholm, som jeg kunne hate. Jeg kan tenke mig at djevelen skapes gjennem infantil homosexualisme, man elsket faderen, og hatet mot ham lesses over på en reserve-gud som kaldes djevelen. Men, som du har sett, ligger det et mørkt fastland omkring Stausholm og det lyder trolig at jeg har grepet til flukten.[9]

Die folgenden Ausführungen sollen zeigen, daß dieser Komplex durchaus lösbar ist und daß sich rekonstruieren läßt, wovor Espen/Sandemose hier die Flucht ergriffen hat. Vorläufig soll nur erwähnt werden, daß der »Homosexualismus« von »Adamsens Scheune« auf eine weitere Grundstruktur von Espens innerer Welt verweist.

Espen wiederholt die ödipale Konstellation in allen Beziehungen zu anderen Frauen und Männern in seinem Leben. Begehrt er eine Frau, so ist dieses Begehren in der Regel dadurch veranlaßt und geformt, daß ein anderer, stärkerer und bewunderter Mann diese Frau bereits »besitzt«: »Wir lieben Vater, weil Mutter ihn liebt und umgekehrt. Das ist die ganze bittere Geschichte des Dreiecks.«[10] Auf die homosexuelle Komponente von Espens »mimetischem Begehren« hat der norwegische Psychoanalytiker Trygve Braatøy schon 1933 hingewiesen. Im Erscheinungsjahr von *FS* deutete er den ersten Teil von *En sjømann går i land*, in dem das Eifersuchtsdrama zwischen Espen Arnakke und John Wakefield um Eva sowie der Mord an John Wakefield geschildert sind, als Ausdruck hetero- und homosexueller Wünsche und einer daraus resultierenden Haßliebe Espens zu John. Eggen greift 1981 diese Idee Braatøys wieder auf und kommt zum Ergebnis: »Es deutet vieles darauf hin, daß es nicht zu weit

---

9 Zit. in Væth 1975, S.100.
10 »Vi elsker far fordi mor elsker ham, og omvendt. Det er trekantens hele bitre historie.« (*FS* 224) René Girard 1966 hat dieses Muster des mimetischen Begehrens als ein Grundmuster des modernen Romans überhaupt analysiert. Knut Gørvel 1990, S. 90-93, hat Girards Modell zur Basis seiner Studie über einen anderen Roman Sandemoses, *Det svundne er en drøm* (»Das Vergangene ist ein Traum«), gemacht.

hergeholt ist, eine homosexuelle Komponente in Espens Verhältnis zum Großen John zu sehen«.[11] Die bisher zitierten psychoanalytischen Deutungen von *FS* konzentrieren sich vor allem auf die individuellen Beziehungsstrukturen des Erzählers. Von dieser persönlichen, individualpsychologischen Ebene unterscheiden sie eine weitere, gesellschaftskritische Ebene, den »großen Prozeß gegen Jante und dessen nivellierende Diktatur«, den Sandemoses Biograph Nordberg für die eigentliche große und ›lebensfähige‹ Leistung von *FS* hält.[12] Nordberg und andere Autoren berücksichtigen dabei nicht, daß sich Sandemose auch für seine Gesellschaftskritik psychoanalytischer Modelle bedient. Ein Hauptziel der hier vorgelegten Romananalyse ist zu zeigen, wie aktuell und vielschichtig diese psychoanalytische Kritik an »Jante« ist. Dafür soll zunächst die Rolle untersucht werden, welche Sigmund Freuds kulturtheoretische Schriften, insbesondere *Totem und Tabu* (1912) und *Massenpsychologie und Ich-Analyse* (1921) für Espens Sicht seines eigenen Lebens, seiner Schilderung von Jante und seiner Kritik am »Maskulinismus« dieser Gesellschaft spielen.[13]

Freuds »wissenschaftlicher Mythus«[14] des Ursprungs aller Religionen aus dem Totemismus geht von der Hypothese Darwins über die Urhorde aus, in der das älteste und stärkste Männchen unumschränkt über alle Weibchen verfügt habe. Allen anderen Männchen, insbesondere seinen Söhnen, habe dieser tyrannische Urvater sexuelle Abstinenz aufgenötigt oder sie davongetrieben. Nur der jüngste Sohn, geschützt durch die be-

11 »Det er meget som tyder på at det ikke er urimelig å se en homoseksuell komponent i Espen Arnakkes forhold til Store John.« (Eggen 1981, S. 25, vgl. Braatøy 1933)

12 »Det er den store retssag mod Jante og dens nivellerende diktatur, som har vist sig at være den mest levedygtige del af Sandemoses gennembrudsbog«. (Nordberg 1967, S. 158)

13 Wie im folgenden zu zeigen sein wird, liegen Sandemoses und Freuds Religionskonzepte so nahe beieinander, daß der Schluß naheliegt, Sandemose müsse die Grundzüge von Freuds Vorstellungen zur Religion und Kulturentwicklung gekannt haben. Freud hat die Grundzüge seiner Ideen bereits 1912 in *Totem und Tabu* formuliert, diese 1921 in *Massenpsychologie und Ich-Analyse* und schließlich in den Jahren 1934-39 in den verschiedenen Versionen von *Der Mann Moses und die monotheistische Religion* wieder aufgegriffen und weitergeführt. (Vgl. Freud 1912, Freud 1921, Freud 1939). Letzteres Werk ist jedoch später erschienen als *FS*, daher wird im folgenden in erster Linie auf die beiden früheren Schriften Freuds Bezug genommen.

14 So nennt Freud 1921, S. 126, selbst seine Hypothese über die Urhorde und den Ursprung des Totemismus aus der Urhorde in *Massenpsychologie und Ich-Analyse*.

sondere Liebe seiner Mutter, habe besondere Privilegien genossen und
später die Stelle des alternden und geschwächten Vaters eingenommen.[15]
Die Urhorde in dieser Form ist Freud zufolge ein Zustand, der in keiner
historischen und gegenwärtig bekannten Gesellschaft zu finden ist. Die
»primitivste« Form, die identifizierbar sei, seien »*Männerverbände*, die
aus gleichberechtigten Mitgliedern bestehen und den Einschränkungen
des totemistischen Systems unterliegen«.[16] Seine Frage, wie diese Gesell-
schaftsform aus der Urhorde hervorgegangen sein könnte, beantwortet
Freud mit folgender Erzählung: Die ausgetriebenen Söhne hätten der
Vaterhorde ein Ende gemacht, indem sie gemeinsam den Vater erschlu-
gen und ihn, »für den kannibalen Wilden selbstverständlich«,[17] verzehr-
ten. Durch diese ganz konkrete Einverleibung des sowohl beneideten
als auch gefürchteten Vatervorbildes, eigneten sie sich dessen begehrte
Stärke an, identifizierten sich mit seiner Macht. Die Totemmahlzeit bilde
eine Wiederholung der Tat und zugleich eine Gedenkfeier an dieselbe,
das Totemtier sei Abbild des ermordeten Vaters.

Zentral für Freuds Schlußfolgerungen ist seine Vermutung, die ursprünglich ambivalenten Gefühle dem Urvater gegenüber seien durch
die Tat der Brüderhorde keineswegs beseitigt. Vielmehr seien, nachdem
die Haß- und Neidgefühle durch den Mord befriedigt gewesen seien,
»die zärtlichen Regungen wieder zur Geltung«[18] gekommen, und es sei
ein Schuldbewußtsein entstanden, die gemeinsame Reue der Brüder über
die begangene Tat. Aus diesem Schuldbewußtsein nun seien die beiden
Tabus entstanden, die den Totemismus und späterhin jegliche Religion
und Kultur begründeten: Die Brüder »widerriefen ihre Tat, indem sie die
Tötung des Vaterersatzes, des Totem, für unerlaubt erklärten, und verzichteten auf deren Früchte, indem sie sich die freigewordenen Frauen
versagten.«[19] Das Inzestverbot allerdings sei nicht, wie das der Unberühr-
barkeit des Totemtieres, rein gefühlsmäßig begründet gewesen, sondern
es sei gleichermaßen eingesetzt worden, um einen Kampf aller gegen alle
um die begehrten Frauen zu verhindern, an dem die soeben gestiftete
neue Gesellschaftsordnung zugrunde gegangen wäre. Auch die religiös
begründete Heiligkeit des Totemtieres erhalte im Laufe der Entwicklung
eine soziale Dimension. Sie wird, Freud zufolge, erweitert zum Verbot
des Brudermordes, und noch später zum allgemeinen Gebot: Du sollst

15 Vgl. Freud 1912, S. 410 f.
16 Freud 1912, S. 425.
17 Freud 1912, S. 426.
18 Freud 1912, S. 427.
19 Freud 1912, S. 427.

nicht töten.[20] Die Funktion des urprünglichen Totemismus und jeder
daraus entstandener Religion sei die Abwehr der ursprünglichen Schuld,
die Aussöhnung mit dem Vater und die Beschönigung sowie schließlich
das Vergessenmachen der Mordtat. Ebenso würden aber im rituellen Töten und Verspeisen des Totemtieres sowie in vielen daraus erwachsenen
religiösen Ritualen (einschließlich der christlichen Kommunion) auch
der Triumph über den Vater erinnert, und es fände sich in allen Religi-
onsbildungen »der Anteil des Sohnestrotzes«.[21] Den Mechanismus der
gleichzeitigen Verleugnung und Bewahrung ambivalenter Gefühle,
Wünsche und Taten vergleicht Freud nun mit demjenigen des Neuroti-
kers, oder, anders ausgedrückt, ödipale Konflikte und deren Lösungen
oder Vermeidungen, die an Strategien der Neurotiker erinnern, lägen
aller Religion und Kultur zugrunde: »im Ödipuskomplex [treffen] die
Anfänge von Religion, Sittlichkeit, Gesellschaft und Kunst zusammen
[…], in voller Übereinstimmung mit der Feststellung der Psychoanalyse,
daß dieser Komplex den Kern aller Neurosen bildet.«[22]

Espens Sicht der Entwicklung von Individuum und Gemeinschaft sowie der Funktion von Religion stimmt in weiten Teilen mit Freuds evolu-
tionärem Modell überein, das Parallelen im »Seelenleben der Wilden und
der Neurotiker« sowie von Kleinkindern[23] annimmt. Auch Espen hält Religion »keineswegs für die Krone des menschlichen Bewußtseins«,[24] sondern er sieht in ihr Spuren einer verdrängten »biologischen Erbsünde«.[25]
Während der Niederschrift seiner Erinnerungen erlebt Espen unterschiedliche Bewußtseinsformen, eine rational reflektierende und eine,
die er halluzinatorisch nennt, die sich in seinen Visionen äußert und seinen privaten Mythenbildungen zugrundeliegt. Diesen halluzinatorischen
Bewußtseinszustand hält der Erzähler für denjenigen des Kindes, des Tie-
res oder des primitiven Menschen, (vgl. *FS* 295) und hier vermutet er mit
Freud den Ursprung von Mythos und Religion. (Vgl. *FS* 108)

Für Sandemose wie für Freud gründet Religion im »heiligen Dreieck«
des Ödipuskomplexes. Im Kapitel »Das Buch Espen« (»Espens bok«)
schildert Espen seine Genesis in Form einer persönlichen Mythologie,

20 Vgl. Freud 1912, S. 428-430.
21 Freud 1912, S. 429.
22 Freud 1912, S. 439.
23 *Einige Übereinstimmungen im Seelenleben der Wilden und der Neurotiker* lautet der
    Untertitel von *Totem und Tabu*, das vierte Kapitel dieser Abhandlung ist über-
    schrieben: »Die *infantile* Wiederkehr des Totemismus«. (Hervorhebung S.v.S.)
24 »Jeg visste med voksende tydelighet at det var dyresjelen som tenkte, og at religio-
    nene aldeles ikke er blomsten av menneskets bevissthet«. (*FS* 241)
25 »[..] biologiske arvesynd«. (*FS* 241)

die dieselben Strukturen aufweist wie die Urhorde Darwins und Freuds. Ein allmächtiger, eifersüchtiger Vater zwingt seine Söhne zur sexuellen Abstinenz: Espen schildert Gott als »einen Mann, der einen Harem hatte, und Espen war nur der Eunuch.«[26] Der »alte Khan« vertreibt in diesem Familiendrama aus Eifersucht seinen Sohn Luzifer (mit dem Espen sich identifiziert). Infolge des schmerzliches Verlustes seiner Mutter verführt er zunächst seinen Bruder Adam und seine Schwester Eva zum Inzest, später betrügt er Adam mit Eva. Das Dreiecksdrama setzt sich im folgenden über Generationen fort; in ihm verschmelzen die Figuren der aufrührerischen, inzestuösen Söhne Luzifer und Kain miteinander. Erst als sich Christus, ein weiterer Sohn in dieser genealogischen Abfolge, wieder »krank in die Gewalt seines Vaters« begibt, sich ans Kreuz schlagen läßt und seine Mutter verleugnet, findet er Gnade.[27] Wie in Freuds Erzählung findet sich also an der Basis von Espens Mythos und Religion ein Schuldkomplex des Sohnes dem Vater gegenüber, der ausgelöst ist durch das inzestuöse Begehren von Mutter und Schwester, sowie durch daraus resultierende Haßgefühle und Mordwünsche dem verbietenden Vater gegenüber. Dieser Schuldkomplex kulminiert in Espens Erzählung schließlich auch wirklich im Mord an einer Vaterfigur. Diese Tat führt bei Espen zum erneuten Bedürfnis nach Religion, die das Verbrechen leugnen und gleichzeitig beschönigen soll: Espen beschließt, Theologe zu werden, um den Mord zu vergessen. (Vgl. *FS* 209) Auch das Motiv des Sohnesopfers als Sühne für die Mordtat, welches Freud in der christlichen Religion findet, taucht bei Sandemose auf. Espen spricht davon, er habe seinen ältesten Sohn »dem Großen John im Himmel« geopfert.[28] John Wakefield tritt also als mythische Figur an die Stelle des himmlischen Vaters, der ein Blutopfer als Sühne für die Tat des aufrührerischen Sohnes fordert.

Das Element der Vaterambivalenz zieht sich durch Espens gesamte Erzählung. Den Gegensatz zum gewalttätigen »alten Khan« bildet das milde Antlitz des Vaters, das Espen im »heiligen Stein« entgegenleuchtet, der sich in der Mauer seines persönlichen Paradieses, »Adamsens Scheune«, befindet – dem Stein, der, wie oben gezeigt wurde, Symbol für die begehrte Mutter ist. (Vgl. *FS* 92) Der mythische Ort, an dem sich Espens ödipaler Konflikt ausspielt und an dem seine eigene Religion entsteht, ist wiederum Adamsens Scheune. Die Scheune ist in diesem Zusammen-

---

26 »Gud var en mann som hadde et harem, og Espen var bare evnukken.« (*FS* 191)

27 »[..] gav seg syk i sin fars vold. Men først da han hang spikret til korset og forneket sin mor, tok den gamle ham til nåde.« (*FS* 197 f.)

28 »Jeg har ofret min eldste sønn [..] til Store John i himmelen.« (*FS* 243)

hang ein überdeterminiertes Bild für alles, was vom Vater verboten wird, sie ist der Ort, an dem der Sohn dem Vater trotzt, indem er sich das anzueignen versucht, was der Vater besitzt und damit der Ort, an dem Espens Schuld begründet wird.

Eggen und Aarbakke[29] zufolge übertritt Espen in Adamsens Scheune das vom Vater eingesetzte Inzestverbot, begeht seinen Sündenfall und ißt von der verbotenen Frucht: »In Adamsens Scheune hatten Agnes und ich eine Höhle im Heu. Wir hatten Äpfel im Heu. Es war gut, die verbotene Frucht im verbotenen Haus zu bekommen.«[30] Wenn Espen allerdings später bemerkt »damals, als Agnes das Geheimnis ausliefern sollte, wurde sie von einer Raubkatze gebissen« und »kein Mann konnte Agnes verführen«, so liegt die Vermutung nahe, es handele sich eher um einen brennenden Wunsch Espens und nicht um dessen Erfüllung,[31] was die Intensität seiner Liebe, seines Hasses und seiner Schuldgefühle jedoch keineswegs verringert. Adamsens Scheune wird also, wie die Vaterfigur selbst, zur ambivalenten Mischung aus Himmel und im Feuer der Schuld brennender Hölle, (vgl. *FS* 160) zum Ort der paradiesischen Sehnsucht und der größten Angst, zum Ort, an dem der doppelgesichtige Gott Janus herrscht. (*FS* 271)[32]

Espens Universum ist von einer Reihe weiterer aufrührerischer Söhne bevölkert, die zu einer Figur verschmelzen: dem fliegenden Holländer, dem Klaubautermann der Seemannssagen und dem heidnischen Gott Thor, alles vom christlichen Vatergott vertriebene Söhne:

Der Verdammte ohne Pferd und Schiff [der Klabautermann, S.v.S.] und der stürmende Heide, der das Schiff und das Glück hat [Der fliegende Holländer, S.v.S.] und Kap Horn umrunden will ... zusammen sind sie Adamsens Scheune. [...] Der Klabautermann ist der gefallene Thor. [...] Er und anderes niederträchtiges Teufelszeug haben die Priester aufs Meer getrieben ...

Den fordømte uten hest og uten skip, og den stormende hedning som har skipet og lykken, og vil runde Kap Horn ... tilsammen er de Adamsens låve. [...] Klabautermannen er den falne Tor. [...] Han og annen nederdrektig djevelskap hadde prestene drevet på sjøen ... (*FS* 270)

29 Vgl. Aarbakke 1976, S. 96-99 und Eggen 1981, S. 50-60.
30 »I Adamsens låve hadde Agnes og jeg en hule i høyet. Vi hadde epler i høyet. De var godt å få den forbudne frukt i det forbudne hus.« (*FS* 159)
31 »Dengang Agnes skulle utlevere hemmeligheten var det en røyskatt som bet henne.« »Agnes har ingen mann evnet å forføre.« (*FS* 191) Auch Haavardsholm 1988, S. 53, kommt zum Schluß, daß es sich eher um »brennende starke Phantasiebilder« handelt als um reale Vorkommnisse.
32 Janus ist auch der Name eines der älteren Brüder Espens.

Espens Bild des aufrührerischen Sohnes, des doppelköpfigen Janus, spaltet sich hier in »Lykkemann« und »Niding«, »Glücksmensch« und »Neiding«, der »den Keim zum Tode in sich trägt«,[33] das Glück immer schon verloren hat.[34] Anders gesagt: Sandemose weist hier darauf hin, daß die beiden männlichen Antagonisten des ewigen Dreiecksdramas im Grunde eine Figur sind bzw. daß sich der eine mit dem anderen identifiziert. Adamsens Scheune, der doppelköpfige Janus, Glücksmensch und Neiding sind also alles überdeterminierte mythische Komplexe, in denen die mörderische Ausformung der ödipalen Konkurrenz, Vaterambivalenz und der Aufruhr des Sohnes verschmelzen und sich durch unterschiedliche Identifizierungsvorgänge zu immer neuen Konstellationen verbinden.

Espens Phantasiewelt ist ganz im Sinne Freuds durch die Größen »Totem« und »Tabu« strukturiert. Die Pferde, die in Espens Erinnerungen an seine Kinderträume und Visionen oder symbolisch aufgeladene Ereignisse auftauchen, sind unschwer als seine »Totemtiere«[35] zu erkennen. Zu Beginn des letzten Romandrittels findet sich eine Aneinanderreihung von Episoden, in denen Pferde eine zentrale Rolle spielen. Espen berichtet von einem Traum, den er als Kleinkind hatte und in dem ihn ein Pferd mit »langen scharfen Zähnen« verfolgt, ihn in einem Häusereck einklemmt und droht, ihn aufzufressen, wenn er nicht jeden Abend um sechs Uhr ins Bett gehe und jeden Morgen bis zehn Uhr liegenbleibe. (Vgl. FS 262) Der folgende Abschnitt lokalisiert diesen Traum wiederum im ödipalen Dreieck. Der Erzähler erwähnt, daß er noch lange danach ein schlechtes Gewissen gehabt habe, wenn er seine Mutter nach der Uhrzeit fragte, und daß er schließlich zur Erkenntnis gekommen sei, das

---

33 Grönbech 1961, S. 331.

34 »Lykkemand« und »Niding« sind Konzepte, die der dänische Religionshistoriker Vilhelm Grønbech in seinem spekulativen Werk *Vor folkeæt i oldtiden* (1909-12) (dt. *Kultur und Religion der Germanen*, 1937), zur Charakterisierung der geistigen Welt und des Menschenbildes der Nordgermanen der Sagazeit verwendete. Grønbech vertrat die Auffassung, Glück sei eng an die Größen Familie und Sippe gebunden gewesen. Der Neiding sei derjenige, der außerhalb jeglicher Verwandtschaftszusammenhänge stehe. Wenn Espen seine Glücklosigkeit als Identifikation mit dem »Neiding« beschreibt, so evoziert er dabei also insbesondere seine Stellung außerhalb des Familienzusammenhanges. Vgl. dazu auch seine Identifikation mit dem gefallenen Engel Luzifer und dem verbrecherischen Sohn Kain, auf die an späterer Stelle noch genauer eingegangen wird. (Vgl. Grønbech 1909-12, Grönbech 1961) Zum Einfluß Grønbechs in Sandemoses Werk vgl. Væth 1975, S. 66-70.

35 Darauf verweist auch Nordberg 1967, S. 154, ohne den Gedanken jedoch auszuführen.

Pferd sei sein Vater.[36] Der in dieser Szene furchteinflößende totemistische Vater in Gestalt des Pferdes hat also die Macht, über Espens Tages-
rhythmus, über die Zeit selbst, zu bestimmen. Uhren, Instrumente der
Macht über die Zeit, spielen in Espens innerer Welt ebenfalls eine zentrale Rolle. Zu Anfang seiner Erinnerungen berichtet er über den Wunsch,
für seine Mutter und Schwester Uhren zu stehlen. (Vgl. *FS* 46) Kurz darauf erinnert er sich an einen Mord, bei dem einem Mädchen die Kehle
aufgeschnitten wurde, in die Wunde war eine Uhr gepreßt. (Vgl. *FS* 48)
Diese beiden Szenen wiederum sind verbunden mit Erinnerungen an
andere Jungen oder Männer, die Uhren besitzen und daher Macht haben.
Der Schlachtersohn Anders Null, einer der von Espen so bezeichneten
»Terroristen«, ist in der Lage, den anderen Kindern zu sagen, wieviel Uhr
es ist, und er nutzt seine Macht in Espens Augen brutal aus. (Vgl. *FS* 244)
Diese Szene wiederholt sich mit John Wakefield, der ebenfalls als einziger
der Waldarbeiter eine Uhr und die Macht besitzt, den erschöpften jüngeren Kollegen zu informieren, wann Feierabend ist bzw. die Macht, ihm
diese Information vorzuenthalten. (*FS* 246) Die Uhr ist für Espen also
ein Symbol für die Macht von Männern über Männer, sie ist ein Symbol
für die Macht von Männern über Frauen (etwa in der Szene mit dem ermordeten Mädchen) und sie ist ein Symbol für die Macht von Männern,
Frauen zu erobern (so im Wunsch Espens eine Uhr für Mutter und
Schwester zu stehlen). All diese Elemente kommen zusammen, wenn Espen nach dem Mord an John Wakefield dessen Uhr stiehlt. (Vgl. *FS* 248)
Die Uhr, »etwas Rundes und Warmes und Lebendiges«,[37] ist darüber hinaus in Espens Phantasie mit einer anderen Assoziationsreihe für Mutter
und Schwester verbunden, die in der Phantasie vom »heiligen Stein« zum
Ausdruck kommt. Hier verbinden sich der gefurchte heilige Stein, die
Birne, die Acht (zwei angeblich von Espen gestohlene Geldstücke) und das
Stundenglas zu Symbolen der begehrten und unerreichbaren Frau/Mut-
ter. Uhr und Zeit sind also überdeterminierte Symbole für Macht, Männlichkeit, aber auch für die begehrte Frau, die in diesem Zusammenhang
die klassische Rolle des begehrten Tauschobjektes einnimmt, mit Hilfe
dessen Männer untereinander ihre Beziehungen regulieren.[38] Das Schuldgefühl der Mutter gegenüber, das der Traum vom Pferd in Espen auslöst,
erklärt sich folglich dadurch, daß Espen der Mutter gegenüber den
Wunsch äußert, die Uhrzeit zu erfahren, also versucht, sich ein Stück der
väterlichen Macht anzueignen.

36 Zur ausführlichen Deutung des Pferdetraumes vgl. Aarbakke 1976, S. 100 f.
37 »[..] noe rundt og varmt og levende«. (*FS* 244)
38 Vgl. dazu Lévi-Strauss 1981, Rubin 1975.

Die Parallelen zwischen Freuds Theorie von der Verschiebung ambivalenter ödipaler Wünsche und Gefühle auf das Totemtier und der von Espen in seinen Pferdeträumen und Phantasien ausgedrückten Vaterambivalenz sind nicht bloß struktureller Natur. Das Beispiel, das Freud in *Totem und Tabu* wählt, um das ähnliche Verhältnis, das Kinder und »Primitive« zu Tieren haben, zu illustrieren und anhand dessen er typisch kindliche Tierphobien mit totemistischen religiösen Strukturen vergleicht, gleicht darüber hinaus den Phantasien und Ängsten Espens bis ins Detail. Freud berichtet von der Angst eines fünfjährigen Jungen davor, daß ein Pferd in sein Zimmer kommen könnte, um ihn zu beißen. Dies, so Freud, solle »die Strafe für seinen Wunsch sein, daß das Pferd umfallen (sterben) möge«.[39] Hieraus (und aus anderen Aussagen des Jungen) wiederum schließt Freud, der Junge habe den Vater als Konkurrenten in der Gunst der Mutter empfunden, deshalb sein Weggehen oder seinen Tod gewünscht und nun die ihn bedrängenden Gefühle auf ein Tier übertragen. Auffallend ist hierbei nicht nur die strukturelle Ähnlichkeit der Träume von Espen und Freuds Hans; auch das Alter, in dem sie ihre zentralen Erlebnisse mit Pferden haben und ihre Angst entwickeln ist das gleiche: sie sind etwa 4 Jahre alt. (Vgl. *FS* 33, 262)

Freud zufolge verschiebt der kleine Junge zunächst vor allem »seine feindlichen und ängstlichen Gefühle auf ein Vatersurrogat.«[40] Dieses Surrogat bleibe allerdings mit derselben Ambivalenz behaftet, so daß der »kleine Hans« vor Pferden nicht nur Angst habe, sondern ihnen auch Respekt und Interesse zolle und sich mit ihnen identifiziere – eine Ambivalenz, die gleichermaßen Espens Gefühle dem Vater und dessen Stellvertreter, dem Pferd, gegenüber charakterisiert. An den Stellen, an denen Espen direkt vom Vater erzählt, idealisiert er diesen auffallend. Bezeichnenderweise folgt auf einen seiner Berichte über die Milde und Hilfsbereitschaft des Vaters kleinen hilflosen Kindern gegenüber die Erinnerung an ein traumatisches frühes Erlebnis mit einem Pferd: einem »strahlend schönen Hengst«[41] wird in einem Gewitter durch einen Blitz ein Hinterbein abgebrannt. Es liegt nahe, diese Schreckenserinnerung mit derjenigen des kleinen Hans zu vergleichen, dessen Phobie auch durch ein Erlebnis ausgelöst wurde, in dem er ein Pferd »umfallen« sah,[42] und sie als Kastrations- und Mordphantasie am Vater zu deuten.

39 Freud 1912, S. 414. Freud referiert hier aus seiner Analyse des »kleinen Hans«, die er 1909 unter dem Titel *Analyse der Phobie eines fünfjährigen Knaben (»Der kleine Hans«)* veröffentlichte.

40 Freud 1912, S. 414.

41 »[..] en strålende flott hingst«. (*FS* 33)

42 Vgl. u.a. Freud 1909, S. 47.

An anderer Stelle bezeichnet Espen das Pferd als einen »gefährlichen Ausdruck des männlichen Geschlechts, weil ich eine Paarung in Adamsens Hof sah, ein Eindruck von Gewalt und Lust, der nie vergessen werden konnte«.[43] Espen verweist selbst direkt auf die Ambivalenz des Vaters/Pferdes, wenn er es einerseits als machtvolles männliches Geschlecht, als angsteinjagendes Ungeheuer, andererseits als großes und strahlendes Ideal, als Symbol für »Geld, Macht und Freude«[44] und dann wieder als Bild für die aufrührerischen Wünsche des Kindes bezeichnet. (Vgl. *FS* 263) Die Gefühle dem Vater gegenüber umfassen jedoch nicht nur Haß und Bewunderung, sondern auch Mitleid mit der gequälten Kreatur, und, da das Quälen auf den Wunsch Espens selbst zurückgeht, Schuldgefühle. Espen berichtet dementsprechend an mehreren Stellen über gequälte, leidende Pferde und sein Mitleid mit ihnen. (Z.B. *FS* 261) Ganz im Sinne Freuds bringt Sandemose darüber hinaus die Schilderungen seines Totemtieres in Zusammenhang mit dem anderen Tabu, das die totemistische Religion neben dem Verbot, das Totemtier zu töten, errichtet und das durch den Ödipuskomplex im Individuum installiert wird: dem Inzesttabu. Bezeichnenderweise finden sich an zentralen Stellen, an denen Espen über Pferde berichtet, auch Anspielungen auf das Verhältnis zwischen Bruder und Schwester. Während des Gewitters, das das Pferd verstümmelt, stirbt die Schwester seines Vaters. Espen verschiebt in seinen Erinnerungen und in seinen mythischen Familiengeschichten mehrfach die Rollen von Familienmitgliedern auch zwischen den Generationen. Hier steht die Tante einerseits an der Stelle der Mutter. (*FS* 33) Das Kapitel schließt andererseits ab mit der Erinnerung, sein Vater habe sich geweigert, die tote Tante aus dem Haus zu tragen. Berücksichtigt man die Intensität, die das libidinöse Bruder-Schwester-Verhältnis für Espen hat, so liegt es nahe, die Begründung des Vaters als Scheu vor der inzestuösen Berührung der Schwester zu deuten. Als seine Frau ihn darauf hinweist, er sei stärker als der Schmied, der die Aufgabe übernimmt, reagiert er offensichtlich verlegen, hustet, streicht sich über das Haar und sagt:»Vielleicht, [...], aber du verstehst wohl auch, daß sie meine Schwester war.«[45] Beim Bericht über das Haus des Malers Vogt, der offenbar ein inzestuöses Verhältnis mit seiner Schwester hat, gleitet

---

43 »Hesten ble også snart et farlig uttrykk for det mannlige kjønn fordi jeg så en parring i Adamsens gård, et inntrykk av vold og lyst som aldri kunne glemmes.« (*FS* 261)
44 »[..] penger, makt og glede.« (*FS* 263)
45 »Kanskje, sa han, men du skjønner vel også at hun var min søster.« (*FS* 34)

der Erzähler wiederum in eine Vision, in der ihm ein grinsendes lebendes Pferdeskelett mit blanken schwarzen Zähnen erscheint. (Vgl. *FS* 184) Sandemose verwendet darüber hinaus Strukturen aus *Totem und Tabu*, um Gesellschaftsverhältnisse kritisch zu analysieren. Sein Erzähler schildert Jante als eine totemistische Gesellschaft im Sinne Freuds.

Moderne Hygienepraktiken wie die Impfung gegen Masern werden in ihr zu primitiven Ritualen, vergleichbar mit der Beschneidung, der »symbolischen Kastration aller seiner Sklaven«, mit der der »alte Khan« seine Macht direkt zum Ausdruck bringt.[46] Die totemistische Religion dieser Gesellschaft ist im Jantegesetz kodifiziert. »Die offizielle Religion war nahezu, das zu tun, was alle anderen taten. [...] Diese Religion gründet auf dem Jantegesetz.«[47] Man nimmt an Ritualen wie Taufe, Konfirmation und Hochzeit teil, weil es alle erwarten, weil man sich nicht herausheben will oder soll. Die alles und alle brutal nivellierende Gleichheit des Jantegesetzes ist mit der Gleichheit der Brüder in Freuds Brüderhorde vergleichbar, die verhindern soll, daß sich einer der Brüder wieder an die Stelle des Vaters setzt und so den Zerfall der Gesellschaft verursacht.[48]

Zunächst ist noch nach Espens Rolle in seinem eigenen mythischen Universum zu fragen. Obwohl er sich als typischen Sohn der Jantegesellschaft schildert, der durch dieselben Strukturen geformt wird, wie jedes andere Kind dieser Gesellschaft auch, nimmt er eine Sonderstellung ein, die ihm zunächst in seiner Eigenschaft als jüngster Sohn zukommt. Er ist derjenige, der schließlich auf dem Rücken des Pferdes in Adamsens Scheune einreitet – ein Bild für den gleichzeitigen Aufruhr gegen und die Identifikation mit dem mächtigen Vater. Es ist dies die Rolle, die Freud in seinem Mythos von der Urhorde, den er in *Massenpsychologie und Ich-Analyse* erneut aufgegriffen hat, dem jüngsten Sohn zuschreibt:

> Der Urvater der Horde war noch nicht unsterblich, wie er es später durch Vergottung wurde. Wenn er starb, mußte er ersetzt werden; an seine Stelle trat wahrscheinlich ein jüngster Sohn, der bis dahin Massenindividuum gewesen war wie ein anderer.[49]

Die Lösung von der Masse ist gleichzeitig die Rolle, die Freud »dem ersten epischen Dichter« zuschrieb: Dieser habe die Tat, die die Brüder-

---

46 »Nå, jeg tror nu nærmest at omskjærelsen er den gamle Khans direkte hevdelse av makten, en symbolsk kastrasjon av alle trellene hans.« (*FS* 204)
47 »Den offisielle religion var nærmest det å gjøre hva alle de andre gjorde. [..] Denne religion hviler på Janteloven.« (*FS* 199)
48 Dieser Zusammenhang wird in 4.5. genauer analysiert.
49 Freud 1921, S. 115 f.

horde gemeinsam begangen habe, dem Heros allein zugeschrieben und damit die Gründungslüge seiner Gesellschaft eingesetzt. Der Heros wiederum sei nach dem Vorbilde des jüngsten Sohnes geformt gewesen, der einst den Urvater ersetzt habe. Im Laufe der weiteren Entwicklung schließlich gipfelte »die Lüge des heroischen Mythos in der Vergottung des Heros«, der wiederum ein »Vorläufer der Wiederkehr des Urvaters als Gottheit« gewesen sein könnte.[50] Freud fügt hinzu, daß der Dichter selbst sich mit dem Heros identifiziert und sich dadurch von der Masse gelöst habe. Er habe sich ihr jedoch wieder angenähert, indem er der Masse die Taten seines Helden erzählt habe.[51] Espens herausgehobene Position in der totemistischen Gesellschaft von Jante ist gerade durch seine Fähigkeit begründet, die eigene Situation im Rückblick zu beschreiben, sie in mythische Form zu kleiden und zu analysieren.

Freud verwendet für die Schilderung der Rolle des Helden, mit dem sich der Dichter identifiziert, ein Beispiel, das auch geeignet ist, ein neues Licht auf Espens Entwicklung zu werfen. Er erwähnt, daß der Held im Märchen häufig seine Aufgabe mit Hilfe kleiner Tiere, insbesondere Insekten löst, und er fährt fort: »Dies wären die Brüder der Urhorde, wie ja auch in der Traumsymbolik Insekten, Ungeziefer die Geschwister (verächtlich: als kleine Kinder) bedeuten.«[52] In Espens Kinderwelt spielen Insekten ebenfalls eine zentrale Rolle, experimentiert der kleine Zoologe doch vornehmlich mit ihnen. (Vgl. *FS* 64) Wenn man diese Experimente mit Freud auch als phantasmatische Macht über die gefürchteten Geschwister deutet, so gewinnt Espens spätere Aussage, er habe die Zoologie durch Psychologie ersetzt, eine neue Dimension. Auch sein psychologisches Schreiben dient ihm unter anderem dazu, Macht über die Jantesche »Brüderhorde« zu erlangen. Er macht sich also einerseits zum Dichter-Heros im Freudschen Sinne, andererseits demontiert er diesen Heldenmythos immer wieder selbst und verweist auf dessen illusorische und damit gefährliche Qualität. Er entlarvt beispielsweise seinen eigenen Mythos von der heldenhaften Flucht vom Schiff *Rurik* als die Tat eines angsterfüllten kleinen Jungen. (Vgl. *FS* 131) Im nächsten Absatz kritisiert er den Heroismus explizit als falsches Männlichkeitsideal: »Aber ich habe genug von Helden und bewundere sie nicht. Wozu soll man Männerideale aufstellen, wenn nicht dafür, daß sie falsch sind?«[53]

50 Freud 1921, S. 127.
51 Vgl. zu diesem Komplex Freud 1921, S. 126-128.
52 Freud 1921, S. 126.
53 »[..] men jeg har fått nok av helter og gir dem ingen beundring. Hva skal man stille opp mannsidealer for, hvis det ikke er fordi de er falske?« (*FS* 131 f.)

4.2. »Wider den Maskulinismus« – Alfred Adlers Konzept des »männlichen Protestes« in En flyktning krysser sitt spor

Wenn Sandemose den falschen Heroismus des Männermachtkampfes kritisiert, so bezieht er sich dabei nicht allein auf Freuds Theorien. Seine Kritik basiert in mindestens ebenso hohem Maße auf dem Konzept des »männlichen Protestes«, das von Alfred Adler eingeführt wurde. Der Wiener Arzt war neben Carl Gustav Jung einer der einflußreichsten Schüler Freuds, die sich von ihrem Lehrer trennten und eigene tiefenpsychologische Schulen gründeten.[54] Adlers sogenannte Individualpsychologie wurde bereits Ende der zwanziger Jahre in Skandinavien rezipiert. 1928 erschien im schwedischen Verlag Natur och kultur sein Werk Inidividualpsykologien. Vägen till människokunskap, 1930 folgte eine Übersetzung von Menschenkenntnis für Norwegen und Dänemark. Der Norweger Ingjald Nissen hatte außerdem 1930 in Sjelelig forsvar (»Seelische Verteidigung«) Adlers Theorien interessierten Norwegern zugänglich gemacht.[55] Es ist anzunehmen, daß Adlers Ideen, wie später diejenigen von Wilhelm Reich, von den Mitgliedern des Mot Dag-Kreises mit Interesse zur Kenntnis genommen wurden, betonte Adler doch die soziale Frage. Seine Theorien müssen demnach geeignet erschienen sein, sozialistische und psychoanalytische Ideen zu verbinden. Sandemose behauptete in einer Notiz, er sei von Adler Theorien »stark ergriffen« gewesen, da sie ihm »System im Wahnsinn« gegeben hätten.[56]

Adler geht davon aus, daß allein durch die Tatsache seiner geringeren Körperkraft und Macht jedem »Kinde […] während der ganzen Zeit seiner Entwicklung ein Gefühl der Minderwertigkeit in seinem Verhältnis zu den Eltern, Geschwistern und zur Welt an[haftet].«[57] Dieses Minderwertigkeitsgefühl könne verstärkt werden durch soziale Verhältnisse. Zum Ausgleich entwickelten Menschen Adler zufolge ein kompensatorisches Streben nach Allüberlegenheit. Die unterschiedlichen Kompensationsstrategien und letztlich der Kampf um Macht und Überlegenheit lägen psychischen Störungen aller Art zugrunde. Mit seinem Konzept des »männlichen Protestes« macht Adler deutlich, in wie hohem Maße dieser Machtkampf in der bestehenden Gesellschaft geschlechtlich konnotiert ist.

---

54 Vgl. Ellenberger 1970, zu Adler insbesondere S. 571-657.
55 Nissen 1930, vgl. Lippe 1980, S. 283.
56 Zitiert nach Haavardsholm 1988, S. 188. Haavardsholm geht so weit zu behaupten, daß die Bekanntschaft mit Adlers Schriften einen Durchbruch für Sandemoses Art zu erleben, denken und formen bedeutet habe.
57 Adler 1924, S. 9.

Aufgrund der Privilegien, realer wie eingebildeter, mit denen unsere heutige Kultur den Mann ausstattet, ist das Überlegenheitsziel stets mehr oder weniger mit der männlichen Rolle identisch. Das Minderwertigkeitsgefühl eines Mädchens kann sich unter Umständen auffallend verstärken, wenn ihm aufgeht, daß es eine Frau ist, und das eines Jungen ebenfalls, wenn er seine Männlichkeit in Zweifel zieht. Beide kompensieren dies Gefühl durch Übertreibung dessen, was sie sich als männliches Verhalten vorstellen. Diese Form der Kompensation, die je nach den Umständen höchst komplizierte und unterschiedliche Folgen nach sich ziehen kann, habe ich als *männlichen Protest* bezeichnet.[58]

Die gesellschaftliche Minderbewertung der Frau und des weiblich Konnotierten führt also dazu, daß Minderwertigkeit mit Weiblichkeit gleichgesetzt wird, Überlegenheit hingegen mit Männlichkeit. Adler hält nun den »männlichen Protest« für zentral bei der Genese von Neurosen. Er ist damit nicht weit davon entfernt, existierende Ideale von Männlichkeit überhaupt als pathologisch zu kennzeichnen.[59]

Adler bewertet die Rolle, die die frühkindliche Sexualität bei der Entstehung von Neurosen spielt, weitaus geringer als Freud. Ihm zufolge setzt das Sexualproblem erst mit der Pubertät ein. Zu diesem Zeitpunkt in der Entwicklung der Persönlichkeit verstärke die neue Herausforderung der Begegnung mit dem anderen Geschlecht den männlichen Protest. Perversionen und Homosexualität, so Adler, entstünden aus einer verstärkten Angst vor »weibischer« Liebeshörigkeit:

[…] auf dem Gebiete der Sexualität [spielt] sich der gleiche Kampf ab wie im ganzen Seelenleben: Das ursprüngliche Minderwertigkeitsgefühl drängt auf Umwege (im Sexuellen auf den Weg der Masturbation, der Homosexualität, des Fetischismus, der Algolagnie, der Überschätzung der Sexualität, usw.), *sucht jede erotische Erprobung auszuschalten*, um seine Orientierung nach einem Ziel der Überlegenheit nicht zu verlieren.[60] (Hervorhebungen im Original)

Espen selbst leidet aufgrund seiner unterlegenen Stellung in der Familie und aufgrund seiner sozialen Lage als Arbeiterkind an Minderwertigkeitsgefühlen. Sein kompensatorischer Machtkampf spielt sich auf verschiedenen Ebenen ab,[61] vorwiegend jedoch auf der Ebene der Sexualität.

58 Adler 1981, S. 58 f.
59 Vgl. Connell 1995, S. 16.
60 Adler 1924, S. 24.
61 Seine frühe Begabung für Zoologie kann beispielsweise als »Überkompensation« im Sinne Adlers gedeutet werden (vgl. *FS* 114) und seine Krankheit als Kleinkind

In Espens Jante ist Sexualität nicht in erster Linie ein Feld des erfolgreichen oder behinderten Lustgewinns, sondern ein Hauptschauplatz des Kampfes um Überlegenheit. Besonders grotesk kommt dies in der Schilderung von Espens präpubertären Masturbationsversuchen zum Ausdruck in einem Kapitel, das sprechenderweise »Ich will nicht geringer sein als ihr« (»Jeg vil ikke være mindre enn dere«, *FS* 101-105) überschrieben ist. In diesem Abschnitt beschreibt Espen eine »schwere Schmach«,[62] die er im Alter von acht bis zehn Jahren erlebt. Täglich geht er nach der Schule in den Wald, um dort zu masturbieren, eine Aktivität, die jedoch nicht zu einem lustvollen Orgasmus, sondern zu heftigen schmerzhaften Unterleibskrämpfen führt. Er hält trotzdem an seinen Versuchen fest, da es in seinen Augen zum Erwachsensein, zum Mannsein, gehört, eine Ejakulation haben zu können, und er gibt nicht auf, bis er diese »Männereinweihung« (»mannsinnvielse«), diese Initiation erlebt. Es sei dahingestellt, inwieweit diese Schilderung realistisch ist, und Kapitel 4.4. wird noch einmal einen möglichen tieferen psychologischen Grund für diese grotesken Handlungen oder auch nur Phantasien diskutieren. Im Augenblick bleibt festzustellen, daß der Erzähler selbst dieses grausame Sexual-Ritual für einen »Kampf um Ebenbürtigkeit« (*FS* 105) hält, seinen Mißerfolg als tägliche »Niederlage« beschreibt und den endlichen Erfolg entsprechend als »Wunder« (*FS* 105) und »Ehre« (*FS* 103) schildert, als den entscheidenden Schritt in die Männlichkeit: »Ich kam über den Hof und fühlte, daß ich ein erwachsener Mann war.«[63]

Es zeigt sich jedoch schnell, daß diese Männlichkeits-Initiation nur die erste unter vielen ist, die es für einen Jungen aus Jante zu bestehen gilt. Mit der Konfirmation wandeln sich »Triumph und Ehre« in »Scham«:

> Das [die Onanie, oder ›Zölibatie‹, wie Espen diesen Akt tauft] war nichts für Männer. Als ich konfirmiert war, war es nie im Leben mehr möglich, das war etwas für Knaben. Ein Kerl hatte Mädchen. Der Kampf glitt hinüber auf eine andere und schlimmere Ebene, jetzt hieß es: Zeig deine Männlichkeit oder fahr zur Hölle.

> Den var ikke noe for menn. Når jeg var konfirmert gikk den aldri i evighet an, den var noe for gutter. En kar hadde piker. Kampen gled over på et annet og verre plan, nu het det: Vis manndommen din, eller dra til helvete. (*FS* 111)

als Versuch, sich durch Schwäche einen Platz in der Konkurrenz mit den Geschwistern zu erkämpfen. (Vgl. *FS* 75 und 279)

62 »[..] en tung skam«. (*FS* 102)

63 [..] en kamp for jevnbyrd.« »Jeg kom over gårdsplassen og kjente at jeg var en voksen mann.« (*FS* 105)

Niederlagen dieser Art verstärken Espens Unterlegenheitsgefühl und führen bei ihm, ganz im Adlerschen Sinne, zu einer Angst vor der sexuellen Begegnung mit Frauen überhaupt. Sogar seinen Vergewaltigungsversuch an einem Mädchen in Bornholm führt er auf diese Angst zurück. Aus Angst, keine Frau zu finden und damit nicht vor den anderen Seeleuten bestehen zu können, beschließt er, ein Mädchen im Park zu vergewaltigen. Als diese sich jedoch nicht wehrt und auch nicht wegläuft, bekommt Espen es mit der Angst und ergreift selbst die Flucht. Dieser Akt erfüllt ihn noch im Erwachsenenalter mit Scham. (Vgl. FS 131-133)

Sandemose entlarvt seine eigenen und die Janteschen Männlichkeitsideale schließlich als Ausdruck des neurotischen »männlichen Protestes«, eines falschen »Männlichkeitswahns«, etwa wenn er sarkastisch schreibt: »Man wedelt mit Männer-Idealen, ohne zu ahnen, daß derjenige, der sich dem Ideal annähert, seine Freunde töten muß. Männer-Ideale stellt man auf, um für das zu büßen, was man nicht ist.«[64]

In diesem Zitat wird auch die gewalttätige Dimension des »männlichen Protestes« deutlich, der für Espen schließlich im Mord an John Wakefield kulminiert, nachdem er einer Reihe von weiteren Niederlagen ausgesetzt war:

Ich fand, ich hatte eine Ewigkeit lang gekämpft, aber immer wurde jede Niederlage größer als die vorhergehende. Und die Niederlage wurde zu groß. Es gab keinen Weg mehr vorwärts. Er [John Wakefield; S.v.S.] war die große Inkarnation aller Niederlagen des Kindes und des Jünglings.

Jeg hadde kjempet i en evighet syntes jeg, men alltid ble hvert nederlag større enn det foregående. Og nederlaget ble for stort. Det var ikke vei frem mere. Han var den store inkarnasjon av alle barnets og ynglingens nederlag. (FS 98)

Sandemose greift in seinen Schilderungen der Janteschen Machtkämpfe und von Espens Entwicklung also Elemente der Individualpsychologie Adlers auf, insbesondere um die Verquickung familiärer und sozialer Faktoren zu demonstrieren, die zur seelischen Verkrüppelung von Jantes Proletarierkindern führt. Anders als Adler stellt Sandemose den Kampf um Überlegenheit jedoch nicht in einen Gegensatz zur Triebtheorie Sigmund Freuds. Er verschmilzt vielmehr Elemente aus beiden zu seinem eigenen Bild der mißglückten Zurichtung Espens vom Jungen zum Mann.

---

64 »Man vifter med manns-idealer uten å ane at den som nærmer seg idealet må drepe vennene sine. Manns-idealer stiller man opp for å bøte på det man ikke er.« (FS 215, vgl. auch FS 131 f.)

Die psychoanalytische Kritik Sandemoses an der kapitalistischen Klassengesellschaft beruht, wie diejenige Adlers, auf einer Kritik an bestimmten Männlichkeitsidealen und an der Hierarchie zwischen den Geschlechtern. Die blutige Konkurrenz unter Jungen und Männern sorgt dafür, daß Klassenstrukturen, das Machtgefälle zwischen »Bürger und Proletarier« (»Borger og proletar«, so der Titel eines Kapitels, vgl. *FS* 163) aufrechterhalten werden. Umgekehrt bedingt die ungleiche Verteilung der Produktionsmittel und die klassen- sowie geschlechtsspezifische Arbeitsteilung nicht nur die Unterdrückung von Frauen, sondern auch die Hierarchien unter Männern. (Vgl. *FS* 52 und 163-166) Das Resultat ist ein falscher Heroismus, der auf der Verdrängung von Schwäche, die wie bei Adler als »weiblich« abgelehnt wird, basiert. Espen beispielsweise weist die Deutung zurück, seine nächtliche Flucht vom Schiff *Rurik* sei eine Heldentat gewesen. Sie sei vielmehr dadurch ausgelöst worden, daß er einfach mehr Angst davor gehabt habe, auf dem Schiff zu bleiben und sich weiterhin den Mißhandlungen des Kapitäns auszusetzen, als ins eiskalte Wasser zu springen und sich auf ein ungewisses Schicksal einzulassen. In diesem Zusammenhang raisonniert er:

Meine männliche Vergangenheit bricht herein und erfüllt mich mit Scham, wenn ich männlichen Personen gegenübergestellt werde. Ich bin so sehr Mann geworden, daß ich sehe, wer mannhaft durch die Welt balanciert mit 49 ¾ Prozent Frau im Körper. […] Ich beuge mich nicht mehr dem Druck des Terrors, ihr könnt mich bewundern so viel ihr wollt, aber ich habe genug von Helden und bewundere sie nicht. Wozu soll man Männerideale aufstellen, wenn nicht deshalb, weil sie falsch sind?

Was wir geworden sind, sind wir unter Terror geworden, und wir gebrauchen unsere Zeit wiederum zum Terror.

Min mandige fortid bryter inn og fyller meg med skam når jeg stilles overfor mandige personer. Jeg er blitt så meget mann at jeg ser hvem som balanserer mannhaftige gjennom verden med 49 ¾ prosent kvinne i kroppen. […] Jeg bøyer meg ikke for terrorens påtrykk mer, dere kan beundre så meget dere vil, men jeg har fått nok av helter og gir dem ingen beundring. Hva skal man stille opp mannsidealer for, hvis det ikke er fordi de er falske?

Det vi er, er vi blitt under terror, og vi bruker vår tid til terror igjen. (*FS* 131 f.)

In diesem die Jantesche Pseudomännlichkeit parodierenden Abschnitt stellt Sandemoses Erzähler deutlich den Zusammenhang zwischen der Ablehnung von Weiblichkeit und einem falschem Heroismus her, und er führt diesen Männlichkeitswahn auf den Terror von Jante zurück. Maßgeblich für die Terrorisierung und Verbiegung des Individuums ist also das heroische Männlichkeitsideal. Ist es einmal überwunden, so kann das nun befreite Individuum seine eigenen Schwächen zugeben, weibliche Anteile in sich selbst und in anderen anerkennen und darauf verzichten, andere Männer und Frauen mit solchen falschen Idealen zu terrorisieren. Sandemose ist häufig für seine stereotypen, ja reaktionären Frauenschilderungen kritisiert worden.[65] Bei näherem Hinsehen zeigt sich jedoch, daß in *FS* wie in anderen Romanen Sandemoses dieses Frauenbild zwar vom Ich-Erzähler geteilt wird, daß er es jedoch im Laufe seiner Selbstanalyse immer wieder kritisiert und eben als Ausdruck des zerstörerischen Männlichkeitswahns, den Jante in ihm installiert, analysiert.[66] Besonders deutlich stellt Espen den Zusammenhang zwischen der Idealisierung der Frau zur Madonnenfigur und seinem von mörderischer Konkurrenz geprägten Männlichkeitsideal im Kapitel »Die Vision aus Misery Harbor« (»Visjonen fra Misery Harbor«, *FS* 253-256) her. Er berichtet hier von der Kitschpostkarte einer jungen Frau, die er in einem Hafenladen in Stettin findet, und die er zu einer Art Reliquie erhebt. Er vergleicht seine falsche Schwärmerei für dieses Bild mit der »Lyrik«, die er um Eva herum schafft.

Die Frau war zur Vision geworden, und sie wurde es in Misery Harbor. Ich ging Frauen, die denken konnten, weit aus dem Weg und haßte sie geradezu. Ein für alle Mal hatte ich die Frau von der Postkarte und aus Misery Harbor akzeptiert. Ich rannte wie ein Hase vor jeder Frau, die nicht elegisch sprach, ich fühlte mich dumm und verzweifelt, aber gab ihr trotzdem immer die Schuld: Keine richtige Frau! Männer waren Individuen. Frauen sollten Ausdruck einer Vision sein, sonst rannte ich. Da hast du die impotente Grundlage für den Maskulinismus: Der Platz der Frau ist zuhause. Sie darf nicht in Einzelne aufgeteilt werden können, denn dann erwacht die ganze Angst des Mannes, sie soll ein Lustobjekt in seinem Harem sein.

Kvinnen var blitt visjon, og hun ble det i Misery Harbor. Jeg gikk langt utenom kvinner som kunne tenke, og direkte hatet dem. En gang for alle hadde jeg akseptert kvinnen fra postkortet og Misery Harbor. Jeg sprang som en hare fra enhver kvinne som ikke snakket elegisk, jeg kjente meg dum og fortvilet, men gav henne bestandig skylden allike-

65 Vgl. z.B. Nordberg 1967, S. 178-184, Alfredsson 1976, S. 104-117. Gegen die These von Sandemoses reaktionärem Frauenbild äußert sich Holmesland 1980, S. 356.

66 Auf diesen Umstand hat bereits Holmesland 1980, S. 356 f., hingewiesen.

vel: Ikke noen riktig kvinne! Menn var individer. Kvinner skulle være uttrykk for en visjon, ellers løp jeg. Der har du det impotente grunnlag for maskulinismen: Kvinnes plass er i hjemmet. Hun må ikke kunne oppdeles i enere for da våkner hele mannens redsel, hun skal være en forlystelsesgjenstand i hans harem. (*FS* 255).

Das unrealistische Frauenbild entspringt aus der Angst des Mannes, aus seiner Unsicherheit über die eigene Männlichkeit. Der schon im kleinen Jungen etablierte »Maskulinismus«, wie Sandemose diese Geschlechterideologie bezeichnet, und die daraus entspringende Angst und Scham führen letztlich sowohl zur Abwertung von Frauen wie zu Gewalttaten zwischen Männern.[67]

Die Mittel, um den »Maskulinismus« im einzelnen männlichen Individuum zu verankern, sind in Jante die oben erwähnten schmerzhaften und brutalen Initiationsrituale, beispielsweise der zumindest von Espen so empfundene Zwang zur Onanie, die Konfirmation und die Impfung. Diese Rituale der »Männereinweihung« (*FS* 82) sind stets mit Schmerz und Brutalität verbunden, sie unterdrücken die natürliche Kreativität der kleinen Jungen (etwa die zoologischen Forschungen, die Espen vor der Konfirmation unternimmt und die nachher als unmännlich, kindisch verdammt werden, vgl. *FS* 61-63 und 81 f.) und richten ihn aus auf die mörderische Gleichschaltung unter dem Jantegesetz. Sie produzieren einen »Panzer« um den »Jantemann«, einen »Damm aus Stahl und Beton«, der jegliche Erkenntnis der eigenen Schwäche, der eigenen Niederlagen, der eigenen weiblichen Anteile und damit auch der Frau als denkendes, selbständiges Individuum verhindern soll. Ist dieser Panzer bedroht, so überwältigen Schande und Scham den »Jantemann«, er steht vor seinem eigenen »Misery Harbor« und wird demjenigen, dem er diese Schwäche gezeigt hat, »in den Rücken fallen«.[68]

Klaus Theweleit verwendet in *Männerphantasien* den Begriff des Panzers in ähnlicher Weise, um die Angst des soldatischen Mannes vor einer als weiblich konnotierten »Masse« zu analysieren, und er hat Männlichkeit generell mit dem Besitz eines solchen Körperpanzers gleichgesetzt, der gegen »weibliche« Auflösungstendenzen errichtet wird.[69] Bezeich-

---

67 Im nächsten Abschnitt greift er im übrigen die Frauen, die sich um die Anpassung an ebendieses falsche Frauenbild bemühen, ebenso heftig und polemisch an, wie die dem »Maskulinismus« verfallenen Männer. (Vgl. zum gesamten Komplex *FS* 254-256)

68 »Han vil falle deg i ryggen, hvis leiglighet byr seg.« (*FS* 141)

69 Theweleit 1977.

nenderweise entwickelt Theweleit seine Theorie am Beispiel von deutschen Freikorpsromanen der zwanziger Jahre, also einer Literatur, die etwa zur selben Zeit entstand wie *FS*. Wie Theweleit später stellt schon Sandemose seine Gesellschafts- und Männlichkeitskritik in einen direkten Zusammenhang mit faschistischen Bewegungen und Ideologien seiner Zeit, etwa wenn er Hitler und Mussolini als machtgierige, brutale Jantemänner schildert, die einen »John Wakefield in ihrem Herzen verbergen«.[70] Ohne dies direkt zu formulieren, greift Sandemose mit seiner Kritik am heroistischen Männlichkeitskult und dessen Initiationsritualen eine zeitgenössische Idee an, die auch für den Nationalsozialismus eine tragende Rolle spielte: die Männerbundideologie der zwanziger Jahre. Die Vorstellung von der universellen Existenz von Männerbünden wurde erstmals 1902 von dem Ethnologen Heinrich Schurtz formuliert. Dieser hält die Trennung von männlichen und weiblichen Bereichen und die Initiation des Mannes in die exklusive Welt des »Männerhauses« für die Grundlage jeglicher höheren sozialen Formationen. Von dem Theoretiker der Jugendbewegung, Hans Blüher, wurde diese These von Männerbünden auf zeitgenössische soziale Formationen übertragen. Blüher verband darüber hinaus die aus der Ethnologie stammende Vorstellung von Männerbünden mit Freuds Theorie der totemistischen Brüderhorde, und er stellte die These auf, daß der Zusammenhalt innerhalb des Bundes auf sublimierten homosexuellen Identifizierungen basiere.[71] Der germanische Altertumskundler Otto Höfler schließlich stellte mit seinen Theorien zur angeblichen Existenz von Männerbünden bei den Germanen den männerbündischen Formationen innerhalb des nationalsozialistischen Staates, insbesondere der SS, eine wissenschaftliche Grundlage

70 »[..]gjemmer den maktsyke en John Wakefield i sitt hjerte«. (*FS* 252) Auf Sandemoses Kritik an Jante als Gesellschaft, in der die gleichen Unterdrückungsmechanismen wirksam sind wie im Faschismus, hat schon Nordberg 1967, S. 151 und 158 f., hingewiesen. Unmittelbar nach Erscheinen von *FS* in den Jahren nach Hitlers Machtübernahme hat sich Sandemose in Artikeln zur nationalsozialistischen Politik geäußert. (Vgl. Sandemose 1976, v.a. S. 18-42) In seinen Romanen, die während des und nach dem Zweiten Weltkrieg entstanden, vor allem in *Vi pynter oss med horn* (1936, »Wir schmücken uns mit Hörnern«), *Det svundne er en drøm* (schwedische Erstausgabe unter dem Titel *Det gångna är en dröm*, 1944, »Das Verschwundene/Vergangene ist ein Traum«) und in *Varulven* (1958, »Der Werwolf«) hat er die Zusammenhänge zwischen dem Männlichkeitswahn von Jante und faschistischen wie nationalsozialistischen Ideologien und Regimes noch expliziter dargestellt.

71 Vgl Schurtz 1902, Blüher 1912, Blüher 1914, Blüher 1918.

zur Verfügung, die der NS Philosoph Alfred Bäumler in seinem Werk *Männerbund und Wissenschaft* am deutlichsten ausformuliert hat.[72] Sandemoses Analyse der Jantegesellschaft als totemistische, männerbündische Brüderhorde und seine Kritik an deren potentiell faschistischen Strukturen ist vermutlich unabhängig von diesen Männderbundtheorien entstanden. Interessant erscheint daher der Umstand, daß er gerade zentrale Elemente, die von Theoretikern und Ideologen des Männerbundes idealisiert werden, zum Mittelpunkt seiner Kritik an der Jante-Gesellschaft und deren Männlichkeitsidealen macht. Dazu gehören vor allem der »Totemismus«, die Initiationsrituale, die Distanzierung von der Frau (bei Sandmose als Angst- und Fluchtmechanismus entlarvt), sowie die Unterordnung der untereinander gleichen Männer/Brüder unter einen Führer (in *FS* der oben erwähnte machtgierige Jantemann).

Sandemose legt in *FS* mit Hilfe literarisch verarbeiteter psychoanalytischer Theorien eine hellsichtige Kritik der industriellen Gesellschaft vor. Er macht deutlich, wie die unterdrückenden Gesellschaftsstrukturen produziert und in den einzelnen Individuen reproduziert werden. Er zeigt darüber hinaus, in welch hohem Maße diese Gesellschaftsstrukturen vom herrschenden Geschlechtersystem, von den herrschenden Männlichkeits- und Weiblichkeitsidealen, abhängig sind und wie Geschlechterstereotypen, insbesondere bestimmte Männlichkeitsideale zur Schaffung und Erhaltung der Unterdrückungsstrukturen beitragen.

4.3. Formalismus, Sentimentalität, Erkenntnis –
Espens psychoanalytische Kritik des Erzählens

Espens/Sandemoses Kritik an den Unterdrückungsmechanismen der Gesellschaft von Jante sowie an deren Geschlechtersystem findet sich nicht nur auf der Ebene der erzählten Erinnerungen und deren Analyse. Das Mittel, mit dem Espen sich von ebendiesen Strukturen lösen möchte, ist Erkenntnis, die durch Erzählen, durch Dichtung, durch Sprache erreicht werden kann. Espen unterscheidet in seiner Erzählung zwei Kategorien des Sprachgebrauchs, »Formalismus« und »Sentimentalität«, denen er eine dritte gegenüberstellt, die »einfache Vernunft« oder »Erkenntnis«.

---

72 Höfler 1934, Bäumler 1934. Zu Männerbundtheorie und -ideologie vgl. See 1994, S. 319-342, Schnurbein 1990.

Formalismus ist die Sprache der statischen, dogmatischen Gesellschaft Jantes. Eine seiner Grundlagen ist die Fremdbestimmung, unter der die Arbeiter, die Mitglieder dieser Gesellschaft, leben. Ihr Tagesablauf ist von der Fabriksirene bestimmt, ein Muster, aus dem sie in der Regel bis zu ihrem Lebensende nicht ausbrechen. (Vgl. *FS* 21) »Richtig sprechen« und orthographisch richtig schreiben (vgl. *FS* 293) sind die in der Schule vermittelten Regeln des Janteschen Formalismus, der jeglichen kreativen Sprachgebrauch in Kindern abtötet und jeden einzelnen in das Denksystem Jantes einbindet. Die formalistische Sprache Jantes wird damit zu einem Hauptinstrument der terroristischen Gleichschaltung in diesem System. Espen findet diesen Formalismus jedoch nicht nur in der Arbeiterklasse, sondern auch in der formallogischen Wissenschaft, und er vermutet dahinter dieselben Triebkräfte wie in Jante:

> Denken im akademischen Sinne ist ein besonderer und gründlich gepflegter Bluff im Kampf ums Dasein, es erinnert ziemlich an das Huhn und den Kreidestrich. Wenn das Huhn mit dem Auge zwinkert, bekommt es von den anderen Denkern eins auf den Kopf, weil es sich nicht ans Thema hält. Wenn ich ein Buch sehe, das durch und durch Kreidestrich ist, fühle ich noch einen schwachen Rest des heiligen Schauers vor der Wissenschaft, aber ich weiß, daß das Buch nur der Versuch einer erschrockenen Person ist, Terror auszuüben, und ich lese es mit vielen Augenzwinkern, so wie ich das Buch des Lebens gelesen habe. Lange habe ich das Gefühl gehabt, daß so viel Logik auf einmal suspekt ist.

> Tenkning i akademisk forstand er en spesiell og grundig oppdyrket bløff i kampen for tilværelsen, den minner nokså meget om hønen og krittstreken. Hvis hønen blunker med øyet får den på hodet av de andre tenkere fordi den ikke holder seg til emnet. Når jeg ser en bok som er krittstrek tvers igjennom kjenner jeg ennu en svak rest av det hellige gys for vitenskapen, men jeg vet at boken bare er en skremt persons forsøk med terror, og leser den med mange blunk på øynene, slik som jeg også har lest livets bok. Lenge har jeg kjent det sånn at megen logikk på én gang er mistenkelig. (*FS* 132)

Der Terror, den diese formalistische Logik ausübt, wird in der zitierten Passage mit dem falschen Heroismus des Janteschen Männlichkeitsideals identifiziert. Espens Seitenhieb gegen eine formalistische Wissenschaft findet sich nämlich unmittelbar nach seinen oben zitierten Ausfällen über falsche Männlichkeitsideale und die Leugnung weiblicher Anteile und der eigenen Schwäche. In der Passage über den »Panzer« des Jantemannes gegen Weiblichkeit, Schwäche und Niederlagen erkennt Espen diesen auch als Schutzwall gegen das gefürchtete Wissen und die Sprache, die eben auch und gerade zur Erkenntnis der eigenen Niederlagen führen müssen.

Das Verbot zu denken und zu sprechen war das schlimmste von allem, was mir damals im Weg stand, als ich zur Erkenntnis vorstoßen mußte und wollte. Jante hat einen Damm aus Stahl und Beton um die Erkenntnis herum gesetzt.

Forbudet mot å tenke og tale var det verste av alt som stod meg i veien dengang jeg måtte og ville frem til erkjennelse. Jante har satt en demning av stål og betong opp omkring erkjennelsen. (*FS* 141)

Der formalistische Sprachgebrauch Jantes ist also ein Ausdruck des männlichen Panzers, der der Abwehr von Niederlagen und »weiblicher« Schwäche dient. Als Terrorinstrument wird er von den Mitgliedern der Jantegesellschaft gegen andere eingesetzt, um die eigene Minderwertigkeit abzuwehren und zu leugnen. Die »Wort-Maschine« der »richtigen« Sprache steht außerhalb der realen Dinge, in ihr kann kein »Leben« ausgedrückt werden, sie wird vielmehr zu einem Terrorinstrument im Kampf um Überlegenheit. (*FS* 293)

Espen erinnert sich daran, daß er als Schüler nicht in der Lage war, sich in der »richtigen« Sprache auszudrücken, daß ihn die »Angst vor dem Unrichtigen« lange daran hinderte, überhaupt schreiben zu lernen. Und wenn er doch einmal etwas »in einer Zeile enthüllte«,[73] so erschien es ihm sentimental. Daraus zieht er jedoch später den Schluß: »Die Angst, sentimental zu werden, ist die Angst, die ersten Schritte weg vom starren Formalismus zu machen.«[74] Die »Sentimentalen« machen zwar diesen Schritt weg vom Formalismus, sie kommen jedoch noch nicht zur Erkenntnis, sie bleiben »vor den Türen zu den dunklen Kammern, aber sie gehen nicht hinein.«[75] Auf dieser Stufe seiner Entwicklung wird Espen zum »Metaphysiker«, zum Mythenbildner, indem er die Phantasie entwickelt, böse Mächte verlangten von ihm, Untaten und vor allem einen Mord zu begehen, bevor er selbst stirbt. (Vgl. *FS* 290) Sandemose er-

---

73 »[..] angsten for det uriktige aldeles forhindret meg i å skrive dengang [..] og kom jeg endelig til å avsløre noe i en linje, syntes jeg at det var sentimentalt.« (*FS* 293)

74 »Angsten for å bli sentimental, det er angsten for å ta de første skrittene bort fra den stive formalisme.« (*FS* 289)

75 »[..] de er foran dørene til de mørke kott, men går ikke inn.« (*FS* 289)

kennt in dieser »metaphysischen« Phantasie selbst seine »riesige Selbst-überschätzung«.[76] Das sentimentale Stadium des Erzählens ist, im Gegensatz zum »männlichen« Formalismus, mit weiblich/mütterlichen Elementen asso-ziiert. Der Sentimentale ist der Lyriker oder Musiker, der sich zurück an die Mutterbrust sehnt: »Wenn Mutters Brust und Mutters Tür im Land der Erinnerungen sind, greifen wir zur Geige und klimpern ein bißchen, während wir von den Sonnenuntergängen im Reich der Kindheit spre-chen.«[77] Sentimentalität ist also für Espen ein Weg zurückzugelangen in die frühe Kindheit, in die frühe Symbiose mit der Mutter. (Vgl. auch *FS* 298) Dies macht die Sentimentalität für Espen zu einer ambivalenten Angelegenheit.

Ich kann die Sache mit der Sentimentalität nicht loslassen, weil ich glaube, daß sie der klare Ausdruck für unsere früheste Kindheit ist, und weil ich selbst in ihrer Gewalt gewesen bin. Alle Aufklärung be-ginnt sentimental. Das gilt für Großes und Kleines. Harriet Stowe saß da und weinte über den armen Onkel Tom, sie brachte die ganze Welt zum Weinen. Das brachte einige zum Nachdenken, bis das System zu-sammenbrach. Die Arbeiterbewegung begann sentimental, wurde aber später ziemlich gefährlich.

Når jeg ikke kan slippe dette med sentimentaliteten er det både fordi jeg tror den er det klare uttrykk for vår første barndom, og fordi jeg selv har vært i dens vold. All oppklaring begynner sentimentalt. Det gjelder både smått og stort. Harriet Stowe satt og gråt over stakkars Onkel Tom, hun fikk hele verden til å gråte. Det fikk noen hver til å tenke, inntil systemet gikk over ende. Arbeiderbevegelsen startet senti-mentalt, men ble nokså farlig siden. (*FS* 298)

Die »sentimentale« Rückkehr in das Stadium der frühen Kindheit ist also einerseits die Voraussetzung für Espens Selbsterkenntnis, und hier findet sich die Energiequelle für die individuelle und die kollektive Rebellion gegen die Verkrüppelungen durch den Janteschen Formalismus bzw. die kapitalistische Klassengesellschaft. Espen warnt jedoch andererseits an

---

76 »[..] kjempemessig selvovervurdering« (*FS* 290) Diese Stufe der Sentimentalität bildet eine Parallele zur Rolle, die Freud dem »ersten epischen Dichter«, dem jüngsten Sohn und »Erfinder« des Heros zugeschrieben hat.

77 »Når mors bryst og mors dør er i minnenes land, tar vi frem fiolinen og klimprer på den så smått mens vi snakker om solnedgangene i barndommens rike.« (*FS* 295)

mehreren Stellen davor, in diesem Stadium der Sentimentalität stehenzu-
bleiben, indem er auf den Zusammenhang zwischen Sentimentalität,
Terror und den blutigen Machtkämpfen unter den Jantemännern aufmerksam macht.

[A]ls wir in der Wiege lagen, hatten wir nicht dieselbe Art zu verstehen, die wir später bekamen, und das Leben war ein Zustand. Es war
nicht eine Reihe von Ereignissen. An diesen Zustand erinnern wir uns
nicht, aber wir leben ihn ganz buchstäblich von neuem, wenn wir mitten in einem Schritt angehalten haben: in der Sentimentalität. Und in
diesem Zustand setzt der Terror ein.

[D]a vi lå i vuggen, hadde vi ikke samme måten å oppfatte på som vi
siden fikk, og livet var en tilstand. Det var ikke en rekke begivenheter.
Det er denne tilstanden vi ikke husker, men aldeles bokstavelig lever
om igjen når vi har stanset midt i et skritt: I sentimaliteten. Og det
er i denne tilstand at terroren setter inn. (*FS* 311)

Das Verharren im sentimentalen Stadium wird von Espen gleichgesetzt
mit einer unreflektierten Regression ins frühkindliche Stadium, einer
Rückkehr in das »weiche Zimmer«[78] des Mutterleibes. Diese Regression
assoziiert der Erzähler weiter mit Selbstmord[79], mit Wahnsinn[80] und
schließlich mit dem Mord an John Wakefield. (*FS* 302)

Die Ambivalenz, die Sandemose der »Sentimentalität« zuschreibt,
ähnelt der Kritik der »Nostalgie«, die Jonathan Rutherford, einer der
führenden Vertreter der britischen Men's Studies, vornimmt.[81] Mit Vertretern der psychoanalytischen Objektbeziehungstheorie geht Rutherford davon aus, daß Männlichkeit, wie sie heute gesellschaftlich konstituiert ist, abhängig ist von einer vorzeitigen Ablösung des Jungen von der
Identifikation mit der Mutter. Die Folge sei, daß der Mann zwischen
zwei Polen gefangen sei. Am einen Pol befinde sich die Sehnsucht nach

---

78 »[..] et bløtt værelse.« (*FS* 305)
79 Am Beispiel des Seemanns Evald, *FS* 299-301. Der Name Evald könnte im übrigen auf den dänischen sentimentalen Dichter Johannes Ewald (1743-1781) verweisen. Damit fände sich an dieser Stelle ein erneuter Verweis auf eine bestimmte
literarische Tradition, der sich auch Sandemose eine Zeitlang zugehörig fühlte.
Die Bemerkung, Ewald habe dem norwegischen symbolistischen Lyriker Obstfelder geglichen (vgl. *FS* 300) verweist in eine ähnliche Richtung, war Obstfelder
doch eines der frühen literarischen Vorbilder Sandemoses. Vgl. auch den Verweis
auf Obstfelder in *FS* 302.
80 Das »weiche Zimmer« wird ihm zur »Gummizelle«. (*FS* 305)
81 Vgl. dazu ausführlicher 3.8.

der verlorenen Mutter, am anderen Pol die Leugnung dieses Verlustes, der sich in der Flucht in die externe Welt äußere (das Flüchtlingsmotiv bei Espen). Nostalgisches Schreiben stellt Rutherford zufolge den Versuch dar, die präödipale Mutter-Sohn-Beziehung erzählerisch umzustrukturieren und so den bedrohlichen Ambivalenzen zu entgehen:

Nostalgia attempts to obscure difference and alleviate contemporary antagonisms and contradictions by reframing the elements that conflict in reality into a harmonious past. It acts as a metaphor, distancing its mythology from the social antagonisms at its source. Nostalgia makes life narratable, representing what is hard to speak of.[82]

Nostalgie bzw. Sentimentalität sind also bei Rutherford wie bei Sandemose Ausdruck einer Art Wiederholungszwanges, einer Unfähigkeit, den Verlust zu verarbeiten, der am Beginn des Eintritts in die Männlichkeit steht. Sandemose wie Rutherford verweisen auf die potentielle Gewalttätigkeit dieser sprachlichen Akte, und sie kennzeichnen sie gleichzeitig als erste Schritte, die ein gewisses Befreiungspotential beinhalten, oder, in Rutherfords Worten: »Despite being governed by the paternal narrative, nostalgia offers a door in search of the ›good mother‹.«[83]

»Vergessen, Wiederholen, Erklären. Der dritte Ausweg war der richtige.«[84] In der »einfachen Vernunft«, der »Erkenntnis« findet Espen eine Form des Erinnerns und Erzählens, die Befreiung verspricht. Was aber ist unter diesem »dritten Ausweg« genau zu verstehen? Ein Hinweis darauf findet sich in einem »Ich schreibe nicht Tagebuch« (»Jeg skriver ikke dagbok«) überschriebenen Kapitel zu Anfang des Romans, in dem Espen seinen Bericht als mündliche Erzählung als »mündliches Tagebuch« bezeichnet, das er an ein nicht näher bestimmtes »du« adressiert. (FS 22) Dieses mündliche Tagebuch ist nicht chronologisch geordnet, sondern verfolgt mehrere Fäden gleichzeitig und verbindet diese durch Assoziationen. Die Mündlichkeit und assoziative Vorgehensweise macht Espens »dritten Ausweg« als Selbstanalyse kenntlich, die ihre Methoden von Freuds *talking cure* übernimmt und die für Espen zur »Waffe des Sklaven«[85] gegen den Druck von Jante wird. Sie führt ihn zur Selbsterkenntnis, gibt ihm Antworten auf die Fragen »Wer? Woher? Wohin?«[86] und sie

82 Rutherford 1992, S. 126.
83 Rutherford 1992, S. 131.
84 »Glemselen, gjentagelsen, forklaringen. Det ble den tredje utvei som var den riktige.« (FS 238)
85 »[..] trellens våpen«. (FS 65)
86 »Hvem? Hvorfra? Hvorhen?« (FS 64)

läßt ihn an seinen im Alter von vierzehn Jahren abgetöteten zoologischen Forscherdrang anknüpfen. Dieses »psychologische« Erzählen gibt ihm außerdem die Möglichkeit, sich an denjenigen Janteseelen zu rächen, die den kleinen Zoologen töteten, ohne einen weiteren wirklichen Mord, der Ausdruck der sentimentalen Phase war, begehen zu müssen. Der sentimentale Violinist, der sich an die Mutterbrust zurücksehnt, wandelt sich auf diese Weise in einen nüchternen, aber zufriedenen erwachsenen Menschen, der »sich das Haar von der Stirn streichen und in den Alltag gehen kann«, ohne »mit Violinen gegen Buchfinken konkurrieren« zu müssen.[87] Der Dichter des verlorenen Paradieses, der weinte »ach, ach, wir kommen nie, nie, nie mehr auf den Topf« wird endlich erwachsen, er kann sich dem Leben und dessen Abenteuern stellen, und »die Invaliden in die Zelle, in die Kirche, in Adamsens Scheune« gehen lassen.[88]

Im Gegensatz zum Formalismus, der den Panzer des Jantemannes schafft, und dem Durchgangsstadium, der sentimentalen Sehnsucht nach der Rückkehr in den Mutterleib, die in Brutalität und blutigen Kämpfen endet, gewährt die psychoanalytische Erkenntnis schließlich auch die Befreiung vom Männlichkeitswahn:

> Das ist das Antlitz meiner Erkenntnis, oder vielleicht nur eines der Gesichter meiner Erkenntnis: Ich habe keine Angst mehr vor Frauen, und deshalb kann ich sie gehen lassen. Geschlechtstrieb ist nur Impotenz. Selbstverständlich ist auch das nicht wahr, aber es ist nur zu 25 Prozent Lüge.

> Dette er ansiktet på min erkjennelse, eller kanskje bare ett av min erkjennelses ansikter: Jeg er ikke redd for kvinner mere, og derfor kan jeg la dem gå. Kjønnsdrift er bare impotens. Selvfølgelig er heller ikke dette sant, men det er bare 25 prosent løgn. (*FS* 227)

Die mündliche/schriftliche *talking cure* dient Sandemoses Erzähler nach dessen eigenen Aussagen dazu, eins mit sich selbst zu werden, das zerstörerische Zusammenwirken von Macht, Sexualität und Geschlecht in der Gesellschaft von Jante bloßzulegen und sich daraus zu befreien. Der kurze Epilog zu *FS* verweist jedoch darauf, daß auch diese Erkenntnis begrenzt ist. Sandemose faßt diese Beschränkung in das Bild von »Halfway Mountain«:

---

87 »Men når vi engang har gjort oss klart at mor er død skal vi stryke håret fra pannen og gå inn i hverdagen. Bjerken løves uten oss, og vi konkurrerer ikke bokfinken ut med fioliner.« (*FS* 295)

88 »Med gråten i halsen dikter vi om det tapte Paradis, akk, vi kommer aldri, aldri, aldri på potten igjen. [..] La invalidene gå til cellen, til kirken og Adamsens låve.« (*FS* 310)

Tausend verschiedene Beschreibungen kannst du von Halfway Mountain bekommen, und alle sind gleich richtig. Ich fühle einen starken Drang, dir jetzt zu sagen, daß der Berg groß ist und vielseitig, aber derjenige, der in Fesseln auf der Erde lag, sah Halfway Mountain nur von der Stelle, an der er lag.

Tusen forskjellige beskrivelser kan du få av Halfway Mountain og alle er like riktige. Jeg kjenner en sterk trang til å si deg dette nu, at fjellet er stort og mangesidet, men den som lå i lenker på jorden så bare Halfway Mountain fra det stedet hvor han lå. (*FS* 373)

Hier bekennt der Erzähler indirekt, daß er sein Ziel »alles zu erzählen« nicht vollständig erreicht hat, daß er nicht zur endgültigen Erkenntnis vorgedrungen ist, und er spricht den Adressaten seiner Erinnerungen noch einmal explizit an, um ihm diese Begrenzung ins Bewußtsein zu heben. Anna Forssberg Malm interpretiert diese Passage als Indiz dafür, daß Espen im Sinne Lacans als Subjekt geboren ist. Sie liest Adamsens Scheune als die Stelle, die Instanz im Text, die die Grenze des Sagbaren, des Bewußtseins repräsentiert. Espens Einsicht in diese Grenzen machen seine Schreibversuche zu einer geglückten Lacanschen Analyse: ein Subjekt ist dadurch geboren, dass es die Grenzen des Sagbaren sieht und akzeptiert. Halfway Mountain wird für Malm zum Bild für diese versöhnliche Einsicht.[89] Malms Hinweise auf das metafiktionale Potential von *FS* ist wertvoll und verweist auf zentrale Parallelen zwischen Lacans und Sandemoses Denken, auf die später noch zurückzukommen sein wird. Die Komplexe des »Alles Erzählens« und dennoch nicht alles erzählen zu können sind jedoch im gesamten Roman so stark emotional aufgeladen, dass Malms Schlussfolgerung, es handle sich letztlich um eine geglückte Analyse, um die Geburt eines Subjekts, eigenartig blutleer erscheint und meines Erachtens nicht weit genug trägt. Im folgenden soll daher eine andere Lesart der im Text thematisierten »Grenzen des Erzählens« diskutiert werden.

---

89 Vgl. Malm 1998, S. 55-60.

4.4. Die »Feuergefährliche Schaltstelle«

Trotz seiner anfänglichen Behauptung, jetzt alles erzählen zu wollen, häufen sich in der zweiten Hälfte von Espens Erzählung Hinweise darauf, daß er dazu doch nicht in der Lage ist und offenbar etwas verschweigt. Etwa in der Mitte des Romans findet sich folgende doppeldeutige Bemerkung an den Adressaten von Espens »mündlichem Tagebuch«:

> Über John Wakefield kann ich dir natürlich sagen, daß es eine Reihe von Dingen gibt, die nie gesagt werden, aber es sind Dinge, die in diesem Zusammenhang bedeutungslos sind. Du hast so viel gehört, du wirst mich nicht entlarven können, niemand kann das. Du sollst das nicht als einen Mangel an Vertrauen auffassen, ich nehme einfach angemessen Rücksicht auf dich.

> Om John Wakefield kan jeg si deg at det naturligvis finnes en rekke ting som aldri blir sagt, men det er ting som er betydningsløse i denne sammenheng. – Du som har hørt så meget vil ikke kunne avsløre meg, ingen kan. Du skal ikke oppfatte dette som mangel på tillit, det er helt enkelt et rimelig hensyn som jeg tar til deg. (FS 226)

Espen verbirgt also irgendetwas, das im Zusammenhang mit dem Mord an John Wakefield steht, vor seinem Leser, um diesen zu schützen. Und später behauptet er: »Ich habe die letzte Spur verwischt.«[90] Es scheint zunächst möglich, diese Behauptungen lediglich als temporäre Verleugnungen und Ablenkungsmanöver des »Analysanden« zu lesen, als Ausdruck von Verteidigungs- und Verdrängungsmechanismen, die nur auf Umwegen und unter großen Widerständen überwunden werden können, schließlich im (selbst-)analytischen Prozeß aber dennoch gelöst werden. Dieser Lesart steht entgegen, daß Espen auch in einem der letzten Kapitel seiner Erzählung (»Der Abgrund«- »Avgrunnen«) zwar nochmals die Gründe zusammenfaßt, die zum Mord in Misery Harbor führten, daß er gerade in diesem Zusammenhang jedoch auch behauptet: »Nein, du wirst nie das letzte Wort über diese Dinge erfahren.«[91] »Der Abgrund« folgt unmittelbar auf eine Sequenz von kurzen Kapiteln, in denen sich Espen mit dem Verhältnis zu seiner jüngeren Schwester Agnes auseinandersetzt und mehrfach auf sein inzestuöses Begehren ihr gegenüber anspielt. Dementsprechend haben die meisten Interpreten von FS, denen der Widerspruch zwischen Espens Behauptung, alles zu

---

90 »Jeg har slettet ut det siste spor.« (FS 324)
91 »Nei, du får aldri høre det siste ord om de tingene«. (FS 361)

erzählen, und den Lücken in seiner Erzählung aufgefallen ist, den Schluß gezogen, daß sein Verschweigen des »letzten Wortes« auf das inzestuöse Verhältnis Espens zu seiner Schwester anspielt.[92] Es besteht kein Zweifel, daß diese »seelische Schaltstelle« oder »feuergefährliche Schaltstelle«[93], wie Espen die »Kreuzungen« nennt, an denen die Spuren des Flüchtlings zusammentreffen, mit dem inzestuösen Begehren von Espen gegenüber seiner Schwester Agnes zusammenhängt. Über die deutlich sexuell aufgeladene Haßliebe zur Schwester Agnes spricht Espen in seiner Erzählung jedoch so offen, daß diese nicht der Punkt sein kann, den er verbergen möchte und muß. Der unaussprechliche Abgrund, der die tiefste traumatische »seelische Zentrale« Espens bildet, hängt also offensichtlich mit Espens Inzestwunsch sowie mit den blutigen Dreickskonstellationen aus Rivalität, Liebe und Haß zusammen, die Espen in allen seinen Beziehungen wiederholt, er läßt sich jedoch nicht auf diese reduzieren.

Zwischen der oben erwähnten Sequenz über die Inzestwünsche der Schwester gegenüber und Espens gerade zitierter Behauptung, der Leser würde das letzte Wort über diese Dinge niemals erfahren, findet sich eine Passage über den Kapitän des Schiffes *Rurik*, vor dem Espen nach Neufundland floh. Espen bemerkt, daß dieser Kapitän nun nichts mehr verraten könne, was zu den Ereignissen in Misery Harbor führe. Es bleibt zunächst unerklärlich, warum der Kapitän etwas wissen sollte, was zum Mord an John Wakefield führte, und es ist nicht wahrscheinlich, daß diese Textstelle sich auf Espens Inzestwünsche bezieht. Und auch die unmittelbar folgende Behauptung Espens kann wohl kaum auf den Inzest verweisen. Er meint, er habe bisher keinen Menschen finden können, dem er dieses »letzte Wort« hätte erzählen können und fährt fort:

> Und in meinem Fall ist es aus anderen Gründen fast lächerlich, denn wenn ich es erzählen könnte, würde sich selbst die dickste Dummheit beugen und sagen: Wenn das hinzu kommt, mußte er gerade John Wakefield töten, weil John das tat, was er tat.

> Og det er av andre årsaker nesten latterlig i mitt tilfelle, for kunne jeg fortelle dette, ville selv den tykkeste dumheten gi seg over og si: Når dette kommer til, måtte han drepe nettopp John Wakefield fordi John gjorde det han gjorde. (*FS* 361)

---

92 Vgl. vor allem Aarbakke 1976, S. 96-99 und Eggen 1981, S. 54-60.

93 »Ildsfarlig sentral«, oder »sjelelig sentral« sind Bezeichnungen für die intensivsten psychischen Komplexe Espens. »Sentral« ist das norwegische Wort für Zentrale, aber auch für Transformator, so daß der Ausdruck aus dem Bereich der Elektronik auch mit einem anderen für Espen traumatischen Bild, dem des Blitzes, verbunden ist.

Der Schlüssel zu Espens wohlgehütetem Geheimnis liegt demnach in der Antwort auf die Frage, welche unaussprechliche Handlung John Wakefield beging. In einem zweiten Schritt müßten die Spuren aus Espens Kindheit ausfindig gemacht werden, die in dieser Handlung John Wakefields wiederholt wurden.

Es ist deutlich, daß zwischen Espen und John mehr vorgeht, als nur eine blutige, eifersuchtsgeladene Rivalität um die »reine« Frau und Schwestergestalt Eva. Im Rückblick gibt Espen zu, selbst verwirrt über seine eigenen Motive zu sein.

Als ich vor einigen Jahren nahe bei Misery Harbor war, dachte ich da vor allem an ihn oder an sie? Ich weiß es nicht. Aber ich weiß, daß ich fast siebzehn Jahre lang Eva auf eine Weise mit meinem Verhältnis zu John Wakefield durcheinandergebracht habe, daß ich keinen Boden in der Sache finden kann. Wenn ich im Alptraum seinen bleischweren Körper auf mir liegen hatte, schrie ich in meiner Angst nach ihr. Oder ich ging mit meinem guten Freund John spazieren, der nichts davon wußte, daß Eva in Misery Harbor ermordet lag − − −

Dengang jeg for få år siden var Misery Harbor nær, tenkte jeg da mest på ham, eller på henne? Jeg vet det ikke. Men jeg vet at jeg i nesten sytten år har rotet Eva inn i mitt forhold til John Wakefield på en slik måte at jeg ikke finner noen bunn i det. Når jeg har hatt den blytunge kroppen hans liggende over meg i mareritt, skrek jeg i min angst på henne. Eller jeg gikk tur med min gode venn John som ikke visste noe om at Eva lå myrdet i Misery Harbor − − − (FS 240)

Es ist für Espen also nicht ganz klar, wem eigentlich seine Liebe und wem sein Haß galten und warum dies so ist. Und im vorletzten Kapitel sagt Espen nicht nur: »Zum Schluß tat er [John Wakefield] das Schlimmste, was er tun konnte.«[94] Er bezeichnet sich darüber hinaus selbst als »der Knecht, der entwich, weil er das Handauflegen nicht mochte.«[95] Diese Passage legt nahe, daß mit dem Machtkampf zwischen Espen und John homoerotische Gefühle und Akte verbunden sind, die den endgültigen Auslöser für den Mord darstellen. John scheint Espen nicht nur wegen seiner Niederlage verhöhnt zu haben, sondern sich ihm in dieser Situation auch sexuell genähert zu haben.

Das inzestuöse Begehren der Schwester oder einer für sie einstehenden Frau wird also in der Begegnung mit John vermischt mit einem homo-

---

sexuellen Angriff – ein Muster, das in Espens Erzählung an mehreren zentralen Stellen auftaucht. Der Prototyp dieses Beziehungsmusters findet sich im Kapitel »Das Buch Espen« (»Espens bok«, *FS* 189-198), ein quasi biblischer Mythos über Espens innerste psychische Strukturen. Eines der Unterkapitel unter dem Titel »Agnes, Agnes, Agnes« beschäftigt sich mit der brennenden Haßliebe zu seiner Schwester Agnes, mit ihren Treffen in Adamsens Scheune und mit dem Verbot des »alten Khan«, des allmächtigen Vatergottes. Das daran anschließende Unterkapitel, »Sodoma« überschrieben, verbindet dieses inzestuöse Muster mit Mord und, scheinbar unvermittelt, mit dem Thema Homosexualität:

Und das ist ein Buch Mose: Adam gab seine Tochter Abel, und Kain forderte sein Recht. Er bekam es nicht, und schritt hinaus in die Welt über eines Bruders Leiche.

Draußen in der Welt traf ich Liebe, aber sie war nicht immer so, wie ich gehört hatte, daß sie sein solle. Am schlechtesten konnte ich mit Gelassenheit Liebe zwischen Männern ansehen.

Og dette er en Mosebok: Adam gav sin datter til Abel, og Kain krevet sin rett. Han fikk den ikke, og skrevet ut i verden over en brors lik.

Ute i verden møtte jeg elskov, men ikke alltid var den som jeg hadde hørt si den burde være. Dårligst kunne jeg se med sinnsro på elskov mellom menn. (*FS* 192)

Unmittelbar darauf beschreibt Espen, wie »draußen in der Welt die Männer hinter ihm herwaren«,[96] und er beschreibt drei Beispiele homosexueller Männer, die versuchten, ihn zu verführen oder zu vergewaltigen. Noch vor diesen drei Erzählungen verknüpft er das Thema Homosexualität explizit mit Inzest und Mord: »Als Kain nach seinem Bruder schlug, geschah das nicht nur um der Schwester willen. Es kann notwendig sein, den zu töten, den man nicht haben will.«[97] Diese homosexuellen Episoden und Espens Angst vor homosexueller Verfolgung könnten im klassischen ödipalen Sinne gedeutet werden als Ausdruck einer Ambivalenz zwischem dem »positiven Ödipuskomplex«, in dem sich die Liebe des Sohnes auf die Mutter, sein Haß und die spätere Identifikation auf den Vater richten, und dem »negativen Ödipuskomplex«, in dem Liebe, Todeswunsch und Identifikation gerade umgekehrt verteilt sind.[98] Seine Angst vor homosexuellen Übergriffen wäre

---

96 »Og jeg var ute i verden, og der kom mennene efter meg.« (*FS* 192)
97 » Da Kain slo til sin bror var det ikke bare for søsterens skyld. Det kan bli nødvendig å drepe den man ikke vil ha.« (FS 192)
98 Vgl. dazu die Zusammenfassung bei Laplanche/Pontalis 1973, S. 351-357.

dann teilweise auch durch die Angst vor eigenen homosexuellen Wünschen und Neigungen zu erklären.[99] Hinzu kämen in Espens Fall sein Machtstreben bzw. die Konfrontation mit seinen Niederlagen in diesen sexuell aufgeladenen Begegnungen, Konstellationen, die sich mit Theorien Alfred Adlers zur Ätiologie der männlichen Homosexualität erklären ließen.[100] Eine weitere Sequenz von zunächst reichlich dunkel wirkenden Episoden im letzten Viertel des Romans deutet jedoch darauf hin, daß mehr hinter Espens Angst vor homosexuellen Übergriffen verborgen ist.

Es handelt sich um eine Abfolge von Erinnerungen, Träumen und Visionen, die sich einstellen, als er eine Stelle als Museumswärter annimmt, um seine Frau und Kinder versorgen zu können. Espen fühlt sich aufs Äußerste bedrängt, als er gezwungen ist, eine Uniform zu tragen, damit für alle Besucher sichtbar ist und sich nicht verstecken kann. Diese irrationale Angst dehnt sich auf andere Bereiche aus und führt zu einer Reihe von Zwangshandlungen. So hört er beispielsweise völlig auf, Briefe zu öffnen, aus der Angst heraus, von irgend jemanden demaskiert, entlarvt, erkannt zu werden. Diese Angst verbindet er mit dem Mord in Misery Harbor: »Nenn es Irrsinn, nenn es, wie du willst, aber nie hat mich ein Mensch in Uniform gesehen, ohne daß ich bis in die Haarspitzen erschauerte: Jetzt bin ich entlarvt, der Mann kennt mich wieder von Misery Harbor.«[101] Sie hat jedoch auch Gründe, die auf den ersten Blick weit weniger einleuchten, so etwa die Sorge als »der Onanist von Jante«[102] erkannt zu werden. Die Angst hat ihre Wurzeln in Espens frühester Kindheit. Darauf deutet der Umstand, daß sich seine nächste Assoziation auf eben diese Zeit richtet und sich mit seinem Begehren nach der unerreichbaren idealisierten Frau, Eva, Rose, der Schwester Agnes und weiter einfach der »Brust einer Frau« verbindet. (Vgl. FS 320) Seine paranoiden Ängste haben also mit diesem verbotenen Begehren zu tun. Der Sequenz über die unerreichbaren Frauen folgt ihrerseits eine merkwürdige Erwähnung der »Abort-Zeichnungen der Etrusker«[103] und darauf ein Bericht über Alpträume, in denen er beschuldigt wird, seltsame Verbrechen zu begehen: »Ich träumte, daß meine Vorgesetzten mich merkwürdiger Dinge bezichtigten, ich entführte die Statuen und mißhandelte kleine

---

99 Vgl. dazu Braatøy 1933, Eggen 1981, S. 25, Haavardsholm 1988, S. 107-109.

100 Vgl. Adler 1924.

101 »Kall det vanvidd, kall det hva du vil, men aldri så et menneske meg i uniformen uten at jeg ble kold i håret: Nu er jeg avslørt, den mannen kjenner meg igjen fra Misery Harbor.« (FS 319)

102 »[..] onanisten fra Jante«. (FS 318)

103 »[..] etruskernes avtrede-malerier«. (FS 321)

Kinder an dunklen Stellen hinter den Figuren.«[104] Unmittelbar danach erwähnt Espen, daß eines Tages der Kapitän des Schiffes *Rurik* als Museumsbesucher auftaucht, Espen zu dessen Erleichterung jedoch nicht erkennt. Wie später im Kapitel »Der Abgrund« erwähnt er in diesem Zusammenhang, daß der Mord an John mit diesem Kapitän zu tun habe, und hier findet sich auch die oben zitierte Bemerkung »Ich habe die letzte Spur verwischt«.

Der Kapitän wiederum erinnert Espen an einen Lehrer namens Skarregård, der ebenfalls eines Tages im Museum auftaucht. Skarregård wird im nächsten Kapitel als Sadist geschildert: »Es erfreute Skarregård, die Mädchen mit dem Rohrstock zu schlagen.«[105] Espen selbst wird Opfer von Skarregårds sadistischen Neigungen, als dieser ihn dafür bestraft, daß er heimlich und aus großem Abstand Mädchen beim Baden am Strand beobachtet, eine Episode, für die ihn seine Schwester Agnes später häufig verhöhnt. Die Schilderung von Skarregårds sadistischen Zügen und seine Assoziation mit dem Kapitän lenken die Aufmerksamkeit darauf, daß auch letzterer als ausgesprochener Sadist geschildert ist. In *FS* wird auf diese Rolle des Kapitäns allerdings nur angespielt, (vgl. *FS* 106 und 131) im Roman *En sjømann går i land,* in dessen ersten Kapiteln die Erlebnisse Espens während seiner Zeit auf See und in Neufundland bis hin zum Mord an John Wakefield beschrieben sind, wird hingegen ausführlich erzählt, wie das grausame und ungerechte Verhalten des Kapitäns dem Schiffsjungen Espen gegenüber zu dessen abenteuerlicher Flucht von der *Rurik* führt. Die sexuelle Natur der Grausamkeiten des Kapitäns ist hierbei nicht zu übersehen, und es scheint nicht allzuweit hergeholt, die Szene insgesamt als Vergewaltigung Espens zu deuten.[106]

Die hier ausführlich nachvollzogene Assoziationskette verbindet also Espens allgemeine Angst vor Entdeckung, sein inzestuöses Begehren und das Thema der sexuellen Gewalt gegen Kinder und Jugendliche. Daraus läßt sich schließen, daß das unausgesprochene Kindheitserlebnis, das den letzten Auslöser für den Mord an John Wakefield bildete, ein homosexueller Mißbrauch Espens gewesen sein könnte, der irgendwann in seiner Kindheit stattfand, in den Begegnungen mit dem Kapitän der *Rurik* sowie mit John Wakefield reaktiviert wurde und im einen Fall

---

104 »Jeg drømte at mine overordnede beskyldte meg for rare ting, jeg bortførte skulpturene og mishandlet små barn på mørke steder bak figurene.« (FS 322)

105 »Det frydet Skarregård å slå jentene med spanskrør.« (*FS* 325)

106 Haavardsholm 1988, S. 94-96, liest die Stelle in *En sjømann går i land* als eine fiktionale Bearbeitung eines Vergewaltigungserlebnisses, das er in Sandemoses Biographie erschlossen haben will.

zu Espens angstvoller Flucht, im anderen zum Mord an John Wakefield führte.

Damit ist die Natur der »feuergefährlichen Zentrale« identifiziert, in der sich alle Spuren, die der Erzähler zurückverfolgt, schließlich kreuzen. Diese Zentrale ist jedoch gleichzeitig der Ort, an dem diese Spuren verschwinden, sich auflösen, »verwischt werden«, wie der Erzähler sagt. Espen spricht nirgends direkt über das traumatische Ereignis, es bleibt unklar, wer der Täter gewesen ist und was genau er Espen angetan hat. Der Mißbrauch bleibt das unausgesprochene und unaussprechliche Geheimnis im Zentrum von Espens Psyche und von Espens Erzählung.

Es ist dabei jedoch gleichzeitig ein produktives Geheimnis, das grundlegende Auswirkungen auf Espens Erzählung hat bzw. diese überhaupt erst in Gang setzt. Es wird in allen Beziehungen, die Espen eingeht, wiederholt und wiederbelebt, es bildet ein Zentrum seiner Ängste und Phantasien, und es prägt schließlich sein gesamtes Bild der Welt von Jante.[107] Ist einmal erschlossen, daß das Trauma des sexuellen Mißbrauchs das Zentrum von Espens Selbst formt, so werden auch andere Teile seiner Erzählung, die ansonsten dunkel bleiben, als Spuren kenntlich, die zu seinem Geheimnis führen, dieses einerseits schützend verbergen, gleichzeitig aber indirekt auf einige der konkreten Umstände des Mißbrauchs verweisen.

Espen erwähnt in unterschiedlichen Zusammenhängen scheinbar unvermittelt andere Beispiele von Kindesmißbrauch in Jante oder von Anspielungen darauf. (Z.B. *FS* 37 und 140) Er gibt außerdem einen Hinweis darauf, daß er sich mit diesen Kindern identifiziert bzw. daß seine Geschichten möglicherweise nur Verschiebungen und Umdichtungen eigener Erlebnisse darstellen. (Vgl. *FS* 345) Darüber hinaus ist in seinen Schilderungen die gesamte Gesellschaft von Jante von sexueller Gewalt und Sadismus durchzogen. Prügel im Elternhaus, (vgl. *FS* 35) im Klassenzimmer (vgl. *FS* 51, 54 f.) und sogar öffentlich im Rathaus (vgl. *FS* 49) sind die Sanktionsmittel dieses grausamen Erziehungssystems. Espen weist mehrfach auf deren sexuelle Färbung und die kollektive Lust an diesen Aktionen hin, und er bringt sie in Verbindung mit seiner eigenen grundlegenden Angst vor scheinbar harmlosen und natürlichen Gefühlsäußerungen.

---

107 Die Unmöglichkeit, für das Erlebnis einen sprachlichen Ausdruck zu finden und die gleichzeitige »Produktivität« dieses »non-representable kernel« machen den Mißbrauch in Espens Erzählung zum Trauma im engeren psychoanalytischen Sinne. Zu diesem Traumabegriff vgl. Žižek 1994 sowie unten 4.5.

Espens zahlreiche Rachephantasien Autoritätspersonen gegenüber beschäftigen sich gleichfalls mit sexuellen Taten an Kindern. Er phantasiert darüber, einen »mörderischen Ausläufer des Jantegesetzes«, die infame Frage »Du glaubst vielleicht nicht, daß ich etwas über *dich* weiß?«,[108] einzusetzen, um Macht über einen Lehrer zu gewinnen:

Ich wollte Politik betreiben. Zuerst den Lehrern in der Schule gegenüber. Ich dachte mir, daß ich etwas über einen Lehrer wußte, immer etwas Sexuelles in Verbindung mit einem Kind. Und dann sagte ich es ihm, in einem würdevollen und geschmackvollen Ton, daß man sich mit so etwas nicht abfinden könne. Er bettelte sehr, und ich war großmütig. Ich wurde sein guter Freund, und er behandelte mich nie wie ein Kind. Wir führten ernsthafte Gespräche und gingen zusammen spazieren.

Jeg ville drive politikk. Først overfor lærerne i skolen. Jeg tenkte meg at jeg visste noe om en lærer, bestandig noe seksuelt i forbindelse med et barn. Og så sa jeg det til ham, i en verdig og smakfull tone, at noe sånt kunne man ikke finne seg i. Han bad svært for seg, og jeg var høymodig. Jeg ble hans gode venn, og han behandelt meg aldri som et barn. Vi førte alvorlige samtaler og gikk tur sammen. (*FS* 122)

Espen versucht also, sich in seiner Phantasie durch die Beschuldigung des Lehrers, ein Kind mißbraucht zu haben, dessen Anerkennung zu erkaufen. Die Verbindung zwischen homosexuellen Handlungen an Kindern und dem Streben Espens nach Anerkennung wird auch an anderer Stelle gezogen. Es handelt sich um das erste beschriebene Beispiel eines versuchten homosexuellen Übergriffs auf Espen im Kapitel »Sodoma«. Ein dreißigjähriger Ausländer versucht, den fünfzehnjährigen Espen damit zu verführen, daß er ihn wie einen Erwachsenen behandelt. Solange Espen sich im unklaren darüber ist, daß die Annäherungsversuche des Ausländers sexueller Natur sind, ist er überglücklich und wünscht sich nichts mehr als ein Treffen mit seinem verhaßten älteren Bruder Petrus, um diesen mit seiner Eroberung zu beeindrucken. Espens brennende Haßgefühle seinen älteren Brüdern, insbesondere Petrus gegenüber, legen die Vermutung nahe, ein älterer Bruder könne der Täter sein. Die Erwähnung von Petrus in diesem Zusammenhang ist geeignet, diese Idee zu unterstützen, und sie gibt einen Hinweis darauf, daß Espen während des

---

108 »Det finnes en morderisk utløper fra Janteloven, et spørsmål som vi brukte når vi kom i knipe. [..] Spørsmålet lød: Du tror kanskje ikke at jeg vet noe om *deg*?« (FS 121)

Mißbrauchs vermutlich eine ambivalente Mischung aus Angst, Entsetzen und dem Wunsch nach Anerkennung durch den älteren und stärkeren Bruder empfunden hat. Espens Freundschaften mit anderen Jungen und später Männern spiegeln diese ambivalenten Gefühle des mißbrauchten Kindes gegenüber dem Täter.[109] In einer Sequenz über »Freundschaft« (»Vennskap«, *FS* 214-217) zeichnet der Erzähler die brisante Mischung aus Anziehung (auch erotischer Art), Bewunderung, Haß, Neid und Mordwünschen nach, die seine Beziehungen zu anderen Männern prägen und die schließlich im Mord an John Wakefield kulminieren. (Vgl. *FS* 214-227) In diesem Zusammenhang fügt der Erzähler einen weiteren Hinweis darauf ein, daß diese Reflexionen eine Bedeutung haben, die über das hinausgeht, was er direkt ausspricht: »Ich hoffe, daß ich viel mehr sage, als ich weiß«.[110]

Allgemeine Informationen über den Täter und Espens Gefühle ihm gegenüber sind also verhältnismäßig einfach zu erschließen. Weniger konkret lassen sich die näheren Umstände der sexuellen Handlungen nachvollziehen. In einer Assoziationskette, die eine Reihe von Episoden durch das Motiv des Essens und des Ekels vor Essen verbindet, findet sich jedoch ein Hinweis darauf, daß der orale Aspekt in Espens Mißbrauch eine Rolle gespielt haben könnte. Die Schlüsselstelle hierzu findet sich im Kapitel »Der Reisbrei« (»Risengrynsgrøten«, *FS* 179). Espen berichtet über die Vorliebe seines Vaters für Reisbrei. Seinen eigenen Ekel vor demselben Gericht schildert er in drastischer Weise.

Wenn ich gezwungen werden sollte, ihn zu essen, erbrach ich mich, und das Wasser wurde aus meinen Augen gepreßt. Alles rebellierte in meinem Mund, die Zunge, die Lippen, die Zähne, das Essen blieb wie ein Klumpen auf der Zunge liegen, ich zitterte und war eiskalt. Du kannst nichts nennen, das ich nicht mit weniger Grauen gegessen hätte als Reisbrei.
Die großen Körner machten mir Angst. Ich blieb mit offenem Mund sitzen und mit Speichel, der mir über das Kinn herunterrann, und mit Augen, die wild waren vor Angst, wenn ich ein solches Korn auf der Zunge fühlte, bis mir das Ganze über die Kleider heruntersabberte.

Når jeg skulle tvinges til å spise den kastet jeg opp, og vannet ble presset ut av øynene. Alt gjorde opprør i munnen, både tungen, lebene,

109 Die Gefühlsambivalenz gegenüber dem Täter gilt besonders bei Kindern für typisch, die von nahen Verwandten, etwa Vätern oder Brüdern mißbraucht worden sind. (Vgl. z.B. Glöer/Schmiedeskamp-Böhler 1990, S. 33)

110 »Jeg håper at jeg sier meget mere enn jeg vet.« (*FS* 215)

tennene, maten ble liggende som en klump på tungen, jeg skalv og var iskold. Du kan intet nevne som jeg ikke ville ha spist med mindre gru enn risengrynsgrøt. Det var de store grynene som gjorde meg redd. Jeg ble sittende med åpen munn, og med spyttet silende ned over haken, og med øyne som var ville av angst når jeg kjente et sånt gryn på tungen, inntil det hele savlet meg ned over klærne. (*FS* 179)

In dieser Schilderung kommt nicht nur Ekel, sondern genuine Panik zum Ausdruck, eine regelrechte Phobie vor einem Gericht, das einerseits mit dem Vater, andererseits – durch die Assoziation mit dem christlichen Abendmahl im selben Kapitel – mit der christlichen Vaterreligion, aber auch dem totemistischen Brüdermahl und – durch die vorhergehenden Kapitel – mit den sexuellen Aspekten dieser Religion verbunden ist. Konsistenz und Farbe legen darüber hinaus die Assoziation mit Sperma nahe.

Zwei signifikante Motive aus dieser Episode tauchen in den homosexuellen Verfolgungsszenen des Schlüsselkapitels »Sodoma« wieder auf. Einmal befindet sich Espen zusammen mit einem »Neger« in einer Gefängniszelle und wird von dessen Nachstellungen eine Weihnachtsnacht lang wachgehalten. Er erwähnt in diesem Zusammenhang, daß er Brei serviert bekommen habe. (*FS* 193 f.) In der nächsten Szene erwehrt er sich eines anderen Angreifers, indem er diesem »den größten Teil meiner letzten Mahlzeit ins Gesicht« erbricht.[111] Wenn der Zwang zum Oralverkehr ein Bestandteil des sexuellen Mißbrauchs an Espen war, so müßte er sich auch in der Begegnung mit John Wakefield finden, in der er das traumatische Kindheitserlebnis wiederholt sieht. Und tatsächlich findet sich eine nur scheinbar beiläufige Bemerkung, die gerade durch ihren mangelnden Zusammenhang mit dem sonstigen Geschehen geeignet ist, die Aufmerksamkeit des Leser auf sich zu ziehen. Die erste große Auseinandersetzung beginnt damit, daß John Espen einen ganzen Abend lang verhöhnt und »einen schmutzigen Finger in meinem Essen« hatte.[112] Die Hypothese, Espen sei als Junge zum Oralverkehr mit einem älteren Mann gezwungen worden, könnte diesen in seiner Erzählung sonst nicht recht verständlichen Passagen einen sinnvollen Zusammenhang verleihen.

Auch einige auffällige Verhaltensweisen Espens lassen sich als Folgen seines Mißbrauchserlebnisses erklären. So könnten seine täglichen ver-

---

111 »Han fikk mesteparten av mitt siste måltid i synet«. (*FS* 195)
112 »John hadde hånet meg den kvelden og hatt en skitten finger i maten min.« (*FS* 247)

geblichen Masturbationsversuche, die in heftigen Schmerzen statt in Lustgefühlen enden, neben dem Machtstreben auch das Element einer zwanghaften Wiederholung der ihm angetanen sexuellen Übergriffe enthalten. Die oben erwähnte Straf-Szene mit dem sadistischen Lehrer Skarregård verbindet das Motiv der schmerzhaften Masturbation sowohl mit sexueller Gewalt gegen Kinder (über die Figur des Lehrers) sowie erneut mit dem oralen Motiv. Espen berichtet, daß er nach der Strafe von Skarregård und als Reaktion auf den Hohn seiner Schwester eine eigenartige Zwangshandlung entwickelt:

> Aber jedesmal, wenn sie mich mit der Geschichte neckte, begannen meine Lippen seltsam zu zittern, als müßte ich weinen. [...] Aber ich konnte das Zittern nicht jedesmal hervorrufen, und da nahm ich die Finger zu Hilfe. Es dauerte nicht lange, bis ich ständig an meiner Unterlippe zog.

> Men hvergang hun drev gjøn med meg for den historien, fikk jeg en rar dirren i lebene som om jeg skulle gråte. [...] Men det var ikke alltid jeg kunne få det igang, og da tok jeg fingrene til hjelp. Lenge varte det ikke før jeg bestandig drog meg i underleben. (*FS* 325)

Die hier beschriebene Mundstellung ähnelt derjenigen, die ihn beim Essen von Reisbrei befällt. Hier ist sie jedoch nicht nur mit Angst, sondern mit einer Mischung aus Angst, Lust und Erniedrigung verbunden. Doch damit nicht genug: Espen wird für diese Handlung erneut von Skarregård geschlagen und schließlich vor der ganzen Klasse gedemütigt. Daraufhin verschiebt sich seine Zwangshandlung auf eine andere: »Ich ließ die Lippen in Ruhe und fand einen Ersatz, für den Skarregård in der Hölle brennen soll.«[113] Es liegt nahe, diesen nicht näher beschriebenen Ersatz auf Espens Masturbationszwang zu beziehen, zumal er zur Zeit des Vorfalls mit Skarregård in dem Alter ist, in dem er diese Gewohnheit aufnimmt.

Espen reagiert auch an anderer Stelle obsessiv autoaggressiv, und dieses Beispiel von Selbstquälerei ist ebenfalls mit dem Thema des Essens verbunden. Während seiner Lehrzeit entwickelt er plötzlich die paranoide Idee, einen zu dicken Kopf zu haben, überhaupt zu dick zu sein, und er beginnt eine Hungerkur. Das Ende dieser Kur endet in einer grotesken Szene, in der er die Unsinnigkeit seiner Versuche einsieht, ein ganzes Brot auf einmal ißt und infolgedessen schwere Magen- und Unterleibskrämpfe bekommt.

---

113 »Jeg lot lebene i fred og fant en erstatning som Skarregård skal svis for i helvete.« (*FS* 326)

Ich fraß mich durch es durch wie ein Pferd, und stürzte danach auf
den Boden und schrie wie ein abgestochenes Schwein. Da hatte das
Schicksal das einzige Schwein der Welt erwischt. Die Schmerzen waren gräßlich, es war, als hätte ich glühende Kohle in den Därmen.
Jeg åt meg igjennom det som en hest, og ramlet om på gulvet efterpå
og skrek som en stukket gris. Dér fikk skjebnen ram på verdens eneste
svin. Smertene var gresselige, det var som å ha gloende kull i tarmene.
(*FS* 149)

Die Schilderung dieser Schmerzen ähnelt denen seiner schmerzhaften Masturbationsversuche einige Jahre vorher, und auch die Bemerkung,»das
einzige Schwein der Welt« zu sein, ist für Espen mit Onanie verbunden.
Espens Persönlichkeitsspaltung, (vgl. z.B. *FS* 26, 90, 112, 117, 133) seine
Panikanfälle (vgl. z.B. *FS* 127) und sein ängstliches Wesen überhaupt
wären typische Symptome eines Menschen, der als Kind sexuellem Mißbrauch ausgesetzt war.[114] Dies gilt insbesondere für seine irrationale
Angst, entdeckt, entlarvt oder erkannt zu werden. (Vgl. *FS* 316, 318, 337)
All diese Ängste, sowie Espens irrationales Schuldgefühl, sein ständiges
Kreisen um Verbrechen und Strafe (insbesondere das Hängen) können
als Ausdruck des Schuldgefühls des mißbrauchten Kindes interpretiert
werden, das aus Scham und aus dem Gefühl heraus, selbst letztlich an
den ihm unverständlichen Ereignissen schuld zu sein, über die Geschehnisse schweigt bzw. selbst deren Entdeckung fürchtet. Auch die Angst
davor, selbst als Homosexueller stigmatisiert zu werden, wenn der homosexuelle Mißbrauch bekannt wird, gehört in diese Reihe.[115]
Der Erzähler analysiert den psychologischen Mechanismus im Kinde,
der dieses die Schuld für alles, was ihm an Schlimmem widerfährt, bei
sich und nicht bei anderen suchen läßt. Der Hinweis findet sich am Anfang des Kapitels»Der Hungerkünstler«, (»Sultekunstneren«, *FS* 144-149)
in dem er von seinem grotesken und mißglückten Versuch abzunehmen
erzählt, ein Versuch, der, wie erwähnt, wiederum als autoaggressive Reaktion auf den sexuellen Mißbrauch gedeutet werden kann.»Das Kind
glaubt an Belohnung und Strafe, an gerechte Anerkennung und Vergel-
tung. Deshalb sucht das Kind sehr früh nach dem Ursprung des Terrors:
Was ist falsch mit mir? Was habe ich getan?«[116] In diesem Zusammen-

---

114 Vgl. Glöer/Schmiedeskamp-Böhler 1990, S. 34.
115 Vgl. Glöer/Schmiedeskamp-Böhler 1990, S. 22-26.
116 Barnet tror på belønning og straff, på rettferdig anerkjennelse og gjengjeldelse.
     Der søker barnet meget tidlig etter terrorens utspring: Hva er det som er galt
     med meg? Hva er det jeg har gjort? (*FS* 144)

hang wird deutlich, daß der Ursprung des Schuldgefühls und der Scham und damit auch des Verschweigens des Mißbrauchs nicht nur individuelle Ursachen und Auswirkungen hat. Die unterdrückenden und selbstunterdrückenden Gesellschaftsstrukturen von Jante, die Kindern nicht erlauben, sich natürlich und ihrer Entwicklungsstufe gemäß frei auszudrücken und die jeder ihrer Äußerungen ohnehin grundsätzlich mißtraut, verstärken das Gefühl Espens, an etwas schuldig zu sein, was in Wirklichkeit ihm angetan wurde. Dies wird besonders eindrücklich geschildert in dem Kapitel, das »Der Hungerkünstler« vorangeht, in »Die Angst der Zeugen« (»Vitnenes angst«, *FS* 136-141). Espen macht hier eine grundlegende Struktur der Janteschen Gesellschaft aus: die Angst davor, eine Zeugenaussage zu machen. Nicht der Täter, sondern der Zeuge, derjenige, der weiß und sein Wissen ausspricht, wird in dieser Gesellschaft des Terrors zusammen mit dem Opfer eines Verbrechens zum Sündenbock stigmatisiert.

> Es war der Zeuge, der verfolgt wurde, weil ein Zeuge eine Schande ist. Er geht ja herum und weiß etwas, und das kann nicht geduldet werden. […] Das Kind, das nur ein geringes Wissen über etwas offenbarte, was andere getan hatten, hatte die Sündenbürde zu tragen. Das galt auch für das Opfer. Das geschändete kleine Mädchen ist in Jante abgestempelt. […] Der Zeuge war der Sünder und trug die Sünde. […] Hätte ich nur ein bißchen davon verraten, was ich damals wußte, hätte Mutter über mich geweint, und die Lehrer hätten nicht vergessen, daß dieses Kind auf dem Weg der Verdammnis war. Das ist Mittelalter, ja, ich weiß nicht, was es ist. Es ist das Jantegesetz, das hirnlos ist und gnadenlos, weil seine Exekutoren niemals die rechte Hand wissen ließen, was die linke tat.

> Det var vitnet som ble forfulgt fordi et vitne er en skjensel. Han går jo der og vet noe, og det skal ikke tåles. […] Det barn som røpet bare en ringe viten om noe andre hadde foretatt seg kom til å bære syndebyrden. Det gjaldt også ofret. Den skjendede småpike er stemplet i Jante […] Vitnet var synderen og bar på synden. […] Hadde jeg røpet bare litt av det jeg dengang visste ville mor grått over meg, og lærerne hadde ikke glemt at dette barn var på fortapelsens vei. Det er middelalder, ja, jeg vet ikke hva det er. Det er Janteloven som er hjerneløs og nådeløs fordi dens utøvere aldri lot høyre hånd vite hva den venstre gjorde. (*FS* 139 f.)

Die Beispiele vom Opfer in diesem Zitat und im gesamten Kapitel beziehen sich bezeichnenderweise fast ausschließlich auf sexuelle Übergriffe von Erwachsenen an Kindern. Es geht zum Beispiel um den unaufgeklärten Mord an einem »halbnackten jungen Mädchen«, das mit »durchgeschnittener Kehle« in einem Hohlweg liegt.[117] Jeder scheint zu wissen, daß der Vater des Mädchens der Täter ist, aber die Polizei muß ihn aus Mangel an Beweisen freilassen, da keiner bereit ist, gegen ihn auszusagen. In einem weiteren Vorfall, von dem Espen in diesem Kapitel berichtet, wird ein kleines, mißbrauchtes Mädchen zur eigentlich Schuldigen, sogar in den Augen des Täters, ein Vorfall, der bei Espen noch Jahre später eine heftige körperliche Reaktion hervorruft.

Es ist ein Bild, das ich nie vergesse von der Straße in Jante. Es war ein Kaufmann, der vor seinem Geschäft stand und mit einem schwätzte, der auch dick und fett war. Ich näherte mich ihnen. Ein Stück vor mir ging ein kleines Mädchen. Als sie vorbeiging, hörten sie mit dem Geschwätz auf und sahen ihr nach. Ich war jetzt dicht bei ihnen und hörte, was sie sagten. Doch, das war sie… Da hatte es eine Affäre gegeben und der Mann wurde erwischt. Und das war das Opfer. Ich sah zu den großen Männern auf und war entsetzt. Sie sahen grinsend dem Kind nach und hatten feuchte Lippen. Ein Grinsen, das mich immer noch schaudern macht, fast dreißig Jahre danach.

Det er et syn jeg aldri glemmer fra gaten i Jante. Det var en kjøpmann som stod utenfor boden sin og skravlet med en som også var tykk og fet. Jeg nærmet meg dem. Litt foran meg gikk en småjente. Da hun passerte stanset de skravlen og så efter henne. Jeg var like ved nu og hørte hva de sa. Jo det var henne… Det hadde vært en affære, mannen ble knepet. Og dette var ofret. Jeg så opp på de to store menn og ble fælen. De så glisende efter barnet og hadde våte leber. Et flir som får det til å grøsse i meg ennu, nesten tredve år efter. (FS 140)

Die starke Wirkung, die diese Szene auf Espen hat, sowie der Umstand, daß er deren sexuellen Sinn offensichtlich richtig zu deuten weiß, obwohl er zum Zeitpunkt des Geschehens nicht viel älter als vier Jahre gewesen sein kann, verweisen darauf, daß er das Geschehen mit eigenen Erfahrungen in Verbindung bringt.[118] Der Erzähler stellt die Verbindung zwi-

---

117 »En halvnaken ung pike lå i en hulvei med halsen skåret over«. (FS 136)
118 Die Betonung der Fettleibigkeit und der glänzenden Lippen in diesem Zitat verweisen wiederum auf die Rolle, die das Orale für Espen in diesem sexuellen Zusammenhang spielt. Seine eigene Hungerkur könnte dann auch als Verweigerung einer Identifizierung mit dem Aggressor interpretiert werden.

schen dem Verbot des Jantegesetzes, das eigene Wissen auszusprechen, und seiner Mißbrauchserfahrung selbst her. Als Beispiel für seine eigene Angst, Zeuge zu sein, sagt er: »Als ich ein Kind war, hätte mich keiner dazu bringen können, einen Sittlichkeitsverbrecher zu verraten, bevor man mich an den Daumen aufgehängt hätte.«[119]

Im Kapitel »Die Angst der Zeugen« wird also deutlich, daß für Espen/Sandemose sexuelle Gewalt gegen Kinder und die repressiven Strukturen des Jantegesetzes zwei Seiten einer Medaille sind bzw. daß die selbst gewalttätige Gesellschaft von Jante, die den Täter deckt und das Opfer zum Schuldigen erklärt, genauso für die Herausbildung seiner »feuergefährliche Zentrale« verantwortlich ist, wie der Täter, der ihn mißbrauchte.

Diese Verbindung zwischen erlebtem Trauma und dem Verbot, darüber zu sprechen, hat nun ihrerseits einen entscheidenden Effekt auf Espens Art zu erzählen. Der Erzähler ist nämlich auch noch zum Zeitpunkt des Schreibens der Zeugenangst verhaftet und unfähig, über den Mißbrauch direkt zu berichten. »Ich kann nichts anderes sagen, als daß ich immer noch dem Zwang aus Jante unterliege, wo der Gedanke einen Keuschheitsgürtel trägt: Du darfst nichts wissen, denn dann bist du eine Schande«.[120] Sein Schuldgefühl und die Tatsache, daß die Gesellschaft jeden Ausdruck des Geschehens verbietet, das seinem Leiden an sich selbst und der Welt zugrundeliegt, führen dazu, daß seine Erinnerungen um eine traumatische Leere kreisen. Er versucht und behauptet am Anfang, alles zu erzählen, aber er ist eben außerstande, dies wirklich zu tun. Sein gesamtes oft exzessiv, grotesk übersteigertes und hysterisch wirkendes Erzählen von allem *anderen*, all seine erzählerischen Tabubrüche (vor allem das Erzählen über Inzest und Mord) dienen – so meine These – unter anderem dazu, sein wichtigstes Trauma zu verbergen, dieses am leichtesten entflammbare Zentrum seiner Psyche zu schützen und ihn dadurch davor zu bewahren, als Opfer und Zeuge erneut den grausamen Sanktionen von Jante ausgesetzt zu sein. Dennoch ist, wie bereits erwähnt, sein Versuch zu schützen und zu verbergen nur die eine Seite dieses Erzählprozesses, dessen Doppeldeutigkeit ein Spiegel von Espens ambivalentem, gespaltenen Wesen ist. Der Erzähler legt nämlich auch Spuren, die zu diesem Zentrum führen, und die es gerade ermöglichen, sein Trauma eben doch zu identifizieren.

---

119 »Da jeg var barn skulle ingen ha fått meg til å røpe en sedelighetsforbryter før man hadde hengt meg opp efter tommelfingrene.« (*FS* 139)

120 »Jeg kan ikke si annet enn at jeg ennu ligger under for tvangen fra Jante, hvor tanken går med kyskhetsbelte: Du må intet vite, for da er du en skjensel.« (*FS* 140)

An mehreren zentralen Stellen des Romans wird die Aufmerksamkeit des Lesers auf ebendiesen Akt des Verbergens und auf die Ambivalenz zwischen Verbergen und Aufdecken gelenkt. In einem der letzten Kapitel warnt der Erzähler davor, alles für bare Münze zu nehmen, was er geschrieben hat:

Es war eine Geschichte, die ich lange mit Vorliebe erzählte, über einen Freund von mir, der einen Mord beging, weil er sah, wie ein kleiner Junge mißhandelt wurde. Das war Dichtung. Ich hatte keinen solchen Freund. Was dahinterstand, war mein eigener Mord an John Wakefield.

Det var en historie jeg lenge yndet å fortelle, om en venn av meg som begikk drap fordi han så en liten gutt ble mishandlet. Det var dikt. Jeg har ikke hatt en sånn venn. Det som stod bak, var mitt eget drap på John Wakefield. (*FS* 345)

Bereits das erste Kapitel, das mit der Behauptung beginnt: »Jetzt will ich alles erzählen«, beinhaltet am Ende eine Warnung an den Leser, daß die folgende Selbstanalyse nicht nur wichtige Komplexe aufdecken wird, sondern möglicherweise auch zentrale Bereiche verdecken könnte. Das Kapitel endet mit dem Satz: »Die Jugend ist die Zeit, in der man herausfindet, wie Niederlagen verborgen werden können und wie unsere Maske aussehen sollte.«[121] Die »Maske« in diesem Satz bildet den ersten Hinweis auf den Akt des Verbergens.

Nun kreist das erste Kapitel hauptsächlich um den Mord, und auch das vorher zitierte Beispiel von der »erdichteten« Erzählung steht in Zusammenhang mit Espens Verbrechen. Diese Umstände legen eine weitergehende Deutungsmöglichkeit des Romananfangs und des gesamten Berichts über den Mord nahe. Espen hat zwar unzweifelhaft Mordwünsche gegenüber John Wakefield, die Wiederholungen von Mordwünschen gegenüber Vater, Brüdern und anderen Männern darstellen. Möglicherweise hat er diesen Mord jedoch überhaupt nicht begangen, sondern enthüllt hier lediglich eine *imaginierte* Schuld und benutzt sie als Maske für den Mißbrauch, der ihm widerfuhr. Es lassen sich einige Hinweise im Roman selbst sowie in dessen Kontext finden, die diese Interpretation plausibel machen. In seiner Rezension der 1936 erschienen amerikanischen Übersetzung *A Fugitive Crosses his Tracks* hat Louis Kronenberger darauf hingewiesen, daß der Mord nicht recht in der Geschichte von Espen verwurzelt sei. Er hält ihn für ein erzählerisches Mittel, »a legitimate,

---

121 »Ungdommen er den tiden da man finner ut hvordan nederlag kan skjules og hvordan ens maske bør se ut.« (*FS* 5)

perhaps an indispensable, device; but you never forget, somehow, that it is a device.«[122] Der eigenartige Charakter einer Konstruktion, der der Morderzählung Espens anhaftet, ist jedoch nicht künstlerischer Schwäche zu verdanken, er kann vielmehr als Ausdruck dafür gedeutet werden, daß dieser Mord gar nicht stattgefunden hat. Dafür spricht vor allem, daß Espen zwar die Wiederkehr Johns in seinen Träumen und Visionen fürchtet, daß er jedoch keinen Hinweis darauf gibt, jemals Angst vor der Entdeckung der Tat und deren Verfolgung gehabt zu haben. Wenn er hingegen von Ängsten vor Entdeckung spricht, so beziehen sich diese ausnahmslos auf andere »Untaten«, wie etwa die Onanie oder auf die Figur des Kapitäns der *Rurik*, ein Mann, dem Espen nun gerade nichts angetan hat, sondern der im Gegenteil ein weiterer Täter ist, der den jungen Espen quälte und vermutlich sexuell mißbrauchte.

Sandemose selbst macht in seiner »Nachschrift zu ›En flyktning krysser sitt spor‹«, die 1934 als Beilage zu seiner eigenen Einmannzeitschrift *Fesjå*[123] erschien, ironisch auf die Unstimmigkeiten aufmerksam, die die Mordgeschichte in seinem Roman umgeben. Er schlägt vor, den »Helden als Personifikation des schlechten Gewissens«[124] zu definieren und diskutiert sieben verschiedene Lesarten des Mordes. Alle Möglichkeiten beschäftigen sich mit der Frage, was der Mord überdecken könnte, etwa den Wunsch nach homosexuellen Handlungen mit Minderjährigen, Espens Selbstmordwünsche, ein übersteigertes Geltungsstreben oder einfach »Unsinn«. Sandemose selbst scheint hier die Lesart zu befürworten, daß der Mord gar nicht wirklich begangen wurde. Vor der Diskussion seiner sieben Erklärungen zitiert Sandemose in seiner »Nachschrift« die oben erwähnte Stelle über seine »Dichtung« von seinem Freund, der zum Mörder wurde. Dadurch legt er nahe, daß er in seinem Roman an dieser Stelle nicht nur andeuten wollte, der Freund habe nicht existiert, sondern auch der Mord selbst sei lediglich eine erdichtete Geschichte, die eine bestimmte Funktion in seinem Roman und in Espens psychischer Entwicklung habe. Schließlich betont er in der »Nachschrift«, daß er bewußt eine Erklärung verberge: »Persönlich neige ich dazu, eine dritte Erklärung zu autorisieren. Aber die behalte ich für mich zur Unterhaltung an langen Winterabenden.«[125] Und er beendet seine ironischen Spekulatio-

---

122 Die Rezension erschien am 23. Juli 1936 in *The New York Times Book Review*.

123 Sandemose 1986.

124 »Helten som en personifikation av vond samvittighet.« Sandemose 1986, S. 122.

125 »Personlig er jeg mest tilbøyelig til å autorisere en tredje forklaring. Men den holder jeg for mig selv til underholdning de lange vinterkvelder.« (Sandemose 1986, S. 123)

nen mit der erneuten Betonung dieser Möglichkeit:»Aller guten Male
sind sieben. Ich halte daran fest, daß sie alle richtig sind, inklusive derjenigen, die ich für mich behalte.«[126] Diese dritte Erklärung ließe sich unschwer auf den Mißbrauch beziehen: der Mord soll gerade dieses Trauma
verbergen, das auch der Autor Sandemose selbst hier nicht aussprechen
kann und will. Im übrigen würde die Lesart, daß Espen den Mord nicht
begangen hat, obwohl er dies ständig behauptet, mit einem Detail aus
Sandemoses Biographie übereinstimmen. Auch er erzählte häufig davon,
in Neufundland einen Mann umgebracht zu haben, keinem seiner Bio-
graphen ist es aber seither gelungen, eine Leiche auf seinen Spuren zu
entdecken.[127]

Die Behauptung, einen Mord begangen zu haben, hätte demnach insgesamt eine ambivalente Funktion innerhalb des Romans. Sie wäre ein
Versuch, das Trauma des Mißbrauchs und das damit verbundene Schuldgefühl zu verbergen. Gleichzeitig ist sie jedoch, wie das erste Kapitel
zeigt, der Hauptanlaß für Espens Schreiben. Die Selbstbezichtigung
könnte, ähnlich wie der Inzest mit Agnes, sowohl durch ihren sensatio-
nellen Charakter (es geht immerhin um ein blutiges Kapitalverbrechen)
als auch durch ihre mangelnde Glaubwürdigkeit als ein inständiger Ap-
pell an das angesprochene»Du« interpretiert werden, den Sprecher/Er-
zähler doch endlich so zu sehen, wie er wirklich ist, das Trauma endlich
anzuerkennen.

Der Prozeß des Schreibens und Erzählens selbst ist in *En flyktning krysser sitt spor* also ebenso ambivalent wie der Inhalt des Erzählten und wie
die Persönlichkeit Espens. Im Anschluß an die Reflexionen über den
Wahrheitsgehalt seines Berichts über einen Freund, der einen Mord beging, findet der Erzähler ein eindrucksvolles Bild für den Prozeß des Erinnerns und Erzählens.

In meinem Hirn kriecht ein Wurm, er ist drei Zentimeter lang und
dick wie ein kleiner Finger. Er bohrt sich seinen Weg und ist immer in
langsamer Bewegung, sein Kopf ist ein weicher und bleicher Kinder-
kopf, und die Augen hält er immer geschlossen, als würde er schlafen.
Er lebt von meinen Erinnerungen von der Zeit an, als ich meine erste
Heuer bekam, bis ich aus Misery Harbor flüchtete. Jedes Mal, wenn er
eine solche Erinnerung findet, legt er sich gut zurecht und ißt. Schließ-

---

126 »Alle gode gange er syv. Jeg holder på at de er riktige alle sammen, inkludert den
jeg beholder for mig selv.« (Sandemose 1986, S. 125)
127 Die ausführlichste Diskussion dieser Frage findet sich bei Haavardsholm 1988,
S. 112-119, und 338 f.

lich hat er sie alle gekaut und einige Male verdaut. Ich wünschte, ich könnte den Wurm herausnehmen und ihn über seine Mahlzeiten sprechen lassen, es würde ein seltsames Märchen werden, und denk dir eine solche kleine Stimme, die Wahrheit spräche, die erste Wahrheit der Welt. Ich wollte die Worte auf einer Grammophonplatte haben, so daß sie nicht von Gläubigen und Ungläubigen entstellt werden könnten.

Inne i min hjerne kryper det en mark, den er tre centimeter lang og har tykkelse som en lillefinger. Den borer seg vei omkring og er alltid i langsom bevegelse, dens hode er et bløtt og blekt barnehode, og øynene holder den bestandig lukket som om den sover. Den lever av mine erindringer i tiden fra jeg fikk min første hyre og inntil jeg flyktet fra Misery Harbor. Hver gang den finner en sånn erindring, legger den seg godt til rette og spiser. Efterhånden har den tygget dem alle og fordøyet dem adskillige ganger. Jeg skulle ønske at jeg kunne ta marken ut og la den tale om sine måltider, et rart eventyr måtte det bli, og tenk deg en sånn liten stemme som talte sannhet, verdens første sannhet. Jeg ville ha ordene på en grammofonplate slik at de aldri kunne forvanskes av troende og vantro. (*FS* 346)

Dieser Abschnitt bietet einen weiteren Hinweis darauf, daß gerade Espens Erzählungen aus der Zeit, in der der Mord angeblich geschah, nicht wörtlich genommen werden dürfen. Das Bild des fressenden Wurms legt zudem nahe, daß der gesamte Prozeß des Erinnerns, Erzählens und Schreibens einerseits zwar die vom Erzähler als Befreiung ersehnte Erkenntnis zur Folge hat, andererseits aber auch ein destruktiver, kannibalistischer Vorgang ist. Der Umstand, daß der Wurm den Kopf eines blinden Kindes hat, läßt sich als Anspielung darauf lesen, daß es das verkrüppelte, mißbrauchte Kind Espen ist, das in dieser Form weiterlebt, das sich vor dem Entdecktwerden zu schützen sucht, gleichzeitig aber durch das »Verdauen« seiner Erlebnisse eine Erzählung produziert und identifizierbare Spuren hinterläßt.

Da der Roman insgesamt seine Form dem psychoanalytischen Setting entlehnt, als Selbstanalyse konzipiert ist, läßt sich die Doppelfunktion, die der Prozeß des »Alles Erzählens« für Espen hat, auf seine Sicht der Psychoanalyse als Ganzes übertragen. Einerseits ist sie ihm Mittel zur Selbsterkenntnis, zur Mitteilung seiner Komplexe und gewährt ihm damit zumindest die Hoffnung auf Befreiung davon. Auch in der Sprache der Psychoanalyse ist es ihm jedoch nicht möglich, über das tiefste Trauma, den Mißbrauch, zu sprechen. Durch diese Begrenzung, diese Wiederholung des Janteschen Sprechverbotes tritt die Psychoanalyse in eine fundamentale Allianz mit den repressiven Strukturen von Jante, oder, um es mit Espens eigenen Worten zu sagen:»Es wird immer wieder nötig, das Gespenst auf neue und bessere Weisen zu verbergen, und niemals ist dies besser gelungen als bei den Analytikern, den Heiligen der letzten Tage.«[128] Die zitierte Bemerkung findet sich im Kapitel»Führer«(»Førere«, *FS* 252), in dem die Janteschen Machtkämpfe unter Männern mit der Machtgier der faschistischen Führer Hitler und Mussolini gleichgesetzt werden. Sandemoses Erzähler wirft also Psychoanalytikern vor, zur Leugnung unliebsamer Wahrheiten beizutragen und einen Beitrag zum Erhalt gesellschaftlicher Strukturen zu leisten, die diktatorische Regimes schaffen und erhalten.

Man könnte Sandemoses Roman lesen, als habe er mit dieser Einstellung zur Psychoanalyse Argumente einiger Freud-Kritiker der 1980er Jahre vorweggenommen. In dieser Zeit wurde der sexuelle Mißbrauch an Kindern erstmals zu einem in einer breiten Öffentlichkeit diskutierten Thema. Freud selbst hatte in seiner 1896 veröffentlichten Schrift *Zur Ätiologie der Hysterie* zunächst die These vertreten, die Traumata, die jedem hysterischen Symptom zugrundelägen, seien»sexuelle Erfahrungen in der Kindheit, die in Reizungen der Genitalien, koitusähnlichen Handlungen usw. bestehen«.[129] Bereits im nächsten Jahr verließ er jedoch diese»Verführungstheorie«, und betonte in der Folge die zentrale Bedeutung der kindlichen Phantasien und Wünsche, die sich dann in Erzählungen über angebliche Mißbrauchs- und Verführungserlebnisse äußerten. Die prominentesten Kritiker Freuds, der Psychoanalytiker Jeffrey Masson, Alice Miller sowie eine Reihe feministisch orientierter Kritikerinnen werfen Freud vor, durch die Leugnung solcher Mißbrauchserlebnisse Kindern die Schuld für das zu geben, was Erwachsene ihnen angetan haben.[130]

Slavoj Žižek hat darauf hingewiesen, daß die Kritiker Freuds, welche die Verführungstheorie wiederaufleben lassen wollen, blind seien für Freuds fundamentale Einsicht des phantasmatischen Charakters von Traumata.[131] Žižek wirft dem»psychoanalytischen Revisionismus«, den er unter anderem bei diesen Freud-Kritikern am Werk sieht, darüber hinaus vor, sie übersähen die dialektische Spannung, welche zwischen der Psychoanalyse als Theorie und der Psychoanalyse als Therapie herrsche:

---

128 »Men det blir stadig nødvendig å gjemme spøkelset på nye og bedre måter, og aldri er det gjort så godt som hos analytikerne, de siste dagers hellige.« (*FS* 252)

129 Freud 1896, S. 67.

130 Vgl. Masson 1984, Miller 1981, sowie die zusammenfassenden kritischen Diskussionen von Hunter 1992 und Showalter 1997, S. 40 f.

131 Vgl. Žižek 1994, S. 7. Zur Relevanz von Žižeks Theorien für *FS* vgl. 4.5.

In an alienated society, therapy is ultimately destined to fail, and the reasons for this failure are provided by theory itself. Therapeutic ›success‹ amounts to the ›normalization‹ of the patient, his adaptation to the ›normal‹ functioning of existing society, whereas the crucial achievement of psychoanalytic theory is precisely to explain how ›mental illness‹ results from the very structure of the existing social order.[132]

Sandemose nimmt mit seiner ambivalenten Haltung zur Psychoanalyse eher Žižeks Argumente vorweg, als diejenigen der Vertreter der Verführungstheorie. Auch er hat sich Zeit seines Lebens mit der Spannung zwischen psychoanalytischer Therapie und Theorie auseinandergesetzt und sich vor allem gegen deren Anwendung, nicht jedoch gegen die Theorie als kritisches Werkzeug gewendet.[133] Bei aller Kritik Sandemoses an den »Heiligen der letzten Tage« darf man doch nicht übersehen, daß es gerade dieselbe Methode ist, mit der er Spuren in seinem Text legt, die zur Aufdeckung des Mißbrauchs führen können bzw. daß er den Leser in die Lage versetzt, diese Methode anzuwenden und die entsprechenden Schlüsse zu ziehen.

Damit kommt eine weitere Textinstanz in den Blick, der innerhalb des Romans und dessen psychoanalytischen Settings eine zentrale, wenn auch wiederum doppeldeutige Rolle zukommt. Es geht um das nicht weiter spezifizierte »Du«, dem Espen die gesamte Romanhandlung erzählt. Ist der Roman eine Psychoanalyse, so befindet sich dieses »Du« in der Rolle des Analytikers, von dem Heilung und Aufklärung erwartet wird.[134] Nimmt man die psychoanalytische Situation ernst, so muß angenommen werden, daß der Roman auch von den Mechanismen der Übertragung und Gegenübertragung zwischen diesem »Du« und dem Erzähler des Textes strukturiert wird. Um diese Mechanismen zu identifizieren, ist insbesondere der Umstand von Bedeutung, daß Sandemoses Roman zunächst als Brief an seinen Freund, Kollegen und Mentor Sigurd Hoel begonnen wurde, daß das »Du« im Text also ein Überrest dieser ursprünglichen Briefform ist. Ole Storm hat in seiner fragmentarisch gebliebenen Sandemose-Biographie die ausführlichen Gespräche erwähnt, die Sandemose mit Hoel über die Möglichkeiten der Psychoanalyse für eine Erneuerung des Romans geführt hat. Storm zitiert ausführlich aus einem Brief an Hoel, in dem Sandemose einen anderen »großen Dichterbruder«, Arnulf Øverland, heftig angreift. Øverland hatte Sandemose

132 Žižek 1994, S. 15.
133 Vgl. Alfredsson 1976, S. 30-32.
134 Zu dieser Schlußfolgerung gelangt auch Malm 1998, S. 27.

aufgefordert, sich einer Analyse zu unterziehen, eine Aufforderung, die Sandemose als Strategie interpretiert, den jüngeren Bruder unschädlich zu machen, und ihn vor allem daran zu hindern, sich zu erinnern:

Wenn Arnulf Øverland mich analysiert sehen will, so bin ich ganz sicher, daß eine Analyse seiner selbst folgende Erklärung dafür hervorholen würde:
Er will den kleinen Bruder kastriert sehen.
Der kleine Bruder darf sich nicht erinnern.
Der kleine Bruder ist gefährlich geworden.
Fazit: Kleiner Bruder soll analysiert werden (zu Gehorsam, zu Vergessen und Impotenz), denn das einzige Gegenmittel, das großer Bruder kennt, ist *Analyse*. Ein kleiner Bruder, der sich erinnert, ist ein Ärgernis in Israel. Er soll wahrlich kastralysiert [sic] werden.

Jeg er helt sikker på at når Arnulf Øverland vil ha mig analysert, så vil en analyse av ham selv kunde fremdra følgende forklaring derpå:
Han vil ha yngre bror kastrert.
Yngre bror må ikke huske.
Yngre bror er blitt farlig.
Facit: Yngre bror skal analyseres (til lydighet, til glemsomhet og impotens), for det eneste botemiddel eldre bror kjenner er *analyse*. En yngre bror som husker, er en forargelse i Israel. Han skal visselig kastralyseres.[135]

Die Figur des Analytikers tritt für Sandemose also in die Rolle des gehaßten großen Bruders. Storm verweist jedoch weiter darauf, daß Hoel selbst nach Sandemoses Emigration nach Norwegen die Rolle des bewunderten »großen Bruders« für Sandemose einnahm. Im angesprochenen »Du«, dem impliziten Leser des Romans, verschmelzen also die Figuren des Analytikers und des großen Bruders. Dies verleiht der Instanz des Lesers im Text eine ausgesprochene Ambivalenz. Als »großer Bruder« ist er, wie die anderen älteren Brüder, über die Espen erzählt, ein potentieller Unterdrücker und zumindest des sexuellen Mißbrauchs fähig, er ist Träger des Jantegesetzes und des Janteschen Zeugenverbotes, und gerade er muß als potentieller Täter vor der Enthüllung des Mißbrauchs verschont werden. Er stellt aber auch die Hoffnung auf die Existenz eines »guten« großen Bruders dar, von dem Espen sich die Anerkennung erhofft, die ihm seine großen Brüder stets vorenthalten haben, und von dem er sich Kom-

135 Zit. nach Storm 1989, S. 180. Zum gesamten Komplex der literarischen Brüderfiguren Sandemoses vgl. S. 177-182.

pensation für die Leiden erhofft, die ihm die eigenen Brüder zugefügt haben. Die Spannungen zwischen den »brüderlichen« Textinstanzen des impliziten Autors und des impliziten Lesers, machen so den Roman als ganzen zu einem Zeugnis des Kampfes um Macht und Anerkennung zwischen Männern, der auf der Inhaltsebene geschildert ist.

4.5. Das Regime des (großen) Bruders

»Ich werde nur über gewöhnliche und allgemeine Dinge sprechen«[136], behauptet der Erzähler am Anfang des Romans. Er hält also seine eigene Biographie, seine Erlebnisse und psychischen Deformationen für Symptome einer allgemeineren Struktur, die im universellen Jantegesetz zum Ausdruck kommt. Diese Aussage des Erzählers wirft die Frage auf, in welchem Verhältnis die folgenden Themenkomplexe zu seiner Kritik am System von Jante stehen:

a) Die ambivalente Bewertung der Psychoanalyse.
b) Der sexuelle Mißbrauch selbst.
c) Der Zusammenhang zwischen Espens Inzestwunsch, dem Verhältnis zu seinen Brüdern, dem Mißbrauch und dem Mord.

In Kapitel 4.1. wurde bereits angedeutet, daß Freuds kulturtheoretische Schriften für die Frage nach diesen Zusammenhängen von zentraler Bedeutung sind. Auf diese rekurrieren auch Slavoj Žižek und Juliet Flower MacCannell in ihrem Bestreben, marxistische Ideologiekritik mit Hilfe der Lacanianischen Psychoanalyse zu revidieren und die oft als apolitisch kritisierten psychoanalytischen Theorien Lacans für Analysen von politischen und sozialen Verhältnissen sowie von klassen- und geschlechtsbestimmten Herrschaftsstrukturen nutzbar zu machen.[137]

Als Ausgangspunkt dieser abschließenden theoretischen Überlegungen soll ein Beispiel des Zusammenhanges zwischen Inzest und Mißbrauch in *FS* dienen. Einer der Hauptcharakterzüge Espens ist, wie erwähnt, sein irrationales Schuldgefühl. Es kommt unter anderem in der obsessiven Beschäftigung mit dem Thema des Diebstahls und der Strafe dafür zum Ausdruck. Das Diebstahlsmotiv ist eng mit Espens Inzestwunsch verbunden, beispielsweise ist er zwei Jahre lang versucht, für seine Mutter und für Agnes Uhren zu stehlen. (Vgl. *FS* 46 f.) Diebstahl steht in Espens persönlicher Mythologie in Verbindung mit dem Sündenfall. Der Dieb-

---

136 »Jeg kommer bare til å snakke om ordinære og almene ting.« (*FS* 22)
137 Vgl. MacCannell 1991, Žižek 1994.

stahl von Äpfeln, den Früchten des Paradieses oder »Märchenlands« (Eventyrland), wie Espen sein persönliches Paradies bezeichnet, ist wiederum assoziiert mit dem Verlangen nach den Frauensymbolen Birne und Uhr und steht für das Verlangen von Jungen und Männern nach Frauen, die bereits einem anderen »gehören«. (Vgl. z.b. *FS* 41-43) Die Strafe für dieses (phantasierte) Verbrechen ist in Espens innerer Welt das Hängen, um das viele seiner Schreckphantasien kreisen. (Vgl. z.B. *FS* 44 f.) Diebstahl und Hängen sind für Espen also letztlich in Phantasien verankert, die ihm zur Verarbeitung der Ambivalenzen des ödipalen Dreiecks dienen. Im Begehren der Schwester und dem väterlichen Verbot dieses Begehrens liegt eine Ursache für sein grundlegendes Gefühl, schuldig zu sein.

Die andere Wurzel für sein Schuldgefühl ist, wie gesagt, im traumatischen Erlebnis des Mißbrauchs zu suchen, und dadurch wird die grundlegende Ambivalenz, die Lust-Angst, die Espen ebenfalls mit der Strafe, dem Akt des Hängens und des Selbstmordes, verbindet, begründet. Espen spricht davon, er wolle »die Wollust des Hängens und des Todes«[138] erleben, und er beendet seine Reflexionen über den Selbstmord mit folgenden Worten:

Ich habe darüber spekuliert, ob ich einen Mann gerade um des Hängens willen tötete, um des Risikos des Hängens willen. Es ist nicht der endgültige Sinn, daß man es am Galgen oder am Kreuz schlecht haben soll.

Jeg har spekulert på om jeg drepte en mann nettopp for hengningens skyld, for hengningens risiko. Det er ikke den avsluttende mening at man skal ha det vondt i galgen eller på korset. (*FS* 151)

Das Schuldgefühl, die Ambivalenz zwischen Angst und Lust am Verbrechen und der Strafe dafür beschreibt genau den psychologischen Komplex, den Sigmund Freud in *Totem und Tabu* an der Grundlage der totemistischen Gesellschaft vermutet. Ihm zufolge beruht jegliche Gesellschaftsstruktur auf einem gemeinsam geteilten Schuldgefühl und dessen Verleugnung. Slavoj Žižek greift diesen Gedanken auf, wenn er von der Macht der »solidarity-in-guilt«[139] spricht, welche den Zusammenhalt unter den Mitgliedern einer Gemeinschaft garantiere. Dieses kollektive Schuldgefühl wiederum basiere auf dem »kafkaesken« Gefühl einer »abstrakten Schuld« gerade und vor allem des Individuums, das sich eigentlich keiner konkreten Untat bewußt sei.

---

138 »Jeg ville kjenne hengningens og dødens vellyst.« (*FS* 150)
139 Žižek 1994, S. 58, vgl. auch S. 58-60

Juliet Flower MacCannell macht die geschlechterpolitische Dimension dieses Problemkomplexes deutlich. In *The Regime of the Brother* setzt sie sich mit der Frage auseinander, wie soziale und ideologische Veränderungen, die mit der Aufklärung begonnen haben und die Grundlagen für die moderne Gesellschaft bilden, aus feministischer und psychoanalytischer Sicht kritisiert werden können. Der Untertitel ihres Buchs, *After the Patriarchy*, deutet ihre Hauptthese an: Das symbolische Ordnungsprinzip in der Moderne, die Position eines kollektiven Über-Ichs, sei nicht mehr von einer autoritären, aber auch wohlwollenden und schützenden Vaterfigur besetzt. »Gott ist tot«, und die Herrschaftsinstitution der Monarchie ist ersetzt durch demokratische Systeme. Sie verweist in diesem Zusammenhang darauf, daß in Freuds späten kulturkritischen Schriften das Unbewußte (das »Es«) das väterliche Über-Ich als Modell für das Kollektiv abgelöst hätte. Mit dieser »Modernisierung des Über-Ich« sei also die »traditionelle« Gesellschaft von einer Größe abgelöst worden, die Freud »Masse« nennt.[140] Diese Masse sei fälschlicherweise als entweder geschlechtslos oder als bedrohliche, destruktive weiblich/mütterliche Macht aufgefaßt worden.[141] MacCannell stellt dem die These entgegen: »We have put not the father but the brother in the center.«[142] Für ihre theoretischen Überlegungen zum Funktionieren dieser modernen Massengesellschaft geht sie wie Žižek direkt auf Freuds Erzählung von der Brüderhorde in *Totem und Tabu* zurück. Die neue unbewußte Herrschaftsinstanz ähnele mehr dem grausamen, diktatorischen Vater der Urhorde als dem ambivalenten ödipalen Vater. Der Bruder oder der »Führer« des modernen Kollektivs eigne sich lediglich die Herrscherprivilegien des totemistischen Vaters an, ohne dieser jedoch wirklich zu sein:

> He acts as the father without being him. [...] As a mere paternal metaphor he is not obligated to exercise the paternal/parental function of ›protecting and saving‹. [...] He is the paternal metaphor of the artificial, modern collective. In this sense he bears comparison less with Oedipus than with the cannibalistic sons in *Totem and Taboo*.[143]

Die modernen Demokratien hätten ihr Versprechen, eine neue Form der menschlichen Gemeinschaft zu schaffen, nicht gehalten.

---

140 Vgl. MacCannell 1991, S. 10 f., und Freud 1921.
141 Vgl. MacCannell 1991, S. 17. Zur Masse als »weiblicher« Kraft vgl. Theweleit 1977, Widdig 1992. Zur Diskussion der unterschiedlichen geschlechtlichen Konnotationen von Masse und Moderne vgl. 5.2. und 5.3.
142 MacCannell 1991, S. 11.
143 MacCannell 1991, S. 12.

It retained the Oedipal form, but not its substance (to moderate the ego-centered passions, to civilize and foster communal aims, to support sexuality through difference). Under the ›name‹ of the father another and sadistic Other – unconscious, superego, *It* – has begun its reign of pleasure and of terror. The Regime of the Brother begins.[144] Dieses Regime charakterisiert sie schließlich als »neo-totemistisch«. Sowohl Sandemose als auch MacCannell stellen metaphorische Geschwisterbeziehungen ins Zentrum ihrer Gesellschaftsanalysen. Sie greifen darüber hinaus in auffallend ähnlicher Weise auf Ideen Freuds zurück, wie sie in *Totem und Tabu* und in *Massenpsychologie und Ich-Analyse* ausgeführt sind. Wie oben dargelegt, greift Sandemose in *FS* Freuds Ideen über Religion als kollektive Neurose auf. Und Espen behauptet in seiner Erzählung, genau die beiden Tabus zu brechen, die im totemistischen Brüderklan errichtet werden, nachdem der tyrannische Vater getötet und verzehrt wurde: das Inzesttabu, das Freud zufolge dazu dient, die Brüder daran zu hindern das zweite Tabu zu brechen: den (Bruder-)Mord.

Die Parallelen zwischen *FS* und MacCannells Schilderung des Regimes des Bruders gehen jedoch noch weiter. Espen stellt die biblischen Brüder Kain und Abel ins Zentrum seiner eigenen mythischen Erzählung, während MacCannell behauptet: »Cain and Abel are more appropriate models for modern ›brotherhoods‹«[145] Und folgt man dem Ablauf von Espens Erzählung, so finden sich von Anfang an Verschiebungen von den Elternfiguren hin zu Espens Geschwistern. Bereits im zweiten Kapitel, »Märchenland« (Eventyrland), berichtet Espen nicht in erster Linie über das Verhältnis zu seinen Eltern, sondern zunächst über das zu Rose, der ersten »Frau« seiner frühen Kindheit, eine Schwesterfigur, die der eigenen Schwester Agnes gleicht. Unmittelbar darauf schließt sich die Schilderung der ersten Dreieckskonstellation an (hier eigentlich ein Viereck), in denen ebenfalls Geschwister und nicht die Eltern eine tragende Rolle spielen. Espen berichtet von einem anderen gleichaltrigen Geschwistertrio, den beiden Söhnen und der Tochter von Kristjansen, die »verwirrenderweise« dieselben Namen tragen wie die Arnakke-Kinder: Einar, Espen und Agnes. Die beiden Espens beschließen eines Tages, ihre Schwestern zu tauschen, und mit der jeweils anderen Agnes ein Liebespaar zu bilden. (Vgl. *FS* 6-8)

Jorunn Hareide Aarbakke und Einar Eggen[146] erklären die Verschiebungen von generationsübergreifenden Konstellationen hin zu Geschwi-

---

144 MacCannell 1991, S. 13.
145 MacCannell 1991, S. 28.
146 Vgl. Aarbakke 1976, S. 96-99 und Eggen 1981, S. 50-60.

sterkonstellationen damit, daß die ambivalenten Gefühle für Mutter und Vater auf Schwester und Bruder übertragen würden. Dies ist zwar im Ansatz nicht falsch, MacCannells Theorie bietet darüber hinaus jedoch eine Erklärung dafür, warum nur bestimmte Eigenschaften der Eltern auf die Geschwister verschoben werden. Im nächsten Romankapitel werden Espens ältester Bruder Petrus und dessen Geliebte und spätere Frau Oline, die selbst eine Generation älter sind als Espen, als groteske Karikaturen dargestellt. (Vgl. *FS* 10 f.) Im weiteren Romanverlauf sind Petrus und Oline, nicht die Eltern, die Instanzen, welche für die Exekution des terroristische Jantegesetzes innerhalb der Familie verantwortlich sind und damit die Autorität der Eltern unterminieren, die offenbar dem terroristischen Regime ihres ältesten Sohnes und seiner Frau ebenso unterworfen sind:

> Aus den frühen Jahren erinnere ich mich vor allem an Janus [ein anderer älterer Bruder, S.v.S.] und Petrus, an ihre sauren Mienen, wenn ich meine Anwesenheit verriet, und einen Blick zur Mutter. [...] Der viel ältere Petrus kam mit seiner Liebsten nachhause, wir Kinder saßen stumm und verschreckt in dem Heim, wo ein Fremder die Herrschaft forderte und bekam. Kam ein Laut von uns und weniger als das, da fielen ihre harten Augen auf uns, und Mutter bekam Angst.

> Fra de tidlige år husker jeg særlig Janus og Petrus, deres sure miner hvis jeg røpet mitt nærvær, og et blikk til mor. [...] Den langt eldre Petrus kom hjem med kjæresten, vi unger satt tause og bortskremte i det hjem hvor en fremmed krevet herredømmet og fikk det. Kom det en lyd fra oss, og mindre enn det, da falt hennes hårde øyne på oss, og mor ble redd. (*FS* 71)

Diese Passagen können als literarische Beispiele für das Wirken des Regimes des Bruders in der Familie gelesen werden, wie MacCannell es schildert:

> What then does this son enjoy in replacing the father? Well, he gets to act *as if*, without having to take any action. A father-figure, he mimes, selectively, the father's features. But he also gets to imitate and mock up all relations to all other family members, too: not only is he the »father« (but only metaphorically), he is the mother's lover (the object of her love, but only in her dreams) and he is his brother's lover (but only rhetorically – the brotherhood of man). But most of all he is the sister's boss, and really so.[147]

---

147 MacCannell 1991, S. 16.

Wenn wir zudem davon ausgehen, daß der große Bruder derjenige ist, der Espen sexuell mißbraucht, so ist die Formulierung »his brother's lover« in diesem Falle nicht rhetorisch, sondern wörtlich zu nehmen. Das letzte Beispiel MacCannells, die Aussage, der Bruder sei der »Boss der Schwester«, lenkt den Blick auf die Stellung der Frau unter dem Regime des Bruders. MacCannell geht davon aus, daß der Hauptwunsch, den der Mann in diesem Regime verleugnen müsse, nicht mehr das inzestuöse Begehren der Mutter/der Natur/des Mütterlichen sei wie im traditionellen ödipalen, patriarchalen System, sondern der Inzest mit der Schwester. Als Folge daraus müsse er der Schwester/Frau jegliche Identität und jegliches Begehren völlig versagen, sogar noch diejenigen, die ihr im Patriarchat offenstünden, die Identität als Mutter und das Begehren nach einem Sohn. »While the mother of Oedipus might want her son and the phallus, the post Oedipal sister is permitted to want nothing«.[148] Dieses Konzept ist geeignet zu erklären, in welcher Weise der Erzähler in *FS* sein verbotenes Begehren für die Schwester mit der terroristischen Macht des großen Bruders verbindet.

Auffällig ist zunächst, wie sehr die Figur der Mutter in Espens Erzählung in den Hintergrund tritt. Sie nimmt eigentlich nur in einer Situation eine zentrale Rolle ein, nämlich als sie Espen in dessen Augen zu Unrecht beschuldigt, Geld gestohlen zu haben, was er als Verrat auffaßt. Ansonsten gewinnt sie kaum an Kontur, weder als reale Person noch als begehrtes Liebesobjekt in Espens Phantasiewelt. Auch andere Frauen führen in Espens Erzählung kein Eigenleben, sie tauchen vielmehr als fetischisierte, idealisierte und begehrte Gestalten in seiner Phantasie auf. Die unrealistischen Beschreibungen von Frauen im Roman werden in ihrer Funktion für den gesamten Roman dann sinnvoll und verständlich, wenn man sie als Ausdruck der von MacCannell (und vom impliziten Autor selbst) kritisierten Verleugnung der Identität und des Begehrens der Frau erkennt und so als eine Illustration der Begrenzungen, denen Espen als Junge/Mann in Jantes Regime des Bruders unterworfen ist.

Die Verleugnung und Ausschaltung des Begehrens und der Sexualität der Schwester zugunsten des Bruders findet sich bereits im erwähnten Kapitel »Märchenland«, in dem die beiden Espens zwar zunächst die beiden Schwestern küssen, dann aber feststellen: »Aber nachher standen Espen Kristjansen und ich dennoch da und fanden, daß etwas fehlte. Deshalb schlichen er und ich uns weg zu Adamsens Scheune.«[149] Die beiden

---

148 MacCannell 1991, S. 27, vgl. auch S. 23.
149 »Men efterpå stod allikevel Espen Kristjansen og jeg og syntes at det manglet noe. Derfor listet han og jeg oss bort til Adamsens låve.« (*FS* 8)

»Brüder« gehen also gemeinsam an den Ort, der für unerlaubte sexuelle Betätigungen steht, und sie tun dies, nachdem sie die »Schwestern« verleugnet haben. Die Formulierung »wir fanden, daß etwas fehlte«, verweist auf eine Konstellation, die MacCannell die »Urszene der Moderne« nennt. Ist Freud zufolge die Entdeckung des Koitus der Eltern die eigentliche ödipale Urszene, die verdrängt werden muß, so geht es in dieser »Urszene der Moderne« um die Begründung der Kastrationsangst des Jungen. Dieser nämlich nehme zunächst an, alle Menschen hätten dasselbe Geschlechtsorgan wie er.[150] Entdecke er dann die Vagina des kleinen Mädchens bei seiner Schwester oder einer Spielkameradin, so versuche er, diesen Unterschied zu leugnen, aus Angst, denselben Verlust zu erleiden. Bezeichnenderweise steht diese »Urszene« Espens in *FS* ganz zu Anfang des Romans, ihr wird damit gegenüber der Verleugnung des elterlichen Koitus, die erst sehr viel später erwähnt wird, (vgl. *FS* 176 f.) Priorität eingeräumt. Die beiden Espens leugnen also die Andersartigkeit und den »Mangel« ihrer Schwestern, indem sie miteinander erotischen Aktivitäten nachgehen. Es ist dies eine ähnliche Konstellation wie diejenige, auf die MacCannell hinweist. Diese Kastrationsangst nun sei grundlegend für den homoerotischen Charakter des Regimes des Bruders:

Collectively, modern society is a fraternity – the ›universal‹ brotherhood of man. Its desire, we have been told, is *hommosexual* [sic]: homo-, homeo-, and man sexed (which makes it, technically, anal-sadistic). According to Lacan, ›social feeling‹ is rooted in the period of ›infantile homosexuality‹ when ›fraternal objects‹ are eroticized: this is the period when ›the social instincts form.‹ (Lacan bases this on Freud's analysis of the fraternal love-object in infantile homosexuality.) But it is a modern social instinct insofar as its desire is neither for the mother nor the father.[151]

Die Bemerkung, diese moderne Gesellschaft der Brüderlichkeit sei, technisch gesehen, anal-sadistisch, erinnert an die Charakteristik Jantes als sadistische Gesellschaft. Espens Erinnerungen sind eben nicht nur Illustrationen des Regimes des Bruders innerhalb von Familien- und individuellen Beziehungsstrukturen, der Erzähler verwendet diese auch als Grundlage seiner eigenen Kritik an sozialen Verhältnissen und an deren ideologischen Grundlagen.

Kernstück von Espens polemischer Gesellschaftskritik ist das Jantegesetz, dessen Maximen die »Pervertierung der gesamten demokratischen

150 Freud 1916/17, S. 313, vgl. auch MacCannell 1991, S. 26.
151 MacCannell 1991, S. 18.

Gleichheitsidee«,[152] die Jante beherrscht, auf den Punkt bringen. Sandemose selbst assoziiert dieses Gesetz im übrigen mit dem »Tod Gottes« in der Moderne, der ja eigentlich auch zum »Tod des Teufels« hätte führen müssen, wenn er eine lange Reflexion über die Dummheit und den Formalismus der »Jantereligion« mit folgenden Worten beendet:

> Naiv spricht man davon, daß der moderne Mensch die Hölle abgeschafft hat. Es ist gerade die Hölle, die wir behalten haben, aber alle glaubhaften Nachforschungen deuten darauf hin, daß Satan jetzt ein seniler Idiot ist und seine Regierung ziemlich parlamentarisch.
>
> Naivt snakkes det om at moderne mennesker har avskaffet helvete. Det er nettopp helvete vi har beholdt, men alle troverdige efterretninger tyder på at Satan nu er et senilt fjols, og hans regjering nokså parlamentarisk. (*FS* 205)

Mit diesem Gedanken weist Sandemose auf dieselbe den demokratischen Systemen inhärente Gefahr hin, auf die auch MacCannell aufmerksam macht, wenn sie schreibt, daß im Regime des Bruders die negativen tyrannischen Eigenschaften des Vaters nach dessen Tod bewahrt seien, nicht jedoch die positiven. Die Dichotomisierung, die im Jantegesetz zwischen dem hilflosen »Du« und dem mächtigen »Wir« vorgenommen wird, welches die Autorität dieses Gesetzes bildet, läßt sich unschwer mit MacCannells Annahme in Einklang bringen, die Instanz des Über-Ich werde in der Moderne durch ein Kollektiv vertreten – eben ein Kollektiv totemistischer Brüder, die ein terroristisches »command of conformity in mass society« durchzusetzen suchten,[153] oder, in Espens Worten, »das zu tun, was alle anderen tun.«[154]

Sandemose, dessen Roman *FS* in dem Jahr erschienen ist, in dem Hitler in Deutschland an die Macht kam, und MacCannell, die über eine Generation später mit dem Wissen um den Holocaust schreibt, versuchen beide, das Entstehen und den Schrecken faschistischer Systeme zu verstehen. Beider Schwerpunkt ist es, nicht in erster Linie ökonomische Faktoren und Produktionsbedingungen zu analysieren, die faschistischen Regimen zugrundeliegen (obwohl sie die Wichtigkeit solcher Analysen keineswegs leugnen), sondern die Attraktivität des Faschismus für das Individuum auf der psychischen Ebene zu erfassen.[155] In anderen Wor-

---

152 Nordberg 1967, S. 160.
153 MacCannell 1991, S. 12.
154 »Den offisielle religion var nærmest å gjøre hva alle de andre gjorde.« (*FS* 199)
155 Vgl. MacCannell 1996, S. 47.

ten, es geht ihnen darum, potentiell totalitäre und faschistische Strukturen, die destruktiven Seiten moderner egalitärer Massengesellschaften zu
benennen und das »Versagen der Moderne«,[156] das unter anderem den
Faschismus ermöglichte, zu erklären. Sie tun dies mit Hilfe ähnlicher
Kategorien, indem sie das Verhältnis von Sprache und Sexualität zu bestimmten Machtformationen untersuchen. Espen beschreibt das Jantegesetz als ein ungeschriebenes Gesetz, das sich aus mündlichen stereotypen Aussprüchen zusammensetzt, die in Jante ständig zu hören sind:
»Das Jantegesetz war nicht nur das Gesetz, es war das Herz der Sprache,
alles, was man sagte, konnte auf das Jantegesetz zurückgeführt werden.«[157] Diese Sprache, das Recht zu sprechen, gehört vor allem den älteren Brüdern. »Nur über wenige Dinge konnte man in Jante sprechen,
und diese mußten von den ältesten Brüdern zur Sprache gebracht werden«.[158] Im Anschluß daran verwendet der Erzähler eine Mischung aus
Kriegsmetaphern (Bomben, Handgranaten, Flammenwerfer), biblischen
Anspielungen (Elias, der im Feuerwagen in den Himmel aufsteigt) und
sexuellen Ausdrücken (Orgien), um zu illustrieren, wie das Gesetz innerhalb seiner Familie, in deren »orgienartigen« Kriegen und innerhalb der
gesamten Gesellschaft wirkt. (Vgl. *FS* 69) Damit macht er nicht nur die
terroristische Qualität des Jantegesetzes deutlich, sondern er hebt auch
die Obszönität, die Perversität dieses Gesetzes und der von ihm regierten
Gesellschaft hervor. In *FS* wird die Struktur der »perversen« terroristischen Gesellschaft einmal direkt mit den faschistischen Systemen und
mit deren Männlichkeitskult verglichen. (Vgl. *FS* 252) Darüber hinaus
hat sich Sandemose in den dreißiger Jahren in mehreren Artikeln zu den
gerade entstehenden faschistischen Regimes in Italien und vor allem in
Deutschland kritisch geäußert und seine Kritik direkt mit derjenigen an
der Gesellschaft und dem Gesetz von Jante verbunden.[159]

In einem Aufsatz, in dem sie die potentiell faschistischen Strukturen
untersucht, die in modernen Gesellschaften wirken, zieht MacCannell
eine ähnliche Verbindung zwischen Sprache, dem Obszönen oder Perver-

---

156 MacCannell 1991, S. 1.
157 »Janteloven var ikke bare loven, den var hjertet i sproget, alt som man sa kunne
      føres tilbake til Janteloven«. (*FS* 67 f.)
158 »Bare få ting kunne det tales om i Jante og de måtte bringes på tale av eldstebrø-
      drene«. (*FS* 68)
159 Die Artikel sind veröffentlicht in Sandemose 1976: »Raseskvalp og maktutsvevel-
      se« (1933, S. 18-28, »Rassengequatsche und Machtausschweifung«), »Nazismen
      og Frelsesarmeen« (1934, S. 29-36, »Nazismus und die Heilsarmee«), »Når helter
      blir likvidert« (1934, S. 37-40, »Wenn Helden liquidiert werden«).

sen und dem Faschismus.[160] Wie Sandemose und wie Slavoj Žižek unterscheidet sie zwischen einem geschriebenem, institutionalisierten Gesetz, dem offiziellen sozialen Vertrag, und einem »vocal imperative«, welcher »the perversion known as facism« charakterisiere.[161] Žižek und MacCannell zufolge ist diese »Stimme« inhaltslos, ihr eigentliches Gebot sei das Opfer um des Opfers willen:

> Fascist ideology is based upon a purely formal imperative: Obey, because you must! In other words, renounce enjoyment, sacrifice yourself and do not ask about the meaning of it – the value of the sacrifice lies in its very meaninglessness; true sacrifice is for its own end; you must find positive fulfilment in the sacrifice itself, not in its instrumental value; it is this renunciation, this giving up of enjoyment itself, which produces a certain surplus-enjoyment. This surplus produced through renunciation is the Lacanian *objet petit a*, the embodiment of surplus-enjoyment.[162]

Die Konsequenz für das Subjekt, das diesem »vocal imperative« zu opfern gehorcht, ist folgende: Das »surplus-enjoyment«, Lacans *jouissance*, die stets ersehnte, aber nie erreichbare Einheit des Subjekts, wird völlig im *Anderen* lokalisiert. Es wird einerseits an das grundlegende Begehren des Subjekts appelliert, *jouissance* zu erreichen, seine Entfremdung und Spaltung zu überwinden, gleichzeitig wird ihm suggeriert, die *jouissance* existiere bereits. Dadurch, daß diese *jouissance* völlig im Anderen verortet sei, werde das Subjekt zum bloßen Werkzeug der *jouissance* des anderen. Es identifiziert sich selbst mit dem *objet a* (dem Objekt, das den Mangel füllen und helfen soll, Ganzheit zu erreichen), anstatt dieses zum Objekt seines Begehrens zu machen. Das Subjekt wird so letztlich seinem eigenen Begehren entfremdet.[163] MacCannell erklärt die politische Relevanz dieser theoretischen Überlegungen am Beispiel von Hannah Arendts Bericht über den Prozeß gegen Eichmann. Hier kommt sie auf die Frage zurück, wer im Faschismus dieser *Andere* sei. Es ist der »Führer«, und Eichmann ist derjenige, »who renounces his personal judgement, desires and emotions to serve the will-to-*jouissance* of Hitler.«[164] Der »Führer« ist es auch, der die Stimme verkörpert bzw. von dem die Stimme ausgeht: »merely by emitting a voice, the master becomes a

---

160 MacCannell 1996.
161 MacCannell 1996, S. 50.
162 Žižek 1989, S. 82 f, vgl. MacCannell 1996, S. 49.
163 Vgl. MacCannell 1996, S. 50.
164 MacCannell 1996, S. 64.

master, and merely by virtue of being the receiver of this voice (›his master's voice‹), the crowd becomes a crowd.«[165] Lacan folgend unterscheidet MacCannell weiterhin »speech«, als Ort des sozialen Vertrags, von »voice«:

> Voice is already a phantom locus of enjoyment: object *a*. It is, for the unconscious, the embodiment or bearer of a principle behind the law of speech, of speech as social pact: the ›will of…‹ – the people, the Other.[166]

Hier verschmilzt, ganz im Sinne von Freuds Theorien über die Identifikation der Masse mit dem Führer, die »Stimme des Gewissens«, die »Stimme des Volkes«, mit derjenigen des Führers.

Ähnlich wie MacCannell es im obigen Zitat beschreibt, wirkt das Jantegesetz. Auch unter seinem Regime vermutet jeder, daß jeder andere *jouissance* habe, nur man selbst nicht »Alle sind gleich groß, aber glauben, daß alle anderen größer sind. Das ist die Grundlage der Stadt«.[167] Und in seiner mündlichen, »volksnahen« Form ist das Jantegesetz eben Ausdruck der »Stimme« und des Willens des Kollektivs, des »Volks«. Ebenso wie Eichmann auf seine »judgments, desires and emotions« verzichtet, zwingt das Jantegesetz seine »Untertanen«, auf ihre Genüsse, auf ihre freie Entfaltung und kleinen Freuden zu verzichten. Die grotesken Auswirkungen dieses Imperativs sind nicht nur im großen zu finden, beispielsweise darin, daß Espens zoologischer Forscherdrang nach der Konfirmation vom Jantschen Konformismus lächerlich gemacht und er gezwungen wird, ihn zu opfern. Der Druck, die eigene Freude aufzugeben, geht so weit, daß Espen vor Schreck und Scham erstarrt, als er einen Film sieht, in dem ein kleiner Junge Streiche spielt und am Ende über die Erwachsenen lacht, die ihn nicht erwischen können.

> Wenn ich den lachenden Jungen auf der weißen Leinwand sah, schämte ich mich unter der Last der Folgen, die nur die Andeutung eines solchen Benehmens für mich haben würde. Ich wußte, daß ich gepeinigt werden würde, bis mir das Blut unter den Nägeln hervorsprang. Denn es würde die Fähigkeit zur Freude verraten, und über was zum Teufel hatte ich mich zu freuen?

---

165 MacCannell 1996, S. 51, zitiert hier Mladen Dolar.

166 MacCannell 1996, S. 51.

167 »Alle er like store, men tror at alle de andre er større. Det er byens grunnlag.« (*FS* 68)

Når jeg så den leende gutten på det hvite lerret, da bluedes jeg under vekten av de følger som bare antydningen av en slik oppførsel ville få for meg. Jeg visste at jeg skulle bli pint for det til blodet sprakk meg fra neglene. For det ville røpe evne til glede, og hva faen hadde jeg å være glad for? (*FS* 73)

Derjenige, der Espen die Freude verbieten könnte, ist in diesem Fall wiederum Petrus. Der große Bruder ist also Repräsentant des *Anderen* in Jante, er ist die allmächtige Stimme im Olymp:

Fragten sie [die jüngeren Brüder], so mußte es unter Begleitung von Versicherungen geschehen: Wir wissen ja nichts, aber du bist doch so klug... Dann kam Antwort vom Olymp. Denn der wußte immer Bescheid. Anderes war undenkbar.

Spurte de, måtte det skje under ledsagelse av forsikringer: Vi vet jo ingenting, men du som er så klok... Da kom det svar fra olympen. For den visste alltid beskjed. Annet var utenkelig. (*FS* 68)

MacCannell erklärt den scheinbaren Widerspruch, wie diese Verbote und die Forderung des Opfers zusammenhängen mit dem großen Versprechen der Stimme des Faschismus, *jouissance* sei schon erreicht oder zumindest erreichbar, unter Verweis auf Žižek:

The point is that the absolute freedom to enjoy beyond the limit of the Law brings with it countless prohibitions. ›Partial‹ enjoyments – witness, for example, the vegetarianism of Hitler, and bans on smoking, drinking, meat, loud music, free speech, noise – are sacrificed. Such bans on one's own enjoyment produce the excess hatred of perceived *jouissance* of the other, what Lacan called *Lebensneid*.[168]

Mit dieser Erklärung wirft sie auch ein Licht auf den haßerfüllten Neid von Sandemoses Jantemenschen auf die vermeintliche *jouissance* ihrer Mitbürger.

MacCannell geht es in »Fascism and the Voice of Conscience« in erster Linie darum zu zeigen, welche psychischen Mechanismen in einer Gesellschaft wirken, in der Genozid möglich wird. Ihr Beispiel ist, wie erwähnt, Adolf Eichmann, wie er von Hannah Arendt dargestellt wurde. Die Parallelen zwischen MacCannells Analysen von der Einbindung Eichmanns in das »perverse« System des Nationalsozialismus und Sandemoses Schilderung des Jantegesetzes und seiner Auswirkungen auf Espen

---

168 MacCannell 1996, S. 70, Anm. 27.

und alle anderen Jantebürger erlauben es nun, einerseits Eichmann als »typischen Jantemenschen« zu bezeichnen und andererseits das proto-faschistische Potential Jantes klarer zu beschreiben.

Noch eine andere Eigenschaft zeichnet Eichmann als »Bürger« von Sandemoses Jante aus: seine von Arendt und MacCannell konstatierte Unfähigkeit, sich selbständig und anders als in Klischees und in »Amts-deutsch« zu äußern. In Espens Worten wäre Eichmann der Prototyp des Janteschen Formalisten, der zwanghaft an »richtigen« Worten und Wen-dungen festhält. Dieser Formalismus ist die »Dummheit«, welche Sande-mose als Grundübel des Faschismus ausmacht. MacCannell führt aus, daß unter anderem diese Unfähigkeit zum selbständigen Denken und For-mulieren Eichmann dafür anfällig machte, zum Instrument der Stimme des Führers zu werden und damit zum ausübenden Organ des Holo-caust. Der Genozid, den der »Jantemann« Eichmann organisiert, hat seine Parallele im Seelenmord der nivellierenden Jantegesellschaft, wie Sande-mose sie beschreibt. Sandemoses Metapher des Vergasens, wohl unter dem Eindruck der chemischen Kriegsführung während des Ersten Weltkriegs entstanden, wirkt an dieser Stelle auf unheimliche Weise hellsichtig:

Die Ameise und die Biene haben sich besser konsolidiert als der Mensch und mit weniger Unbarmherzigkeit. Sie schaffen ihre Typen durch planmäßige Unterernährung, aber wir zerstören Seelen mit Gas, zufällig, ohne Plan, niemand bleibt unverletzt, und alle leiden, und alle verwalten die Verteilung des Gases.

Mauren og bien har konsolidert seg bedre enn mennesket, og med mindre ubarmhjertighet. De skaper sine typer ved planmessig under-ernæring, men vi destruerer sjeler med gass, tilfeldig, uten plan, ingen forblir usåret, og alle lider, og alle bestyrer gassens fordeling. (*FS* 69)

Auf der Grundlage dieser Erkenntnisse läßt sich nun auch ein großer Teil des Komplexes von »Adamsens Scheune« in *FS* entschlüsseln, von dem Sandemose, wie in 4.1. erwähnt, behauptet hat, er hielte ihn für unge-klärt: »Aber, wie du gesehen hast, liegt ein dunkles Festland um Staus-holm [so hieß Adamsen im urprünglichen Manuskript Sandemoses], und es hört sich glaubhaft genug an, daß ich die Flucht ergriffen habe.« Berücksichtigt man den Umstand, daß Sandemose diesen Brief an den »großen Bruder« Sigurd Hoel richtet, so liegt die Vermutung nahe, daß es sich ebenfalls um ein bewußtes oder unbewußtes Manöver des Verber-gens handeln könnte.

Bisher wurde bei Analysen des Kapitels »Adamsens Scheune« vor allem das Inzestmotiv und das väterliche Verbot, Adamsens Scheune zu betreten, betont.[169] Das Kapitel beginnt jedoch mit der Schilderung des Konkurrenzverhältnisses zwischen zwei reichen Bauern, dem trinkenden, furchterregenden Adamsen, den Espens Vater haßt, und dem Abstinenzler Roland, dem Espens Vater näher steht.

Darauf folgt die groteske Beschreibung eines Kampfes zwischen Adamsen und einem anderen Landwirt namens Sølve, ein typisches Beispiel für die erotisch aufgeladene Konkurrenz zwischen Männern in *FS*. Sølve beißt Adamsen bei einer Schlägerei um einige Küchenmädchen in den Finger, woraufhin Adamsen Sølve an einer Stelle beißt,»wo kein Knochen Adamsens Zähne aufhielt«.[170] Adamsens Scheune ist also zunächst als der Ort gekennzeichnet, an dem sich die erotisch konnotierte, gewalttätige Rivalität zwischen Männern abspielt, Frauen sind nur Anlaß für diese Kämpfe und dienen als Objekte des Begehrens, weil sie der andere bereits begehrt.

Unmittelbar im Anschluß an die groteske Kastrationsszene zwischen den Bauern folgt die Bemerkung»etwas Schwarzes und Vergessenes«[171] sei einmal in Adamsens Scheune geschehen, eine Bemerkung, die sich unschwer auf den Mißbrauch beziehen läßt. Erst danach schildert Espen Adamsens Scheune als den Ort seines inzestuösen Begehrens für seine Schwester, und bezeichnenderweise spiegeln die Vorkommnisse zwischen Espen und Agnes, wie sie später in»Agnes, Agnes, Agnes« (*FS* 191 f.) geschildert sind, diejenigen zwischen Adamsen und Sølve: Als die beiden Geschwister in Adamsens Scheune sind und Agnes ihr»Geheimnis« ausliefern soll, beißt eine Raubkatze erst sie, dann Espen in den Finger. Die Raubkatze wird später genauso bezeichnet wie Adamsen, nämlich als Teufel. Wie im Kapitel»Märchenland« wird also nahegelegt, daß der Inzest oder Inzestwunsch ein erotisches Verhältnis zwischen Männern verdeckt.

Wofür aber steht die Figur Adamsens? Sandemose selbst legt im eben zitierten Brief zwar nahe, der Landwirt sei eine Abspaltung des Vaters, er kennzeichnet ihn aber mehrfach als Sohn bzw. Bruder. Schon der Name Adam-sen (»Adams Sohn«) weist ihn als solchen aus, und läßt ihn mit der Figur des aufrührerischen Kain oder Luzifer verschmelzen. Die Aussage, er habe die Worte in seiner Macht, kennzeichnet ihn ebenfalls als älteren

---

169 Malm 1998, S. 54, verweist auf den Zusammenhang von Adamsens Scheune mit Espens Kastrationskomplex, verbindet diesen aber in Rückgriff auf Lacan mit dem Eintritt in die Sprache, die symbolische Ordnung.

170 »[..] da fikk Sølve satt tennene i Adamsens tommel, og bet like til benet, men fikk plutselig selv et bitt på et sted hvor ikke ben stanset Adamsens tenner.« (*FS* 157)

171 »[..] noe svart og glemt«. (*FS* 157)

Bruder. Schließlich wird er durch die Bibelstelle, die Espen am Ende der Kampfepisode mit Sølve schildert, noch mit anderen blutigen und sexuell gefärbten Auseinandersetzungen zwischen biblischen Brüdern in Verbindung gebracht.[172] Adamsen ist eine mächtige Figur, die Espen Angst einjagt, ihm und anderen Jungen aber gleichzeitig Anerkennung verspricht: »Alle Kinder hatten Zugang zu Adamsens Gut und hörten niemals ein hartes Wort von ihm, was wir uns auch einfallen ließen.«[173] Adamsen läßt sich als der Sohn beschreiben, der sich die Vaterstelle aneignet. Er okkupiert den Himmel, also die Position des (kollektiven) Über-Ichs in Espens Welt – ein erneuter Verweis darauf, daß ein Sohn/Bruder diese Position einnimmt, der dem kleinen Espen einerseits Anerkennung, Erwachsensein verspricht und Raum für vom Vater verbotene Handlungen zur Verfügung stellt, der aber andererseits eben mit dem »schwarzen und vergessenen« Trauma in Verbindung steht, mit »all den geschlossenen Kammern«,[174] die in Misery Harbor reaktiviert wurden.

Mit Hilfe von MacCannells und Žižeks Theorien lassen sich die Zusammenhänge erhellen, die Sandemose in *FS* herstellt zwischen den individuellen psychischen Komplexen seines Protagonisten und dem gesellschaftlichen System, von dem er geprägt wird. Es ist bisher jedoch die Frage offen geblieben, welche Rolle das allen seinen Komplexen zugrundeliegende Trauma des sexuellen Mißbrauchs in diesem Zusammenhang spielt.

Slavoj Žižeks Konzept der »traumatischen Stimme« (traumatic voice), der Stimme, deren potentiell faschistischen Charakter MacCannell herausgearbeitet hat, kann einen Ansatz bieten, um diese Frage abschließend zu klären. Žižek bezeichnet mit Lacan dasjenige, was den Prozeß der Symbolisierung, die Kausalität des symbolischen Gesetzes stört und unterbricht, als »Trauma« oder »Cause«. Das Trauma ist dabei ambivalenter Natur: es ist eine wirkliche innerpsychische Größe, die der Symbolisierung widersteht, es ist jedoch gleichzeitig das Produkt, das erst durch

---

172 Espen zitiert scheinbar beiläufig 1. Moses 34:25, den Bericht über die Schändung Dinas, der Tochter Jakobs, durch Sichem. Dinas Brüder rächen die Tat mit Hilfe einer List: Sie geben vor, ein Bündnis mit Sichem und den Bewohnern seiner Stadt eingehen zu wollen, machen aber die Beschneidung der gesamten männlichen Bevölkerung zur Voraussetzung. Anschließend schlachten sie die daraufhin bettlägrigen Männer ab, plündern die Stadt und führen Frauen und Kinder als Gefangene ab.

173 »Alle barn hadde fri adgang til Adamsens eiendom, og hørte aldri et hårdt ord fra ham hva vi enn fant på. Guttene kjente seg voksne dér på gården«. (*FS* 157)

174 »[…] alle de lukkede kott«. (*FS* 161)

seine eigenen Folgen entstehe. Žižek illustriert das mit Freuds Fall des Wolfsmannes, der den Koitus der Eltern als zweijähriges Kind erlebt. Diese Szene sei der »non-symbolizable kernel around which all later successive symbolizations whirled«, zum Trauma sei sie jedoch erst verspätet geworden, nämlich in dem Augenblick, als der Junge einige Jahre später mit Hilfe infantiler Sexualtheorien nicht mehr in der Lage war, die Szene in seinen neuerworbenen Horizont der Symbolisierung einzuordnen.[175] Im Falle Espens ist der Mißbrauch der nicht-symbolisierbare traumatische Kern, um die seine gesamten psychischen Aktivitäten und schließlich seine Erzählung kreisen. Žižeks Theorie besagt natürlich nicht, daß bei der Entstehung eines solchen Traumas kein Schrecken, keine Schmerzen für das Opfer beteiligt sind. Dies reiche jedoch noch nicht aus, um einen oder mehrere solche Vorfälle zum Trauma im engeren Sinne zu machen, zu einer nicht-symbolisierbaren Größe, die das gesamte Verhältnis des Subjekts zum symbolischen Gesetz formt.

This paradox of trauma *qua* cause that does not pre-exist its effects but is itself retroactively ›posited‹ by them involves a kind of temporal loop: *it is through its ›repetition‹, through its echoes within the signifying structure, that the cause retroactively becomes what it always-already was.* In other words, a direct approach necessarily fails: if we try to grasp the trauma directly, irrespective of its later effects, we are left with a meaningless *factum brutum*. (Hervorhebungen im Original)[176]

Im Falle Espens wird der Mißbrauch also dadurch zum Trauma, daß das Geschehen unaussprechlich, nicht symbolisierbar ist, und dadurch, daß es produktiv wirkt, daß es eine rückblickende Strukturierung und Wiederholung in Gang setzt. Konkreter gesagt: Man kann im Falle Espens davon ausgehen, daß der Mißbrauch, hätte er gleich als solcher erkannt, ausgesprochen und beispielsweise mit Hilfe verständnisvoller Eltern verarbeitet werden können, zwar ein schreckliches Erlebnis geblieben, aber nicht zum Trauma geworden wäre. Es ist somit das gesamte System des Jantegesetzes, welches die Symbolisierung des Mißbrauchs unmöglich und damit im Nachhinein zum Trauma macht.

Wie bereits erwähnt, unterscheidet auch Žižek zwischen dem geschriebenen Gesetz und dessen »obszöner« Nachtseite, der »voice«, dem Über-Ich, das in der Moderne ein tyrannisch-brüderliches Über-Ich ist und in *FS* durch das Jantegesetz repräsentiert wird. Dieses Über-Ich, diese Stimme nun ist für ihn in dem Sinne traumatisch, als sie in dem Augenblick

---

175 Žižek 1994, S. 31, vgl. Freud 1918.
176 Žižek 1994, S. 32.

zum Tragen kommt, in dem das geschriebene Gesetz, der öffentliche Diskus, versagt.[177] Žižek beschreibt die Funktion dieses »obszönen« Gesetzes: das offizielle Gesetz sei unvollständig und müsse demnach ergänzt werden durch einen ungeschriebenen Code, welcher sich gegen diejenigen richte, die zwar kein Gesetz direkt verletzten, aber eine gewisse Distanz hätten, sich nicht wirklich mit dem »Geist der Gemeinschaft« identifizierten. Meist grausame Akte der Transgression (als Beispiel nennt Žižek die Lynchjustiz) seien Sanktionen, mit denen das ungeschriebene, obszöne Gesetz den Zusammenhalt der Gemeinschaft erneut garantiere. Wichtig in diesem Zusammenhang ist Žižek zufolge, daß diese Überschreitungen nicht öffentlich bekannt würden

> Such a code must remain under cover of night, unacknowledged, unutterable – in public, everybody pretends to know nothing about it, or even actively denies its existence. It represents the ›spirit of community‹ at its purest, exerting the strongest pressure on the individual to comply with its mandate of group identification. Yet, simultaneously, it violates the explicit rules of community life.[178]

Wenn Sandemose von der Angst der Jantemenschen spricht, als Zeuge auszusagen, beschreibt er genau diese Ambivalenz des gespaltenen Gesetzes. Auch hier weiß jedes Mitglied der Gesellschaft von den verübten Gesetzesübertretungen, doch aus Angst vor den Sanktionen des obszönen, schattenhaften Codes des Jantegesetzes ist keiner bereit, darüber zu sprechen.

Das gemeinsame Verschweigen und nicht in erster Linie das geschriebene Gesetz dient laut Žižek dazu, Gemeinschaft zusammenzuhalten. Eine Gesetzesübertretung selbst werde von den Mitgliedern einer solchen Gemeinschaft als verhältnismäßig geringe Transgression angesehen. Und, da der gemeinsame Gesetzesübertritt und das gemeinsame Verschweigen Grundlage der Gemeinschaft sind, wird der Jantesche Zeuge, der eine Schande ist, (vgl. FS 139) aus der Gesellschaft ausgestoßen, also derjenige, welcher nicht an den Transgressionen teilnimmt oder diese gar dem offiziellen Gesetz meldet.[179]

Žižek bemerkt ebenso wie Sandemose den potentiell faschistischen Charakter solcher Strukturen und weist darauf hin, daß die Nazi-Gemeinschaft auf ebendieser »Solidarität in der Schuld« beruht, die durch die Teilnahme an einer gemeinsamen Transgression entstehe.

---

177 Vgl. Žižek 1994, S. 57.
178 Žižek 1994, S. 54.
179 Vgl. Žižek 1994, S. 55.

It ostracized those who were not ready to take on the dark side of the idyllic *Volksgemeinschaft*: the night pogroms, the beatings of political opponents – in short, all that ›everybody knew, yet did not want to speak about‹.[180]

Wie Sandemose geht auch Žižek auf Freuds Konzept der Urhorde und der totemistischen Gesellschaft zurück, wenn er davon spricht, daß das obszöne Gesetz, die traumatische Stimme, die primordiale Lüge sei, die eine Gemeinschaft fundiere:

> We could also say that this nightly, obscene law consists of *proton pseudos,* the primordial lie that founds a community. That is to say, identification with community is ultimately always based upon some shared guilt or, more precisely, upon the *fetishistic disavowal of this guilt.*[181]

Žižek dient die Lynchjustiz als Beispiel für die verleugnete kollektive Schuld und für die Funktion des traumatischen nächtlichen Gesetzes. In *FS* bilden sexueller Mißbrauch und sexueller Sadismus vor allem an Kindern und Jugendlichen die kollektive Hauptschuld, die verleugnet werden muß. Der sexuelle »Sadismus« von Jante bzw. dessen kollektives Verschweigen bilden also die traumatische Grundlage, welche die Gesellschaft von Jante zusammenhält. Darüber hinaus entlarvt Sandemose den fetischistischen Charakter des Janteschen Sprechverbots:

> Der traurigste Irrtum der Welt ist ja der, daß es sakrale Dinge gibt. Wir glauben das nur, weil wir so reichlich Vorschußangst haben und in vollem Ernst an die Macht in jedem einzelnen unserer zahllosen Fetische glauben, von denen wir mehr haben als der Bantu-Neger. Frl. Nibe [Espens Lehrerin; S.v.S.] sprach betrübt über die schwarzen und verirrten Schafe Afrikas, die farbige Steine anbeteten, aber selbst glaubte sie, daß ein Junge in die Hölle käme, weil er »ach zum Teufel« sagte.

> Det er jo den sørgeligste feiltagelse som er i verden at det fins ting som er sakrale. Vi tror det bare fordi vi har så rikelig med forhåndsangst, og i fullt alvor tror på makten i hver enkelt av våre talløse fetisjer, av hvilke vi har flere enn bantu-negeren. Frk. Nibe snakket bedrøvet om Afrikas svarte og villfarne får som tilbad farvede stener, men selv trodde hun at en gutt kom til helvete fordi han sa au for jækeln. (*FS* 256)

Diese Passage findet sich im Kapitel »Die Vision von Misery Harbor« (»Visjonen fra Misery Harbor«, *FS* 253-256), in der Espen den Mord bzw.

---

180 Žižek 1994, S. 55.
181 Žižek 1994, S. 57.

seine Mordwünsche mit der Fetischisierung von Frauen in Verbindung bringt. Dadurch ist die fetischistische Verleugnung der Jantegesellschaft als spezifisch männlicher Akt gekennzeichnet, und die protofaschistischen Strukturen von Jante werden in Zusammenhang mit der »hommoerotischen« Struktur der neo-totemistischen Brüderhorde gestellt. Sandemose macht so die traumatisierende Qualität des Geschlechtersystems von Jante aus der Perspektive eines Mannes deutlich, der in diesem sadistischen System aufwächst, mit anderen Worten: er entlarvt die in diesem System geformte und dieses System tragende Männlichkeit als grundlegend traumatisch.

5. Männlichkeit als Hochstapelei – oder L'homme n'existe pas Zusammenfassende Überlegungen am Beispiel von August Strindberg: *Le Plaidoyer d'un Fou*

Bis heute wird die gesellschaftliche Dominanz von Männern mit dem Begriff »Patriarchat«, *Vater*herrschaft, bezeichnet, gleichzeitig assoziieren zahlreiche Autoren literarischer und theoretischer Texte den Verfall dieser Herrschaft der Väter mit einer Dominanz der Mutter. Wer, wie Juliet Flower MacCannell mit dem Konzept der Brüderherrschaft, eine Alternative zu diesen Bildern sucht, bleibt ebenfalls im Rahmen der Familienmetaphorik. Die Identitätssucher der modernen Literatur stilisieren sich selbst häufig zu »verlorenen Söhnen«. Die Romananalysen der vorangegangenen Kapitel haben gezeigt, daß Identitätsfragen und damit auch und besonders die Auseinandersetzung mit Geschlechtsidentität sowie die Kritik bestimmter Herrschaftsformen in hohem Maße durch Familienimages bestimmt ist. Diese Beobachtung wird im folgenden als Grundlage dienen, einige übergreifende Aspekte in den Romanen sowie den herangezogenen theoretischen Schriften zusammenfassend zu diskutieren. Die Textgrundlage ist dabei etwas breiter als in den vorangegangenen Kapiteln. Neben einflußreichen Theoretikern wie Max Horkheimer oder Alexander Mitscherlich, die sich mit den Zusammenhängen zwischen Familienbildern, Gesellschafts- und Herrschaftsstrukturen auseinandergesetzt haben, sollen auch ältere und zeitgenössische kulturkritische Texte von geringerer theoretischer Tiefe, dafür aber umso größerer Publikumswirkung, herangezogen werden. Damit wird der Diskussionsrahmen vom skandinavischen Raum stärker als in den vorangegangenen Kapiteln erweitert auf die Diskussion über Männlichkeit und Geschlecht in den westlichen Industrieländern.

Die skandinavische Perspektive soll dabei allerdings keinesfalls aus dem Blick geraten. Literarische Grundlage und Folie für die folgenden Diskussionen ist nämlich August Strindbergs 1887/88 entstandener, 1895 erstmals in Frankreich veröffentlichter Roman *Le Plaidoyer d'un Fou*, in dem Strindberg die Geschichte seiner Ehe mit Siri von Essen literarisch verarbeitet.[1] Strindberg war bekanntlich aktiver Teilnehmer an den skan-

---

1 Zur komplizierten Editionsgeschichte des Romans vgl. den ausführlichen Aufsatz von Paul 1987. Obschon der Roman in mehreren Versionen und Sprachen seit

dinavischen und europäischen Diskussionen um die Frauenfrage und den »Geschlechterkampf«. Insbesondere in seinen in der zweiten Hälfte der 1880er Jahre entstandenen Werken, neben *Plaidoyer d'un Fou* vor allem in den Novellensammlungen *Giftas I* und *II* (1884 und 1886, dt. *Heiraten*), dem Drama *Fadren* (1887, dt. *Der Vater*) und dem Roman *Fordringsägare* (1890, dt. *Gläubiger*), setzte er sich mit der zeitgenössischen Frauenbewegung und den Beziehungen zwischen den Geschlechtern auseinander und formulierte dabei die Geschlechterproblematik explizit als Problem des Mannes.[2] Sein Werk erscheint damit als geeigneter »Gesprächspartner« für die folgenden zusammenfassenden Überlegungen zu den »Krisen der Männlichkeit« der letzten hundert Jahre, deren unterschiedliche Facetten in den vorangegangenen Kapiteln zur Sprache kamen.

5.1. Elternimagines und Männlichkeit

5.1.1. Die vaterlose Gesellschaft

»Die ›Vaterrolle‹ ist dahingeschieden«[3] – Die Klage über den (gefühlsmäßig oder real) abwesenden Vater ist ein Haupttopos der Männerbewegung, die in den siebziger und achtziger Jahren unseres Jahrhunderts in den meisten westlichen Industriegesellschaften, insbesondere denen protestantischer Prägung, entsteht. Die vielbeschworene »Krise des Mannes« äußert sich also auch und vor allem als »Krise des Vaters« bzw. der Väterlichkeit. So sehr sie sich als Kritik der (post)modernen Nachkriegsgesellschaften gibt – die Klage ist nicht neu. Die vorangegangenen Romananalysen haben gezeigt, daß die Rolle von Vätern und von Vaterschaft im Bürgertum schon um die Jahrhundertwende in Frage stand.

August Strindbergs *Plaidoyer d'un Fou* spiegelt diesen graduellen Verlust des Vaters und das Verschwinden ödipaler Konfliktsituationen. In

1895 auf dem Markt war, wurde das auf französisch verfaßte Originalmanuskript erst in den siebziger Jahren gefunden und ediert. Im folgenden wird aus dieser Edition (abgekürzt *PF*) sowie auf der darauf basierenden deutschen Übersetzung von Hans-Joachim Maas, *Plädoyer eines Irren* (im folgenden *PI*) zitiert.

2   Die Untersuchungen über das Verhältnis Strindbergs zu Frauen und zur Frauenfrage überwiegen zwar bei weitem, es wurde jedoch schon früh festgestellt, daß Strindberg auch um das Problem der Männlichkeit geht. Vgl. dazu die Literaturangaben bei Stounbjerg 1998, S. 114 f, Anm. 2.

3   »Faderrollen‹ er afgået ved døden«. Brøndum-Nielsen 1984, S. 81.

der Beziehung des Protagonisten Axel zu Maria und ihrem Mann, dem auch klassenmäßig höherstehenden Freiherrn, wird zunächst die ödipale Konstellation reaktiviert. Dies ist ganz wörtlich zu verstehen, muß Axel doch feststellen, daß das Paar in seinem Elternhaus lebt, »in dem ich die härtesten Jahre meiner Jugend zugebracht, alle inneren Stürme der Pubertät durchlitten [...] hatte.« Axels Angst, »die Kümmernisse des Jünglings könnten sich wieder einstellen«,[4] (*PI* 335) erweist sich als nicht unberechtigt. Auf den folgenden Seiten werden Maria und ihr Mann als idealisiertes, mit religiöser Inbrunst verehrtes Elternpaar geschildert:

> Ganz in Dunkelblau, der Rock mit Stickereien in Silber und gelber Seide bedeckt, stellte seine männliche und kräftig entwickelte Gestalt eine würdige Ergänzung der alabasterweißen Erscheinung an seiner Seite dar. Ein selten stattliches Paar, bei dem die Vorzüge des einen die des anderen betonten. (*PI* 343)

> Tout en bleu foncé, la tunique couverte de broderies en argent et en soie jaune, sa figure mâle et fortement développée faisait un complément digne de la vision blanche albâtre à son côté. Une couple d'une préstance rare, l'un servant à repousser les avantages de l'autre. (*PF* 26)

Axel wird in dieser ödipalen Konstellation zum Kind, das, von der »reinen« Mutter umsorgt und getröstet, zur überlegenen Vaterfigur in einer Mischung aus Bewunderung und Neid aufschaut. (Vgl. auch *PF* 26 f.; *PI* 344) Auf den ersten Blick läge es nahe, den folgenden Betrug des (selbst untreuen) Ehemannes, die Scheidung Marias und Axels Heirat mit ihr als ödipalen Vatermord und Verwirklichung der Inzestphantasien des Sohnes zu interpretieren.[5] Schon im obigen Zitat ist der Freiherr jedoch nur »Ergänzung«; außerdem tritt das geschilderte ödipale Muster bereits im ersten Teil des Romans und deutlicher noch in den Teilen II bis IV in den Hintergrund, um einer obsessiven Fixierung des Protagonisten auf ein gespaltenes, konfliktträchtiges Frauen- und Mutterbild Platz zu machen, auf das unten noch ausführlich einzugehen sein wird. Thematisiert wird also nicht in erster Linie der ödipale Konflikt, sondern dessen Untergang und damit derjenige der Väter. Der Salon des »Vaterhauses« präsentiert sich nach der Rückkehr Axels von seiner mißlungenen »Flucht« nach Paris als »Totenzimmer«, und er ist trotz seines Bemühens nicht mehr in der

---

4 »[..] où j'avais subi tous les orages intestins de la puberté« – »[..] par crainte de voir revenir toutes les tristesses de l'adolescent.« (*PF* 20)
5 Dies tun z.B. Johannesson 1968, S. 102 und Lagercrantz 1979, S. 64, obwohl schon Lamm 1948, S. 13, und Eklund 1948 das Gegenteil feststellen.

Lage,»sein früheres Aussehen hervorzurufen […] sowie die gestrengen
Mienen meines Vaters und meiner Stiefmutter.«[6] (*PI* 405)
Der sich anfangs als Bohêmien und aufrührerischer Sohn gebärdende
Axel versucht nach Marias Scheidung zum Ideal der ödipalen Familie zu-
rückkehren.

Lebt er zunächst in einer vor der Gesellschaft verborgenen
Liebesbeziehung mit Maria, um deren Berufstätigkeit zu ermöglichen,
veranlaßt ihre Schwangerschaft ihn, die Vaterrolle einzunehmen. Diese
erscheint jedoch von Anfang an bedroht und zur Farce und Fassade
verkommen. Väterliche Gefühle bringt er nur den Kindern entgegen,
die von ihm *in* der Ehe gezeugt sind. Den Tod von Marias Tochter aus
der Ehe mit ihrem ersten Mann schildert er in beiläufigen Wendungen,
das eigene erste Kind wird, da unehelich gezeugt,»sofort bei einer anerkannt ehrbaren Hebamme in Pension gegeben« und stirbt nach zwei
Tagen. (*PI* 488) Axel widmet diesem »Schlag« genau zwei kurze Absätze.[7]

Vaterschaft dient Axel einerseits als Kontrollinstrument über seine die
Mutterschaft verweigernde Frau (vgl. z.B. *PF* 158 f.; *PI* 512) und zur Bestä-
tigung seiner eigenen Zeugungsfähigkeit und damit Männlichkeit. Sorge
um die Genealogie überwiegt das Versorgen der Kinder. In *Plaidoyer d'un
Fou* treten also nicht nur die Vatergestalten in den Hintergrund, die eigene
Vaterschaft des Protagonisten ist als höchst prekär dargestellt. Ängste und
Zweifel bezüglich der Treue der Frau und damit die Frage, ob er wirklich
Vater seiner Kinder sei, stehen im Vordergrund – Zweifel die schon den
Rittmeister in *Fadren* in den Wahnsinn getrieben haben und die nun
Axel die emotionale Existenzgrundlage zu entziehen drohen:

> Ich weiß, daß die Geschlechterfolge meines Stamms verfälscht ist und
> daß die Kinder, die vor der Nachwelt meinen Namen tragen und von
> den Einkünften aus meiner Arbeit leben werden, nicht von mir sind.
> […] Jetzt, da ich dieser Hoffnung beraubt bin, mich selbst zu über-
> leben, schwebe ich in der Luft wie ein Phantom und sauge Luft durch
> meine Luftwurzeln. (*PI* 522)[8]

---

6 »[..] chambre mortuaire« – »que je me peinait à dévêtir de sa monture demi-
  seigneuriale, afin d'évoquer son apparence antérieure [..] et les mines austères de
  mon père et ma marâtre.« (*PF* 74)
7 »Elle est immédiatement installée chez la sage-femme, d'une honnêté reconnue«.
  (*PF* 140) – Die lakonische Beschreibung des Verlustes des Kindes nimmt sich
  besonders seltsam aus angesichts der unmittelbar folgenden sich über zahlreiche
  Seiten erstreckenden grotesken Beschreibungen von Marias Hund, der Axel als
  eine Art Cerberus den Weg zur Ehefrau verstellt.
8 Vgl. dazu auch Axels zwanghaftes Beschwören der »Beweise«, daß er doch Vater
  seiner Kinder ist. (*PF* 136, 173; *PI* 483, 531)

[…] je sais que la descendance de ma race est frelatée, et que les enfants qui porteront mon nom devant la posterité, qui seront nourris des revenus de mon travail, ne sont pas à moi. […] et maintenant que cette espérance de survivre à soi-même m'est privée je flotte dans l'air comme un fantôme suçant l'air par mes racines adventives. (*PF* 166)

Was dem vaterlosen Mann und unsicheren Vater Axel am Ende bleibt, ist das verzweifelte Beschwören eines Patriarchats, das er in Deutschland »dem Land der Soldaten«, in dem »alle Beamtenposten dem Mann und Ernährer vorbehalten« sind, noch zu finden meint.[9] (*PI* 561)

Strindberg spricht in *Plaidoyer d'un Fou* Problemlagen an, die auch für andere Autoren seiner Zeit ein zentrale Rolle spielen. In den vorangegangenen Kapiteln konnte gezeigt werden, daß sowohl Knut Hamsun in *Pan* als auch Rainer Maria Rilke in den *Aufzeichnungen des Malte Laurids Brigge* zwar Vater- und Herrscherfiguren schildern, die noch mit Macht und Autorität ausgestattet sind. Sie lassen aber gleichzeitig erkennen, daß deren väterliche Macht und Herrschaft der Vergangenheit angehören und daß sie den Untergang der in diesen Vätern verkörperten Männlichkeitsideale schildern. Die »Söhne« und Protagonisten hingegen erfüllen die Funktion des Vaters überhaupt nicht mehr. Als die »Letzten ihres Geschlechts« tragen die »verlorenen Söhne« die genealogische und pädagogische väterliche Funktion zu Grabe. In Sandemoses proletarischem Jante äußert sich der Niedergang des Vaters in anderer Form, wird doch zumindest innerhalb der Familie die Vaterfigur als Beschützer und Ernährer idealisiert. Hier herrscht auch noch die klassische ödipale Vaterambivalenz, die den milden Vater des bewußten Lebens in den Träumen und Phantasien des Sohnes als kastrierend und bedrohlich erscheinen läßt. Doch auch dieser Vater erweist sich als schwach in zweierlei Hinsicht: Er ist hilflos dem übermächtigen Einfluß der Kapitaleigentümer und einem gnadenlosen kapitalistischen System ausgeliefert, und er ist nicht in der Lage, den jüngeren Sohn vor dem »großen Bruder« zu schützen. Sandemoses Erzähler Espen selbst scheint allerdings am Ende noch Hoffnung in das Ideal der Vaterschaft zu setzen, endet seine Erzählung doch mit einem Idyll zwischen Vater und Kindern. Die fragile und nostalgische Qualität der idealisierten Vater-Kind-Beziehung, die sich hier schon andeutet, wird noch deutlicher in Hans-Jørgen Nielsens *Fodboldenglen*. Hier prägt der schwache, vor allem gegenüber der Mutter machtlose Vater das Leben des Sohnes, der in der Folge selbst zum ge-

---

9 [..] le pays des soldats, ou le régime du patriarcat est encore en vigueur, [..] ici tous les emplois d'état sont reservés à l'homme, le pourvoyeur.« (*PF* 197 f.)

fühlsmäßig und nach der Scheidung auch real abwesenden Vater wird, und dessen »Aufzeichnungen an den Sohn« nur noch melancholischer Ausdruck des Vaterverlustes sind.

All diese in den analysierten Romanen thematisierten Problemkomplexe können als Ausdruck dessen verstanden werden, was als »vaterlose Gesellschaft« bezeichnet worden ist. Der Begriff – erstmals verwendet von Paul Federn in seiner Studie über die Räterevolution von 1918/19[10] – gewinnt zentrale Bedeutung in Max Horkheimers *Studien über Autorität und Familie*.[11] Wie andere Vertreter der kritischen Theorie verbindet Horkheimer psychoanalytische Erkenntnisse mit dem von Karl Marx und Max Weber kritisierten Konzept der »instrumentellen Vernunft«.[12] Horkheimer postuliert einen Zusammenhang zwischen der Entwicklung zum Monopolkapitalismus, dem Verlust väterlicher Autorität und damit auch dem Verlust von deren Internalisierung und der folgenden Rebellion.[13] Diese Ideen werden 1963 von Alexander Mitscherlich in seinem Werk *Auf dem Weg zur vaterlosen Gesellschaft* expliziert. Er konstatiert:

> Die fortschreitende Arbeitsfragmentierung im Zusammenhang mit maschineller Massenproduktion und einer komplizierten Massenverwaltung, die Zerreißung von Wohn- und Arbeitsplatz, der Übergang vom selbständigen Produzenten in den Stand des Arbeiters und Angestellten, der Lohn empfängt und Konsumgüter verbraucht, hat unaufhörlich zur Entleerung der *auctoritas* und zur Verringerung der innerfamiliären *potestas* des Vaters beigetragen.[14]

Der Verlust des »Arbeitsbildes des Vaters«[15] und damit seiner »unterweisenden Funktion« führten dazu, daß er nicht mehr als Identifikationsfigur dienen könne. Die Internalisierung der väterlichen Autorität werde abgelöst von der Orientierung an »peer groups«, die außengelenkte, mit der Masse konforme Persönlichkeit entstehe.[16]

---

10 Federn 1919.
11 Horkheimer 1936, Horkheimer 1947/1949.
12 Benjamin 1978, S. 36 f., verweist insbesondere auf die Nähe von Max Webers Konzept der »Zweckrationalität« und Karl Marx Begriffen der Entfremdung und des Warenfetischismus für die Entwicklung des Begriffs der »instrumentellen Vernunft«.
13 Vgl. hierzu auch Benjamin 1978, S. 42.
14 Mitscherlich 1963, S. 183.
15 Mitscherlich 1963, S. 177.
16 Vgl. Mitscherlich 1963, S. 186.

Sowohl Horkheimer als auch Mitscherlich formulieren ihre Kritik an der vaterlosen Gesellschaft mit emanzipatorischem Impetus.[17] Auch sie bleiben jedoch einer patriarchalen Perspektive und einer Nostalgie nach dem Patriarchat verhaftet.[18] Alexander Mitscherlich beispielsweise hält zwar die Vaterlosigkeit für eine zu bewältigende Aufgabe, ein »Schicksal«, das »ertragen und gestaltet werden muß«,[19] er betont aber gleichzeitig, daß sich dieses Diktum nur auf die systembedingte Vaterlosigkeit beziehen kann, daß die konkrete Vaterlosigkeit der Kindheit, die durch dieses vaterlose System erst geschaffen wird, nicht geheilt werden kann. Er kommt folglich zu dem Schluß: »Es gibt keinen Ersatz für die Vaterbeziehung.«[20]

Schon Mitscherlich entdeckt in der (deutschen) Nachkriegsgesellschaft eine ganz bestimmte Variante der Vaterlosigkeit. Dieser Gedanke wird von Dieter Ohlmeier ausgeführt, der darauf verweist, daß insbesondere in Deutschland, aber auch in anderen in den Zweiten Weltkrieg involvierten und von Deutschland besetzten Staaten die Verwicklung der Väter in die NS-Greuel entweder als Täter oder als Opfer die »Vaterlosigkeit« verstärkten.[21] Den Söhnen der Nachkriegsgeneration sei vor allem das Abarbeiten der eigenen Aggressionen vorenthalten worden, da die Väter entweder konkret abwesend (im Krieg gefallen, in der Gefangenschaft) waren oder durch Schweigen und Rückzug ihre Schuld und Scham verbergen wollten bzw. als Opfer und Verfolgte zu schwach waren und dadurch in den Söhnen Schuldgefühle über die eigenen Aggressionen auslösten. Ohlmeier sieht einige Auswirkungen der Revolte von 1968 als Resultate dieser spezifischen Vaterlosigkeit. Diese habe entweder zu einer »haßerfüllten Ablehnung […] – eine Wurzel des Terroristentums –, oder in eine Abkehr von Väterlichkeit, eine Scheu vor der Ausbildung männlicher Identität, die für flüchtige Ideologien anfällig macht«, geführt.[22] In ähnlicher, wenn auch nicht ausschließlich negativ besetzter Weise schildert – wie in Kapitel 3.3.1. ausgeführt – Hans-Jørgen Nielsens

---

17   Mitscherlich 1963, S. 368, betont zu Anfang von »Nachwort und Dank«, daß der »Wunsch nach Emanzipation« die »treibende Kraft« gewesen sei, »die den Autor bewegte, diese Gedanken niederzuschreiben.«

18   Dies zeigt Benjamin 1978, S. 39 und 48, in ihrer feministischen Kritik.

19   Mitscherlich 1963, S. 326.

20   Mitscherlich 1963, S. 342.

21   Die Themen der Vaterlosigkeit und der Vatersuche werden auch zentrale Topoi der deutschen Nachkriegsliteratur. (Vgl. Schneider 1988)

22   Ohlmeier 1990, S. 139, vgl. auch S. 134 ff.

Protagonist Frands die Zusammenhänge zwischen den schwachen Vätern seiner eigenen Generation und dem RAF-Terror einerseits, dem narzißtischen Höhenflug und Fall der eigenen zeitgenössischen Männlichkeiten andererseits.

Narzißmus wird etwa gleichzeitig zum negativen Schlagwort von Christopher Lasch, der, ohne Mitscherlich oder Horkheimer explizit zu nennen, zentrale Argumente dieser Autoren in seiner in den späten siebziger und frühen achtziger Jahren populären Schrift *Das Zeitalter des Narzißmus*[23] aufgreift. Bei ihm tritt der von Horkheimer und Mitscherlich noch ins Zentrum gestellte aufklärerische, emanzipatorische Aspekt jedoch völlig in den Hintergrund zugunsten einer ausschließlich kulturkritischen Attitüde. Der Erziehungswissenschaftler Dieter Lenzen, der Anfang der neunziger Jahre den Versuch unternimmt, eine Geschichte der Vaterschaft zu schreiben, wendet sich schließlich völlig von dieser emanzipatorisch motivierten Tradition ab. Lenzens Werk soll im folgenden ausführlicher diskutiert werden, obwohl seine »Diskurs-« oder »Mentalitätsgeschichte« als historische Untersuchung nur von begrenztem Wert ist. Problematisch an Lenzens Ansatz ist nicht nur der Versuch, sämtliche historische Vaterkonzepte (soweit diese insbesondere für die Ur- und Frühgeschichte rekonstruierbar sind) einer ›großen Erzählung‹ des »Wandels«[24] unterzuordnen. Methodisch zweifelhaft ist insbesondere die im Verlauf der Untersuchung zunehmende geographische und kulturelle Verengung der Perspektive, die zunächst unterschiedliche frühe Kulturen im Blick hat, sich dann auf die mitteleuropäische christliche, daraufhin auf die protestantische Welt und schließlich nur noch auf Deutschland beschränkt. Insgesamt kann man sich des Eindrucks nicht erwehren, daß hier ein moderner Mann aus einer persönlichen Betroffenheit heraus schreibt und diese Betroffenheit auf den historischen Prozeß projiziert. Lenzens *Vaterschaft* ist in der renommierten Reihe *rowohlts enzyklopädie* erschienen,[25] seine Thesen werden also von einer kritischen Öffentlichkeit durchaus ernstgenommen. Im Zusammenhang mit der vorliegenden Untersuchung gewinnen sie symptomatischen Charakter für den gegenwärtigen Diskurs über Vaterschaft und Vaterlosigkeit.

Lenzen hält die von ihm beklagten »antipatriarchalen oder auch nur vaterfeindlichen Vorstellungen und Aktivitäten« für »geistesgeschichtlich

---

23 Lasch 1978.
24 Lenzen 1991, S. 12.
25 In derselben Reihe erschienen beispielsweise auch Sigrid Weigels *Die Stimme der Medusa* und Johan Huizingas *Homo Ludens.*

aus dem Zusammenhang der kommunistischen Idee nicht wieder herauszulösen.«[26] Mitscherlich wird von ihm in die Reihe derer gestellt, bei denen die »vaterfeindliche Propaganda gewirkt« hat, und er wirft ihm vor, »den Vater mit einer Mischung aus Bedauern und Bekräftigung zum Tor hinaus geleitet« zu haben.[27] Die Entwicklung hin zur Vaterlosigkeit beginnt für Lenzen jedoch weitaus früher, nämlich in der griechischen Antike, in der »im Grunde bereits [...] eine schleichende Verlagerung ehedem väterlicher Funktionen auf andere Funktionsträger« begonnen haben soll. Mit dem frühen Christentum setze dann der »Prozeß der Entdifferenzierung« auch und gerade zwischen Mutter und Vater ein und mit der Tendenz zur Androgynisierung und Entsexualisierung der Gottesfigur ein weiterer wichtiger Schritt zum Vaterverlust. Eine weitere Funktion sei dem Vater in der Reformationszeit durch die Verstaatlichung der Herrschaft und damit der Vaterschaft geraubt worden.[28] Die Tendenz zur verstaatlichten Herrschaft und Vaterschaft kulminiere in der Aufklärung, wo sie durch die Volkssouveränität vervielfältigt worden sei und wo die Schlagworte »Freiheit – Gleichheit – Brüderlichkeit« die »Zerstörung des Vaterprinzips« besiegelten hätten.[29] Dem Vaterprinzip sei durch die »vaterfeindliche Propaganda« der fünfziger und sechziger Jahre und durch die wiederholten Angriffe der Achtundsechziger auf die Vaterschaft nur noch der Rest gegeben worden. Im »gegenwärtigen Diskurs über Vaterschaft« gipfele die »Propaganda« in »fortgesetzten Diffamierungen und vaterfeindlichen Tendenzen«, in »Tendenzen zur Liquidation des Vaters« und »Tendenzen zur Reduktion väterlicher Funktionen«.[30]

Im gleichen Jahr, in dem Lenzens *Vaterschaft* in Deutschland erscheint, wird in den USA Juliet Flower MacCannells *Regime of the Brother* veröffentlicht, ein Werk, das trotz seiner völlig anderen, nämlich feministischen Ausgangsmotivation auch zentrale Aspekte der Diskussion um die »vaterlose Gesellschaft« aufgreift. Wie in Kapitel 4 gezeigt, vertritt auch MacCannell die Auffassung, daß die paternale Funktion mit der Abschaffung der patriarchalen Monarchie in der französischen Revolution verschwinde, daß die traditionelle Gesellschaft von der »artificial group«, der Freudschen »Masse« abgelöst werde und ein Massenführer anstelle

26 Lenzen 1991, S. 206.
27 Lenzen 1991, S. 238.
28 Lenzen 1991, S. 167-172.
29 Lenzen 1991, S. 175 f.
30 Lenzen 1991, S. 239.

des Vaters idealisiert und internalisiert werde.[31] Sie kennzeichnet darüber hinaus die gegenwärtige moderne Gesellschaft als geprägt von einer »notable reproductive anxiety, a fear of fathering«.[32] Zunächst läßt sich in diesen Argumenten eine Nachbarschaft zu denjenigen Christopher Laschs feststellen.[33]

Beim Versuch, über das bloße Konstatieren des Verschwindens der Vaterfigur hinaus Theorien darüber zu entwickeln, was an die Stelle des abwesenden Vaters getreten sein könnte, unterscheiden sich die verschiedenen Autorinnen und Autoren deutlich voneinander. Ist es, wie Freud annahm, ein geschlechtsloses »Es«, das an die Stelle des Vaters tritt?[34] Sind es staatliche Institutionen, und, wenn ja, sind diese geschlechtlich konnotiert? Sind es »patriarchale Abwesende-Vater-Familien«[35] oder ein »verborgenes Patriarchat«, das das »offene Patriarchat ablöst«,[36] sind es die Mutter oder ein »Matriarchat«, ist es eine vaterlose Männlichkeit, oder ist es der Bruder? In seinem Generalangriff gegen die »Vaterfeindlichkeit« sieht Lenzen die ehemaligen Funktionen des Vaters auf all diese Instanzen verteilt. Anhand seiner Thesen sollen im folgenden die Ideen über unterschiedliche »Vaterersatzinstitutionen«, wie sie sich in gegenwärtigen Diskursen und in den Literaturen der jeweiligen Zeit darstellen, diskutiert werden.

5.1.2. Mütterdominanz und Matriarchatsängste

Lenzen zufolge nimmt der »große Wandel« zum Vaterverlust in der Zeit des frühen Christentums eine neue, geschlechtsspezifische Wendung. Mit Augustinus Werk und dessen Fortwirken setzten »2000 Jahre wachsende Mütterdominanz«[37] ein. Die »2000 Jahre« können als antifeministische Polemik verstanden werden, halten doch einige Feministinnen die monotheistischen, paternalistischen Strukturen des Christentums für zumindest mitverantwortlich für das Entstehen und Fortdauern des Patriarchats.[38] Lenzen verkehrt diese Argumentation in ihr genaues Gegenteil,

31 MacCannell 1991, S. 11 f.
32 MacCannell 1991, S. 9.
33 Vgl. Lasch 1978, S. 175-189 und 218 ff. Die entscheidenden Unterschiede zwischen MacCannells und Laschs Thesen werden in 5.2.3. diskutiert.
34 Freud 1923.
35 Goldner 1995, S. 227 f.
36 Melberg 1980, S. 64.
37 Lenzen 1991, S. 116.
38 Zur Darstellung und Kritik feministischer Matriarchatstheorien vgl. z.B. Wagner-Hasel 1992,

wenn er behauptet, Mütter hätten das realisiert bzw. »annektiert«, was im Christentum eigentlich den Vätern als Rolle zugedacht war.[39] Er hebt in der Folge die Entstehung des Marienkultes als »ersten Feminisierungsschub unserer Kultur«[40] hervor. Die grausame Kehrseite der spätmittelalterlichen und frühneuzeitlichen Marienverehrung, die Hexenverfolgungen, erwähnt er dabei mit keinem Wort, obwohl doch auch und gerade diese nicht nur eine real historische, sondern auch eine immense diskursive Wirkung entfalteten und zur weiteren Spaltung des Frauenbildes in idealisierte Jungfrau-Mutter und verachtete und gefürchtete Hure beigetragen haben.[41] Diese Mißachtung führt ihn zur Schlußfolgerung, daß am »Ende des Mittelalters [...] die Gestalt des Vaters feminisiert, maternalisiert« ist[42] – zum ersten Mal zeige sich ein »verhängnisvoller Maternalisierungsprozeß unserer Kultur«, der sich in der Gegenwart perpetuiere.[43] In Lenzens Erzählung tauchen reale Frauen vor allem als Usurpatorinnen von männlichen Funktionen, als grausame Herrscherinnen[44] oder Kindsmörderinnen[45] auf. Er zeigt in seinen kulturkritischen Betrachtungen zum Untergang der Väterlichkeit eine deutliche Tendenz zur Dämonisierung von Frauen und Müttern.

Damit ist er einem ähnlichen phantasmatischen Muster verhaftet wie zahlreiche männliche Protagonisten in August Strindbergs Werken der 1880er Jahre, unter ihnen auch Axel in *Plaidoyer d'un Fou*. Jochen Cullberg hat darauf hingewiesen, daß, im Gegensatz zum Drama *Fordringsägare*, in dem der ödipale Vaterkonflikt im Vordergrund stehe, *Fadren* vom Mutterkonflikt, der Spaltung des Mutterbildes in eine »gute« und eine »böse« Mutter geprägt sei.[46] Dieses Diktum trifft ebenso auf *Plaidoyer d'un Fou* zu.[47] Der vaterlose verunsicherte Vater Axel stilisiert Maria zunächst zur reinen Jungfrau-Mutter, sich selbst zu ihrem Sohn. Der Projektionscharakter dieser Stilisierungen kommt insbesondere dadurch zum Ausdruck, daß meist nur der Anblick Marias mit Kindern oder anfangs auch ihrem Mann oder sogar nur das von Axel phantasierte *Bild* der

---

39 Vgl. Lenzen 1991, S. 126.
40 Lenzen 1991, S. 139.
41 Vgl. Becker u.a. 1977, Honegger 1978.
42 Lenzen 1991, S. 151.
43 Lenzen 1991, S. 249.
44 Vgl. Lenzen 1991, S. 157.
45 Vgl. Lenzen 1991, S. 191.
46 Vgl. Ambjörnsson/Cullberg 1987, S. 16 und 19.
47 Lamm 1948, S. 175, verweist auf die zahlreichen Parallelen zwischen *PF* und *Fadren* und meint, das Drama wirke fast wie eine Vorstudie zum autobiographischen Roman.

idealisierten Mutter auftauchen, während reale Begegnungen, etwa erotischer Art, dieses Idyll zu zerstören scheinen.[48] Oberflächlich betrachtet, lehnt Strindbergs Erzähler zwar vor allem die »moderne«, unabhängige Frau ab,[49] während Mutterschaft in *Plaidoyer d'un Fou,* wie auch in anderen Werken Strindbergs, ein Mittel ist, die Kontrolle über die Frau zu gewinnen, die durch deren Berufstätigkeit oder sexuelle Unabhängigkeit verlorenzugehen droht.[50] (Vgl. v.a. *PF* 159; *PI* 512) Bei genauerem Hinsehen zeigt sich jedoch, daß es die Mutterbilder selbst, Axels Projektionen und Idealisierungen Marias als Mutter, sind, die ihm gefährlich werden. Schon in der Einleitung wird dies deutlich. Hier ist es gerade Marias mütterliche Fürsorge, die den vom Fieber befallenen Erzähler dazu verleitet, eine »Beichte« abzulegen, in der er alle Schuld für die Eheprobleme auf sich nimmt. (Vgl. *PF* 2-5; *PI* 312-316) Dagmar Reese hat ähnliche Strukturen in Strindbergs Einakter *Kameraterna* (1888, dt. *Kameraden*) entdeckt und die These aufgestellt, daß die Strindbergschen Protagonisten weniger Angst vor der Gleichstellung der Frau haben als vor der Abhängigkeit des Mannes von ihr.[51] Es handelt sich dabei aber nicht in erster Linie, wie Reese vermutet, um eine Abhängigkeit, die durch Liebe und sexuelles Begehren bedingt ist, obwohl auch diese Faktoren eine Rolle spielen, sondern vielmehr um die Abhängigkeit des Sohnes von einer übermächtigen, idealisierten Mutterfigur. Die häufige Selbststilisierung Axels als Sohn rufen in ihm ebenso ambivalente Gefühle hervor wie die Projektionen des Bildes der Mutter auf Maria. Zunächst nutzt er die hilflose Kinderrolle, um sie zu manipulieren und zu verführen, die Rolle verbirgt das »verkleidete[...] Männchen, in herbstlicher Brunst auf Beute lauernd«.[52] (*PI* 401) Diese Verkleidung wendet sich jedoch später gegen ihn. Er wird angesichts der übermächtigen Mutter zum »verlassene[n] Kind«,[53] (*PI* 447) zum »verlorenen Sohn«[54] (*PI* 520) und schließlich zum Opfer des »Spinnenweibchens«:

Ich presse mich an ihre Brust, nenne mich ihr kleines Kind, und das Männchen stirbt in den Armen der Mutter, die aufhört, Frau zu sein.

Sie sieht mich mit einem bald triumphierenden, bald sanften Lächeln

---

48 Olsson 1997, S. 168, argumentiert, daß Maria in *PF* in ein Kunstwerk verwandelt und damit latent dämonisiert wird.

49 Zur frühen Ablehnung dieser modernen Frau durch Strindberg vgl. Boëthius 1969, S. 358 f.

50 Vgl. dazu auch Lagercrantz 1979, S. 199 f.

51 Reese 1993, S. 70.

52 »[..] mâle deguisé, à l'affût du gibier, animal en rut d'automne!« (*PF* 72)

53 »[..] l'enfant abandonnée«. (*PF* 108)

an, das voll der Zärtlichkeit des Henkers im Angesicht seines toten Opfers ist. Sie ist das Spinnenweibchen, das das Männchen verschlungen hat, nachdem es von ihm befruchtet worden ist. (*PI* 533)

Je me presse vers son sein m'appelant son enfant, et le mâle se meurt dans les bras de la mère qui cesse d'être femme. Elle me regarde d'un sourire parfois triomphant, parfois doux, pleins de tendresse du bourreau devant le cadavre. C'est l'araignée femelle qui a mangé le mari après avoir reçu la conception de lui. (*PF* 175)

Wie für den Rittmeister in *Fadren*, der am Ende mit tröstenden, mütterlichen Worten von der Amme, der »guten Mutter«, und nicht von der eigenen Ehefrau, der »bösen« und dämonisierten Mutterfigur in die Zwangsjacke gesteckt wird, ist auch für Axel letztlich die »gute« Mutter gefährlicher als die »böse«.[55] Er idealisiert einerseits die Familie, den häuslichen Herd, als natürlichen, gesunden Organismus. Gerade seine Abhängigkeit von diesem führt jedoch zu seiner Zerstörung:

[…] die Familie ist für mich zu einem Organismus geworden, wie eine Pflanze, ein Tier, von dem ich ein integraler Bestandteil bin. Allein würde ich nicht existieren können; auch nicht allein mit den Kindern ohne die Mutter; die Transfusion meines Bluts erfolgt durch große Arterien, die von meinem Herzen ausgehen, sich im Uterus der Mutter verzweigen und dann in die kleinen Körper der Kinder ausstrahlen. Es ist ein System miteinander verschlungener Blutgefäße, und wenn ich auch nur eines zerschneide, verliere ich das Leben mit dem Blut, das im Sand versickert. (*PI* 521)

[…] la famille m'est devenue un organisme, comme une plante, un animal dont je suis un parti intégral. Seul je ne pourrais exister; seul avec les enfants sans mère non plus; la transfusion de mon sang se poursuit par des grandes artères, débouchant de mon cœur, se ramifiant dans l'uterus de la mère et rayonnant dans les petits corps des enfants. C'est un système de vaisseaux sanguins, qui s'enchevètrent l'un dans l'autre, et en coupant un seul j'irai perdre la vie avec le sang, qui s'écoulera dans le sable. (*PF* 166)

Axel tritt also mit dem Ziel an, die Unterlegenheit der Frau damit zu beweisen, daß er sie seinen Bildern unterwirft. Er erreicht allerdings gerade das Gegenteil: er zeigt die Krise der Männlichkeit.[56]

---

54   »[..] un enfant prodigue«. (*PF* 164)
55   Vgl. zu *Fadren* Carlson 1979, S. 76-74.
56   Vgl. Fahlgren 1994, S. 72 f.

Genau mit dieser Schwäche des Mannes rechtfertigt Axel paradoxerweise ein patriarchales Rechtssystem. Er fordert beispielsweise unmittelbar im Anschluß an die oben zitierten Zeilen, den Ehebruch der Frau härter zu bestrafen (nämlich mit dem Tode) als denjenigen des Mannes, da er weitaus größeren Schaden anrichte. Die Ängste Axels reflektieren Strindbergs eigene Beschäftigung mit zeitgenössischen Theorien über urzeitliche Matriarchate. Martin Lamm[57] bezeichnet einen Zeitschriftenartikel des Schwiegersohns von Karl Marx, Paul Lafargue, von 1886 als eine Inspirationsquelle für *Fadren*. Lafargue hält im Anschluß an Friedrich Engels das Matriarchat für die erste Familienform der Menschheit, die erst nach gewaltsamen Geschlechterkriegen vom Patriarchat abgelöst worden sei.[58] Im Gegensatz zum ersten Vertreter der Theorie eines urzeitlichen Matriarchates, Johann Jakob Bachofen,[59] sind für Lafargue die promiskuösen Zustände dieser urzeitlichen Gesellschaften jedoch nicht Zeichen einer degenerierten Gesellschaft, sondern er scheint eine Rückkehr zu solchen Verhältnissen zu begrüßen.[60] Strindberg hingegen teilt mit Autoren wie Otto Weininger[61] die Angst vor einer Rückkehr zum Matriarchat, die nur im chtonischen Chaos enden könne.[62]

In *Plaidoyer d'un Fou* wie auch in anderen literarischen und essayistischen Werken Strindbergs erscheint die Psyche des Mannes also von der Furcht vor und der Sehnsucht nach einer allmächtigen Mutter geprägt. Strindberg teilt dieses phantasmatische Muster, das er auch auf gesellschaftliche Verhältnisse und historische Entwicklungsprozesse überträgt, nicht nur mit vielen seiner Zeitgenossen. Es handelt sich auch, wie anfangs am Beispiel Dieter Lenzens gezeigt, um ein Muster, das noch hundert Jahre später die Diskussion um Geschlechterverhältnisse bestimmt.

---

57 Lamm 1948, S. 176.

58 Lafargue 1886.

59 Vgl. Bachofen 1975.

60 Diese Variante einer sozialistischen Matriarchatstheorie vertreten um die Jahrhundertwende auch der Psychoanalytiker Otto Gross und Georg Groddeck. Vgl. LeRider 1990, S. 165 und 176-205.

61 Vgl. LeRider 1990, S. 146.

62 Vgl. dazu auch Strindberg 1888a: *Kvinnofrågan*, S. 135, (*Frauenfrage*, S. 625 f.). Carlson 1979, S. 67, verweist ebenfalls auf Strindbergs Beschäftigung mit Matriarchatsideen, in dem Falle am Beispiel des Mythos von Herakles und Omphale, der für *Fadren* eine zentrale Rolle spielt. In diesem Zusammenhang behauptet Carlson, der wirkliche Feind des Rittmeisters sei nicht seine Frau selbst, sondern »die Frau in ihrer archetypischen Mutterrolle – die Frau als die Große Mutter«. Zur Rezeption des Herakles-Mythos und deren Bedeutung für unterschiedliche Konstruktionen von Männlichkeit vgl. Kimmich 1997.

Viele der gegenwärtigen Theorien über den Zusammenhang von Mütterdominanz und männlicher Geschlechtsidentität sind unter anderem beeinflußt von postfreudianischen Theorien der Objektbeziehungen. Auch diese sehen, wie mehrfach in dieser Arbeit dargelegt, »Vaterlosigkeit« und »Mütterdominanz« für bestimmend für die männliche Psyche, wenn sie die Rolle der Vater-Sohn-Rivalität und der Kastrationsangst für verhältnismäßig gering erachten und stattdessen die Furcht und den Neid von Jungen und Männern Frauen und Müttern gegenüber hervorheben. Aus diesen Überlegungen erwächst die Idee, Männer seien in ihrer Geschlechtsidentität unsicherer als Frauen, weil sie sich stets von der Weiblichkeit distanzieren müßten.[63] In Kapitel 2 konnte gezeigt werden, daß solche Strukturen insbesondere Knut Faldbakkens Protagonisten Glahn prägen, und Kapitel 3 machte deutlich, daß auch Hans-Jørgen Nielsens Männerfiguren ähnliche psychische Muster aufweisen. Segal kritisiert zu Recht, daß die ursprünglichen objektbeziehungstheoretischen Ansätze der britischen und amerikanischen Schule zwar teilweise gültige Erklärungen über das Verhalten von Männern Frauen gegenüber liefern könnten. Mit ihrer Behauptung, Frauen seien das eigentlich mächtige Geschlecht, das seine Macht an Männer vergebe, ignorierten sie jedoch Männergewalt und die reale Macht von Männern in der Gesellschaft, und sie beachteten nicht, daß die Macht von Frauen über Kinder eine sehr eingeschränkte Form der Macht sei.[64]

Die auf Frauen und Mütter bezogenen Ängste und Sehnsüchte werden häufig, wie schon am Beispiel Strindbergs gezeigt, auf gesellschaftliche Strukturen übertragen. So gesellt sich zur Angst des Mannes vor der konkreten Frau/Mutter die Furcht vor einem Rückfall ins Matriarchat, einer »verhängnisvollen Maternalisierung der Kultur«. Der Ethnologe David Gilmore verwendet einen ähnlichen Ansatz, wenn er psychoanalytische Erkenntnisse postfreudianischer Ich-Psychologen[65] und »materialistische Perspektiven« miteinander verbindet, um einer weltweit »sich wiederholenden ›Tiefenstruktur von Maskulinität‹«[66] auf die Spur zu kommen, die stets durch eine häufig brutale, schmerzhafte und gewaltsame Trennung von Müttern und der weiblichen Sphäre erreicht werden müsse.[67] In eine Reihe mit solchen Ansätzen gehört auch das Bestreben, moderne Gesellschaftsstrukturen mit Hilfe symbolischer familiärer Relationen zu

---

63 Vgl. dazu z.B. Stoller 1979, Stoller 1985.
64 Segal 1992, S. 76 f.
65 Vgl. Gilmore 1991, S. 28-32.
66 Gilmore 1991, S. 3.
67 Vgl. dazu auch Badinter 1993, S. 69 und 72.

erklären. Poul Behrendt etwa behauptet, in den letzten zweihundert Jahren habe eine »verborgene Gewichtsverschiebung zwischen einem männlich und einem weiblich orientierten Lebenszusammenhang«[68] stattgefunden. Den Grund dafür sieht er in erster Linie in einer veränderten Arbeitsorganisation, insbesondere in der Trennung von Arbeitsplatz und Familie, durch die die Mutter eine praktische und emotionale Autorität in der Familie gewonnen habe.[69] Wie stark solche Strukturen die Ideenwelten der in dieser Arbeit analysierten Romane Faldbakkens, Nielsens und Rilkes prägen, ist in den Kapiteln 2.2.1. und 3.3. ausführlich dargelegt worden.

Nicht nur Lenzen, sondern auch zahlreiche Vertreter der Idee einer »vaterlosen Gesellschaft« vertreten die These, in modernen Gesellschaften sei die väterliche durch eine mütterliche Autorität substituiert worden. Mitscherlich behauptet, daß »die Abhängigkeit aller ›Landeskinder‹ von Renten und Pensionen [...] dem Staat die Kennzeichen der Ur-Mütterlichkeit« gebe[70] – eine Diagnose, die wie in 3.3.1. gezeigt, derjenigen von Hans-Jørgen Nielsens Erzähler entspricht. Wie Faldbakken (vgl. Kapitel 2.4.) stellt Mitscherlich darüber hinaus fest, der faschistische Staat bzw. der terroristische Massenführer sei gekennzeichnet durch die »Imago einer primitiven Muttergottheit«.[71] All diese Theorien postulieren einen Zusammenhang zwischen vorödipalen, insbesondere narzißtischen Strukturen, die mit einer innerpsychischen Mutterdominanz zusammenhängen und den in der Regel negativ besetzten, in der Attitüde der Kulturkritik geschilderten Charakteristika moderner Staats- und Gesellschaftsformen.[72]

Die Psychoanalytikerin Janine Chasseguet-Smirgel legt in ihrer Interpretation von Sigmund Freuds *Totem und Tabu* ein ähnliches Geschlechtermodell zugrunde, wenn sie schreibt, daß der »Häuptling« oder Führer »mehr von den Merkmalen der allmächtigen Mutter als des Vaters« besitze. Sie führt die Destruktivität faschistischer Gruppenbildungen auf die »veritable Ausrottung des Vaters und der väterlichen Welt ebenso wie aller Derivate des Ödipus« zurück und kommt zum Ergebnis: »Was den

---

68 »[..] igennem de sidste to hundrede år har fundet en skjult vægtforskydning sted fra en mandlig til en kvindelig orienteret livssammenhæng.« (Behrendt 1984, S. 13)
69 Behrendt 1984, S. 31. Vgl. auch Hausen 1976.
70 Mitscherlich 1963, S. 310, vgl. auch S. 344.
71 Mitscherlich 1963, S. 344.
72 Ähnliche Ideen vertritt Lenzen 1991, S. 233, 237 und 260, in Bezug auf den deutschen Staat nach dem zweiten Weltkrieg.

Nazismus betrifft, so manifestiert die Rückkehr zur Natur, zur alten germanischen Mythologie, das Streben nach Verschmelzung mit der allmächtigen Mutter.«[73] Diese Art der Faschismus-Analyse ist dafür kritisiert worden, daß sie den emanzipatorischen Ansprüchen letztlich zuwiderläuft, mit denen zumindest einige der Autorinnen und Autoren antreten. Jessica Benjamin argumentiert in ihrer Kritik von Chasseguet-Smirgel, deren Theorie basiere vor allem auf dem »theoretische[n] Bemühen, alle Irrationalität der mütterlichen Seite zuzuschreiben und das destruktive Potential des phallischen Ideals zu leugnen. [...] Diese Auffassung rechtfertige die Dominanz des Vaters über die Mutter mit der Begründung, daß sie im Unbewußten immer noch omnipotent sei.«[74] Slavoj Žižek gibt darüber hinaus zu bedenken,

> that this spectre of woman's power structurally depends on male domination: it remains its shadowy double, its retroactive effect and, as such, its inherent moment. For that reason, the idea of bringing the shadowy woman's power to light and acknowledging its central position publicly is the most subtle way of succumbing to the patriarchal trap.[75]

Nichtsdestoweniger sind solche Theorien nicht nur prägend für die Matriarchatsängste und -sehnsüchte der Jahrhundertwende, sondern sie behalten auch noch in zeitgenössischen Diskursen über männliche Identität ihre Aktualität.

5.2. Die Reaktionen der Söhne

5.2.1. Verweiblichung

Eine mögliche Reaktion der »Söhne« auf die ambivalenten Phantasmen von Mutterschaft und weiblicher Dominanz ist die Auseinandersetzung mit der eigenen »Verweiblichung«. Hannelore Bublitz weist auf das »Verweiblichungsbegehren« von Männern um die Jahrhundertwende sowie auf die »Diskursfigur einer drohenden Verweiblichung und Vergeschlechtlichung des männlichen Individuums«. Sie führt diese darauf zurück, daß zunächst der Frau allein geschlechtliche Qualitäten zuge-

---

73 Chasseguet-Smirgel 1987, S. 86.
74 Benjamin 1993a, S. 150.
75 Žižek 1994, S. 56.

schrieben wurden, während der Mann als das allgemeinmenschliche Individuum galt. In dem Augenblick, wo der Mann um die Jahrhundertwende als Geschlechtswesen wahrgenommen werde, werde eben diese
Geschlechtlichkeit auch als Weiblichkeit im Manne gewertet. Sie kommt
zu dem Schluß:

> Die Feminisierung der Kultur, phantasmatisches Leitmotiv der Debatte
> über die Kulturkrise, kann in diesem Zusammenhang als Metapher für
> eine drohende Vergeschlechtlichung des verallgemeinerten Kultur-
> trägers Mann verstanden werden.[76]

Die konstatierte Verweiblichung wird allerdings unterschiedlich bewertet, sie fungiert einerseits als »sittlicher Gegenpol zur männlichen Kultur
und als mögliche Verkörperung einer positiven Utopie«, andererseits »als
widerständiges und subversives Element«.[77] Dieses Spannungsfeld manifestiert sich auch in den in dieser Arbeit analysierten Romanen und zwar
nicht allein in denjenigen der vorigen Jahrhundertwende, sondern auch
in zeitgenössischen Werken. Knut Hamsuns *Pan* etwa handelt von der
Faszination und Bedrohung, die für den Mann von einer unsicher gewordenen Geschlechtsidentität ausgeht. Hamsuns Protagonist Glahn
schwankt zwischen einer Identifikation mit dem Weiblichen, die ihm
Schöpferkraft verleihen soll (vgl. 2.3. und 2.5.) und der Abgrenzung von
den als übermächtig erlebten Frauen, und er geht an ebendiesen Wider-
sprüchen letztlich zugrunde. Für Glahn steht Verweiblichung mit sexueller Perversion und damit mit dem Tod in Verbindung; Rilkes Malte
idealisiert Krankheit und Armut und setzt diese mit einer ersehnten
Weiblichkeit gleich. (Vgl. 3.5. und 3.8.1.) Verunsicherte Männlichkeit und
der dauernde Kampf gegen die eigene Verweiblichung, gegen weibliche
Anteile in sich selbst, liegen auch August Strindbergs Misogynie und
Ausfällen gegen die Frauenbewegung sowie seinen Ängsten vor einem
Rückfall ins Matriarchat zugrunde, so daß Kiberd Strindbergs Dramen
als »studies in a failed androgyny«[78] lesen kann. Strindbergs Axel verortet
sich in seiner Auseinandersetzung mit der Angst, nicht männlich genug
zu sein, seiner Furcht vor Verweiblichung, in demselben medizinisch-
psychiatrischen Diskurs über Degeneration, Perversion und körperliche
und geistige Krankheit, der auch für Hamsuns frühe Romane (vgl. 2.3.)

---

76 Bublitz 1998, S. 22.
77 Bublitz 1998, S. 35.
78 Kiberd 1985, S. 35.

und Rilkes *Aufzeichnungen des Malte Laurids Brigge* (vgl. 3.8.1.) prägend ist. Nicht unähnlich Glahns Beziehung zu Edvarda ist Axels Verhalten Maria gegenüber von sadomasochistischen Strukturen bestimmt.[79] Die streckenweise nahezu religiöse Verehrung, die Axel Maria entgegenbringt, geht stets einher mit seiner Erniedrigung vor ihr. Während der Werbung um sie begibt er sich exzessiv und theatralisch in die Position des Leidenden, so etwa beim Abbruch seiner Parisreise, als er in der Oktoberkälte schwimmen geht, sich den »Rücken von der Oktoberbrise peitschen« läßt, während »der eiskalte Wind« ihm »das Kreuz wie ein glühendes Eisen durchbohrt.«[80] (*PI* 397) Er findet sich häufig auf Knien vor ihr, in der Rolle eines mittelalterlichen Pagen – eine Rolle, die er anfangs genießt und bewußt kultiviert, (vgl. z.b. *PF* 79, 93, 96; *PI* 411, 428 f., 432) im Laufe seiner Aufzeichnungen jedoch zunehmend als belastend und erniedrigend (vgl. *PF* 112, 129; *PI* 453, 474) und schließlich als Zeichen seiner Entehrung und Entmännlichung empfindet:

[…] ich, der ich den kriechenden Hund spiele, der ich im Schlamm wate, um ihren weißen Strumpf anzubeten, der ich mir die Löwenmähne habe schneiden lassen und ein Pony angelegt habe wie ein Pferd, der ich den Schnurrbart nach oben gezwirbelt und den Hemdkragen nach unten gekrempelt habe, um es mit ihren furchtbaren Liebhabern aufnehmen zu können. (*PI* 524)

[…] moi, qui joue le chien couchant, qui patauge dans la fange pour adorer son bas blanc, moi qui m'ai fait couper le crin de lion en adoptant le toupet à la cheval, en retroussant la moustache, en mettant le col decolleté pour offrir la concurrence aux amants redoutables. (*PF* 168)

An dieser Stelle, wie an zahlreichen anderen steht die Anbetung und die Selbsterniedrigung vor der idealisierten und später dämonisierten Frau mit einer fetischistischen Verehrung von Schuhen, Füßen und Strümpfen in Verbindung, ein Fetisch, den Axel ebenfalls mit Hamsuns Glahn teilt; (vgl. 2.2.2.) und wie in *Pan* schlägt Axels Masochismus häufig und

---

79 Wie Hamsun ist Strindberg (vor allem in seinem autobiographischen Werk) von Rousseaus *Confessions* beeinflußt. In 2.5.1. wurde dargelegt, daß bei Rousseau masochistische Charakterstrukturen eine zentrale Rolle für sein Selbstbekenntnis spielen. Vgl. zu diesen Zusammenhängen Harding 1963, S. 557.

80 »[..] laissant fustiger mon dos par la brise de l'Octobre«. »L'air glacial perça le râble comme un fer rouge.« (*PF* 68)

plötzlich in sadistische Handlungen um.[81] Kaja Silverman hat in *Male Subjectivity at the Margins* verweiblichte, masochistische und fetischistische Anteile von Männlichkeit als subversive Kräfte gedeutet, die dazu geeignet seien, ein binäres Geschlechter- und Herrschaftssystem zu unterminieren.[82] Abigail Solomon-Godeau argumentiert dagegen, daß die von Silverman zugrundgelegte phallische »dominante Männlichkeit«, gegen die eine nicht-phallische marginale Männlichkeit sich abheben könne, niemals so unangefochten existiert habe, wie Silverman dies behauptet.[83] Sie warnt daher davor, die Artikulation »weicher« Männlichkeit oder die theoretische Revision des männlichen Masochismus vorschnell zu loben als »relinquishment of the privileges of patriarchy [...] and certainly [they] need not have anything to do with female emancipation, empowerment, or liberation.«[84]

Das Beispiel von Axels Masochismus in *Plaidoyer d'un Fou* ist geeignet, diese kritischen Stimmen zu unterstützen. In den Phasen seiner Beziehung zu Maria, in denen er sich selbst erfolgreich, »männlich« und überlegen fühlt, benutzt Axel nämlich gerade auch seine masochistischen Seiten, seine Unterwürfigkeit, um Macht über Maria zu gewinnen. Als ihm wissenschaftlicher und literarischer Erfolg beschieden ist, schreibt er über Maria und sich:

Da senke ich mich immer tiefer, um ihr die Demütigung zu ersparen, einem überlegenen Mann anzugehören. Wie der Märchenriese lasse ich sie mit meinem Bart spielen [...]. Ich gebe ihr die Illusion, daß ich all meinen Ruhm nur ihr zu verdanken habe, [...] und *ich genieße es, ihr unterlegen zu sein, es macht mir Vergnügen,* der vernachlässigte Ehemann einer bezaubernden Frau zu sein, so daß sie am Ende glaubt, sie

---

81 Vgl. dazu auch Melberg 1980, S. 61: »Wenn Axel immer wieder aufs Neue vor Marias angebeteten Stiefeln niederfällt oder der Versuchung erliegt, ihren kleinen Fuß zu küssen, so findet darin sich eine Spur sadomasochistischer Rituale: im nächsten Augenblick liegt sie ja zu seinen Füßen, vielleicht als Madonna, vielleicht als Hure im Bett, vielleicht vergewaltigt, vielleicht fortgeworfen.« (»När Axel ständigt på nytt faller till föga inför Marias dyrkade kängor eller frestas att kyssa hennes lilla fot, så finns där et stänk av sadmosochistiska ritualer: i nästa stund är det ju hon som ligger vid hans fötter, kanske som madonnan, kanske som horan i sängen, kanske våldtagen, kanske bortkastad.«)

82 Vgl. Silverman 1992, v. a. S. 185-213. Siegel 1995, Studlar 1988 und Bersani 1988 vertreten ähnliche Thesen.

83 Solomon-Godeau 1995, S. 74, vgl. auch Solomon-Godeau 1997.

84 Solomon-Godeau 1995, S. 76. Ähnlich kritisch äußern sich Smith 1995, S. 88, und Felski 1995, S. 93.

besitze das Genie. In alltäglichen Dingen ist es genauso. Ich bin selbst ein sehr guter Schwimmer und bringe Maria die Kunst des Schwimmens bei. Um sie zu ermutigen, spiele ich den Ängstlichen, so daß sie sich damit amüsiert, von ihren Großtaten zu erzählen und mich dem Gelächter preiszugeben, *was mir unendliches Vergnügen bereitet.* (*PI* 506 f., Hervorhebungen S.v.S.)

En sorte que je descende encore plus bas afin de lui épargner les humiliations d'appartenir à un homme supérieur. Comme le géant je la laisse jouer avec ma barbe […]. Je lui donne l'illusion d'être la donatrice de toutes mes gloires, […] et *je jouis de rester au dessous d'elle, je me complais* à être le mari négligé d'une femme charmante, si bien qu'elle finit par se croire tenir le génie. De même dans les menus rapports de la vie quotidienne. Très fort en nage, j'apprends à Maria l'art de nager. Et afin de l'encourager je joue le peureux, en sorte qu'elle se plaise à raconter ses bravades en me donnant à la risée, *ce qui me fait un plaisir infini.* (*PF* 154 f.)

Der Genuß, den Axel in dieser Passage mehrfach betont, resultiert nicht in erster Linie aus seiner Erniedrigung, sondern aus dem Wissen, daß diese nur gespielt ist und dadurch sowohl seine Überlegenheit als auch seine männliche Ritterlichkeit der unterlegenen Frau gegenüber beweist. Einen ähnlichen Effekt findet Christopher Newfield in Nathaniel Hawthornes *A Scarlet Letter*. »Masculine anxiety, self-doubt, self-effacement, and masochism« und ein Ideal der männlichen Unterwürfigkeit stünden hier im Dienste männlicher Autorität; die Fähigkeit, »Weiblichkeit« nachzuahmen, könne eine besondere Art männlicher Macht darstellen, und zwar besonders in Zeiten, in denen traditionelle männliche Machtsysteme ihre Kraft verlören:

Male feminization does not only appear to bring the submissive man toward the condition of femininity, but serves as the means by which men can more generally avoid getting frozen into the dominator's position when domination loses its force.[85]

Axel ist demnach gerade in seiner Selbsterniedrigung, in der masochistischen Position Manipulator, der die Frau erst in die Position der allmächtigen Ur-Mutter bringt, um sich dann vor ihr zu erniedrigen. In den Momenten, wo ihm selbst dieses Gefühl zu gefährlich erscheint und seine Männlichkeit bedroht, wandelt sich das Madonnenbild in sein

85 Newfield 1989, S. 61

Gegenteil, Maria wird in seiner Phantasie zur Hermaphroditin, zur lesbischen Perversen. (Vgl. z.B. *PF* 41, 152, 157, 190, 201, 208; *PI* 363, 503 f., 510 f., 552, 566, 574) Fahlgren hat darauf verwiesen, daß die Fixierung Axels an angebliche lesbische Neigungen seiner Frau nicht nur auf die Angst des Mannes vor der selbstgenügsamen Frau zurückgeht, die nicht beherrscht werden kann, sondern daß sie auch auf sein eigenes latentes homosexuelles Begehren verweisen könnte.[86] Wichtiger noch ist in diesem Zusammenhang, daß die lesbische Frau eben auch Hermaphroditin ist, ein dunkles Zwitterwesen, (*PF* 41; *PI* 363) und damit zur Projektion von Axels eigener Geschlechtsunsicherheit und Verweiblichung wird. Resultat dieser Projektion ist weiterhin, daß die Konfrontation des Mannes mit diesem von ihm allererst projizierten Schreckbild der Perversen, der Vampirin, in der Interpretation des Erzählers wiederum zu dessen Entmännlichung führt, die sich insbesondere in Krankheit und Willenlosigkeit äußert. Willenlosigkeit, ein Charakterzug, den Strindberg Zeit seines Lebens fürchtete,[87] wird unter den Bezeichnungen Neurasthenie (Nervenschwäche) oder Abulie zudem ein Hauptkennzeichen des Degenerierten im zeitgenössischen medizinischen Diskurs.[88] Der Degenerierte wiederum ist, wie mehrfach dargelegt, eine verweiblichte Figur. (Vgl. z.B. 2.3. und 3.8.1.) Das Problem des »Verfalls« (»décadence«) des männlichen Willens wird auch von Axel im Laufe seiner Aufzeichnungen mehrfach aufgeworfen, (vgl. z.B. *PF* 49, 60, 131-134; *PI* 372, 386, 477-481) und immer ist es die »kastrierende« Frau, die aus der Rolle als angebetete Mutter herausfällt, welche die Willensschwäche, die Dekadenz des Mannes verursacht.

Auch die Symptome der Neurasthenie oder Abulie sind im medizinischen Diskurs der Zeit mit einem Verlust männlicher Energie sowie mit homosexuellen Tendenzen, mit Perversion assoziiert.[89] Zusammenfassend läßt sich also feststellen, daß Axel einerseits seine eigenen Symptome, Geschlechterunsicherheit und Perversion auf die zunächst idealisierte Frauen- und Muttergestalt projiziert, um ihr in der Folge vorzuwerfen, diese Symptome erst bei ihm hervorgerufen zu haben. Ebenso wie seinen Masochismus und seine Unterwürfigkeit benutzt er die Sym-

---

86 Fahlgren 1994, S. 73.

87 Die Willenlosigkeit des Protagonisten Johan bildet beispielsweise ein durchgehendes Thema in Strindbergs autobiographischer Romanfolge *Tjänstekvinnans son*.

88 Vgl. Smith 1989.

89 Smith 1989, vgl. auch Kapitel 2.3.

ptome seiner Entmännlichung, um Maria zu manipulieren und zu verführen.[90]

Wie für Rilkes Malte und für Nielsens Frands (vgl. 3.8.) verbinden sich in Axels Phantasie Weiblichkeit/Verweiblichung, Sexualität, Schmutz und Exkremente. Jede explizite Erinnerung an alltägliche Körperfunktionen ist ihm zuwider. Ihn ergreift Ekel vor dem ehelichen Schlafzimmer, als er den kranken Freiherrn besucht. (*PF* 67; *PI* 407) Er vergleicht das Scheidungsdrama von Maria und ihrem ersten Mann mit »Exkremente[n …], die man hinter sich läßt, auf die man spuckt, um sich dann schnell davonzumachen, damit man sie nicht mehr sehen muß.«[91] (*PI* 482) Die »ungeregelte Liaison« mit Maria erscheint ihm als »Schmutz«, aus dem Axels Liebe erst durch Marias Mutterschaft und die Ehe »gereinigt und veredelt« emporsteigt.[92] (*PI* 483) Sein zwanghafter Kampf gegen Schmutz und Kot nimmt in den Szenen mit dem verhaßten Hund Marias groteske Formen an. Dieses »Monstrum«, das wie Cerberus vor der Schlafzimmertür der Ehefrau liegt und Axel so seine sexuellen Rechte als Ehemann verweigert, bekommt das beste Fleisch gefüttert, während man Axel nur eine kalte Mahlzeit vorsetzt, und es zeichnet sich ansonsten dadurch aus, daß es »seine Notdurft überall, immerzu, ohne jede Scham« verrichtet.[93] (*PI* 492)

Im Gegensatz zu Malte gewinnt Axel Schmutz und Exkrementen jedoch keinerlei Faszination ab. Die Frau wird ihm zunehmend zur Verkörperung von Schmutz und perverser Sexualität, eine Bedrohung für seine geistige Männlichkeit,[94] und er versucht zunehmend, wenn auch ohne Erfolg, sich von ihr und damit der gefürchteten Perversion und Degeneration abzugrenzen, sogar und gerade in seinem Sexualleben:

Und in meinen Lieben bewahrte ich die äußere Keuschheit, schonte die Scham, achtete immer darauf, nicht den Schönheitssinn zu verlet-

---

90 So greift er immer z.B. immer dann zu Krankheitssymptomen, wenn ihm Maria beruflich zu selbständig zu werden scheint und er sie in die Mutterrolle zurückzwingen möchte. (Vgl. z.B. *PF* 162; *PI* 516 f.)

91 »[..] des excrements que l'on laisse, en crachant dessus, s'en esquivant pour n'y plus regarder.« (*PF* 135 f.)

92 »[..] et maintenant que Maria était en voie pour la maternité mon amour prit de nouveaux élans, sortant epuré, annobli, des souillures de la liaison déréglée.« (*PF* 136)

93 »Dès lors le caniche pose sa fiente partout et couramment, sans gêne, dans une espèce de sentiment vindicatif.« (*PF* 143)

94 Vgl. hierzu beispielsweise die Passage, in der Axel den Verdacht bekommt, seine Frau könne ihn mit Syphilis angesteckt haben. (*PF* 202; *PI* 567)

zen, das Gefühl für das Schickliche, die uns die animalische Kehrseite eines Akts vergessen lassen, der für mich mehr mit der Seele als mit dem Körper zusammenhängt. […] Ich liebe die Reinlichkeit, die Sauberkeit, die Schönheit im Leben, und ich komme zu spät zu einem Diner, um mir ein frisch gestärktes Hemd anziehen zu können; ich zeige mich meiner Geliebten niemals halb angezogen oder in Hausschuhen; ich serviere ihr ein einfaches Butterbrot, ein Glas Bier, aber auf einem weißen Tischtuch. (*PI* 480)

Et dans mes amours je conservais la chasteté extérieure, ménageant les pudeurs, toujours en garde contre des offenses à la beauté, à la convenance, qui font oublier le dessous animal d'une action, pour moi, plus en rapport de l'âme que du corps. […] J'adore la propreté, la netteté, la beauté dans la vie, et je manque un diner pour la chemise blanchie; je ne me présente jamais en dèshabillé ni en pantoufles devant ma maîtresse; je lui sers une pauvre tartine, un verre de bière, mais sur la nappe blanche. (*PF* 133 f.)

Problematisch an dieser Selbststilisierung als reinlicher, unsinnlicher Ästhet ist jedoch, daß er sich hier gleichfalls einem Weiblichkeitsideal nähert, dem der verfeinerten, anbetungswürdigen reinen Madonna und viktorianischen Frau. So verfällt er erneut in ein Paradox: er projiziert einerseits das »chtonische« Element auf die Frau und deren »Perversion«, um sich davon zu distanzieren, gerät aber durch sein Reinlichkeitsideal erneut in eine weibliche Position. Seine »Verweiblichung« erscheint also letztlich unvermeidlich.

In den vorangegangenen Kapiteln wurde gezeigt, daß die Frage nach »weiblichen« Anteilen im Manne, nach Androgynie und Verweiblichung im 20. Jahrhundert keineswegs erledigt ist, wenn sie auch teilweise in anderen Zusammenhängen verhandelt wird. Sandemoses Espen erhofft sich von einem Ideal der Androgynie, einem Akzeptieren der weiblichen Anteile im Manne inneren Frieden und Ausgeglichenheit, und er analysiert die verheerenden Auswirkungen, die das Verleugnen dieser Anteile sowohl für Männer wie für Frauen und die gesamte Gesellschaft hat. (4.2.) Die skandinavische »Neue Männerliteratur« der siebziger und achtziger Jahre zeigt häufig Protagonisten, die verzweifelt versuchen, sich vom Mütterlich/Weiblichen zu lösen. Auch Knut Faldbakkens Glahn geht jedoch an seinen nicht-integrierten, weiblich konnotierten, »perversen« masochistischen und homoerotischen Anteilen zugrunde. (2.2.1.) Hans-Jørgen Nielsens Frands hingegen setzt, wie schon Rilkes Malte, seine Hoffnung auf ein neues Männlichkeitsideal, das weiblich/chtonisches »Labyrinth« und männlich/geistige »Zentralperspektive« versöhnt. Trotzdem verweist sein Kampf mit der Ablösung vom Mütterlich-Weiblichen auf unüberwindliche Probleme mit diesem androgynen Ideal. (Vgl. 3.5. und 3.8.2.)

Dieter Lenzen geht am Ende seiner Untersuchung über Vaterschaft auf die »mutigen Versuche einer Begründung ›neuer Väterlichkeit‹« ein. In Texten, die eine solche propagieren, werde jedoch gezielt darauf abgehoben,

den tradierten Geschlechterunterschied in seinem Kern zu treffen, so daß also nicht nur die soziale Rollenverteilung problematisiert wird, sondern über eine teils biologistische, teils anthropologistische Argumentation verdeutlicht werden soll, daß der Geschlechterunterschied selbst hinsichtlich der Gebär- und Nährfunktion zu vernachlässigen sei.[95]

Lenzens Kritik einer solchen »Feminisierung der Vaterrolle« in der Gegenwart zeigt, daß die Verweiblichung des Mannes und Geschlechtsindifferenz Themen sind, die auch hundert Jahre nach Strindberg noch geeignet sind, »male anxiety«[96] auszulösen.

5.2.2. Männlicher Protest

In einer Randbemerkung beklagt Lenzen eine weitere Folge der »Matriarchalisierung« unserer Kultur, der »Annexion« der Vaterfunktion durch die Frau und Mutter und der »Verweiblichung« der Männer und Väter: die Substitution von Väterlichkeit durch »eine zweite geschlechtsgebundene Eigenschaftskomponente, die der (vaterlosen) Männlichkeit«.[97] Er spricht damit ein Muster an, auf das auch Hannelore Bublitz, auf Annette Runte rekurrierend, hinweist: »Um die Jahrhundertwende [stehen Männer] am Scheideweg zwischen perverser Feminisierung oder männerbündischer Virilisierung.«[98] Auch dies könnte auf Axel zutreffen, dessen Verhältnis zu Maria in *Plaidoyer d'un Fou* von einem ständigen Schwanken zwischen den Extremen der Unterwerfung und absoluter Dominanz geprägt ist. Axel stilisiert sich in der unterwürfigen Position als Sohn, Maria als übermächtige Mutter. Dieses Verhältnis schlägt, so Margareta

---

95 Lenzen 1991, S. 246.
96 Diesen Begriff führt Calvin Thomas 1996 ein, um bestimmte Paradoxe und Probleme von Männlichkeit und deren Repräsentationen im 20. Jahrhundert zu charakterisieren.
97 Lenzen 1991, S. 126.
98 Bublitz 1998, S. 44.

Fahlgrens Deutung, um in eines, in der Maria zur Tochterfigur wird, während Axel sich »in eine diktatorische Vaterrolle« kleide und die ›Tochter‹ vergewaltige.[99] Mit dieser Deutung zeigt Fahlgren wohl bewußt auch Parallelen zu gegenwärtigen Diskussionen um sexuellen Mißbrauch von Töchtern durch Väter auf. Meines Erachtens ist ihre Interpretation im Falle Axels zu weit hergeholt. Fahlgren deutet mit ihrer Formulierung, Axel sei in der dominanten Rolle ein »diktatorischer Supermann«, selbst an, daß die Kategorie »Väterlichkeit« schlecht auf Axels Verhalten paßt, der eher die von Lenzen konstatierte »vaterlose Männlichkeit« verkörpert. Das »supermännliche« Dominanzverhalten Axels kann als trotzige Reaktion, als »männlicher Protest« auf die von ihm empfundene Mutterdominanz und auf die eigene gefürchtete Verweiblichung verstanden werden. Zur Erinnerung: als »männlicher Protest« gilt bei Alfred Adler ein übersteigertes Streben nach Macht und Überlegenheit, das ein ursprüngliches Minderwertigkeitsgefühl ausgleichen soll, welches natürlicherweise in jedem Kind, bei Neurotikern jedoch aufgrund äußerer Umstände (etwa einer ungünstigen Position Eltern und Geschwistern gegenüber, einer niederen Herkunft etc.) verstärkt vorhanden sei. Adler wählte die Bezeichung »männlicher Protest« für dieses überkompensatorische Streben, da dieses bei Frauen wie bei Männern von einer gesellschaftlichen Geringschätzung von Frauen und Weiblichem beeinflußt sei. Wenn Schwäche und Minderwertigkeit mit Weiblichkeit assoziiert seien, äußere sich der »Wille zur Macht« eben als »leitende Fiktion«: »Ich will ein ganzer Mann sein.«[100]

Bezeichnenderweise reagiert Axel erstmals in einer solchen Haltung des männlichen Protestes, als er eine explizit sexuelle, aber noch illegitime Beziehung zur verheirateten Maria beginnt. Er empfindet Marias sexuelle Hingabe, die er selbst mit seinen Verführungskünsten hervorgerufen hat, als Verrat am Ideal der reinen keuschen Madonna, zu der er sie zunächst stilisierte, und er rächt sich an dieser »Treulosigkeit«, indem er sich »mit rohen Worten und Schmähungen [...] berauscht. [Sein] »ganzer Haß auf das treulose Idol bricht [...] heftig aus [ihm] hervor.«[101]

99 »[..] han ikläder sig en maktfullkomlig fadersroll och våldtar Maria.« Fahlgren 1994, S. 69.

100 Adler 1997, S. 48. Die Grundzüge der Theorien Adlers zum Minderwertigkeitsgefühl und männlichen Protest sind in Kapitel 4.2. erläutert. Vgl. auch Badinter 1993, S. 75.

101 »Je me grise des paroles crues, des profanations de la madone [..]. Toutes mes haines contre l'idôle perfide se déchaînent«. (*PF* 42)

(*PI* 364) Und er fährt fort, die alkoholisierte, obszöne, schließlich im »Hurenhaus« endende Männergemeinschaft als heilende Erfahrung zu stilisieren:

Ich genieße es, männliche Stimmen zu hören, nachdem ich monatelang nichts als sentimentales Miauen, Ergüsse falscher Ehrbarkeit und heuchlerischer Unschuld gehört habe. […] Gegen sie, die Abwesende, richte ich die Gemeinheiten, den Auswurf, die Beleidigungen, in machtloser Raserei, sie nicht besitzen zu können, obwohl das Verbrechen mir dennoch widerstrebt. (*PI* 364)

Je me trouve à l'aise d'écouter des voix mâles après des mois passés en miaulements sentimentaux, en épanchements de fausse honnêteté, d'innocence hypocrite. […] C'est à elle en absence que j'adresse les infamies, les crachats, les insultes, dans la vaine rage de ne pouvoir la posséder puisque le crime me répugne malgré moi. (*PF* 42 f.)

Die Charakterisierung der Szene als »Rausch« und »machtlose Raserei« machen einerseits deutlich, daß auch dem Erzähler bewußt ist, wie sinnlos seine trotzige Protestreaktion letztlich ist. Andererseits sieht er in dieser jedoch einen heilenden Effekt und erwacht am nächsten Morgen als »Herr meiner selbst«, die »ungesunde Empfindsamkeit war verflogen«.[102] (*PI* 365) Äußert sich Axels männlicher Protest hier noch in Form verbaler Schmähungen in einer betrunkenen Männergemeinschaft, richtet er sich später, als er meint, seine Männlichkeit beweisen zu müssen, direkt und in physischer Form gegen Maria. Er schwängert sie bewußt, owohl er weiß, daß eine Schwangerschaft ihrer Gesundheit Schaden zufügen könnte. (Vgl. *PF* 77; *PI* 409) Seine Angst vor Impotenz, seine eigene Schwäche, die »Scham, ich könnte als schüchtern dastehen, verrückt vor Angst, gedemütigt«,[103] treibt ihn dazu, sie zu vergewaltigen. (*PI* 437 f.) Und als die Bedrohung kulminiert, die er durch den »Vampir« Maria empfindet, schlägt er sie »zum ersten Mal«, »ohne besonderen Anlaß«.[104] (*PI* 569 f.)

Auch Axels und August Strindbergs Ausfälle gegen die Frauenbewegung können als Resultat eines männlichen Protestes interpretiert werden, als Reaktion auf den heftige Minderwertigkeitsgefühle erzeugen-

---

102 »En m'éveillant dans mon propre lit à la grande matinée je me sentais merveilleusement en possession de moi-même. Les sensibleries malsaines s'étaient dissipées«. (*PF* 43)

103 »Alors, honteux de faire le timide, fou d'être humilié«. (*PF* 100)

104 »[..] à propos n'importe quoi. Et pour la première fois je le frappe.« (*PF* 204)

den Umstand, daß er Männlichkeit nicht »besitzt«, sondern daß er sie »begehrt.«[105] Axel fühlt sich als Opfer der Frauenbewegung und ihren seiner Ansicht nach überzogenen, ungerechten Forderungen, die dazu geführt hätten, daß der Mann als Familienversorger von der Frau ausgebeutet werde. (Vgl. z.B. *PF* 164, 167, 211; *PI* 519, 522, 579) Seine Ausfälle richten sich dementsprechend gegen diejenigen Männer (und Schriftstellerkonkurrenten), die die »Frauensache« unterstützen, allen voran Henrik Ibsen, den »berühmten norwegischen Blaustrumpf männlichen Geschlechts«[106] (*PI* 509) und »Verräter an seinem Geschlecht«.[107] (*PI* 535) Wie vorher die obszöne Männergemeinschaft erlebt Axel nun seinen eigenen Haß gegen den »bloßen Gedanken, diese Intelligenzen aus der Bronzezeit, diese Menschenaffen, Halbaffen, diese Herde von Schädlingen emporsteigen zu sehen« als eine heilende Energie. In ihm »erhebt sich […] das Männchen, und bemerkenswerterweise genese ich von meiner Krankheit, beseelt von einem haßerfüllten Willen, gegen eine Feindin Widerstand zu leisten, die an Intellekt unterlegen, durch das vollständige Fehlen jeden moralischen Gefühls aber weit überlegen ist.«[108] (*PI* 536) Strindberg reagiert also in *Plaidoyer d'un Fou* wie auch in Essays zur Frauenfrage in ähnlicher Weise wie später Schreber (vgl. 3.8.1.) und Otto Weininger in seiner berühmt berüchtigten Schrift *Geschlecht und Charakter*[109] mit einem »männlichen Protest‹ gegen eine das Ich und die Kultur bedrohende Verweiblichung«.[110]

Die Strindberg-Forschung hat schon früh erkannt, wie sehr die Verweiblichungs- und Impotenzängste von August Strindbergs Protagonisten und ihrem Kompensationsstreben in Antifeminismus und Misogynie Alfred Adlers Konzept des männlichen Protestes ähneln. Torsten Eklund verweist darauf, daß Strindberg in den 1880er Jahren eine Auffassung des Machtkampfes und Überlegenheitsstrebens entwickelte, die zentrale Elemente der Individualpsychologie vorweggenommen habe. Adler selbst scheinen diese Parallelen bewußt gewesen zu sein, und er hat

---

105 Vgl. Stounbjerg 1998, S. 110.
106 »[..] le célèbre bas-bleu mâle norvégien«. (*PF* 156)
107 »[..] traître envers son sexe«. (*PF* 177)
108 »Et à l'idée seule de voir arriver ces intelligences de l'âge de bronze, ces anthropomorphes, demi-singes, cette horde d'animaux malfaisants, le mâle se lève en moi, et, fait curieux à noter, je me guéris de ma maladie, inspiré d'une haine de la resistance contre une ennemie, inférieure en intellect mais par trop supérieure par l'absence complète d.e sens moral.« (*PF* 177)
109 Weininger 1903.
110 LeRider 1990, S. 122.

in seinem Werk mehrfach auf Strindbergs Schriften hingewiesen.[111] Strindbergs Axel ist jedoch nicht der einzige der in dieser Untersuchung erwähnten Protagonisten, deren Verhalten mit dem Konzept des männlichen Protestes erklärt werden kann. Der norwegische Psychoanalytiker Tryggve Braatøy, mit dem Aksel Sandemose während seiner ersten Zeit in Norwegen korrespondierte,[112] hat 1929 neben Freuds Lehren Alfred Adlers Theorie des Minderwertigkeitskomplexes auf Werke Knut Hamsuns angewendet und dessen Werk in eine Reihe mit anderen Künstlern und Denkern gestellt, die in ihrem Schaffen eine Kompensation eigener Unsicherheitsgefühle finden, darunter auch Otto Weininger.[113] Nicht nur die von Braatøy erwähnten Aktionen Nagels in *Mysterier*, auch die in den Kapiteln 2.1., 2.2. und 2.3. analysierte Impotenz Glahns und seine kompensatorischen Reaktionen in *Pan* können als Ausdruck eines grundlegenden Minderwertigkeitsgefühls und als Reaktion des männlichen Protestes gedeutet werden. Diese Lesart legt auch Knut Faldbakken in *Glahn* nahe, insbesondere in seiner Deutung von Glahns homoerotischen Wünschen und Akten als Ausdruck einer Angst vor Frauen und weiblicher Sexualität, die in einer pathologischen Hypermaskulinität resultiert. Faldbakken folgt damit einem ähnlichen Denkmuster wie Adler, der Homosexualität für eine Ausdrucksform des männlichen Protestes hält, der aus der Angst vor »weibischer« Liebeshörigkeit entstehe.[114] Rilkes Malte setzt sich, wie in Kapitel 3.8.1. erläutert, mit ähnlichen Problemlagen auseinander. Auch bei ihm steht ein Minderwertigkeitsgefühl an erster Stelle: als »Letzter seines Geschlechts« kämpft er mit seiner »Entmannung«, reagiert aber in diametral entgegengesetzter Weise wie beispielsweise Axel oder Otto Weininger, wenn er das Weibliche, die eigene Verweiblichung und Schwäche zum Ideal erhebt.[115]

Einige der auf den männlichen Protest bezogenen Parallelen zwischen den Romanen Strindbergs, Hamsuns und Rilkes und Adlers Theorien können auf eine Quelle zurückgeführt werden, auf das Werk Friedrich

111 Vgl. Eklund 1948, S. 3, sowie S. 420, FN 2. Lamm 1948, S. 12, behauptet sogar, Adler habe einen wichtigen Impuls für die Ausformulierung seiner Lehre vom Minderwertigkeitskomplex von Strindbergs *Tjänstekvinnans son* erhalten.

112 Vgl. Storm 1989, S. 174.

113 Vgl. Braatøy 1954. Zu Weininger und Adler S. 183-185. Braatøys Untersuchung erschien erstmals 1929.

114 Vgl. Adler 1924, S. 50 f., Adler 1930, sowie Kapitel 3.3.

115 Auch diese Reaktion kann allerdings im Sinne Adlers als »männlicher Protest« interpretiert werden, stilisiert Malte sich doch gerade durch diesen Akt zu etwas Besonderem, den anderen Überlegenen.

Nietzsches, das neben Strindberg[116] auch alle anderen genannten Autoren direkt oder indirekt beeinflußte. Knut Hamsun wurde durch Georg Brandes und später auch durch die Beschäftigung mit Strindberg auf Nietzsche aufmerksam, und der deutsche Philosoph wurde ihm »lebenslang zu einer ideengeschichtlichen Hauptquelle.«[117] Für den jungen Rainer Maria Rilke war es Lou Andreas Salomé, die den Kontakt zu Nietzsches Denken vermittelte, in dem Rilke insbesondere die ihn selbst lebenslang beschäftigenden Themen der Einsamkeit, des Leidens und des Ich-Zerfalls wiederfand.[118] Alfred Adlers Kategorie des kompensatorischen Überlegenheitsstrebens schließlich ist direkt von Nietzscheanischen Denkmustern, insbesondere von dessen »Willen zur Macht« abgeleitet.[119]

In Kapitel 4.2. wurde detailliert ausgeführt, daß Aksel Sandemose in *En Flyktning krysser sitt spor* Adlers Theorien heranzieht, um Jante und dessen destruktive Männlichkeitsideale zu kritisieren.[120] Adlers Theorien spielen zwar im Diskurs um Männlichkeit seit den 1970er Jahren eine geringe Rolle. Nielsens Beschreibung von Frandses Selbststilisierung als hypermaskuliner Rowdy (»bisse«) (vgl. Kapitel 3.5.) könnte jedoch gleichermaßen als »männlicher Protest« interpretiert werden. Lenzens theoretische Ausführungen selbst lassen sich ebenfalls als Ausdruck eines gegenwärtigen »männlichen Protestes« verstehen. Er hält nicht nur, wie Nielsens Frands und einige Protagonisten Knut Faldbakkens,[121] die Loslösung und Abwendung des Mannes von Frauen und Müttern für notwendig, sondern ihm erscheint die Mütterdominanz so bedrohlich, daß er den Muttermord für ein geringeres Übel hält als den Vater- oder Kindes-

---

116 Zum Verhältnis Nietzsche-Strindberg vgl. v.a. Lamm 1948, S. 217-230, Eklund 1948, S. 369-419, Beyer 1958/59 Bd. 2, S. 49-65, Brandl 1977, die beiden letzten auch zur Wirkung Nietzsches in Skandinavien allgemein.

117 Paul 1985, S. 304 f. Vgl. Beyer 1958/59 Bd. 2, S. 94-106 und Rottem 1996.

118 Vgl. Heller 1954, Seifert 1989.

119 Die Herausgeber der kritischen Ausgabe von Adler *Über den nervösen Charakter* weisen darauf hin, daß Adler wie seine Zeitgenossen um die Jahrhundertwende Nietzsches Konzept des »Willen zur Macht« als den Entwurf eines irrationalistischen Lebensphilosophen las. (Vgl. Adler 1997, S. 385 f.)

120 Wenn der Erzähler Espen am Ende seiner Selbstanalyse sich selbst als Vater sieht, dessen Kinder zu seinen Füßen seinen Erzählungen lauschen, so konstruiert er damit im übrigen einen ähnlichen (nostalgischen) Kontrast wie Lenzen, der eine negativ konnotierte vaterlose Männlichkeit und eine positiv ersehnte Väterlichkeit einander entgegensetzt.

121 Z.B. die Erzähler von *Bryllupsreisen* und *Bad Boy*, vgl. Schnurbein 1996, Schnurbein 1997b.

mord. Dies zumindest läßt sich aus der folgenden, nicht ganz klar formulierten Passage am Ende seiner Untersuchung über *Vaterschaft* schließen:

Der Gedanke de Sades in der ›Justine‹ konnte sich nicht breitmachen. Opfer des Mordes sind die Kinder oder die Väter. *Er zumindest hatte noch befunden:* ›Der Leib des Weibchens trägt nur die Frucht, bewahrt sie und entwickelt sie, aber bringt nichts hinzu – und diese Überlegung hätte mich stets davon abgehalten, meinem Vater nach dem Leben zu trachten, wohingegen ich es als eine ganz harmlose Sache betrachte, den Lebensfaden meiner Mutter abzuschneiden.‹[122] (Hervorhebungen S.v.S.)

»Muttermord« nun ist ein Stichwort, das Jacques LeRider in seiner Untersuchung über Identitätskrisen der Wiener Moderne mit dem Faschismus verbindet. Faschistische Bewegungen, so seine These, geben Männern die Gelegenheit zur »Revanche an einer Weiblichkeit, die zum Antlitz der Moderne geworden war.«[123] LeRiders Kritik von Faschismus und Männlichkeit geht allerdings über Adlers Konzept des männlichen Protestes hinaus. Im folgenden sollen die komplexen Verbindungen zwischen faschistischer Ideologie und Geschlechterkonzeptionen genauer betrachtet werden.

5.2.3. Brüderbünde

»Where have all the grown-ups gone?«[124] – fragt Robert Bly, der »Guru« der Mythopoetischen Männerbewegung in seinem neuesten Buch *The Sibling Society.* Hatte er in *Iron John* hauptsächlich den Verlust von Vätern und Initiation bedauert, verlängert er diese kulturkritische Klage nun in Bezug auf Elternschaft überhaupt. Er vertritt die These, daß bis zum achtzehnten Jahrhundert der Vater den Mittelpunkt der Familie bildete. Dieses Modell sei Mitte des 19. Jahrhunderts abgelöst worden von einer mutterzentrierten Familie, in der Zeit nach dem Zweiten Weltkrieg hätten sich die Konsumgesellschaft und Medienstars an die Stelle der Eltern gesetzt.[125] Was aber bleibt nach diesem »Doppelmord« an den Eltern? Bly schlägt vor, die elternlose und nicht erwachsen werden wollende Gesellschaft »Sibling-Society«, Geschwistergesellschaft, zu nennen. Mit seinen

---

122 Lenzen 1991, S. 259.
123 LeRider 1990, S. 169.
124 Klappentext von Bly 1996.
125 Vgl. Bly 1996, S. 31-33.

Überlegungen greift er einen älteren Ansatz der Sozialpsychologie auf, der Narzißmus an der Wurzel dieser »Geschwistergesellschaft« vermutet. Schon Alexander Mitscherlich sieht unter der »Ur-Mütterlichkeit« der vaterlosen Massengesellschaft »dem Prinzip nach eine Geschwistergesellschaft«[126] entstehen. Einer der Begründer der ich-psychologischen Narzißmuskonzepte, Heinz Kohut, vermutet die Ursache narzißtischer Störungen in der mangelhaften Spiegelung durch die Mutter und in einem unzureichenden Vaterideal, postuliert also ebenfalls ein Versagen beider Eltern. Christopher Lasch überträgt dieses Modell schließlich auf die zeitgenössische Gesellschaft. Im »Zeitalter des Narzißmus« ist das gesellschaftliche Leben bestimmt von unreifen Nicht-Erwachsen-Gewordenen vom Typ des Strindbergschen Axel,[127] der sich selbst als »ein zu früh geborenes Kind«[128] (*PI* 388) bezeichnet und seine Nervenschwäche, seine Willenlosigkeit und seine masochistische Abhängigkeit von der idealisierten Frau/Mutter auf diesen Umstand zurückführt. (Vgl. auch *PF* 203 f.; *PI* 569)

Lenzen beklagt ebenfalls nicht allein eine Maternalisierung der Kultur, sondern damit zusammenhängend einen »Infantilisierungsprozeß«,[129] einen »Sieg des Kindlichen über das Elterliche«[130] und eine fragwürdige »Deifizierung des Kindes«.[131] Zum Beleg seiner These zieht er insbesondere Beispiele aus Kunst- und Literaturgeschichte heran, die sich mit dem Motiv des verlorenen Sohnes beschäftigen. Er konstatiert eine Verschiebung der Aufmerksamkeit von der Figur des Vaters zu der des Sohnes, eine zunehmende Sohnesfreundlichkeit und Vaterablehnung, für die Ibsens Werk paradigmatisch sei. Er erwähnt außerdem Rilkes *Malte Laurids Brigge* als ein zentrales Beispiel für die (narzißtische) Suche nach dem »Ich«, das zu Anfang des 20. Jahrhunderts die Suche nach dem Vater ablöse.[132] Eine Folge der »Sohnesfreundlichkeit« und der narzißtischen Verherrlichung von Kindheit und Jugend stellt für Lenzen die deutsche Jugendbewegung dar, in der »der leere Platz des Vaters [...] ausgefüllt werden [sollte] durch Angehörige der Bewegung selbst. Hier ist der Entstehungsort des später so verhängnisvollen Führerprinzips.«[133] Lenzen

---

126 Mitscherlich 1963, S. 337.
127 Vgl. dazu Bly 1996, Lasch 1978, Badinter 1993, S. 184 f.
128 »[..] un enfant abortif«. (*PF* 61)
129 Lenzen 1991, S. 62.
130 Vgl. Lenzen 1991, S. 124.
131 Lenzen 1991, S. 200.
132 Vgl. Lenzen 1991, S. 121-124.
133 Lenzen 1991, S. 230.

vertritt die Auffassung, daß in der Jugendbewegung »auch die erotische Dimension nicht ausgeklammtert [wurde], so daß die freideutschen Jugendorganisationen immer unter Päderastieverdacht standen«.[134] Ohne diese Quelle direkt zu nennen, bezieht Lenzen sein Argument offensichtlich aus dem dritten Teil von Hans Blühers *Wandervogel: Geschichte einer Jugendbewegung,* der überschrieben ist »Die Deutsche Wandervogelbewegung als erotisches Phänomen«. Blüher stützt sich unter anderem auf Freud, wenn er den Wandervogel als »Erastensystem« bezeichnet, in dem sublimierte Homoerotik den Zusammenhalt zwischen den Mitgliedern garantiere, insbesondere aber die Bindung der Gruppenmitglieder an ihren charismatischen Führer.[135] Nun ist Blühers Behauptung, die Jugendbewegung sei ein an griechischem Vorbild orientierter »Erastenbund«, selbst apologetisch und nicht unbedingt als wissenschaftlicher Konsens zu handeln.[136] Wichtig an Lenzens Behauptungen im Kontext dieser Arbeit ist aber, daß der Autor die Idee einer maternalisierten Kultur mit narzißtischen und homoerotischen Gesellschaftsformationen verbindet und daß ihm diese Mischung insbesondere charakteristisch für faschistische Systeme erscheint. Entsprechend behauptet er, die homoerotische Dimension sei »bis zu den Staatsjugendorganisationen wie der Hitlerjugend in der Mitte des 20. Jahrhunderts erhalten« geblieben.[137]

Eine ähnliche Argumentation verfolgt schon Mitscherlich. Er geht davon aus, daß nach dem Zusammenbruch paternalistischer Systeme die Beziehungen zwischen den Söhnen intensiviert werde und daß die sublimierten, homosexuellen Elemente der Vater-Sohn-Beziehung, also die libidinösen wie aggressiven Bindungen an den Vater, auf diese übertragen würden.[138] Auch Mitscherlich zieht eine Verbindung zwischen einem weiblich/mütterlichen Unbewußten und einer sadistisch-narzißtischen Gesellschaft, für die homoerotische Elemente prägend sind. Wie in Kapitel 4.5. gezeigt, entgegnet Juliet Flower MacCannell dieser latent antifeministischen These, indem sie die Behauptung aufstellt, das väterliche Über-Ich sei durch ein ebenfalls männliches, nun aber brüderliches

---

134 Lenzen 1991, S. 230.
135 Vgl. Blüher 1912, Blüher 1914.
136 Vgl. dazu Reulecke 1990.
137 Lenzen 1991, S. 230. Lenzen macht schon früher homosexuelle Strukturen für die Produktion von Vaterlosigkeit verantwortlich. Wenn er behauptet, der »große Wandel« zum Verschwinden des Vaters beginne in Sparta, so steht Homosexualität sogar noch vor Mütterdominanz und Verweiblichung als dessen Verursacher. (Vgl. S. 77 f., 82-89, 255)
138 Vgl. Mitscherlich 1963, S. 364-366.

abgelöst worden. Sie ändert damit zwar die geschlechtliche Konnotierung dieses Ansatzes, beharrt gleichzeitig aber darauf, daß das moderne Über-Ich narzißtisch und sadistisch sei.[139] Die »Geschwistergesellschaft« besteht für sie aus einer »group of male egos – a fraternity«.[140] In 4.1. wurde dargelegt, daß Aksel Sandemose in *En flyktning krysser sitt spor* bei seiner Darstellung von Jante, dem berühmt berüchtigten »gleichmacherischen« Modell moderner skandinavischer und überhaupt westlicher Industriegesellschaften, ein ähnliches Deutungsmuster entwickelt und das Unterdrückungssystem Jantes als narzißtische »Brüdergesellschaft« brandmarkt. Sowohl Juliet Flower MacCannell als auch Sandemose schließlich sehen im Faschismus den reinsten Ausdruck dieser von ihnen kritisierten Strukturen. (Vgl. 4.5.)

Die in 4.1. und 4.2. herausgearbeitete Kritik Espens/Sandemoses an den potentiell faschistischen männerbündischen Strukturen Jantes und MacCannells von Lacan inspirierte Gesellschaftsanalyse haben jedoch eine durchaus problematische Kehrseite. Wenn MacCannell behauptet, das Begehren der modernen männerbündischen Gesellschaft sei »*hommosexual* [sic]: homo-, homeo-, and man-sexed (which makes it, technically, anal-sadistic)«,[141] so intendiert sie sicherlich keinen Angriff auf Homosexuelle, ebensowenig übrigens wie Mitscherlich mit seiner Behauptung, der moderne Staat sei regressiv mütterlich, einen Angriff auf Frauenemanzipation oder konkrete Frauen und Mütter beabsichtigt.[142] Sie ersetzt jedoch dessen latent antifeministische oder misogyne Metaphorik durch eine ebenso unbeabsichtigt latent homophobe.

Damit steht sie in einer Reihe mit feministischen Theoretikerinnen, die den Faschismus, den Kapitalismus oder die patriarchale/phallozentrische Tradition überhaupt als homoerotische Formationen bezeichnen. All diese Ansätze gehen letztlich auf das Narzißmus-Konzept Sigmund Freuds zurück, in dem die homosexuelle Objektwahl auf narzißtische Persönlichkeitsstrukturen zurückgeführt wird.[143] (Vgl. dazu auch 2.2.1) Dieses Muster legt er, insbesondere in *Massenpsychologie und Ich-Analyse*,[144] auch seinen Gesellschaftstheorien über das narzißtisch-identifika-

---

139 MacCannell 1991, S. 14 f.

140 MacCannell 1991, S. 20.

141 MacCannell 1991, S. 18.

142 Bei Lenzen sieht die Sachlage hingegen anders aus. Er macht auch konkrete Frauen und insbesondere den Feminismus mitverantwortlich für den Niedergang der Vaterschaft.

143 Vgl. Freud 1914.

144 Freud 1921.

torische Verhältnis der Masse zu ihrem Führer zugrunde.[145] Craig Owens hat den (im Falle der feministischen Theoretikerinnen unbeabsichtigten) homophoben Effekt von Theorien solcher Art analysiert. Er weist insbesondere darauf hin, daß gerade die von den Feministinnen kritisierten sozialen Formationen eben nicht für die Förderung von Homosexualität, sondern für deren Verfolgung bekannt sind. Auf denselben Widerspruch macht Andrew Hewitt aufmerksam. Ausgangspunkt seiner Überlegungen ist die Frage, warum männliche Homosexuelle immer wieder als Träger bzw. Subjekte des Faschismus gesehen werden, anstatt, historisch angemessener, als dessen Opfer.[146] Hewitt analysiert zunächst die »politische Pathologie der Homosexualität«[147] in den Theorien der Frankfurter Schule. Er argumentiert,

> that in the psychopolitical writings of Adorno and Horkheimer homosexuality is pathologized as a potentially fascistic fascination with the erotics of power, and that fascism, in turn, is presented as a psychosexual manifestation of homosexual narcissism.[148]

In Adornos und Horkheimers Werken werden (verdrängte) Homosexualität, Narzißmus, Sadomasochismus und Faschismus in eine Reihe gestellt. Es ist dies eine ähnliche Gleichsetzung, wie sie Knut Faldbakken in seiner Bearbeitung von Knut Hamsuns *Pan* vornimmt. (Vgl. 2.2.1.) Wie MacCannell geht also die Frankfurter Schule vom Verschwinden des ödipalen Subjektes im Kapitalismus aus, das durch ein narzißtisches (und damit effeminiertes,[149] homosexuelles) Subjekt ersetzt werde.

Problematisch an der Gleichsetzung von Homosexualität und Narzißmus, wie sie von Freud vorgedacht und bei Lacan ausgeführt ist,[150] ist, Michael Warner zufolge, insbesondere der Umstand, daß hier lediglich die Kategorie Geschlecht als Markierung von Alterität zugelassen wird. Die dialogische Auseinandersetzung mit einem »Anderen«, die für eine wirkliche Beziehung notwendig sei, könne in diesen Theorien nur mit dem anderen Geschlecht erreicht werden, während andere Unterschiede,

---

145 Vgl. dazu auch Owens 1987, S. 230.
146 Hewitt 1996, S. 3.
147 Das zweite Kapitel von Hewitt 1996 ist überschrieben: »The Frankfurt School and the Political Pathology of Homosexuality«.
148 Hewitt 1996, S. 39.
149 Zur Gleichsetzung von Effeminierung und Narzißmus vgl. Hewitt 1996, S. 63.
150 Warner 1990, S. 199, weist auch darauf hin, daß, obschon theoretisch weitaus anspruchsvoller, diese Ideen Lacans nicht weit entfernt von Christopher Laschs reaktionärer, kulturkritischer Sicht entfernt seien.

etwa der Klasse, Nation oder Rasse nicht als solche gelten.[151] Esther Fischer-Homberger vertritt in ihren Ausführungen über »einige durch den psychoanalytischen Blick nahegelegte Verdunkelungen«[152] bezüglich der Funktion der Geschlechterdifferenz als ausschließlicher Differenzkategorie die folgende These:

> Die Erhebung des Geschlechtsunterschieds zur massgebenden Differenz und die Erhebung der Begegnung mit dem anderen Geschlecht zum Inbegriff der Begegnung mit dem Fremden konnten also dem Zweck dienen, andere, erschreckendere, unbegreiflichere Unterschiede [sie nennt später andere Kulturen und Klassen, den Tod, Gott, Geister und Wildnis; S.v.S.] gnädig zu verhüllen.[153]

Im Anschluß an Lacan hebt MacCannell ebenfalls die vorrangige Bedeutung der sexuellen Differenz als Grundlage für wirkliche Beziehungen hervor:

> Now it is living sexual difference (the relation between the parents as well as to the parents) that Narcissus, the aggressive ego, and the sadistic superego they model, so furiously and emphatically deny.

»The failure of real relation to the other, the actual loss of sexual difference«[154] sei das Resultat eines solchen (wie oben gezeigt wurde, auch bei MacCannell homosexuell konnotierten) Gruppennarzißmus. So antwortet also auch MacCannell letztlich auf eine historische Krise mit einem »ontogenetic narrative of heterosexual normalcy.«[155]

Es liegt nahe, solche Argumente, die Homosexualität, Narzißmus und Faschismus gleichsetzen, als »homosexual panic« im Sinne Eve Sedgwicks zu interpretieren.[156] So hebt Owens unter Bezug auf Sedgwick und Foucault hervor, daß moderne, kapitalistische »männerbündische« Institutionen Homophobie gerade produzieren sollen, und zwar, um zu enge affektive Beziehungen zwischen Männern zu unterbinden, die sich in das rationale Funktionieren moderner Institutionen nicht einfügen lassen.

> And the primary weapon in this ›progressive‹ campaign against male friendship was homophobia – the imputing of a homosexual motive to

---

151 Vgl. Warner 1990, S. 199 f.
152 So der Untertitel des Kapitels »Schattenwürfe des Geschlechterunterschieds« in Fischer-Homberger 1997, S. 61.
153 Fischer-Homberger 1997, S. 71.
154 MacCannell 1991, S. 15.
155 Dies ist die Schlußfolgerung, die Hewitt 1996, S. 72, in Bezug auf Adorno zieht.
156 So etwa Hewitt 1996, S. 26, vgl. Sedgwick 1985 und Kapitel 2.1.

every male relationship; hence, the widespread tendency to regard such institutions of the military, the prison, and the boy's school as sites of rampant homosexual activity, rather than as machines for the reproduction, not of homosexuals, but of homophobes.[157]

Zusammenfassend läßt sich feststellen, daß die meisten Theorien, die faschistische Gesellschaftsstrukturen mit Hilfe psychoanalytischer Modelle, insbesondere mit Narzißmustheorien, erklären wollen, entweder eine misogyne oder eine homophobe Richtung einschlagen. Erstere (zu ihnen gehören, wie in 5.2.1. gezeigt, Faldbakken, Chasseguet-Smirgel, Horkheimer, Mitscherlich und Lasch) kritisieren die narzißtisch-faschistischen männerbündischen Strukturen als letztlich einer destruktiven präpödipalen Mutterimago verhaftet. Ironischerweise ist das Verhältnis zwischen totalitärem Führer und seinem ihm untergeordneten Bund in diesen Theorien ähnlich konnotiert, wie das Verhältnis zwischen »Männerbund« und weiblich-chaotischer »Masse« in nahezu allen Varianten der (prä)faschistischen Männerbundideologie. Die zweite Fraktion (zu ihr gehören Sandemose und MacCannell) hingegen kodiert männerbündisch-faschistische Strukturen als latent homosexuell und übersieht dabei nicht nur die Homophobie solcher Gemeinschaften, sondern hat die Tendenz, diese zu perpetuieren.

Hans-Jørgen Nielsen macht sich in *Fodboldenglen* auf die Suche nach einem Kompromiß zwischen diesen Positionen. Sein Erzähler Frands bewertet die Rolle von Sexualität in der »männerbündischen« Jungengemeinschaft seiner Kindheit ambivalent. (Vgl. 3.4.1.) Wenn er an einer Stelle zunächst von seiner auch homoerotische Akte umfassenden Beziehung zu Frank und unmittelbar darauf von seiner späteren irrational panischen Reaktion bei der Begegnung mit einem Transvestiten erzählt, könnte man darin auch einen Hinweis darauf erblicken, daß er sich bewußt ist, daß männerbündische Strukturen Homophobie produzieren können. Diese Zusammenhänge werden aber in *Fodboldenglen* nicht weiter ausgeführt.

In *Plaidoyer d'un Fou* spielt Männerbündisches, spielen Beziehungen zwischen Männern eher eine marginale Rolle, sieht man von der Beziehung Axels zum Freiherrn und dessen Verbindungen zum Militär ab, die der Erzähler anfangs bewundert und dem Rivalen neidet. Strindbergs Roman konzentriert sich ansonsten auf die Beziehung zwischen Mann und Frau. Man könnte sagen, daß er die von MacCannell eingeforderte »sexuelle Differenz« geradezu hysterisch beschwört, beispielsweise wenn

---

157 Owens 1987, S. 230.

er wiederholt darauf hinweist, daß Mann und Frau verschieden sind und zu sein haben. Diese Beschwörungen, so macht das Scheitern Axels am Ende deutlich, erscheinen nun vor allem als Ausdruck der paranoiden Struktur, die entsteht, wenn der Geschlechterdifferenz Vorrang vor allen anderen Differenzen eingeräumt wird.

5.3. Primitivismen und Männlichkeit

Obwohl sich einige der bisher in diesem Kapitel diskutierten Theorien explizit mit sozialen und politischen Verhältnissen auseinandersetzen, besteht die Gefahr, hierarchische Geschlechterverhältnisse allein durch psychoanalytisch inspirierte Familienmodelle zu erklären und andere ökonomische, soziale und politische Machtfaktoren aus dem Auge zu verlieren. Traditionellerweise gelten aber gerade der öffentliche, nicht der private Raum, also die Bereiche Politik, Arbeit und soziales Leben, als Betätigungsfelder des Mannes, in denen er seine Männlichkeit immer wieder neu herzustellen und zu beweisen hat. Damit stellen Veränderungen des Wirtschaftssystems, Arbeitslosigkeit und politische Umwälzungen immer auch Bedrohungen der männlichen Identität dar. Am Beispiel von August Strindbergs Werk läßt sich illustrieren, welch entscheidende Rolle die beginnende Industrialisierung, Urbanisierung und Demokratisierung der skandinavischen Länder für die Veränderung der Geschlechterverhältnisse, Familienkonstellationen und Männlichkeitskonzeptionen spielt.[158] Neben der Geschlechterfrage kommt vor allem der Klassenfrage eine wichtige Stellung in Strindbergs Werk zu. Typisches Beispiel für diese Konstellationen ist seine Autobiographie *Tjänstekvinnans son*, in der der Minderwertigkeitskomplex von Strindbergs Alter Ego Johan in hohem Maße von seiner unsicheren Klassenzugehörigkeit geprägt ist (er stilisiert sich selbst in Anspielung auf den biblischen Sohn der Hagar als den »Sohn einer Magd«[159]). In Johans »männlichem Protest«, um in Adlers Terminologie zu bleiben, verbinden sich Klassen- und Geschlech-

---

158 Vgl. Bergom-Larsson 1978, S. 84 f. Zur Auseinandersetzung Strindbergs mit Modernisierungstendenzen, insbesondere mit technischen Neuerungen vgl. Kylhammer 1985.

159 Zu biblischen Motiven unter anderem in *Tjänstekvinnans son* vgl. Eklund 1948 und Paul 1989, S. 468 f., der auf die »Ambivalenz von ›Vertreibung‹ und ›Auserwähltheit‹« verweist, die in der Selbststilisierung als biblischer Ismael konnotiert ist.

terfrage in charakteristischer Weise. Ähnliche Strukturen finden sich in *Plaidoyer d'un Fou.* Hier wird das »Bedürfnis, Männlichkeit zu beweisen, also auch zu einer klassenüberschreitenden Manifestation.«[160] Wie Knut Hamsuns Erzähler Glahn (vgl. 2.4.) entwirft Strindbergs Axel seine eigene Männlichkeit kontrastiv zu anderen Männlichkeitsidealen, insbesondere zu dem der adeligen Oberschicht und zum Militär. Eine solche klassenbedingte Männerkonkurrenz prägt insbesondere sein Verhältnis zum Freiherrn, der als Vertreter des Adels und des Militärs dem Erzähler zunächst überlegen ist. Dieser fühlt sich zwar anfangs geehrt durch dessen Aufmerksamkeit und Zuwendung, sowie durch die Einführung in die bewunderten militärischen Kreise. (Vgl. *PF* 79 f.; *PI* 412) Die Idealisierung schlägt jedoch in dem Augenblick um, in dem die beiden Antagonisten feststellen, daß sie sich beim »Aufruhr von 1868«[161] auf unterschiedlichen Seiten der Barrikaden befanden:

In diesem Augenlick, als ich seine aristokratische Aussprache des Wortes ›Pack‹ hörte, wurde mir die unreflektierte Furcht bewußt, die mich beim Eintritt in diese Hochburg des Feindes ergriffen hatte. [...] Der Haß unter Rassen, Klassen, Traditionen erhob sich jetzt wie eine unüberwindliche Mauer zwischen uns. Als ich sah, wie er seinen Säbel zwischen die Knie steckte, einen mit dem gekrönten Monogramm des königlichen Schenkers geschmückten Ehrensäbel, spürte ich lebhaft, wie gekünstelt unsere Freundschaft war. (*PI* 413 f.)

En ce moment, et en écoutant sa prononciation aristocratique du mot canaille, je m'expliquai la peur irréfléchie qui venait de me saisir en entrant dans cette forteresse de l'ennemi [...]. La haine de race, de classe, de traditions s'élevait entre nous comme un mur infranchissable et en le voyant ranger entre les genoux son sabre, sabre d'honneur orné du chiffre couronné du donateur royal, je ressentis vivement, que notre amitié fût factice«. (*PF* 81)

Klassenhaß wird hier über den königlichen Säbel, der überdeutlich als zwischen den Schenkeln ruhendes Phallussymbol gekennzeichnet ist, auf die männliche erotische Konkurrenz abgebildet, die zunächst nur abge-

---

160 »Behovet av att demonstrera manligheten blir också en klassöverskridande manifestation.« (Fahlgren 1994, S. 70)

161 Es handelt sich dabei um Straßenunruhen anläßlich der Einweihung einer Statue von Karl XII, zu der die Öffentlichkeit nicht zugelassen war. (Vgl. Lagercrantz 1979, S. 44)

schwächt ist durch die Anwesenheit der Frau, stellt sich ihm die Freundschaft doch dar als »das Werk einer Frau, des einzigen Bindglieds zwischen uns beiden.«[162] (*PI* 414) Axel zieht zudem eine Parallele zwischen
dem Klassenverhältnis und dem hierarchischen Verhältnis von Eltern
und Kindern, wenn er das Aufblicken zu Maria und ihrem Mann zurückführt sowohl auf die »Strenge der mit diesem Haus [dem Elternhaus
und Wohnhaus des Ehepaares] verknüpften Erinnerungen« als auch darauf, »daß ich mit meinen Unterklasseninstinkten zu der höheren Rasse
aufblickte«.[163] (*PI* 342) Die Freifrau stellt sich Axel also auch und gerade
durch ihre höhere klassenmäßige Stellung als anbetungswürdige Madonna dar. Ihre »Keuschheit«, ihre »Reinheit der Seele« ist »eine Eigenschaft, ein Attribut der höheren Rasse.«[164] (*PI* 353) Die Eroberung der
»weißen Haut«, des »Mädchens von Rasse«, durch den »Bürgerlichen«,
die Vermischung des Blutes des »Schweinehirten« mit dem der »Prinzes-
sin« hat dementsprechenden einen hohen Preis.[165] (*PI* 438) Sie führt zur
Umkehrung der Klassenverhältnisse, die ehemalige Freifrau sinkt in
Axels Augen ab zur Komödiantin und Hure, während er sich als der
eigentliche Aristokrat herausstellt, als moderner Geistesaristokrat. Seine
Seele nämlich sei »mit der Entwicklung meines Wissens und meines
Talents aristokratisch geworden«, und er strebe »die Höhen an […], die
des Talents wohlgemerkt und nicht die Hügelkuppen des sogenannten
Diplomadels«.[166] (*PI* 498)

In den obigen Zitaten sind die Kategorien Klasse und Rasse direkt auf-
einander abgebildet. Wenn Axel später Frauen als »Intelligenzen aus der
Bronzezeit, diese Menschenaffen, Halbaffen, diese Herde von Schädlingen« bezeichnet, so fügt er dieser Reihe noch die Kategorie Geschlecht
hinzu. In ähnlicher Weise werden in Strindbergs Aufsatz »Die Frauenfrage im Licht der Evolutionstheorie«, unzivilisierte »Neger«, Frauen und

162 »[..] bâtie par les mains d'une femme constituant le seul trait d'union entre nous
deux.« (*PF* 81)

163 »[..] l'austérité des souvenirs attachés à cette maison où elle habitait, que ce fut
mes instincts de basse classe admirant la haute race«. (*PF* 25)

164 »Et la chasteté une qualité, un attribut de la race supérieure; une propreté d'âme
accompagnant les mœurs civilisées de la haute classe!« (*PF* 34)

165 »Le fils du peuple à conquis la peau blanche, le roturier a gagné l'amour d'une
fille de race, le porcher a mêlé du sang avec la princesse. Mais à quel prix!«
(*PF* 100 f.)

166 »Mon âme devenue aristocrate par le développement de mon savoir et de mon
talent [..] je vise les hauteurs, du talent, bien entendu, et point les monticules de
la soi-disant aristocratie du diplôme«. (*PF* 148)

Wahnsinnige zu Angehörigen eines niedrigeren Entwicklungsstandes, zu Primitiven.[167] Strindberg bezieht sich mit diesen dem Darwinismus, der Psychiatrie und Kriminologie entlehnten Lehren auf denselben Diskurs über Primitivismus und Degeneration, der auch, wie in Kapitel 2.4. gezeigt, die Darstellung von Geschlecht, Rasse und Klasse in Hamsuns Roman *Pan* bestimmt. In Rilkes *Malte Laurids Brigge* werden Weiblichkeit und niedere Klasse (Armut) ebenfalls gleichgesetzt. Wenn Rilkes Protagonist sich auf zeitgenössische Degenerationsdiskurse bezieht, bewertet er diese jedoch diametral entgegengesetzt zu Hamsuns und Strindbergs Protagonisten. (Vgl. dazu Kapitel 3.8.1.) Hans-Jørgen Nielsen hat in einem Aufsatz, der im selben Jahr erschien wie sein Roman *Fodboldenglen,* strukturell ähnliche, die Arbeiterklasse romantisierende Tendenzen von Seiten linker Intellektueller seiner eigenen Gegenwart kritisiert.[168] Bezeichnenderweise erscheint ihm Aksel Sandemoses *En flyktning krysser sitt spor* als das geeignete »Gegengift« gegen diesen »Arbeiterismus« (»arbejderisme«), in dem er, parallel zur Idealisierung des »edlen Wilden« eine unrealistische Überhöhung des »edlen Kleinen« (»edle lille«) verkörpert sieht. Sandemose schreibe, so Nielsen weiter, aus der Perspektive des Arbeiters selbst und nicht aus derjenigen des radikalen Mittelschichtsintellektuellen. In Kapitel 4.3.2. wurde der Zusammenhang erläutert, den Sandemoses Espen herstellt zwischen seinem eigenen »männlichen Protest«, seinem Kampf gegen bestimmte unterdrückende Männlichkeitsideale und seiner Zugehörigkeit zur unterdrückten und durch das Jantegesetz sich selbst unterdrückenden Arbeiterklasse. Auf diesen Zusammenhang weist auch Nielsen hin, wenn er Sandemoses Werk als »geschlechterpolitischen Roman« bezeichnet, als »ein Männerbuch, wie es heutzutage heißt.«[169]

Sandemoses hellsichtige Kritik des »Maskulinismus« und Jantes und seine Resistenz gegen Idealisierungen des »edlen Wilden« oder »edlen Kleinen« haben jedoch auch problematische Seiten. Immer wieder macht er den »Primitiven«, den »Neger«, zum ursprünglichen Vertreter der Gesellschaftsstrukturen von Jante. Die von ihm kritisierte, wenn auch als notwendiges Durchgangsstadium zur Erkenntnis gesehene »Sentimentalität« (vgl. 4.3.) wird für ihn zur Ausdrucksform nicht nur des Kindes,

---

167 Strindberg 1888a: *Kvinnofrågan*, S. 118-120, 129 f., 133 f. Strindberg 1888b: *Die Frauenfrage*, S. 611-614, S. 620 f. und 624.

168 Nielsen 1979.

169 »[..] romanen [bliver] ikke bare en proletarroman, men tillige en kønspolitisk roman. En mandebog, som det hedder nuomstunder.« (Nielsen 1979, S. 41)

sondern auch des »Negers«. (Vgl. *FS* 295) Schließlich wird in einer Szene die Figur des Schwarzen mit der des Homosexuellen in Verbindung gebracht. (Vgl. *FS* 193) Wenn Sandemose wie Freud Kinder, »Wilde« und Homosexuelle in eine Reihe stellt, so bedeutet dies nicht, daß er diese an sich für verwerflich hält. Es finden sich zahlreiche Hinweise, die gerade auf das Gegenteil verweisen. Er ordnet jedoch »totemistische« Gesellschaftsstrukturen, deren Männlichkeitswahn sowie Homosexualität in ein phylo- und ontogenetisches Evolutionsmodell ein, das heißt, er hält sie mit Freud für den Ausdruck früher kindlicher oder menschheitlicher Stadien. Lediglich ihr Fortleben im Erwachsenenalter bzw. in einer modernen, hochentwickelten Gesellschaft, hält er für schädlich und gefährlich für das Individuum wie für die Gesellschaft insgesamt.

Insbesondere Jantes Proletarier werden in *En flyktning krysser sitt spor* als eine solche »primitive« anachronistische Gesellschaft geschildert. Sandemoses Einstellung zu Klassenunterschieden gewinnt dadurch ebenfalls ambivalente Züge – eine Ambivalenz, die an diejenige erinnert, die Mario Erdheim für Freuds kulturtheoretisches Werk festgestellt hat.[170] Auf der einen Seite liefern sowohl Freud als auch Sandemose hellsichtige Tiefenanalysen der unbewußten Strukturen von Herrschaft, der Etablierung von Herrschaftsstrukturen in den beherrschten Individuen und Erklärungen, wie Institutionen der Herrschaft das Individuum erst regredieren lassen. Auf der anderen Seite tabuisieren sowohl Freud als auch Sandemose ihrerseits wiederum Herrschaft, Freud vor allem, wenn er die Auffassung vertritt, die primitive »Masse« müsse von einer Elite »gezähmt« werden, Sandemose in seiner vehementen Ablehnung des Janteschen Zwangs zur Gleichheit, dem sich das Individuum, das sich schließlich zumindest partiell davon befreit hat, nur mit größter Verachtung entgegenstellen kann.

Nielsens expliziter Bezug auf Sandemose als zentraler Diskussionspartner in der Klassen- und der Geschlechterfrage, seine eigene Auseinandersetzung mit Klassenfrage und Männlichkeit in *Fodboldenglen* und auch Knut Faldbakkens Behandlung von Klassenunterschieden in *Glahn* zeigen, daß die Frage nach Zusammenhängen zwischen Klasse und Geschlecht auch in den siebziger und achtziger Jahren dieses Jahrhunderts unvermindert aktuell ist. Angesichts der Tatsache, daß die Frauenbewegung aus der linken Bewegung nach 1968 hervorgegangen ist, verwundert dies auch nicht weiter. Auffällig ist hingegen, daß in konservativeren

170 Vgl. zur Diskussion der Freudschen Kulturtheorie aus Sicht der Ethnopsychoanalyse Erdheim 1990.

Beiträgen zu den Themen Männlichkeit, Weiblichkeit und Familie auch Elemente des Degenerationsdiskurses wieder aufzuleben scheinen. Dieter Lenzen etwa rekurriert auf die Parallele Weiblichkeit und Judentum, die, wie in Kapitel 3.8.1. am Beispiel der *Aufzeichnungen des Malte Laurids Brigge* dargelegt, auch den Diskurs um Krankheit und Degeneration um die Jahrhundertwende geprägt hat. Die zunehmende Entrechtung der Juden im Mittelalter, so Lenzens Behauptung, habe zu einer Schwächung des jüdischen Vaterkonzeptes geführt, das Juden in die Nähe von Frauen gerückt habe. Die Konsequenz sei die Entstehung einer

> Gemengelage des ›Nicht-Väterlichen‹, die unter dem Signet des entschieden Mütterlichen später dann eine Konnotation stabilisiert, in der Vaterschaft mit Härte, Kraft und Brutalität in Verbindung gebracht wird, während Mutterschaft, nicht ohne Ambivalenz, im Zusammenhang mit Religiosität, ökonomischer Reproduktion und – tendenziell – Kriminalität (sensu: Betrug und Mord am Sohn Gottes) steht.[171]

In diesen Bemerkungen vermischen sich noch die Kritik an der Entrechtung von Juden mit der Kritik an ihrer Nähe zur Weiblichkeit. Später in Lenzens Text wird dann der mehrfach explizit als »jüdisch« gekennzeichneten Psychoanalyse[172] vorgeworfen, in der Erzählung von der Urhorde den Vatermord konzeptualisiert zu haben.[173] In diesem Kontext gerät die von Lenzen vehement kritisierte Idee Ellen Keys eines »Jahrhundert des Kindes« schließlich zu einem jüdisch-feministischen Konzept. Erneut das Judentum Sigmund Freuds hervorhebend, betont der Autor schließlich, auch Kafka und Karl Marx seien Juden, und das Schaffen der drei Autoren sei »aus dem geistesgeschichtlichen jüdischen Hintergrund gar nicht herauszulösen.«[174] Wenn er zudem »alle antipatriarchalen oder auch nur vaterfeindlichen Vorstellungen und Aktivitäten« als »geistesgeschichtlich unlösbar verbunden mit der kommunistischen Idee«[175] bezeichnet, so sind seine Ideen nicht weit entfernt davon entfernt, einer jüdisch-marxistisch-feministischen Verschwörung alle Übel der vaterlosen Moderne anzulasten.

---

171 Lenzen 1991, S. 135.
172 Vgl. Lenzen 1991, S. 224 und 254.
173 Lenzen 1991, S. 224-227.
174 Lenzen 1991, S. 224.
175 Lenzen 1991, S. 206.

5.4. *Schreiben und Männlichkeit*

»Das Schwert und die Feder; der Niedergang des Adligen, der Aufstieg des Bürgerlichen!«[176] (*PI* 351) – In diesem emphatischen Ausruf bezieht Strindbergs Axel die klassenbedingte Männer-Konkurrenz zwischen sich und dem Freiherrn explizit auf seine Tätigkeit als Schriftsteller. Er hofft, ähnlich wie Hamsuns Glahn, auf die phallische Qualität der Feder, fängt sich dabei aber in einem widersprüchlichen Feld der Geschlechterambiguität, in dem insbesondere literarisches Schreiben eher weibliche Konnotationen erhält. (Vgl. Kapitel 2.5.2.) David Rosen bringt eine in diesem Zusammenhang entscheidende Änderung des Geschlechtersystems um die Jahrhundertwende mit dem Aufstieg der Arbeiterklasse als politische Kraft in Zusammenhang.[177] Galt vorher der Mann als Hüter der Zivilisation, so werden nun zunehmend das Wilde und Natürliche des Mannes einer weiblichen, dekadenten Zivilisation gegenübergestellt,[178] wobei allerdings das eine Konzept das andere nicht völlig ablöst, so daß Männlichkeit selbst in einem »peculiar area of gender ambiguity« steckenbleibt.[179] Der zivilisierte (und damit tendentiell feminisierte) Mann der Jahrhundertwende sieht seine Männlichkeit jedoch noch stärker von anderer Seite bedroht. In der zweiten Hälfte des 19. Jahrhunderts haben Frauen die Feder ergriffen und begonnen, sich einen Platz im literarischen Leben zu erobern.[180] Mit dem Versuch, seine Männlichkeit mit Hilfe der »Feder« zu beweisen, wird Strindberg zu einem der ersten Schriftsteller in Skandinavien, die auf das aus diesem Wandel resultierende Paradox reagieren: »Like any consciously ›manly‹ writer, his situation is paradoxical: he asserts his manhood in a way that the ›real‹ man considers unmanly.«[181] Am Beispiel von Knut Hamsuns *Pan* und Rainer Maria Rilkes *Aufzeichnungen des Malte Laurids Brigge* konnte in den vorangegangenen Kapiteln gezeigt werden, daß dieses Paradox Teil der »Schreibkrise« der Jahrhundertwende ist. Die Versuche von Nielsens Frands, Männliches und Weibliches im »labyrinthischen« Schreiben zu vereinigen, die

---

176 »Le sabre et la plume; la noble en aval, le roturier en amont!« (*PF* 32)

177 Vgl. Rosen 1993a, S. 181.

178 Diesem »Primitivismus« in der Geschlechterfrage hängt auch Strindberg, zumindest in seinen frühen Schriften bis *Giftas I* an. (Vgl. Boëthius 1969, S. 285-402)

179 Rosen 1993a, S. 181.

180 Vgl. für Skandinavien z.b. Dahlerup 1983.

181 Schwenger 1984, S. 20, bezieht diese Bemerkung auf Norman Mailer.

letztlich doch in einer Sackgasse enden, sowie der Tod von Faldbakkens eloquentem Protagonisten Glahn machen deutlich, daß diese Problematik nicht ausschließlich der Vergangenheit angehört.

Die Ambiguität des Schreibens erstreckt sich bei Strindberg, wie später bei Hamsun und Rilke, nicht allein auf die Geschlechterunsicherheit. Literarisches Schaffen ist auch, darauf hat Michael Robinson in seiner Untersuchung über Strindbergs autobiographische Schriften hingewiesen, mit Sexualität verbunden, literarische und sexuelle Zeugungskraft werden gleichgesetzt.[182] Schreiben wird von Axel dementsprechend, wie schon von Hamsuns Glahn, (vgl. 2.5.2.) als Machtmittel nicht nur im Konkurrenzkampf mit anderen Männern verwendet, sondern auch und gerade als Waffe im Geschlechterkampf. Gleichzeitig mit der Schwangerschaft seiner Frau erreicht Axel beispielsweise mit dem Erscheinen seines Romans literarischen Erfolg. Dieser männliche Geburtsakt wiederum verleiht ihm zumindest kurzzeitig Überlegenheit über Maria. (Vgl. *PF* 153; *PI* 505 f.) Literarisches Schreiben behält für Axel, wie für seinen Autor Strindberg, jedoch eine zweifelhafte weibliche Qualität, die seine ohnehin fragile Männlichkeit ständig bedroht. Diese Problematik begleitete Strindberg selbst Zeit seines Lebens und sie ist, Margareta Fahlgren zufolge, der Grund, warum er immer wieder versuchte, sich als wissenschaftlicher Autor zu etablieren, erschien ihm diese Tätigkeit doch »männlicher« als das »dekadente« literarische Schreiben.[183] Auch Axel wird die Wissenschaft, die Arbeit an einer »ethnographischen Abhandlung, die mir meine Beförderung in der Bibliothek sichern soll«, zum Machtinstrument. Mit Hilfe seiner wissenschaftlichen Korrespondenz hält er »an [s]einem Schreibtisch die Fäden zu einem Netz von Verbindungen, die sich über die gesamte Alte Welt erstrecken.«[184] (*PI* 497)

Die Handhabung des phallischen Stiftes, die Axel Überlegenheit über die Frau verspricht, ist allerdings von Anfang an durch die Frau gefährdet. Die Einleitung beginnt mit dem Satz: »Als ich mit der Feder in der Hand am Tisch saß, traf mich ein Fieberanfall wie ein Blitzschlag.«[185]

---

182 Robinson 1986, S. 72.

183 Vgl. Fahlgren 1994, S. 33.

184 »[..] je compose mon mémoire enthnographique qui me garantira l'avancement dans la bibliothéque. Je suis entré en correspondance avec les autorités savantes, à Paris, Berlin, St. Petersbourg, Pekin, Irkutsk, et à mon bureau je tiens les fils d'un réseau de relations tendue sur l'ancien monde.« (*PF* 147)

185 »Assis à ma table, la plume en main, je tombai foudroyé par un accès de fièvre.« (*PF* 2)

(*PF* 312) Das Fieber, das ihn am Schreiben hindert, führt ihn zurück in die mütterlichen Arme Marias und verleitet ihn zu einer später als töricht empfundenen Beichte, in der er sich selbst alle Schuld am Ehedrama gibt. Erst nach dem Erwachen aus dem Fieber erhält er vermeintlich wieder Macht über die Schrift und tritt an, sie als Machtmittel gegen Maria einzusetzen – eine Aktion, die, so zeigt der einleitende Satz, von vornherein zum Scheitern verurteilt ist. Bedrohlich für das männliche Schreiben erscheint auch die literarische Aktivität der Frau.

> Mir scheint, als hätte ich die unfruchtbaren Samen meiner poetischen Inspiration an sie verschwendet, sie ihr injiziert, und in der jungfräulichen Erde wachsen sie an, wachsen, während ich steril werde wie die Saatpflanze, die Fruchtbarkeit verbreitet und selbst verwelkt. Ich fühle mich bereit zu sterben, bis ins Mark zerrissen [...] (*PI* 464)

> Il me semble que je lui ai versé, injecté tous les grains manqués de mes inspirations poétiques, et semés dans cette terre vierge ils germent, ils poussent, tandis que moi deviens stérile, pareil au pied de grains qui répand la fécondité tout en se fanant lui-même. Et je me sens prêt à mourir, déchiré jusqu'aux entrailles [...] (*PF* 121)

Wieder ist es die jungfräuliche Mutter (Erde), die sich wandelt und den Mann bedroht; diesmal gewinnt sie Eigenschaften des blut- und kraftsaugenden Vampirs, als den Axel Maria denn auch wenig später direkt apostrophiert. (*PF* 204; *PI* 569) Bezeichnend ist allerdings, daß die »vampirischen« Eigenschaften, mit denen Axel Maria nach ihrem »Fall« als Jungfrau-Mutter versieht, häufig mit Strindbergs eigener schriftstellerischer Tätigkeit verbunden sind. So vergleicht er in einem Brief an Heidenstam im März 1885 den Schriftsteller mit einem »Vampir«, der »das Blut seiner Freunde, seiner Nächsten, sein eigenes Blut« sauge.[186] Er beute seine Freunde und Angehörigen für seinen literarischen Erfolg aus, wenn er seine eigenen Erlebnisse in Literatur umwandle. Strindbergs Protagonist Axel gewinnt ähnlich vampirische Züge, die er gegen Maria kehrt:

> Da erwacht mein Selbsterhaltungstrieb mit voller Kraft, und ich greife zu einer List. Da es für mich unerläßlich ist, im Kreis meiner Familie

---

186 »Om du visste huru lifvet ter sig när man såsom författaren måste göra, klädt af sig naken på ett torg, huru man som en vampyr får suga sina vänners, sina närmastes, sitt eget blod«. Brief an Verner von Heidenstam, Ouchy (?) [30] Mars 1885, in: *August Strindbergs brev*, Bd. 5, S. 62. Vgl. Lagercrantz 1979, S. 200.

zu leben, um schreiben zu können, entschließe ich mich, zurückzukehren und bis zum Ende der Niederschrift meines Romans dort zu
bleiben, während ich zugleich genaue Erkundigungen über Marias
Verbrechen sammle. So kann ich sie benutzen, ohne daß sie Verdacht
schöpft, und damit ist sie zu einem Werkzeug meiner Rache geworden,
das ich nach vollbrachter Tat wegwerfen will. (*PI* 573)

Alors tout mon instinct de conservation ressuscite, et je vais recourir
à une ruse. Comme il me soit indispensable de vivre auprès de ma famille pour être capable d'écrire, je décide de retourner et y rester
jusqu'à l'accomplissement de mon roman, tout en recueillant des notes
précises concernant le crime de Maria. De la sorte, je m'en sers d'elle,
sans qu'elle le soupçonne, et elle est devenue l'outil de ma revanche,
que je veux jeter après le coup. (*PF* 207)

Axels Verwandlung in einen »literary vampire«[187] aber wird wiederum
zum Zeichen für die Verweiblichung und Perversion des Autors, gilt
doch auch der männliche Vampir in der Ikonographie der Jahrhundertwende als effeminierte, kriminelle, degenerierte Figur, die zudem »öst-
liche«, »jüdische« Züge trägt.[188] Schließlich bezeichnet Axel sich selbst
kurz vor der oben zitierten Passage im Zusammenhang mit seinen Versuchen, der vampirischen Frau zu entkommen, als »juif errant«, als
»Ewigen Juden«. (*PF* 207; *PI* 573)

Letztlich bleiben Sexualität und damit auch die männliche Zeugungskraft in Axels und Strindbergs Augen gefährliche Kräfte, die stets mit
Unreinheit, Perversion und Degeneration verbunden sind. Axel versucht
zwar immer wieder verzweifelt, der eigenen sexuellen »Leidenschaft« mit
Hilfe der Literatur zu entkommen:

Als ich wieder zu Hause war, holte ich mein Drama aus der Schublade,
fest entschlossen, es umzuarbeiten, um durch intensive Arbeit eine
hoffnungslose Leidenschaft mit den Wurzeln auszureißen, die nur zu
einem Verbrechen führen konnte, das ich aus Geschmack, Instinkt,
Feigheit sowie aufgrund meiner Erziehung verabscheute. Und ich faßte
den Entschluß, diese Verbindung, die allzu gefährlich geworden war,
zu beenden. (*PI* 406)

Rentré chez moi je tirai mon drame de son tiroir, bien résolu de le re-
faire, et en m'adonnant à un travail effréné déraciner un penchant sans

---

187 Johannesson 1968, S. 106.
188 Darauf verweist Dijkstra 1986, S. 343, in einer Analyse von Bram Stokers *Dra-
     cula* (1897).

éspoir, et qui ne put aboutir qu'a un crime, que j'abhorrai, par goût, par instinct, par lâcheté, par une éducation morale. Et je me mis en demeure de délier cette liaison désormais plus que dangereuse. (*PF* 75) Letztlich, so zeigen die obigen Beispiele, ist dieser Versuch jedoch zum Scheitern verurteilt.

Dasselbe destruktive Paradox ist in Axels *Plaidoyer* in zwei weiteren Metaphern ausgedrückt, derjenigen der Maschine und der des Masken- oder Rollenspiels. Eng verwandt mit dem Bildbereich des Vampirs ist das der Maschine. Von seiner Reise mit der Eisenbahn fühlt Axel sich ausge- saugt, sie hinterläßt ihn »leer [...] wie ein Knochengerippe«.[189] Auch die Maschine ist zunächst eindeutig weiblich konnotiert. Im ersten Teil etwa wandelt sich das Bild der mit einem Batisttaschentuch eifrig winkenden Maria, die mit dem Schiff abreist, in »ein Monster, eine in stinkenden Rauch gehüllte unförmige Masse.«[190] Bei seiner eigenen Flucht vor der »perversen« Maria vergleicht Axel sich dann selbst mit einer »Seiden- raupenpuppe, die von der großen Dampfmaschine abgespult wird.«[191] Wenn Axel jedoch seine eigenen hypnotischen Aktionen, mit denen er Marias vermeintliche Verbrechen entlarven möchte, ebenfalls als »Ma- schinen« bezeichnet, (vgl. *PF* 199, *PI* 563) so ist das ein Hinweis darauf, daß er, wie schon am Beispiel der Vampir-Metapher gezeigt, letztlich zum Opfer einer Taktik wird, die er selbst auf andere anwendet, um Macht und Männlichkeit zu beweisen.

Walter Baumgartner hat gezeigt, daß Axel an dieser Stelle ironischer- weise und ohne sein eigenes Wissen den Mechanismus schildert, »nach dem sein eigenes Schreibprojekt abläuft, und den er nicht stoppen kann.« Wie in den *Aufzeichnungen des Malte Laurids Brigge* und in *Fodboldenglen* ist die Maschine hier auch ein Bild für ein »männliches« Schreiben, für den Versuch des Erzählers, eine »nach Zusammenhängen, Konsequen- zen, Schlüssen strebende und Eindeutigkeit herstellende narrative Struk- tur«[192] zu schaffen. Es handelt sich um eine Schrift, die man mit Jonathan Rutherford als »paternal narrative« bezeichnen könnte und die sich in Axels *Plaidoyer* schließlich selbst zerstört.

Der Psychoterror, mit dem Axel Marias vermeintliche Untreue zu ent- larven und zu bekämpfen sucht und mit dem er sich schließlich selbst

---

189 »[..] vide comme une carcasse«. (*PF* 206)
190 »[..] un monstre, une masse informe emmaillotée en fumée puante.« (*PF* 28)
191 »Je me sens comme une chrysalide de vers à soie, dévidée par la grande machine à vapeur«. (*PF* 206)
192 Baumgartner 1991, S. 256.

zugrunderichtet, figuriert schließlich noch im Metaphernbereich der Maske und des Rollenspiels. Axel tritt von Anfang an als Rollenspieler und Manipulator auf. Zunächst trägt er die Maske des unglücklichen Liebenden, um Marias Herz zu gewinnen. In der Absicht, ihr Mitleid zu erregen und ihre Aufmerksamkeit auf sich zu ziehen, gibt er anfangs vor, in eine finnische Freundin von Maria verliebt zu sein, die jedoch mit einem Sänger ein Verhältnis angefangen habe. Er benutzt vor allem auch sein dichterisches Können, um in diesem Doppelspiel der Verführung zum Erfolg zu kommen.

> Jetzt ging es für mich darum, die geweckten Dämonen zu zähmen, und in der Absicht, meine Wachen auf eine falsche Fährte zu locken, setzte ich mich an den Schreibtisch und schrieb einen Brief, in dem ich das alte Thema von meiner unerwiderten Liebe aufgriff. Dabei schrieb ich meine Verzweiflung dem Erfolg des Sängers zu, der mich aller Zukunftshoffnungen beraubt habe. Als schriftliche Beweise füge ich zwei Gedichte an sie bei; diese waren vom leidenschaftlichen Genre und so doppeldeutig, daß es der Freifrau freistand, sie nach Belieben aufzufassen. (*PI* 404)

> Maintenant il s'agissait pour moi de dompter les démons evoqués, et afin de fourvoyer mes gardes, je me mis au bureau, esquissant une lettre, roulant sur le vieux thème de mon amour infortuné, attribuant mon accès de désespoir au succès du chanteur, m'ayant privé de toute chance à l'avenir. Comme preuves littérales j'y joignis deux poëmes à Elle, composés dans le genre enragé et à deux tranches, libre à la baronne de s'y blesser à son grè. (*PF* 74)

Dichter und Verführer, Autor und Manipulator verschmelzen in Axels Text von Anfang an miteinander, das Schreiben selbst wird zum Maskenspiel, Axels multiple Rollen in Schreiben und Leben sind ihm Mittel im Geschlechterkampf. Ähnlich wie das Maskenspiel des Rilkeschen Malte, das ebenfalls zunächst der Selbstbestätigung dient und ein Allmachtsgefühl hervorruft, (vgl. 3.2.2.) schlägt diese Taktik jedoch um und droht, letztlich die Identität des schreibenden Spielers aufzulösen.[193] Maria Bergom-Larsson zufolge geht die Bezeichnung »fou«, »Irrer« im Romantitel auf einen von Strindberg im Jahre 1887 als Teil seiner *Vivisektioner* verfaßten Essay zurück: »Själamord« (»Seelenmord«),[194] in dem Strindberg Masken, das Rollenspiel, als einen Schutz gegen »psychischen Mord« bezeichnet. Bei dieser »Hamletisme« genannten Taktik setze sich der

---

193 Vgl. dazu Robinson 1986, S. 76 f.
194 Erstveröffentlichung 1887 in *Politiken*.

Maskenspieler jedoch der Gefahr aus, daß sich die gewählten Rollen selbständig machten, was im psychischem Selbstmord resultieren könne.[195] Das Rollen- und Maskenspiel dient Axel nicht allein als Machtmittel, das sich schließlich gegen ihn wendet. Es ist immer auch ein Schutz vor dem feindseligen Blick der anderen, dem gefürchteten Selbstverlust in der Konfrontation mit seinen Mitmenschen.[196] Dies ist eine Angst, die Hamsuns Glahn, (vgl. 2.2.2.) Rilkes Malte, (vgl. 3.2.2.) Sandemoses Espen (vgl. 4.4.) und Strindbergs Axel miteinander teilen. Der Schutz, den das Rollenspiel Axel verleihen soll, erweist sich als außerordentlich trügerisch, führt es doch unter anderem gerade dazu, daß er im Schreiben sein eigenes Lebens zur Schau stellt und sich und sein Scheitern damit letztlich selbst den Blicken der anderen ausliefert. Damit führt er vor, daß seine so verzweifelt beschworene und umkämpfte Männlichkeit letztlich, wie Joan Copjek im Anschluß an Lacan formuliert, »sheer imposture«, reine Hochstapelei, ist.[197] In diesem Sinne ließe sich Lacans provokativer Satz: »La femme n'existe pas« ergänzen durch die Feststellung, daß »der Mann« ebensowenig existiert, daß jeder Behauptung einer sexuellen Identität ein Betrug zugrunde liegt[198] und daß es »eine ontologische Fundierung, d.h. ein Sein, der Geschlechter [nicht gibt], sondern nur den Schein des ›Phallus-Habens‹ (männlicher Modus) und den Schein des ›Phallus-Seins‹ (weiblicher Modus).«[199]

Wie Rilkes Malte (vgl. 3.6.2.) versucht Axel, sich an einer vor der Identitätsauflösung schützenden literarischen und wissenschaftlichen Tradition zu orientieren, und er sucht Zuflucht, Trost und Zusammenhang in Bibliotheken. (Vgl. *PF* 12, 34; *PI* 325, 480) Bezeichnenderweise beginnt der erste Teil von *Plaidoyer d'un Fou* mit einer ausführlichen Beschreibung des »gewaltigen Raums« der Königlichen Bibliothek in Stockholm, der »mit seinen hunderttausend Bänden ein gigantisches Gehirn nach[ahmt], in dem die Gedanken verschwundener Generationen in Regalen aufbewahrt werden.« (*PI* 325) Dieser ehrfurchteinflößende Bibliotheksraum birgt aber auch Gefahr in sich, wird er doch im gleichen Satz als

---

195 Bergom-Larsson 1978, S. 88.

196 Vgl. dazu Robinson 1986, S. 67. Robinson verweist in diesem Zusammenhang auf die Parallele zu Rousseau, dessen Selbst sich ebenso wie das Strindbergs über das Gefühl konstituiere, mißverstanden zu sein, und dessen Schreiben sich gleichfalls aus dem Bestreben motiviere, diese Mißverständnisse zurechtzurücken.

197 Copjek 1994, S. 234.

198 Copjek 1994, S. 234, spricht von der »fraudulence at the heart of every claim to positive sexual identity«.

199 Runte 1998.

»Abgrund« bezeichnet, der sich unter den Füßen des Erzählers öffnet.[200] Im Gegensatz zu Malte, der schon zu Anfang feststellen muß, daß das traditionelle männlich/väterliche Schreiben endgültig der Vergangenheit angehört, hofft Axel darauf, diesen drohenden Abgrund zu vermeiden, ihm gelingt im ersten Teil seiner Schrift noch ein zusammenhängendes Erzählen, das der »zentralperspektivischen« Form der klassischen Autobiographie entspricht.[201] Die epische Erzählform löst sich aber zusammen mit Axels Identitätsgefühl ab dem zweiten Teil von *Plaidoyer d'un Fou* auf, und seine Ausführungen zerfallen in lose aneinandergereihte Episoden. Die Zeitangaben, die einen Großteil der einzelnen Unterabschnitte einleiten, wirken jetzt bloß noch als verzweifeltes und sinnloses Beschwören eines verlorenen Zusammenhanges. Auch die Form von Axels *Plaidoyer* verurteilt die Intention der Aufzeichnungen Axels, Rache an der Frau zu nehmen und die Männlichkeit in der Schrift zu verteidigen, zum Scheitern.

Axel hat diesen Untergang des »paternal narrative« selbst herbeigeführt. Wie zu Beginn dieser Untersuchung erwähnt, ist er selbst es, der seiner »Madonna«, die später zur Hure, zum Vampir wird, die männliche literarische Tradition, in der er Halt sucht, in Form eines Paläotyps mit Bildern von Hans Sachs und Martin Luther unter die nicht ganz sauberen Stiefelchen legt. *Plaidoyer d'un Fou* kann damit als frühes und besonders plakatives Beispiel für die von Hannelore Bublitz postulierte »Krise der Moderne«, die sich von Anfang an als Krise der Männlichkeit äußert, gelten.

Die in den Hauptkapiteln dieser Arbeit nachgezeichnete Entwicklung einer männlichen Identitätssuche in der skandinavischen Literatur bestätigt, was Hannelore Bublitz für die Konstruktion männlicher Identität um die Jahrhundertwende und deren Zusammenhang mit der »Krise der Moderne« feststellt:

> Diese Begrenztheit und Vergänglichkeit ist es, die, als weibliche Anteile einer sich in ihrer Entstehung zunächst als krisenhaft konstituierenden männlichen Identität und als ›Feminisierung‹ der Kultur im Sinne eines alptraumhaften Verlusts des einmal Geschaffenen, für universell Gehaltenen und andererseits im Sinne des hoffnungsvollen Traums einer alternativen Kultur, erscheint.[202]

---

200 »L'immense pièce [..] s'ouvre sous mes pieds comme un gouffre, singeant par ces mille cents volumes qu'elle enferme un cerveau gigantesque où se casent des idées de générations passées.« (*PF* 12)

201 Vgl. Stounbjerg 1991, S. 81.

202 Bublitz 1998, S. 42.

In Kapitel 2 konnte am Beispiel von Hamsuns *Pan* gezeigt werden, wie sich diese »krisenhafte Konstituierung einer männlichen Geschlechtsidentität [...] zunächst über die Perversionen, über ›das Abweichende‹«[203] konstituiert. Die Aktualität solcher Deutungsmuster auch für die Gegenwartsliteratur wurde durch den Vergleich mit Knut Faldbakkens *Glahn* demonstriert. Dieser formuliert seine Männlichkeitskritik in einem anderen diskursiven Zusammenhang, nämlich dem der Psychoanalyse und der nachfreudianischen Objektbeziehungstheorien. Durch die Reduktion der widersprüchlichen und komplexen Geschlechter- und Familienkonstellationen in Hamsuns Text auf eine eindeutige ödipale Konstellation und wenig ambivalente Geschlechterrollen fällt er jedoch in ein ähnlich »maskulinistisches« Verführungsmuster und einen Männermachtkampf mit der literarischen Vaterfigur Hamsun zurück, die er in seinem Text zu dekonstruieren versucht. Rilkes *Aufzeichnungen des Malte Laurids Brigge* hingegen bewerten die »Konstruktion einer dualistisch und naturalistisch konzipierten Geschlechterdifferenz«,[204] die »Feminisierung der Kultur« positiv. Eine Untersuchung der Zusammenhänge zwischen diesem Roman und *Fodboldenglen* von Hans-Jørgen Nielsen und jeweils zeitgenössischen Diskursen über Krankheit und Wahnsinn in Kapitel 3 ergab jedoch, daß die Zusammenführung von männlichem Leiden und Verweiblichung des Mannes, die Integration weiblicher Anteile in das männliche Selbstverständnis nicht unbedingt die Lösung der »Krise der Männlichkeit« bereithält, sondern durchaus in einer Sackgasse enden kann. Kapitel 4 schließlich machte den kritischen Gebrauch psychoanalytischer Erzählformen in Aksel Sandemoses *En flyktning krysser sitt spor* deutlich, durch die traumatische Kindheitserlebnisse von sexueller Gewalt gleichzeitig verborgen und enthüllt werden. Moderne Herrschaftsformen werden damit in der Sicht Sandemoses zu Inkarnationen männlicher Gewalt. Die vorangegangene Rekonstruktion der Tradition des »Männerbuches« in Skandinavien konnte plausibel machen, daß die Suche nach männlicher Identität im und durch das Schreiben bis heute ein ausgesprochen ambivalentes Unterfangen ist. Männliche Subjektpositionen stellen sich hier immer schon als ausgesprochen prekär dar, die »Krisen der Männlichkeit« kommen in den literarischen Entwürfen weitaus deutlicher zum Ausdruck als deren Überwindung oder gar die Fundierung männlicher Identität.

203 Bublitz 1998, S. 43.
204 Bublitz 1998, S. 43.

Danksagung

Krisen der Männlichkeit ist als Habilitationsschrift an der Philosophischen Fakultät der Georg-August-Universität Göttingen entstanden, erdacht und erschrieben wurde das Buch jedoch an unterschiedlichen Orten und in verschiedenen Kontexten. Mein Dank sei daher einigermaßen geographisch und chronologisch geordnet vorgebracht.

Zunächst richtet er sich an die Göttinger Kolleginnen und Kollegen, Freundinnen und Freunde – allen voran Fritz Paul; ohne dessen Fähigkeit, intensive Unterstützung und im besten Sinne wissenschaftliche Freiheit zu gewähren, wäre dieses Projekt nicht verwirklicht worden. Jürgen Weber danke ich für seine in keiner Lebenslage nachlassende Sorge um das Forschungsvorhaben – von der Hilfe bei der Formulierung der ersten Gedanken zu einem (später verworfenen) »neuen Männerbild in der skandinavischen Literatur« bis hin zur Lektüre einzelner Kapitel über krisenhafte literarische Männlichkeiten. Gespräche mit Heinrich Detering, Lutz Rühling und Wilhelm Heizmann waren für die Formulierung des Themas und die mühsamen Schritte hin zum ersten Exposé unentbehrlich. Der intensive Austausch mit Walter Erhart über die Freuden und Leiden der »Männerforschung« im besonderen und des Habilitationsverfahrens im allgemeinen hielten sowohl die Motivation als auch das Wissen auf dem jeweils aktuellen Stand. Eine weitere moralische Stütze war Kirsten Wechsel, der ich auch für ihre kritische Begeisterungsfähigkeit bei der unermüdlichen Lektüre einzelner Kapitel sowie für unsere labyrinthischen Diskussionen danke. Korrigierende Lektüre, Diskussionen und kritische Begleitung stellten auch Joachim Grage und Katja Schulz zur Verfügung. Schließlich sei den weiteren Gutachtern im Habilitationsverfahren Carola Lipp, Horst Turk, Manfred Engelbert und Hannes Friedrich für ihren kritischen und sensiblen Blick auf die Qualifikationsarbeit gedankt.

Ohne zwei von der Deutschen Forschungsgemeinschaft großzügig geförderte Forschungsaufenthalte an der University of California in Berkeley in den Jahren 1995/96 und 1997 hätte das Projekt sicherlich eine völlig andere Richtung eingeschlagen. Insbesondere die Kapitel 2 und 4 haben von Diskussionen mit dort (und anderswo) lehrenden und forschenden Kolleginnen und Kollegen profitiert. Zu nennen sind in erster Linie Carol Clover, Juliet Flower MacCannell, Lars Nylander, Gayle Rubin, Karin Sanders, Ross Shideler, Michael Stern und Kristin Ørjasæter, die mir alle in einer in jeder Hinsicht kritischen Orientierungsphase mit

Rat und Tat zur Seite standen. Kapitel 3 profitierte vor allem von einem Aufenthalt als Gastdozentin an der University of Chicago. Gespräche mit und Lektürehinweise von Sander Gilman und Eric Santner lieferten hier die wichtigsten Anregungen.

Bei der Vorbereitung zur Drucklegung waren mir Jan-Gunnar Franke sowie beim Korrekturlesen Thomas Mohnike und Heike Peetz am Nordeuropa-Institut der Humboldt-Universität zu Berlin eine unentbehrliche Unterstützung. Markus Ciupke vom Wallstein-Verlag sei gedankt für die professionelle und unkomplizierte Hilfe bei der Publikation. Die materiellen Voraussetzungen stellte mit einem Habilitationsstipendium und einer Druckkostenförderung die Deutsche Forschungsgemeinschaft sicher. Ulrike Thoma danke ich für guten Zuspruch und die freundschaftliche Unterstützung.

Die Verfasserin einer Habilitationsschrift ist für ihr persönliches Umfeld mit Sicherheit oft eine Last. Denjenigen, die mit mir als Autorin längere oder kürzere Zeit auf engerem Raum verbringen mußten, sei daher zuletzt und besonders gedankt für ihre Fürsorge, Geduld und Nachsicht – angesprochen sind Jürgen Weber und Rett Rossi (sowie während des kanadischen Sommers auch Fil Rossi).

Berlin, im April 2001   Stefanie v. Schnurbein

Literaturverzeichnis

Siglen und Zitierweise

FE   Hans-Jørgen Nielsen: *Fodboldenglen*
FS   Aksel Sandemose: *En flyktning krysser sitt spor*
G   Knut Faldbakken: *Glahn*
JE   Hans-Jørgen Nielsen: *Jeder Engel ist schrecklich*
MLB Rainer Maria Rilke: *Die Aufzeichnungen des Malte Laurids Brigge*
P   Knut Hamsun: *Pan*
PF   August Strindberg: *Plaidoyer d'un Fou*
PI   August Strindberg: *Plädoyer eines Irren*
PO   Knut Faldbakken: *Pan in Oslo*

Die literarischen Quellentexte sind in den Originalsprachen zitiert, die deutschen Übersetzungen orientieren sich, so vorhanden, an publizierten Übersetzungen (vgl. die Anmerkungen in den einzelnen Kapiteln).
August Strindbergs Werke sind, so bereits erschienen, nach *Samlade Verk. Nationalupplaga* (Strindberg 1981) zitiert. Für die dort noch nicht publizierten Schriften wurde jeweils auf die am zuverlässigsten editierten oder am besten zugänglichen Ausgaben zurückgegriffen.
Sigmund Freuds Werke sind nach der *Studienausgabe* (Freud 1994) zitiert. Im Literaturverzeichnis finden sich bei den einzelnen Titeln Freuds die Bandangabe der *Studienausgabe* und der *Gesammelten Werke* (GW).
Werke der Sekundärliteratur sind, sofern sie in gut zugänglichen deutschen Übersetzungen vorliegen, nach diesen zitiert. Originaltitel und Jahr der Ersterscheinung sind jeweils im Literaturverzeichnis angegeben.

Primärliteratur

Bang, Herman
(1912): *Værker i mindeudgave,* 6 Bde., Kopenhagen.
(1982): *Werke in drei Bänden*, München.
(1898): *Det hvide Hus,* Kopenhagen (Værker i mindeudgave 1, dt. Übers.
Gisela Perlet, *Das weiße Haus*, Werke in drei Bänden 1).
(1901): *Det graa Hus,* Kopenhagen (Værker i mindeudgave 1, dt. Übers.
Gisela Perlet, *Das graue Haus*, Werke in drei Bänden 1).

Faldbakken, Knut

(1969): *Sin mors hus,* Oslo.

(1971): *Maude danser,* Oslo (dt. Übers. Gabriele Haefs, *Jungferntanz,* München 1988).

(1978): *Adams dagbok,* Oslo (dt. Übers. Gabriele Haefs, *Adams Tagebuch,* München 1988).

(1982): *Bryllupsreisen,* Oslo (dt. Übers. Gabriele Haefs, *Der Schneeprinz,* München 1986).

(1985): *Glahn,* Oslo (dt. Übers. Gabriele Haefs, *Pan in Oslo,* München 1987)

(1988): *Bad Boy,* Oslo.

Hamsun, Knut

(1963/4): *Samlede Verker,* 15 Bde., Oslo.

(1890): »Fra de ubevidste Sjæleliv«. In: *Samtiden* 1, S. 325-334.

(1890): *Sult,* Oslo (Samlede Verker 1, dt. Übers. Siegfried Weibel, *Hunger,* München 1997).

(1892): *Mysterier,* Oslo (Samlede Verker 1, dt. Übers. Siegfried Weibel, *Mysterien,* München 1994).

(1894): *Pan. Af Løjtnant Thomas Glahns Papirer,* Nachdruck der Erstausgabe, Oslo 1994, (dt. Übers. Sophie Angermann, *Pan. Aus Lieutenant Thomas Glahns Papieren,* München 1996).

(1898): *Victoria. En kjaerligheds historie,* Oslo (Samlede Verker 3, dt. Übers. Alken Bruns, *Victoria. Eine Liebesgeschichte,* München 1995).

(1949): *Paa gjengrodde stier,* Oslo (dt. Übers. Elisabeth Ihle, *Auf überwachsenen Pfaden,* München 1990).

(1960): *Paa Turné. Tre foredrag om litteratur av Knut Hamsun,* Oslo.

(1994): *Knut Hamsuns brev,* herausgegeben von Harald Næss, z.Zt. 3 Bde., Oslo.

Ibsen, Henrik

(1928-1940): *Samlede Verker (Hundreårsutgave),* 16 Bde., Oslo.

(1903): *Sämtliche Werke in deutscher Sprache,* durchgesehen und eingeleitet von Georg Brandes, Julius Elias, Paul Schlenther, 10 Bde., Berlin.

(1881): *Gengangere,* Oslo (Samlede Verker IX, dt. Übers. A. Zinck oder M.v.Borch, *Gespenster,* Sämtliche Werke 7).

(1892): *Bygmester Solness,* Oslo (Samlede Verker XII, dt. Übers. S. Ibsen, *Baumeister Solneß,* Sämtliche Werke 8).

Jacobsen, Jens Peter
(1880): *Niels Lyhne,* Kopenhagen (Samlede Værker 2, 1973, dt. Übers. Anke Mann, *Niels Lyhne,* Frankfurt a.M. 1911).

Jæger, Hans
(1885): *Fra Kristiania-Bohemen,* Kristiania.

Nielsen, Hans-Jørgen
(1979): *Fodboldenglen. En beretning,* Kopenhagen (dt. Übers. Ursula Schmalbruch, *Jeder Engel ist schrecklich. Aufzeichnungen für meinen Sohn,* Hamburg/Zürich 1986).
(1979):»Også i kunsten findes elskoven, hvor fantasien og fornuften snedigt mødes« (mit Hanne Marie Svendsen). In: *Chancen* I:2, S. 41-51.
(1980):»Til fiktionens forsvar. Nogle notater om biografi, historie, fiktion i ›Fodboldenglen‹«. In: *Kritik* 52, S. 136-143.

Obstfelder, Sigbjørn
(1900): *En prests dagbog,* Oslo (Samlede Skrifter 2, 1950, dt. Übers. Luise Wolf, *Tagebuch eines Priesters,* Wien/Leipzig 1901).

Rilke, Rainer Maria
(1955-1966): *Sämtliche Werke,* herausgegeben vom Rilke-Archiv in Verbindung mit Ruth Sieber-Rilke besorgt durch Ernst Zinn, 6 Bde., Frankfurt a.M.
(1910): *Die Aufzeichnungen des Malte Laurids Brigge,* Frankfurt a.M. (Sämtliche Werke 6).
(1923): *Die Sonette an Orpheus,* Frankfurt a.M. (Sämtliche Werke 1).
(1923): *Duineser Elegien,* Frankfurt a.M. (Sämtliche Werke 1).

Sandemose, Aksel
(1965/66): *Verker i utvalg,* 8 Bde., Oslo.
(1931): *En sjømann går i land,* Oslo.
(1936): *Vi pynter oss med horn,* Oslo.
(1944): *Det svundne er en drøm,* Oslo.
(1958): *Varulven,* Oslo.
(1976): *Bakom står hin onde og hoster så smått. Artikler om samfunn og politikk 1933-1965,* herausgegeben von Petter Larsen, Thorleif Skjævesland, Oslo.
(1986): *Fesjå,* Oslo (Nachdruck der vier Ausgaben von 1934 bis 1936).
(1988): *En flyktning krysser sitt spor,* Oslo (Neuauflage der Erstausgabe von 1933).

Strindberg, August

(1981): *Samlade Verk. Nationalupplaga*, herausgegeben von Strindbergs-sällskapet, geplant 68 Bde., Stockholm.

(1912): *Samlade Skrifter*, 48 Bde., Stockholm.

(1984-1987): *Werke in zeitlicher Folge*, herausgegeben von Walter Baumgartner, geplant 10 Bde., Frankfurt a.M.

(1984): *Dramen in drei Bänden*, herausgegeben von Artur Bethke, München/Wien.

(1849-1867): *Tjänstekvinnans son. En själs utviklingshistoria*, Stockholm (Samlade Verk. Nationalupplaga 20, dt. Übers. Jörg Scherzer, *Der Sohn der Magd*, Werke in zeitlicher Folge 4).

(1884/86): *Giftas I, II*, (Samlade Verk. Nationalupplaga 16, dt. Übers. Emil Schering, *Heiraten*, Werke Abt. 3 Bd. 1, München 1910).

(1887a): *Fadren*, (Samlade Verk. Nationalupplaga 27, dt. Übers. Peter Weiss, *Der Vater*, Werke in zeitlicher Folge 5).

(1887b): *Vivisektioner*, Stockhom (Samlade Verk. Nationalupplaga 29, dt. Übers. Verena Reichel, *Vivisektionen*, Werke in zeitlicher Folge 5).

(1888a): *Kvinnosaken enligt Evolutionsteorien*, (Samlade Skrifter 17, dt. Übers. Verena Reichel, *Die Frauenfrage im Licht der Evolutionstheorie*, Werke in zeitlicher Folge 5).

(1888b): *Kamraterna*, (Samlade Verk. Nationalupplaga 28, dt. Übers. Hans-Joachim Maas, *Die Kameraden*, Werke in zeitlicher Folge 4).

(1890): *Fordringsägare*, (Samlade Verk. Nationalupplaga 27, dt. Übers. Anne Storm, *Gläubiger*, Dramen in drei Bänden 1).

(1978): *Le Plaidoyer d'un Fou*, Stockholm (dt. Übers. Hans-Joachim Maas, *Plädoyer eines Irren*, Werke in zeitlicher Folge 5).

August Strindbergs brev, 20 Bde., Stockholm, 1948-1996 (herausgegeben von Strindbergssällskapet).

Sekundärliteratur

Aarbakke, Jorunn Hareide (1976): *Høyt på en vinget hest. Studier i drømmer og syner i Aksel Sandmoses forfatterskap*, Oslo.

Abelove, Henry; Michèle Aina Barale; David M. Halperin (Hg.) (1993): *The Lesbian and Gay Studies Reader*, New York/London.

Adler, Alfred (1924): *Praxis und Theorie der Individualpsychologie. Vorträge zur Einführung in die Psychotherapie für Ärzte, Psychologen und Lehrer*, 2. Aufl. München.

Adler, Alfred (1930): *Das Problem der Homosexualität. Erotisches Training und erotischer Rückzug*, Leipzig.

Adler, Alfred (1981): *Neurosen. Fallgeschichten. Zur Diagnose und Behandlung,* Frankfurt a.M. (amerik. Original: *Problems of Neurosis,* 1929).

Adler, Alfred (1997): *Über den nervösen Charakter. Grundzüge einer vergleichenden Individualpsychologie,* kommentierte textkritische Ausgabe, Göttingen.

Alfredsson, Ulla (1976): *Språk, sexualitet, fascism. En studie i Aksel Sandemoses roman Vi pynter oss med horn,* Göteborg.

Ambjörnsson, Ronny; Johan Cullberg (1987):»Strindbergs Fadren och Fordringsägare. En guide till manlighetens paradoxer«. In: *BLM* 1, S. 12-27.

Andersen, Frits (1981):»›Stammerne‹/›Fodboldenglen‹/›Det sorte hul‹. En analyse af de tre romaner – med udgangspunkt i deres modtagelse i dagspressen og en diskussion af den nuværende danske litteraturkritik«. In: *Skrifter fra Institut for litteraturhistorie, Aarhus Universitet* 2-3, S. 44-82.

Apter, Emily (1991): *Feminizing the Fetish. Psychoanalysis and Narrative Obsession in Turn-of-the-Century France,* Ithaca/London.

Apter, Emily; William Pietz (Hg.) (1993): *Fetishism as Cultural Discourse,* Ithaca/London.

Armstrong, Nancy (1987): *Desire and Domestic Fiction. A Political History of the Novel,* New York/Oxford.

Aspetsberger, Friedbert (1997):»Body Building. Malte lernt sehen und (nicht) gesehen werden. Ein Hinweis zur Geschlechterfrage in Rilkes Roman ›Die Aufzeichnungen des Malte Laurids Brigge‹«. In: ders.: *Einritzungen auf der Pyramide des Mykerinos. Zum Geschlecht (in) der Literatur,* Wien, S. 35-76.

Assmann, Aleida (1984):»Pan, Paganismus und Jugendstil«. In: Zimmermann, Hans-Joachim (Hg.): *Antike Tradition und Neuere Philologien. Symposium zu Ehren des 75. Geburtstags von Rudolf Sühnel,* Heidelberg, S. 177-195.

Bachofen, Johann Jakob (1975): *Das Mutterrecht. Eine Untersuchung über die Gynaikokratie der alten Welt nach ihrer religiösen und rechtlichen Natur [1861],* Frankfurt a.M.

Badinter, Elisabeth (1993): *XY Die Identität des Mannes,* München/Zürich (frz. Original: *XY De l'identité masculine,* 1992).

Baer, Lydia (1939):»Rilke und J. P. Jacobsen«. In: *PMLA* 54 S. 900-932 und 55, S. 1133-1180.

Bahr, Hermann (1968):»Die neue Psychologie (1890)«. In: ders. (Hg.): *Die Überwindung des Naturalismus. Theoretische Schriften 1887-1904,* ausgewählt, eingeleitet und erläutert von Gotthard Wunberg, Stuttgart usw., S. 53-63.

Bale, Kjersti (1996):»*Out of my weakness and my melancholy*«. *Melankoli som litterær konfigurasjon*, Oslo.

Bale, Kjersti (1997):»Hamsuns hvite hest. Om *Victoria*«. In: *Edda* 97:3, S. 292-302.

Balint, Michael (1970): *Therapeutische Aspekte der Regression. Die Theorie der Grundstörung*, Stuttgart.

Baumgartner, Walter (1991):»Romanstruktur in Strindbergs Autobiographie ›Plaidoyer d'un fou‹«. In: Braunmüller, Kurt; Mogens Brøndsted (Hg.): *Deutsch-nordische Begegnungen. 9. Arbeitstagung der Skandinavisten des deutschen Sprachgebiets 1989 in Svendborg*, Odense, S. 252-266.

Bäumler, Alfred (1934): *Männerbund und Wissenschaft*, Berlin.

BauSteineMänner (Hg.) (1996): *Kritische Männerforschung. Neue Ansätze in der Geschlechtertheorie*, Berlin/Hamburg (Argument-Sonderband 246).

Becker, Gabriele; u.a. (1977): *Aus der Zeit der Verzweiflung. Zur Genese und Aktualität des Hexenbildes*, Frankfurt/M.

Becker-Grüll, Sibylle (1978): *Vokabeln der Not. Kunst als Selbst-Rettung bei Rainer Maria Rilke*, Bonn.

Bederman, Gail (1995): *Manliness and Civilization. A Cultural History of Gender and Race in the United States, 1880-1917*, Chicago/London.

Bednarik, Karl (1968): *Die Krise des Mannes*, Wien/München/Zürich.

Behrendt, Poul (1984): *Bissen og Dullen*, Kopenhagen.

Behrendt, Poul; Henrik Pontoppidan (1994): *Det ideale Hjem. Matriarkatet i nutiden*, Kopenhagen.

Benjamin, Jessica (1978):»Authority and the Family Revisited: or, A World without Fathers?« In: *New German Critique* 13, S. 35-57.

Benjamin, Jessica (1993a): *Die Fesseln der Liebe. Psychoanalyse, Feminismus und das Problem der Macht*, Frankfurt a.M. (amerik. Original: *The Bonds of Love. Psychoanalysis, Feminism, and the Problem of Domination*, 1988).

Benjamin, Jessica (1993b): *Phantasie und Geschlecht. Psychoanalytische Studien über Idealisierung, Anerkennung und Differenz*, Frankfurt a.M./Basel.

Bennett, Paula; Vernon Rosario (Hg.) (1995): *Solitary Pleasures. The Historical, Literary and Artistic Discourses of Autoeroticism*, New York/London.

Berger, Maurice; Brian Wallis; Simon Watson (Hg.) (1995): *Constructing Masculinity*, New York/London.

Bergom-Larsson, Maria (1978):»En dåres försvarstal och mansmedvetandets kris«. In: Ardelius, Lars; Gunnar Rydström (Hg.): *Författarnas litteraturhistoria*, Stockholm, S. 84-97.

Bersani, Leo (1986): *The Freudian Body. Psychoanalysis and Art,* New York.

Bersani, Leo (1988): »Is the Rectum a Grave?«. In: Crimp, Douglas (Hg.): *AIDS. Cultural Analysis, Cultural Activism,* Cambridge/London, S. 197- 222.

Beyer, Harald (1958/59): *Nietzsche og Norden,* 2 Bde., Bergen (Universitetet i Bergen Årbok).

Beyer-Jordan, Gabriele (1997): *Literarische Labyrinthe. Über die Bewegungen des skandinavischen Romans der 1980er Jahre zwischen Ich und Welt, Wirklichkeit und Fiktion, Mythos und Aufklärung,* Frankfurt a.M. (Texte und Untersuchungen zur Germanistik und Skandinavistik 38).

Binet, Alfred (1887): »Le fétichisme dans l'amour. Etude de psychologie morbide«. In: *Revue philosophique* 24, S. 143-167.

Bjørby, Pål (1993): »Eros and Subjectivity: Knut Hamsun's *Pan* and Ragnhild Jølsen's *Rikka Gan*«. In: Ingwersen, Faith; Mary Kay Norseng (Hg.): *Fin(s) de Siècle in Scandinavian Perspective: Studies in Honor of Harald S. Naess,* Columbia S.C., S. 123-137.

Bloom, Harold (1973): *The Anxiety of Influence. A Theory of Poetry,* New York.

Blüher, Hans (1912): *Wandervogel. Geschichte einer Jugendbewegung,* Berlin.

Blüher, Hans (1914): *Die deutsche Wandervogelbewegung als erotisches Phänomen. Ein Beitrag zur Erkenntnis der sexuellen Inversion,* 2. Aufl. Berlin.

Blüher, Hans (1918): *Familie und Männerbund,* Leipzig (Der Neue Geist 12).

Bly, Robert (1967): »Introduction«. In: Knut Hamsun: *Hunger,* New York.

Bly, Robert (1991): *Eisenhans. Ein Buch über Männer,* München (amerik. Original: *Iron John. A Book About Men,* 1990).

Bly, Robert (1996): *The Sibling Society,* New York.

Boëthius, Ulf (1969): *Strindberg och kvinnofrågan till och med Giftas I,* Stockholm.

Bonorden, Heinz (Hg.) (1985): *Was ist los mit den Männern? Stichworte zu einem neuen Selbstverständnis,* München.

Borgeaud, Philippe (1974): »The Open Entrance to the Closed Palace of the King: The Greek Labyrinth in Context«. In: *History of Religions* 14:1, S. 127.

Bosse, Hans; Vera King (Hg.) (2000): *Männlichkeitsentwürfe. Wandlungen und Widerstände im Geschlechterverhältnis,* Frankfurt a.M./New York.

Braad, Anne Bønløkke (1990):»Fodboldenglen'«. In: *Kritik* 93, S. 98-106.

Braatøy, Trygve (1933):»Kjærlighet og hat. Nogen litteratur-psykologiske fragmenter«. In: *Edda* 33:1, S. 153-178.

Braatøy, Tryggve (1954): *Livets cirkel. Bidrag til analyse af Knut Hamsuns digtning,* Kopenhagen.

Brandl, Horst (1977): *Persönlichkeitsidealismus und Willenskult. Aspekte der Nietzsche-Rezeption in Schweden,* Heidelberg.

Braun, Christina von (1989): *Die schamlose Schönheit des Vergangenen. Zum Verhältnis von Geschlecht und Geschichte,* Frankfurt a.M.

Braun, Karl (1995): *Die Krankheit Onania. Körperangst und die Anfänge moderner Sexualität im 18. Jahrhundert,* Frankfurt a.M./New York.

Bredsdorff, Elias (1973): *Den store nordiske krig om seksualmoralen. En dokumentarisk fremstilling af sædelighedsdebatten i nordisk litteratur i 1880'erne,* Kopenhagen.

Brod, Harry (1987a):»The Case for Men's Studies«. In: Brod 1987b, S. 39-62.

Brod, Harry (Hg.) (1987b): *The Making of Masculinities. The New Men's Studies,* Boston.

Brod, Harry; Michael Kaufman (Hg.) (1994): *Theorizing Masculinities,* Thousand Oaks usw.

Brody, Miriam (1993): *Manly Writing. Gender, Rhetoric, and the Rise of Composition,* Carbondale/Edwardsville.

Brøndum-Nielsen, Karen (1984):»De nye fædre – et forsøg på et signalement«. In: Jørgensen, Vibeke; Karen Brøndum-Nielsen (Hg.): *Den ændrede mandsrolle. Myte eller virkelighed,* Aalborg, S. 77-82.

Bublitz, Hannelore (Hg.) (1998): *Das Geschlecht der Moderne. Genealogie und Archäologie der Geschlechterdifferenz,* Frankfurt a.M. / New York.

Bührmann, Andrea Dorothea (1998):»Die Normalisierung der Geschlechter in Geschlechterdispositiven«. In: Bublitz 1998, S. 71-94.

Butler, Judith (1991): *Das Unbehagen der Geschlechter,* Frankfurt a.M. (amerik. Original: *Gender Trouble,* 1990).

Butler, Judith (1995): *Körper von Gewicht. Die diskursiven Grenzen des Geschlechts,* Berlin (amerik. Original: *Bodies that Matter,* 1993).

Buttry, Dolores (1979):»The Friendly Stone«. In: *Edda* 79:3, S. 151-156.

Buttry, Dolores (1980):»Knut Hamsun and the ›Rousseauian Soul'«. In: *Scandinavica* 19:2, S. 121-150.

Carlson, Harry G. (1979): *Strindberg och myterna,* Stockholm.

Carnes, Mark C.; Clyde Griffen (Hg.) (1990): *Meanings for Manhood. Constructions of Masculinity in Victorian England,* Chicago/London.

Carrigan, Tim; Bob Connell; John Lee (1987): »Toward a New Sociology of Masculinity«. In: Brod 1987b, S. 63-100.

Cervi, Andrea (1993): »The Composition of Reality. Rainer Maria Rilke *Die Aufzeichnungen des Malte Laurids Brigge*«. In: Midgley, David (Hg.): *The German Novel in the Twentieth Century. Beyond Realism*, Edinburgh/New York, S. 45-58.

Chambers, Ross (1984): *Story and Situation. Narrative Seduction and the Power of Fiction*, Minneapolis (Theory and History of Literature 12).

Chapman, Rowena; Jonathan Rutherford (1988): *Male Order. Unwrapping Masculinity*, London.

Charcot, Jean Marie; Paul Magnan (1882): »Inversion du sens génital«. In: *Archives de Neurologie* 3:7, S. 53-60.

Chasseguet-Smirgel, Janine (1987): *Das Ichideal. Psychoanalytischer Essay über die ›Krankheit der Idealität‹*, Frankfurt a.M. (frz. Original: *L'Idéal du moi. Essay psychoanalytique sur la ›maladie d'idéalité‹*, 1975).

Chodorow, Nancy (1985): *Das Erbe der Mütter. Psychoanalyse und Soziologie der Mütterlichkeit*, München (amerik. Original: *The Reproduction of Mothering. Psychoanalysis and the Sociology of Gender*, 1978).

Claridge, Laura; Elizabeth Langland (Hg.) (1990): *Out of Bounds. Male Writers and Gender(ed) Criticism*, Amherst.

Cohand, Steven; Ina Rae Hark (1993): *Screening the Male. Exploring Masculinities in the Hollywood Cinema*, London.

Connell, Robert W. (1993): »The Big Picture: Masculinities in Recent World History«. In: *Theory and Society* 22:5, S. 597-623.

Connell, Robert W. (1995): *Masculinities*, Berkeley/Los Angeles.

Copjek, Joan (1994): *Read My Desire. Lacan against the Historicists*, Cambridge/Mass.

Cranny-Francis, Anne (1992): *Engendered Fiction. Analysing Gender in the Production and Reception of Texts*, Kensington.

Dahlerup, Pil (1983): *Det moderne gennembruds kvinder*, Kopenhagen.

Davidson, Arnold I. (1990): »Closing up the Corpses. Diseases of Sexuality and the Emergence of the Psychiatric Style of Reasoning«. In: Boolos, George (Hg.): *Meaning and Method. Essays in Honor of Hilary Putnam*, Cambridge, S. 295-325.

Davis, Michael F. (1993): »Writing the Mother in *The Notebooks of Malte Laurids Brigge*. The Rhetoric of Abjection«. In: *The Germanic Review* 68:4, S. 156-166.

Detering, Heinrich (1994): *Das offene Geheimnis. Zur literarischen Produktivität eines Tabus von Winckelmann bis zu Thomas Mann*, Göttingen.

Dettmering, Peter (1969): *Dichtung und Psychoanalyse*, München.

Digby, Tom (Hg.) (1998): *Men Doing Feminism,* New York/London.

Dijkstra, Bram (1986): *Idols of Perversity. Fantasies of Feminine Evil in Fin-de-Siècle Culture,* New York/Oxford.

Doane, Janice; Devon Hodges (1987): *Nostalgia and Sexual Difference. The Resistance to Contemporary Feminism,* New York/London.

Donahue, Neill H. (1992):»Fear and Fascination in the Big City: Rilke's Use of Georg Simmel in *The Notebooks of Malte Laurids Brigge*«. In: *Studies in Twentieth Century Literature* 16:2, S. 197-219.

Drysdale, George (1879): *Grundtræk af Samfundsvidenskaben, eller physisk, kjønslig og naturlig Religion. En Fremstilling af den sande Aarsag til og eneste Helbredsmiddel for Samfundets tre Hovedonder: Fattigdom, Prostitution og Cølibat af en Doctor i Medicinen,* Kopenhagen.

Eckart, Christel (1985):»Töchter in der ›vaterlosen Gesellschaft‹. Das Vorbild des Vaters als Sackgasse zur Autonomie«. In: Hagemann-White, Carol; Maria S. Rerrich (Hg.): *FrauenMännerBilder. Männer und Männlichkeit in der feministischen Diskussion,* Frankfurt a.M./New York, S. 170-193.

Eggen, Einar (1981): *Espen Arnakke og hans verden. Bidrag til en analyse av En flyktning krysser sitt spor,* Oslo.

Eklund, Torsten (1948): *Tjänstekvinnans son. En psykologisk Strindbergsstudie,* Stockholm.

Ellenberger, Henri F. (1970): *The Discovery of the Unconscious. The History and Evolution of Dynamic Psychiatry,* New York.

Engel, Manfred (1997):»Weder Seiende noch Schauspieler‹. Zum Subjektivitätsentwurf in Rilkes ›Malte Laurids Brigge‹«. In: *Rilke heute. Der Ort des Dichters in der Moderne,* Frankfurt a. M., S. 181-200.

Engelstad, Irene; u.a. (Hg.) (1989-1990): *Norsk kvinnelitteraturhistorie,* 3 Bde., Oslo.

Erdheim, Mario (1990):»Sigmund Freud (1856-1939)«. In: Marschall, Wolfgang (Hg.): *Klassiker der Kulturanthropologie. Von Montaigne bis Margaret Mead,* München, S. 137-150.

Erhart, Walter; Britta Herrmann (1996):»Feministische Zugänge – ›Gender Studies‹«. In: Arnold, Heinz Ludwig; Heinrich Detering (Hg.): *Grundzüge der Literaturwissenschaft,* München, S. 498-515.

Erhart, Walter; Britta Herrmann (Hg.) (1997): *Wann ist der Mann ein Mann? Zur Geschichte der Männlichkeit,* Stuttgart/Weimar.

Eschenburg, Barbara (1995): *Der Kampf der Geschlechter. Der neue Mythos in der Kunst 1850-1930,* München/Köln.

Exner, Richard; Ingrid Stipa (1987):»Das Phänomen der Androgynie des Schaffensprozesses im späten Rilke: Das Beispiel ›Solang du selbstgeworfnes fängst...‹«. In: Görner, Rüdiger (Hg.): *Rainer Maria Rilke,* Darmstadt, S. 350-383.

Fahlgren, Margaretha (1994): *Kvinnans ekvation. Kön, makt och rationalitet i Strindbergs författarskap*, Stockholm.

Fausing, Bent; Steffen Kiselberg; Niels Senius Clausen (1984): *Billeder af mændenes historie*, Kopenhagen.

Federn, Paul (1919): *Zur Psychologie der Revolution. Die vaterlose Gesellschaft*, Leipzig (Der Aufstieg. Neue Zeit- und Streitschriften 12/13).

Felski, Rita (1995): *The Gender of Modernity*, Cambridge/London.

Fick, Monika (1993): *Sinnenwelt und Weltseele. Der psychophysische Monismus in der Literatur der Jahrhundertwende*, Tübingen.

Fiedler, Theodore (1989/90): »Rilke, Ellen Key und die Frauenfrage um die Jahrhundertwende«. In: *Blätter der Rilke-Gesellschaft* 16/17, S. 141-153.

Filene, Peter (1987): »The Secrets of Men's History«. In: Brod 1987b, S. 103-120.

Fischer-Homberger, Esther (1997): *Hunger – Herz – Schmerz – Geschlecht. Brüche und Fugen im Bild von Leib und Seele*, Bern.

Fosli, Halvor (1994): *Kristianiabohemen. Byen, miljøet, menneska*, Oslo.

Foucault, Michel (1983): *Der Wille zum Wissen. Sexualität und Wahrheit I*, Frankfurt a.M. (frz. Original: *Histoire de la sexualité. La volonté de savoir*, 1976).

Freihow, Halfdan W. (1985): »Hvorfor var Karl Marx egentlig nazist?«. In: *Morgenbladet*, 28. November.

Freud, Sigmund (1896): *Zur Ätiologie der Hysterie*, (GW 1, Studienausgabe 6).

Freud, Sigmund (1905): *Drei Abhandlungen zur Sexualtheorie*, (GW 5, Studienausgabe 5).

Freud, Sigmund (1909): *Analyse der Phobie eines fünfjährigen Knaben (»Der kleine Hans«)*, (GW 7, Studienausgabe 8).

Freud, Sigmund (1910): *Eine Kindheitserinnerung des Leonardo da Vinci*, (GW 8, Studienausgabe 10).

Freud, Sigmund (1911): *Psychoanalytische Bemerkungen über einen autobiographisch beschriebenen Fall von Paranoia (Dementia paranoides)*, (GW 8, Studienausgabe 7).

Freud, Sigmund (1912): *Totem und Tabu (Einige Übereinstimmungen im Seelenleben der Wilden und der Neurotiker)*, (GW 9, Studienausgabe 9).

Freud, Sigmund (1914): *Zur Einführung des Narzißmus*, (GW 10, Studienausgabe 3).

Freud, Sigmund (1916/17): *Vorlesungen zur Einführung in die Psychoanalyse*, (GW 11, Studienausgabe 1).

Freud, Sigmund (1917): *Trauer und Melancholie*, (GW 10, Studienausgabe 3).

Freud, Sigmund (1918): *Aus der Geschichte einer infantilen Neurose (»Der Wolfsmann«)*, (GW 12, Studienausgabe 8).

Freud, Sigmund (1921): *Massenpsychologie und Ich-Analyse*, (GW 13, Studienausgabe 9).

Freud, Sigmund (1923): *Das Ich und das Es*, (GW 3, Studienausgabe 3).

Freud, Sigmund (1927): *Die Zukunft einer Illusion*, (GW 14, Studienausgabe 9).

Freud, Sigmund (1930): *Das Unbehagen in der Kultur*, (GW 14, Studienausgabe 9).

Freud, Sigmund (1939): *Der Mann Moses und die monotheistische Religion*, (GW 16, Studienausgabe 9).

Freud, Sigmund (1940-1952): *Gesammelte Werke*, 18 Bde., Frankfurt a.M.

Freud, Sigmund (1994): *Studienausgabe*, 10 Bde. und ein unnummerierter Ergänzungsband, herausgegeben von Thure von Uexküll und Ilse Grubrich-Simitis, 12. Aufl.

Frevert, Ute (1991):»Männergeschichte oder die Suche nach dem ›ersten‹ Geschlecht«. In: Hettling, Manfred u.a. (Hg.): *Was ist Gesellschaftsgeschichte? Positionen, Themen, Analysen*, München, S. 31-43.

Frevert, Ute (1995): ›*Mann und Weib und Weib und Mann‹. Geschlechter-Differenzen in der Moderne*, München.

Fülleborn, Ulrich (1997):»Rilke 1906 bis 1910: Ein Durchbruch zur Moderne«. In: *Rilke heute. Der Ort des Dichters in der Moderne*, Frankfurt a.M.

Fuss, Diana (1995): *Identification Papers. Readings on Psychoanalysis, Sexuality, and Culture*, New York/London.

Geden, Oliver; Johannes Moes (2000):»Reflexive Männerforschung«. In: *Die Philosophin* 11:22, S. 10-36.

Giersing, Morten; John Thobo Carlsen; Michael Westergaard Nielsen (1975): *Det reaktionære oprør. Om fascismen i Knut Hamsuns forfatterskab*, Kopenhagen.

Gilbert, Sandra M.; Susan Gubar (1979): *The Madwoman in the Attic. The Woman Writer and the Nineteenth-Century Literary Imagination*, New Haven/London.

Gilligan, Carol (1996): *Die andere Stimme. Lebenskonflikte und Moral der Frau*, München (amerik. Original: *In a Different Voice. Psychological Theory and Women's Development*, 1982).

Gilman, Sander L. (1985):»Sexology, Psychoanalysis, and Degeneration. From a Theory of Race to a Race to Theory«. In: Chamberlain, J. Edward; Sander L. Gilman (Hg.): *Degeneration. The Dark Side of Progress*, New York, S. 72-96.

Gilman, Sander L. (1994): *Freud, Identität und Geschlecht*, Frankfurt a.M. (amerik. Original: *Freud, Race, and Gender*, 1993).

Gilmore, David D. (1991): *Mythos Mann. Wie Männer gemacht werden. Rollen, Rituale, Leitbilder,* München (amerik. Original: *Manhood in the Making. Cultural Concepts of Masculinity,* 1990).

Girard, René (1966): *Desire, Deceit and the Novel. Self and Other in Literary Structure,* Baltimore/London.

Glöer, Nele; Irmgard Schmiedeskamp-Böhler (1990): *Verlorene Kindheit. Jungen als Opfer sexueller Gewalt,* München.

Goldner, Virginia (1995):»Gedanken zu einer Kritischen Relationstheorie der Geschlechtsidentität«. In: Benjamin, Jessica (Hg.): *Unbestimmte Grenzen. Beiträge zur Psychoanalyse der Geschlechter,* Frankfurt a.M., S. 211-243.

Gørvel, Knut (1990): *En emigrant krysser sine ord. Studier i Aksel Sandemoses Det svundne er en drøm,* Oslo.

Grace, Nancy McCampbell (1995): *The Feminized Male Character in Twentieth-Century Literature,* Lewiston usw.

Green, Martin (1993): *The Adventurous Male. Chapters in the History of the White Male Mind,* University Park.

Grønbech, Vilhelm (1909-12): *Vor Fokeæt i Oldtiden,* 4 Bde., Kopenhagen.

Grönbech, Wilhelm (1961): *Kultur und Religion der Germanen,* 2 Bde., 6. Aufl. Darmstadt, herausgegeben von Otto Höfler (1. Aufl. 1937).

Gutjahr, Ortrud (2000):»Durch das Tor des Nordens auf den Weg der Moderne. Rainer Maria Rilke und Skandinavien«. In: Henningsen, Bernd (Hg.): *Begegnungen. Deutschland und der Norden im 19. Jahrhundert,* Berlin (Wahlverwandtschaft – Der Norden und Deutschland. Essays zu einer europäischen Begegnungsgeschichte 1), S. 99-119.

Haaland, Arild (1965):»Kjærligheten og den flådde satyr«. In: *Samtiden* 74:6, S. 366-380.

Haavardsholm, Espen (1988): *Mannen fra Jante,* Oslo.

Habegger, Alfred (1982): *Gender, Fantasy and Realism in American Literature,* New York.

Hamburger, Käte (1976):»Die Geschichte des verlorenen Sohnes bei Rilke«. In: dies. (Hg.): *Kleine Schriften,* Stuttgart, S. 213-230.

Hamre, Torleif R. (1983):»»Blommar og den borgarlege krisa‹. Knut Hamsuns ›Pan‹ i eit marxistisk perspektiv«. In: *Eigenproduksjon* 19, S. 51-74.

Hansen, Thorkild (1978): *Prosessen mod Hamsun,* 3 Bde., Kopenhagen.

Harding, Gösta (1963):»Sin egen psykiater«. In: *BLM* 7, S. 556-558.

Hareide, Jorunn (1983):»Ny mannslitteratur, gamle kvinneidealer«. In: *Kjerringråd. Kvinnepolitisk tidskrift* 2, S. 7-12.

Harris, Ian M. (1995): *Messages Men Hear. Constructing Masculinities,* London.

Hausen, Karin (1976):»Die Polarisierung der ›Geschlechtscharaktere‹. Eine Spiegelung der Dissoziation von Erwerbs- und Familienleben«. In: Conze, Wolfgang (Hg.): *Sozialgeschichte der Familie in der Neuzeit Europas*, Stuttgart, S. 363-393.

Haustedt, Birgit (1995):»Das Amt der Engel‹. Zum Verhältnis von Weiblichkeit und Schreiben in den Aufzeichnungen des Malte Laurids Brigge«. In: *Blätter der Rilke-Gesellschaft* 21, S. 35-49.

Hearn, Jeff; David Morgan (1990): *Men, Masculinities & Social Theory*, Boston usw.

Heller, Erich (1954):»Rilke und Nietzsche. Mit einem Diskurs über Denken, Glauben und Dichten«. In: ders. (Hg.): *Enterbter Geist. Essays über modernes Dichten und Denken*, Frankfurt a.M., S. 175-244.

Heltberg, Bettina (1980):»Den sårede elsker«. In: *Kritik* 53, S. 32-50.

Herbig, Reinhard (1949): *Pan. Der griechische Bocksgott. Versuch einer Monographie*, Frankfurt a.M.

Hewitt, Andrew (1996): *Political Inversions. Homosexuality, Fascism, & the Modernist Imaginary*, Stanford.

Hitschmann, Eduard (1924):»Ein Gespenst aus der Kindheit Knut Hamsuns«. In: *Imago* 12, S. 336-360.

Hitschmann, Eduard (1929):»Knut Hamsun und die Psychonalyse«. In: *Die psychoanalytische Bewegung* 1, S. 318-324.

Hödl, Klaus (1997): *Die Pathologisierung des jüdischen Körpers. Antisemitismus, Geschlecht und Medizin im Fin de Siècle*, Wien.

Hof, Renate (1995): *Die Grammatik der Geschlechter. Gender als Analysekategorie der Literaturwissenschaft*, Frankfurt a.M./New York.

Höfler, Otto (1934): *Kultische Geheimbünde der Germanen*, Frankfurt a.M.

Holliger, Christine (1988): *Das Verschwinden des Erzählers. Die Entwicklung der Erzählerrolle in der skandinavischen Prosa 1870-1900*, Frankfurt a.M. (Texte und Untersuchungen zur Germanistisk und Skandinavistik 20).

Hollstein, Walter (1988): *Nicht Herrscher, aber kräftig. Die Zukunft der Männer*, Hamburg.

Holm, Birgitta (1992):»Den manliga läsningens mysterier. Knut Hamsuns roman 100 år efteråt«. In: *Edda* 92:3, S. 261-271.

Holmesland, Hilde (1980):»Konkurransen, sammenlikningen, er mannens ulykke‹«. In: *Edda* 80:6, S. 349-360.

Holmquist, Ingrid; Ebba Witt-Brattström (Hg.) (1983): *Kvinnornas litteraturhistoria. Del 2/1900-talet*, Malmö.

Holter, Øystein Gullvåg (1989): *Menn*, Oslo.

Honegger, Claudia (Hg.) (1978): *Die Hexen der Neuzeit. Studien zur Sozialgeschichte eines kulturellen Deutungsmusters*, Frankfurt a.M.

Horkheimer, Max (1936):»Autorität und Familie«. In: *Gesammelte Schriften*, herausgegeben von Alfred Schmidt, Frankfurt a.M., S. 329-417.

Horkheimer, Max (1947/1949):»Autorität und Familie in der Gegenwart«. In: *Gesammelte Schriften*, herausgegeben von Alfred Schmidt, Frankfurt a.M., S. 377-395.

Humpál, Martin (1998):»Editing and Interpreting. Two Editions of Hamsun's *Pan* and the Question of the Fictional Authorship of ›Glahns død‹«. In: *Edda* 98:1, S. 20-22.

Humpál, Martin (1998a): *The roots of Modernist Narrative. Knut Hamsun's Novels Hunger, Mysteries, and Pan*, Oslo.

Hunter, Dianne (1992):»Seduction Theory«. In: Wright, Elizabeth (Hg.): *Feminism and Psychoanalysis. A Critical Dictionary*, Cambridge, Mass, S. 397-402.

Huyssen, Andreas (1989):»Paris/Childhood: The Fragmented Body in Rilke's *Notebooks of Malte Laurids Brigge*«. In: ders.; David Bathrick (Hg.): *Modernity and the Text. Revisions of German Modernism*, New York, S. 113-141.

Jacobsen, Harry (1960): *Den miskendte Herman Bang. Aarene der gik tabt*, Kopenhagen.

Jagose, Annamarie (1996): *Queer Theory. An Introduction*, New York.

Jensen, Elisabeth Møller (Hg.) (1993-97): *Nordisk kvindelitteraturhistorie*, z.Zt. 4 Bde., Kopenhagen.

Johannesson, Eric O. (1968): *The Novels of August Strindberg. A Study in Theme and Structure*, Berkeley/Los Angeles.

Jørgensen, John Christian (1984a):»Den ny mand i litteraturen«. In: Jørgensen, Vibeke; Karen Brøndum Nielsen (Hg.): *Den ændrede mandsrolle. Myte eller virkelighed*, Kopenhagen, S. 39-50.

Jørgensen, John Christian (1984b): *Hamskiftet. Mændenes krise i litteraturen 1973-1983*, Kopenhagen.

Jørgensen, John Christian (1985): *Herreartikler. Introduktion til 80ernes nye mænd*, Kopenhagen.

Jørgensen, Keld (1983):»Er vist að 7. áratugurinn sé liðinn? Um einstakling og sögu í Fótboltaengli Hans-Jørgen Nielsens«. In: *Tímarit Máls og menningar* 44, S. 554-563.

Kaufman, Michael (Hg.) (1987): *Beyond Patriarchy. Essays by Men on Pleasure, Power, and Change*, Toronto/New York.

Kernberg, Otto F. (1978): *Borderline-Störungen und pathologischer Narzißmus*, Frankfurt a.M. (amerik. Original: *Borderline Conditions and Pathological Narcissism*, 1975).

Kiberd, Declan (1985): *Men and Feminism in Modern Literature*, London.

Kim, Byong-Ock (1973): *Rilkes Militärschulerlebnis und das Problem des verlorenen Sohnes*, Bonn (Abhandlungen zur Kunst-, Musik- und Literaturwissenschaft 156).

Kimmel, Michael S. (1987):»Rethinking ›Masculinity‹. New Directions in Research«. In: ders. (Hg.): *Changing Men. New Directions in Research on Men and Masculinity*, Newbury Park usw., S. 9-24.

Kimmel, Michael S. (Hg.) (1995): *The politics of manhood. Profeminist men respond to the Mythopoetic Men's Movement (and the Mythopoetic leaders answer)*, Philadelphia.

Kimmich, Dorothee (1997):»Herakles. Heldenposen und Narrenpossen. Stationen eines Männermythos?«. In: Erhart/Herrmann 1997, S. 173-191.

Kirkegaard, Peter (1975): *Knut Hamsun som modernist*, Kopenhagen.

Kiselberg, Steffen (1979): *To og et halvt kapittel av mændenes historie. En moralsociologisk studie i den traditionelle manderolle*, Kopenhagen.

Kittang, Atle (1984): *Luft, vind, ingenting. Hamsuns desillusjonsromanar frå Sult til Ringen Sluttet*, Oslo.

Kittler, Friedrich A. (1985): *Aufschreibesysteme 1800/1900*, München.

Klein, Melanie (1932): *Die Psychoanalyse des Kindes*, Stuttgart-Bad Canstatt (Gesammelte Schriften, 1997, Bd. 2).

Kleinbard, David (1993): *The Beginning of Terror. A Psychological Study of Rainer Maria Rilke's Life and Work*, New York.

Kleinspehn, Thomas (1989): *Der flüchtige Blick. Sehen und Identität in der Kultur der Neuzeit*, Reinbek b. Hamburg.

Kohlschmidt, Werner (1948): *Rilke Interpretationen*, Lahr.

Kohut, Heinz (1973): *Narzißmus. Eine Theorie der psychoanalytischen Behandlung narzißtischer Persönlichkeitsstörungen*, Frankfurt a.M. (amerik. Original: *The Analysis of the Self. A Systematic Approach to the Psychoanalytic Treatment of Narcissistic Personality Disorders*, 1971).

Kolloen, Ingar Sletten (1985):»Hamsun må avsløres!«. In: *Aftenposten*, 23. November.

Komar, Kathleen L. (1989):»The Mediating Muse: Of Men, Women and the Feminine in the Work of Rainer Maria Rilke«. In: *The Germanic Review* 64:3, S. 129-133.

Krafft-Ebing, Richard von (1886): *Psychopathia Sexualis*, Stuttgart (Nachdruck der Ausgabe von 1912, München 1993).

Kristeva, Julia (1978): *Die Revolution der poetischen Sprache*, Frankfurt a.M. (frz. Original: *La révolution du language poétique*, 1974).

Kühne, Thomas (Hg.) (1996): *Männergeschichte – Geschlechtergeschichte. Männlichkeit im Wandel der Moderne*, Frankfurt/New York (Geschichte und Geschlechter 14).

Kuntze, Thomas (1985): »Fußball und Venstrefløj. Zu Hans-Jørgen Nielsens ›Fodboldenglen‹«. In: Beck, Heinrich (Hg.): *Arbeiten zur Skandinavistik. 6. Arbeitstagung des deutschen Sprachgebiets 26.8.-1.10 1983 in Bern*, Frankfurt a.M. u.a., S. 293-298.

Kunz, Marcel (1970): *Untersuchungen zum Werk Rainer Maria Rilkes*, Bonn.

Kylhammer, Martin (1985): *Maskin och idyll. Teknik och pastorala idéer hos Strindberg och Heidenstam*, Stockholm.

Kyndrup, Morten (1982): *Æstetik og litteratur. ›Fodboldenglen‹ – dens modtagelse og æstetik*, Aarhus.

Lafargue, Paul (1886): »Das Mutterrecht. Studie über die Entstehung der Familie«. In: ders. (Hg.): *Geschlechterverhältnisse*, herausgegeben von Fritz Keller, Hamburg/Berlin 1995.

Lagercrantz, Olof (1979): *August Strindberg*, Stockholm.

Lamm, Martin (1948): *August Strindberg*, 2. Aufl. Stockholm.

Langfeldt, Gabriel; Ørnulv Ødegård (1978): *Den rettspsykiatriske erklæring om Knut Hamsun*, Oslo.

Laplanche, J.; J.-B. Pontalis (1973): *Das Vokabular der Psychoanalyse*, Frankfurt a.M.

Laqueur, Thomas (1995): »Masturbation, Credit and the Novel During the Long Eighteenth Century«. In: *Qui Parle* 8:2, S. 1-19.

Lasch, Christopher (1978): *The Culture of Narcissism. American Life in an Age of Diminishing Expectations*, New York (dt. *Das Zeitalter des Narzißmus*, 1980).

Leach, Edmund (1978): *Kultur und Kommunikation. Zur Logik symbolischer Zusammenhänge*, Frankfurt a.M.

Lenzen, Dieter (1991): *Vaterschaft. Vom Patriarchat zur Alimentation*, Reinbek b. Hamburg.

LeRider, Jacques (1990): *Das Ende der Illusion. Die Wiener Moderne und die Krisen der Identität*, Wien (frz. Original: *Modernité viennoise et crises de l'identité*, 1990).

Lévi-Strauss, Claude (1981): *Die elementaren Strukturen der Verwandtschaft*, Frankfurt a.M. (frz. Original: *Les structures élémentaires de la parenté*, 1949).

Levy, Jette Lundbo (1980): *Dobbeltblikket. Om at beskrive kvinder. Ideologi og æstetik i Victoria Benedictssons forfatterskab*, Kopenhagen.

Linneberg, Arild (1983): »Hamsuns Pan og fascismen (1976)«. In: Uecker, Heiko (Hg.): *Auf alten und neuen Pfaden. Eine Dokumentation zur Hamsun-Forschung*, Frankfurt a.M., S. 183-200.

Lippe, Anna von der (1980): »Det skjulte menneske«. In: Semmingsen, Ingrid; u.a. (Hg.): *Norges kulturhistorie 6*, Oslo, S. 265-290.

Longum, Leif (1986): *Drømmen om det frie menneske. Norsk kulturradika-lisme og mellomkrigstidens radikale trekløver: Hoel – Krog – Øverland,* Oslo.

Lorentzen, Jørgen (1998): *Mannlighetens muligheter,* Oslo.

Löwenthal, Leo (1937):»Knut Hamsun. Zur Vorgeschichte der autoritären Ideologie«. In: *Zeitschrift für Sozialforschung* 6, S. 295-345.

MacCannell, Juliet Flower (1991): *The Regime of the Brother. After the Patriarchy,* London/New York.

MacCannell, Juliet Flower (1996):»Fascism and the Voice of Conscience«. In: Copjek, Joan (Hg.): *Radical Evil,* London/New York, S. 46-73.

Magnan, Paul (1885):»Des anomalies, des aberrations et des perversions sexuelles«. In: *Annales Médico-Psychologiques* 7:1, S. 447-474.

Malm, Anna Forssberg (1998): *Kollisioner. Aksel Sandemose som outcast och monument,* Stockholm/Stehag.

Mannsrolleutvalget (Hg.) (1989): *Mannifest. Førebels statusrapport frå mannsrolleutvalet,* Oslo.

Marken, Amy van (1970): *Knut Hamsun en de Vrouwenfiguren in zijn werk,* (Diss.) Groningen.

Masson, Jeffrey Moussaieff (1984): *Was hat man dir, du armes Kind getan? Sigmund Freuds Unterdrückung der Verführungstheorie,* Reinbek b. Hamburg (amerik. Original: *The Assault on Truth,* 1984).

Maugue, Annelise (1987): *L'identité masculine en crise au tournant du siècle,* Paris/Marseille.

Mazor, Yair (1984):»The Epilogue in Knut Hamsun's Pan. The Questionable Combination, the Analogous Connection and the Rhetorical Compensation«. In: *Edda* 84:6, S. 313-328.

McClintock, Anne (1995): *Imperial Leather. Race, Gender and Sexuality in the Colonial Contest,* New York/London.

Mehlmann, Sabine (1998):»Das vergeschlechtlichte Individuum. Thesen zur historischen Genese des Konzepts männlicher Geschlechtsidentität«. In: Bublitz 1998, S. 95-118.

Melberg, Arne (1980):»Sexualpolitiken, Fru Marianne och En dåres försvarstal«. In: *Ord och Bild* 2-3, S. 50-65.

Middleton, Peter (1992): *The Inward Gaze. Masculinity and Subjectivity in Modern Culture,* London.

Miller, Alice (1979): *Das Drama des begabten Kindes und die Suche nach dem wahren Selbst,* Frankfurt a.M.

Miller, Alice (1981): *Du sollst nicht merken. Variationen über das Paradies-Thema,* Frankfurt a.M.

Mitchell, Juliet (1976): *Psychoanalyse und Feminismus. Freud, Reich, Laing und die Frauenbewegung*, Frankfurt a.M. (amerik. Original: *Psychoanalysis and Feminism*, 1974).

Mitscherlich, Alexander (1963): *Auf dem Weg zur vaterlosen Gesellschaft. Ideen zur Sozialpsychologie*, München/Zürich.

Möckel, Hannah (1991): »Zur Subjekts- und Individuums-Problematik in den autobiographischen Schriften August Strindbergs«. In: Braunmüller, Kurt; Mogens Brøndsted (Hg.): *Deutsch-Nordische Begegnungen. 9. Arbeitstagung der Skandinavisten des deutschen Sprachgebiets 1989 in Svendborg*, Odense.

Mogensen, John (1981): »Tressernes karneval er pludselig forbi. Om Hans-Jørgen Nielsens ›Fodboldenglen‹«. In: Pedersen, Erik Wikkelsø; u.a. (Hg.): *Karneval 81*, Kopenhagen, S. 11-40.

Morgan, David (1990): »Masculinity, Autobiography and History«. In: *Gender & History* 2:1, S. 34-39.

Mosse, George L. (1996): *The Image of Man. The Creation of Modern Masculinity*, New York/Oxford.

Nettum, Rolf Nyboe (1970): *Konflikt og visjon. Hovedtemaer i Knut Hamsuns forfatterskap 1890-1912*, Oslo.

Newfield, Christopher (1989): »The Politics of Male Suffering. Masochism and Hegemony in the American Renaissance«. In: *differences* 1:3, S. 55-87.

Nielsen, Hans-Jørgen (1979): »Arbejderforfatteren Sandemose og arbejderismens overvindelse. Hastige bemærkninger efter en genlæsning«. In: *Vinduet* 33:3/4, S. 39-42.

Nissen, Ingjald (1930): *Sjelelig forsvar. Mindreverdighetsfølelse, seksualhemning og maktstreben*, Oslo.

Nordberg, Carl-Erik (1967): *Sandemose. En biografi*, Kopenhagen.

Nye, Robert A. (1993): »Medical Origins of Sexual Fetishism«. In: Apter/Pietz 1993, S. 13-30.

Nymoen, Ingrid (1989): »Det faderløse samfunnet – de moderløse menn«. In: *Vinduet* 42:2, S. 44-46.

Ohlmeier, Dieter (1990): »»Vaterlose Gesellschaft‹. Heutige Tendenzen der Psychoanalyse des Mannes und des Vaters«. In: Rohde-Dachser, Christa (Hg.): *Zerstörter Spiegel. Psychoanalytische Zeitdiagnosen*, Göttingen, S. 126-140.

Olsson, Ulf (1997): *Levande död. Studier i Strindbergs prosa*, Stockholm/Stehag.

Owens, Craig (1987): »Outlaws: Gay Men in Feminism«. In: Jardine, Alice; Paul Smith (Hg.): *Men in Feminism*, New York, S. 219-232.

Paul, Fritz (1985):»Hamsun und der Faschismus«. In: Kolkenbrock-Netz, Jutta; Gerhard Plumpe; Hans Joachim Schrimpf (Hg.): *Wege der Literaturwissenschaft*, Bonn, S. 303-314.

Paul, Fritz (1987):»Strindbergs ›Plaidoyer d'un Fou‹. Zur Odyssee eines Textes und seiner Übersetzungen«. In: Floeck, Wilfried; Dieter Steland; Horst Turk (Hg.): *Formen innerliterarischer Rezeption*, Wolfenbüttel, S. 459-479.

Paul, Fritz (1989):»Ismael, Hiob, Jakob: Alttestamentarische Typologie bei August Strindberg«. In: Link, Franz (Hg.): *Paradeigmata. Literarische Typologie des Alten Testaments. Erster Teil: Von den Anfängen bis zum 19. Jahrhundert*, Berlin, S. 465-486.

Paul, Fritz (1991):»Bild – Dichtung – Übersetzung. J. P. Jacobsens ›Michelangelo-Arabeske‹ in den Übertragungen Georges und Rilkes«. In: *Skandinavistik* 21:2

Pedersen, Otto (1983):»At tage bolden ned«. In: *Semiotik* 5-6, S. 10-30.

Peters, Gerald (1992):»Autobiography as Masquerade: The Spectacle of Rilke's Other Self«. In: *Mosaic. A Journal for the Interdisciplinary Study of Literature* 25:1, S. 79-90.

Popperwell, Ronald (1986):»Knut Hamsun and ›Pan‹«. In: *Scandinavica* 25, S. 19-31.

Porter, Roy (1995):»Forbidden Pleasures. Enlightenment Literature of Sexual Advice«. In: Bennett, Paula; Vernon A. Rosario II (Hg.): *Solitary Pleasures. The Historical, Literary, and Artistic Discourses of Autoeroticism*, New York/London, S. 75-98.

Raddatz, Fritz J. (1993): *Männerängste in der Literatur*, Hamburg.

Rath, Wolfgang (1987): *Not am Mann. Zum Bild des Mannes im deutschen Gegenwartsroman*, Heidelberg.

Réage, Pauline (1954): *L'Histoire d'O*, Paris.

Reese, Dagmar (1993):»Die Kameraden. Eine partnerschaftliche Konzeption der Geschlechterbeziehungen an der Wende vom 19. zum 20. Jahrhundert«. In: dies. u.a. (Hg.): *Rationale Beziehungen? Geschlechterverhältnisse im Rationalisierungsprozeß*, Frankfurt a.M., S. 58-74.

Renner, Stanley (1986/87):»On the Present Imbalance In Criticism. An Exercise in Consciousness-Raising«. In: *University of Dayton Review* 18, S. 9-16.

Renzetti, Claire M.; Daniel J. Curran (1989): *Women, Men, and Society. The Sociology of Gender*, Boston usw.

Reulecke, Jürgen (1990):»Das Jahr 1902 und die Ursprünge der Männerbund-Ideologie in Deutschland«. In: Völger/Welck 1990, Bd. 1, S. 3-10.

Riemer, James D. (1987):»Rereading American Literature from a Men's Studies Perspective: Some Implications«. In: Brod 1987b, S. 289-299.

Robinson, Michael (1986): *Strindberg and Autobiography. Writing and Reading a Life,* Norwich.

Roper, Michael; John Tosh (Hg.) (1991): *Manful Assertions. Masculinities in Britain since 1800,* London/New York.

Rosario, Vernon A. (1995):»Phantastical Pollutions. The Public Threat of Private Vice in France«. In: Bennett/Rosario 1995, S. 101-130.

Roscher, W.H. (Hg.) (1897-1902): *Ausführliches Lexikon der griechischen und römischen Mythologie,* Leipzig.

Rosen, David (1993a): *The Changing Fictions of Masculinity,* Urbana/Chicago.

Rosen, Wilhelm von (1993b): *Månens Kulör. Studier i dansk bøssehistorie 1628-1912,* 2 Bde., Kopenhagen.

Rottem, Øystein (1985a):»Et spyd i sanden. Om maskuline utopier hos Agnar Mykle og Finn Alnæs«. In: *Vardøger* 16, S. 139-152.

Rottem, Øystein (1985b):»Sprekker i mannsbildet. Om Knut Faldbakkens ›Adams dagbok‹ og Erling Gjelsviks ›Dødt løp‹«. In: *Vardøger* 16, S. 86-112.

Rottem, Øystein (1995):»Aksel Sandemose: ›Dichtung und Wahrheit‹«. In: Beyer, Edvard (Hg.): *Norges Litteratur Historie,* 6 Bde., Oslo, S. 104-116.

Rottem, Øystein (1996):»Humbug det også, bare humbug, moderne dekadencehumbug – – ‹. Nietzsche, Hamsun og Den store illusjon«. In: ders. (Hg.): *LystLesninger. Åtte essays om kjønn og identitet i norsk litteratur,* Oslo, S. 46-67.

Rotundo, E. Anthony (1993): *American Manhood. Transformations in Masculinity from the Revolution to the Modern Era,* New York.

Rubin, Gayle (1975):»The Traffic in Women. Notes on the ›Political Economy‹ of Sex«. In: Reiter, Rayna R. (Hg.): *Toward an Anthropology of Women,* New York/London, S. 157-210.

Rugg, Linda Haverty (1993):»A Self at Large in the Hall of Mirrors: Rilke's *Malte Laurids Brigge* as Autobiographical Act«. In: *Seminar. A Journal of Germanic Studies* 19:1, S. 43-54.

Rühling, Lutz (1996):»Psychologische Zugänge«. In: Arnold, Heinz Ludwig; Heinrich Detering (Hg.): *Grundzüge der Literaturwissenschaft,* München, S. 479-497.

Runte, Annette (1998):»Im Dienste des Geschlechts. Zur Identitätskonstruktion Transsexueller«. In: Bublitz 1998, S. 119-142.

Rusford, Rudi (1993):»Fra Mandebevægelse til mandeforskning 1«. In: *Mandeforskning – en anden side af kønsforskningen, Nyhedsbrev* 1, S. 21-29.

Rutherford, Jonathan (1992): *Men's Silences. Predicaments in Masculinity,* London.

Ryan, Judith (1987):»Hypothetisches Erzählen«. Zur Funktion von Phantasie und Einbildung in Rilkes ›Malte Laurids Brigge‹«. In: Görner, Rüdiger (Hg.): *Rainer Maria Rilke*, Darmstadt, S. 245-284.

Ryan, Judith (1991): *The Vanishing Subject. Early Psychology and Literary Modernism*, Chicago.

Santner, Eric L. (1996): *My Own Private Germany. Daniel Paul Schreber's Secret History of Modernity*, Princeton.

Sarnes, Bjørnar (1987):»Mot en forståelse av mannen«. In: Brock-Utne, Birgit; ders. (Hg.): *Når gutter blir menn*, Oslo usw., S. 115-131.

Schank, Stefan (1997):»Rilkes Vater und Rilkes Vaterbild«. In: *Rilke heute. Der Ort des Dichters in der Moderne*, Frankfurt a. M., S. 81-111.

Schiesari, Juliana (1992): *The Gendering of Melancholia. Feminism, Psychoanalysis, and the Symbolics of Loss in Renaissance Literature*, Ithaca/London.

Schissler, Hanna (1992):»Männerstudien in den USA«. In: *Geschichte und Gesellschaft* 18, S. 204-220.

Schmeling, Manfred (1987): *Der labyrinthische Diskurs. Vom Mythos zum Erzählmodell*, Frankfurt a.M.

Schnack, Dieter; Rainer Neutzling (1990): *Kleine Helden in Not. Jungen auf der Suche nach Männlichkeit*, Reinbek b. Hamburg.

Schneider, Michael (1988):»Väter und Söhne, posthum. Über die Väter-Literatur der siebziger Jahre«. In: Arnold, Heinz Ludwig (Hg.): *Bestandsaufnahme Gegenwartsliteratur*, München.

Schnurbein, Stefanie von (1990):»Geheime kultische Männerbünde bei den Germanen. Eine Theorie im Spannungsfeld zwischen Wissenschaft und Ideologie«. In: Völger/Welck 1990, Bd. 2, S. 97-102.

Schnurbein, Stefanie von (1996):»Ny mannslitteratur, maskulin identitet og skriveprosessen: Knut Faldbakken *Bryllupsreisen* (1982) og *Bad Boy* (1988)«. In: Kress, Helga (Hg.): *Litteratur og kjønn i Norden. Foredrag på den XX. studiekonferanse i International Association for Scandinavian Studies (IASS) i Reykjavik 7.-12. august 1994*, Reykjavik, S. 730-736.

Schnurbein, Stefanie von (1997a):»Mütterkult und Männerbund. Über geschlechtsspezifische Religionsentwürfe«. In: Faber, Richard; Susanne Lanwerd (Hg.): *Kybele – Prophetin – Hexe. Religiöse Frauenbilder und Weiblichkeitskonzeptionen*, Würzburg.

Schnurbein, Stefanie von (1997b):»Sprachlose Invaliden. Männlichkeit, Schreiben und Macht in zwei Romanen von Knut Faldbakken«. In: Erhart/Herrmann 1997, S. 292-309.

Schulte, Gabriele (1986): *Hamsun im Spiegel der deutschen Literaturkritik 1890-1975*, Frankfurt a.M. usw. (Texte und Untersuchungen zur Germanistik und Skandinavistik 15).

Schurtz, Heinrich (1902): *Altersklassen und Männerbünde. Eine Darstellung der Grundformen der Gesellschaft,* Berlin.

Schwarz, Anette (1996): »The Colors of Prose: Rilke's Program of *Sachliches Sagen*«. In: *The Germanic Review* 71:3, S. 195-210.

Schwenger, Peter (1984): *Phallic Critiques. Masculinity and Twentieth Century Literature,* London.

Scott, Bonnie Kime (1990): *The Gender of Modernism. A Critical Anthology,* Bloomington.

Sedgwick, Eve Kosofsky (1985): *Between Men. English Literature and Male Homosocial Desire,* New York.

Sedgwick, Eve Kosofsky (1990): *Epistemology of the Closet,* Berkeley/Los Angeles.

Sedgwick, Eve Kosofsky (1992): »Gender Criticism«. In: Greenblatt, Stephen; Giles Gunn (Hg.): *Redrawing the Boundaries. The Transformation of English and American Literary Studies,* New York, S. 271-302.

See, Klaus von (1994): *Barbar Germane Arier. Die Suche nach der Identität der Deutschen,* Heidelberg.

Segal, Lynne (1992): *Slow Motion. Changing Masculinities, Changing Men,* 2. Aufl. London.

Sehmsdorf, Henning K. (1974): »Knut Hamsun's Pan. Myth and Symbol«. In: *Edda* 74:6, S. 344-393.

Sehmsdorf, Henning K. (1990): »Den gjenspeilte faun. Knut Hamsuns *Pan* og myten om det ubevisste«. In: Hamsun-Selskapet (Hg.): *Tre foredrag fra Hamsun-dagene 1990,* Hamarøy, S. 27-52.

Seifert, Walter (1989): »Der Ich-Zerfall und seine Kompensationen bei Nietzsche und Rilke«. In: Pfister, Manfred (Hg.): *Die Modernisierung des Ich. Studien zur Subjektkonstitution in der Vor- und Frühmoderne,* Passau, S. 229-239.

Seiler, Thomas (1995): »Knut Hamsuns ›Pan‹ als patriarchaler Schöpfer-Mythos«. In: *Edda* 95:3, S. 267-277.

Showalter, Elaine (Hg.) (1989): *Speaking of Gender,* New York/London.

Showalter, Elaine (1990): *Sexual Anarchy. Gender and Culture at the Fin de Siècle,* New York.

Showalter, Elaine (1992): »Frauen – Männer – Texte. ›Geschlecht‹ in der Literaturwissenschaft«. In: *Argument* 196, S. 849-858.

Showalter, Elaine (1997): *Hystories. Hysterical Epidemics and Modern Culture,* London.

Siegel, Carol (1995): *Male Masochism. Modern Revisions of the Story of Love,* Bloomington/Indianapolis.

Siegel, Sandra (1985): »Literature and Degeneration. The Representation of ›Decadence‹«. In: Chamberlain, J. Edward; Sander L. Gilman (Hg.): *Degeneration. The Dark Side of Progress,* New York, S. 199-219.

Silverman, Kaja (1988): *The Acoustic Mirror. The Female Voice in Psychoanalysis and Cinema,* Bloomington.

Silverman, Kaja (1992): *Male Subjectivity at the Margins,* London.

Silverman, Kaja (1996): *The Threshold of the Visible World,* New York/ London.

Simenauer, Erich (1953): *Rainer Maria Rilke. Legende und Mythos,* Bern.

Simenauer, Erich (1976a): *Der Traum bei R.M. Rilke,* Bern/Stuttgart.

Simenauer, Erich (1976b): »Rainer Maria Rilke in psychoanalytischer Sicht«. In: *Psyche* 30, S. 1081-1112.

Sjåvik, Jan (1991): »Lesning som sentral trope i Knut Hamsuns Pan«. In: Lien, Asmund (Hg.): *Modernismen i skandinavisk litteratur som historisk fenomen og teoretisk problem. Foredrag på den XVIII. studiekonferanse i International Association for Scandinavian Studies (IASS), arrangert av Nordisk institutt, Universitetet i Trondheim 29. juli – 3. august 1990,* Trondheim, S. 277-282.

Sjåvik, Jan (1992): »Triangular Structures in Knut Hamsun's Pan«. In: *Pacific Coast Philology* 27, S. 117-123.

Skjønsberg, Simen (Hg.) (1979): *Det uskyldige geni? Fra debatten om ›Prosessen mot Hamsun‹,* Oslo.

Small, William (1983): *Rilke-Kommentar zu den ›Aufzeichnungen des Malte Laurids Brigge‹,* Chapel Hill.

Smith, John H. (1989): »Abulia: Sexuality and Diseases of the Will in the Late Nineteenth Century«. In: *Genders* 6, S. 102-124.

Smith, Paul (1995): »Eastwood Bound«. In: Berger/Wallis/Watson 1995, S. 77-97.

Smith, R. McClure (1992): »Void in the Narrative. The Seduction of the Reader in Nathaniel Hawthorne's ›Alice Doane's Appeal‹«. In: *The American Transcendental Quarterly* 5:2, S. 73-82.

Solomon-Godeau, Abigail (1995): »Male Trouble«. In: Berger/Wallis/ Watson 1995, S. 69-76.

Solomon-Godeau, Abigail (1997): *Male Trouble. A Crisis in Representation,* New York.

Sørensen, Bengt Algot (1978): »J.P. Jacobsen und der Jugendstil. Zur Jacobsen-Rezeption in Deutschland und Österreich«. In: *Orbis Litterarum* 33, S. 253-279 (wieder abgedruckt in Sørensen 1997).

Sørensen, Bengt Algot (1989): »Rilkes Bild von Jens Peter Jacobsen«. In: Weber, Gerd Wolfgang (Hg.): *Idee – Gestalt – Geschichte. Festschrift Klaus von See,* Odense, S. 513-532.

Sørensen, Bengt Algot (1990): »Dekadenz und Jacobsen-Rezeption in der deutschen Literatur der Jahrhundertwende«. In: Mundt, Hannelore; Egon Schwarz; William J. Lillyman (Hg.): *Horizonte. Festschrift für Herbert Lehnert zum 65. Geburtstag,* Tübingen, S. 92-111.

Sørensen, Bengt Algot (1997): *Funde und Forschungen. Ausgewählte Essays.* Herausgegeben von Steffen Arndal, Odense.

Spackman, Barbara (1989): *Decadent Genealogies. The Rhetoric of Sickness From Baudelaire to D'Annunzio,* Ithaca/London.

Stahl, August (1979): *Rilke-Kommentar zu den ›Aufzeichnungen des Malte Laurids Brigge‹, zur erzählerischen Prosa, zu den essayistischen Schriften und zum dramatischen Werk,* München.

Stearns, Peter N. (1990): *Be a Man! Males in Modern Society,* 2. Aufl. New York/London.

Stecher-Hansen, Marianne (1999): »Whose Hamsun? Author and Artifice: Knut Hamsun, Thorkild Hansen and Per Olov Enquist«. In: *Edda* 99:3, S. 245-251.

Stephens, Anthony (1974a): *Rilkes »Malte Laurids Brigge«. Strukturanalyse des erzählerischen Bewußtseins,* Bern.

Stephens, Anthony (1974b): »Zur Funktion sexueller Metaphorik in der Dichtung Rilkes«. In: *Jahrbuch der Deutschen Schillergesellschaft* 18, S. 521-548.

Stoler, Ann Laura (1995): *Race and the Education of Desire. Foucault's History of Sexuality and the Colonial Order of Things,* Durham/London.

Stoller, Robert (1979): *Perversion. Die erotische Form von Haß,* Reinbek b. Hamburg.

Stoller, Robert J. (1985): *Presentations of Gender,* New Haven.

Storck, Joachim W. (1997): »Judentum und Islam in der Sicht Rainer Maria Rilkes«. In: *Rilke heute. Der Ort des Dichters in der Moderne,* Frankfurt a. M., S. 37-78.

Storm, Ole (1989): *Janteloven. Aksel Sandemose – en biografi,* Kopenhagen.

Stounbjerg, Per (1991): »Konstruktion og dekonstruktion af den selvbiografiske fortælling hos August Strindberg«. In: *Kritik* 94, S. 80-97.

Stounbjerg, Per (1998): »Position og positur. Om mandigheden i Strindbergs roman *En dåres försvarstal*«. In: *Edda* 98:2, S. 109-115.

Studlar, Gaylyn (1988): *In the Realm of Pleasure. Von Sternberg, Dietrich and the Masochistic Aesthetic,* Urbana/Chicago.

Sussman, Herbert (1995): *Victorian Masculinities. Manhood and Masculine Poetics in Early Victorian Literature and Art,* Cambridge.

Thauer, Jutta (1980): *Zwischen Historismus und Jugendstil. Zur Ausstattung der Zeitschrift ›Pan‹ (1895-1900),* Frankfurt a.M.

Theweleit, Klaus (1977): *Männerphantasien*, 2 Bde., Frankfurt a.M.

Thibaut, Matthias (1990): *Sich-selbst-Erzählen. Schreiben als poetische Lebenspraxis. Untersuchungen zu diaristischen Prosatexten von Goethe, Jean-Paul, Dostojewski, Rilke und anderen*, Stuttgart.

Thomas, Calvin (1996): *Male Matters. Masculinity, Anxiety, and the Male Body on the Line*, Urbana/Chicago.

Tickner, Lisa (1992):»Men's Work? Masculinity and Modernism«. In: *differences* 4:3, S. 1-37.

Tiemroth, Jørgen E. (1974): *Illusionens vej. Om Knut Hamsuns forfatterskab*, Kopenhagen.

Tissot, Samuel Auguste André David (1781): *L'Onanisme, ou Dissertation physique sur les maladies produites par la masturbation,* Paris (Nachdruck der 7. Auflage mit einem Vorwort von Christophe Calame).

Torgovnick, Marianna (1990): *Gone Primitive. Savage Intellects, Modern Lives,* Chicago/London.

Turco, Alfred Jr. (1980):»Knut Hamsun's Pan and the Riddle of ›Glahn's Death‹«. In: *Scandinavica* 19, S. 13-29.

Tveita, Jan (1983): *›Fodboldengelen‹ av Hans-Jørgen Nielsen og ›Drift‹ av Espen Haavardsholm. En sammenlikning,* (Hovedoppgave) Bergen.

Unglaub, Erich (1989/90):»Rilke und das Dänemark seiner Zeit«. In: *Blätter der Rilke-Gesellschaft* 16/17, S. 93-118.

Uthmann, Jörg von (1994):»Schutzengel gegen Autounfälle«. In: *Frankfurter Allgemeine Zeitung*, 11. Mai.

Væth, Johannes (1975): *På sporet af Sandemose*, Kopenhagen.

Vige, Rolf (1963): *Knut Hamsuns Pan. En litterær analyse,* Oslo.

Völger, Gisela; Karin v. Welck (Hg.) (1990): *Männerbande – Männerbünde. Zur Rolle des Mannes im Kulturvergleich,* 2 Bde., Köln.

Wagner-Hasel, Beate (1992): *Matriarchatstheorien der Altertumswissenschaft*, Darmstadt (Wege der Forschung 651).

Walter, Willi (2000):»Gender, Geschlecht und Männerforschung«. In: Braun, Christina von; Inge Stephan (Hg.): *Gender-Studien. Eine Einführung,* Stuttgart/Weimar, S. 97-115.

Warner, Michael (1990):»Homo-Narcissism; or, Heterosexuality«. In: Boone, Joseph A.; Michael Cadden (Hg.): *Engendering Men,* New York/London, S. 190-206.

Weibel, Siegfried (1986):»Knut Hamsuns Pan. Suggestion und De-Montage«. In: *Skandinavistik* 16, S. 21-35.

Weigel, Sigrid (1990): *Topographien der Geschlechter. Kulturgeschichtliche Studien zur Literatur,* Hamburg.

Weininger, Otto (1903): *Geschlecht und Charakter. Eine prinzipielle Untersuchung,* Wien (Reprint München 1980).

Wessely, Karin (1999): »Knut Hamsuns *Pan*, erotiken och det Onda«. In: *Edda* 99:3, S. 232-244.

Westphal, Carl (1870): »Die conträre Sexualempfindung«. In: *Archiv für Psychiatrie und Nervenkrankheiten* 2, S. 73-108.

Widdig, Bernd (1992): *Männerbünde und Massen. Zur Krise männlicher Identität in der Literatur der Moderne*, Opladen.

Wieck, Wilfried (1990): *Männer lassen lieben. Die Sucht nach der Frau*, Frankfurt a.M.

Winnicott, Donald Woods (1973): *Vom Spiel zur Realität*, Stuttgart.

Wolfert, Raimund (Hg.) (1999): ›*Alles nur Kunst?*‹ *Knut Hamsun zwischen Ästhetik und Politik*, Berlin (Wahlverwandtschaft – Der Norden und Deutschland. Essays zu einer europäischen Begegnungsgeschichte 2).

Worbs, Michael (1988): *Nervenkunst. Literatur und Psychoanalyse im Wien der Jahrhundertwende*, Frankfurt a.M.

Zimmermann, Ulf (1993): »Malte Ludens: Humor, Satire, Irony, and Deeper Significance in Rilke's Novel«. In: *The Germanic Review* 68:2, S. 50-59.

Žižek, Slavoj (1989): *The Sublime Object of Ideology*, London/New York.

Žižek, Slavoj (1994): *The Metastases of Enjoyment. Six Essays on Woman and Causality*, London/New York.

*Als Habilitationsschrift auf Empfehlung der Philosophischen Fakultät
(Skandinavistik) der Georg-August-Universität zu Göttingen
gedruckt mit Unterstützung der Deutschen Forschungsgemeinschaft.*

Die Deutsche Bibliothek – CIP-Einheitsaufnahme
Ein Titeldatensatz für diese Publikation ist bei
Der Deutschen Bibliothek erhältlich

© Wallstein Verlag, Göttingen 2001
www.wallstein-verlag.de
Vom Verlag gesetzt aus der Adobe Garamond
Umschlaggestaltung: Basta Werbeagentur, Petra Bandmann
Druck: Hubert & Co, Göttingen
Gedruckt auf alterungsbeständigem Papier

ISBN 3-89244-441-2